7년간 아무도 깨지 못한 기록

합격자 수 1위
에듀윌

KRI 한국기록원 2016, 2017, 2019년 공인중개사 최다 합격자 배출 공식 인증 (2023년 현재까지 업계 최고 기록)

에듀윌을 선택한 이유는
분명합니다

합격자 수 수직 상승
1,800%

명품 강의 만족도
99%

베스트셀러 1위
50 개월 (4년 2개월)

5년 연속 공무원 교육
1위

에듀윌 공무원을 선택하면
합격은 현실이 됩니다.

* 2017/2021 에듀윌 공무원 과정 최종 환급자 수 기준
* 7·9급공무원 대표 교수진 2022년 1월~10월 강의 만족도 평균 (배영표/성정혜/신형철/윤세훈/강성민/고세훈)
* YES24 수험서 자격증 공무원 베스트셀러 1위 (2017년 3월, 2018년 4월~6월, 8월, 2019년 4월, 6월~12월, 2020년 1월~12월, 2021년 1월~12월, 2022년 1월~12월, 2023년 1월 월별 베스트, 매월 1위 교재는 다름)
* 2023, 2022, 2021 대한민국 브랜드만족도 7·9급공무원 교육 1위 (한경비즈니스) / 2020, 2019 한국브랜드만족지수 7·9급공무원 교육 1위 (주간동아, G밸리뉴스)

합격자 수 1,800%[*] 수직 상승!
매년 놀라운 성장

에듀윌 공무원은 '합격자 수'라는 확실한 결과로 증명하며
지금도 기록을 만들어 가고 있습니다.

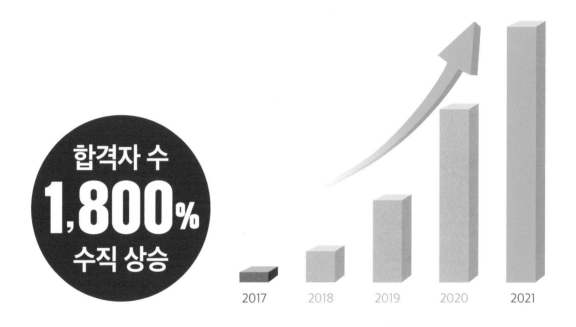

합격자 수
1,800%
수직 상승

2017 2018 2019 2020 2021

합격자 수를 폭발적으로 증가시킨 합격패스

| 합격 시 수강료 0원
최대 300% 환급
(최대 432만 원 환급) | + | 합격할 때까지
전 강좌 무제한 수강 | + | 1타 교수진의
집중 관리 제공 |

※ 환급내용은 상품페이지 참고. 상품은 변경될 수 있음.

상품
페이지

누적 판매량 235만 부* 돌파!
50개월* 베스트셀러 1위 교재

합격비법이 담겨있는 교재!
합격의 차이를 직접 경험해 보세요

에듀윌 공무원 교재 라인업

| 9급공무원 | 7급공무원 | 경찰공무원 | 소방공무원 | 계리직공무원 | 군무원 |

강의 만족도 99%[*]
명품 강의

에듀윌 공무원 전문 교수진!
합격의 차이를 직접 경험해 보세요

합격자 수 1,800%[*] 수직 상승으로 증명된 합격 커리큘럼

독한 시작	독한 회독	독한 기출요약	독한 문풀	독한 파이널
기초 + 기본이론	심화이론 완성	핵심요약 + 기출문제 파악	단원별 문제풀이	동형모의고사 + 파이널

독한 에듀윌 공무원 노량진학원
GRAND OPEN

공무원학원 1위*
합격자 수 1,800%* 수직 상승!

2021 공무원 수석 합격자* 배출!
합격생들의 진짜 합격스토리

에듀윌 강의·교재·학습시스템의 우수성을
2021년도에도 입증하였습니다!

에듀윌 커리큘럼을 따라가며 기출 분석을 반복한 결과 7.5개월 만에 합격

권○혁 지방직 9급 일반행정직 최종 합격

샘플 강의를 듣고 맘에 들었는데, 가성비도 좋아 에듀윌을 선택하게 되었습니다. 특히, 공부에 집중하기 좋은 깔끔한 시설과 교수님께 바로 질문할 수 있는 환경이 좋았습니다. 학원을 다니면서 에듀윌에서 무료로 제공하는 온라인 강의를 많이 활용했습니다. 늦게 시작했기 때문에 처음에는 진도를 따라가기 위해서 활용했고, 그 후에는 기출 분석을 복습하기 위해 활용했습니다. 마지막에 반복했던 기출 분석은 합격에 중요한 영향을 미쳤던 것 같습니다.

고민없이 에듀윌을 선택, 온라인 강의 반복 수강으로 합격 완성

박○은 국가직 9급 일반농업직 최종 합격

공무원 시험은 빨리 준비할수록 더 좋다고 생각해서 상담 후 바로 고민 없이 에듀윌을 선택했습니다. 과목별 교재가 동일하기 때문에 한 과목당 세 교수님의 강의를 모두 들었습니다. 심지어 전년도 강의까지 포함하여 강의를 무제한으로 들었습니다. 덕분에 중요한 부분을 알게 되었고 그 부분을 집중적으로 먼저 외우며 공부할 수 있었습니다. 우울할 때에는 내용을 아는 활기찬 드라마를 틀어놓고 공부하며 위로를 받았는데 집중도 잘되어 좋았습니다.

체계가 잘 짜여진 에듀윌은 합격으로 가는 최고의 동반자

김○욱 국가직 9급 출입국관리직 최종 합격

에듀윌은 체계가 굉장히 잘 짜여져 있습니다. 만약, 공무원이 되고 싶은데 아무것도 모르는 초시생이라면 묻지 말고 에듀윌을 선택하시면 됩니다. 에듀윌은 기초·기본이론부터 심화이론, 기출문제, 단원별 문제, 모의고사, 그리고 면접까지 다 챙겨주는, 시작부터 필기합격 후 끝까지 전부 관리해 주는 최고의 동반자입니다. 저는 체계적인 에듀윌의 커리큘럼과 하루에 한 페이지라도 집중해서 디테일을 외우려고 노력하는 습관 덕분에 합격할 수 있었습니다.

다음 합격의 주인공은 당신입니다!

더 많은
합격스토리

eduwill

회원 가입하고
100% 무료 혜택 받기

가입 즉시, 공무원 공부에 필요한 모든 걸 드립니다!

혜택 1 출제경향을 반영한 과목별 테마특강 제공

※ 에듀윌 홈페이지 ⋯ 직렬 사이트 선택
  ⋯ 상단 '무료특강' 메뉴를 통해 수강

혜택 2 초보 수험생 필수 기초강의 제공

※ 에듀윌 홈페이지 ⋯ '합격필독서 무료증정' 선택
  ⋯ '9급공무원 합격교과서' 신청 후 '나의 강의실'에서 확인
    (7일 수강 가능)

혜택 3 전 과목 기출문제 해설강의 제공

※ 에듀윌 홈페이지 ⋯ 직렬 사이트 선택
  ⋯ 상단 '학습자료' 메뉴를 통해 수강
    (최신 3개년 주요 직렬 기출문제 해설강의 제공)

기초학습 합격 입문서+기초강의

무료배포
선착순 100명

* 배송비 별도 / 비매품

무료배포
이벤트

1초 합격예측
모바일 성적분석표

1초 안에 '클릭' 한 번으로 성적을 확인하실 수 있습니다!

활용 GUIDE

실시간 성적분석 방법!

STEP 1
QR 코드 스캔

▶

STEP 2
모바일 OMR 입력

▶

STEP 3
자동채점 & 성적분석표 확인

STEP 1

QR 코드 스캔

- 교재의 QR 코드를 모바일로 스캔 후 에듀윌 회원 로그인
- QR 코드 하단의 바로가기 주소로도 접속 가능

STEP 2

모바일 OMR 입력

- 회차 확인 후 '응시하기' 클릭
- 모바일 OMR에 답안 입력
- 문제풀이 시간까지 측정 가능

STEP 3

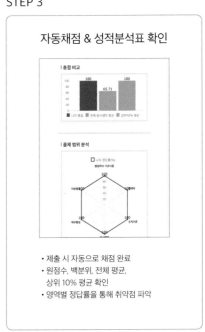

자동채점 & 성적분석표 확인

- 제출 시 자동으로 채점 완료
- 원점수, 백분위, 전체 평균, 상위 10% 평균 확인
- 영역별 정답률을 통해 취약점 파악

※ 본 서비스는 에듀윌 공무원 교재(연도별, 회차별 문항이 수록된 교재)를 구입하는 분에게 제공됨.

에듀윌 9급공무원 실전동형 모의고사 연습용 특수 OMR 카드

※ 컴퓨터용 흑색 사인펜으로 마킹하고 지우개로 지워서 여러 번 활용할 수 있습니다.

컴퓨터용 흑색 사인펜만 사용

성명
자필성명
응시직렬
응시지역
시험장소

[필적감정용 기재]
*아래 예시문을 옮겨 적으시오
본인은 ○○○(응시자성명)임을 확인함

생년월일

응시번호

※시험감독관 서명
(성명을 정자로 기재할 것)

응시자 준수사항

1. 답안은 OCR 스캐너 판독결과에 따라 산출합니다. 모든 기재 및 표기사항은 "컴퓨터용 흑색 사인펜"을 사용하여 반드시 〈보기〉의 올바른 표기 방식으로 답안을 작성하여야 합니다.

   이를 준수하지 않아 발생하는 불이익(득점 불인정 등)은 응시자 본인 책임입니다.

   특히, 답안을 전부 채우지 않고 점만 찍어 표기한 경우, 번짐 등으로 두 개 이상의 답란에 표기된 경우, 농도가 옅은 컴퓨터용 사인펜을 사용하여 답란을 흐리게 표기한 경우 등에는 불인정 득점을 받을 수 있으니 유의하시기 바랍니다.

   〈보기〉 올바른 표기: ●   잘못된 표기: ⊙⊗◐◑◒⊖①③

2. 객색볼펜, 연필, 샤프펜 등 필기 종류의 상관없이 예비표기를 하여 중복 답안으로 판독된 경우에는 이익을 받을 수 있으므로 각별히 주의하시기 바랍니다.

3. 답안지를 받으면 상단에 인쇄된 성명, 응시직렬, 응시지역, 시험장소, 생년월일이 응시자 본인의 정보와 일치하는지 먼저 확인한 후, 문제책 앞면에 인쇄된 책형을 확인하여 해당 책형(1개)을 "●"로 표기하여야 합니다.

   가. (책형) 응시자에게 시험 시작 전 감독관 지시에 따라 문제책 앞면에 인쇄된 책형을 확인한 후, 답안지에 해당 책형(1개)을 "●"로 표기하여야 합니다.

   나. (필적감정용 기재) 예시문을 본인의 필적으로 직접 작성해야 합니다.

   다. (자필성명) 본인의 한글성명을 정자로 직접 기재하여야 합니다.

   ※ 책형 및 인적사항을 기재하지 않을 경우 불이익(답안채점 무효 처리 등)을 받을 수 있습니다.

   라. (교체답안지 작성) 답안지를 교체하면 반드시 교체답안지 상단 책형란에 해당 책형(1개)을 "●"로 표기하고, 필적감정용 기재란, 성명, 응시직렬, 응시지역, 시험장소, 응시번호, 생년월일을 빠짐없이 기재란에 기재하여야 하며, 작성한 답안지는 1인 1매만 유효합니다.

4. 시험이 시작되면 문제책 표지의 과목순서의 일치 여부, 문제 누락·파손 등 문제책 인쇄상태를 반드시 확인하여야 합니다.

5. 답안은 문제책 표지의 과목순서에 맞추어 표기하여야 하며, 과목순서를 바꾸어 표기한 경우에도 문제책 표지의 과목순서대로 채점되므로 각별히 유의하시기 바랍니다.

6. 답안을 잘못 표기하였을 경우에는 답안지를 교체하여 작성하거나 수정테이프만을 사용하여 수정할 수 있으며(수정액 또는 수정스티커 등은 사용 불가), 부분적으로 수정하는 경우에는 수정할 부분을 수정테이프로 완전히 지우고 부정된 부분이 남지 않도록 주의하여야 합니다.(수정테이프 사용 시 채점은 응시자 본인에게 책임이 있습니다)

   - 답안지는 훼손·오염되거나 구겨지지 않도록 주의해야 하며, 특히 답안지 상단의 타이밍마크(▮▮▮▮)를 절대 훼손해서는 안됩니다.

7. 답안지 전체가 교체되어 답안을 다시 작성할 경우에는 교체 전 답안지에 "●"로 표기해야 하며, 답안 작성 중 잘못 표기하였을 경우에는 답안지를 교체하거나 수정테이프를 사용하여 수정할 수 있습니다.

1. 시험시작 전까지 문제내용을 보아서는 안됩니다.

2. 시험시간 중 일체의 통신, 계산 또는 검색 기능이 있는 전자기기(휴대전화, 태블릿PC, 스마트워치, 이어폰, 전자담배, 전자사전 등)를 소지할 수 없습니다.

3. 응시표 출력사항 외 시험과 관련된 내용이 인쇄 또는 메모된 응시표를 시험시간 중 소지하고 있는 경우 단해시험 무효 처리를 받을 수 있으며, 특히 부정한 자료로 판단되는 경우 5년간 공무원임용시험 응시자격정지 등의 불이익 처분을 받게 됩니다.

4. 시험종료 후에도 계속하여 답안지를 작성하거나, 시험감독관의 답안지 제출 지시에 불응할 경우 무효처리를 받게 됩니다.

5. 답안 기재가 끝났더라도 시험종료 후 시험감독관의 지시가 있을 때까지 퇴실할 수 없으며, 사용한 모든 답안지는 반드시 제출해야 합니다.

6. 그 밖에 공고문의 응시자 준수사항이나 시험감독관의 정당한 지시 등을 따르지 않는 경우 부정행위자로 간주될 수 있습니다.

에듀윌 9급공무원 실전동형 모의고사 연습용 특수 OMR 카드

※ 컴퓨터용 흑색 사인펜으로 마킹하고 지우개로 지워서 여러 번 활용할 수 있습니다.

컴퓨터용 흑색 사인펜만 사용

[필적감정용 기재]
*아래 예시문을 옮겨 적으시오
본인은 ○○○(응시자성명)임을 확인함

성명	자필성명	응시직렬	응시지역	시험장소

생 년 월 일

응 시 번 호

※ 시험감독관 서명
(성명을 정자로 기재할 것)
책임 감독관 서명

응시자 준수사항

□ 답안지 작성요령

※ 다음 사항을 준수하지 않을 경우에 발생하는 불이익은 응시자에게 귀책사유가 있으므로 기재된 내용대로 이행하여 주시기 바랍니다.

1. 특점 OCR 스캐너 판독장비에 따라 선별하며, 모든 기재 및 표기사항은 "컴퓨터용 흑색 사인 펜"을 사용하여 반드시 〈보기〉의 올바른 표기방식으로 답안을 작성하여야 합니다.
   이를 준수하지 않아 발생하는 불이익(특점 불이익)은 응시자 본인의 책임입니다.
   특히, 답안을 전부 채우지 않고 점만 찍어 표기한 경우, 번짐 등으로 두 개 이상의 답란에 표기된 경우, 농도가 옅은 컴퓨터용 사인펜을 사용하여 답안을 흐리게 표기한 경우 등에는 불이익(특점 불이익)을 받을 수 있으니 유의하시기 바랍니다.

   〈보기〉 올바른 표기: ●   잘못된 표기: ⊗⊖⊕◑◐〇② ③

2. 적색볼펜, 연필, 샤프펜 등 펜의 종류와 상관없이 예비표기를 하여 중복 답안으로 판독된 경우에는 불이익을 받을 수 있으므로 각별히 주의하시기 바랍니다.

3. 답안지를 받으면 상단에 인쇄된 성명, 응시지역, 시험장소, 응시번호, 생년월일이 응시자 본인의 정보와 일치하는지 확인하시기 바랍니다.

   가. (책형) 응시자는 시험 시작 전 감독관의 지시에 따라 문제책 표지의 책형을 확인한 후, 해당 책형란에 해당 책형(1개)을 "●"로 표기하여야 합니다.

   나. (필적감정용 기재) 예시문과 동일한 내용을 본인의 필적으로 직접 작성해야 합니다.

   다. (자필성명) 본인의 한글성명을 정자로 직접 기재하여야 합니다.
      ※ 책형 및 인적사항을 기재하지 않을 경우 불이익(답안지 무효 처리 등)을 받을 수 있습니다.

   다. (교체답안지 작성) 답안지를 교체하면 반드시 교체답안지 상단 책형란에 해당 책형(●)을 "●"로 표기하고, 필적감정용 기재란, 성명, 응시지역, 시험장소, 응시 번호, 생년월일을 빠짐없이 작성(표기)해야 하며, 작성한 답안지는 1인 1매 만 유효합니다.

4. 시험이 시작되면 문제책 표지의 과목순서와 일치 여부, 문제 누락·파손 등 문제책 인쇄상태를 반드시 확인하여야 합니다.

5. 답안은 반드시 문제책 표지의 과목순서에 맞추어 표기하여야 하며, 과목순서를 바꾸어 표기한 경우에도 문제책 표지의 과목순서대로 채점되므로 각별히 유의하시기 바랍니다.

6. 답안을 잘못 표기하였을 경우에는 답안지를 교체하여 작성하거나 수정할 수 있으며, 수정할 경우에는 반드시 "수정테이프"를 사용하여 해당 부분을 완전히 지우고 부착된 수정테이프가 떨어지지 않도록 눌러 주어야 합니다(수정액 또는 수정스티커 등은 절대 사용 불가).
   - 불완전한 수정처리로 인해 발생하는 모든 문제는 응시자 본인에게 책임이 있습니다.

7. 답안지는 훼손·오염되거나 구겨지지 않도록 주의해야 하며, 특히 답안지 상단의 타이밍 마크(▮▮▮▮)를 절대 훼손해서는 안됩니다.

□ 부정행위 등 금지

※ 다음 사항을 위반한 경우에는 공무원임용시험령 제51조(부정행위자 등에 대한 조치)에 따라 시험 정지, 무효, 합격취소, 5년간 공무원임용시험 응시자격정지 등의 불이익 처분을 받게 됩니다.

1. 시험시작 전까지 문제내용을 보아서는 안됩니다.

2. 시험시간 중 일체의 통신, 계산 또는 검색 기능이 있는 일체의 전자기기(휴대폰, 태블릿PC, 스마트워치, 이어폰, 전자계산기, 전자사전 등)를 소지할 수 없습니다.

3. 응시표 출력사항 외 시험과 관련된 내용이 인쇄 또는 메모된 응시표를 시험시간 중 소지하고 있는 경우 인쇄사항 무효 처리를 받을 수 있으며, 특히 부정한 자료로 판단되는 경우에는 5년간 공무원임용시험 응시자격 정지 처분을 받을 수 있습니다.

4. 시험종료 후에도 계속하여 답안지를 작성하거나, 시험감독관의 답안지 제출 지시에 응하지 않는 경우 무효처분을 받게 됩니다.

5. 답안 기재가 끝났더라도 시험종료 후 시험감독관의 지시가 있을 때까지 퇴실할 수 없으며, 시험 종료 후 답안지는 반드시 제출해야 합니다.

6. 그 밖에 공고문의 응시자 준수사항이나 시험감독관의 정당한 지시 등을 따르지 않을 경우 부정행위자로 간주될 수 있습니다.

에듀윌 9급공무원 실전동형 모의고사 연습용 특수 OMR 카드

※ 컴퓨터용 흑색 사인펜으로 마킹하고 지우개로 지워서 여러 번 활용할 수 있습니다.

컴퓨터용 흑색 사인펜만 사용

성명 | 성 명
자필성명
응시직렬
응시지역
시험장소

[필적감정용 기재]
*아래 예시문을 옮겨 적으시오
본인은 ○○○(응시자성명)임을 확인함

성 | 책

※시험감독관 서명
(성명을 정자로 기재할 것)

생년월일

응시번호

응시자 준수사항

처음에는 당신이 원하는 곳으로
갈 수는 없겠지만,
당신이 지금 있는 곳에서
출발할 수는 있을 것이다.

– 작자 미상

무료 합격팩

국 + 영 + 한 2회분 모의고사 (PDF)

QR 코드 스캔하기

or

에듀윌 도서몰 접속

에듀윌 도서몰(book.eduwill.net) 접속
→ 도서자료실 → 부가학습자료 → 공무원
→ 교재명 검색/확인 후 파일 다운로드

특수 OMR 카드 + 빠른 정답표 + 모아보는 점수표

실전처럼 마킹하며 여러 번 문제 풀이 가능한 특수 OMR 카드 제공

빠른 채점으로 효율적인 학습을 돕는 빠른 정답표와 점수를 모아서 셀프 체크할 수 있는 점수표 제공

설문조사에 참여하고 스타벅스 아메리카노를 받아가세요!

에듀윌 9급공무원 실전동형 모의고사를 선택한 이유는 무엇인가요?

소중한 의견을 주신 여러분들에게 더욱더 완성도 있는 교재로 보답하겠습니다.

참여 방법	QR 코드 스캔 ▶ 설문조사 참여(1분만 투자하세요!)
이벤트 기간	2023년 1월 12일~2023년 12월 31일
추첨 방법	매월 1명 추첨 후 당첨자 개별 연락
경품	스타벅스 아메리카노(tall)

2023
에듀윌 9급공무원

실전동형 모의고사 18회
영어

여러분의 미래를 응원합니다

'기출'을 넘어
'기적'을 만듭니다

Fact의 반대는 Opinion입니다

이 책은 철저하게 Fact에 대한 분석을 담고 있습니다. '일지도 몰라'가 아니라 정확한 Fact를 담아 분석하였습니다. 주관적인 'Opinion'이 아니라 정확한 'Fact'인 출제자의 의도와 통계 수치는 수험생들에게 날카로운 방향성을 제시할 것입니다. 본 교재는 그 날카로움의 가장 첨단(尖端)에 서 있습니다. 기출에 대한 날 선 분석과 그 끝에 서 있는 이 교재를 통해 시험장에서 오답 선지를 '싹둑' 잘라낼 수 있을 것이라 믿습니다.

1 실제 시험장에 입실한 듯 진짜 같은 모의고사를 설계하였습니다

기출문제를 정확하게 분석했습니다. 여기서 멈추지 않고 기출문제를 다시 새로운 문항으로 제작하여 실제 시험에 가장 가까운 상태로 'simulation'을 할 수 있도록 하였습니다. 실제 기출문제와 동일한 개념과 유형으로 배열된 회차별 모의고사를 통해 진짜 같은 '모의평가'에 임할 수 있도록 설계되었습니다. 여러분의 합격을 위한 시스템을 구축하기 위해 한 문제 한 문제 신중하게 집필한 18회차 모의고사를 여러분께 전합니다.

2 Fact × Analyzing × Truth = 합격으로 가는 길

6개년 국·지·서 9급 문항 및 3개년 지방직 7급 문항과 완벽히 매칭하는 360문항을 준비하였습니다. 실제 출제되었던 문항의 출제 유형과 난이도를 분석하여 매칭 문제를 제작하였고, 1초 합격예측 서비스를 통해 수집된 데이터를 분석하여 문항별 오답률과 각 선지별 선택률, 가장 많이 틀린 오답률 TOP 1~3 문항까지 표시하였습니다. 문제와 해설 뿐만 아니라 실제 수험생들의 데이터까지 참고하여 효율적으로 학습하시기 바랍니다.

▎저자의 응원

"교수님, 어떤 모의고사를 풀까요? 기출문제는 다 풀어서, 답을 외우는 것 같아요."라고 묻는 수험생들이 많아지는 시점입니다.

기출문제를 다 외울 만큼 이미 너무 익숙해져 버린 수험생들을 위해 기출과 100% 동일한 문제 유형으로 배치하여 실제 시험에 가장 가까운 모의고사를 준비하였습니다.

이제 수험생 여러분께서는 철저하게 검증된 모의고사로 훈련하여 실전 감각을 키우시기 바랍니다.

이 교재를 통하여 합격으로 가는 길을 열기를 희망합니다.

에듀윌 영어 대표강사 성정혜

▎에듀윌의 응원

이 책이 시험이 임박한 여러분에게 '실질적인' 도움이 되었으면 합니다.

그동안 여러 차례 두꺼운 기본서를 정독하고 단원별 문제 풀이를 반복하고
수도 없이 기출문제를 풀고 또 풀며 시험을 준비했을 여러분에게, 실망스럽지 않은 책을 드리고 싶습니다.

스스로와 경쟁하느라 그 누구보다 지치고 힘들었을 여러분, 뒤는 저희가 받치고 있겠습니다.
실전도 지금처럼만 차분하고 멋지게 해내시길 바랍니다.

잘 할 수 있습니다.

에듀윌 출판사업본부

실전을 미리 경험하는,
100% 실전 MATCHING SYSTEM

왜 기출과 매칭시킨 문항을 풀어야 하는 걸까요?

완벽한 기출분석만이 정체된 점수를 뚫을 수 있습니다.

앞으로 출제될 문제는 과년도 기출 유형에서 벗어나지 않습니다. 이를 간과한 모의고사를 푸는 것은 몇 회를 풀든 시간 낭비입니다. 기출과 매칭시킨, 또 나올 문제로 반복 연습해야 합니다.

에듀윌은 이렇게 매칭시켰습니다!

1 / 출제 유형 MATCHING

내용일치, 빈칸 완성, 문장 삭제 등 〈영어〉에서 활용되는 유형은 정해져 있습니다. 18회 전 문항을 6개년 국·지·서 9급 문항, 3개년 지방직 7급 문항 유형과 일치시켜서 또 나올 문제를 출제하였습니다.

2 / 출제 개념 MATCHING

기출문제를 발문부터 제시문, 선지, 난이도까지 낱낱이 분석하였습니다. 모의고사 각 회차와 매칭된 기출 1번~20번의 출제 개념을 완벽하게 적용하였으니, 신뢰하셔도 좋습니다.

실전 문제 미리보기

8. 밑줄 친 부분 중 어법상 옳지 않은 것은?

> To find a good starting point, one must return to the year 1800 during ① which the first modern electric battery was developed. Italian Alessandro Volta found that a combination of silver, copper, and zinc ② were ideal for producing an electrical current. The enhanced design, ③ called a Voltaic pile, was made by stacking some discs made from these metals between discs made of cardboard soaked in sea water. There was ④ such talk about Volta's work that he was requested to conduct a demonstration before the Emperor Napoleon himself.

※ 우리말을 영어로 잘못 옮긴 것을 고르시오. [문 13. ~ 문 14.]

문 13. ① 우리가 영어를 단시간에 배우는 것은 결코 쉬운 일이 아니다.
→ It is by no means easy for us to learn English in a short time.
② 우리 인생에서 시간보다 더 소중한 것은 없다.
→ Nothing is more precious as time in our life.
③ 아이들은 길을 건널 때 아무리 조심해도 지나치지 않다.
→ Children cannot be too careful when crossing the street.
④ 그녀는 남들이 말하는 것을 쉽게 믿는다.
→ She easily believes what others say.

08

밑줄 친 부분 중 어법상 옳지 않은 것은?

> As industrial society develops into an information-based business, the concept of information made as a product ① has been emerged. As a result, some people ② that own top-notch information ③ are likely to thrive economically and politically. Research about the economics of information covers a variety of categories ④ including the various things related to information cost.

13

① 그는 딸의 관심을 얻기 위해 그녀의 팔을 만졌다.
→ He touched his daughter on the arm to get her attention.
② Jane은 웨스트 런던 자택에서 3000파운드의 디자이너 시계를 도둑맞았다.
→ Jane was robbed of her £3,000 designer watch at her West London home.
③ 가격이 저렴한 자전거보다는 좋은 품질의 자전거를 구입하는 것을 강력히 추천한다.
→ I strongly recommend buying a good quality bicycle rather than a cheap one.
④ 연구자들은 테러리즘의 심리학이 이론보다는 의견에 의해 더 많이 특징지어짐을 인정한다.
→ Researchers admit the psychology of terrorism is marked more by opinion than for theory.

교재의 구성

1 / 미리 경험하는 실제 시험

실제 시험문항 매칭

- 기출문제의 출제 유형, 출제 개념, 난이도를 일치시켜 검증된 신뢰도 확보!
- 6개년(2022~2017) 9급 국·지·서 매칭 300문항!
- 3개년(2020~2018) 7급 지방직 매칭 60문항!

1초 합격예측 서비스

- 1초 안에 '클릭' 한 번으로 성적을 확인할 수 있는 서비스
- 활용 GUIDE : ① QR 코드 스캔
  ② 모바일 OMR에 정답 입력
  ③ 성적결과분석을 통한 원점수, 백분위, 전체 응시생 상위 10% 평균 등의 정보 확인

※ 백분위, 평균은 응시생 수에 따라 실시간 업데이트되므로 성적결과분석은 변동될 수 있음
※ 자세한 활용 GUIDE는 교재 앞쪽에 수록된 광고 마지막 장 참고

 무료 합격팩

특수 OMR 카드, 빠른 정답표, 모아보는 점수표 제공

- 실전같은 풀이가 가능하도록 특수 OMR 카드 3장 수록 (문제편 맨 앞)
- 한 장으로 보는 빠른 정답표와 모아보는 점수표 제공 (해설편 맨 앞)

2 / 분석이 녹아든 자세한 해설

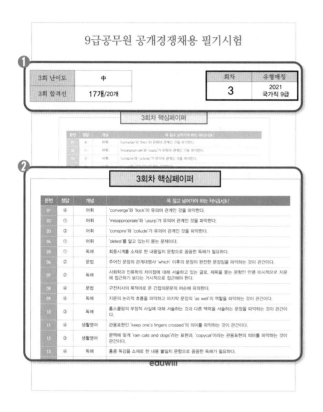

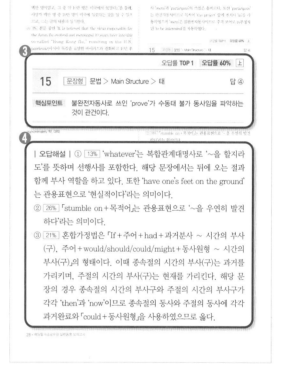

회차별 핵심페이퍼

회차의 핵심만을 정리한 페이지입니다. 해당 페이지를 통해 핵심만큼은 꼭 복습하세요!

❶ 회차의 출제 정보를 확인!
회차와 매칭된 기출 직렬을 통해 문항의 기반이 된 정보 체크

❷ 해당 회차의 핵심을 한 장에 정리!
• 문항의 출제 개념과 핵심포인트로 해당 회차 분석
• 문제 풀이 후 마지막 정리 차원에서 복습

전 문항을 철저히 분석한 해설

부족함 없이 학습할 수 있도록, 전 문항을 제대로 분석하여 해설에 녹였습니다.

❸ 출제 개념과 유형, 오답률 파악!
• '유형 〉 파트 〉 챕터 〉 키워드'로 출제 개념 파악
• 각 문항의 오답률, 난이도, 오답률 TOP 3 문항 제시

❹ 완벽한 문항 커버!
• 〈정답/오답해설〉, 〈참고이론〉으로 충분한 문항 분석
• 경쟁자가 헷갈려 한 선지를 알 수 있는 선지별 선택률 제시

차 례

[1초 합격예측! 모바일 성적분석표 발급 서비스 활용 GUIDE] 교재의 앞쪽에 수록된 광고 마지막 장 참고

[WHY] 100% 실전 MATCHING SYSTEM

[STRUCTURE] 교재의 구성

[무료 합격팩] 특수 OMR 카드, 빠른 정답표, 모아보는 점수표

2018 서울시 9급	**실전동형 모의고사 12회**	104p	100p
2017 국가직 9급	**실전동형 모의고사 13회**	112p	107p
2017 지방직 9급	**실전동형 모의고사 14회**	120p	115p
2017 서울시 9급	**실전동형 모의고사 15회**	128p	122p

7급 MATCHING

유형매칭	회차	문제	정답과 해설
2020 지방직(= 서울시) 7급	**실전동형 모의고사 16회**	136p	130p
2019 지방직 7급	**실전동형 모의고사 17회**	144p	138p
2018 지방직 7급	**실전동형 모의고사 18회**	152p	146p

9급공무원 공개경쟁채용 필기시험

응시번호	
성명	

회차	유형매칭
1	**2022 국가직 9급**

【시 험 과 목】

제1과목	국 어	제2과목	영 어	제3과목	한 국 사
제4과목	행정법총론		제5과목	행정학개론	

응시자 주의사항

1. **시험시작 전에 시험문제를 열람하는 행위나 시험 종료 후 답안을 작성하는 행위를 한 사람**은「공무원임용시험령」제51조에 의거 **부정행위자**로 처리됩니다.

2. **답안지 책형 표기는 시험시작 전 감독관의 지시에 따라 문제책 앞면에 인쇄된 책형을 확인**한 후, **답안지 책형란의 해당 책형(1개)**에 "●"와 같이 표기하여야 합니다.

3. 답안은 반드시 문제책 표지의 **과목순서에 맞추어 표기**하여야 하며, 과목순서를 바꾸어 표기한 경우에도 문제책 표지의 과목순서대로 채점되므로 유의하시기 바랍니다.

4. 시험이 시작되면 문제를 주의 깊게 읽은 후, **문항의 취지에 가장 적합한 하나의 정답을 고르며**, 문제내용에 관한 질문을 하실 수 없습니다.

5. **답안을 잘못 표기하였을 경우**에는 **답안지를 교체하여 작성**하거나 **수정테이프만을 사용하여 수정**할 수 있으며(수정액 또는 수정스티커 등은 사용 불가), 부착된 수정테이프가 떨어지지 않도록 눌러주어야 합니다.
   – 불량 수정테이프의 사용과 불완전한 수정처리로 인해 발생하는 모든 문제는 **응시자 본인에게 책임**이 있습니다.

6. **시험시간 관리의 책임**은 응시자 본인에게 있습니다.

정답공개 및 가산점 등록 안내

1. **정답공개, 이의제기:** 사이버국가고시센터(http://gosi.kr)
2. **가산점 등록방법:** 사이버국가고시센터(http://gosi.kr) ⇒『원서접수 ⇒ 가산점등록/확인』

※ 밑줄 친 부분의 의미와 가장 가까운 것을 고르시오. (1~3)

01

Lack of ambulance services and a shortage of basic utilities — such as water, electricity, and communications systems — further compound the problems faced by the city in treating newborns.

① transpire
② constrain
③ aggravate
④ intimidate

02

She lived a needy life, but she was dedicated enough to promise organ donation for people who needed transplantation.

① obstinate
② abundant
③ indispensable
④ impoverished

03

The city has been restoring the stream which was covered with cement during government-led industrialization efforts to ease traffic congestion and head off flooding in the 1970s.

① block
② promote
③ estimate
④ scrutinize

※ 밑줄 친 부분에 들어갈 말로 가장 적절한 것을 고르시오. (4~5)

04

They decided to _____ the fact that their father had to undergo surgery for cancer for the time being so that their mother wouldn't be shocked.

① uphold
② seduce
③ prolong
④ conceal

05

He needs to _____ everything before he decides whether to start his business or to work at the company.

① touch off
② mull over
③ put up with
④ make light of

06

어법상 옳은 것을 고르시오.

① He helped rulers having mercy on their people.
② Tom is the last person to do a such difficult task.
③ William has suffered from diabetes for two weeks.
④ The committee is consisted of ten members but they
don't know one another.

07

다음 글의 내용과 일치하지 않는 것은?

Few things in the food world evoke stronger opinions than spice. Fortunately for people who do love spice, science is in your favor. Spices like cinnamon, turmeric, garlic, ginger, cumin, and chili have many health benefits. First, spicy food has longevity benefits. Eating spicy food six or seven days a week lowered mortality rates by 14 percent, according to a study by Harvard and China National Center for Disease Control and Prevention. Second, spicy food speeds up your metabolism. Data across numerous studies indicate that certain spices can raise your resting metabolic rate and slow down your appetite. Third, spices combat inflammation. Curcumin, a compound in turmeric, may reduce inflammation in the body. In Ayurvedic medicine, the anti-inflammatory properties of ginger and garlic have been used for centuries to treat a range of conditions, like autoimmune disorders, and even headaches and nausea. Lastly, spices may even help fight cancer cells. Capsaicin, an active component of chili peppers, has been shown to slow and destroy cancer cells.

① Chili peppers have an ingredient with anticancer
properties.
② Ginger and garlic are spices with anti-inflammatory
properties.
③ Certain spices can facilitate the chemical processes in
your body.
④ The more frequently you eat spicy foods, the longer
you can live.

08

밑줄 친 부분 중 어법상 옳지 않은 것은?

As industrial society develops into an information-based business, the concept of information made as a product ① has been emerged. As a result, some people ② that own top-notch information ③ are likely to thrive economically and politically. Research about the economics of information covers a variety of categories ④ including the various things related to information cost.

09

다음 글의 제목으로 가장 적절한 것은?

In recent years, the effects of economic openness and technological change have fueled dissatisfaction with established political systems and led to new forms of political populism that exploit the economic and political resentment created by globalization. This shift in politics was evident in the decision by UK voters to leave the European Union in June 2016, the November 2016 election of Donald Trump to the presidency of the United States, as well as the rise of populist movements left and right throughout much of Europe. To many voters, the economy appears to be broken. Conventional politics is failing. Parties of the left and center-left have struggled to forge a convincing response to this new phase of globalization in the aftermath of the 2008 crisis.

① Changes in Global Politics
② Pros and Cons of Globalization
③ The Characteristics of Populism
④ Economic and Political Problems of Populism

10

다음 글의 흐름상 가장 어색한 문장은?

According to Ray Kurzweil, an inventor, futurologist, and prolific writer, we'll soon have technologies that can make us experience stories and narratives from the points of view of their characters. ① Clearly, these technologies open up a wealth of new opportunities for artists who are currently exploring the use of advanced technology and interactive interfaces in their works, with the intention of offering their audience an immersive and participatory experience. ② Amid dynamic technological developments, one must bear in mind the fact that the future is governed by human beings, not the apparatus. ③ For this experience, viewers may be transported into an elusive, carefully crafted or hyperrealistic, and yet highly suggestive and interactive, artistic realm. ④ The experience may be augmented using 3D holograms, VR, BCI, etc. In this augmented reality, the spectator/participant might even have some difficulties differentiating between what's real or virtual.

※ 밑줄 친 부분에 들어갈 말로 가장 적절한 것을 고르시오.
(11~12)

11

A: Hello. What's up?
B: Hi. You know my friend Sydney from Australia is in town, right?
A: Uh huh. You told me you were going to show Sydney around today.
B: Right. I was planning to take him to Dongdaemun Market today, but it's raining outside.
A: Yeah. I don't think it's a good idea to go there with the rain.
B: So I was thinking of taking him to the National Museum instead.
A: Good idea. I hear it's a must-see attraction.
B: But you know it's much quicker to get there by car. So I was wondering _____.
A: Oh, I'd love to, what time shall we make it?

① if you give a charge account
② if you give somebody a ring
③ if you give a cold shoulder to us
④ if I could ask you to give us a ride there

12

A: Hello, what's the matter with you?
B: I have a terrible stomachache. I've been running to the bathroom almost every ten minutes.
A: I see. Do you have any other symptoms?
B: I have a slight fever.
A: Did you eat anything unusual this morning or last night?
B: I didn't have breakfast, but I ate some leftover pizza last night.
A: If it's a simple stomachache, I can give you _____. But if it's food poisoning, you have to see a doctor.

① Achilles' heel
② castle in the air
③ Alpha and Omega
④ over-the-counter medicine

※ 우리말을 영어로 잘못 옮긴 것을 고르시오. (13~14)

13

① 그는 딸의 관심을 얻기 위해 그녀의 팔을 만졌다.
→ He touched his daughter on the arm to get her attention.

② Jane은 웨스트 런던 자택에서 3000파운드의 디자이너 시계를 도둑맞았다.
→ Jane was robbed of her £3,000 designer watch at her West London home.

③ 가격이 저렴한 자전거보다는 좋은 품질의 자전거를 구입하는 것을 강력히 추천한다.
→ I strongly recommend buying a good quality bicycle rather than a cheap one.

④ 연구자들은 테러리즘의 심리학이 이론보다는 의견에 의해 더 많이 특징지어짐을 인정한다.
→ Researchers admit the psychology of terrorism is marked more by opinion than for theory.

14

① 툰드라에 있는 대부분의 땅은 그것의 추운 기후 때문에 척박하다.
→ Most of the land in the tundra is barren because of its cold climate.

② William과 Jane은 어제 길거리에서 나를 보고 대단히 기뻐했다.
→ William and Jane were very pleasing to see me on the street yesterday.

③ 그녀의 움직임은 치타만큼 날래서, 나는 그것을 거의 알아차릴 수가 없다.
→ Her motion is as swift as that of a cheetah, so that I can hardly recognize it.

④ 인구밀도가 매우 높은 주는 운전면허를 취득하기 전 17세가 되어야 한다고 요구한다.
→ The state, where the population density is very high, requires that a person be 17 years old before getting a driver's license.

15

밑줄 친 (A), (B)에 들어갈 말로 가장 적절한 것은?

The number of marriage migrants, naturalized Korean citizens, and others who form multicultural families is estimated to about 280,000 in 2013 in comparison with about 140,000 in 2006. The dominant multicultural families include Chinese, Vietnamese, Filipinos, and Japanese citizens. _____(A)_____, there are multicultural families from Russia, Pakistan, Nepal, Bangladesh, England, France, the US, and Canada. An interesting characteristic is that the sex rate is different among nationalities. More foreign female spouses from Japan and Southeast Asia are found, while more male spouses from South Asia, Europe and North America are found. The 2006 and 2013 data on marriage immigrants and naturalized citizens via marriage or other reasons show that the ratio of foreigners in multicultural families out of total foreigners decreased recently while the absolute number of foreigners in multicultural families increased. This is due to the diversification of immigration purposes. Until the mid-2000s, marriage, and labor dominated the rationale behind immigration to Korea. _____(B)_____, recent immigrations include various fields such as the knowledge industry, professional expertise, and immigration itself, resulting in a relatively lower ratio of foreigners in multicultural families.

	(A)	(B)
①	Therefore	But
②	Also	Similarly
③	In addition	However
④	Thus	For example

16

밑줄 친 부분에 들어갈 말로 가장 적절한 것은?

Recent work has begun to look more closely at the effects of specific stressors on insomnia. Some of these studies have demonstrated relationships between _____ and insomnia in children, adolescents, and young adults, which is consistent with the idea that early and chronic stress may contribute to lifelong sleep problems. In a study of French adolescents, those who had insomnia symptoms came from families with higher divorce rates, had poorer relationships with their families, and reported higher rates of medical and psychological illness or death in parents. A prospective study of undergraduate college students assessed the impact of family, academic, and social events on insomnia; controlling for depression, negative family events, but not academic or social stressors, showed significant predictive value for insomnia.

① self-loathing
② social issues
③ conflict at home
④ trouble in school

17

다음 글의 제목으로 가장 적절한 것은?

We all try our best to listen, whether it's a short meeting or a lengthy conference. But some of us get distracted by side conversations or are tempted to reply to a text message. You may think that it is possible to multitask by doing something else while also listening to someone. But you can't truly listen to someone and do something else at the same time. Being distracted by another task isn't one of the characteristics of a good listener. You know that preventing possible distractions around you is crucial for listening. Make sure you don't have external or internal distractions to be a good listener. Put your phone away, tune out any side conversations and noise, and shut your laptop. Remember, listening to someone is not the time to show off your multitasking skills. Paying complete attention to the speaker is one of the most important traits of good listeners.

① Good Listening Is Crucial!
② Good Listeners Are All Ears!
③ Good Listeners Can Multitask!
④ Put Your Phone Away at Work!

18

주어진 문장이 들어갈 위치로 가장 적절한 것은?

> There are ways that these two types of archives, personal and public, can tell your family's story together.

Archives are places where people can go to gather firsthand facts, data, and evidence from letters, reports, notes, memos, photographs, and other primary sources. The National Archives, which is open to the public, is the U.S. Government's collection of documents that record important events in American history. (①) Whether or not you realize it, you probably also have archives in your home, a collection of material that records important events from your family's history. (②) They might be in a filing cabinet in your study, a box in the basement, or a chest in the attic. (③) Your family archives, for example, might contain the final certificate for your great-great-grandfather's homestead; the National Archives may hold the original applications for the homestead. (④) Also, your family archives may include a photograph from the day when your grandmother became a U.S. citizen; the National Archives contains the Government applications for naturalization of persons who wish to become U.S. citizens.

19

다음 글의 요지로 가장 적절한 것은?

> Generation after generation of kids gravitate toward planes, trains, and automobiles practically from birth. In their short lives, preschoolers may not have had a chance to see much of the world — but they've certainly spent a lot of time in the car! Think of the hours you've spent driving the kids to school, the grocery store, or Grandma's house. Those little eyes have been watching you grip that great big steering wheel, go on green and stop on red. Transportation is all around them, and kids seek to know and understand the world they live in.

① Kids always go somewhere by their parents' car.
② Kids spend a lot of time playing with vehicle toys.
③ Planes, trains, and automobiles are good for kids.
④ Kids like transportation because it is the world they experience.

20

주어진 글 다음에 이어질 글의 순서로 가장 적절한 것은?

Since mass production of plastic began 60 years ago, humankind has produced over eight billion metric tons of plastic. Just 9% has been recycled, another 12% destroyed by fire.

(A) These microplastics are smaller than 5mm in dimension. Much of the hundreds of millions of tons of plastic waste in our oceans is made up of microplastics. How these tiny particles affect our environment is still a relatively unexplored area of research.

(B) The rest, almost 80% of the plastic ever created, amasses in landfill sites or ends up in the natural environment, eventually finding its way into rivers, streams, and oceans. Then the plastic pollutes the oceans of the world.

(C) This plastic pollution has become a very visible issue — but one of the most intractable forms of ocean pollution is harder to see: microplastics. Plastic does not biodegrade, but breaks down into ever smaller pieces, resulting in microplastics.

① (C) − (B) − (A)
② (B) − (C) − (A)
③ (C) − (A) − (B)
④ (B) − (A) − (C)

9급공무원 공개경쟁채용 필기시험

응시번호	
성명	

회차	유형매칭
2	2022 지방직 (= 서울시) 9급

【시 험 과 목】

제1과목	국 어	제2과목	영 어	제3과목	한 국 사
제4과목	행정법총론		제5과목	행정학개론	

응시자 주의사항

1. 시험시작 전에 시험문제를 열람하는 행위나 시험 종료 후 답안을 작성하는 행위를 한 사람은 「공무원임용시험령」 제51조에 의거 **부정행위자**로 처리됩니다.

2. **답안지 책형 표기**는 시험시작 전 감독관의 지시에 따라 **문제책 앞면에 인쇄된 책형을 확인**한 후, **답안지 책형란의 해당 책형(1개)**에 "●"와 같이 표기하여야 합니다.

3. 답안은 반드시 문제책 표지의 **과목순서에 맞추어 표기**하여야 하며, 과목순서를 바꾸어 표기한 경우에도 문제책 표지의 과목순서대로 채점되므로 유의하시기 바랍니다.

4. 시험이 시작되면 문제를 주의 깊게 읽은 후, **문항의 취지에 가장 적합한 하나의 정답을 고르며**, 문제내용에 관한 질문을 하실 수 없습니다.

5. **답안을 잘못 표기하였을 경우**에는 **답안지를 교체하여 작성**하거나 **수정테이프만을 사용하여 수정**할 수 있으며(수정액 또는 수정스티커 등은 사용 불가), 부착된 수정테이프가 떨어지지 않도록 눌러주어야 합니다.
   - 불량 수정테이프의 사용과 불완전한 수정처리로 인해 발생하는 모든 문제는 **응시자 본인에게 책임**이 있습니다.

6. **시험시간 관리의 책임**은 응시자 본인에게 있습니다.

정답공개 및 가산점 등록 안내

1. **정답공개, 이의제기:** 사이버국가고시센터(http://gosi.kr)
2. **가산점 등록방법:** 사이버국가고시센터(http://gosi.kr) ⇒ 『원서접수 ⇒ 가산점등록/확인』

※ 밑줄 친 부분의 의미와 가장 가까운 것을 고르시오. (1~3)

01

The development of an affordable eco-friendly electric vehicle will induce a car to be purchased and relieve air pollution.

① swell
② alleviate
③ confound
④ scrutinize

02

The security systems can be useless by indifferent or foolish behavior such as opening the window.

① covetous
② apathetic
③ redundant
④ prosperous

03

He asked for her help now and then, even with things that were not her work.

① deadly
② promptly
③ occasionally
④ meticulously

04

밑줄 친 부분에 들어갈 말로 가장 적절한 것은?

The disparity has been caused by policies that encouraged doctors to seek profits by selling drugs and expensive treatments to _____ the loss of subsidies which were abolished as part of China's transition to a free-market system.

① give out
② let down
③ put up with
④ make up for

※ 어법상 옳지 않은 것을 고르시오. (5~6)

05

① William regretted giving up his violin lesson.
② She thinks that she played the guitar every morning.
③ Social media is raising these questions and it is creating problems for jobs in the media.
④ The conference presenter did not speak well, and neither did he explain anything about his subject.

06

① While some people worry that the system will read our minds, it can only understand a little simple words.
② Lying on the trade routes to both East and West, the area has a unique advantage that almost all businesses can't ignore.
③ Whatever life he chooses, he will not both be able to live satisfactory life and be happy with his own life.
④ Some extroverts are made uncomfortable by silence and they would rather try to have a conversation with people than be silent.

※ 우리말을 영어로 잘못 옮긴 것을 고르시오. (7~8)

07

① 당신이 나를 여기에 초대하다니 친절하다.

→ It is nice for you to invite me here.

② 당신이 성공하고자 한다면 열심히 일을 해야 할 것이다.

→ You will have to work hard if you are to succeed.

③ 할아버지는 여러 가지 사업에 관여하였다가 실패했다.

→ My grandfather took a hand in various enterprises only to fail.

④ 선생님들은 그들의 학생들을 훈육할 수 있는 권리를 가져야 한다.

→ Teachers should have the authority to discipline their students.

08

① 그들 중 한 명은 내게 지하철이 그 역에 언제 도착했는지 물었다.

→ One of them asked me when the subway arrived at the station.

② 토네이도는 그 마을을 지나 빠르게 모든 것을 파괴하고 있었다.

→ The tornado was destroying everything rapidly through the village.

③ 검사는 누가 살인을 저질렀는지에 대한 구체적인 증거를 요구했다.

→ The prosecutor requested concrete evidence about who committed murder.

④ 만약 그 그림이 피카소의 진품이었다면, 수천만 달러에 팔렸을 텐데.

→ Has the painting been a genuine Picasso, it would have sold for tens of millions of dollars.

09

두 사람의 대화 중 가장 어색한 것은?

① A: What's your favorite season?

B: Mine is autumn.

② A: My cousin visited a psychiatrist a week ago.

B: What problem did she have?

③ A: Do you know how to overcome stage fright?

B: I overcame stage fright three years ago.

④ A: Could you please turn off the air conditioner for me?

B: I was just about to. It's freezing cold in here.

10

밑줄 친 부분에 들어갈 말로 가장 적절한 것은?

A: What do you think about the interviewee we interviewed yesterday?

B: I think he had a good attitude about the job. How about you?

A: I think so, too.

B: And I really liked him because he didn't give up trying to find solutions to the question.

A: Right. But there's one thing I'm worried about.

B: What's that?

A: He seems to _____ the job position.

B: I'll say. That's a problem. Right now we need a person who has more practical experience.

A: Yeah. It'll take him a long time to learn new things.

B: I don't think we can hire him at this time.

A: I agree with you.

① have an eye for

② have a way with

③ hit the bull's eye for

④ be wet behind the ears about

11

주어진 글 다음에 이어질 글의 순서로 가장 적절한 것은?

For decades, doctors have been intrigued by the apparent health benefits of the so-called Mediterranean diet, which is not really a diet the way most people think of one. It's more of a dietary pattern or rather, several complementary dietary patterns that have existed around the Mediterranean basin for centuries.

(A) But most people tend to focus on one component of these diets — the olive oil — as if it were a magical potion that you could drizzle over any meal to make it healthy.

(B) Specifically, typical Mediterranean diets emphasize lots of fruits, cooked vegetables and legumes, grains and, in moderation, wine, nuts, fish and dairy products, particularly yogurt and cheese.

(C) According to the most rigorously controlled study of a Mediterranean diet, people with the most Mediterranean-like eating habits seem to have a reduced risk of dying from heart disease. But the study was unable to link the health benefits to any one ingredient, not even olive oil.

*potion: 물약

① (A) − (C) − (B)
② (B) − (A) − (C)
③ (B) − (C) − (A)
④ (C) − (B) − (A)

12

주어진 문장이 들어갈 위치로 가장 적절한 곳은?

But purchasing a dream vacation would appeal to your emotional satisfaction.

We purchase products for a variety of reasons. But, sometimes what pulls us toward purchasing certain products is the emotional appeal. Imagine you just won $5000 on a scratch ticket. You know you have some bills that could be paid, and your air conditioning unit hasn't been working very well. But, while flipping through a magazine, an advertisement for a dream vacation falls out and immediately grabs your attention. (①) It just so happens that the dream vacation also costs $5000. (②) Now a new air conditioning unit would provide you with the satisfaction of staying cool during the summer heat. (③) And paying bills would give you the satisfaction of being debt free. (④) This is because getting it would give you excitement, pleasure, relaxation, and memories to last a lifetime. If you decided to go with your emotions and purchase the dream vacation, you would be experiencing experiential consumption.

13

다음 글의 제목으로 가장 적절한 것은?

When you work for someone else, you impress your boss by providing value to the company. You distinguish yourself from your co-workers when you learn faster and perform better. However, who benefits the most? When you invest in a career working for someone else, the lion's share of the value you create goes to your employer. If you are an entrepreneur, things change. When you start a business, you invest in yourself. That means you no longer have to share the value you create. Of course, reaping such a reward isn't easy. It requires having confidence in your own abilities. Investing in yourself means believing that you're capable of doing more than what you're currently doing for your job or employer. It also requires, at times, foregoing all other activities to invest in yourself and your business. Spend your time doing things in order to learn, grow, and create value. Sacrificing the hobbies that you like is never easy, but earning the returns requires investing as much time in your business and yourself as possible.

① How To Earn the Most Returns
② How to Invest in Yourself: Invest in Others
③ To Be an Entrepreneur, Sacrifice the Hobbies
④ Entrepreneurs: What It Means To Invest in Yourself

14

글의 흐름상 가장 어색한 문장은?

Our modern calendar began with the Julian calendar, introduced by the Roman Empire in 46 BC. Julius Caesar ordered a new calendar to be developed that would unify the empire under one calendar and better follow the solar year. This calendar was named for him, the Julian calendar. This calendar is still in use by the Eastern Orthodox churches to set the holidays. ① A few centuries later, this calendar was replaced by the Gregorian calendar. ② The Gregorian calendar, sometimes referred to as the Christian Calendar, was introduced in 1582. ③ Pope Gregory XIII was confronted with the challenge posed by the other Christian religions in northern and eastern Europe. ④ Under Pope Gregory XIII, the Julian calendar was revised. Revisions included adding a leap year every fourth year and changing how the holiday of Easter is determined. Today, the Gregorian calendar is used throughout the world.

※ 다음 글의 내용과 일치하지 않는 것을 고르시오. (15~16)

15

Alfred Bernhard Nobel was born on October 21, 1833, in Stockholm, Sweden, the fourth of Immanuel and Caroline Nobel's eight children. Nobel was often sickly as a child, but he was always lively and curious about the world around him. In 1864, when Nobel was 29, a huge explosion in the family's Swedish factory killed five people, including Nobel's younger brother Emil. Dramatically affected by the event, Nobel set out to develop a safer explosive. In 1867, he patented a mixture of nitroglycerin and an absorbent substance, producing what he named "dynamite." In 1888, when Nobel's brother Ludvig died in France, a French newspaper erroneously published Nobel's obituary instead of Ludvig's and condemned Nobel for his invention of dynamite. Provoked by the event and disappointed with how he felt he might be remembered, Nobel set aside a bulk of his estate to establish the Nobel Prizes to honor men and women for outstanding achievements in physics, chemistry, medicine, literature and for working toward peace. Sweden's central bank, Sveriges Riksbank, established the Nobel Prize in Economics in 1968 in honor of Nobel.

① A false report caused Nobel to establish the Nobel Prizes.
② Nobel raised funds across Sweden to establish the Nobel Prizes.
③ His brother's death triggered Nobel to work on a safer explosive.
④ The Nobel Prize in Economics wasn't included at the time the Nobel Prizes were established.

16

Netflix has been most synonymous with the OTT(Over The Top) revolution. Consumers wanted to be able to stream content on their many mobile devices whenever they wanted, which turned out to be good for content providers too, because through this way content providers can go directly to their consumers. TV and cable networks used to license content to operators where they got most of their money — not through advertising — but with OTT, this model is slowly dying. Pay-TV is on the decline; now efforts for making profit are put toward subscriptions, ads, and premium video-on-demand. COVID also forced a whole new business model for OTT providers — the theatrical release of content over the Internet. Think Warner Bros. premiering films in theaters and at the same time on their HBO Max platform or Disney allowing subscribers with Premier Access to pay a little extra per month to gain early access to movies on Disney+. Now even the silver screen is on demand.

① With OTT, the way of creating revenue has changed.
② Through OTT, consumers may have access to films over the Internet.
③ With the extra money, you can get early access to movies on any OTT platform.
④ In the past, TV and cable networks made money mainly through licensing content.

17

다음 글의 요지로 가장 적합한 것은?

Motor vehicle crashes are the leading cause of death in the first three decades of American's lives. In 2009 alone, crashes killed over 33,000 people and injured another 2.2 million — more than 70% of these were in passenger vehicles and trucks. More than half of the people killed in car crashes were not restrained at the time of the crash. Wearing a seat belt is the most effective way to prevent death and serious injury in a crash. Yet, about 1 in 7 people still don't buckle up.

① Vehicles and trucks are dangerous.
② You should wear seat belt for your safety.
③ There are many ways to prevent car crashes.
④ You should drive carefully to block a car crash.

18

(A)와 (B)에 들어갈 말로 가장 적절한 것은?

The vast majority of water on the Earth's surface, over 96 percent, is saline water in the oceans. The freshwater resources, _____(A)_____ water falling from the skies and moving into streams, rivers, lakes, and groundwater, provide people with the water they need every day to live. Water sitting on the surface of the Earth is easy to visualize, and your view of the water cycle might be that rainfall fills up the rivers and lakes. _____(B)_____, the unseen water below our feet is critically important to life, also. Even though you may only notice water on the Earth's surface, there is much more freshwater stored in the ground than there is in liquid form on the surface.

	(A)	(B)
①	however	Such as
②	such as	However
③	such as	Therefore
④	however	Even though

※ 밑줄 친 부분에 들어갈 말로 가장 적절한 것을 고르시오.
(19∼20)

19

A 2020 study from the University of Ottawa found that 'the likelihood of a bumblebee population surviving in a given place' has declined by over 30% for one human generation. There are more than 800 wild bee species in Europe; seven have been classified as "Critically Endangered" by the International Union for Conservation of Nature (IUCN). A further 46 are classified as "Endangered", 24 as "Vulnerable", and 101 as "Near Threatened." There are many reasons why bees are dying, with humans primarily responsible for their dwindling numbers. The variety of factors include pesticides, drought, habitat destruction, nutrition deficit, air pollution, and global warming, with pesticides and habitat destruction regarded as two of the most prominent causes. Urban development across the world and intensive farming have destroyed a number of pollinator-friendly habitats. Their dwindling numbers are such a cause for concern because _____.
Honey bees — wild and domestic — perform about 80 percent of all pollination worldwide. The wind primarily pollinates grains, but bees pollinate fruits, nuts, and vegetables. Seventy out of the top 100 human food crops — which supply about 90 percent of the world's nutrition — are pollinated by bees.

① without them, there won't be flowers any more
② bees are essential to many of the world's food crops
③ habitats of bees are closely related to those of humans
④ bees can serve as an indicator of intensity of air pollution

20

The culture of Greece evolved over thousands of years and is widely considered to be the cradle of modern Western culture. This is because political systems and procedures such as democracy, trial by jury, and lawful equality originated there. Apart from these important Greek-derived features of Western civilization, ancient Grecian thinkers and architects laid the intellectual foundations of many fields of study. Whether it be astrology, mathematics, biology, engineering, medicine, or linguistics, nearly all of the information we take for granted today was first discovered by the ancient Greeks. As if all of this wasn't enough, when it comes to the realm of art — including literature, music, architecture, design, and the performing arts — the Greeks established many of the standards by which identify beauty and creative value. In short, if you live in the West, _____.
There are many thoroughly-Grecian contributions we experience and benefit from every day.

① you need to learn more about Greek history and culture
② you have been influenced by the political system of Greece
③ you are more like an ancient Grecian than you may realize
④ you are now familiar with ancient Greek philosophers and artists

9급공무원 공개경쟁채용 필기시험

응시번호	
성명	

회차	유형매칭
3	2021 국가직 9급

【시 험 과 목】

제1과목	국 어	제2과목	영 어	제3과목	한 국 사
제4과목	행정법총론		제5과목	행정학개론	

※ 밑줄 친 부분의 의미와 가장 가까운 것을 고르시오. (1~3)

01

That changed suddenly in 2015, when authorities, citing security concerns, banned gay and trans-gender pride events chasing away shocked participants trying to <u>converge</u> on central square.

① perpetuate　　② breach
③ induce　　　　④ flock

02

It concerns evidence that he was allowed to meddle in state affairs and <u>misappropriate</u> public funds.

① usurp　　　　② inhibit
③ mingle　　　　④ environ

03

But unconsidered personal choices and the accidents of history seemed to <u>conspire</u> against Marrero.

① assemble　　　② despise
③ collude　　　　④ inquire

04

밑줄 친 부분에 들어갈 말로 가장 적절한 것을 고르시오.

Although ostensibly cooperating to solve a crime of mutual interest, they _____ each other.

① detest　　　　② revoke
③ assuage　　　④ explicate

05

다음 글의 내용과 일치하는 것은?

The first pocket watch was invented by Peter Henlein in 1510 in Nuremberg, Germany. A pocket watch became a symbol of wealth and status even though the watches of the 16th and 17th century were not terribly reliable but were beautiful ornaments. Cases and dials were painstakingly handcrafted with opulent French designs while English, German and Dutch designs were more sedate. As technical advances were made, designs were simplified and the watch's image changed from an unreliable to a reliable timekeeper. In the 18th century, pocket watches continued to evolve. Jewels were used as bearings, sometimes diamonds, but as you can imagine, this made the pocket watch very expensive. In the second half of the 18th century, pocket watches started to be produced with three hands, thus making telling the time even more accurate. During the two World Wars, wrist watches were preferred as they were easier to wear; however, the pocket watch was still often worn with the three-piece suit in the 1950's.

① French pocket watch designs were more sumptuous than English designs.
② The pocket watch has been considered as just an accessory rather than a timekeeper.
③ In the 18th century, pocket watches were costly because they were handcrafted.
④ Pocket watches produced in the 17th century had a second hand.

06

어법상 옳지 않은 것을 고르시오.

① Had you come to the gym, you could have seen her.
② She lives in the restricted area, which she works as a math teacher.
③ William and Jane have so deep a distrust that they cannot trust each other.
④ Having seen the magnificent view, he took a picture of it with his digital camera.

07

다음 글의 제목으로 가장 적절한 것은?

Sociology and anthropology are social science disciplines that focus on studying the behavior of humans within their societies. Many institutions combine both disciplines into one department due to the similarities between the two. But the key distinction between the two social sciences is that sociology concentrates on society while anthropology focuses on culture. To put it more concretely, sociology is the study of social life, social change, and the social causes and consequences of human behavior. Sociological thinking involves the relationships among people — or more specifically, the associations among people and the products of human interaction. Anthropology is defined as the study of humans, past and present. Anthropological viewpoints are inspired by observing cross-cultural differences in social institutions, cultural beliefs and communication styles.

① How Did Anthropology Influence Sociology?
② How Do Sociology And Anthropology Differ?
③ The Similarities of Sociology And Anthropology.
④ The Important Roles of Social Science Disciplines.

08

밑줄 친 부분 중 어법상 적절한 것을 고르시오.

From that experience, I am going to let you in on a little secret about a word you should stop using ① immediate. It is "actually." For the ② experiencing listener, "actually" is a dead giveaway of an area that at the least ③ need to be further investigated, and may point at a deception. The word "actually" isn't important to the answer. It's extra information that makes the listener curious as to ④ why the word was added. An astute investor or customer will follow up with a request to see a customer list or to get a customer referral.

09

주어진 문장이 들어갈 위치로 가장 적절한 것은?

Traffic jams, tailgating and bad driving are just some of the things which make people see red at the wheel.

Search for 'road rage' on YouTube, and you will find over 6.5 million videos of drivers losing it at the wheel (and unfortunately for them, on camera). (①) And while some videos might seem funny, they all highlight the same serious issue. (②) That is, just so many of us are being affected by road rage when we climb into the driving seat. (③) For years now, Britain has been ranked the worst country in the world for road rage, with four in five motorists having lost their temper while driving. (④) Getting into the car in a bad mood can make drivers more susceptible to stress on the road as well.

10

다음 글의 흐름상 가장 어색한 문장은?

One of the biggest myths about homeschooling is the idea that homeschool socialization does not exist or that homeschoolers are all weird or do not know how to interact with people. But this is not always true. ① Of course, homeschooling means less daily interaction with large numbers of kids in a child's age group. ② And homeschoolers can end up spending less time each day participating in organized sports and activities with their peers. ③ Furthermore, in comparison to a public school, it can cost more to homeschool children, depending on their curriculum choice. ④ However, this does not mean that homeschoolers have no access to their peers, or have no ability to play sports or socially interact with others outside their family. In fact, on average, homeschoolers participate more in their community, are less sedentary, and socialize with a wider mix of adults (especially professionals) than their public school counterparts. As part of its flexible nature and focus on one-on-one / personalized learning, homeschooling involves more field trips, real-life experiences, and hands-on learning.

※ 밑줄 친 부분에 들어갈 말로 가장 적절한 것을 고르시오. (11~12)

11

A: What's going on? You look a little bit upset.

B: Really? Actually I have a singing audition coming up tomorrow. I've prepared for it all year long. This would be my last chance before I graduate.

A: Oh, you must be nervous. But to be honest, I have seen how hard you have prepared this audition, so I am sure you are going to make it.

B: Thanks, but when I get nervous, I sometimes forget the lyrics.

A: Just take it easy! _____

B. Thanks again for your great support.

① I'll sick of it.

② I'll show my true colors.

③ I'll accept it at face value.

④ I'll keep my fingers crossed for you.

12

A: It's _____(A)_____ outside. Look at it's pouring!

B: I'd like to put on some rain boots. Have you seen my yellow ones?

A: They must be in the shoe chest at the entrance, but I think the brown pair would go better with your outfit today.

B: I know, but I wore those last Friday when I went to school, and the next day, I saw Janet buying the exact same pair at a shopping mall. I bet she's going to wear those today.

A: Didn't she buy the same stuff for decorating her room the other day? She imitates everything you do.

B: I'm telling you. She always steals my style!

A: She is such a(n) _____(B)_____ .

	(A)	(B)
①	not cup of my tea	chicken
②	blowing hot and cold	cold fish
③	raining cats and dogs	copycat
④	beating a dead horse	cash cow

13

다음 글의 내용과 일치하지 않는 것은?

Fifty years after the Spanish flu, another influenza virus, H_3N_2, spread around the world. Estimates put the number of global fatalities at around one million people, about 100,000 of which were in the US. The 1968 pandemic was the third outbreak of influenza to occur in the 20th century, the other two being the Spanish Flu and the Asian flu pandemic. It is believed that the virus responsible for the Asian flu evolved and reemerged 10 years later into this so-called "Hong Kong flu," resulting in the H_3N_2 pandemic. While not as deadly as the Spanish flu outbreak, H_3N_2 was exceptionally contagious, with 500,000 people becoming infected within 2 weeks of the first reported case, in Hong Kong. The pandemic helped the global health community understand the vital role of vaccinations in preventing future outbreaks.

① The Spanish flu took place in 1918.

② Approximately one tenth of the total fatalities of the H_3N_2 pandemic died in one nation.

③ The Asian flu virus is thought to be related to the H_3N_2 virus.

④ The Hong Kong flu caused more deaths than the Spanish flu.

※ 우리말을 영어로 잘못 옮긴 것을 고르시오. (14~15)

14

① 그것을 얻기 위해 어떻게 해야 하는 지는 네가 그것을 얻기 위해 무엇을 해야 하는지 만큼이나 중요하다.
→ How you should do to get it is as important as what you should do to get it.
② 역사 선생님은 제1차 세계대전이 1914년에 발발했다고 말씀하셨다.
→ The history teacher said that World War I had broken out in 1914.
③ 그 정치학 교수는 현재의 정치적 상황에 대해 대답하도록 요청받았다.
→ The political science professor was asked to respond to the current political situation.
④ 그 프로젝트에 참가한 사람들 대부분은 그 정보에 흥미가 있는 것처럼 보인다.
→ Most of the people who participate in the project seem to be interested in the information.

15

① 당신은 무엇을 하더라도, 현실적이어야 하고, 진짜 본질에 집중해야 한다.
→ You must have your feet on the ground and focus on true nature whatever you do.
② 초기 의사들은 그것들이 작용하는 방식을 이해하지 못한 채 실제 효능이 있는 몇몇 약초를 우연히 발견했다.
→ The early physicians stumbled on some herbs of real power, without understanding the manner of their working.
③ 그때 범죄 현장에서 나온 지문들이 일치되었더라면, 지문 테스트는 지금 도움이 될 수 있었을 텐데.
→ If the fingerprints from the crime scene had been matched then, fingerprint testing could be helpful now.
④ 아일랜드 감자 기근이라고도 불리는 대기근은 아일랜드의 인구통계학적 역사상 분수령인 것으로 드러났다.
→ The Great Famine, also called the Irish Potato Famine, was proved to be a watershed in the demographic history of Ireland.

※ 밑줄 친 부분에 들어갈 말로 가장 적절한 것을 고르시오. (16~17)

16

Children in school have long been taught that Christopher Columbus proved the Earth wasn't flat. Indeed, it has been widely believed that when Christopher Columbus set sail in 1492 to find a new route to the East Indies, it was feared that he would fall off the edge of the Earth because people then thought the planet was flat. This is not the case. As early as the sixth century B.C., Pythagoras — later followed by Aristotle and Euclid — wrote about Earth as a sphere, and many historians say there is no doubt that the educated in Columbus's day knew quite well that the Earth was round. Columbus in fact owned a copy of Ptolemy's *Geography*, written at the height of the Roman Empire, 1,300 years before Columbus set sail. Several books published in Europe between 1,200 and 1,500 discussed the Earth's shape, including "The Sphere," written in the early 1,200s, which was required to read in European universities in the 1300s and beyond. _____

① Although he may never have reached Asia as planned, we cannot discount his achievement in disproving the flat-Earth theory.
② The big question for Columbus, it turns out, was not the shape of the globe but the size of the ocean he was planning to cross.
③ Today, this European explorer has a U.S. federal holiday to his name, and he is honored by holidays in other countries as well.
④ Actually, Columbus committed atrocities against native peoples on the islands and decimated their populations while he also terrorized Spanish colonists.

17

Many people struggle to develop assertiveness because they believe that they do not have the right to be assertive, lack the skills to express themselves effectively, or feel anxious or afraid to assert themselves. They may also struggle due to social and cultural factors. Since assertiveness tends to require a sense of _____, individuals who feel different or that cannot be themselves may be less likely to act in an assertive manner. In other words, when people are afraid or uncomfortable, they often hold back. For instance, individuals who are a part of a minority group (whether ethnic, gender, or racial) may fear being judged or rejected for their views so they keep important parts of themselves hidden. Women, for example, have historically been discouraged from directly communicating their wants and needs in the same way that men do. Women who do communicate their needs have been labeled aggressive rather than assertive.

① respect and empathy
② safety and belonging
③ confidence and assurance
④ responsibility and reliability

18

주어진 문장 다음에 이어질 글의 순서로 가장 적절한 것은?

Biofeedback is a technique you can use to learn to control your body's functions, such as your heart rate. With biofeedback, you're connected to electrical sensors that help you receive information (feedback) about your body (bio).

(A) Determining the method that's right for you depends on your health problems and goals. Biofeedback methods include brainwave, breathing, heart rate, muscle, sweat glands, and temperature.

(B) This feedback helps you focus on making subtle changes in your body, such as relaxing certain muscles, to achieve the results you want, such as reducing pain.

(C) In addition, biofeedback gives you the power to use your thoughts to control your body, often to improve a health condition or physical performance. Your therapist might use several different biofeedback methods.

① (A) − (B) − (C)
② (B) − (C) − (A)
③ (B) − (A) − (C)
④ (C) − (A) − (B)

19

다음 글의 주제로 가장 적절한 것은?

Indeed, numerous studies have shown that worry puts a strain not only on our mental health, but on our physical health, too. The problem with worrying is that it becomes a cycle of self-perpetuating negative thoughts. In a new review, University of Surrey researchers described worry as "a chain of thoughts and images that are affectively negative and relatively uncontrollable." The most effective strategies to stop worrying and rumination may be ones based in mindfulness, which involves nonjudgmental awareness of present thoughts and emotions, as well as cognitive behavioral therapy strategies, according to the University of Surrey review of 19 studies. Particularly, the review noted that "treatments in which participants are encouraged to change their thinking style, or to disengage from emotional response to rumination or worry," as well as "treatments which enable participants to adopt more concrete and specific thinking or which cognitively restructure thinking in a more positive and constructive way" seem especially effective.

① How can we stop worrying?
② What is the definition of worry?
③ How does worrying affect our health?
④ What do people usually worry about?

20

다음 글에 나타난 Father의 심경의 변화로 가장 가까운 것은?

A little boy was decorating a box with a gold wrapping paper under the Christmas tree. Money was short, so the boy's father punished him for wasting almost all roll of that expensive gold wrapping paper. However, the next morning the boy brought the gift to his father. "This is for you, Father," he said. He opened a box and found it empty, so he became angry again. "Don't you know that when you give someone a gift, it is supposed that there would be something inside it?" he said severely. The little boy looked at his father with tears in his eyes. "Father, this box is not empty. I filled it with my kisses, all for you." The father was stunned. He felt so embarrassed that he could just put his arms around his little son and beg for his forgiveness. For many years of his life the man kept that golden box near his bed. Wherever he felt sad and downhearted, he opened the box and thought of love that the little child had put into it.

① cold-minded → frustrated
② nervous → broad-minded
③ considerate → apathetic
④ enraged → touched

9급공무원 공개경쟁채용 필기시험

【시 험 과 목】

제1과목	국 어	제2과목	영 어	제3과목	한 국 사
제4과목	행정법총론		제5과목	행정학개론	

응시자 주의사항

정답공개 및 가산점 등록 안내

01

다음 밑줄 친 어휘와 의미가 가장 가까운 것을 고르시오.

> Tom did not stop Lucy from delivering a joke that was nothing less than <u>audacious</u>.

① valiant　　　　　② auxiliary

③ skeptical　　　　④ incredulous

※ 밑줄 친 부분에 들어갈 말로 가장 적절한 것을 고르시오. (2~4)

02

> China insists the placement of a THAAD battery in South Korea would _____ upon its national security.

① roam　　　　　② brisken

③ infringe　　　　④ squander

03

> To _____ a criminal conviction, evidence beyond a reasonable doubt is essential. The case must be proven so that there could be no reasonable doubt in the mind of the judge in delivering a guilty sentence.

① dismiss　　　　② felicitate

③ depreciate　　　④ demonstrate

04

> When operating on a patient, doctors often use anesthetics which temporarily _____ the pain.

① assess　　　　② worsen

③ mitigate　　　④ distribute

05

다음 밑줄 친 어휘와 의미가 가장 가까운 것을 고르시오.

> As the confusion caused by terrorists continued, the FBI moved from surreptitious research to direct contact.

① extraordinary   ② clandestine
③ infamous   ④ flagrant

※ 우리말을 영어로 잘못 옮긴 것을 고르시오. (6~7)

06

① 새 차를 구입하기 위한 가장 좋은 방법에 대해 논의하다니 그는 현명하다.
 → It's wise of him to discuss the best way to buy a new car.
② 새로운 선생님들은 학생들을 이해하기 위해 무엇을 해야 하는지 좀처럼 알지 못한다.
 → Scarcely new teachers know what they do to understand their students.
③ 문장 구조를 이해하는 것의 중요성을 부인하는 학생은 거의 없을 것이다.
 → Few students will deny the importance of understanding the structure of a sentence.
④ Tom은 그의 고객들에게 이번 할인이 그 지역에서만 가능하다는 것을 설명하느라 바쁘다.
 → Tom is busy explaining to his customers that this discount is only available in the area.

07

① 그는 일관된 이미지들을 만들어내면서, 그가 알아야 하는 것들은 무엇이든 익혔다.
 → He picked up whatever he needed to know, creating consistent images.
② 작년 초에 그 제품들이 1달러의 가치가 있었더라면, 지금 그것들을 구매하는 데 2달러가 들었을 텐데.
 → If at the beginning of the last year the products had been worth $1.00, it would have taken $2.00 to buy them now.
③ 일반적으로 모델은 경제 행위 이론을 설명하는 일련의 수학 방정식으로 이루어져 있다.
 → Models generally consist of a set of mathematical equations that describe a theory of economic behavior.
④ Tom은 그 전당대회에서 자격을 얻었고, 2009년 백악관 기자회견에서 부탁받았다.
 → Tom was qualified at the national convention, and in 2009 he was called on at a White House press conference.

08

어법상 옳지 않은 것은?

① Do you remember when we used to hanging out in the playground after school?
② I'm starting a new job next week and it is to teach English to advanced students.
③ We have been providing more food than elementary students can eat, and much of the food is wasted.
④ An interesting aspect of these principles is that they are not given by the state, but are fundamental in the creation of a state.

09

다음 글의 제목으로 가장 적절한 것은?

Calls for social distancing and isolation have become the coronavirus battle-cry, and lockdowns are halting cities and towns all over the world. Schools are closed, and so are non-essential businesses. All gatherings are off. Remote working is the new working, and time spent outside the home is down to a bare minimum. That is, of course, when you have a home. In rich western cities, the homeless are at higher risk of contracting the disease, and cities with large homeless populations — that is, cities with more inequality — will have a harder time flattening the proverbial curve. Also, people who live in the low- or middle-income neighborhoods of Africa or Asia's large cities, or the slums of Latin America, depend on the informal economy. They are often sharing overcrowded quarters, and don't have a realistic option to stand two meters (six feet) apart. For some part of the world, social distancing is an unimaginable luxury.

① Social Distancing Is Not Social Disconnection
② Social Distancing Measures in Different Countries
③ Why Social Distancing is Critical to Your Health Right Now
④ Social Distancing Is a Privilege That Poor People Cannot Afford

10

주어진 글 다음에 이어질 글의 순서로 가장 적절한 것은?

Burnout is a word that has gotten a lot of buzz lately. Considering how much people work today due to advances in technology, it is not surprising that burnout is getting so much attention.

(A) But this is not something that was just introduced a few years ago. According to a research paper on burnout, depression, and anxiety, descriptions of burnout can be found across many different times and cultures, even going as far back as the Old Testament and Shakespeare's writings.

(B) At this time, it was first studied by psychiatrist Herbert Freudenberger and social psychologist Christina Maslach. Freudenberger described it as "to fail, wear out, or become exhausted by making excessive demands on energy, strength or resources."

(C) Burnout has been around us for a very long time since those times. It was in the mid-1970s when researchers and experts in the medical and psychological fields really began paying attention to the idea.

① (A) − (B) − (C)
② (A) − (C) − (B)
③ (B) − (C) − (A)
④ (C) − (A) − (B)

11

밑줄 친 부분에 들어갈 말로 가장 적절한 것은?

A: Apparently, Tony went and told the whole family about my breakup with Janet.

B: He is such a bigmouth. He just does not know how to keep personal matters a secret.

A: I know, he will say anything to get people's attention.

B: _____ The other day, I also heard he was talking about Steve's surprise party plan to everyone.

A: Oh, I can't believe it! Steve has planned this for his fiancée for months.

B: Yeah, and the plan ended up getting in her ears, so Steve was so irritated.

A: I'd be, too!

---

① You are telling me.
② It's all Greek to me.
③ You can say that again.
④ He is making a mountain out of a molehill.

12

두 사람의 대화 중 가장 어색한 것은?

① A: What's the score right now?
   B: The game is tied now.
② A: What's up with you?
   B: Nothing. It's no big deal.
③ A: I don't know how to thank you.
   B: Don't mention it.
④ A: Please give my best wishes to your parents.
   B: I don't think we've met before.

13

다음 글의 내용과 일치하지 않는 것은?

Chinese biophysicist He Jiankui's announcement on the birth of the first genetically modified babies, named Lulu and Nana, caused significant debate as research on human embryos, not to mention changing their genomes, has historically been an ethically fraught issue. One cause for concern is the lack of transparency surrounding the trial. Not only did He mislead the parents, describing the study as a program for developing a novel HIV vaccine, but he did not inform his university of his research. His choice of HIV as the focus of the study is controversial as well. The risk that HIV will pass from the father to the child can be mitigated by using techniques like 'sperm washing' and retroviral drugs. For conditions that lack a cure, embryonic editing may be justified; for HIV, the benefits seem slim. Furthermore, the safety profile of gene-editing technologies is far from fully understood, and they may cause mutations that result in pathologies such as cancer. Because of this, their use so far has been restricted to adults with extremely severe diseases.

---

① The birth of the world's first gene-edited children has been disputed.
② He selected a disease that can fully rationalize his research.
③ He's school was not aware that he was conducting the study.
④ Lulu and Nana have a risk of developing cancer in the future.

14

밑줄 친 부분 중 글의 흐름상 가장 적절하지 않은 문장은?

Posttraumatic stress disorder(PTSD) is an anxiety disorder with many causes. ① It is frequently diagnosed in people who have experienced a traumatic event, whether physical, psychological, or, as in most cases, both. After experiencing the traumatic event, the person may develop PTSD. ② This disorder is characterized by symptoms which may include re-experiencing the event through flashbacks or nightmares, being triggered, avoiding triggers associated with the event, and remaining in a state of hyperarousal or vigilance. ③ A combination of a psychological therapy and medication may be recommended for severe or persistent PTSD. ④ Some of the most common PTSD symptoms include insomnia and nightmares. Between 70 percent and 91 percent of patients often have trouble getting to sleep or staying asleep.

15

어법상 옳지 않은 것을 고르시오.

① I look forward for you to meet her as soon as possible.
② The employees were asked to come to the office before 9 A.M.
③ It will not be long before we suffer from a shortage of drinking water.
④ It is a dangerous notion that an official language will make many countries closer.

※ 밑줄 친 부분에 들어갈 말로 가장 적절한 것을 고르시오. (16~17)

16

Since it is not an old phobia, but one that increased in recent decades, not much is known about coulrophobia, which is a persistent fear of clowns. The phobia can cause a state of panic, difficulty in breathing, irregular heartbeat, sweating, nausea, and so on. Scientists and doctors now agree that it is a result of not knowing who lies behind the excessive makeup, red nose, and colorful hair as the clown normally wears a colorful makeup to deconstruct the facial features to create a new identity, which is intended to be considered amusing. Yet, the idea that their bright makeup makes them able to break social norms and easily do things that others can't do seems to increase the feelings of fear. _____ may sound absurd for some; however, it is true that many people are suffering from the phobia. It even prevents some of them from eating a hamburger in the famous fast food chain, McDonalds.

① Working as a professional clown
② Getting rid of the fear of clowns
③ Staying calm in front of the clown
④ Being terrified of these funny looking people

17

It's been said that a person's true character is revealed in a crisis – and if the coronavirus pandemic has taught us anything so far, the same can be said for a country. As the world increasingly shuts down to help slow the virus' spread, one of the most interesting phenomena taking place is the creative, quirky and inspiring ways that different cities and countries are coping with the pandemic and defining their own distinct "quarantine culture" along the way. In Italy, self-isolating residents have been filmed belting opera from their balconies. In Belgium, the nation's iconic friteries are still doling out French fries. And throughout Scandinavia, some people are still pedaling to work on bikes. In many ways, this global pandemic is _____.

* friterie: 감자튀김 가게

① adversely affecting a great number of businesses and industries all over the world
② showing that the nations of the world can come together to tackle this threatening global challenge
③ laying bare what really matters to different nations and revealing a lot about a country's character
④ making everyone in the world equal in their fear and confinement, whether wealthy or poor, and famous or not

18
다음 글의 요지로 가장 적절한 것은?

As health officials in a growing number of countries fight to slow the spread of the novel coronavirus, they're also working to stem a secondary issue that the World Health Organization is calling an "infodemic." The WHO defines an infodemic as "an overabundance of information — some accurate and some not — that makes it hard for people to find trustworthy sources and reliable guidance when they need it." The problem is aided by the ease and speed with which false or misleading information can spread on social media. As the disease has spread, so too have false claims online about how it began, the number of people infected and promises of magical cures. In this particular case, with COVID-19, because of the growth of social media platforms in recent years, information, whether accurate or not, is spreading faster than the virus itself.

① The infodemic is more dangerous than the pandemic.
② The development of social media has been causing a side effect.
③ It is important to distinguish between accurate and inaccurate information on social media.
④ It is better to rely on traditional media for the virus-related information than on social media.

19

밑줄 친 (A), (B)에 들어갈 말로 가장 적절한 것은?

Wearing a face mask is certainly not an ironclad guarantee that you won't get sick – viruses can also transmit through the eyes and tiny viral particles, known as aerosols, can penetrate masks. ____(A)____, masks are effective at capturing droplets, which are a main transmission route of coronavirus, and some studies have estimated a roughly fivefold protection versus no barrier alone. If you are likely to be in close contact with someone infected, a mask cuts the chance of the disease being passed on. If you're showing symptoms of coronavirus, or have been diagnosed, wearing a mask can also protect others. ____(B)____ masks are crucial for health and social care workers looking after patients and are also recommended for family members who need to care for someone who is ill – ideally both the patient and carer should have a mask.

	(A)	(B)
①	Therefore	Indeed
②	However	So
③	That is	Hence
④	Similarly	For example

20

주어진 문장이 들어갈 위치로 가장 적절한 곳은?

These different options were practiced in parallel, and the film industry first had to discover which would become most popular with audiences.

In hardly any other country has a similarly prominent and high-level dubbing culture emerged as in Germany. However, in the early days of sound films – or "talkies" – in around 1930, when the need to translate foreign-language films became an issue, audiences were not at all enthusiastic at first about the unfamiliar voices they heard in the dialogues. (①) Alongside dubbing and subtitling, there was one other alternative back then – to remake the film as accurately as possible in the local language. (②) Subtitling was the easiest to accomplish but the most tiring for the viewer, remakes were the most expensive, but most popular, and dubbing was the most controversial. (③) Having actors speak in unfamiliar voices clashed with the traditional viewing and listening habits. (④) This sense of unease was exacerbated by the dogmatic and fastidious attempts to synchronize the lips in early dubbing work. But during the course of the 1930s, audiences got over their initial shock and found it increasingly convenient to listen to dialogues in German rather than to decipher the subtitles.

9급공무원 공개경쟁채용 필기시험

응시번호	
성명	

회차	유형매칭
5	2020 국가직 9급

【시험과목】

제1과목	국 어	제2과목	영 어	제3과목	한 국 사
제4과목	행정법총론		제5과목	행정학개론	

응시자 주의사항

1. 시험시작 전에 시험문제를 열람하는 행위나 시험 종료 후 답안을 작성하는 행위를 한 사람은 「공무원임용시험령」 제51조에 의거 **부정행위자**로 처리됩니다.

2. **답안지 책형 표기는 시험시작 전 감독관의 지시에 따라 문제책 앞면에 인쇄된 책형을 확인**한 후, 답안지 책형란의 해당 책형(1개)에 "●"와 같이 표기하여야 합니다.

3. 답안은 반드시 문제책 표지의 **과목순서에 맞추어 표기**하여야 하며, 과목순서를 바꾸어 표기한 경우에도 문제책 표지의 과목순서대로 채점되므로 유의하시기 바랍니다.

4. 시험이 시작되면 문제를 주의 깊게 읽은 후, **문항의 취지에 가장 적합한 하나의 정답을 고르며**, 문제내용에 관한 질문을 하실 수 없습니다.

5. **답안을 잘못 표기하였을 경우**에는 **답안지를 교체하여 작성**하거나 **수정테이프만을 사용하여 수정**할 수 있으며(수정액 또는 수정스티커 등은 사용 불가), 부착된 수정테이프가 떨어지지 않도록 눌러주어야 합니다.
   - **불량 수정테이프의 사용과 불완전한 수정처리**로 인해 발생하는 모든 문제는 **응시자 본인에게 책임**이 있습니다.

6. **시험시간 관리의 책임**은 응시자 본인에게 있습니다.

정답공개 및 가산점 등록 안내

1. **정답공개, 이의제기:** 사이버국가고시센터(http://gosi.kr)
2. **가산점 등록방법:** 사이버국가고시센터(http://gosi.kr) ⇒ 『원서접수 ⇒ 가산점등록/확인』

※ 밑줄 친 부분의 의미와 가장 가까운 것을 고르시오. (1~4)

01

An epidemic is the rapid spread of infectious disease to a large number of people in a given population within a <u>short</u> period of time, usually two weeks or less.

① vigilant
② incisive
③ abrasive
④ abbreviated

02

A cartel is a group of independent market participants who collude with each other in order to <u>improve</u> their profits and dominate the market.

① concur
② console
③ ameliorate
④ conjecture

03

Some people have a horror of <u>cliched</u> images of African-American life in movies.

① garish
② extortionate
③ trite
④ impressionable

04

A PC connected to the internet via a cable modem is always vulnerable to a <u>malicious</u> hacking whenever you turn the PC on.

① laconic
② dire
③ inscrutable
④ vicious

05

어법상 옳은 것은?

① How do we realize justice will vary over time and in different circumstances.
② When we will find the grave, we will take out the dirt and eventually clean the body and document it.
③ The unemployed spent more time watching TV daily on average than that with either full-time or part-time jobs.
④ Farm animals, including cows, sheep, pigs, chickens and goats, can pass diseases to the old since they are not like house pets.

06

우리말을 영어로 가장 잘 옮긴 것은?

① 암컷 새의 몸이 적절한 알의 성장을 위해 너무 뜨거울 수도 있다는 것이 최근에 알려졌다.
   → It has recently suggested that a female bird's body may be too hot for proper egg development.
② 쿠키가 그러한 정보를 포함하고 있기 때문에, 사이트에서 그것들의 사용은 수많은 사생활 우려를 불러일으킨다.
   → Because *cookies* contain such information, the use of them on sites arises a number of privacy concerns.
③ 당신은 미래에 그 사이트에 접속하기 위해 요구되는 당신의 이름과 몇 가지 개인정보 또는 금융정보를 밝히도록 요청받을 수도 있다.
   → You may be asked to reveal your name and some personal or financial information required to gain access to that site in the future.
④ 그 당시에, 과학은 과학 연구 및 개발의 중심지로서 대학을 대신했었던 과학 단체와 학회들에 의해 지배되었다.
   → At the time, science dominated scientific societies and academies which had largely replaced universities as centers of scientific research and development.

07

우리말을 영어로 잘못 옮긴 것은?

① 그 지역에 서식하는 늑대가 인간에게 위험하다는 사실은 그 결정을 정당화한다.
   → The fact that wolves inhabiting the area are dangerous to people justifies the decision.
② 내게 수학의 신비를 처음으로 접하게 해 주려 하는 선생님은 팝송을 좋아한다.
   → The teacher who tries to initiate me into the mysteries of mathematics like a pop song.
③ 그것의 발명가들로부터 이름을 가진 그 기계는 금속판에 한 줄로 구멍을 뚫기 위해 사용된다.
   → The machine taking its name from its inventors is used to punch a row of holes in the metal sheet.
④ 흔히 The U.K.나 Great Britain이라고 불리는 이 나라는 공식적으로 영국이라고 알려져 있다.
   → The country commonly referred to as The U.K. or Great Britain is officially known as The United Kingdom of Great Britain and Northern Ireland.

08

다음 글의 요지로 가장 적절한 것은?

We often think of leaders within the context of their talking; perhaps giving an inspiring speech that rallies the troops, facilitating a discussion, or providing clear direction. However, it has been found that leaders with a preference for listening are rated as significantly more effective than those who spend the majority of their time holding forth. My colleague Joe Folkman and I analyzed the self-assessment results from 577 leaders on their preference for talking versus listening. We identified 104 leaders with a strong preference for talking and compared their results to 135 leaders who preferred listening. We also collected effectiveness ratings on these leaders, using evaluations from managers, peers, direct reports, and others. We measured leadership effectiveness on 16 differentiating competencies and examined the average rating from all rater groups. We found leaders with a strong self-preference for listening were rated as significantly more effective on 13 of the 16 competencies. The data is extremely compelling, showing that a preference for listening (and listening before talking) is directly tied to a leader's effectiveness.

① People consider good leaders to be more listening.
② Effective leaders tend to favor listening over speaking.
③ Great leaders should keep a balance between talking and doing.
④ Leadership skills can be improved through regular self-evaluation.

09

다음 글의 제목으로 가장 적절한 것은?

Night sky brightness is one of the indicators of light pollution. Because the natural atmosphere is not completely dark because of airglow and scattered light, taking measurements of light pollution is an intricate process. To obtain an accurate measurement, scientists use satellite images of Earth at night to determine the number and intensity of the light sources, and calculate the total sky brightness. Amateur and professional astronomers can also use a Sky Quality Meter, a handheld device that measures sky brightness, to document and compare different areas. Mobile apps like Dark Sky Meter and Loss of Night allow anyone to measure sky brightness as well. Another way to measure light pollution is the Bortle Scale, a nine-level rating system that measures sky quality by providing observable standards. John E. Bortle, a retired fire chief and amateur astronomer, devised the rating system in 2001 as a means to help amateur astronomers evaluate the darkness of an observation site and compare sites.

① How to Gauge Light Pollution
② The Danger of Artificial Light
③ Difficulty of Measuring Light at Night
④ Astronomers' Effort to Decrease Light Pollution

10

다음 글의 내용과 일치하지 않는 것은?

Many historians and scholars agree that zero first emerged from India. Although the concept of marking nothingness existed in several other cultures, like the Mayans and Babylonians, the ancient Indians were the first to treat nothingness as a proper numeral rather than simply a placeholder. And as mathematical concepts developed, zero crept out of India and began to stretch across the globe. It landed in Europe during the era of the Crusades, and people were skeptical of zero because the whole concept of nothingness actually was quite a difficult idea for a lot of people, especially Christians. Their idea was a sort of 'eternity' and there's no beginning and no end of God. So the very concept of nothingness made them feel quite uncomfortable. It wasn't until the 15th century that zero was fully accepted in the Western world. Merchants played a major role in that.

① A lot of people are in broad agreement that zero was invented in India.
② Before the invention of zero, early civilizations were unable to indicate nothingness.
③ European people were at first not in favor of the concept of zero.
④ The idea of nothingness seemed contradictory to some religious beliefs.

11

두 사람의 대화 중 가장 어색한 것은?

① A: Which design do you prefer?
　 B: I like the red one with the flower pattern.
② A: Would you like to go outside for a walk?
　 B: I was just about to ask you the same thing.
③ A: You should eat the soup before it gets cold.
　 B: It's freezing cold outside.
④ A: Did Angelina give you the invitation card for her wedding?
　 B: She sure did. I was really surprised by the news.

12

밑줄 친 부분에 들어갈 말로 가장 적절한 것은?

Husband: I'm starving! Is there anything to eat in the kitchen?
Wife: Um, there are some carrots, mushrooms, bread, and eggs in the fridge.
Husband: Perfect! I should go and make some scrambled eggs. Would you like some as well?
Wife: Oh, thanks! I was just about to get hungry. Do you want some help with the cooking?
Husband: _____. You should get some rest while I cook.
Wife: That's really nice of you. If you need my help, tell me any time.

① I mean it
② Search me
③ Don't bother
④ Over my dead body

13

밑줄 친 (A), (B)에 들어갈 말로 가장 적절한 것은?

The debate over gun control in the United States has waxed and waned over the years, stirred by a series of mass shootings by gunmen in civilian settings. In particular, the killing of twenty school children in Newtown, Connecticut, in 2012 prompted a new national discussion about gun laws. ___(A)___, legislation that would have banned semiautomatic assault weapons was defeated in the Senate despite extensive public support. Unfortunately, recent years have seen some of the worst mass shootings in U.S. history. They include a 2017 shooting at a music festival in Las Vegas that killed fifty-eight people, a 2018 shooting at a high school in Parkland, Florida, that killed seventeen, and a shooting at an El Paso, Texas, shopping center in 2019 that killed twenty-two people. ___(B)___, the gun control debate has been rekindled and the regularity of such events has invoked comparisons of U.S. gun policies and those of other wealthy democracies.

	(A)	(B)
①	Moreover	Therefore
②	Nevertheless	On the other hand
③	However	As a consequence
④	Likewise	For instance

14

다음 글의 주제로 가장 적절한 것은?

Elise Hopman and Maryellen MacDonald of the University of Wisconsin-Madison compared the effects of comprehension practice and production practice on foreign language learning. In the study, the researchers divided participants into two groups and taught them an artificial language. The comprehension-practice group used typical listening exercises, while individuals in the production-practice group spoke and received immediate feedback on their vocabulary, grammar, and punctuation. All participants then completed vocabulary tests and tests measuring their grammatical skills. The results suggested that the production-practice group outperformed the comprehension-practice group on both grammatical and vocabulary tests. "Under the right circumstances," the researchers explain, "producing language is an incredibly strong learning experience." They suggest that current teaching practices, where students generally do more listening than speaking, may underestimate the value of having students produce the language themselves.

① efficient ways to improve speaking skills
② necessity of being able to speak a foreign language
③ importance of talking in learning a foreign language
④ ineffectiveness of listening to music while studying a foreign language

15

주어진 글 다음에 이어질 글의 순서로 가장 적절한 것은?

When sitting face-to-face in conversation with someone — a friend, partner, child, or coworker — how frequently are you actually thinking about nothing else other than the words that are coming out of the other person's mouth? Probably not too often. And you are not alone.

(A) Research shows that only about ten percent of us listen effectively. We are so distracted by the cacophony of dings and tweets from our smartphones, not to mention our ever-growing to-do lists, that we struggle to focus and listen when people talk to us.

(B) We often *think* that we are listening but we are actually just considering how to jump in to tell our own story, offer advice, or even make a judgment — in other words, we are not listening to *understand*, but rather to *reply*.

(C) If we are not distracted by technology, our own thoughts can keep us from listening to another person.

① (A) − (B) − (C)
② (A) − (C) − (B)
③ (B) − (A) − (C)
④ (B) − (C) − (A)

16

다음 글의 흐름상 가장 어색한 문장은?

Giving children access to all varieties of literature is extremely important for their success, and educators, parents, and community members should help them develop a love and passion for reading literature. ① Choosing right books for children to read should be depending on what they are interested in, not on what adults think is interesting. ② Not only is literature important in developing cognitive skills to be able to succeed in a school or work setting, but it is of value for other reasons as well. ③ Literature is important because it provides children with opportunities to respond to the world and express their personal opinions and feelings. ④ Children can be given by literature appreciation about their own cultural heritage as well as those of others. Additionally, it helps them develop intelligence and creativity and nurtures growth and development of the child's personality and social skills. It is also literature that transmits countless important themes, ideas, imaginations, and experiences from one generation to the next.

17

주어진 문장이 들어갈 위치로 가장 적절한 것은?

Our independent streak is finally being recognized as a great strength and asset to the survival of the species.

In every crisis, there is an opportunity. Amid a global pandemic, it looks like my own Gen X has eventually found ours. (①) It was fostered by our need to fend for ourselves while our boomer parents toiled for long hours at work, making us more comfortable with self-reliance and an afternoon spent on the couch playing video games. (②) Now, for the first time in our lives, the question "Why can't everyone be more like Generation X?" is being uttered. (③) Yes, a global pandemic has now become yet another generational divide. (④) Headlines have called out Generation Z and millennials for their inability to skip brunch, chastised the boomers for not taking the threat to their health more seriously and celebrated the Gen X talent for not hanging out, staying inside, and doing nothing.

18

다음 글의 내용과 일치하지 않는 것을 고르시오.

William E. Macaulay Honors College, commonly referred to as Macaulay Honors College, is a selective, co-degree-granting honors college for students at the City University of New York(CUNY) system in New York City. The college is known primarily for offering full-tuition scholarships, among other benefits, to all of its undergraduates. Each Macaulay student is designated a University Scholar and receives a full-tuition scholarship, Apple MacBook Air laptop, dedicated and specialized advisors through the Macaulay Advising Program, and a NYC cultural passport card that offers free and/or discounted admission to "participating cultural institutions". Macaulay Honors College accepts applications from high school seniors applying for the first time to be freshman immediately following their senior year. Macaulay does not accept transfer students or applicants applying for mid-term entry. The college advises applicants to research the eight CUNY senior colleges which participate in Macaulay prior to submitting an application which is available online. Applicants to Macaulay are then considered for acceptance to the undergraduate degree program at the CUNY campus designated on their applications.

① Macaulay에서 공부를 하면 공동 학위를 받는 것이 가능하다.
② Macaulay에서 학부생들은 수업료에 대한 부담 없이 공부를 할 수 있다.
③ 학생들은 지원서를 접수하기 위해 Macaulay에 직접 방문할 필요가 없다.
④ 다른 학교 신입생의 경우, 처음 한 번은 Macaulay로 전학할 수 있는 기회가 있다.

19

밑줄 친 (A), (B)에 들어갈 말로 가장 적절한 것은?

At the age of 13, Andrew Carnegie worked from dawn until dark as a bobbin boy in a cotton mill, carrying bobbins to the workers at the looms and earning $1.20 per week. A year later, he was hired as a messenger for a local telegraph company, where he taught himself how to use the equipment and was promoted to telegraph operator. With this skill he landed a job with the Pennsylvania Railroad, where he was promoted to superintendent at age 24. Not just ambitious, young Carnegie was a(n) ____(A)____ reader, and he took advantage of the generosity of an Allegheny citizen, Colonel James Anderson, who opened his library to local working boys — a rare opportunity in those days. Through the years books provided most of Carnegie's education, remaining invaluable as he rapidly ____(B)____ through his career.

	(A)	(B)
①	benevolent	rebelled
②	voracious	progressed
③	congenial	unveiled
④	avid	languished

20

밑줄 친 부분에 들어갈 말로 가장 적절한 것은?

Canada is a democratic constitutional monarchy with a parliamentary system of government. Canada's Parliament is a federal legislature "composed of individuals selected to represent the Canadian people." It forms the legislative branch of government. The Prime Minister, as head of government, and the Cabinet comprise the executive branch, and Canada's courts at both the federal and provincial levels make up the judicial branch of government. The Parliament of Canada shares its _____ with ten provincial and three territorial governments. The legislative powers of the federal Parliament are stipulated by section 91 of the Constitution Act, 1867. Generally, it has jurisdiction to make laws "for the Peace, Order, and good Government of Canada," which does not fall within the exclusive legislative authority of the provinces.

① legislative election
② judical competence
③ law-enacting function
④ administrative authority

9급공무원 공개경쟁채용 필기시험

응시번호		회차	유형매칭
성명		**6**	2020 지방직 (= 서울시) 9급

【시 험 과 목】

제1과목	국 어	제2과목	영 어	제3과목	한 국 사
제4과목	행정법총론		제5과목	행정학개론	

응시자 주의사항

1. 시험시작 전에 시험문제를 열람하는 행위나 시험 종료 후 답안을 작성하는 행위를 한 사람은 「공무원임용시험령」 제51조에 의거 **부정행위자**로 처리됩니다.

2. **답안지 책형 표기는 시험시작 전** 감독관의 지시에 따라 문제책 앞면에 인쇄된 책형을 확인한 후, **답안지 책형란의 해당 책형(1개)**에 "●"와 같이 표기하여야 합니다.

3. 답안은 반드시 문제책 표지의 **과목순서에 맞추어 표기**하여야 하며, 과목순서를 바꾸어 표기한 경우에도 문제책 표지의 과목순서대로 채점되므로 유의하시기 바랍니다.

4. 시험이 시작되면 문제를 주의 깊게 읽은 후, **문항의 취지에 가장 적합한 하나의 정답을 고르며,** 문제내용에 관한 질문을 하실 수 없습니다.

5. **답안을 잘못 표기하였을 경우**에는 **답안지를 교체하여 작성**하거나 **수정테이프만을 사용하여 수정**할 수 있으며(수정액 또는 수정스티커 등은 사용 불가), 부착된 수정테이프가 떨어지지 않도록 눌러주어야 합니다.
   - **불량 수정테이프의 사용과 불완전한 수정처리**로 인해 발생하는 모든 문제는 **응시자 본인에게 책임**이 있습니다.

6. **시험시간 관리의 책임**은 응시자 본인에게 있습니다.

정답공개 및 가산점 등록 안내

1. **정답공개, 이의제기:** 사이버국가고시센터(http://gosi.kr)
2. **가산점 등록방법:** 사이버국가고시센터(http://gosi.kr) ⇒『원서접수 ⇒ 가산점등록/확인』

실전 | 6회

유형매칭
2020 지방직(= 서울시) 9급

⏱ 제한시간: 25분　■ 시작시간:　　:　　　■ 종료시간:　　:　　　정답과 해설 ▶ P.52~P.59

1초 합격예측! 모바일 성적분석표

QR 코드로 접속하여 문제 풀이시간을 측정하고,
〈1초 합격예측 & 모바일 성적분석표〉 서비스를 통해
지금 바로! 실력을 점검해 보세요.
http://eduwill.kr/ujVF

01

밑줄 친 부분에 들어갈 말로 가장 적절한 것은?

> A smile came over Ms. Baker's face as she listened to Jean's _____ play.

① savage
② dysgenic
③ dominant
④ dexterous

※ 다음 중 밑줄 친 단어와 뜻이 가장 가까운 것을 고르시오.
(2~4)

02

> His wife wanted something with which to adorn her neck and ears.

① assail
② crucify
③ embellish
④ impinge

03

> The company has been forced to jettison the project due to financial problems.

① ditch
② revile
③ seclude
④ enforce

04

> The ships were registered abroad to circumvent employment and safety regulations.

① coax
② vilify
③ escape
④ proliferate

05

어법상 옳은 것은?

① She had never been to Italy ago.
② Some people seem to let their kids done what they like.
③ Have you got any cheese I can have with this bread?
④ My friend mentioned about his name a few times, but I had not met him before.

06

밑줄 친 부분과 의미가 가장 가까운 것은?

> The two men grappled with the work, and finished it up in a day.

① sought an acceptable solution
② considered something as serious
③ treated something as unimportant
④ made an effort to solve a problem

07

밑줄 친 부분 중 어법상 옳지 않은 것은?

It was held in a seminar room where Anderson ① met the principal for the first time three years ago. The principal asked why he chose to work with young children. He answered ② what he loved helping children learn to write their names for the first time, ③ finding someone a new friend, and sharing in the joy of reading. But, as time passed, his commitment and passion seemed ④ to fade gradually.

08

우리말을 영어로 잘못 옮긴 것은?

① 그 회의에서 내가 말하고 싶은 것은 우리가 이 계획을 지지할 필요가 있다는 것이다.
→ What I want to say in the meeting is that we need to support this plan.

② 유리와 강철로 만든 최첨단 탁자는 너무 비싸서 우리는 그것을 살 수 없다.
→ A high-tech table made of glass and steel is so expensive that we can't buy it.

③ 이러한 성공을 엄격한 예방접종 캠페인의 결과로 보는 공무원들은 그것을 매 3주마다 시행한다.
→ The officials attributing this success to the rigorous vaccination campaign holds it every three weeks.

④ 행사가 특별한 이유 없이 취소될 것이라는 그 기사는 기자가 지어낸 것이었다.
→ The article that the event would be canceled without any special reason was invented by the reporter.

09

밑줄 친 (A), (B)에 들어갈 말로 가장 적절한 것은?

New technologies have changed art in many ways. Social media has enabled artists to reach a wider audience even in the most distant corners of the world. Thanks to a variety of mobile apps and VR technology, you don't have to leave your house to visit the alternative art galleries of Brooklyn or Reykjavik.

_____(A)_____, contemporary artists display an increasingly ingenious approach to state-of-the-art technology, which they fuse into their practice, experimenting eagerly with artificial intelligence as well as virtual and augmented reality, biology, science, and ecology even. Art transcends into the territory of generative art, bio art, game art, app art, three-dimensional mapping, AI or mind-controlled installation and sound generative sculpture.

_____(B)_____, conventional mediums such as painting, drawing, sculpture and graphics, still enjoy a fairly remarkable popularity among audiences that yearn for an interaction with a material work of art, providing them with a multisensory experience as opposed to the overbearing tedium of staring constantly at glaring phone and computer screens.

	(A)	(B)
①	However	In spite of this
②	Furthermore	For example
③	Thus	Similarly
④	In addition	Nonetheless

10

다음 글의 주제로 가장 적절한 것은?

Homeschooling has long been an option for parents who want their kids to have a more personalized education or who are unhappy with the rigidity of traditional public school, and it's become increasingly popular over the years. From 1999 to 2012, the number of kids being home-schooled grew from 850,000 to 1.8 million, according to the U.S. Department of Education. According to the National Center for Education Statistics, approximately 3% of the school-age population was home-schooled in the 2011-2012 school year. In the wake of the COVID-19 pandemic, those numbers may be set to grow even more rapidly. An increasing number of parents are weighing the pros and cons of homeschooling for their kids and considering a permanent change to what learning looks like for them.

① the risks of homeshooling
② the increasing trend of homeschooling
③ the reasons why homeschoolers are so efficient
④ the advantages and disadvantages of homeschooling

11

밑줄 친 부분에 들어갈 말로 가장 적절한 것은?

Sue: I am so hungry! Let's quickly order our food.
Tim: Me too! What do you want to eat?
Sue: Um, let me see the menu. Oh, they all look really tasty.
Tim: They sure do. How about ordering fried rice and tomato soup?
Sue: Great choice! I'll call the waiter.
Tim: Actually, we have to order our menu at the front. I'll go order them. Just _____.
Sue: Thanks. I can't wait until the food comes out.

① lose face
② take heart
③ hold your horses
④ ride the high horse

12

우리말을 영어로 잘못 옮긴 것은?

① 그녀가 당신을 집에 태워다 줬다니 친절하다.
   → It was very nice of her to drive you home.
② 일단 내가 공항에 도착하면 내 친구들에게 전화를 해야 한다.
   → I am to call my friends once I reach the airport.
③ 그 상사는 그 제품을 팔지 않기로 결심했다.
   → The boss made a decision not sell the product.
④ 그 남자는 진입로에 들어서서야 길이 막혀 있다는 걸 알았다.
   → The man entered the driveway, only to find his way blocked.

13

두 사람의 대화 중 가장 어색한 것은?

① A: When did you get your hair cut?
   B: I got my last hair cut two months ago.
② A: I parked my car across the street.
   B: Do you mean in front of the bookstore?
③ A: Are you sure you locked the front door?
   B: Don't worry. I double checked.
④ A: Could you please hold this boarding pass for me?
   B: I know where you can get your boarding pass.

14

글의 제목으로 가장 적절한 것은?

Energy therapies are alternative therapies that aim to create a state of balance, health and peace in a person. The most popular forms of energy therapy are Therapeutic Touch, Healing Touch, and Reiki. Such therapies reflect the belief that people possess a subtle form of life-force energy, which is often called qi in traditional Chinese medicine, prana in ayurvedic medicine and spirit in Judeo-Christian traditions. An underlying theory to these therapies involves energy blockages or imbalances that lead to illness and disease. Balancing this proposed life-force energy is the goal of energy therapies. However, when people talk about energy in energy medicine, they are usually referring to an energy field or form of energy that has not been proven to exist. Traditional doctors do not use unverifiable energy in medical practice to diagnose and treat cancer. We thus need to understand that these therapies may be helpful by making people relax and improve quality of life among people with mesothelioma and other cancers, but cannot cure or directly treat cancer.

* mesothelioma: 중피종

① Why Cancer Patients Need Alternative Medicine
② Importance of Balancing Your Life-force Energy
③ Fighting Cancer: How to Use the Power of Your Mind
④ Energy Therapies — Not Replacements But Complements

15

글의 흐름상 가장 어색한 문장은?

There was once a time when it was possible to literally get away with murder. ① This began to change in the 19th century, when fingerprints were analyzed. Photos also became a practical crime-fighting tool as photography advanced enough to take pictures quickly. ② In the late 1880s, Alphonse Bertillon, a French police officer, began taking the photographs of criminals. It soon became a standardized practice in France. He took each criminal's photograph in the same manner and under standardized lighting conditions. ③ The purpose of taking the photos of criminals was to allow law enforcement to have a photographic record of an arrested individual. Two photographs were taken, one from the front and the other from the side. ④ Those photographs were then attached to an identification card with other information. His photographic system was displayed at the 1893 World's Fair in Chicago. This helped popularize the technique worldwide and many countries adopted the system. This police tool came to have the nickname "mugshot" from a slang term for face, mug.

16

밑줄 친 부분에 들어갈 말로 가장 적절한 것은?

The impact of agriculture has been profound on humanity, most clearly _____. This is because breeding plants and animals has significantly increased the availability of human consumable calories per square kilometer. One way to think about it is that we replaced things that were not consumable by humans with things that were. Through techniques like irrigation, we were also able to make things grow where they might not have before. To put this in perspective, before the agricultural revolution experts estimate there were six to ten million people, which is about how many hunter-foragers the Earth could sustain. By the time of the Roman Empire, about 10,000 years later, the number of people in the world had grown over 25-fold to 250 million. Fast forward 2,000 years to the present, and the number has grown another 28-fold to seven billion. In roughly 10,000 to 15,000 years, advances in agriculture have allowed humans to greatly and dramatically flourish in number.

① on account of science
② in terms of population
③ by means of manpower
④ when it comes to civilization

17

다음 글의 요지로 가장 적절한 것은?

Generation X was long ago written off as the "slacker generation" — apathetic, cynical, and anti-establishment. Most Gen Xers have adopted a stronger affiliation for stability and tradition as they've aged and had children. But their unambitious reputation may be holding them back in the workplace, as new data reveals Gen X to be the "leapfrog" generation, overlooked for promotions at higher rates than their counterparts in other generations. The finding is unexpected, as Gen Xers — now ranging in age from their late thirties to early fifties — should currently be in the peak stage of their careers, and advancing rapidly. However, many Baby Boomers are deciding to stay in the workforce much longer than previous generations, which may be affecting Gen X's advancement. At the same time, companies have focused a lot of effort on how to nurture Millennial talent, the first generation to come of age in the digital era, in the face of changing work habits and values. As a result of the attention paid to Baby Boomers and Millennials, Gen X often gets short shrift, a trend that has continued over time.

① Gen Xers are infamous for their skepticism.
② Gen Xers are having trouble getting promoted at work.
③ Some of the prevalent stereotypes about Gen X are misleading.
④ Understanding the different characteristics of the generations is necessary for companies.

18

주어진 글 다음에 이어질 글의 순서로 가장 적절한 것은?

Burnout may be the result of unrelenting stress, but it isn't the same as too much stress. Stress, by and large, involves too much: too many pressures that demand too much of you physically and mentally.

(A) On the other hand, burnout is about not enough. Being burned out means feeling empty and mentally exhausted, devoid of motivation, and beyond caring.

(B) However, stressed people can still imagine that if they can just get everything under control, they'll feel better.

(C) People experiencing it often don't see any hope of positive change in their situations. If excessive stress feels like you're drowning in responsibilities, burnout is a sense of being all dried up. And while you're usually aware of being under a lot of stress, you don't always notice burnout when it happens.

① (A) − (B) − (C)
② (A) − (C) − (B)
③ (B) − (A) − (C)
④ (B) − (C) − (A)

19

주어진 문장이 들어갈 위치로 가장 적절한 것은?

However, the harmony of this interactive triangle has been deranged by several factors, including technological evolution, public media, and cost-effective modalities with multiple consequences.

Hippocratic Oath indicates a prevailing ethos rather than a professional approach, and it is still regarded as the cornerstone and foundation of the medical profession. (①) Hippocrates himself has been recognized not only as a pioneering physician, but also as an outstanding philosopher. (②) In his writings, he claimed that "the physician must insert wisdom in medicine" and denounced the technocratic aspect of the medical profession. (③) The Hippocratic Oath constitutes a synopsis of the moral code of Ancient Greek medicine and contributes to the stabilization of the tri-part relationship among the physician, the patient, and the illness, as described by Hippocrates. (④) In these terms, the reevaluation of the Hippocratic Oath and its time-enduring messages seems essential to reinstate the relationship between the physician and the patient today.

20

다음 글의 내용과 일치하지 않는 것은?

In England and Wales, the number of young people in custody fell by 14% between 2005 and 2010 - a time when adult custody figures went the opposite direction. The number of first-time entrants to the youth justice system also fell, from a peak of around 110,000 in 2007 to just over 60,000 in 2010. In addition, young offenders convicted in court were less likely to re-enter the youth justice system than previously. Nevertheless, although the number of crimes committed by young offenders overall had fallen, much of the decrease was due to a fall in the number of motoring crimes. The Youth Justice Board acknowledged that stripping out motoring offences from youth crime reduced the scale of the fall. There had actually been an increase in the numbers of more serious crimes committed by young offenders, including sexual crimes, drug offences and robberies.

① Regardless of age, there had been a decrease in the number of people taken into custody since the mid 2000s.

② The number of young offenders first entering the youth justice system recorded the highest in 2007.

③ The reconviction rate of juvenile criminals decreased compared to the past.

④ Driving was a contributory factor to crimes being perpetrated by young people.

9급공무원 공개경쟁채용 필기시험

응시번호	
성명	

회차	유형매칭
7	**2019 국가직 9급**

【시 험 과 목】

제1과목	국 어	제2과목	영 어	제3과목	한 국 사
제4과목	행정법총론		제5과목	행정학개론	

응시자 주의사항

1. 시험시작 전에 시험문제를 열람하는 행위나 시험 종료 후 답안을 작성하는 행위를 한 사람은 「공무원임용시험령」 제51조에 의거 **부정행위자**로 처리됩니다.

2. **답안지 책형 표기는 시험시작 전** 감독관의 지시에 따라 문제책 앞면에 인쇄된 책형을 확인한 후, **답안지 책형란의 해당 책형(1개)에 "●"와 같이 표기**하여야 합니다.

3. 답안은 반드시 문제책 표지의 **과목순서에 맞추어 표기**하여야 하며, 과목순서를 바꾸어 표기한 경우에도 문제책 표지의 과목순서대로 채점되므로 유의하시기 바랍니다.

4. 시험이 시작되면 문제를 주의 깊게 읽은 후, **문항의 취지에 가장 적합한 하나의 정답을 고르며**, 문제내용에 관한 질문을 하실 수 없습니다.

5. **답안을 잘못 표기하였을 경우**에는 답안지를 교체하여 작성하거나 **수정테이프만을 사용하여 수정**할 수 있으며(수정액 또는 수정스티커 등은 사용 불가), 부착된 수정테이프가 떨어지지 않도록 눌러주어야 합니다.
   – 불량 수정테이프의 사용과 불완전한 수정처리로 인해 발생하는 모든 문제는 **응시자 본인에게 책임**이 있습니다.

6. **시험시간 관리의 책임**은 응시자 본인에게 있습니다.

정답공개 및 가산점 등록 안내

1. **정답공개, 이의제기:** 사이버국가고시센터(http://gosi.kr)
2. **가산점 등록방법:** 사이버국가고시센터(http://gosi.kr) ⇒ 『원서접수 ⇒ 가산점등록/확인』

※ 밑줄 친 부분의 의미와 가장 가까운 것을 고르시오. (1~2)

01

> Historical associations <u>cluster</u> richly around them.

① synthesize
② concoct
③ congregate
④ astonish

02

> She tends to <u>exaggerate</u> that she has too much homework.

① amplify
② aggravate
③ amalgamate
④ torture

03

두 사람의 대화 중 가장 어색한 것은?

① A: Would you like to try Indian food?
　B: No, I wouldn't. I'm not very adventurous.
② A: Won't you come over and have some tea?
　B: I'd like to, but I have something else to do now.
③ A: Do you have the time?
　B: No, I don't have enough time.
④ A: Dad, where are the cookies? Don't tell me you ate them all.
　B: Yes, I did. I couldn't help it. They were so good.

04

밑줄 친 부분에 들어갈 말로 가장 적절한 것은?

> A: I heard you're going to New York tonight.
> B: Yes. I'm having a dinner party with my relatives there.
> A: Well, you may not know this, but because it's Christmas tomorrow, everybody gets off work early today so that they can go back home early. Starting at 4, _____.
> B: Oh, I didn't know that. Well, I'll leave earlier today then. Say 3 P.M.
> A: Yeah, if you don't have any important things to deal with, leave as early as possible.

① the road is free of vehicles
② the electrical power is knocked out
③ traffic usually becomes bumper to bumper
④ the government cleaning plan is implemented

※ 우리말을 영어로 잘못 옮긴 것을 고르시오. (5~6)

05

① 나는 당신이 지난주에 산 차를 보고 싶다.
　→ I'd like to see the car you bought last week.
② 그 소녀들은 다른 이들보다 나아 보이려 하는 또래들을 비난한다.
　→ The girls criticize peers who try to appear better than others.
③ 멀리 떨어진 두 명의 독자가 동일한 책을 의논할 수 있게 되었다.
　→ Two readers separated by distance could discuss identical books.
④ 그의 차는 Tom의 약혼식 다음날 아침에 너희 집 밖에 있었다.
　→ His car was outside your house in the morning shy of Tom's engagement party.

06

① 우리는 2시 이후로 여기에서 기다리는 중이다.

→ We've been waiting here since two o'clock.

② 유사성은 같은 집단의 일부가 되는 것으로 구성될 수 있다.

→ Similarity can consist of being part of the same group.

③ Tom은 그녀가 했던 말을 믿지 않았고, 경찰들도 그러했다.

→ Tom didn't believe a word she said, and neither did the police.

④ 탄력근무제는 개인적 필요에 맞추도록 업무시간을 조정하는 것을 직원들에게 허락한다.

→ Flextime allows workers to adjust work hours to suit needs per person.

※ 밑줄 친 부분 중 어법상 옳지 않은 것을 고르시오. (7~8)

07

Both the budget deficit and federal debt have soared ① during the recent financial crisis and recession. During 2009-2010, nearly 40 percent of federal expenditures ② were financed by borrowing. The huge recent federal deficits have pushed the federal debt to levels not ③ seen since the years immediately following World War II. The rapid growth of baby-boomer retirees in the next decade will mean higher spending levels and larger and larger deficits for both Social Security and Medicare. Moreover, more than half of Americans age 18 and older derive benefits from various transfer programs, while ④ paid little or no personal income tax.

08

A good deal of the information stored in working memory ① is encoded in an auditory form, especially when the information is language based. For example, in an early study by Conrad, adults were shown six-letter sequences, with letters being presented visually, one at a time, at intervals of three-fourths of a second. As soon as the last letter of a sequence ② was presented, participants in the study wrote down all six of the letters they had seen, guessing at any letters they couldn't easily recall. When people recalled letters incorrectly, the letters they said they ③ had seen were more likely ④ to be resembled the actual stimuli in terms of how the letters sounded than how they looked.

09

다음 글의 제목으로 가장 적절한 것은?

Interrupting indicates that your listening skills are underdeveloped. Likewise, responding in a way that fails to answer the question will reflect poorly on your listening skills, especially in a job interview. Talking too much is problematic as well, as proper conversations should be well balanced, with parties getting equal time to speak. Monopolizing a conversation prevents you from listening and the other party from fully expressing what they want to say. In the end, this will lead to your making a poor impression. Looking distracted is also a quality of a poor listener. This could involve anything from avoiding eye contact to checking your phone or watch while someone else is talking.

① How to Get Rid of Bad Listening Habits

② What Makes a Bad Listener

③ Tips for Improving Your Listening Skills

④ The Importance of Listening Skills at Work

10

다음 글의 요지로 가장 알맞은 것은?

It's easy to think of ways in which we'd be happier if things were different, which is precisely why we're never totally satisfied. Ultimately, the things we think our happiness depends on aren't totally within our control. We can't control whether we get our dream job or not. We can't control what other people think of us. We can't control the weather. We can influence some of these things with our actions, but sometimes things don't go our way and there's nothing we could have done differently. Wanting to change things that aren't within your control is perhaps the best way to live a life filled with frustration and dissatisfaction. Unfortunately, it can be the very pursuit of happiness that often leads people to this state of frustration with how things currently are.

① The feelings of frustration come as a result of not being able to satisfy our needs.
② The avoidance of pain is one of the main reasons why people give up on their hopes and dreams.
③ Pursuing happiness can backfire when we start wanting to change things that aren't within our control.
④ The feelings of frustration that we experience can be so powerful that they disguise our true feelings from us.

11

다음 글의 내용과 일치하는 것은?

Atlantic hurricane season starts Saturday and the U.S. mainland will be hit later. The last several years have been more active than average in terms of the number of hurricanes forming at sea. Yet two years have passed without one hitting the U.S. coastline. Forecasters say the uncommon streak of good weather can not hold forever. "We've basically been lucky. And we shouldn't expect to go on being lucky." says Michael Burner, hurricane research division director for the National Oceanic and Atmospheric Administration. NOAA experts say the Atlantic hurricane season will have a normal to slightly above-normal level of storm activity, with 9 to 13 tropical storms, 6 to 8 of which will become hurricanes. The season lasts through November 30.

① Fewer hurricanes have been observed at sea for past several years.
② The forecast says that there will be no hurricane in the near future.
③ The U.S. shore has not been affected by hurricanes for the last two years.
④ It is expected that there may be at least 13 hurricanes this year.

12

밑줄 친 부분 중 글의 흐름상 가장 어색한 것은?

In all cultures in which eye-gaze behavior has been studied, science confirms that those who are dominant have more freedom in using it. ① In essence, these individuals are entitled to look wherever they want. However, subordinates are more restricted in where they can look and when. ② Humility dictates that in the presence of royalty, as in church, heads are bowed. ③ As a general rule, dominants tend to ignore subordinates visually while subordinates tend to gaze at dominant individuals at a distance. ④ In other words, higher-status individuals can be indifferent to their servants while lower-status persons are required to be attentive with their gaze. The king is free to look at anyone he wants, but all subjects face the king, even as they back out of a room.

13

다음 글의 주제로 가장 적절한 것은?

Based on archeological evidence, rice is believed to have first been domesticated in the region of the Yangtze River valley in China. Morphological studies of rice phytoliths from the Diaotonghuan archaeological site clearly show the transition from the collection of wild rice to the cultivation of domesticated rice. The large number of wild rice phytoliths at the Diaotonghuan level dating from 12,000–11,000 BP indicates that wild rice collection was part of the local means of subsistence. Changes in the morphology of Diaotonghuan phytoliths dating from 10,000–8,000 BP show that rice had by this time been domesticated. Soon afterwards the two major varieties of indica and japonica rice were being grown in Central China. In the late 3rd millennium B.C., there was a rapid expansion of rice cultivation into mainland Southeast Asia and westwards across Nepal and India.

① route of rice expansion
② origin of rice cultivation
③ traditional ways of cultivating rice
④ discovery of the Diaotonghuan archaeological site

※ 밑줄 친 부분의 의미와 가장 가까운 것을 고르시오. (14~15)

14

The typical American family is as austere as they were fifty years ago.

① prodigal ② faddish
③ frugal ④ loquacious

15

When you are on a diet, watch yourself with the most laborious care.

① valiant ② insolvent
③ painstaking ④ eccentric

16

밑줄 친 (A), (B)에 들어갈 말로 가장 적절한 것은?

Organisms must compete for resources not only with members of their own species, but with members of other species. When two species use the same resource and the resource is scarce, the species must compete just as if they were members of the same population. One of the two species usually turns out to be better at the competition. If two species eat exactly the same food, for example, one of the two will be better at catching it. _____(A)_____ something interferes, the inferior competitor loses out and the competitively superior species takes over. When one species eliminates another by outcompeting it, it is called competitive exclusion. Sometimes a competitively superior species is prevented from excluding poorer competitors. Periodic disturbances such as severe storms, battering by drifting logs, or underwater landslides can reduce the population of a dominant competitor and give other species a chance. _____(B)_____, which species is competitively superior sometimes depends on the conditions. On rocky shores in tropical Hong Kong, for example, foliose (leaf-like) algae are the dominant seaweeds during the relatively cool winter. In the summer heat, these forms die out and are replaced by more resistant encrusting algae. Seasonal variation thus prevents either group from excluding the other, and there is a shifting balance between the competing species.

	(A)	(B)
①	Unless	Furthermore
②	Whereas	Instead
③	While	Meanwhile
④	If	Still

17

주어진 문장이 들어갈 위치로 가장 적절한 것은?

On the other hand, substantial changes may be expected in ocean ecosystems over the next 100 years driven by an increase in dissolved carbon dioxide (CO_2) and consequent ocean acidification resulting from burning of fossil fuels.

Major long-term threats to deep-sea fishes, as with all life on the planet, derive from trends of global climate change. (①) Although deep-sea fishes are generally cold-water species, warming of the oceans itself may not be a direct threat. (②) Many of the deep-sea fishes originated during the early Cretaceous when the deep sea was warm, and the Mediterranean Sea. (③) This sea is warm down to a depth of over 5,000m, and is populated by deep-sea fishes. (④) Although the effects on deep-sea fishes are likely to be indirect through loss of coral habitats and changes in prey availability, larval stages of deep-sea fishes in the surface layers of the ocean may be directly affected by acidity.

18

밑줄 친 부분에 들어갈 말로 가장 적절한 것은?

The second Monday in October has been designated an American federal holiday in Christopher Columbus's honor since 1937. To most people in the United States, this commemoration of his 1492 landing in the Bahamas no longer has much meaning. Many Americans outside of large Italian American communities are only dimly aware that it's an official holiday. Many people don't even get the day off work, trading Columbus Day for the day after Thanksgiving. In cities like Seattle and Minneapolis, it has been already been renamed Indigenous Peoples' Day. Stop celebrating Columbus and _____ _____.

① remember how much he devoted his life to the country
② think about why we should commemorate Columbus Day
③ honor Columbus's achievements and celebrate Italian-American heritage
④ start celebrating the native cultures he began the process of displacing

19

다음 글의 내용과 일치하는 것은?

Dreiser's longest novel, *An American Tragedy* (1925), is a complex and compassionate account of the life and death of a young antihero named Clyde Griffiths. The novel begins with Clyde's cursed background, narrates his path to success, and culminates in his apprehension, trial, and execution for murder. The book was called by one influential critic "the worst-written great novel in the world," but its questionable grammar and style are transcended by its narrative power. Dreiser's labyrinthine explanations on the extent of Clyde's guilt do not blunt his trenchant indictment of materialism and the American dream of success.

① Clyde Griffiths was sentenced to death, even though he was innocent.
② Dreiser is famous for his last novel, *An American Tragedy*, written in 1925.
③ Dreiser was the first American novelist who dealt with the theme of murder.
④ Dreiser used *An American Tragedy* to criticize the American dream of success.

20
다음 글을 문맥에 맞게 순서대로 연결한 것은?

㉠ In the Capitol, Federal Bureau of Investigation Director James Comey said the agency has not been able to unlock the mobile phone of one of the attackers.

㉡ This debate, which was revived by recent terrorist attacks in the San Bernardino, California, continued to play out this week on Capitol Hill.

㉢ Should law enforcement be able to read your text messages?

㉣ But other officials said that there's no evidence that recent terror attacks could've been prevented if law enforcement had this kind of access.

---

① ㉡ - ㉢ - ㉣ - ㉠

② ㉡ - ㉣ - ㉠ - ㉢

③ ㉢ - ㉡ - ㉠ - ㉣

④ ㉢ - ㉠ - ㉣ - ㉡

9급공무원 공개경쟁채용 필기시험

응시번호	
성명	

회차	유형매칭
8	2019 지방직 9급

【시 험 과 목】

제1과목	국 어	제2과목	영 어	제3과목	한 국 사
제4과목	행정법총론		제5과목	행정학개론	

※ 밑줄 친 부분의 의미와 가장 가까운 것을 고르시오. (1~2)

01

> Johansson was <u>weary of</u> his monotonous life.

① zealous for
② feeling a repugnance to
③ on the brink of
④ on good terms with

02

> Thousands of devotees and holy men from across the country <u>assemble</u> every year at the Kamakhya temple for the three-day long festival which will start on 22 June.

① discern
② threaten
③ abandon
④ converge

03

두 사람의 대화 중 가장 어색한 것은?

① A: Why didn't you answer his call?
　 B: I thought he was crying wolf again.
② A: Could you put the package at Nora's door?
　 B: I'm at your command.
③ A: Should I bring in the magazines stacked outside?
　 B: No need. They are for the birds.
④ A: Go and see Louis. He's got cold feet for the contest.
　 B: I should get him socks.

04

밑줄 친 부분에 들어갈 말로 가장 적절한 것은?

> Sue: How is your new job?
> Mark: It's quite different from what I imagined.
> Sue: Oh, aren't things turning out so well?
> Mark: No, everything is fine. But it's just that I feel so stressed out these days.
> Sue: That's not good. Maybe you need some time to get used to the new environment. I know a way to overcome that stress.
> Mark: Give me some tips. I could use some help.
> Sue: Why don't you try keeping a journal? When I had those days, I wrote a journal ＿＿＿＿＿＿＿.
> Mark: Did it help?
> Sue: Definitely. I could relieve all my stress through writing every day.
> Mark: Thanks for your advice. I'll try it.

① in the dark
② day in and day out
③ by leaps and bounds
④ in the very nick of time

05

밑줄 친 부분 중 어법상 옳지 않은 것은?

In Germany you might have been attacked by werewolves or a semi-human Wild Man, a kind of ogre ① covering with coarse hair who ate children. Anglo-Saxon folk tales, such as the eighth-century Beowulf, frequently set the action in scary forests, a legacy inherited by the stories of Tolkien, ② in which friendly hobbits are extremely frightened at the thought of having to pass through the haunted Fangorn Forest. Out of this medieval vision ③ comes our word 'savage', derived from silva ④ meaning a wood.

06

어법상 옳은 것은?

① Tom is too frightened to move, lest he disturb the infant.

② The only logical solution is given the kid a split last name.

③ Listening to your baby cry is one of the hardest part of being a parent.

④ Some countries and some regions are more capable than others at address the problem.

07

주어진 글 다음에 이어질 글의 순서로 가장 적절한 것은?

Lawyers and scientists use argument to mean a summary of evidence and principles leading to a conclusion. However, a scientific argument is different from a legal argument. A prosecuting attorney constructs an argument to persuade the judge or a jury that the accused is guilty.

(A) They must include all of the known evidence and all of the hypotheses previously proposed. Unlike lawyers, scientists must explicitly account for the possibility that they might be wrong.

(B) On the other hand, a defense attorney in the same trial constructs an argument to persuade the same judge or jury toward the opposite conclusion. Neither prosecutor nor defender is obliged to consider anything that weakens their respective cases.

(C) On the contrary, scientists construct arguments because they want to test their own ideas and give an accurate explanation of some aspect of nature. Scientists can include any evidence or hypothesis that supports their claim, but they must observe one fundamental rule of professional science.

① (B) − (A) − (C)
② (B) − (C) − (A)
③ (C) − (A) − (B)
④ (C) − (B) − (A)

08

다음 글의 내용과 일치하는 것은?

Ace investor Warren Buffett believes that communication is foundational to success. "If you can't communicate, it's like winking at a girl in the dark — nothing happens. You can have all the brainpower in the world, but you have to be able to transmit it," Buffett said. Buffett is an alumnus of prestigious universities. However, he says that the only degree that he displays on the walls is his communications certificate that he got from the Dale Carnegie communication course. Overcoming his fear of public speaking changed his life. He has said that completing the course has been the most important investment. Buffett was 52 when he first made it to the Forbes list of the richest Americans. His net worth at that time was $250 million. Three years later, his net worth quadrupled and he became a billionaire. From 1989 to 1999, Buffett's net worth grew ten times. Currently, his net worth stands at $77.5 billion at the age of 88.

① Warren buffet depreciates the Dale Carnegie communication course.
② Various degrees Warren Buffett got from universities helped him to be bold in public.
③ The communications certificate is Warren Buffett's only degree he got in his life time.
④ Dale Carnegie communication course helped him conquer his fear of public speaking.

09

다음 글의 주제로 가장 적절한 것은?

Large predators like the orca tend to go after prey animals that have a lot of rich blubber on their body, which means that most of the sharks are unappealing as a meal. Certain parts of a shark, however, are appealing to killer whales. In each of the documented attacks, the orcas have made extremely precise bites on the sharks. Primarily, they target the livers, stomachs, and testes of the sharks. And this might actually explain what's going on. Sharks' livers have very high concentrations of oil and fats. They are also very large compared to other animals. This potentially makes a great white's liver one of the best sources of quick energy in the ocean. Orcas seem to have learned this and are targeting sharks specifically for their nutrient-rich livers.

① the hunting habits of killer whales
② the primary prey animals of killer whales
③ the ways that killer whales kill great white sharks
④ the reason why killer whales hunt great white sharks

10

다음 글의 흐름상 가장 어색한 문장은?

Rice, like most plants, needs water. In fact, it needs more water than most: the shoots of this marsh plant are typically partially submerged. But rice, like most crops, still does not stand up to total submersion. ① Despite being the staple of flood-prone regions, most strains of rice die if submerged for more than four days and even short-term inundation can stunt growth and impact harvests. ② Now researchers have identified a gene that confers the ability to survive extended submersion in some rice cultivars and successfully introduced it into those that lack this critical protection. ③ Current annual rice crop is increasing because the highest yielding varieties can withstand flooding. ④ By introducing the gene into strains that previously lacked it, the researchers improved tolerance for submersion without diminishing yield levels and grain quality. Already, submergence-tolerant rice is being developed for Bangladesh, Laos and India.

※ 밑줄 친 부분의 의미와 가장 가까운 것을 고르시오. (11~12)

11

He is known for his idiosyncratic style. Having won many international awards, he has cemented his status as one of the most famous and controversial Asian film directors.

① singular
② simulated
③ eerie
④ discursive

12

Speaking to another station, floor leader Jung Woo-taik also stressed the importance of an impartial investigation, demanding the former leader be sincere when answering questions.

① inventive
② compulsory
③ unsurpassed
④ equitable

※ 밑줄 친 부분에 들어갈 말로 가장 적절한 것을 고르시오. (13~14)

13

Soon after you start exercising, you'll begin to see and feel the _____ that physical activity can have on your body and well-being. Regular exercise has been shown to significantly improve your health. Its greatest benefits include helping you achieve a healthy body weight, maintain muscle mass and reduce your risk of chronic disease.

① dangers
② advantage
③ convenience
④ adversity

14

Climate change has been associated with the historical collapse of civilizations, cities and dynasties. (㉠), the Harappa and Indus civilizations were affected by drought 4,500–3,500 years ago. A decline in rainfall in the Middle East and Northern India 3,800–2,500 years ago is likely to have affected the Hittites and Ancient Egypt. The environmental approach suggests that the collapse of Classic Maya could be due to severe, extended droughts during a few time periods. Smaller communities (㉡) the Viking settlement of Greenland have also suffered collapse with climate change.

	㉠	㉡
①	For example	such as
②	For instance	despite
③	However	such as
④	Therefore	unlike

15

주어진 문장이 들어갈 위치로 가장 적절한 것은?

On the other hand, project managers begin their career as specialists in some field.

There are two types of managers in business organizations: functional managers and project managers. Both types of managers have different roles and qualities. Functional managers head one of a firm's departments such as marketing or engineering, and they are specialists in the area they manage. (①) They are skilled at breaking the components of a system into smaller elements, knowing something of the details of each operation for which they are responsible. (②) When promoted to the position of project manager, they must transform from technical caterpillar to generalist butterfly. (③) They oversee many functional areas, each with its own specialists. (④) Therefore, what is required is an ability to put many pieces of a task together to form a coherent whole. Thus, to understand a frog, for example, functional managers cut it open to examine it, but project managers watch it swim with other frogs and consider the environment.

16

우리말을 영어로 잘못 옮긴 것은?

① 버스가 정류장에 도착했을 때 그녀가 타는 것을 내가 보았다면 나는 그녀와 동행했을 것이다.
→ If I had seen her ride the bus when it arrived at the station, I would have companied her.

② 숙제를 끝마친 후에, 그는 소파에 누워서 그의 개가 뛰는 것을 보았다.
→ After finishing his homework, he lay on the sofa and looked at his dog run.

③ 그 자신의 회사를 설립하는 데 10년이 걸린다 할지라도, 그는 결코 포기하지 않을 것이다.
→ Although it takes him 10 years to found his own firm, he will never give it up.

④ 화재는 건물 지하 2층에서 발생하였고 대참사를 불러일으켰다.
→ Fire arose in the second basement of the building and aroused a total disaster.

※ 다음 글의 내용과 일치하는 것을 고르시오. (17~18)

17

The sweet potato is one of the oldest vegetables known to man. Looking back to the history of the sweet potato, Christopher Columbus in his voyage to West Indies discovered various new foods which he brought back to Spain. In fact, the sweet potato was one among his ship's treasures. During that time, the Spanish relished them and started cultivating sweet potatoes immediately. Soon they started exporting the sweet potato profitably to England where it was included in spice pies to be devoured at the court of Henry VIII. It was in the 16th century that Spanish explorers brought the sweet potato to the Philippines. However, according to the sweet potato history, this root vegetable was brought to Africa, India, Indonesia & Southern Asia by the explorer of Portugal. Within the same time, the sweet potato started to be cultivated in the Southern United States, where it still remains the staple food in the traditional cuisine.

① The Spanish made a profit from sweet potatoes as well as ate them.
② The sweet potato is not the traditional food anymore in the Southern United States.
③ The Spanish didn't like the sweet potato that Christopher Columbus brought from West Indies.
④ The sweet potato was first found by Christopher Columbus and he spread it to other countries.

18

Election Day is a public holiday. It is a day off for the general population, and schools and most businesses are closed. On Election Day, citizens of the United States of America can vote by popular ballot for candidates for public offices at local, state and national levels. In even-numbered years, federal elections are always held. In years divisible by four, presidential elections are always held. Elections for local and state officials may be held in odd or even-numbered years, depending on local and state laws. The way in which people vote depends on the state in which they live. In Oregon, all votes are cast by post and all votes have to be received at a given time on Election Day. In the state of Washington, nearly all people vote by post and the envelopes containing the voting papers have to be postmarked with the date of Election Day. In other states, people vote at voting stations, where long queues can form.

① Elections for state officials are held by the national law.
② In presidential election years, federal elections are also held.
③ Adults take the day off on an election day, whereas students go to school.
④ People can choose whether they vote at voting stations or vote by post in the United States.

※ 밑줄 친 부분에 들어갈 말로 가장 적절한 것을 고르시오.
(19~20)

19

　　While it has long been acknowledged that dolphins are of high intelligence and can communicate within a larger pack, their ability to converse with each other individually has been less understood. But researchers believe the pulses, clicks and whistles — of up to five "words" — made by dolphins are listened to fully by another before a response is made. The study was conducted on two captive adult dolphins. The pair have lived for 20 years in a swimming pool. Without food rewards, a special audio system recorded the exchanges between the dolphins. The noises emitted were of a different pattern to those produced in a pod. Dr. Ryabov continued: "The analysis of numerous pulses registered in our experiments showed that the dolphins took turns in producing pulse packs and did not interrupt each other, which gives reason to believe that _____."

① dolphins don't pay attention to others
② dolphins are animals which live in harmony in nature
③ dolphins can't hear each other because of strong pulses
④ each of the dolphins listens to the other's pulses before producing its own

20

　　We have all seen rotating outdoor display signs, liquor store promotional displays, and neon lights arranged to turn on and off in sequence to produce an attention-attracting motion. Some commercial advertisements in newspapers and magazines will attempt to simulate movement on a printed page using waving lines. Teuber (1974) has discussed how these printed patterns can produce a sensation of apparent movement. Some behavioral neural scientists have proposed "feature detection" mechanisms in cerebral cortex neural pathways. These mechanisms respond to visual stimulation of movement. Apparently, certain repetitive patterns of lines can cause these feature detection mechanisms to respond in the absence of any actual movement. Thus, some printed advertisements can generate an apparent _____ that attracts the viewer's attention as effectively as if an actual motion occurred.

① perversion　　　② movement
③ methodology　　④ ambiguity

9급공무원 공개경쟁채용 필기시험

응시번호	
성명	

회차	유형매칭
9	2019 서울시 9급

【시 험 과 목】

제1과목	국 어	제2과목	영 어	제3과목	한 국 사
제4과목	행정법총론		제5과목	행정학개론	

응시자 주의사항

1. **시험시작 전에 시험문제를 열람하는 행위나 시험 종료 후 답안을 작성하는 행위를 한 사람**은 「공무원임용시험령」 제51조에 의거 **부정행위자**로 처리됩니다.

2. **답안지 책형 표기는 시험시작 전 감독관의 지시에 따라 문제책 앞면에 인쇄된 책형을 확인**한 후, **답안지 책형란의 해당 책형(1개)에 "●"와 같이 표기**하여야 합니다.

3. 답안은 반드시 문제책 표지의 **과목순서에 맞추어 표기**하여야 하며, 과목순서를 바꾸어 표기한 경우에도 문제책 표지의 과목순서대로 채점되므로 유의하시기 바랍니다.

4. 시험이 시작되면 문제를 주의 깊게 읽은 후, **문항의 취지에 가장 적합한 하나의 정답을 고르며**, 문제내용에 관한 질문을 하실 수 없습니다.

5. **답안을 잘못 표기하였을 경우에는 답안지를 교체하여 작성**하거나 **수정테이프만을 사용하여 수정**할 수 있으며(수정액 또는 수정스티커 등은 사용 불가), 부착된 수정테이프가 떨어지지 않도록 눌러주어야 합니다.
   - 불량 수정테이프의 사용과 불완전한 수정처리로 인해 발생하는 모든 문제는 응시자 본인에게 책임이 있습니다.

6. **시험시간 관리의 책임**은 응시자 본인에게 있습니다.

정답공개 및 가산점 등록 안내

1. **정답공개, 이의제기:** 사이버국가고시센터(http://gosi.kr)
2. **가산점 등록방법:** 사이버국가고시센터(http://gosi.kr) ⇒ 『원서접수 ⇒ 가산점등록/확인』

※ 밑줄 친 부분의 의미와 가장 가까운 것은? (1~2)

01

We couldn't be more proud to find a fabulous partner like TELUS International-a company that shares our entrepreneurial spirit and relentless desire to redefine and disrupt the outsourcing industry when it comes to serving the customer experience needs of such important brands.

① outspoken   ② frivolous

③ stubborn   ④ submissive

02

"The government will take all preparatory steps before implementing taxation on religious groups," Kim said.

① exploratory   ② abortive

③ ambivalent   ④ callous

※ 밑줄 친 부분에 들어갈 말로 가장 적절한 것은? (3~6)

03

Her patience, _____ spirit and determination have been indispensable.

① bankrupt   ② indefatigable

③ tenuous   ④ indolent

04

On the other hand, when a child feels guilty and he is not punished or assured of forgiveness, he is likely to feel _____ and timid.

① provident   ② wasteful

③ insecure   ④ indigenous

05

Driving while _____ can put you in a fatal situation.

① sedulous   ② drowsy

③ unflagging   ④ plenary

06

A: Here is your coffee.

B: Thanks. Um, excuse me, this is not the coffee I ordered.

A: Didn't you order latte?

B: No, I asked for cappucino.

A: I'm sorry. I must have been confused.

B: _____. I've never seen you making a mistake.

A: I'll offer you the right one immediately.

B: Thanks. Take your time.

① So got, so gone

② Still waters run deep

③ Every dog has his day

④ Even Homer sometimes nods

07

밑줄 친 부분 중 어법상 가장 옳은 것은?

A legend from the Hawaiian island of Kauai explains how the naupaka flower got its unusual shape. The flower looks like ① half small a daisy. The legend says that the marriage of two young lovers on the island was opposed by both sets of parents. The parents found the couple together on a beach one day, and ② prevented them from being together, one of the families moved to the mountains, which ③ cut the relation of the young couple. As a result, the naupaka flower was separated into two halves; one half moved to the mountains, and the other half stayed near the beach. This story is a good example of a legend which native people ④ were invented to make sense of the world around them.

※ 밑줄 친 부분 중 어법상 가장 옳지 않은 것은? (8~10)

08

As early as 525 BCE, a Greek named Theagenes, who lived in southern Italy, ① identified myths as scientific analogies or allegories. To him, for instance, the mythical stories of gods fighting among themselves were allegories representing the forces of nature ② that are contradicted each other, such as fire and water. This is the source of a great many explanatory or "causal" myths, beginning with the accounts found in every society or civilization that ③ explain the creation of the universe, the world, and humanity. These "scientific" myths ④ attempted to explain seasons, the rising and setting of the sun, the course of the stars.

09

Seeing the hero battle obstacles and ① overcome crises ② engage the viewer in an emotional struggle ③ in which the drama's storyline and its conclusion events carry an emotional impact that would otherwise be ④ vanishing.

10

While this pattern of attention is ① necessary when solving problems analytically, ② it actually prevents us from ③ detecting the connections that ④ leads to creative insights.

11

다음 글의 제목으로 가장 적절한 것은?

There are situations in which the differences between experts and the public reflect a genuine conflict of values. For example, experts often measure risks by the number of lives lost, while the public tend to draw finer distinctions between "good deaths" and "bad deaths," or between random accidental fatalities and deaths that occur in the course of voluntary activities such as skiing. These legitimate distinctions are often ignored in statistics that merely count cases. The public may have a richer conception of risks than the experts do. Consequently, the view cannot be maintained that experts' opinions should be accepted without question when they conflict with the opinions of other citizens. When experts and the public disagree on their priorities, each side must respect the insights and intelligence of the other.

① The Highly Specialized Expert
② Is an Expert Always Right?
③ An Expert; Non-Aggression
④ The Importance of Expert Opinion

12

밑줄 친 부분이 지칭하는 대상이 다른 것은?

Alexander himself was no less valiant, as is shown by ① his encounter with an Indian king. King Porus had lain in wait for him on a branch of the Indus River, with ② his mighty army of war elephants and foot soldiers. When Alexander reached the river, the king's army was positioned on the far bank, and Alexander and his soldiers had no choice but to cross the river in the face of the enemy host. And, ③ his success was one of his greatest feats. Yet even more remarkable was his victory over that army in the stifling heat of India. Porus was brought before ④ him in chains. 'What do you want of me?' asked Alexander. 'Only that you treat me as befits a king.' 'And that is all?' 'That is all,' came the reply, 'there is no more to be said.' Alexander was so impressed that he gave him back his kingdom.

13

밑줄 친 부분에 들어갈 말로 가장 옳은 것은?

The two nation _____ on whether to continue with the talks.

① prophesied　　　② inundated
③ contemplated　　④ enfeebled

※ 글의 흐름상 빈칸에 들어갈 말로 가장 적절한 것은? (14~16)

14

The differences between online and classroom instruction go beyond medium alone. How instructors deliver information, interact with students, and assess learning is much different in a virtual learning environment. Online education demands more independence. _____, students must be able to learn at least some of the material when professors are unavailable. Because online degree programs attract a larger share of out-of-region and nontraditional students, including working students, parents, and military personnel, professors must also learn to engage a more diverse group of learners.

① Meanwhile　　　② Thus
③ Yet　　　　　　④ Instead

15

Have you ever met someone while you were experiencing significant emotional, psychological, or physical stress? Perhaps you stayed up all night studying for a final, or maybe you learned that a grandparent recently died. You are likely to exhibit behaviors that are not consistent with how you usually act. Meeting someone when you are extremely stressed can create an inaccurate impression of you. For this reason, recognize that our first impressions of others also may be perceptual errors. To help avoid committing these errors, engage in _____, which means that we consider a series of questions to confirm or challenge our perceptions of others and their behaviors. For example, see if you can provide two possible interpretations for the verbal and nonverbal behavior observed and seek clarification of it in order to determine the accuracy of your evaluation.

① verbal behaviors
② perception checking
③ lingual accurate impression
④ difference of the nonverbal confirmation

16

The term "biological control" has been used, at times, in a broad context to cover a full spectrum of biological organisms and biologically based products. This has been spectacularly successful in many instances, with a number of pest problems permanently resolved by importation and successful establishment of natural enemies. These importation successes have been limited largely to certain types of ecosystems and/or pest situations such as introduced pests in perennial ecosystems. On the other hand, this approach has met with _____ for major pests of row crops or other ephemeral systems. In these situations, the problem is often not the lack of effective natural enemies but management practices and a lack of concerted research on factors that determine the success or failure of importation attempts in the specific agro-ecosystem setting. Thus, importation programs, to date, are largely a matter of trial and error based on experience of the individual specialists involved.

① extensive success
② limited success
③ severe damage
④ complete extermination

17

빈칸 ㉠, ㉡에 들어갈 가장 적절한 것은?

Sensory-specific satiety is defined as a decrease in appetite, or the subjective liking for the food that is consumed, with little change in the hedonics of uneaten food. As a result of sensory-specific satiety, when people consume a variety of foods, they tend to overeat. A greater variety of food leads people to eat more than they would otherwise. So, being full and feeling sated are _____㉠_____. The recovery of appetite or the motivation to eat is apparent to anyone who has consumed a large meal and is quite full, and does not require additional energy or nutrients to meet their daily needs, but decides to consume additional calories after seeing the dessert cart. Small changes in the sensory properties of foods are _____㉡_____ to increase food intake. For example, subjects who were presented with different shapes of pasta showed increased hedonic ratings and increased energy consumption relative to subjects eating only a single shape of pasta.

	㉠	㉡
①	combined problems	sufficient
②	distinctive matters	insufficient
③	separate matters	sufficient
④	big problems	insufficient

18

글의 흐름상 가장 적절하지 않은 문장은?

One of the most productive forms of listening is empathetic listening. This is a technique that can help you manage and avoid disruptive and assaultive behaviors. ① Empathetic listening is not an easy skill to master, mainly because most of us would rather talk than listen. ② In addition, it can help you have momentous bonds with people you encounter. ③ When you give them the time to talk, you value them, and usually when people feel valued, their better side comes out. ④ Moreover, empathetic listening can help you build trust and can encourage the other person to feel safe. When trust is built, the speaker's emotions and any information can come out to the surface, naturally making empathic listening a useful tool for problem solving.

19

글의 흐름상 〈보기〉의 문장이 들어갈 곳으로 가장 옳은 곳은?

〈보기〉

This task was given under two conditions: when the students were memorizing the lists of words and when the students were recalling those lists for the researchers.

In 2006, researchers at the University of Missouri took twenty-eight undergraduates and asked them to memorize lists of words and then recall these words at a later time. (①) To test whether distraction affected their ability to memorize, the researchers asked the students to perform a simultaneous task — placing a series of letters in order based on their color by pressing the keys on a computer keyboard. (②) The Missouri scientists discovered that concurrent tasks affected both memorizing and recalling. (③) When the keyboard task was given while the students were trying to recall the previously memorized words, there was a 9 to 26 percent decline in their performance. (④) The decline was even more if the concurrent task occurred while they were memorizing, in which case their performance decreased by 46 to 59 percent.

20

주어진 글에 이어질 글의 순서로 가장 적절한 것은?

Instead, focus should be on how and why an organism does something. It was suggested that psychologists should look for the underlying cause of behavior and the mental processes involved.

(A) The term originated from Edward Titchener, an American psychologist who had been trained by Wundt. Structuralism relied on trained introspection, a research method whereby subjects related what was going on in their minds while performing a certain task.

(B) However, it proved to be an unreliable method because there was too much individual variation in the experiences and reports of research subjects.

(C) This emphasis on the causes and consequences of behavior has influenced contemporary psychology. Structuralism was the name given to the approach pioneered by Wilhelm Wundt.

① (A) — (B) — (C)
② (A) — (C) — (B)
③ (C) — (B) — (A)
④ (C) — (A) — (B)

할 수 없는 이유는 수없이 많지만
할 수 있는 이유는 단 한 가지입니다.
당신이 하기로 결정했기 때문입니다.

당신이 결정하면 온 세상이
그 결정을 따라 움직입니다.

– 조정민, 「사람이 선물이다」, 두란노

9급공무원 공개경쟁채용 필기시험

응시번호	
성명	

회차	유형매칭
10	2018 **국가직 9급**

【시 험 과 목】

제1과목	국 어	제2과목	영 어	제3과목	한 국 사
제4과목	행정법총론		제5과목	행정학개론	

응시자 주의사항

1. **시험시작 전에 시험문제를 열람하는 행위나 시험 종료 후 답안을 작성하는 행위를 한 사람**은 「공무원임용시험령」 제51조에 의거 **부정행위자**로 처리됩니다.

2. **답안지 책형 표기는 시험시작 전 감독관의 지시에 따라 문제책 앞면에 인쇄된 책형을 확인**한 후, **답안지 책형란의 해당 책형(1개)**에 "●"와 같이 표기하여야 합니다.

3. 답안은 반드시 문제책 표지의 **과목순서에 맞추어 표기**하여야 하며, 과목순서를 바꾸어 표기한 경우에도 문제책 표지의 과목순서대로 채점되므로 유의하시기 바랍니다.

4. 시험이 시작되면 문제를 주의 깊게 읽은 후, **문항의 취지에 가장 적합한 하나의 정답을 고르며**, 문제내용에 관한 질문을 하실 수 없습니다.

5. **답안을 잘못 표기하였을 경우**에는 **답안지를 교체하여 작성**하거나 **수정테이프만을 사용하여 수정**할 수 있으며(수정액 또는 수정스티커 등은 사용 불가), 부착된 수정테이프가 떨어지지 않도록 눌러주어야 합니다.
   - 불량 수정테이프의 사용과 불완전한 수정처리로 인해 발생하는 모든 문제는 **응시자 본인에게 책임**이 있습니다.

6. **시험시간 관리의 책임**은 응시자 본인에게 있습니다.

정답공개 및 가산점 등록 안내

1. **정답공개, 이의제기:** 사이버국가고시센터(http://gosi.kr)
2. **가산점 등록방법:** 사이버국가고시센터(http://gosi.kr) ⇒ 『원서접수 ⇒ 가산점등록/확인』

※ 빈칸에 들어갈 말로 가장 적절한 것을 고르시오. (1～2)

01

A: Hello, how may I help you?
B: Hi, I'd like to request a book for the library collection.
A: I see. Have you checked if it's in our collection?
B: Well, it was not in the catalog when I looked over last time.
A: Then let me search now. Look, somebody ordered and the book is already on the shelf.
B: Really? That's great!
A: _____, and you will see the book.
B: I saved the time. Thanks a lot.

① Fill out the form
② Go to the bookstore
③ Give way to the person
④ Make a beeline for the section A

02

Social learning theory argues that people learn from one another through observation learning, imitation and modelling. A child observes numerous instances of aggression at home, at school and on the streets. By observing the consequences, the child gains knowledge of rules of conduct (for example, being able to get something by using force). If incentives for the aggression are _____, the probability of the aggression will be high. The effects of provocation can also contribute and can be explained in terms of the anticipated consequences of failing to respond such as a loss of self esteem and also in terms of cognitive appraisal of provocation.

① present
② deficient
③ insufficient
④ uncongenial

03

다음 글의 제목으로 가장 적절한 것은?

The animal world is full of trickery and concealment. To evade predators and sneak up on prey, animals must often distort their true appearance. In order to pull off these subterfuges, animals have evolved many types of hiding, some of which can easily fool human eyes. "There's a wide range of different strategies that animals use, depending on the environment that they're living in," says a zoologist at the University of Bristol. A common tactic is background matching, where an animal sports colors and patterns that help it blend in with its surroundings. This can be as simple as a snow-white coat of fur. Other, more elaborate disguises resemble the whorls of bark on a tree or mottled surface of stone. Some animals use patches of light and dark colors to break up their outline. This is called disruptive coloration, and makes it harder for predators to see their shape.

① Strategies for Hunting
② Color Contrast in Nature
③ How Animals Camouflage
④ The Law of Survival of the Fittest

04

밑줄 친 부분 중 어법상 옳지 않은 것은?

Lake Vostok was formed along geologic fault lines. It stays ① liquid because of the pressure of the glaciers above it and the heat from the geologic fault beneath. Lake Vostok is thought to have ② sealed off from Earth's atmosphere for half a million years. Samples of ice from near the surface of Lake Vostok, ③ located under a glacier more than 3.2km thick, ④ contain microbes thought to have come from inside the lake.

05

밑줄 친 부분의 의미와 가장 가까운 것은?

It's the story of a ravenous caterpillar that eats so much he makes himself sick before transforming into a beautiful butterfly.

① endemic   ② destitute
③ voracious   ④ indigenous

06

다음 빈칸에 들어갈 말로 가장 적절한 것은?

When the factory announced that it would be expanding its workforce by five percent, it was _____ with job applications.

① pervaded   ② inundated
③ reiterated   ④ scrutinized

07

다음 글의 흐름상 가장 어색한 문장은?

Potatoes are important to the self-sufficient gardener and the gourmet gardener. Easy to grow, highly nutritious and there is a variety for every use in the kitchen. Kids of all ages love to grow potatoes. ① Well-drained, loamy soil rich in organic matter is preferred, but potatoes are not overly fussy. ② It is crucial that the storage area for potatoes is dark, ventilated well and, for long-term storage, maintained at temperatures near 4°C. ③ If heavy clay or loam soils are used, double-digging and improving organic matter content by growing cover crops or adding compost or manure can correct drainage problems. Do not lime areas planned for potatoes. ④ When the above-ground portion of the plant is 30cm tall, "hill up" soil 15cm around the plants. It's okay to cover green leaves. Straw or grass mulch also works well. This process can be repeated up to two or three times. It is recommended that no irrigation take place between planting and sprout emergence in order to avoid disease. It is important, though, not to let the soil become too dry, and to irrigate while plants are flowering.

08

빈칸에 들어갈 말로 가장 적절한 것은?

A: Hey, Sarah, how are you?
B: Good. Are you shopping here too?
A: Yeah, to pick up a winter jacket. What are you up to?
B: Clara's birthday is coming up. I bought a sweater for the gift.
A: Let me see. It looks nice.
B: But I don't know her taste. Do you have any recommendation?
A: Hmm, I think stripes would go better with her than solids.
B: _____
A: Then keep what you chose. The color makes up for the pattern.
B: I hope that Clara will like it.

① She already has a sweater.
② She has a champagne taste.
③ Is there any reason why you think so?
④ I looked for them, but only odd sizes left.

09
다음 글의 내용과 일치하는 것은?

Intercountry adoptions are governed by three sets of laws: U.S. federal law, the laws of the child's country of residence, and the laws of your U.S. state of residence. The time it takes to adopt a child from another country and bring that child to the United States varies widely. Generally, the process may take anywhere from one to four years, though in some cases, it may take longer. The length of time depends on a number of factors, including the country of origin's laws and procedures, the adoption service provider's process, the U.S. immigration process, and the specific circumstances regarding the case. Adoption service providers are to disclose all expected costs associated with your adoption before you sign an adoption services contract with them. This is required of all providers for intercountry adoptions under the Intercountry Adoption Act and the Universal Accreditation Act.

① It needs from one to four years to adopt a child in any circumstances.
② Intercountry adoptions are processed under the country of origin's law.
③ You should give the adoption service provider some fees before the contract is signed.
④ The U.S. immigration process affects the time required for the adoption process.

10
밑줄 친 부분 중 어법상 옳지 않은 것은?

Another consistent research ① finding is that when a learning activity is undertaken explicitly to attain some extrinsic reward, people respond by seeking the least demanding way of ensuring the reward. Since there ② is three decades of evidence that ③ dominated instruction with a system of controlling external rewards may contribute to inferior learning, using a pedagogy based on theories of intrinsic motivation ④ appears to be a more reasonable and effective approach to enhancing learning among culturally diverse students.

11
글의 흐름상 가장 어색한 문장은?

A group of American biologists is debating whether to recommend conducting stem cell experiments that would involve creating a human-mouse hybrid. ① The goal would be to test different lines of human embryonic stem cells for their quality and potential usefulness in treating specific diseases. ② The best way to do that is to see how the cells work in a living animal. ③ But if the human stem cells were tested in this way in mice, any animals born from the experiment would be chimeras, mixtures of two different kinds of cells. ④ One possible source of stem cells can be found in blood taken from the umbilical chord of new born babies.

12
다음 글의 주제로 가장 적절한 것은?

A lot of people think that worrying is a bad thing. However, worry can serve an important function in your life. As long as you manage worry properly, worry is an important part of your repertoire for dealing with the world effectively. At the same time, however, worrying in and of itself doesn't solve anything. It's a signal that there is a problem that needs to be solved. Therefore, keep in mind that worry that does not lead to problem solving is a waste of time. Worrying can be very stressful. When you worry, your body releases the stress hormones, adrenaline and cortisol. In excess, these hormones can wreak havoc with your mental, physical, and emotional health. One way to stop worry from interfering with your quality of life is to reduce the stress that it causes you.

① When do we worry?
② What do people worry about?
③ How should we deal with worries?
④ What is the advantage of worrying?

13
다음 글의 내용과 일치하지 않는 것은?

While Locke argues that men have a right to create and enjoy their property, he also argues that there are limits to that right in the state of nature. The first limit is alluded to when he describes how property is created. He says, "Labour being the unquestionable property of the labourer, no man but he can have a right to what that is once joined to, at least where there is enough and as good left in common for others." The implication is that one's right to property is only clear and exclusive so long as it doesn't jeopardize anyone else's ability to create equivalent kinds of property for himself. Locke does not stress this limitation, but puts most of the force of the limitation on property on his next argument. As much property "as anyone can make use of to any advantage of life before it spoils; so much he may by his labour fix a property in. Whatever is beyond this, is more than his share, and belongs to others." The reason for this limit is that "Nothing was made by God for Man to spoil or destroy."

① 인간은 노동을 통해서 재산을 창출한다.
② 인간은 소유물에 대한 권리뿐 아니라 동시에 제한도 갖고 있다.
③ Locke의 견해대로라면 인간의 재산에 대한 권리는 명확하지 않다.
④ 스스로 노동을 통해 만들어낸 것 이외의 재산은 자신의 것이 아니다.

※ 밑줄 친 부분의 의미와 가장 가까운 것을 고르시오. (14~15)

14

The workers made their way through <u>uncharted</u> jungle, when they came upon the ancient buildings.

① unknown
② unconsecrated
③ extraordinary
④ unanimous

15

The long journey <u>took a lot out of me.</u>

① made me happy
② took away my desire
③ made me tired
④ taught me a lot of things

16

주어진 문장이 들어갈 위치로 가장 적절한 것은?

They are the risks it poses to the women who would be needed to provide the large numbers of eggs required and exaggerated and probably unrealistic claims of "personalized" therapies.

Human cloning often refers to human reproductive cloning to produce a genetic copy of an existing person. Despite decades of speculation, there has been no human reproductive cloning. (①) Research cloning, also known as embryo cloning or therapeutic cloning, is another form of human cloning that produces genetically specific embryonic stem cells. (②) After a series of failures and high-profile false claims of success, the first report of stem cells created from cloned human embryos was published in 2013. (③) However, there are some of the major concerns surrounding raised by research cloning. (④) Effective oversight is also needed to prevent rogue efforts to use cloned embryos for reproductive human cloning.

17

다음 글의 내용과 일치하지 않는 것은?

Frostbite is the medical condition in which localized damage is caused to skin and other tissues due to freezing. At or below 0 °C, blood vessels close to the skin start to constrict, and blood is shunted away from the extremities via the action of glomus bodies. This can be because the body is constricting circulation to extremities on its own to preserve core temperature and fight hypothermia. But this protective strategy can reduce blood flow in some areas of the body to dangerously low levels and lead to the eventual freezing and death of skin tissue in the affected areas. If you develop frostbite, you may not realize at first that anything is wrong, because the affected area may be numb. With prompt medical attention, most people recover fully from frostbite. However, if severe frostbite occurs, permanent damage is possible depending on how long and how deeply the tissue was frozen.

① Inadequate blood circulation when the ambient temperature is below freezing point leads to frostbite.

② In cold weather, your lower and upper extremities are more sensitive, because they are farthest away from the body core.

③ If the affected part is numb, you may not know the difference between normal and abnormal conditions.

④ Contraction of blood vessel is a survival tactic in low temperatures.

18
빈칸에 들어갈 말로 가장 적절한 것은?

CREEPY clown hysteria continues to spread across the United States, with unusual sightings of the jesters being captured by residents on their smartphones across more than 20 states. Several incidents involving masked figures lurking in the woods and attempting to lure children were first reported in August in South Carolina. Police have called many of the reports "unfounded" but on Wednesday, a 16-year-old boy was chased by a clown wielding a kitchen knife out of a subway station in Manhattan. According to police, the clown was standing in the doorway of the train and preventing people from exiting. Moments later, he started chasing the teenager towards the exit. Police are currently _____.

① chasing the boy with the clown
② searching for the masked individual
③ spreading the news about the incident
④ making his face up to look like a clown

19
주어진 글 다음에 이어질 글의 순서로 가장 적절한 것은?

The Scientific Revolution arose in the early 16th century with the cosmological discoveries of Copernicus. He, going against the current belief that the Earth was stationary and at the center of the universe, hypothesized a Sun-centered universe with a moveable Earth.

(A) In conclusion, from these discoveries and many more came an understanding of the universe as a mechanistic structure, dictated by a few principles which seemed to be arranged with amazing mathematical precision.

(B) In connection to these two discoveries, the movement of the planets, the maintenance of their orbits, the basic mathematical structure of the universe, and gravity all came to be understood.

(C) Further discoveries by Kepler confirmed the second of these hypotheses, and added two other discoveries: planetary orbits in the shape of ellipses and an explanation of the varying speeds of the planets as they orbited.

① (A) − (C) − (B)
② (B) − (A) − (C)
③ (B) − (C) − (A)
④ (C) − (B) − (A)

20
우리말을 영어로 잘못 옮긴 것은?

① Felipa는 마치 그녀가 그 정보를 고려하는 것처럼 머리를 옆으로 기울였다.
→ Felipa tipped her head to the side, as if she were considering that information.

② 그 연구는 우리에게 학교에 있는 아이들이 집에 있는 아이들보다 더 적은 충치를 가진다는 결과를 우리에게 가져다주었다.
→ The research brought us the consequence that children in school get fewer cavities than that at home.

③ 그녀는 그녀의 아버지에 대한 열정적인 사랑을 제외하고 아무것도 이해할 수도 생각할 수도 그리고 느낄 수도 없었다.
→ She could understand nothing, think of nothing and feel nothing, save passionate love for her father.

④ 불멸의 세계에서 삶을 향상시키는 방법은 없었지만 Jenn은 인간 세상에 대한 이야기들을 들었다.
→ There was no way to improve life in the immortal world, but Jenn heard tales of the mortal world.

9급공무원 공개경쟁채용 필기시험

응시번호	
성명	

회차	유형매칭
11	2018 **지방직 9급**

【시 험 과 목】

제1과목	국 어	제2과목	영 어	제3과목	한 국 사
제4과목	행정법총론		제5과목		행정학개론

응시자 주의사항

1. **시험시작 전에 시험문제를 열람하는 행위나 시험 종료 후 답안을 작성하는 행위를 한 사람**은 「공무원임용시험령」 제51조에 의거 **부정행위자**로 처리됩니다.

2. **답안지 책형 표기는 시험시작 전** 감독관의 지시에 따라 **문제책 앞면에 인쇄된 책형을 확인한 후, 답안지 책형란의 해당 책형(1개)에 "●"와 같이 표기**하여야 합니다.

3. 답안은 반드시 문제책 표지의 **과목순서에 맞추어 표기**하여야 하며, 과목순서를 바꾸어 표기한 경우에도 문제책 표지의 과목순서대로 채점되므로 유의하시기 바랍니다.

4. 시험이 시작되면 문제를 주의 깊게 읽은 후, **문항의 취지에 가장 적합한 하나의 정답을 고르며**, 문제내용에 관한 질문을 하실 수 없습니다.

5. **답안을 잘못 표기하였을 경우**에는 **답안지를 교체하여 작성**하거나 **수정테이프만을 사용하여 수정**할 수 있으며(수정액 또는 수정스티커 등은 사용 불가), 부착된 수정테이프가 떨어지지 않도록 눌러주어야 합니다.
   – 불량 수정테이프의 사용과 불완전한 수정처리로 인해 발생하는 모든 문제는 **응시자 본인에게 책임**이 있습니다.

6. **시험시간 관리의 책임**은 응시자 본인에게 있습니다.

정답공개 및 가산점 등록 안내

1. **정답공개, 이의제기**: 사이버국가고시센터(http://gosi.kr)
2. **가산점 등록방법**: 사이버국가고시센터(http://gosi.kr) ⇒ 『원서접수 ⇒ 가산점등록/확인』

1초 합격예측! 모바일 성적분석표

QR 코드로 접속하여 문제 풀이시간을 측정하고,
〈1초 합격예측 & 모바일 성적분석표〉 서비스를 통해
지금 바로! 실력을 점검해 보세요.
http://eduwill.kr/0jVF

※ 밑줄 친 부분의 의미와 가장 가까운 것을 고르시오. (1~2)

01

Domicile should be distinguished from nationality which is the relationship between an individual and a country.

① religion
② residence
③ citizenship
④ military service

02

Not everyone is well-versed in SMS/AIM lingo and it is difficult for older people to grasp, who act like old dogs who can't be taught new tricks.

① is confined to
② is content with
③ is concerned with
④ is conversant with

03

밑줄 친 부분 중 어법상 옳지 않은 것은?

Some psychologists believe that insight is the result of a restructuring of a problem after a period of non-progress ① which the person is believed to be too focused on past experience and get stuck. A new manner to represent the problem ② is suddenly discovered, ③ leading to a different path to a solution heretofore unpredicted. It has been claimed ④ that no specific knowledge, or experience is required to attain insight in the problem situation.

04

우리말을 영어로 잘못 옮긴 것은?

① 아무리 자질이 있더라도 집중을 하지 못하면 자신의 자질을 최대한 이용하지 못할 것이다.
→ However qualified you may be, you could not be able to make the best use of your qualifications without concentration.

② 최근 이자율이 11.25퍼센트로 인상된 후, 미국 주식은 여전히 안정되어 있다.
→ Interest rates hiking to 11.25 percent recently, American stocks are still holding steady.

③ 그는 자신의 사업을 시작한 이후로 정말로 인정을 받아 오고 있다.
→ He has really come into his own since he started his own business.

④ 출판업자가 제시한 급여 제안에 대해 기자들도 편집자도 만족하지 않았다.
→ Neither the reporters nor the editor was satisfied with the salary offer made by the publisher.

05

밑줄 친 부분의 의미와 가장 가까운 것은?

> The carefully constructed image of Emily's private life was cherished precisely because she seemed so impervious to the immense consumer markets in which her image circulated.

① partial
② susceptive
③ unaffected
④ disrespectful

06

빈칸에 들어갈 말로 가장 적절한 것은?

> Those who choose not to empathize enable real monsters. For without ever committing an act of outright evil ourselves, we _____ it, through our own apathy.

① cope with
② collide with
③ collate with
④ collude with

07

어법상 옳은 것은?

① Unless we don't cover the land with trees, the soil will get washed away.
② Increasing numbers of firms specializes in providing subscribers with access to the Internet.
③ He gave her some good advices about how to teach her dog.
④ Without her help, I might not have finished the work last Friday.

08

우리말을 영어로 바르게 옮긴 것은?

① Concord에서 그리 멀지 않은 Lexington에, 몇 사람이 죽은 격렬한 싸움이 있었다.
 → At Lexington, not far from Concord, there was a sharp fight which several men were killed.
② Jason은 기말고사 전에 너무 긴장되어서 의자에 가만히 앉아있을 수 없었다.
 → Jason was too nervous before the final exam to sit still in the chair.
③ 그는 집 앞에 트럭을 주차했고 언덕 아래로 향했다.
 → He parked the truck in front of the house and heads down the hill.
④ 그 무리가 다가왔을 때 McConnell과 Shell은 점심을 먹은 후 차로 돌아가는 중이었다.
 → McConnell and Shell were heading back to their car after having lunch when approaching by the group.

09

다음 글의 흐름상 가장 어색한 문장은?

> Let's suppose that you have a bunch of computers in one organization on one end (inside the firewall) and the rest of the Internet on the other (outside the firewall). The firewall doesn't let any computer on the outside get in. Sometimes it does let computers on the inside get out. ① The solution the hackers have found is elegant in its confusing-ability. ② They just trick the firewall into thinking they're on the inside. ③ But an opportunity like this doesn't come every day. ④ In other words, it's like tricking the security guard into letting you in because you're not outside.

10

다음 글의 요지로 가장 적절한 것은?

Contractions are quite commonplace in today's spoken and written English. We must determine when we should avoid them or use them. If you are engaged in formal writing, you should avoid using all contractions. This includes cover letters, resumes, theses, essays, etc. Because the use of contractions seems more informal, you should avoid them in any instance in which you want to portray a professional, respected image. However, some types of text benefit from the inclusion of contractions. Specifically, if you want your text to have a more informal, conversational tone, sprinkling some contractions throughout your writing can help you accomplish this. These types of text may include fictional stories or novels, dialogue, or personal letters or emails.

① Whether you can use contractions depends on the type of text.
② These days young people like to use contractions in their dialogue.
③ It's better to use contractions in your writing such as personal letters.
④ We should avoid using contractions because they are not standard language.

11

빈칸에 들어갈 말로 가장 적절한 것은?

A: Thank you for inviting me.
B: My pleasure. We are happy to celebrate Chuseok with you. I believe Thanksgiving is also around the corner, right?
A: Yes. But Chuseok does not seem to always fall on the same date.
B: Oh, that's because it goes by the lunar calendar.
A: Interesting.
B: The date of the solar calendar differs each year. So we write as well the lunar date on the side of the calendar.
A: _____.

① We are on time by a close call
② The solar date is more accurate
③ As time goes by, people are different
④ You may as well check the calendar to prepare

12

다음 글의 분위기로 알맞은 것은?

Kalu, an elephant in the Central Park Zoo, trusted only one handler, a man named Albert Brockell. When Albert became sick with leukemia, Kalu refused to go inside to his quarters because his "main man" had not spoken the command. As winter approached, this became a serious concern. No one else could persuade him. He responded to an attempt at forcing him inside with anger, injuring the new would-be handler. Desperate zoo officials finally made a recording of Albert at the hospital, so Kalu could hear his voice ordering him to go inside. But Kalu refused to obey a mere recording. Finally Albert volunteered to be taken to the zoo in an ambulance. He was delivered to the elephant's side on a gurney. "Go inside, Kalu," he said. Finally he obeyed.

① humorous and witty
② irrational and angry
③ moving and touching
④ secular and sarcastic

13

주어진 글 다음에 이어질 글의 순서로 가장 적절한 것은?

Zealandia is the world's eighth and smallest continent — and the newest to be discovered. It is located in the southern Pacific Ocean, including New Zealand, New Caledonia and two Australian islands, Lord Howe Island and Norfolk Island.

(A) Earlier this year, a team of scientists used fresh satellite and mapping data to argue that Zealandia was not a collection of "submerged continental fragments" but was a unified landmass and therefore should be assigned continent status.

(B) The continent spans 1.9 million square miles but the bulk of it — 94 per cent — is under the Pacific Ocean. It is about two-thirds the size of Australia. The continent has been gradually discovered by scientists over the past two decades.

(C) In 1995, American geophysicist Bruce Luyendyk used the name to describe New Zealand, the Chatham Rise, Campbell Plateau and Lord Howe Rise. At that stage, it was believed to possess three of four attributes needed to qualify as a continent, including rock types which are found on continents rather than on the ocean crust and "the high elevation relative to regions floored by oceanic crust".

① (A) − (B) − (C)　　② (B) − (C) − (A)
③ (C) − (A) − (B)　　④ (C) − (B) − (A)

※ 빈칸에 들어갈 말로 가장 적절한 것을 고르시오. (14~15)

14

A: It's very hot in here. What about turning on the air conditioner?

B: We can't turn on it because of the new company regulations.

A: It's twenty-six degrees Celsius now. What do you mean?

B: According to the new regulations, we can only use the air conditioner when the temperature is higher than twenty-seven degrees Celsius.

A: Oh, come on! That's too high.

B: Actually, when our boss checked the high electricity bill last month, he _____. That's why he suddenly revised the regulations.

A: But we can't concentrate on our work in this hot office.

B: You can say that again.

① hit the book
② kept his head above water
③ had his hands full
④ had his shirts off

15

The human eye and brain together translate light into color. Light receptors within the eye transmit messages to the brain, which produces the familiar sensations of color. Newton observed that color is not inherent in objects. Rather, the surface of an object reflects some colors and absorbs all the others. We perceive only the reflected colors. Thus, red is not "in" an apple. The surface of the apple is reflecting _____ and absorbing all the rest. An object appears white when it reflects all wavelengths and black when it absorbs them all. Red, green and blue are the additive primary colors of the color spectrum. Combining balanced amounts of red, green and blue lights also produces pure white. By varying the amount of red, green and blue light, all of the colors in the visible spectrum can be produced.

① the primary colors
② the color in the apple
③ the colors that we like
④ the wavelengths we see as red

16

다음 글의 제목으로 가장 적절한 것은?

Media scholar Marshall McLuhan created two categories: hot vs. cool media. Hot media is that which engages one sense completely. It demands little interaction from the user because it 'spoon-feeds' the content. Typically the content of hot media is restricted to what the source offers at that specific time. Examples of hot media include radio and film because they engage one sense of the user to an extent that although the user's attention is focused on the content, their participation is minimal. Cool media generally uses low-definition media that engages several senses less completely in that it demands a great deal of interaction on the part of the audience. Audiences then participate more because they are required to perceive the gaps in the content themselves. The user must be familiar with genre conventions in order to fully understand the medium. Examples: TV, phone conversations, comic books.

① How People Understand Contents
② Why Did Marshall McLuhan Categorize Media?
③ What Are Differences Between Hot Media and Cool Media?
④ Advantages and Disadvantages of Hot Media and Cool Media

17

빈칸 (A), (B)에 들어갈 말로 가장 적절한 것은?

The supply of Modern Art is very limited, as the artists whose works were sold in sales have generally died. After an artist's death, there is almost always an upsurge in their prices, as the volume of their work cannot increase significantly: though new works are often discovered in this period, due to the increase in price. _____(A)_____, this increase in price is in part because there is very little that can affect the reputation of a dead artist enough to alter their market value. This works as a double-edged sword for the investor while a work by Van Gogh will never really decrease in value. Unless the attribution is wrong, _____(B)_____, it is unlikely to leap in value in a short time.

	(A)	(B)
①	Therefore	for example
②	However	therefore
③	However	of course
④	For instance	on the other hand

18

다음 글의 내용과 일치하지 않는 것은?

As a result of the recent oil crisis, 9.9 million of California's 15 million motorists were subjected to an odd-even plan of gas rationing. The governor signed a bill forcing motorists with license plates ending in odd numbers to buy gas only on odd-numbered days, and those ending in even numbers on even-numbered days. Those whose plates were all letters or specially printed had to follow the odd-numbered plan. Exceptions were made only for emergencies and out-of-state drivers. Those who could not get gas were forced to walk, bike, or skate to work. This plan was expected to eliminate the long lines at many service stations. Those who tried to purchase more than twenty gallons of gas or tried to fill a more than half filled tank would be fined and possibly imprisoned.

① A limit on gas purchases was imposed.
② The gas rationing plan was not binding on ambulances.
③ Officials expected that this plan would exacerbate long gas lines.
④ Those who violated the rationing program were possibly to be detained.

19

주어진 문장이 들어갈 위치로 가장 적절한 것은?

However, there are many more significant decisions in our lives in which poor choices can result in considerably more damaging and far-reaching consequences.

Identifying and reaching the goals in our lives involves making informed, intelligent decisions. (①) Many of the decisions we make are sound and thoughtful, but we may also find that some of the decisions we make turn out poorly, undermining our efforts to achieve the things we most want in life. Many of our poor decisions involve relatively minor issues. (②) For example, they are selecting an unappealing dish in a restaurant, agreeing to go out on a blind date, and taking a course that does not meet our expectations. (③) Although these decisions may result in unpleasant consequences, the discomfort is neither life-threatening nor long-lasting. (④) For example, one reason that the current divorce rate in the United States stands at approximately 50 percent is the poor decisions people make before or after the vows "till death do us part."

20

빈칸에 들어갈 말로 가장 적절한 것은?

The modern West has placed a high premium on the value of equality. Equal rights are enshrined in law while old hierarchies of nobility and social class have been challenged, if not completely dismantled. Few would doubt that global society is all the better for these changes. But hierarchies have not disappeared. Society is still stratified according to wealth and status in myriad ways. On the other hand, the idea of a purely egalitarian world in which there are no hierarchies at all would appear to be both unrealistic and unattractive. On reflection, _____, for we all benefit from the recognition that some people are more qualified than others to perform certain roles in society. We prefer to be treated by senior surgeons not medical students, get financial advice from professionals not interns. Good and permissible hierarchies are everywhere around us.

① we should abolish hierarchical society
② there are various levels in the hierarchy
③ hierarchies don't mean much to us any more
④ nobody would want to eliminate all hierarchies

9급공무원 공개경쟁채용 필기시험

응시번호	
성명	

회차	유형매칭
12	2018 서울시 9급

【시 험 과 목】

제1과목	국 어	제2과목	영 어	제3과목	한 국 사
제4과목	행정법총론		제5과목	행정학개론	

⏱ 제한시간: 30분   ■ 시작시간: :   ■ 종료시간: :   정답과 해설 ▶ P.100~P.105

01

글의 흐름상 빈칸에 들어갈 말로 가장 알맞은 것은?

Butterflies and moths have many things in common, mainly scales that cover their bodies and wings. These scales are actually modified hairs. How can you tell the difference between a butterfly and a moth? Butterflies are typically larger and have more colorful patterns on their wings. Moths are typically smaller with _____ wings. Butterflies are primarily diurnal, flying in the daytime. Moths are generally nocturnal, flying at night. However, there are moths that are diurnal, such as the buck moth and there are butterflies that are crepuscular, that is, flying at dawn and dusk.

① feeble
② extravagant
③ drab-colored
④ sumptuous-patterned

02

밑줄 친 인물(Marcel Mauss)에 대한 설명으로 가장 옳지 않은 것은?

Marcel Mauss is a French sociologist and anthropologist whose contributions include a highly original comparative study of the relation between forms of exchange and social structure. His views on the theory and method of ethnology are thought to have influenced many eminent social scientists. Mauss was the nephew of sociologist Emile Durkheim, who contributed much to his intellectual formation and whom he assisted in the preparation of a number of works. In 1902 he began his career as professor of primitive religion at the Practical School of Higher Studies, Paris. He possessed an encyclopaedic mind familiar with an exceptional breadth of ethnographic and linguistic knowledge. His lectures were described as abounding in new and productive ideas that inspired books and theses.

① He was greatly affected by Emile Durkheim.
② His lectures were useful for books and theses.
③ He helped Emile Durkheim prepare for his works.
④ A number of his studies enabled him to be a professor in Paris.

03

글의 문맥에 가장 어울리는 순서대로 배열한 것은?

(A) Removing trees also deprives the forest of portions of its canopy, which blocks the sun's rays during the day, and holds in heat at night. This disruption leads to more extreme temperature swings that can be harmful to plants and animals.

(B) The biggest driver of deforestation is agriculture. Farmers cut forests to provide more room for planting crops or grazing livestock. Often, small farmers will clear a few acres by cutting down trees and burning them in a process known as slash and burnagriculture.

(C) Deforestation can have a negative impact on the environment. The most dramatic impact is a loss of habitat for millions of species. Eighty percent of Earth's land animals and plants live in forests, and many cannot survive the deforestation that destroys their homes.

(D) Deforestation is clearing Earth's forests on a massive scale, often resulting in damage to the quality of the land. Forests still cover about 30 percent of the world's land area, but half the size of England are lost each year. Why do people cut down trees?

① (A) − (B) − (C) − (D)
② (A) − (B) − (D) − (C)
③ (D) − (B) − (C) − (A)
④ (D) − (B) − (A) − (C)

※ 밑줄 친 부분과 의미가 가장 가까운 것을 고르시오. (4~6)

04

Her father was not nearly as loquacious as her mother was on the subject of their son's lost baby bear toy or the new family puppy.

① impatient
② garrulous
③ distressed
④ reproachful

05

Adding a few drops of lemon grass essential oil to your humidifier will help recharge your batteries from your hectic routine.

① pithy
② tedious
③ parallel
④ bustling

06

A mega-merger makes sense to record companies in the industry battling with falling sales and rampant Internet piracy.

① ubiquitous
② solicitous
③ listless
④ hideous

07

대화 중 가장 어색한 것은?

① A: I feel under the weather.
　 B: Go home early and sleep tight.
② A: I bought a watch that cost an arm and a leg.
　 B: Sorry to hear that. You have to wear a cast.
③ A: I only have the conclusion to write to finish my thesis.
　 B: Hang in there. You are almost done.
④ A: I have booked the seat, got my passport ready, and received the visa.
　 B: You are all set. Enjoy your trip.

08
밑줄 친 부분 중 어법상 가장 옳지 않은 것은?

They remain ① green and can start photosynthesis as soon as the weather is ② enough warm in spring, before there has been time for the new season's leaves ③ to expand and start ④ functioning.

10
글의 흐름상 빈칸에 들어갈 가장 적절한 문장은?

Once upon a time, teachers celebrated Columbus Day by leading children in choruses of song about the Nina, the Pinta, and the Santa Maria. If the commemorations dealt at all with the impact of European exploration on the indigenous civilizations already flourishing in these "discovered" lands, it was often fleeting. In recent years, the conversation has become more nuanced, as educators and people across the country have begun to explore the many reasons why celebrating Christopher Columbus is problematic.

_____

① We need to help students understand that Columbus is important even though he isn't someone to be celebrated.
② Indigenous Peoples' Day is to honor the people whose lives and cultures were irreparably damaged by the colonial conquest.
③ Whether we commemorate Columbus, learning what he did and how he did it is fundamental to understand history.
④ They were the violent abuse of indigenous peoples, the launch of the transatlantic slave trade, and the introduction of a swath of lethal diseases to an unprepared continent.

09
밑줄 친 부분 중 어법상 가장 옳은 것은?

On the other hand, for the calculations ① necessary for the satellite-based global positioning system (GPS) that ② help you navigate while ③ driven, Newton's theory would give the ④ wrongly answer, and so Einstein's must be used.

11

글의 흐름상 빈칸에 들어갈 말로 가장 옳지 않은 것은?

Charles Dickens married Catherine Hogarth soon after his first book was published. The couple had a brood of 10 children. During the 1850s, Dickens suffered two devastating losses: the deaths of his daughter and father. He also separated from his wife in 1858. Dickens slandered Catherine publicly, and _____ an intimate relationship with a young actress named Ellen "Nelly" Ternan. Sources differ on whether the two started seeing each other before or after Dickens' marital separation; it is also believed that he went to great lengths to erase any documentation alluding to Ternan's presence in his life.

① built up
② broke off
③ struck up
④ entered into

12

글의 내용과 일치하는 것은?

Adoptions in the United States may be either domestic or from another country. Domestic adoptions can be arranged either through a state agency, an adoption agency, or independently. Adoption agencies must be licensed by the state in which they operate. There are both private and public adoption agencies. Private adoption agencies often focus on infant adoptions, while public adoption agencies typically help find homes for waiting children; many of them presently in foster care and in need of a permanent loving home. To assist in the adoption of waiting children, there is a U.S. government-affiliated website assisting in sharing information about these children with potential adoptive parents. Independent adoptions are usually arranged by attorneys and typically involve newborn children. Approximately 55% of all U.S. newborn adoptions are completed via independent adoption.

① 55% of all adopted children are infants in the United States.
② You can adopt a child from another country through a state agency in America.
③ Attorneys should get a licence from the government to arrange domestic adoptions.
④ Adoptive parents can know about the child that they adopt before bringing him or her home.

13

글의 흐름상 빈칸에 들어갈 표현으로 가장 알맞은 것은?

Emotional and psychological abuse in children is defined as behaviors, speech, and actions of parents, caregivers, or other significant figures in a child's life that have a negative mental impact on the child. Even the best parents have yelled at their children or used angry words in times of stress. That's not necessarily abusive. _____(A)_____, you should consider calling a counselor if you notice a pattern in your behavior. Parenting is the toughest and the most important job you will ever do. Seek the resources to do it well. _____(B)_____, change your behavior if you regularly use alcohol or illegal drugs. These habits can affect how well you care for your children.

	(A)	(B)
①	Therefore	Nevertheless
②	In addition	For instance
③	However	For example
④	However	Nevertheless

14

밑줄 친 부분과 의미가 가장 먼 것은?

Jackson, who has a knack for a descriptive amalgam of the poetic and the putrid, is at the same time not much given to philosophical conjecture regarding the astonishing world of ruin that he has uncovered.

① sour
② rotten
③ vital
④ tainted

15

글의 흐름상 빈칸에 들어갈 단어로 가장 알맞은 것은?

Body weight usually _____ throughout the day, so that people have different weights at different times of the day.

① placates
② elucidates
③ preserves
④ fluctuates

※ 밑줄 친 부분 중 어법상 가장 옳지 않은 것을 고르시오. (16~17)

16

As anyone who has ever watched a parent, a sibling or a spouse ① succumb to the spreading darkness ② know, there is no way to stop the lights ③ from turning off, no way to switch them back on ④ once they've grown dim.

17

Our body responds ① to the challenge by producing and storing something ② referred as aerobic enzymes. These enzymes ③ help us burn more fat, which is another reason why aerobic exercise has ④ such a pronounced effect on our body fat.

18
글의 내용과 가장 부합하는 속담은?

An important lesson to remember is that we should try to see the positives in life even while we are stuck in the middle of trouble. Riccardo, who was named after his father, an immigrant from Mexico, learned this lesson at a young age. Although the family called him Ricky, his father had his own nickname for him: Good-for-Nothing. Why did the elder Riccardo call him that? Because Ricky hated fishing. His father saw this very negatively, because he was a fisherman. He loved the fishing business. So did all of his sons, except for Good-for-Nothing Ricky. The boy did not like being on the boat, and the smell of fish made him sick. Instead, Ricky — who was not afraid of hard work — delivered newspapers, shined shoes, worked in the office, and even repaired nets. His income went to the family. Even so, his father was strongly dissatisfied with him and still always said that he was good for nothing. Since these jobs were not fishing, his father saw no value in them. Soon, Ricky began to follow his older brother who used to play sandlot ball. For Ricky, playing baseball with him was a way to forget his hardship. Fortunately, Ricky was very good at it, and was treated like a hero among his playmates. When Ricky was sixteen, he decided to drop out of school to become a baseball player. And by the time he was through with baseball, he had become a legend. The nation came to know Ricky as the most complete player of his generation, and he was voted into the Hall of Fame. And his father, the elder Riccardo, what did he think about it? Though he had wanted all of his sons to join the family business, he was finally proud of Ricky and respected his accomplishments. Ricky held onto hope in one of the most difficult moments of his life and achieved greatness.

① After death, to call the doctor.
② Actions speak louder than words.
③ Absence makes the heart grow fonder.
④ After a typhoon there are pears to gather up.

19
글의 흐름상 빈칸에 들어갈 표현으로 가장 알맞은 것은?

Aggression can be directly learned through operant conditioning, involving positive and negative reinforcement and punishment. Bandura proposed that aggression can also be learned by the indirect mechanism of observational learning. Social learning theory maintains that children learn through a process of imitation. Bandura believed aggressive reinforcement in the form of imitation of family members was the most prominent source of behaviour modelling. Parents are the primary role models for children; through a process of observation and identification their behaviour is modelled. The boy who watches his father attack his mother is more likely to become an _____ parent and husband.

① abusive
② obscure
③ obsolete
④ impartial

20

글의 흐름상 빈칸에 들어갈 표현으로 가장 알맞은 것은?

Cultural groups throughout the world talk about color differently — some don't even have a word for color. In a Candoshi village, anthropologist Alexandre Surrallés puts a small colored chip on a table and asks, "What is it like?" What Surrallés would like to ask is, "What color is this?" But the Candoshi, a tribe of some 3,000 people living on the upper banks of the Amazon River, don't have a word for the concept of color. In this instance, a lively discussion erupts between two Candoshi about whether the chip, which Surrallés would call amber or yellow-orange, looks more like ginger or fish spawn. This moment was just one among many similar experiences Surrallés had during a total of three years living among the Candoshi. These people simply don't have color words. Candoshi children don't learn the colors of the rainbow because _____.

① they have never seen rainbow
② they don't have art class at school
③ their community doesn't have words for them
④ their community doesn't consider it important to learn them

9급공무원 공개경쟁채용 필기시험

응시번호	
성명	

회차	유형매칭
13	2017 국가직 9급

【시 험 과 목】

제1과목	국 어	제2과목	영 어	제3과목	한 국 사
제4과목	행정법총론		제5과목	행정학개론	

※ 밑줄 친 부분과 의미가 가장 가까운 것을 고르시오. (1~2)

01

> After he was promoted to vice president of the company, he became <u>scornful</u> of his former friends.

① apprehensive
② derisive
③ docile
④ prolific

02

> I've never seen such a <u>capacious</u>, strongly-built, and user-friendly container.

① cordial
② curious
③ roomy
④ incapable

※ 빈칸에 들어갈 말로 가장 적절한 것을 고르시오. (3~4)

03

> A: I've been working like crazy this season.
> B: You must be so stressed out. Take some rest.
> A: I want to start some exercise to relieve stress.
> B: That's a good idea. What about yoga?
> A: Yoga sounds great. But I don't think I will do it on my own.
> B: There are classes in the sports center. They give lessons according to level.
> A: _____.
> B: Then a beginner's class would fit for you.

① My body is flexible
② I call a spade a spade
③ It is so out of the blue
④ I'm just getting my feet wet

04

> A: When shall we have the meeting?
> B: The sooner the better. We have to meet the deadline for the project.
> A: That's why the whole team is working against the clock.
> B: I can't count how many times we turned night into day.
> A: There's one more to cross over. The vice president's approval to proceed.
> B: The thing is, he's not in the office for the next two weeks.
> A: ＿＿＿＿＿＿＿＿＿＿＿＿＿＿＿
> B: It's touch-and-go whether we will make it.

① The meeting will be canceled.
② We have to do it from scratch.
③ We have to call him on the carpet.
④ What are the odds of finishing the project?

05

어법상 옳은 것은?

① They shook their hands for fear that the bus might not miss them in heavy fog.
② Jane was much more difficult than we thought to satisfy with a small gift.
③ This is the store which I have purchased a hand pump that does not work well.
④ John bought several pieces of furniture in the store which Mary had introduced him.

06

어법상 옳지 않은 것은?

① No sooner had he opened his eyes than he has heard the voice he least wanted to hear.
② Alum and blue vitriol are manufactured from decomposed schists at Khetri in Shaikhawati.
③ The film was critically acclaimed and put Paz Vega in the Hollywood spotlight for her standout performance.
④ It didn't take long for him to get home and he went directly to his gun cabinet and took out a rifle.

※ 빈칸에 들어갈 말로 가장 적절한 것을 고르시오. (7~9)

07

> The primary obligation of the emergency manager, regardless of authority, is to "protect and preserve the safety" of the jurisdiction's citizenry. The emergency manager must develop relationships with emergency response agencies to facilitate inter-agency operations in emergencies. The emergency manager's next duty is to coordinate emergency response efforts. It's not the emergency manager's job to direct police or firefighting activities, but to ensure that the plans for both are implemented as required. An emergency response, such as that required by a major hurricane, will include ＿＿＿＿＿＿＿＿＿＿＿ in addition to a police, medical and fire department response.

① maintaining a good relationship with citizens
② research on National and Regional Economies
③ getting some information of media such as newspapers and television
④ relief efforts, assistance to victims on site and evacuees, and reconstruction

08

Charles Dickens was born in Portsmouth on 7 February 1812, son of John Dickens, a feckless and improvident navy clerk with a great love for literature, and his wife Elizabeth: Charles drew an ironically affectionate portrait of them in *David Copperfield*. A happy childhood in Chatham, during which he read voraciously, ended with a move to London in 1822. Family poverty meant the young Charles had to earn money, and he spent a(n) _____ year labelling bottles in a blacking factory; during this period, his father was imprisoned for debt. Both experiences informed later novels. After leaving school, he became a parliamentary journalist and sketch-writer.

① satisfying   ② prevailing

③ unflagging   ④ humiliating

09

Hormone imbalances occur when there is not enough or too much of a certain hormone being produced by the body. And because a hormone imbalance often presents as tiny inconveniences or mimics other conditions such as constipation or diarrhea, losing or gaining too much weight, hot flashes, sweating, exhaustion, and infertility, many people brush off the symptoms and do not seek medical treatment. However, the most dangerous thing about a hormonal imbalance is not actually the symptom, but what _____.
Common causes of a hormonal imbalance range from diabetes to thyroid issues, to glandular issues and possible tumors — either benign or malignant. If your body is reacting in those ways mentioned above to changes in your body's chemicals, it could be a sign of a deeper issue, which could be dangerous if left untreated.

① it may cause
② it may represent
③ it may eradicate
④ it could control

10

다음 글의 내용과 일치하지 않는 것은?

Over 342,000 people were shot to death in the United States from 2008 through 2017, meaning that a person is killed with a gun in this country every 15 minutes. But the gun violence crisis here is not monolithic; rates of gun violence vary widely from state to state, as does the character of that violence. Some states report relatively low rates of gun-related homicides but high rates of gun-related suicides, while other states have the exact opposite experience. Still others see both or neither trend, meaning overall high or low rates of gun violence across categories. Alaska, Louisiana, Alabama, and Mississippi rank in the top four for highest rates of gun-related deaths, with rates that are higher than 18 gun deaths per every 100,000 people. In contrast, New York, Rhode Island, Massachusetts, and Hawaii are at the other end of the spectrum, with rates lower than five gun deaths per every 100,000 people.

① During a decade, more than 300 thousand people died of gunshot in the U.S.
② High rates of self-inflicted gun deaths is not necessarily related to high rates of gun deaths inflicted by others.
③ There are states with low rates of gun-related homicides as well as gun-related suicides.
④ Less people per 100,000 are shot to death in Alabama than in Louisiana and Massachusetts.

※ 밑줄 친 부분과 의미가 가장 가까운 것을 고르시오. (11~12)

11

Is this the smoking gun that shows Mr. Blair agreed to commit the U.K. to war in advance of any decision by the House of Commons or the Cabinet?

① the interruption
② the dramatic thing
③ the conclusive evidence
④ the strong suspicion

12

There are many who lose all restraint and yield to the force of emotion when their children provoke them.

① appeal to   ② give in to
③ break down   ④ lay claim to

13

다음 글의 제목으로 가장 적절한 것은?

There is no clear answer to the question "Is glass solid or liquid?". In terms of molecular dynamics and thermodynamics, it is possible to justify various different views that it is a highly viscous liquid, an amorphous solid, or simply that glass is another state of matter that is neither liquid nor solid. The difference is semantic. In terms of its material properties we can do little better. There is no clear definition of the distinction between solids and highly viscous liquids. All such phases or states of matter are idealizations of real material properties. Nevertheless, from a more common sense point of view, glass should be considered a solid since it is rigid according to everyday experience. The use of the term "supercooled liquid" to describe glass still persists, but is considered by many to be an unfortunate misnomer that should be avoided. In any case, claims that glass panes in old windows have deformed due to glass flow have never been substantiated.

① Windows used to be liquids.
② Glass should be defined as a solid.
③ Glass has many definitions according to its states.
④ It is impossible to understand the properties of glass.

14

다음 글의 요지로 가장 적절한 것은?

An abbreviation, simply put, is a shortened form of a word. In writing, abbreviations are useful when you need to squeeze a lot of writing into a small space. You can also use them in place of long or cumbersome phrases to make your sentences easier to read. One thing to remember about abbreviations is that certain ones are considered informal. If you are writing something very formal, it's better to err on the side of spelling things out. The other thing to remember is that some readers may not know what an abbreviation means. If the abbreviation is obscure or unfamiliar, make sure to explain what it means the first time you use it.

① We cannot find out abbreviations in personal letters and emails.
② It is recommended to use abbreviations due to their various advantages.
③ Keep some considerations in your mind for the effective use of abbreviations.
④ You should not use abbreviations when you write for the readers who don't understand them.

※ 우리말을 영어로 잘못 옮긴 것을 고르시오. (15~16)

15

① 나는 답장으로 또 다른 서류와 표지판을 받았고, 나는 표기법을 배우기 위해 작업을 착수했다.
   → I received another paper and a table of signs by return mail, and I set to work to learn the notation.
② 그가 유죄였다는 것을 고백하는 것을 고문 아래에서도 그가 거절했을 때, 그는 마침내 풀려났다.
   → When he declined even under torture to confess that he was guilty, he was finally released.
③ 만약 내가 오늘 내가 갖고 있는 것보다 훨씬 더 빠른 컴퓨터를 갖고 있다면, 나는 그것에 대해 물어볼 정말 흥미 있는 질문을 떠올릴 수 있을 것이다.
   → If I had an even faster computer than I have today, I could have come up with really interesting questions to ask about it.
④ 의사소통을 할 때 여러분이 보여주길 원하는 것을 분명히 하라.
   → When you communicate, be clear about what you want to show.

16

① 의사는 심각한 우울증을 치료하기 위해서 이와 같이 쓰인 좋은 처방전을 가지고 있다.
   → A doctor has a good prescription that reads like this for treating severe depression.
② 그들은 직접 만나는 대신에 이메일로 자신의 의견을 교환했다.
   → They exchanged their opinions by e-mail, instead of directly meeting together.
③ 최근에 몇몇 과학자들은 드디어 몇 가지 해결책을 막 찾으려고 하는 참이다.
   → In recent times, some of the scientists are finally on the brink of finding some answers.
④ 그 가난한 가족은 충고를 위해 의지할 수 있는 사람이 없었다.
   → The poor family had no one to depend for advice.

17

빈칸 (A), (B)에 들어갈 말로 가장 적절한 것은?

The costs and benefits of self-driving cars are still largely ____(A)____ . More information is needed to fully assess how they'll impact drivers, the economy, equity, and environmental and public health. Safety is an overarching concern. Many thousands of people die in motor vehicle crashes every year in the United States; self-driving vehicles could, hypothetically, reduce that number — software could prove to be less error-prone than humans — but cybersecurity is still a chief concern. Equity is another major consideration. Self-driving technology could help mobilize individuals who are unable to drive themselves, such as the elderly or disabled. But the widespread adoption of ____(B)____ vehicles could also displace millions of Americans employed as drivers, negatively impact public transportation funding, and perpetuate the current transportation system's injustices.

	(A)	(B)
①	precise	automated
②	hypothetical	autonomous
③	vague	manual
④	accurate	public

18

글의 흐름상 가장 어색한 문장은?

It has been illegal to hunt right whales since 1935. Then why are there so few of them? Right whales face a variety of threats today. ① Because of their large size and slow movements, they are vulnerable to colliding with ships and becoming with fishing gear. ② They may also suffer from pollution, degraded habitats, and declining prey. Every year scientists revise their estimate of the number of right whales still alive. ③ The population peaked to about 483 whales in 2010, but since then the population has again been on the decline. But the number is so small that scientists can not reliably predict the population's future size. ④ Today, females are giving birth every year (compared to every 3 years in the 1980s), a rate that is fast enough to keep the species alive. Without intervention, scientists predict the population may disappear in the next 20 years.

19

주어진 문장이 들어갈 가장 적절한 곳은?

According to some research, we are motivated to think in a critical manner only when held accountable by others.

Why is it that we struggle to even acknowledge information that contradicts our views? When first learning about the existence of confirmation bias, many people deny that they are affected. (①) After all, most of us see ourselves as intelligent, rational people. Even when something is proven untrue, many entirely sane people continue to find ways to mitigate the subsequent cognitive dissonance. Much of this is the result of our need for cognitive consistency. We are bombarded by information. It comes from other people, the media, our experience, and various other sources. (②) Our minds must find means of encoding, storing, and retrieving the data we are exposed to. We ignore contradictory evidence because it is so unpalatable for our brains. (③) That means if we are expected to justify our beliefs, feelings, and behaviors to others, we are less likely to be biased towards confirmatory evidence. (④) This is less out of a desire to be accurate, and more the result of wanting to avoid negative consequences or derision for being illogical. Ignoring evidence can be beneficial, such as when we side with the beliefs of others to avoid social alienation.

20

주어진 글 다음에 이어질 글의 순서로 가장 적절한 것은?

Jacob Levy Moreno was a 20th century psychiatrist who developed a therapy called psychodrama. He studied medicine at the University of Vienna, earning his degree in 1917. While in school, Moreno began to develop his own theories for therapeutic practice that were distinctly different from those of Sigmund Freud's.

(A) Above all things, Moreno emphasized spontaneity and feedback within a psychodrama scene. Moreno believed that spontaneity and creativity propelled human progress forward; he argued that love and mutuality are key elements of life in a group and that trust in one's group members plays a seminal role in cultural life.

(B) Rather than analyzing clients' pasts, Moreno preferred to focus on the present and future through the use of interpersonal relations. Moreno's interest in theater led him to develop his psychodrama technique.

(C) A psychodrama session focuses primarily on one person, called the protagonist. Techniques such as mirroring the behavior of the protagonist and role reversal are used to help participants better understand their own behavior and feelings, as well as the behavior and feelings of others.

① (A) — (C) — (B)
② (B) — (A) — (C)
③ (B) — (C) — (A)
④ (C) — (B) — (A)

9급공무원 공개경쟁채용 필기시험

응시번호	
성명	

회차	유형매칭
14	2017 지방직 9급

【시험과목】

제1과목	국 어	제2과목	영 어	제3과목	한 국 사
제4과목	행정법총론		제5과목	행정학개론	

※ 빈칸에 들어갈 말로 가장 적절한 것을 고르시오. (1~2)

01

A: These days I'm reading a book. It really interests
  me.
B: What's it about?
A: The writer talks about how to survive a crisis.
B: Okay, spell out his secret recipe.
A: He suggests belief and love: Believe in your
  potential and serve others.
B: Talk is cheap, but you know, to achieve it is not so
  easy.
A: Maybe. But the writer turned into a millionaire
  from a penniless.
B: People don't change with a mere resolution.
  _____.

① Look before you leap
② Everyone to his taste
③ 'After you' is good manners
④ A leopard cannot change his spots

02

A: Hey, Brad. What are you looking at?
B: Hi, Sam. I'm browsing the brochures of colleges.
A: Do you have anything in mind?
B: I feel like studying science for my major.
A: Cool. What type of science do you prefer?
B: I have an aptitude for astronomy. But considering
  employment, engineering is the best option.
A: You should be in the driver's seat. Don't let
  circumstances control you.
B: But I just can't decide. I am still _____
  _____.
A: Why don't you visit the department office? The
  information will help you to break the tie.

① following suit
② head over heels
③ getting even with it
④ caught between two stools

※ 밑줄 친 부분의 의미와 가장 가까운 것을 고르시오. (3~5)

03

  There was so much extraneous information in the
report that it was impossible to weed out what was
valuable and what was garbage.

① ancient   ② unrelated
③ complicated   ④ otherworldly

04

> In some parts of the world, the talismans were often used to <u>ward off</u> evil forces.

① transmit
② stave off
③ transcend
④ come across

05

> The reason for the coexistence of radical difference and fundamental sameness seems extremely <u>plausible</u> when it comes to idea itself.

① salable
② specious
③ peaceable
④ controversial

06

어법상 옳지 않은 것은?

① The answer is the PGA Champions Tour where the players still draw crowds.
② President Donald Trump got 19 percent during his second year as president in this poll.
③ Then they turned up the gas and continued to frying the beans in oil.
④ If you're as obsessed as Blake is, you might need to relax for a while.

07

어법상 옳은 것은?

① None came close to the successful track record of the tips identified as to come from the Psychic Tipster.
② Chief among these advantages is the ability to control the first messages and how a story is first framed.
③ That leaves two another lots along the new part of Corporate Boulevard for future development.
④ Fighting with each other wasn't going to do anything but play into the hand of those instigating the trouble.

08

다음 글의 내용과 일치하는 것은?

> President Barack Obama has invited the Texas student who was arrested over a clock he made for school to the White House. Teachers believed Ahmed Mohamed, 14, had brought a homemade bomb to school. The police questioned Ahmed for hours and then realized it was all a mistake. Ahmed's story then went viral on the Internet. President Obama tweeted: "We should inspire more kids like you to like science. It's what makes America great." Ahmed's arrest has put the focus on Islamophobia and of how people treat Muslims. Ahmed said that because of his religion, kids at school called him a 'terrorist.' He added the police made him feel as though he was a criminal and terrorist. His school even suspended him. But Twitter offered him a training contract and Google invited him to a science fair. Facebook CEO Mark Zuckerberg said: "The future belongs to people like Ahmed."

① Mark Zuckerbeg offered Ahmed an invitation of a science fair.
② American people inspired Ahmed to like science which makes them great.
③ President Barack Obama invited the Muslim student who was suffering from Islamophbia.
④ Ahmed's story shed new light on the discriminative treatment against Muslims.

09

다음 글의 흐름상 가장 어색한 문장은?

The demand for copies of Martin Luther's works in the early 1500s was huge throughout Europe. ① Between 1518 and 1521, no fewer than 800 editions of a hundred of his works were published in several languages. ② Luther's works were censored and his adherents were persecuted in many parts of Europe by the Catholic Church. ③ Thanks to the invention of the printing press, copies of his sermons, edifying tracts and vigorous polemics were all available to the public. ④ Without mass production, the popularity and impact of Luther across Europe would not have been nearly as great.

10

Fourier에 관한 다음 글의 내용과 일치하지 않는 것은?

Jean Baptiste Joseph Fourier was a French mathematician and physicist. When he was eight years old, his father died, and less than a year after this tragedy, his mother passed away, leaving him an orphan. A charitable lady helped him attend a local military school. He wanted to become an officer but was not allowed to because he was the son of a tailor. In 1795, he became a teacher at the Ecole Normale in Paris. During the post-Revolution frenzy, he spoke out against the use of the guillotine, for which he almost lost his life. When Napoleon invaded Egypt in 1798, Fourier and other scholars accompanied the expedition. Having returned to France, Fourier began his research on heat conduction. His mathematical theory of heat conduction earned him lasting fame. During his stay in Egypt he contracted a strange illness that confined him to well-heated rooms for the rest of his life. On May 16, 1830, Fourier died in Paris.

① He couldn't become an officer because of his birth status.
② He came near to losing his life because of his objection to the guillotine.
③ His research on heat conduction brought fame to him.
④ He came down with a strange illness after retuning to France.

11

주어진 문장이 들어갈 위치로 가장 적절한 곳은?

All participants were equally accurate, but the older group responded more slowly.

Older adults often take longer to make a decision than young adults do. But that does not mean they are any less sharp. According to research at Ohio State University, the slower response time of older adults has more to do with prizing accuracy over speed. (①) In the study, published recently in the Journal of Experimental Psychology: General, college age students and adults aged 60 to 90 performed timed tests of word recognition and recall. (②) When the researchers encouraged them to work faster, however, they were able to match the youngsters' speed without significantly sacrificing accuracy. (③) "In many simple tasks, the elderly take longer mainly because they decide to require more evidence to make their decision," says coauthor Roger Ratcliff. (④) When an older mind faces a task that requires speed, he says, a conscious effort to work faster can often do the trick.

12

다음 글의 제목으로 가장 적절한 것은?

Tourists visiting South Africa will undoubtedly see a wide array of crafts being sold at curio markets or on a street corner. The handiwork displays the inventiveness of South African artists. In addition to carvings made from traditional stone and wood and sculptures using beads, fabric, and clay, there are pieces made from bottle caps, beer cans, and telephone wires. Some craftsmen use labels from food cans to create colorful papier-mache bowls. Wire is another favored medium, as seen in cars, motorcycles, and even radios that actually work.

① Tourism in South Africa
② The Ingenuity of South African Artisans
③ Curio Markets of South Africa
④ Branding the Art of South Africa

※ 우리말을 영어로 잘못 옮긴 것을 고르시오. (13~14)

13

① 그리고 그것이 완벽하지 않을지라도, 삶은 지구상의 모든 사람들을 위해 훨씬 더 나아질 것이다.
→ And while it may not be perfect, life will be much better for everyone on the planet.
② Frank는 혼자 남겨지는 것이 익숙하지 않은 매우 신경질적인 개이다.
→ Frank is a very nervous dog which isn't used to being left alone.
③ 우리는 하루에 십억 달러로 심각한 기근으로 고통 받는 세계의 배고픈 사람들 모두를 먹일 수 있다.
→ We can feed all the world's hungry who suffers from a severe famine for a billion dollars a day.
④ 매주, 피부과 의사인 Sandra Lee 박사는 희귀한 피부 상태로 고통 받고 있는 다른 남자들과 여자들을 만난다.
→ Every week, dermatologist Sandra Lee, MD, meets with different men and women suffering from rare skin conditions.

14

① 노사는 막판에 합의에 이르렀다.
→ Labor and management reached an agreement at the eleventh hour.
② 그 사건을 뒤이어 주식 시장이 요동쳤다.
→ The stock market convulsed in the wake of the incident.
③ Sarah는 시험에 떨어진 이후로 어쩔 줄 몰라 하고 있다.
→ Sarah has been at a loss since she failed the exam.
④ 당신의 소리가 들리지만, 당신이 정확히 무엇에 대해 말하고 있는지 알아들을 수 없다.
→ I can hear you, but I can't make up exactly what you are talking about.

※ 빈칸에 들어갈 가장 적절한 것을 고르시오. (15~16)

15

> Thousands of refugees and migrants are living in
> _____ conditions in a muddy camp in
> Dunkirk, where snow is forecast.

① clumsy
② squalid
③ immaculate
④ despondent

16

> Our galaxy contains enormous clouds of gas and
> dust called nebulae, which consist of leftover parts of
> old stars, lots of hydrogen, and a little bit of helium. A
> nebula has the potential to become a star. When
> gravity pulls a cloud of gas and dust together, it
> _____ into a dense ball with a very hot center.
> This dense ball is called a protostar, and it is the
> beginning stage of a star's life.

① proliferates
② erupts
③ harasses
④ contracts

17

주어진 문장 다음에 이어질 글의 순서로 가장 적절한 것은?

> Biofeedback is the process of gaining greater
> awareness of many physiological functions primarily
> using instruments that provide information on the
> activity of those same systems, with a goal of being
> able to manipulate them at will.

> (A) Eventually, these changes may be maintained
> without the use of extra equipment, for no
> equipment is necessarily required to practice
> biofeedback.
> (B) Some of the processes that can be controlled
> include brainwaves, muscle tone, skin
> conductance, heart rate and pain perception. In
> biofeedback, you are connected to electrical
> sensors.
> (C) They help you receive information about your
> body. This biofeedback may be used to improve
> health and the physiological changes that often
> occur in conjunction with changes to thoughts,
> emotions, and behavior.

① (A) − (B) − (C)
② (B) − (C) − (A)
③ (C) − (A) − (B)
④ (A) − (C) − (B)

18

다음 글의 요지로 가장 적절한 것은?

"Ironically, excellent health can actually raise an individual's lifetime health spending" simply because healthier people can generally expect to live longer, says the report, released on Wednesday. For example, Empower calculates that, a 65-year-old man with Type 2 diabetes should have about $88,300 accumulated for medical costs, versus $143,800 for someone in good health. The reason is with diabetes, his life expectancy is 78, versus 87 for a 65-year-old man in good health. These figures are in today's dollars and are estimates of the amounts required to provide a 90% probability of being able to cover lifetime medical expenses. While a healthy 65-year-old man needs to have saved about $144,000, a healthy woman of the same age should have put away $156,000, Empower says. The savings goal for women is higher because they live longer on average.

① Absence of sickness costs you more money.
② Medical expenses depend on types of disease.
③ Type 2 diabetes patients need to save at least $88,300.
④ Women have higher expectations of their savings than men.

※ 빈칸에 들어갈 말로 가장 적절한 것을 고르시오. (19~20)

19

The first most critical component of an emergency operations center (EOC) is the individuals who staff it. They must be properly trained, and have the proper authority to carry out actions that are necessary to respond to the disaster. They also must be capable of thinking outside the box, and creating a lot of "what if" scenarios. The local EOC's function during an emergency is to support the incident commander. _____. This can be from simple word of mouth, to sophisticated encrypted communications networks, but it must provide for a redundant path to ensure that both situational awareness information and strategic orders can pass into and out of the facility without interruption.

① Gathering and analyzing data is also important role of an EOC
② He is responsible for strategic direction and operational decisions
③ Another critical component is facilities to use in an emergency
④ The second most critical component of an EOC is its communications system

20

The 2016 clown sightings were reports of people disguised as armed evil clowns in incongruous settings, such as near forests and schools. The incidents were reported in the United States, Canada, and subsequently in other countries and territories from August 2016. Prior to the spate of incidents in 2016, numerous sightings of people dressed as clowns in odd or incongruous settings have occurred throughout the world since 2013. Most of the 2016 incidents appeared to be wholly unsubstantiated or lacked evidence of criminal activity. However, a few led to arrests _____. Some incidents involved robberies and assaults on children and adults.

① even though no one was ever to blame
② because they made violent threats to schools
③ when they had Halloween parties with their family
④ because they purchased clown costumes from a shop

9급공무원 공개경쟁채용 필기시험

응시번호	
성명	

회차	유형매칭
15	2017 서울시 9급

【시 험 과 목】

제1과목	국 어	제2과목	영 어	제3과목	한 국 사
제4과목	행정법총론		제5과목	행정학개론	

응시자 주의사항

1. **시험시작 전에 시험문제를 열람하는 행위나 시험 종료 후 답안을 작성하는 행위를 한 사람**은 「공무원임용시험령」 제51조에 의거 **부정행위자**로 처리됩니다.

2. **답안지 책형 표기는 시험시작 전** 감독관의 지시에 따라 **문제책 앞면에 인쇄된 책형을 확인**한 후, **답안지 책형란의 해당 책형(1개)에 "●"와 같이 표기**하여야 합니다.

3. 답안은 반드시 문제책 표지의 **과목순서에 맞추어 표기**하여야 하며, 과목순서를 바꾸어 표기한 경우에도 문제책 표지의 과목순서대로 채점되므로 유의하시기 바랍니다.

4. 시험이 시작되면 문제를 주의 깊게 읽은 후, **문항의 취지에 가장 적합한 하나의 정답을 고르며**, 문제내용에 관한 질문을 하실 수 없습니다.

5. **답안을 잘못 표기하였을 경우**에는 **답안지를 교체하여 작성**하거나 **수정테이프만을 사용하여 수정**할 수 있으며(수정액 또는 수정스티커 등은 사용 불가), 부착된 수정테이프가 떨어지지 않도록 눌러주어야 합니다.
   - 불량 수정테이프의 사용과 불완전한 수정처리로 인해 발생하는 모든 문제는 **응시자 본인에게 책임**이 있습니다.

6. **시험시간 관리의 책임**은 응시자 본인에게 있습니다.

정답공개 및 가산점 등록 안내

1. **정답공개, 이의제기:** 사이버국가고시센터(http://gosi.kr)
2. **가산점 등록방법:** 사이버국가고시센터(http://gosi.kr) ⇒ 『원서접수 ⇒ 가산점등록/확인』

실전 | 15회

유형매칭
2017 서울시 9급

제한시간: 25분   ■ 시작시간: :   ■ 종료시간: :   정답과 해설 ▶ P.122~P.127

※ 빈칸에 가장 적절한 것을 고르시오. (1~2)

01

Some people like to dream about things that are not possible. They plan wonderful vacations, but they have no money. They think of getting married to someone they do not even know. These people, we say, are _____.

① telling tales
② building castles in the air
③ raising a dust
④ returning to dust

02

A: I know it's tough, but you're going to have to forget about what happened.
B: I'm trying, but the thought of it keeps _____ in my head.

① interruptive   ② menacing
③ baffling   ④ lingering

03

밑줄 친 부분 중 어법상 가장 옳지 않은 것은?

One could have traveled round the word many times ① while I trudged my weary way through the labyrinthine mazes of grammars and dictionaries, or ② fell into those dreadful pitfalls ③ calling examinations, set by schools and colleges for the confusion of those who ④ seek after knowledge.

04

다음 문장 중 어법상 가장 옳지 않은 것은?

① Jane dissuaded him to give up the exam.
② Jane persuaded him to help with the work.
③ Jane reminded him to clean the room.
④ Jane forbade him to smoke in this place.

05

대화의 흐름으로 보아 빈칸에 들어갈 가장 적절한 것은?

A: The washing machine is out of order again.
B: You can try another one. That one works.
A: But I'm out of quarters.
B: _____
A: Yes, but nothing happened. I've got to complain to the manager because this has happened so many times.

① You are too hilarious.
② Did you press the coin release lever?
③ You're out of luck, and I'm out of time.
④ Did you insert a false coin into the slot?

06

글의 흐름으로 보아 빈칸에 들어갈 표현을 순서대로 고른 것은?

Parts of the developed world are referred to as post-industrial. Many of their former industrial plants are now situated in newly developing countries. This lowers production costs. Employment industry has also been reduced due to the automation of plants. _____, there are some jobs that a machine cannot do. For example, a sofa may look functional and stylish, but how do we know that it is actually comfortable? A furniture tester takes a seat in it and evaluates it. Just as a robot cannot assess human comfort levels, a dog cannot give its opinion on tinned dog food. _____, a human dog food tester tastes the product to test its deliciousness. All these jobs can be supported by a post-industrial economy.

① Therefore − Similarly
② However − Therefore
③ However − Moreover
④ For instance − Instead

※ 밑줄 친 부분과 의미가 가장 가까운 것을 고르시오. (7~8)

07

Our company was able to grow over the past year because we offered our customers a quality product at a reasonable price.

① typical
② informal
③ affordable
④ healthful

08

Patients will be able to book doctors' appointments and receive medical test results online under plans to take the hassle out of the health service.

① rage
② hot air
③ nuisance
④ glass ceiling

※ 밑줄 친 부분 중 어법상 가장 옳지 않은 것을 고르시오. (9~10)

09

> Housman, ① reading several poems, ② have done a lot to analyze and ③ explain the poems for getting ④ much information.

10

> For example, most people in the United States ① used US customary units (e.g., inch, foot, yard, mile, etc.) ② have resisted ③ adopting the metric system even though making such a change would enable US citizens ④ to interface with the rest of the world more efficiently.

11

다음 밑줄 친 (A), (B), (C)에 들어갈 말로 적절한 것은?

> A: I received a letter from Aunt Ellie yesterday.
> B: You mean the one that went to Africa? How is she?
> A: She recently finished her journey in Cape Town and is coming back this week.
> B: Really? I know Africa only by books and the media. Wonder how it is to see it _____(A)_____.
> A: Aunt Ellie will bring tons of episodes. You will _____(B)_____ her story. Why don't you join us?
> B: I'm more than glad to.
> A: Awesome. She will visit us this Saturday afternoon.
> B: I'll be _____(C)_____.
> A: See you then.

	(A)	(B)	(C)
①	for ages	get even with	done
②	to a dot	turn in	there
③	in person	ward off	tied up
④	in the flesh	fall for	in time

12

다음 글의 주제로 가장 적절한 것은?

Modern psychology teaches that no two human beings are alike. People are categorized into different categories on the basis of one's IQ. One can be classified as from idiot to genius categories. The intelligence level of individual greatly determines his behaviour, learning, thinking, memory, etc. It is important for a nurse to realize these facts in order to deal effectively with patients. Understanding the instructions given by the nurses depends upon the intelligence levels of these patients. The dullards may not understand the instructions of the nurses and the importance of treatment; whereas the average and high average patient can understand and follow easily. The mentally retarded and below average patients need special training and instructions. Hence it is important for a nurse to have a clear idea of these individual differences.

① how to educate an imbecile child for a normal person
② every living organism which is unique and not exactly alike
③ what makes differences among individuals of the same species
④ the reason why a nurse need to understand the interindividual variances in mental capacity

13

빈칸에 공통으로 들어갈 가장 적절한 것은?

How we carry ourselves, that is to say our _____, speaks volumes about what is in our head and about to come out of our mouth. This facet of communication comes into focus exponentially when you are dealing with passive aggressive behavior. Someone uncomfortable with confrontation who would rather say, "I'm fine" than talk about the real problem often gives themselves away with their _____. Aggressive sales people are another group of people who could really take a step back and think about their _____. The way they walk, hold their hands and approach someone can be very off-putting before a word is even spoken. Crossed arms, scowling faces and slumped shoulders often indicate a person is not open even if they say they are. Be careful that your _____ is truly reflecting what you want.

① paradox   ② demeanor
③ admonishment   ④ circumspection

14

다음 주어진 문장이 들어갈 가장 적절한 곳은?

Animals may be limited by climate or the availability of a specific food.

Although organisms interact with their surroundings in many ways, certain factors may be critical to a particular species' success in surviving. A shortage or absence of a factor can restrict the success of the species; thus, it is known as a limiting factor. (①) Limiting factors may be either abiotic or biotic and can be quite different from one species to another. (②) Many plants are limited by scarcity of water, light, or specific soil nutrients. (③) For example, many snakes and lizards are limited to the warmer parts of the world because they have difficulty maintaining their body temperature in a cold climate and cannot survive long periods of cold. (④) Monarch butterflies are limited by the number of available milkweed plants since their caterpillars use this plant as their only food source.

15

다음 글의 내용과 일치하는 것은?

Around 5000 BCE, for the first time, humans started to settle down in one place. They began growing their own food and building permanent homes. The first cities were formed. People began using metals, such as copper and bronze, instead of stones to make tools. Then, around 3000 BCE, they created a system of letters and began to write. This new form of living was called civilization. The people of early civilizations needed water for drinking and for their crops, so they settled near rivers. One civilization, called Mesopotamia, was established between the Tigris and Euphrates Rivers in what is now the nation of Iraq. The capital of this civilization was the city of Babylon. To keep peace among people living so closely together, they needed rules. King Hammurabi, who ruled around 2000 BCE, drew up the first recorded set of laws. The Code of Hammurabi set down harsh penalties for those who broke the laws. These early laws provided everyone, regardless of their class or rank, with at least some protection from their neighbors.

① People lived near rivers to beat the heat during summer.
② Hammurabi established rules to protect a certain hierarchy.
③ People had already used metals before the first civilization began.
④ Rivers were one of the crucial factors to the development of the early civilization.

16

다음 글의 제목으로 가장 적절한 것은?

A British survey shows that one in seven drivers has taken evasive action because of the risky overtaking, the act of one vehicle going past another slower moving vehicle. The road safety charity Brake surveyed 1,000 motorists. It found that 80 percent of drivers have felt threatened by people's overtaking, while 94 percent said they have witnessed dangerous overtaking. Young men aged 17-24 are the most dangerous at overtaking. In comparison, women are far safer. Nearly 40 percent of 17-24-year-old male drivers admitted overtaking when they were not sure the road ahead was clear. The charity found that drivers are twice as likely to die on rural roads as in urban areas. Many of these deaths are preventable. Brake said: "We're urging all drivers to avoid overtaking on country roads unless absolutely essential." It added: "Why risk it and rush? You could cause a devastating, highspeed, head-on crash that ends lives and ruins others."

① Overtaking: A Big Risk On the Road
② Neglecting Traffic Signals: A Shortcut To the Heaven
③ Male Drivers Overtake More Than Female Drivers
④ Why Can't We Observe the Sign of "No Overtaking"?

17

주어진 문장 다음에 이어질 글의 순서로 가장 적절한 것은?

Much of socialization takes place during human interaction, without the deliberate intent to impart knowledge or values.

(A) It is very likely that the message Sally received from the morning's interactions was that it is not OK for children to interrupt adults, but it is OK for adults to interrupt children. The example shows that unintentional socialization may be the product of involvement in human interaction or observation of interaction.

(B) Later that morning Sally and her friend Tanya are busily playing with Legos. Sally is explaining and demonstrating to Tanya how to fit the pieces together. Miss Jones comes over to the block corner and interrupts with, "Girls, please stop what you're doing and come and see what Rene has brought to school."

(C) For example, a four-year-old approaches two teachers conversing and excitedly says, "Miss Jones, Miss Jones, look!" One teacher says, "Sally, don't interrupt; we're talking."

① (A) − (B) − (C)
② (A) − (C) − (B)
③ (C) − (A) − (B)
④ (C) − (B) − (A)

18

글의 흐름으로 보아 빈칸에 순서대로 들어갈 가장 적절한 것은?

Economic distance relates to the time and cost involved in traveling from the origin to the destination area and back. The higher the economic distance, the higher the resistance for that destination and, consequently, the lower the demand. _____, it follows that between any origin and destination point, if the travel time or travel cost can be reduced, demand will increase. This may be best illustrated by two turning points in the history of commercial airline service. The introduction of the jet plane in 1959 first cut travel time between California and Hawaii from twelve hours to five hours, and demand grew dramatically. _____, the introduction of the wide-bodied plane for transatlantic flights in the late 1960s brought a surge in demand for seats. The introduction of these planes cut the travel cost by almost fifty percent between the U.S. and most countries on the European continent.

① Additionally — In a word
② Additionally — Likewise
③ Conversely — Likewise
④ Conversely — In a word

※ 다음 글의 빈칸에 들어갈 가장 적절한 것을 고르시오. (19~20)

19

Steve Jobs, the co-founder and former chief executive of Apple, Inc., died on October 5 after a long fight with pancreatic cancer. Deteriorating health had forced him to resign from Apple only two months before. Jobs's death at the young age of fifty-six seems especially poignant in light of his famous commencement speech at Stanford in 2005, in which he talked at length about the _____ of death as a major inspiration for his achievements. Jobs said, "Pride and fear just fall away in the face of death, leaving only what is truly important."

① inevitability
② integrity
③ enmity
④ procurement

20

Two of the major strands of modern theater are realism and non-realism. Broadly speaking, all 20th century drama can be put into one or the other of these two categories. In the theater, this separation does not mean that one form, realism, is genuine and true and that the other form, non-realism, is not. Rather, realism in the theater has a specific connotation. It means that everything that happens onstage _____. The way people speak, the way they dress, the way they behave, the kinds of rooms they live in — all of these conform as closely as possible to the way we in the audience speak, dress, and act in daily life.

① is done with accurate and precise timing
② takes the audience into an illusory world
③ must represent the highest quality of acting
④ is made to resemble observable everyday life

9급공무원 공개경쟁채용 필기시험

응시번호	
성명	

회차	유형매칭
16	2020 지방직 (= 서울시) 7급

【시 험 과 목】

제1과목	국 어	제2과목	영 어	제3과목	한 국 사
제4과목	행정법총론		제5과목	행정학개론	

응시자 주의사항

1. 시험시작 전에 시험문제를 열람하는 행위나 시험 종료 후 답안을 작성하는 행위를 한 사람은 「공무원임용시험령」 제51조에 의거 **부정행위자**로 처리됩니다.

2. **답안지 책형 표기**는 시험시작 전 감독관의 지시에 따라 **문제책 앞면에 인쇄된 책형을 확인**한 후, **답안지 책형란의 해당 책형(1개)**에 "●"와 같이 표기하여야 합니다.

3. 답안은 반드시 문제책 표지의 **과목순서에 맞추어 표기**하여야 하며, 과목순서를 바꾸어 표기한 경우에도 문제책 표지의 과목순서대로 채점되므로 유의하시기 바랍니다.

4. 시험이 시작되면 문제를 주의 깊게 읽은 후, **문항의 취지에 가장 적합한 하나의 정답을 고르며**, 문제내용에 관한 질문을 하실 수 없습니다.

5. **답안을 잘못 표기하였을 경우**에는 **답안지를 교체하여 작성**하거나 **수정테이프만을 사용하여 수정**할 수 있으며(수정액 또는 수정스티커 등은 사용 불가), 부착된 수정테이프가 떨어지지 않도록 눌러주어야 합니다.
   – 불량 수정테이프의 사용과 불완전한 수정처리로 인해 발생하는 모든 문제는 **응시자 본인에게 책임**이 있습니다.

6. **시험시간 관리의 책임**은 응시자 본인에게 있습니다.

정답공개 및 가산점 등록 안내

1. **정답공개, 이의제기:** 사이버국가고시센터(http://gosi.kr)
2. **가산점 등록방법:** 사이버국가고시센터(http://gosi.kr) ⇒ 『원서접수 ⇒ 가산점등록/확인』

※ 밑줄 친 부분의 의미와 가장 가까운 것을 고르시오. (1~2)

01

> The student sat with a <u>rapt</u> expression reading his book.

① wary　　　　② fatal
③ intent　　　　④ repulsive

02

> The prisoner was determined to make a <u>reckless</u> attempt to escape from prison.

① rash　　　　② bleak
③ docile　　　　④ shabby

03

밑줄 친 부분 중 어법상 가장 옳지 않은 것은?

> When ① <u>learning</u> a second or foreign language, people tend to insist on understanding every word. They find it difficult ② <u>to take</u> my advice of reading for the general idea, or only looking for ③ <u>requiring</u> information. Students studying a foreign language often feel that if they don't understand each and every word, they are somehow ④ <u>not completing</u> the exercise.

04

다음 글의 요지로 가장 적절한 것은?

The coronavirus pandemic has brought chaos to lives and economies around the world. But efforts to curb the spread of the virus might mean that the planet itself is moving a little less. Researchers who study Earth's movement are reporting a drop in seismic noise — the hum of vibrations in the planet's crust — which could be the result of transport networks and other human activities being shut down. Just as natural events such as earthquakes cause Earth's crust to move, so do vibrations caused by moving vehicles and industrial machinery. And although the effects from individual sources might be small, together they produce background noise, which reduces seismologists' ability to detect other signals occurring at the same frequency. If lockdowns continue in the coming months, this could allow detectors to spot smaller earthquakes and boost efforts to monitor volcanic activity and other seismic events.

① Ironically, the coronavirus pandemic has cleaned the Earth's atmosphere.

② Human-induced seismic noise has decreased since the outbreak of the coronavirus pandemic.

③ A reduction in seismic noise because of changes in human activity is a boon for geoscientists.

④ Various vibrations caused by human activities hinder seismologists from detecting smaller earthquakes.

05

밑줄 친 부분과 의미가 가장 가까운 것은?

The advertisements were all posted in a conspicuous place.

① virile   ② insane

③ forlorn   ④ visible

06

어법상 옳은 것은?

① Less than a week before, he has graduated from college.

② He found it quite natural to have people to fuss over him.

③ No one objected when the boss said it was time to go home.

④ Some fishing is still allowed, but limits have imposed on the size of the catch.

07

우리말을 영어로 잘못 옮긴 것은?

① William은 새가 차고 지붕에 앉아 있는 것을 보았다.
→ William noticed a bird sitting on the garage roof.

② 그들은 엄격한 보안 지시를 따르거나 제명당해야 했다.
→ They had to obey strict security instructions or be expelled.

③ 만약 당신이 혼자인 사람에 대해 이야기한다면, 당신은 그 또는 그녀가 외롭다는 것을 의미한다.
→ If you talk about an alone person, you mean that he or she is alone.

④ 평생 컴퓨터를 만져본 적이 없는 많은 노인들이 있다.
→ There are many elderly people who have never touched a computer in their lives.

08

다음 글의 내용과 일치하는 것은?

Survivability missions in Biosphere 2 began on September 26, 1991, when four men and four women, referred to popularly as "Bios-pherians", were sealed inside the glass biome. Agricultural tasks occupied much of the Biospherians' daily routine since they were expected to produce their own food, which included vegetables and grains from plants grown in soil beds; meat, eggs, and milk from farm animals; and fish raised in aquaculture beds. The crew kept detailed records on agricultural production, on changes observed in the wilderness, and on atmospheric condi-tions. Within several months of entering the indoor atmosphere, the Biospherians detected a decrease in oxygen levels and an increase in carbon dioxide. At the start of the mission the indoor atmosphere consisted of about 20.9 percent oxygen; 17 months later, oxygen levels had dropped to just 14.2 percent. Unable to identify the causes, officials decided to inject oxygen into the facility on at least two occasions, and the 'lungs', huge variable-expansion chambers that regulate air pressure inside the glass enclosure, were opened daily to allow inflow of air from the external environment.

① Four humans locked themselves in the Biosphere for the experiment.
② Biospherians had to feed themselves in the closed environment.
③ Oxygen levels became approximately 14 percent in September, 1992.
④ The reasons why carbon dioxide levels had risen was found.

09

어법상 옳은 것은?

① She tried not to interfere her children's lives.
② The little girl you saw a few minutes ago were my niece.
③ I tried taking tablets for the headache but they didn't have any effect.
④ The bridge is not as impressively as some guides would have you believe.

10

다음 밑줄 친 부분에 들어갈 가장 적절한 것은?

What do you think you need most to look your best? You may be surprised to know that people with healthy self-esteem stand straighter, smile more, and project a sense of friendliness and confidence. It's also very important to accept yourself as you are. You have attributes that make you unique. Stop worrying about your height, bone structure, skin tone, or age; they are facts of life. Forget the beauty salon or plastic surgery. Grace and self-confidence will make you stand out far more than dyed hair or a face-lift will. Thus, the first and most important step to looking your best is _____.

① staying healthy and fit
② realizing your full potential
③ having a perspective of your own
④ feeling confident about yourself

11

주어진 글 다음에 이어질 글의 순서로 가장 적절한 것은?

Psychodrama is a form of group therapy created by J. L. Moreno. He was one of the founders of group psychotherapy and held the belief that therapy done in a group was the optimal way to help people heal. There are five elements to a psychodrama therapy group.

(A) The director then leads the protagonist to set up scenes from his lives that are part of a stuck or difficult relationship and then has him interact with other group members who are enrolled to play other people in his lives. They give lines and then enact scenes.

(B) You have a director, who is the group leader. Then the audience, who are the other group members, and a stage, usually the large open space in a group room. Then there is the protagonist, the member whose story is being enacted. Finally, there are the auxiliary egos, which are other group members who take on roles in the drama.

(C) After the drama is ended, the members who have played auxiliary roles end playing those parts by saying "I am no longer playing your unlovable self, I am Bob." The group comes back together and they all share somethings about themselves related to the drama.

① (A) — (C) — (B)　　② (B) — (A) — (C)
③ (B) — (C) — (A)　　④ (C) — (B) — (A)

12

두 사람의 대화 중 가장 어색한 것은?

① A: Could you help me set the table?
　 B: Never mind. Actually I am setting the table downstairs.
② A: May I ask when your office hour is?
　 B: I have office hours from 3 p.m. to 5 p.m.
③ A: You should do the laundry when it is sunny.
　 B: Okay. I'll do it once the rain stops.
④ A: If school finishes early today, I'll pick you up on my way home.
　 B: Thank you. Text me if school finishes early.

13

다음 대화의 빈칸에 들어갈 가장 알맞은 표현을 고르시오.

Jane: Welcome, Kelly! Please come in!
Kelly: Thank you for inviting me. What a nice home!
Jane: Do you like it here? You're my first guest since I moved to this new house.
Kelly: Really? I love it here. I'm a lucky person then.
Jane: Pasta and some dessert are waiting for you at the table. Let's eat before the food gets cold.
Kelly: Wow! I'm so excited. Before I eat, I want to get changed into comfortable clothes.
Jane: Sure! _____. I can lend you my pajamas.
Kelly: I actually brought mine in my bag. I'll be quick.
Jane: Take your time. I'll be waiting for you at the table.
Kelly: Thanks!

① Go fly a kite
② Bring home the bacon
③ Make yourself at home
④ You can say that again

14

우리말을 영어로 잘못 옮긴 것은?

① 연구들은 스트레스가 또한 주요 문제일 수 있다는 것을 보여준다.
→ Studies show that stress can also be a major problem.

② 그는 그가 주문한 커피를 웨이터가 준비하는 것을 지켜보았다.
→ He watched the waiter to prepare the coffee he had ordered.

③ 나는 내가 당신의 고통에 대해 얼마나 많이 동정하는지 당신에게 말해야 한다.
→ I must tell you how much I sympathize with you for your suffering.

④ 조사가 끝날 무렵에 답이 나오지 않은 상태로 두어진 아주 많은 의문들이 있다.
→ There were a great many questions which were left unanswered at the end of the investigation.

15

우리말을 영어로 가장 잘 옮긴 것은?

> 그녀는 5년 동안 의사들이 회복 불가능한 식물인간 상태라고 말했던 것에 있었다.

① She had been in that doctors described as an irreversible vegetative state for five years.

② She had been in what doctors described as an irreversible vegetative state for five years.

③ She had been in that doctors were described as an irreversible vegetative state for five years.

④ She had been in what doctors were described as an irreversible vegetative state for five years.

16

다음 글의 제목으로 가장 적절한 것은?

Meditation is an ancient discipline, but scientists have only recently developed tools sophisticated enough to see what goes on when you do it. Frontal lobe is the most highly evolved part of the brain, responsible for reasoning, planning, emotions and self-conscious awareness. During meditation, the frontal cortex tends to go offline. Parietal lobe of the brain processes sensory information about the surrounding world, orienting you in time and space. During meditation, activity in the parietal lobe slows down. Thalamus, the gatekeeper for the senses, focuses your attention by funneling some sensory data deeper into the brain and stopping other signals in their tracks. Meditation reduces the flow of incoming information to a trickle. As the brain's sentry, reticular formation receives incoming stimuli and puts the brain on alert, ready to respond. Meditating dials back the arousal signal.

① The structure of the human brain
② The medical roles of meditation
③ How the brain works in meditation
④ How meditation heals the brain

17

밑줄 친 부분 중 어법상 옳지 않은 것은?

Prospect theory is a behavioral model that shows how people ① decide between alterna-tives that involve risk and uncertainty. It demonstrates ② that people think in terms of expected utility relative to a reference point rather than ③ absolutely outcomes. Prospect theory was developed by framing risky choices and ④ indicates that people are loss-averse.

18

다음 글의 내용과 일치하지 않는 것은?

Education is really important. No one would question the validity of this statement. But good education in a lot of countries is very limited. Most of the time, the scarce resource of a good school education is only available to the few elites of the society. This seems to be especially true in India. According to Kartikeya Sharma of iTV, India has a GER of 19 percent. GER or gross enrollment rate represents the number of students that are opting to enroll to a higher education after graduating from high school. This means that in 100 students who finish high school education, only 19 will enroll for higher education. India's GER is around 5% below the current world average. Also it is over 50% below first world countries like the USA and Australia.

① Almost everyone would acknowledge the importance of education.
② India is one of the nations that have limited quality education opportunities.
③ In India, over 80 percent of high school graduates decide not to pursue a community college or college degree.
④ The world's average GER is approximately 14 percent.

19

주어진 문장이 들어갈 위치로 가장 적절한 것은?

> The biodiversity of reefs and the habitat reefs provide for other species are also the source of other benefits.

Covering less than one percent of the ocean floor, coral reefs support an estimated 25 percent of all known marine species. Also, the variety of species living on coral reefs is greater than almost anywhere else in the world. (①) Scientists estimate that more than one million species of plants and animals are associated with coral reef ecosystems. (②) With its extensive reef tract, Florida Keys National Marine Sanctuary protects more than 50 species of coral, including the federally protected Staghorn and Elkhorn corals. The sanctuary is also home to more than 500 species of fish and countless other types of marine life. (③) Reef-based fisheries provide food and income, and reef-based recreation like diving and snorkeling provide income for local economies and leisure to millions. (④) Furthermore, compounds isolated from organisms living on reefs hold vast medical potential.

20

다음 빈칸에 들어갈 가장 적절한 것은?

My direct experience of African nkisi nkondi fetish statues from Loango, in the Kongo region, which are bristling with nails, is that they look quite fierce — like a horror-movie monster. This first perception is modified when I learn 'external facts': that the nails were driven in over time by people to register agreements or seal dispute resolutions. The participants were asking for support for their agreement (with an expectation of punishment if it is violated). Such fetish sculptures were considered so powerful that they were sometimes kept outside of the village. Although I may directly perceive that the sculptures embody frightening power, I do not _____ without understanding additional facts about why and how they were made. Original users would find it very odd for a small group of them to be exhibited together in the African Art section of a museum.

① break down barriers among cultures
② understand their social meaning
③ think of art as a means of possession
④ distinguish between art and religion

9급공무원 공개경쟁채용 필기시험

	회차	유형매칭
응시번호	**17**	**2019** **지방직 7급**
성명		

【시 험 과 목】

제1과목	국 어	제2과목	영 어	제3과목	한 국 사
제4과목	행정법총론		제5과목		행정학개론

응시자 주의사항

1. **시험시작 전에 시험문제를 열람하는 행위나 시험 종료 후 답안을 작성하는 행위를 한 사람**은 「공무원임용시험령」 제51조에 의거 **부정행위자**로 처리됩니다.

2. **답안지 책형 표기는 시험시작 전** 감독관의 지시에 따라 **문제책 앞면에 인쇄된 책형을 확인**한 후, **답안지 책형란의 해당 책형(1개)에 "●"와 같이 표기**하여야 합니다.

3. 답안은 반드시 문제책 표지의 **과목순서에 맞추어 표기**하여야 하며, 과목순서를 바꾸어 표기한 경우에도 문제책 표지의 과목순서대로 채점되므로 유의하시기 바랍니다.

4. 시험이 시작되면 문제를 주의 깊게 읽은 후, **문항의 취지에 가장 적합한 하나의 정답을 고르며**, 문제내용에 관한 질문을 하실 수 없습니다.

5. **답안을 잘못 표기하였을 경우**에는 **답안지를 교체하여 작성**하거나 **수정테이프만을 사용하여 수정**할 수 있으며(수정액 또는 수정스티커 등은 사용 불가), 부착된 수정테이프가 떨어지지 않도록 눌러주어야 합니다.
   - 불량 수정테이프의 사용과 불완전한 수정처리로 인해 발생하는 모든 문제는 **응시자 본인에게 책임**이 있습니다.

6. **시험시간 관리의 책임**은 응시자 본인에게 있습니다.

정답공개 및 가산점 등록 안내

1. **정답공개, 이의제기:** 사이버국가고시센터(http://gosi.kr)
2. **가산점 등록방법:** 사이버국가고시센터(http://gosi.kr) ⇒ 『원서접수 ⇒ 가산점등록/확인』

1초 합격예측! 모바일 성적분석표

QR 코드로 접속하여 문제 풀이시간을 측정하고,
〈1초 합격예측 & 모바일 성적분석표〉 서비스를 통해
지금 바로! 실력을 점검해 보세요.
http://eduwill.kr/DjVF

※ 밑줄 친 부분의 의미와 가장 가까운 것을 고르시오. (1~2)

01

An endangered species should be protected from <u>ruthless</u> poachers and their reckless clients.

① miserable
② adverse
③ pitiless
④ impromptu

02

Whether it be hung on today's museum wall, or a wall 50 years ago, Morandi found a way to create ageless works, paintings that take the everyday objects of life, and <u>immortalize</u> them.

① perpetuate ② render
③ detest ④ conserve

※ 밑줄 친 부분에 들어갈 말로 가장 적절한 것은? (3~4)

03

Waiter: What would you like to order?
Jane: I'd like ham and eggs, please.
Waiter: _____
Jane: What are my choices?
Waiter: Scrambled, sunny side-up, over-easy, and over-hard.
Jane: Scrambled, please. Hmm, no, sunny side-up would be better.
Waiter: Is there anything else?
Jane: One orange juice.

① There is no such thing as ham and eggs.
② Is this your first time in our restaurant?
③ How do you want your eggs?
④ Who is your favorite chef?

04

A: We are looking for a tall person to play on our team.

B: A tall person? Why are you looking for someone tall?

A: The school is holding a basketball game next week. In basketball games, tall players are likely to _____, especially when making shoots.

B: Oh, that's why you were looking for tall people to play on the team.

A: Exactly. I really want to win the game because the winning team will be rewarded a big prize.

B: It certainly seems like the competition will be fierce.

① go on the air
② stack the deck
③ hold all the trumps
④ keep their heads above water

05

우리말을 영어로 가장 잘 옮긴 것은?

① 나는 그가 학교에서 취한 행동에 대해 칭찬하기보다는 그의 행동이 초래한 결과에 대해 그를 꾸짖고 싶다.

→ I would rather scold him for the result his action brought about than praising him for his action he took in the school.

② 도시에서는 사람들이 훨씬 더 밀접하게 섞여 살았기 때문에 시골에 사는 것보다 질병과 전염병에 노출될 확률이 더 높았다.

→ Since in towns and cities people intermingled far more closely, there was a higher chance of exposing diseases and infections than living in the country.

③ 그녀가 파리로 떠나기 전에 할머니 댁을 방문하자마자 비가 심하게 내리기 시작했다.

→ She had no sooner visited her grandmother before leaving for Paris than it began to rain heavily.

④ 그 보고서에 따르면 그것들은 사회적 유대감을 강화할 기초를 만들어내면서 사람들을 세상에 더 깊게 연결시켜 주고 새로운 관점에 눈을 뜨게 할 수 있다.

→ According to the report, they can connect people more deeply to the world and open them to new ways of seeing, create the foundation to build up social bonds.

06

밑줄 친 부분 중 어법상 옳지 않은 것은?

The customer service representatives in an electronics firm under major restructuring ① was told they had to begin ② selling service contracts for their ③ equipment in addition ④ to installing and repairing it.

07

어법상 옳은 것은?

① Trees from well-managed gardens are preferable than those growing in the forest.
② Much of the work he did helped make for the American Pathfinder possible to land on Mars.
③ Doctors use behavioral indicators that have evolved since the term autism was first applied to childhood disorders.
④ Farmers have usually been allowed to leasing plots for 30 years at a stretch, after which they can renew the lease.

08

밑줄 친 부분 중 어법상 가장 옳지 않은 것은?

It occurs when one parent interferes ① with the other ② during the correction process. It is hardly ③ never done consciously and it almost always ④ happens because of predictable, inherent differences between parents.

09

다음 글의 Blue에 대한 설명으로 가장 적절한 것은?

Blue is considered the safest color choice around the world, since it has many positive associations. In North America and Europe blue represents trust, security, and authority. But it can also represent depression, loneliness, and sadness. In some countries, blue symbolizes healing and evil repellence. Blue eye-shaped amulets, believed to protect against the evil eye, are common sights in Turkey, Greece, Iran, Afghanistan, and Albania. In Hinduism blue is strongly associated with Krishna, who embodies love and divine joy.

① 힌두교에서는 청색이 부를 상징한다.
② 일부 국가에서는 청색이 치유를 상징한다.
③ 터키에서는 청색을 부적으로 사용하지 않는다.
④ 북미 및 유럽에서는 청색이 항상 긍정적으로 사용된다.

10

밑줄 친 부분과 의미가 가장 가까운 것은?

"So as to respond more actively to undertake priority policy tasks and cope with additional fiscal demands, we underscored the need to employ an expansionary policy and carry out a tougher expenditure restructuring," he added, referring to the 100 tasks estimated to cost some 178 trillion won over the next five years.

① abate
② draw on
③ put up with
④ stick out

11

우리말을 영어로 잘못 옮긴 것은?

① 우리는 "그것은 멋진 질문이네."와 같은 말로 답변을 함으로써 아이들의 호기심을 적극적으로 장려해야 한다.
→ We must actively encourage the curiosity of our children by responding with such comments as "That's a wonderful question."

② 항상 진실만을 말한다는 평판을 얻을 때, 여러분은 신뢰를 기반으로 한 굳건한 관계를 누릴 것이다.
→ When you develop a reputation for always telling the truth, you will enjoy strong relationships based on trust.

③ William이 해야 할 일은 유용한 전화번호 목록을 만드는 것이다.
→ That William needs to do is to make a list of useful phone numbers.

④ 만약 인간이 달빛과 별빛 아래에서 정말로 편안하다면, 우리는 행복하게 어둠속에서 지낼 수 있다.
→ If humans truly felt comfortable under the light of the moon and stars, we could live happily in darkness.

12

다음 글의 주제로 가장 적절한 것은?

This year, for the first time since it was founded in 2001, Macaulay Honors College has also admitted 18 transfer students, in a pilot program. The students will finish up their associate degrees this spring at Bronx Community College and Borough of Manhattan Community College and will then enter Macaulay. As at other institutions, the transfer students are more diverse than are those who enroll as freshmen. All 18 transfer students are from minority groups, and most of them are black or Hispanic. Macaulay's overall enrollment is currently about 50 percent white, 34 percent Asian, 9 percent Hispanic and 7 percent black.

① Macaulay Honors College's new attempt
② The growing importance of transfer admissions
③ The ethnic make-up of Macaulay Honors College
④ How to enter Macaulay Honors College as a transfer student

13

다음 글의 내용과 일치하는 것은?

Cognitive behavioral therapy for insomnia (CBT-I) is generally recommended as the first line of treatment for people with insomnia. Typically, CBT-I is equally or more effective than sleep medications. The cognitive part of CBT-I teaches you to recognize and change beliefs that affect your ability to sleep. It can help you eliminate negative thoughts and worries that keep you awake. It may also involve eliminating the cycle where you worry so much about getting to sleep that you can't fall asleep. The behavioral part of CBT-I helps you develop good sleep habits and avoid behaviors that keep you from sleeping well.

① CBT-I is solely for people with extreme insomnia.
② CBT-I is generally comprised of two parts.
③ Sleep medications are more preferred by patients than CBT-I.
④ Through CBT-I, you can learn how to turn negative thoughts into positive ones.

14

글의 요지로 가장 적절한 것은?

On May 20, 1964, Bell Labs' Antenna in New Jersey picked up an odd buzzing sound that came from all parts of the sky at all times. The noise puzzled R. Wilson and A. Penzias, who did their best to eliminate all possible sources of interference. "When we first heard that inexplicable hum, we didn't understand its significance, and we never dreamed it would be connected to the origins of the universe," Penzias said in a statement. They spotted the predicted thermal echo of the universe's explosive birth. The landmark find put the Big Bang theory on solid ground, suggesting that the cosmos did indeed grow from a tiny seed about 13.8 billion years ago.

① The sound ruled the Big Bang theory out.
② The sound was due to dust marks on the telescope.
③ The mysterious signal means the steady state of the universe.
④ The discovery of the signal provided significant evidence of the Big Bang origin of the universe.

15

밑줄 친 부분 중 어법상 옳지 않은 것은?

The growth of foreign markets and competition, most notably those in China and India, ① is having a tremendous impact on the manner in which companies conduct business all over the globe. In fact, the advent of outsourcing and off-shoring(the shifting of production to sites outside the United States), which helped ② placing China and India on the economic map, has created quite a debate in the United States and abroad as to ③ whether economic globalization is a good or an evil. Many, however, suggest that globalization is a good thing, and that outsourcing and off-shoring are simple manifestations of the economic theory of comparative advantage, ④ which holds that everyone gains when each country specializes in what it does best.

16

우리말을 영어로 가장 잘 옮긴 것은?

그녀는 자신에게 어떤 일이 닥칠지 거의 알지 못했다.

① Little she knew what lay in store for her.
② Little she knew which lay in store for her.
③ Little did she know what lay in store for her.
④ Little did she know which lay in store for her.

17

밑줄 친 부분에 들어갈 말로 가장 적절한 것은?

Eating disorders describe illnesses that are characterized by irregular eating habits and severe distress or concern about body weight or shape. Eating disturbances may include inadequate or excessive food intake which can ultimately damage an individual's well-being. Eating disorders can develop during any stage in life but typically appear during the teen years or young adulthood. Classified as a medical illness, appropriate treatment can be highly effectual for many of the specific types of eating disorders. Although these conditions are treatable, the symptoms and consequences can be detrimental and deadly if not addressed. Because eating disorders commonly _____ other conditions, such as anxiety disorders, substance abuse or depression, and they are dangerous. Eating disorders are complex disorders, influenced by a facet of factors. Though the exact cause of eating disorders is unknown, it is generally believed that a combination of biological, psychological, and environmental abnormalities contribute to the development of these illnesses.

① separate from   ② keep off
③ coexist with   ④ have the effect on

18

주어진 문장이 들어갈 위치로 가장 적절한 것은?

During the time of year when other fruits are less plentiful, however, fig trees become important in sustaining fruit-eating vertebrates.

Certain species are more crucial to the maintenance of their ecosystem than others. Such species, called keystone species, are vital in determining the nature and structure of the entire ecosystem. (①) The fact that other species depend on or are greatly affected by the keystone species is revealed when the keystone species is removed. (②) It is in this sense that we should draw attention to fig trees. Different species of fig trees may be keystone species in tropical rain forests. (③) Although figs collectively produce a continuous crop of fruits, fruit-eating monkeys, birds, bats, and other vertebrates of the forest do not normally consume large quantities of figs in their diets. (④) Should the fig trees disappear, most of the fruit-eating vertebrates would be eliminated. Protecting fig trees in such tropical rainforest ecosystems is an important conservation goal because it increases the likelihood that monkeys, birds, bats, and other vertebrates will survive.

19

주어진 글 다음에 이어질 글의 순서로 가장 적절한 것은?

The goal of biofeedback is often to make subtle changes to the body that result in a desired effect. Then, how exactly does biofeedback work?

(A) Scientists also believe that it is often the stress response, the body's tendency to go into a state of "fight-or-flight" in order to deal with potential threats, that often exacerbates certain conditions.

(B) In general, by learning how to recognize the physical signs and symptoms of stress and anxiety, such as increased heart rate, body temperature, and muscle tension, people are able to learn how to relax.

(C) By learning how to control physiological responses to stress, biofeedback patients are able to learn how to calm their minds and bodies, and therefore, better cope with the symptoms of stress that may negatively affect their conditions.

① (A) − (B) − (C)
② (B) − (A) − (C)
③ (B) − (C) − (A)
④ (C) − (A) − (B)

20

밑줄 친 부분에 들어갈 말로 가장 적절한 것은?

Experts have found that reading classical texts benefits the mind by catching the reader's attention and triggering moments of self-reflection. The brain activity of volunteers was monitored as they read classical works. These same texts were then "translated" into more straightforward, modern language and again the readers' brains were monitored as they read the words. Scans showed that the more challenging prose and poetry set off far more electrical activity in the brain than the more pedestrian versions. Scientists were able to study the brain activity as it responded to each word and record how it lit up as the readers encountered unusual words, surprising phrases or difficult sentence structures. This lighting up lasts long enough to shift the brain into a higher gear, encouraging further reading. The research also found that reading the more challenging version of poetry, in particular, increases activity in the right hemisphere of the brain, helping the readers to reflect on and reevaluate their own experiences in light of what they have read. The academics said this meant _____.

① the classics are more useful than self-help books
② reading the modern works makes people reflect themselves
③ the more challenging the poetry is, the less activity people have
④ when encountering unusual words, the mind of people is more fluctuating

9급공무원 공개경쟁채용 필기시험

응시번호	
성명	

회차	유형매칭
18	2018 **지방직 7급**

【시 험 과 목】

제1과목	국 어	제2과목	영 어	제3과목	한 국 사
제4과목	행정법총론		제5과목	행정학개론	

응시자 주의사항

정답공개 및 가산점 등록 안내

⏱ 제한시간: 25분   ■시작시간: :   ■종료시간: :   정답과 해설 ▶ P.146~P.151

01

두 사람의 대화 중 가장 어색한 것은?

① A: What do you want for your birthday?
　 B: It's up to you.
② A: Call me when you finish the class. I'll pick you up.
　 B: Don't bother. Buses run until late.
③ A: The winter vacation is too short.
　 B: Couldn't agree more. Speak for yourself.
④ A: I couldn't have finished the job without you.
　 B: It was no big deal.

02

빈칸에 들어갈 말로 가장 적절한 것은?

Greg: Your room is like an ice-box!
Lisa: No, it's not. It's just comfortable.
Greg: Just look at me! I got goose bumps all over.
Lisa: I think you're exaggerating!
Greg: No, I'm serious. Where's the thermostat?
Lisa: By the door, on the wall.
Greg: ＿＿＿＿＿＿＿＿＿＿＿＿ This thing is set at 18°C!
Lisa: Like I said — perfect!
Greg: That makes sense when you live in Alaska. By the way, where's the shovel?
Lisa: Why do you need a shovel?
Greg: So I can dig both of us out when it starts snowing in here.

① No wonder I'm cold!
② I'm sorry, I was wrong.
③ It's not cold today, is it?
④ I don't know what I'm missing.

03

우리말을 영어로 잘못 옮긴 것은?

① 우리 젊은이들 또한 명문대학에 진학하는 것에 얽매여 있는 것처럼 보인다.
→ Our young people also seem tied to getting accepted by prestigious universities.

② 칼로리를 소모하는 것보다 더 많이 섭취하면 시간이 지난 뒤에 몸무게가 늘게 된다.
→ Taking in more calories than burning them out leads to gaining weight over time.

③ 비록 그가 어제 이 발언을 철회했지만 쏟아진 우유를 보며 우는 것은 소용이 없다.
→ Though he recanted this remark yesterday, it is of no use to cry over spilled milk.

④ 요즘 강아지를 빌려주는 업체들이 있다.
→ These days, there were some companies that lend you dogs.

※ 밑줄 친 부분과 의미가 가장 가까운 것을 고르시오. (4~6)

04

Trying to sweat out a cold and fever with vigorous physical exercise is a really bad idea.

① consummate
② brisk
③ paramount
④ inexorable

05

I will discuss the cannibalism which is one of barbaric practices inspiring the greatest horror and disgust.

① enigmatic
② ample
③ brutal
④ recondite

06

The emergency responder gives some basic instructions dealing with multitudinous emergencies.

① sundry
② vivacious
③ stigmatic
④ dormant

07

밑줄 친 부분 중 어법상 옳지 않은 것은?

The Securities and Exchange Commission ① that monitors American stock markets ② force firms to meet certain reporting requirements before their stock can be listed on exchanges such as the New York Stock Exchange. Such reporting helps ③ ensure that private investors have reliable information ④ on which to base their investment decisions.

08

어법상 옳은 것은?

① To get refund for damaging goods, the customer must bring the receipt.

② It will also try more to discover the remaining missed ship.

③ As the business looked flourishing, he invested money in it.

④ The remained tickets for the concert will be sold on the door.

09

우리말을 영어로 잘못 옮긴 것은?

① 스턴트맨들의 목숨을 위험하게 하곤 했었던 충돌 장면들은 지금은 컴퓨터에서 만들어진다.
→ Crash scenes that used to put the lives of stuntmen in danger are now created on computers.

② 대부분의 미국 부모들은 아이들이 5세 이전에 학교에 다니기를 원한다.
→ Most American parents want their children to attend school before the age of 5.

③ 담배에 대한 육체적인 갈망은 금연 일주일이 지나면 사라질 것이다.
→ The physical craving for a cigarette will disappear after a week of not smoking.

④ 나는 그녀가 이곳에 도착했다는 것을 조금도 알지 못했다.
→ Little I knew that she was arrived here.

10

우리말을 영어로 가장 알맞게 옮긴 것은?

> 나는 창문을 열어둔 채로 집을 나서는 것에 익숙하다.

① I'm accustomed to leaving home with the window open.

② I'm accustomed to leaving home with the window opens.

③ I'm accustomed to leaving home while the window opens.

④ I'm accustomed to leaving home while the window opening.

11

밑줄 친 부분 중 어법상 옳지 않은 것은?

> The trees increase in wetter climates and on sandier soils because more water ① is able to penetrate to the deep roots. Trees do indeed have ② a few small roots ③ which penetrate to great depth, but most of their roots are in the top half-metre of the soil, just ④ which the grass roots are.

12

글의 제목으로 가장 적절한 것은?

In order to successfully release himself from the control of his parents, a child must be secure in his parents' power, as represented by their loving authority. The more effectively they communicate that authority, the more secure the child feels, and the better able he is to move away from them toward a life of his own. During this lengthy process, whenever he feels threatened, he turns back toward the safety of his parents' love and authority. In other words, it is impossible for a child to successfully release himself unless he knows exactly where his parents stand, both literally and figuratively. That requires, of course, that his parents know where they themselves stand. If they don't know where they stand — if, in other words, they are insecure in their authority — they cannot communicate security to their child, and he cannot move successfully away from them. Under the circumstances, he will become clingy, or disobedient, or both.

① The Parental Authority and Obedience
② The Emotional Development of Children
③ The Parental Authority on the Threat of Children
④ The Relationship Between the Communicating Parental Authority and Their Children's Independence

13

다음 글의 주제로 가장 적절한 것은?

We communicate every day, but do we always understand the message correctly? In one case, not understanding the message was fatal. At an airport in the interior of British Columbia, a message was shared between three parties, but each of them understood it differently. When asked by the tower if the runway was clear, a snowplough operator thought he was asked if the runway was clear of snow. He promptly answered, "Yes." The pilot then radioed the tower and asked the same question. Since the tower believed it had received a "yes" to that question, it said it was okay for the plane to land. Unfortunately, the plane crashed into the snowplough.

① Bad landing procedures at airports
② Dangerous airports in British Columbia
③ The importance of precise understanding in communication
④ Ways to improve workplace safety

14

어법상 옳지 않은 것은?

① They were usually entirely responsible for all the housework, too.
② Probably the most commonly used system classifies viruses according to their host cells.
③ Although the lunar orbit is nearly circular, it more accurately describes as an ellipse around the Earth.
④ With her brilliant medical studies, she proved that women could indeed think and work as well as men.

15

빈칸 (A), (B)에 들어갈 가장 적절한 것은?

In 1986, Neisser and his collaborator Nicole Harsch asked a group of undergraduates to recall how they learned of the Challenger space shuttle disaster the morning after it happened. Much like earlier reports, they found that almost all of the students had detailed memories of "exactly" where they were and what they were doing when they found out about the explosion. Neisser and Harsch did something that other researchers hadn't done before. They asked participants to recall the same event a few years later. They found that although everyone still had vivid and complete memories, some of the memories had changed quite remarkably. In fact, 25 percent of participants reported different memories altogether, such as first describing having learned from a fellow student in class, and years later saying they saw it on a TV news bulletin with their roommate. This meant that _____(A)_____ that participants had shown were not related to _____(B)_____ of their memories.

① (A) the vividness and confidence
　(B) the actual sameness
② (A) the error and omission
　(B) the actual loss
③ (A) the error and omission
　(B) the actual lapse
④ (A) the vividness and confidence
　(B) the actual accuracy

16

Galileo Galilei에 관한 다음 글의 내용과 일치하지 않는 것은?

Galileo Galilei was the oldest in a family of five children born to Vincenzo Galilei, a Florentine noble, and Giulia Ammanati, who also belonged to an ancient family. Vincenzo wrote learnedly about music, and taught his children to play on the lute and the organ; but he was poor and life was a struggle. So Vincenzo decided to place his eldest son where he could earn a comfortable support. Music did not bring money. Galileo therefore should become a dealer in cloth; a necessity of life, rather than a luxury. But the boy soon showed great skill in music, surpassing his father. He excelled in drawing and color, and could have become a noted artist. He loved poetry, and had a decided taste for mechanics, making machines of great ingenuity. It soon became evident that such a lad would not be satisfied to spend his life trading in wool.

① He was the first-born son of five children.
② He learned how to play the lute from his father.
③ He wasn't superior to his father in the end.
④ He showed signs of genius not only in artistic side but in making mechanical devices.

17

다음 글을 문맥에 맞게 순서대로 연결한 것은?

> ⊙ Hence, it is better to state that aptitude is the outcome of both heredity as well as environment.
>
> ⓛ For example, a person who is having an aptitude for singing may have been born with a melodious voice, whereas another person brought up in the company of singers may also develop an aptitude for singing.
>
> ⓒ It is difficult to say whether a particular aptitude is a product of heredity or of environment.
>
> ⓔ Aptitude is a special skill or ability in a person to perform a particular task in a better way.

① ⓔ — ⓒ — ⓛ — ⊙
② ⓔ — ⓒ — ⊙ — ⓒ
③ ⓒ — ⓛ — ⊙ — ⓔ
④ ⓒ — ⓛ — ⓔ — ⊙

18

주어진 문장이 들어갈 위치로 가장 적절한 곳은?

> With every succeeding page, I also learned of people and places and events from history.

I woke up the next morning, thinking about those words — immensely proud to realize that not only had I written so much at one time, but I'd written words that I never knew were in the world. (①) I was so fascinated that I went on — I copied the dictionary's next page. (②) That was the way I started copying what eventually became the entire dictionary. (③) Between what I wrote in my tablet, and writing letters, during the rest of my time in prison I would guess I wrote a million words. (④) I suppose it was inevitable that as my word-base broadened, I could for the first time pick up a book and read and now begin to understand what the book was saying.

19

빈칸에 들어갈 말로 가장 적절한 것은?

Steven Spielberg's first films were made at a time when directors were the most important people in Hollywood, and his more recent ones at a time when marketing controls the industry. That he has remained the most powerful film maker in the world during both periods says something for his talent and his flexibility. No one else has produced a more popular body of work. On the other hand, within him there is also an artist capable of The Color Purple and Schindler's List. When entertainer and artist came fully together, the result was E.T., a(n) _____ of mass appeal and stylistic mastery.

① exclusive vision ② incisive critique
③ ironic contrast ④ remarkable fusion

20

다음 중 글 전체의 흐름과 가장 부합하지 않는 문장은?

Perceptions of forest use and the value of forests as standing timber vary considerably from indigenous peoples to national governments and Western scientists. These differences in attitudes and values lie at the root of conflicting management strategies and stimulate protest groups such as the Chipko movement. ① For example, the cultivators of the Himalayas and Karakoram view forests as essentially a convertible resource. ② That is, under increasing population pressure and growing demands for cultivable land, the conversion of forest into cultivated terraces means a much higher productivity can be extracted from the same area. ③ Compensation in the form of planting on terrace edges occurs to make up for the clearance. ④ For indigenous peoples forests serve as a source of unrestorable resources, so national and global perspectives prioritize the preservation of forests. This contrasts with the national view of the value of forests as a renewable resource, with the need or desire to keep a forest cover over the land for soil conservation, and with a global view of protection for biodiversity and climate change purposes, irrespective of the local people's needs.

삶의 순간순간이
아름다운 마무리이며
새로운 시작이어야 한다.

− 법정 스님

여러분의 작은 소리
에듀윌은 크게 듣겠습니다.

본 교재에 대한 여러분의 목소리를 들려주세요.
공부하시면서 어려웠던 점, 궁금한 점,
칭찬하고 싶은 점, 개선할 점, 어떤 것이라도 좋습니다.

에듀윌은 여러분께서 나누어 주신 의견을
통해 끊임없이 발전하고 있습니다.

에듀윌 도서몰 book.eduwill.net
• 부가학습자료 및 정오표: 에듀윌 도서몰 → 도서자료실
• 교재 문의: 에듀윌 도서몰 → 문의하기 → 교재(내용, 출간) / 주문 및 배송

2023 에듀윌 9급공무원 실전동형 모의고사 영어

발 행 일	2023년 1월 12일 초판
편 저 자	성정혜
펴 낸 이	김재환
펴 낸 곳	(주)에듀윌
등록번호	제25100-2002-000052호
주　　소	08378 서울특별시 구로구 디지털로34길 55
	코오롱싸이언스밸리 2차 3층

* 이 책의 무단 인용 · 전재 · 복제를 금합니다.

www.eduwill.net
대표전화 1600-6700

50개월* 베스트셀러 1위
에듀윌 공무원 교재

7·9급공무원 교재

기본서
(국어/영어/한국사)

기본서
(행정학/행정법총론/운전직 사회)

단원별 기출&예상 문제집
(국어/영어/한국사)

단원별 기출&예상 문제집
(행정학/행정법총론/운전직 사회)

기출문제집
(국어/영어/한국사)

기출문제집
(행정학/행정법총론/운전직 사회
/사회복지학개론)

9급공무원 교재

기출 오답률 TOP 100
(국어+영어+한국사 300제)

기출PACK
공통과목(국어+영어+한국사)
/전문과목(행정법총론+행정학)

실전동형 모의고사
(국어/영어/한국사)

실전동형 모의고사
(행정학/행정법총론)

봉투모의고사
(일반행정직 대비 필수과목
/국가직·지방직 대비 공통과목 1, 2)

지방직 합격면접

7급공무원 교재

PSAT 기본서
(언어논리/상황판단/자료해석)

PSAT 기출문제집

민경채 PSAT 기출문제집

기출문제집
(행정학/행정법/헌법)

군무원 교재

기출문제집
(국어/행정법/행정학)

봉투모의고사
(국어+행정법+행정학)

경찰공무원 교재

기본서(경찰학)

기본서(형사법)

기본서(헌법)

기출문제집
(경찰학/형사법/헌법)

실전동형 모의고사
2차 시험 대비
(경찰학/형사법/헌법)

합격 경찰면접

계리직공무원 교재

※ 단원별 문제집은 한국사/우편상식/금융상식/컴퓨터일반으로 구성되어 있음.

기본서(한국사)

기본서(우편상식)

기본서(금융상식)

기본서(컴퓨터일반)

단원별 문제집(한국사)

기출문제집
(한국사+우편·금융상식+컴퓨터일반)

소방공무원 교재

기본서
(소방학개론/소방관계법규
/행정법총론)

단원별 기출문제집
(소방학개론/소방관계법규
/행정법총론)

기출PACK
(소방학개론+소방관계법규
+행정법총론)

실전동형 모의고사
(한국사/영어/행정법총론
/소방학+관계법규)

봉투모의고사
(한국사+영어+행정법총론
/소방학+관계법규)

국어 집중 교재

매일 기출한자(빈출순)

매일 푸는 비문학(4주 완성)

영어 집중 교재

빈출 VOCA

매일 3문 독해(4주 완성)

빈출 문법(4주 완성)

단권화 요약노트 교재

국어 문법 단권화 요약노트

영어 단기 공략
(핵심 요약집)

한국사 흐름노트

행정학 단권화 요약노트

행정법 단권화 요약노트

기출판례집(빈출순) 교재

행정법

헌법

형사법

더 많은
공무원 교재

취업, 공무원, 자격증 시험준비의 흐름을 바꾼 화제작!

에듀윌 히트교재 시리즈

에듀윌 교육출판연구소가 만든 히트교재 시리즈!
YES24, 교보문고, 알라딘, 인터파크, 영풍문고 등 전국 유명 온/오프라인 서점에서 절찬 판매 중!

공인중개사 기초입문서/기본서/핵심요약집/문제집/기출문제집/실전모의고사 외 다수

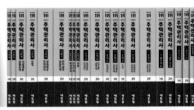

주택관리사 기초서/기본서/핵심요약집/문제집/기출문제집/실전모의고사/네컷회계

7·9급공무원 기본서/단원별 문제집/기출문제집/기출팩/오답률TOP100/실전, 봉투모의고사

공무원 국어 한자·문법·독해/영어 단어·문법·독해/한국사/행정학·행정법 노트/행정법·헌법 판례집/면접

7급공무원 PSAT 기본서/기출문제집

계리직공무원 기본서/문제집/기출문제집

군무원 기출문제집/봉투모의고사

경찰공무원 기본서/기출문제집/모의고사/판례집/면접

소방공무원 기본서/기출팩/단원별 기출/실전, 봉투 모의고사

뷰티 미용사/맞춤형화장품

검정고시 고졸/중졸 기본서/기출문제집/실전모의고사/총정리

사회복지사(1급) 기본서/기출문제집/핵심요약집

직업상담사(2급) 기본서/기출문제집

경비 기본서/기출/1차 한권끝장/2차 모의고사

전기기사 필기/실기/기출문제집

전기기능사 필기/실기

2023

에듀윌
9급공무원

정답과 해설
영어

성정혜 편저

전 문항, 최신 기출유형 1:1 매칭!

합격을 완성하는
무료 합격팩

모바일 성적분석표 + 문항별 오답률/선택률

특수 OMR 카드 + 빠른 정답표/점수표

국+영+한 2회분 모의고사(PDF)

전 문항, 최신 기출유형 1:1 매칭!

실전 1회

01	02	03	04	05
③	④	①	④	②
06	07	08	09	10
③	④	①	①	②
11	12	13	14	15
④	④	④	②	③
16	17	18	19	20
③	②	③	④	②

실전 2회

01	02	03	04	05
②	②	③	④	②
06	07	08	09	10
①	①	④	③	④
11	12	13	14	15
③	④	④	③	②
16	17	18	19	20
③	②	③	④	③

실전 3회

01	02	03	04	05
④	①	③	①	①
06	07	08	09	10
②	②	④	④	③
11	12	13	14	15
④	③	④	②	④
16	17	18	19	20
②	②	②	①	④

실전 4회

01	02	03	04	05
①	③	④	③	②
06	07	08	09	10
②	②	①	④	④
11	12	13	14	15
①	④	②	③	①
16	17	18	19	20
④	③	②	②	②

실전 5회

01	02	03	04	05
④	③	③	④	④
06	07	08	09	10
②	②	③	①	②
11	12	13	14	15
③	③	③	③	②
16	17	18	19	20
①	①	④	②	③

실전 6회

01	02	03	04	05
④	③	①	③	③
06	07	08	09	10
②	②	④	③	④
11	12	13	14	15
③	③	④	④	③
16	17	18	19	20
②	②	②	④	①

실전 7회

01	02	03	04	05
③	①	③	③	④
06	07	08	09	10
④	④	④	②	③
11	12	13	14	15
③	②	②	③	③
16	17	18	19	20
①	④	④	④	③

실전 8회

01	02	03	04	05
②	④	④	②	①
06	07	08	09	10
②	④	④	④	③
11	12	13	14	15
①	④	②	①	②
16	17	18	19	20
①	①	④	④	②

실전 9회

01	02	03	04	05
③	①	②	③	②
06	07	08	09	10
④	③	②	②	④
11	12	13	14	15
②	②	③	②	②
16	17	18	19	20
②	③	①	②	④

실전 10회

01	02	03	04	05
④	①	③	②	③
06	07	08	09	10
②	②	④	④	③
11	12	13	14	15
④	③	③	①	③
16	17	18	19	20
④	②	②	④	②

실전 11회

01	02	03	04	05
②	④	①	②	③
06	07	08	09	10
④	④	②	③	①
11	12	13	14	15
④	④	④	④	④
16	17	18	19	20
③	②	③	④	④

실전 12회

01	02	03	04	05
③	④	③	②	④
06	07	08	09	10
①	②	④	①	④
11	12	13	14	15
④	④	③	④	④
16	17	18	19	20
②	②	④	②	③

실전 13회

01	02	03	04	05
②	③	④	④	②
06	07	08	09	10
①	④	④	②	④
11	12	13	14	15
③	②	③	④	③
16	17	18	19	20
④	②	④	③	③

실전 14회

01	02	03	04	05
④	④	②	②	②
06	07	08	09	10
③	②	④	②	④
11	12	13	14	15
②	②	③	④	②
16	17	18	19	20
④	②	①	④	②

실전 15회

01	02	03	04	05
②	④	③	①	②
06	07	08	09	10
②	③	③	②	①
11	12	13	14	15
④	②	④	③	④
16	17	18	19	20
①	④	③	①	④

실전 16회

01	02	03	04	05
③	①	③	③	④
06	07	08	09	10
③	③	④	②	③
11	12	13	14	15
④	①	②	④	④
16	17	18	19	20
③	③	④	③	②

실전 17회

01	02	03	04	05
①	①	③	③	③
06	07	08	09	10
①	③	③	②	②
11	12	13	14	15
①	②	④	②	②
16	17	18	19	20
③	③	④	②	①

실전 18회

01	02	03	04	05
③	①	④	②	③
06	07	08	09	10
①	②	③	④	①
11	12	13	14	15
④	④	③	③	④
16	17	18	19	20
③	①	②	④	④

모아보는 점수표

회차 (난이도)	풀이 시간	맞힌 개수	풀이 날짜
실전 1회 (中)	___ : ___ ~ ___ : ___ (분)	개	___월___일
실전 2회 (中)	___ : ___ ~ ___ : ___ (분)	개	___월___일
실전 3회 (中)	___ : ___ ~ ___ : ___ (분)	개	___월___일
실전 4회 (中)	___ : ___ ~ ___ : ___ (분)	개	___월___일
실전 5회 (中)	___ : ___ ~ ___ : ___ (분)	개	___월___일
실전 6회 (中)	___ : ___ ~ ___ : ___ (분)	개	___월___일
실전 7회 (中)	___ : ___ ~ ___ : ___ (분)	개	___월___일
실전 8회 (中)	___ : ___ ~ ___ : ___ (분)	개	___월___일
실전 9회 (上)	___ : ___ ~ ___ : ___ (분)	개	___월___일
실전 10회 (中)	___ : ___ ~ ___ : ___ (분)	개	___월___일
실전 11회 (上)	___ : ___ ~ ___ : ___ (분)	개	___월___일
실전 12회 (上)	___ : ___ ~ ___ : ___ (분)	개	___월___일
실전 13회 (中)	___ : ___ ~ ___ : ___ (분)	개	___월___일
실전 14회 (中)	___ : ___ ~ ___ : ___ (분)	개	___월___일
실전 15회 (中)	___ : ___ ~ ___ : ___ (분)	개	___월___일
실전 16회 (中)	___ : ___ ~ ___ : ___ (분)	개	___월___일
실전 17회 (中)	___ : ___ ~ ___ : ___ (분)	개	___월___일
실전 18회 (中)	___ : ___ ~ ___ : ___ (분)	개	___월___일

2023

에듀윌 9급공무원

실전동형 모의고사
정답과 해설 | 영어

9급공무원 공개경쟁채용 필기시험

1회 난이도	中
1회 합격선	17개/20개

회차	유형매칭
1	2022 국가직 9급

1회차 핵심페이퍼

문번	정답	개념	꼭 짚고 넘어가야 하는 핵심포인트!
01	③	어휘	'compound'와 'aggravate'가 유의어 관계인 것을 파악한다.
02	④	어휘	'needy'와 'impoverished'가 유의어 관계인 것을 파악한다.
03	①	어휘	'head off'와 'block'이 유의어 관계인 것을 파악한다.
04	④	어휘	'conceal'의 의미를 알고 있는지 묻는 문제이다.
05	②	어휘	'mull over'의 의미를 알고 있는지 묻는 문제이다.
06	③	문법	수동태 불가 동사를 묻는 문제이다. 'suffer from', 'result in', 'occur' 등 수동태 불가 동사와 그 의미를 함께 알고 있어야 한다.
07	④	독해	향신료의 건강상 이점에 대해 서술하고 있는 글이다. 내용일치 문항은 먼저 각 선지의 핵심 포인트를 찾고 지문 내에서 정답의 근거를 정확하게 찾는 것이 관건이다.
08	①	문법	자동사 'emerge'가 수동태 불가 동사임을 파악하는 것이 관건이다.
09	①	독해	세계화 속 정치 체제에 대해 서술하고 있다. 제목을 묻는 문항인 만큼 미시적으로 본문에 접근하기보다는 거시적으로 접근해야 한다.
10	②	독해	미래의 예술 형태에 대해 서술하고 있다. 각 문장의 지시형용사가 지칭하는 것을 파악하는 것이 관건이다.
11	④	생활영어	'give (somebody) a ride' 표현을 알고 있는지 묻는 문제이다.
12	④	생활영어	'over-the-counter'를 알고 있는지 묻는 문제이다.
13	④	문법	비교 대상 일치를 묻는 문제이다. 비교급 표현을 파악한 후에 비교하는 대상을 일치시키는 것이 관건이다.
14	②	문법	감정형 분사의 쓰임을 묻는 문제이다. 분사가 서술하는 대상이 감정을 제공하는 경우 '현재분사'를, 감정을 제공받는 경우에는 '과거분사'를 사용한다.
15	③	독해	연결사를 묻는 문제로 본문 전체의 논리적 흐름을 파악하는 것이 중요하다.
16	③	독해	불면증에 영향을 미치는 요인에 대해 서술하고 있다. 본문의 전개 방식을 파악하고 각 연구가 공통적으로 주장하는 요인이 무엇인지 파악하는 것이 관건이다.
17	②	독해	좋은 경청자가 되는 방법에 대해 서술하고 있다. 제목을 묻는 문제인 만큼 미시적 정보보다는 거시적 정보에 집중해야 한다.
18	③	독해	기록 보관소에 대해 서술하고 있다. 삽입 문제인 만큼 주어진 문장의 지시형용사, 지시대명사 등이 가리키는 것이 무엇인지 본문에서 파악하는 것이 관건이다.
19	④	독해	글의 요지를 묻는 문제이므로 미시적인 독해보다는 거시적인 독해가 중요하며 선지 분석에 유의해야 한다.
20	②	독해	미세 플라스틱에 대해 서술하고 있다. 배열 문제인 만큼 각 문단의 연결고리를 찾는 것이 관건이다.

※ 해당 회차는 1초 합격예측 서비스의 데이터 누적 기간이 충분하지 않아 [오답률/선택률] 기재를 생략하였습니다.

01	③	02	④	03	①	04	④	05	②
06	③	07	④	08	①	09	①	10	②
11	④	12	④	13	④	14	②	15	③
16	③	17	②	18	③	19	④	20	②

※ 上 中 下 는 문항의 난이도를 나타냅니다.

中

01 [밑줄형] 어휘 > 유의어 찾기 　　　답 ③

핵심포인트 'compound'와 'aggravate'가 유의어 관계인 것을 파악한다.

| 해석 | 구급차 서비스의 부족과 수도, 전기, 그리고 통신 시스템과 같은 기본적인 공익 설비의 부족은 신생아를 치료하는 데 있어서 그 도시가 직면한 문제를 더 악화시킨다.
① 발산하다, 배출하다; 일어나다, 발생하다
② 억제하다; 강제하다, 강요하다; 속박하다
③ 악화시키다; 화나게 하다
④ 겁먹게 하다; 협박하다, 위협하다

| 정답해설 | 밑줄 친 'compound'는 문맥상 '악화시키다'라는 의미로 사용되었으므로 의미가 가장 가까운 것은 ③ 'aggravate(악화시키다)'이며 'compound'는 '악화시키다'라는 의미 외에도 '혼합하다, 구성하다'를 뜻하므로 문맥상 사용된 의미 파악에 유의해야 한다.

中

02 [밑줄형] 어휘 > 유의어 찾기 　　　답 ④

핵심포인트 'needy'와 'impoverished'가 유의어 관계인 것을 파악한다.

| 해석 | 그녀는 빈곤한 삶을 살았지만, 이식 수술을 필요로 하는 사람들에게 장기 기증을 약속할 만큼 헌신적이었다.
① 고집 센, 완고한, 집요한
② 풍부한, 많은
③ 필수적인, 없어서는 안 될
④ 빈곤한; (질적으로) 저하된, 결핍된

| 정답해설 | 밑줄 친 'needy'는 '빈곤한, 가난한, 궁핍한'을 뜻하므로 의미가 가장 가까운 것은 ④ 'impoverished (빈곤한)'이다.

| 어휘 |
dedicate 헌신하다, 전념하다　　　organ donation 장기 기증
transplantation 이식 (수술)

中

03 [밑줄형] 어휘 > 유의어 찾기 　　　답 ①

핵심포인트 'head off'와 'block'이 유의어 관계인 것을 파악한다.

| 해석 | 이 도시는 1970년대 교통 체증을 완화하고 하천 범람을 막기 위한 정부 주도의 산업화 추진 기간에 시멘트로 뒤덮인 시내에 대한 복원 사업을 진행 중이다.
① 차단하다, 막다
② 촉진시키다
③ 추정하다, 평가하다
④ 조사하다, 살피다

| 정답해설 | 밑줄 친 'head off'는 '막다, 저지하다'를 뜻하므로 의미가 가장 가까운 것은 ① 'block(차단하다, 막다)'이다.

中

04 [빈칸형] 어휘 > 빈칸 완성 　　　답 ④

핵심포인트 'conceal'의 의미를 알고 있는지 묻는 문제이다.

| 해석 | 그들은 어머니가 충격받지 않도록 아버지가 암으로 수술을 받아야 한다는 사실을 당분간 ④ 비밀로 하기로 결정했다.
① 지지하다; 지탱하다; 고무하다
② 유혹하다, 꾀다
③ 연장하다; 연기하다
④ 비밀로 하다; 숨기다, 감추다

| 정답해설 | 아버지가 암으로 수술을 받아야 한다는 사실에 대해 어머니가 충격을 받지 않게 하기 위해서 그들은 그 사실을 '비밀로 해야' 할 것이다. 따라서 빈칸에 들어갈 말로 가장 적절한 것은 ④ 'conceal(비밀로 하다; 숨기다, 감추다)'이다.

| 어휘 |
for the time being 당분간

中

05 [빈칸형] 어휘 > 빈칸 완성 　　　답 ②

핵심포인트 'mull over'의 의미를 알고 있는지 묻는 문제이다.

| 해석 | 그는 사업을 시작할 것인지 회사에서 일할 것인지를 결정하기 전에 모든 것을 ② 숙고할 필요가 있다.
① 촉발하다, 유발하다; 발사하다; 정확히 묘사하다
② 숙고하다, 궁리하다
③ 참다, 견디다
④ 경시하다, 가볍게 여기다

| 정답해설 | 그가 사업을 시작할지 회사를 다닐지 결정하기 전에는 모든 것들을 '숙고'할 필요가 있을 것이다. 따라서 빈칸에 들어갈 말로 가장 적절한 것은 ② 'mull over(숙고하다, 궁리하다)'이다.

06 문장형 | 문법 > Main Structure > 태 | 답 ③

핵심포인트 수동태 불가 동사를 묻는 문제이다. 'suffer from', 'result in', 'occur' 등 수동태 불가 동사와 그 의미를 함께 알고 있어야 한다.

| 해석 | ① 그는 지배자들이 그들의 백성들에게 자비를 베풀도록 도왔다.
② Tom은 그렇게 어려운 일을 할 사람이 결코 아니다.
③ William은 2주째 당뇨병으로 고통받고 있다.
④ 위원회는 10명의 위원들로 구성되지만 서로를 알지 못한다.

| 정답해설 | ③ 'suffer'가 '(질병·고통·슬픔·결핍 등에) 시달리다, 고통받다'를 뜻하는 경우 완전자동사이므로 전치사 'from' 또는 'for'와 함께 사용할 수 있다. 해당 문장에서는 문맥상 '(질병에) 고통받다'를 뜻하므로 'suffer'가 완전자동사임을 알 수 있고, 'for two weeks'는 시간의 부사구로 현재완료와 함께 사용할 수 있으므로 동사에 현재완료시제를 사용하는 것은 옳다.

| 오답해설 | ① 'help'가 준사역동사인 경우 「help + 목적어 + 목적격 보어[to부정사/원형부정사]」의 형태를 사용한다. 해당 문장은 준사역동사 'help'의 과거시제 'helped'를 사용하였으므로 목적격 보어에 해당하는 to부정사구 또는 원형부정사를 사용해야 하므로, 'having mercy on their people'은 'to have mercy on their people' 또는 'have mercy on their people'로 수정해야 한다. 이때 「have mercy on + 목적어」는 관용표현으로 '~에 자비를 베풀다'를 뜻한다.
② 해당 문장에서 동사원형 'do'의 목적어인 'a such difficult task'의 경우 한정사 'such'와 「부정관사 + 형용사 + 단수 가산명사」 형태의 명사구가 결합하여 「such + 부정관사 + 형용사 + 단수 가산명사」의 형태가 되어야 하므로, 'such a difficult task'가 옳은 표현이다. 해당 문장의 「the last + 명사 + to부정사(형용사적 용법)」은 관용 표현으로 '결코 ~할 사람[것]이 아닌'을 뜻하므로 옳은 문장이다.
③ 'consist'는 수동태로 사용할 수 없는 완전자동사로, '구성되다'의 의미이므로 전치사 'of'를 더해서 'is consisted of'를 'consists of'로 수정해야 한다. 더해서 해당 문장의 주어인 'committee'는 집합명사와 군집명사에 모두 해당하는 명사로, '위원회'를 뜻하는 경우 집합명사로 보고 단수로 취급하며 '위원회 구성원들'을 뜻하는 경우 군집명사로 보고 복수로 취급한다. 주어진 문장에서는 'committee'를 '위원회'를 뜻하는 집합명사로 보고 있으므로 'consists of ten members'가 옳은 표현이다.

07 지문제시형 | 독해 > Micro Reading > 내용일치/불일치 | 답 ④

핵심포인트 향신료의 건강상 이점에 대해 서술하고 있는 글이다. 내용일치 문항은 먼저 각 선지의 핵심 포인트를 찾고 지문 내에서 정답의 근거를 정확하게 찾는 것이 관건이다.

| 해석 | 음식 세계에서 향신료보다 더 강한 의견을 불러일으키는 것은 거의 없다. 향신료를 좋아하는 사람들에게는 다행히도, 과학은 당신을 지지한다. 계피, 심황, 마늘, 생강, 쿠민, 그리고 고추와 같은 향신료들은 많은 건강상의 이점들을 가지고 있다. 첫째로, 매운 음식은 장수에 이롭다. Harvard and China National Center for Disease Control and Prevention(하버드와 중국 국립 질병 통제 및 예방센터)에 의한 한 연구에 따르면, 일주일에 6일 혹은 7일 매운 음식을 먹는 것은 사망률을 14퍼센트까지 낮춰 주었다. 두 번째로, 매운 음식은 당신의 신진대사를 빠르게 한다. 수많은 연구들에 걸친 자료는 특정 향신료들이 당신의 안정시대사율을 높이고 식욕을 저하시킨다는 것을 나타낸다. 세 번째로, 향신료는 염증과 싸운다. 심황 속의 화합물인 커큐민은 몸속의 염증을 줄여 줄 수 있다. 아유르베다 의술에서, 자가면역질환, 그리고 심지어 두통과 메스꺼움과 같은 다양한 상태를 치료하기 위해 생강과 마늘의 소염제의 특성이 수세기 동안 사용되어 왔다. 마지막으로, 향신료는 암세포와 싸우는 데 도움을 줄 수도 있다. 고추의 유효 성분인 캡사이신은 암세포를 느리게 하고 파괴하는 것이 증명되어 왔다.
① 고추는 항암 성질이 있는 성분을 가지고 있다.
② 생강과 마늘은 항염 성질이 있는 향신료들이다.
③ 특정 향신료들은 당신 몸의 화학적 과정을 용이하게 해줄 수 있다.
④ 당신이 매운 음식을 더 자주 먹을수록, 당신은 더 오래 살 수 있다.

| 정답해설 | 향신료가 들어간 매운 음식이 가진 건강상의 이점에 대한 내용이다. 본문 초반부에 매운 음식이 장수에 도움이 된다는 설명이 있고, 한 연구에서 일주일에 6일 혹은 7일 매운 음식을 먹는 것이 사망률을 14퍼센트 낮추었다고 서술하고 있다. 하지만 매운 음식을 먹는 빈도를 더 늘리면 더 오래 살 수 있다는 내용은 본문에 제시되어 있지 않으므로, ④ 'The more frequently you eat spicy foods, the longer you can live.(당신이 매운 음식을 더 자주 먹을수록, 당신은 더 오래 살 수 있다.)'는 본문의 내용과 일치하지 않는다.

| 오답해설 | ① 본문의 후반부에 고추의 유효 성분인 캡사이신이 암세포를 느리게 하고 파괴한다는 설명이 있으므로, ① 'Chili peppers have an ingredient with anticancer properties.(고추는 항암 성질이 있는 성분을 가지고 있다.)'는 본문의 내용과 일치한다.
② 본문의 중후반부에서 아유르베다 의술에서 생강과 마늘의 소염제 특성이 치료에 사용되어 왔다고 서술하고 있으므로, ② 'Ginger and garlic are spices with anti-inflammatory properties.(생강과 마늘은 항염 성질이 있는 향신료들이다.)'는 본문의 내용과 일치한다.
③ 본문의 중반부에서 특정 향신료들이 신진대사를 빠르게 한다고 서술하고 있으므로, ③ 'Certain spices can facilitate the chemical processes in your body.(특정 향신료들은 당신 몸의 화학적 과정을 용이하게 해 줄 수 있다.)'는 본문의 내용과 일치한다.

| 어휘 |
evoke (기억·감정 등을) 불러일으키다, 환기시키다
cinnamon 계피 turmeric 심황
cumin 쿠민(미나릿과의 식물) longevity 장수
mortality 사망 metabolism 신진대사, 물질대사
indicate 나타내다

resting metabolic rate 안정시대사율(육체적 또는 정신적으로 편안하고 고요한 상태에서의 대사량)

appetite 식욕	combat 싸우다
inflammation 염증	curcumin 커큐민

compound 화합물

Ayurvedic medicine 아유르베다 의술(식이 요법, 약재 사용, 호흡 요법을 조합한 힌두 전통 의술)

anti-inflammatory 소염[항염증]의

property 특성[속성]; 재산	a range of 다양한
condition (건강) 상태	autoimmune disorder 자가면역질환
nausea 메스꺼움	capsaicin 캡사이신(고추의 성분)

active component 유효 성분

中

08 ［밑줄형］ 문법 > Main Structure > 태 답 ①

핵심포인트 자동사 'emerge'가 수동태 불가 동사임을 파악하는 것이 관건이다.

| 해석 | 산업 사회가 정보에 기반한 사회로 진화하면서, 하나의 상품으로서의 만들어진 정보의 개념이 등장했다. 결과적으로, 최고급 정보를 소유한 일부의 사람들이 경제적으로 그리고 정치적으로 번창할 가능성이 높다. 정보의 경제학에 대한 연구는 정보 비용과 관련된 다양한 것들을 포함하여 많은 범주를 다룬다.

| 정답해설 | ① 밑줄 친 'has been emerged'는 완료 수동태 형태인데, 'emerge'는 자동사이므로 수동태가 불가하다. 따라서 'has been emerged'를 'has emerged'로 수정하는 것이 옳다.

| 오답해설 | ② 밑줄 친 주격 관계대명사 'that'의 선행사는 복수 형태의 명사구 'some people'이므로 동사로 복수 형태인 'own'을 옳게 사용하였다.

③ 밑줄 친 'are likely to'는 관용표현 「be likely to + 동사원형(~할 가능성이 있다)」의 현재시제로 주어가 복수 형태의 명사구 'some people'이며 뒤에 동사원형 'thrive'가 오므로 'are likely to'는 옳은 표현이다.

④ 밑줄 친 'including'은 'include'의 현재분사로 수식하는 대상 'categories'와 능동 관계이며 뒤에 목적어 'the various things'가 있으므로 'including'은 옳은 표현이다. 또한 including을 전치사로 보고 'the various things'를 전치사의 명사 목적어로도 볼 수 있다.

| 어휘 |

emerge 등장하다, 나타나다	top-notch 일류의, 최고급의
thrive 번창하다	cover 다루다

中

09 ［지문제시형］ 독해 > Macro Reading > 제목 답 ①

핵심포인트 세계화 속 정치 체제에 대해 서술하고 있다. 제목을 묻는 문항인 만큼 미시적으로 본문에 접근하기보다는 거시적으로 접근해야 한다.

| 해석 | 최근, 경제 개방 및 기술적 변화의 영향은 확립된 정치 체제에 대한 불만을 가중시켜 왔고 세계화로 인해 발생한 정치 경제적 분노를 이용하는 새로운 형태의 정치적 포퓰리즘으로 이어졌다. 유럽연합을 탈퇴한다는 영국 유권자의 2016년 6월 결정, 2016년 11월 Donald Trump의 미대선 당선, 그리고 유럽 많은 지역 도처에서의 포퓰리즘 운동의 증가에서 이러한 정치의 변화가 명백히 드러났다. 많은 유권자들에게, 경제는 파탄난 것처럼 보인다. 전통 정치는 쇠퇴하고 있다. 좌파와 중도 좌파 정당들은 2008년 위기의 여파 속에서 세계화의 이 새로운 국면에 대한 설득력 있는 대응책을 세우기 위해 노력해 오고 있다.

① 세계 정치의 변화
② 세계화의 장단점
③ 포퓰리즘의 특징
④ 포퓰리즘의 정치 경제적 문제점

| 정답해설 | 본문의 첫 번째 문장에서 경제 개방 및 기술적 변화, 그리고 세계화로 인해 야기된 여러 영향으로 인해 새로운 형태의 정치적 포퓰리즘이 발생하였다고 진술하며, 이어지는 문장 'This shift in politics(이러한 정치의 변화)'를 통해 이러한 변화가 두드러지게 나타나는 여러 국가에서의 현상을 구체적으로 제시하고 있다. 그리고 본문 후반부에서 전통 정치의 쇠퇴와 좌파 정당들의 새로운 노력에 대해 언급하고 있으므로, 전체 글의 제목으로 가장 적절한 것은 ① 'Changes in Global Politics(세계 정치의 변화)'이다.

| 오답해설 | ② 첫 문장에서 세계화로 인해 정치 경제적 분노가 발생했다는 점을 암시하고 있으며, 이로 인해 정치적인 변화가 발생하고 있다는 취지로 글을 이어가고 있다. 본문에서는 세계화의 장점에 대해서는 언급하지 않으므로 오답이다.

③ 새로운 형태의 정치적 포퓰리즘이 발생하고 있다고 언급하고 있으나, 이러한 정치 유형의 구체적인 특징은 본문에 나와 있지 않으므로 오답이다.

④ 경제 개방 및 기술적 변화의 영향으로 인한 불만 때문에 정치적 포퓰리즘이 발생한 것이며, 포퓰리즘의 문제점을 다루고 있지 않으므로 오답이다.

| 어휘 |

fuel 가중시키다, 부채질하다, 촉진하다
established 확립된, 기정의, 정착된
populism 포퓰리즘(대중의 견해와 바람을 대변하고자 하는 정치사상 및 활동)

exploit 이용하다, 활용하다	resentment 분노, 분개
globalization 세계화	shift 변화, 이동
evident 명백한, 분명한, 확실한	movement (정치적·사회적) 운동

left and right 여기저기에서, 모든 곳에서

conventional 전통적인	left 좌파

center-left 중도 좌파

forge (계획·구상 등을) 세우다, 구축하다

convincing 설득력 있는; 확실한	response 대응, 응답

phase 국면, 단계

aftermath (전쟁·사고 등의) 여파, 후유증

10 논리형 독해 > Logical Reading > 삭제 답 ②

핵심포인트 미래의 예술 형태에 대해 서술하고 있다. 각 문장의 지시형용사가 지칭하는 것을 파악하는 것이 관건이다.

| 해석 | 발명가, 미래학자이자 다작하는 작가인 Ray Kurzweil에 따르면, 우리는 곧 우리가 그것들(이야기와 서술)의 등장인물의 관점에서 이야기와 서술을 경험할 수 있는 기술들을 가지게 될 것이다. 분명히, 이러한 기술들은 그들의 관객들에게 몰입형과 참여형의 경험을 제공하고자 하는 의도로 현재 그들의 작품에서 진보된 기술과 쌍방향 인터페이스의 사용을 탐색해 보고 있는 예술가들에게 풍부한 새로운 기회를 열어 준다. ② 역동적인 기술 발전의 한복판에서, 우리는 미래가 장치들에 의해서가 아니라 인간에 의해서 지배된다는 사실을 명심해야 한다. 이 경험을 위해, 관객들은 규정하기 힘들거나, 세심하게 공들여 만들어지거나 초현실주의적이지만, 매우 시사적이고 상호 작용적인 예술 영역으로 이동될 수 있다. 이 경험은 3D 홀로그램, VR, BCI 등을 이용하여 증강될 수도 있다. 이 증강 현실에서, 이 관객이자 동시에 참여자는 무엇이 현실이고 무엇이 현실이 아닌지 구별하는 것이 심지어 어려울 수도 있다.

| 정답해설 | 본문은 미래에 나타나게 될 새로운 형태의 예술에 대한 예측 중에서 기술을 이용하여 관객에게 몰입형, 참여형 경험을 제공하는 예술 형태에 대해 서술하고 있다. 본문의 첫 문장은 이야기를 등장인물의 입장에서 경험할 수 있는 기술이 곧 등장하게 될 것이라 언급하고, 이어서 ① 문장은 'these technologies(이러한 기술들)'라는 표현으로 앞 문장의 기술들을 지칭하고 있으며, 이 기술들이 관객들에게 몰입형과 참여형의 경험을 제공하려는 예술가들에게 새로운 기회를 열어 준다고 서술하고 있다. 이어지는 ② 문장은 '장치들이 아닌 인간이 미래를 지배한다'고 서술하고 있는데, 이는 본문의 전체 맥락과 어긋나는 내용이다. 또한 ③ 문장은 'For this experience(이 경험을 위해)'로 시작되는데 여기서 'this experience(이 경험)'는 ② 문장에 언급되어 있지 않다. ③ 문장의 'this experience(이 경험)'가 ①의 'an immersive and participatory experience(몰입형과 참여형의 경험)'를 지칭하는 것으로 보아야 하므로 ② 문장을 삭제하면 ①과 ③이 'this experience(이 경험)'로 자연스럽게 연결된다. 따라서 정답은 ②이다.

| 오답해설 | ④ 주어 'The experience(그 경험)'는 ①과 ③에서 각각 언급된 'an immersive and participatory experience(몰입형과 참여형의 경험)'와 'this experience(이 경험)'를 가리키는 것이므로 ①, ③, ④ 문장은 서로 연결됨을 알 수 있다.

| 어휘 |
futurologist 미래학자
prolific 다작하는; 다산하는; 먹이가 풍부한
narrative 묘사, 기술, 이야기   point of view 관점
a wealth of 풍부한   currently 현재
explore 탐색하다, 조사하다; 탐험하다
advanced 진보한; 앞선; 선진의   interactive 쌍방향의, 상호적인
interface 인터페이스, 접속기; 접점; 접촉면

intention 의도
immersive 몰입형의; 에워싸는 듯한
participatory 참여의, 참가의   amid ~의 (한)복판에; 가운데[중]에
bear in mind 명심하다
govern 지배[좌우]하다; 결정하다; 통치하다
apparatus 기구; 장치, 설비; 기구, 조직
transport 데려다주다; 이동시키다; 수송하다
elusive 규정하기 힘든
craft 공들여 만들다, 공예품을 만들다; 공예; 기술; 배
hyperrealistic 초현실주의의   highly 매우
suggestive 시사하는, 암시적인; 도발적인; 연상시키는
realm 영역   augment 증강시키다, 증대시키다
hologram 홀로그램(holography로 만든 입체 화상)
VR(Virtual Reality) (컴퓨터를 이용해서 만들어진) 가상 현실
BCI(Brain Computer Interface) 두뇌와 컴퓨터 간의 인터페이스
spectator 관중, 구경꾼   participant 참가자
differentiate 구분하다

11 빈칸형 생활영어 > 회화/관용표현 답 ④

핵심포인트 'give (somebody) a ride' 표현을 알고 있는지 묻는 문제이다.

| 해석 | A: 안녕. 무슨 일이니?
B: 안녕. 너 호주에서 온 내 친구 Sydney가 시내에 와 있는 거 알지, 맞지?
A: 응. 네가 오늘 Sydney에게 시내 구경을 시켜 준다고 말했잖아.
B: 맞아. 오늘 동대문 시장에 데려갈 계획이었는데, 밖에 비가 오고 있어.
A: 그래. 비가 오는데 그곳에 가는 것은 좋은 생각이 아니지.
B: 그래서 대신에 그를 국립박물관에 데려가려고 생각하고 있었어.
A: 좋은 생각이야. 그곳은 꼭 봐야 할 명소라고 하던데.
B: 하지만 너도 알다시피 차로 거기에 가는 게 훨씬 더 빠르잖아. 그래서 ④ 내가 너한테 우리를 차로 거기에 데려다 달라고 부탁해도 되는지를 알고 싶었어.
B: 아, 그러고 싶어. 몇 시에 만날까?

① 네가 외상을 터 줄 수 있는지
② 네가 누군가에게 전화를 해 줄 수 있는지
③ 네가 우리를 냉대할 수 있는지
④ 내가 너한테 우리를 차로 거기에 데려다 달라고 부탁해도 되는지

| 정답해설 | 대화를 통해 B는 A에게 호주에서 온 친구에게 시내 구경을 시켜 주기 위해서 '차로 데려다 줄 것'을 부탁하고 있으므로 ④ 'if I could ask you to give us a ride there(내가 너한테 우리를 차로 거기에 데려다 달라고 부탁해도 되는지)' 묻는 것이 가장 적절하다.

| 어휘 |
must-see attraction 반드시 보아야 하는 장소

12 　빈칸형　생활영어 > 회화/관용표현　　　답 ④

핵심포인트　'over-the-counter'를 알고 있는지 묻는 문제이다.

| 해석 | A: 안녕하세요, 무슨 일이세요?
B: 복통이 너무 심해서요. 거의 십분마다 화장실로 뛰어가고 있어요.
A: 알겠습니다. 다른 증상도 있나요?
B: 열도 약간 있어요.
A: 오늘 아침이나 어제 저녁에 뭔가 특이한 것이라도 드셨나요?
B: 아침은 안 먹었는데 어제 저녁에는 남은 피자를 좀 먹었어요.
A: 만일 이것이 단순한 복통이라면, 저는 ④ <u>처방전 없이 살 수 있는 약</u>을 당신에게 줄 수 있어요. 그런데 이것이 만일 식중독이라면, 진찰을 받아야 해요.
① 아킬레스건[치명적인 약점]
② 사상누각
③ 시작과 끝
④ 처방전 없이 살 수 있는 약

| 정답해설 | A와 B의 대화를 통해 B가 복통이 심한 상황이며 A에게 도움을 청하는 상황임을 알 수 있다. A가 증상을 이야기하는 B에게 식중독에 걸렸다면 진찰을 받아야 한다고 말하는 것으로 보아 A는 약사임을 유추할 수 있으며, 약사인 A가 단순한 복통일 경우 B에게 줄 수 있는 것은 '처방전 없이 살 수 있는 약'일 것이다. 따라서 빈칸에 가장 적절한 것은 ④ 'over-the-counter medicine(처방전 없이 살 수 있는 약)'이다.

13 　문장형　문법 > Modifiers > 비교　　　답 ④

핵심포인트　비교 대상 일치를 묻는 문제이다. 비교급 표현을 파악한 후에 비교하는 대상을 일치시키는 것이 관건이다.

| 정답해설 | ④ 'more'를 통해 비교급이 쓰인 문장임을 알 수 있으며 이때 'than' 뒤에 온 'for theory'를 비교 대상 'by opinion'에 맞춰 'by theory'로 수정해야 한다.

| 오답해설 | ① 신체 부위 앞에는 소유격을 쓰는 것이 원칙이나, 목적어를 통해 대상물이 확인된 경우에는 「the+신체 부위」를 사용한다. 또한 touch는 가격동사로 「strike, pat, tap, punch, touch, kiss, hit, beat 등의 동사+사람(목적격)+on+the+신체 부위」의 형태로 쓰인다.
② 'rob'은 완전타동사로 「rob+목적어[대상]+of+목적어[사물]」의 형태로 사용할 수 있으며 수동태의 경우 「be robbed of+목적어[사물]」의 형태를 사용한다.
③ 'recommend'는 완전타동사로 절을 목적어로 가질 수도 있지만 해당 문장처럼 명사구인 동명사를 목적어로 가질 수도 있다. 따라서 'recommend'의 목적어로 온 'buying'은 옳은 표현이다.

14 　문장형　문법 > Modifiers > 분사　　　답 ②

핵심포인트　감정형 분사의 쓰임을 묻는 문제이다. 분사가 서술하는 대상이 감정을 제공하는 경우 '현재분사'를, 감정을 제공받는 경우에는 '과거분사'를 사용한다.

| 정답해설 | ② 불완전자동사 'were'의 주격 보어로 쓰인 'pleasing'은 감정 제공 형용사(현재분사)이므로 'pleasing'이 서술하는 대상은 감정을 제공하는 주체여야 하나, 'William and Jane'은 감정을 제공받는 대상에 해당하므로 'pleasing'을 감정 상태 형용사(과거분사)인 'pleased'로 수정해야 한다. 또한 'yesterday'는 시간의 부사로 과거시제 동사와 함께 쓰이며 해당 문장에서 'to see me'는 to부정사(구)로 감정의 원인을 나타내는 부사적 용법으로 사용되었다.

| 오답해설 | ① 주어가 「most+of+목적어」인 경우 동사의 수 일치 기준은 목적어이며 해당 문장에서 단수 형태의 명사구 'the land'가 'most of'의 목적어에 해당하므로 동사에 단수 형태인 'is'를 사용하는 것이 옳다. 또한 'its cold climate'는 명사구이므로 전치사구 'because of'를 사용하는 것이 옳다.
③ 'as swift as'는 원급 비교 「as+원급[형용사/부사]+as」에 해당하고 'that of a cheetah'에서 'that'은 단수 형태의 명사 'motion'을 가리키며, 'so that'은 부사절을 이끄는 접속사로 결과를 나타내므로 옳은 문장이다.
④ 'where' 뒤에 오는 절 'the population density is very high'가 완전한 형태이며 선행사가 'the state'이므로 관계부사 'where'의 쓰임은 올바르며, 이때 선행사인 단수 형태의 명사구 'the state'는 주절의 주어에 해당하므로 주절의 동사에 단수 형태인 'requires'를 사용하는 것이 옳다. 또한 'require'는 목적어로 「that+절」이 오는 경우 「require+(that)+주어+(should)+동사원형」의 형태를 가지므로 해당 문장에서 'require'의 목적어로 온 「that+절」의 'be'는 앞에 'should'가 생략된 옳은 표현이다.

15 　빈칸형　독해 > Logical Reading > 연결사　　　답 ③

핵심포인트　연결사를 묻는 문제로 본문 전체의 논리적 흐름을 파악하는 것이 중요하다.

| 해석 | 다문화 가정을 구성하는 결혼 이주자, 귀화한 한국 시민, 그리고 그 외 사람들의 수가 2006년에 약 140,000명이던 것에 비하여 2013년에는 약 280,000명이라고 추정된다. 지배적인 다문화 가정은 중국인, 베트남인, 필리핀인, 그리고 일본인들을 포함한다. (A) 게다가, 러시아, 파키스탄, 네팔, 방글라데시, 영국, 프랑스, 미국, 그리고 캐나다 출신의 다문화 가정들이 있다. 흥미로운 특징은 성비가 국적에 따라 다르다는 점이다. 일본과 동남아시아 출신에서는 여성 외국인 배우자가 더 많은 반면, 남아시아, 유럽, 그리고 북미 출신에서는 남성 배우자가 더 많다. 2006년과 2013년의 결혼 이주자와 결혼이나 다른 이유를 통하여 귀화한 시민들에 대한 자료는

다문화 가정 내의 외국인들의 절대 수가 증가한 것에 반해, 총 외국인 중에서 다문화 가정 내의 외국인들의 비율이 최근에 감소했다는 것을 보여 준다. 이것은 이주 목적의 다양화 때문이다. 2000년대 중반까지는 결혼, 그리고 노동이 한국으로 이주하는 이유 중 가장 컸다. (B) 하지만, 최근의 이주는 지식 산업, 직업적인 전문적 기술, 그리고 이주 그 자체와 같은 다양한 분야를 포함하고, 그 결과 다문화 가정 내 외국인들의 비율이 상대적으로 더 낮아진 결과를 낳았다.

(A)	(B)
① 그러므로	그러나
② 또한	마찬가지로
③ 게다가	하지만
④ 그러므로	예를 들어

| **정답해설** | 본문은 한국의 다문화 가정 구성의 특징과 최근의 추세에 대한 글이다. 빈칸 (A) 이전 문장은 지배적인 다문화 가정의 국적을 나열하고 있고, 이어서 빈칸 (A) 이후 문장은 다문화 가정의 다른 국적들을 나열하고 있다. 빈칸 (A) 앞뒤의 문장이 '첨가' 관계로 연결되어 있으므로 (A)에는 'In addition(게다가)', 혹은 'Also(또한)'가 적절하다. 빈칸 (B) 이전 문장은 과거 한국으로 이주하는 이유에서 주된 이유가 결혼과 노동이었다고 서술하고 있고, 이어서 빈칸 (B) 이후 문장은 최근 이주 목적이 다양해졌음을 서술하고 있다. 빈칸 (B) 앞뒤의 문장이 역접 관계로 연결되어 있으므로 (B)에는 'But(그러나)' 또는 'However(하지만)'가 들어가는 것이 적절하다. 따라서 정답은 ③이다.

| **오답해설** | ①④ 빈칸 (A) 앞뒤의 문장은 지배적인 다문화 가정의 국적에 또 다른 국적이 있음을 추가하는 관계이므로 '인과' 관계를 나타내는 접속부사 'Therefore(그러므로)', 'Thus(그러므로)'는 적절하지 않다.

②④ 빈칸 (B) 앞뒤의 문장은 과거의 이주 목적이 한두 가지였던 것에 반해 최근에는 그 목적이 다양해졌음을 서술하는 '역접' 관계이므로 '유사' 관계를 나타내는 접속부사 'Similarly(마찬가지로)'나 '예시'를 나타내는 접속부사 'For example(예를 들어)'은 적절하지 않다.

| **어휘** |

marriage 결혼	migrant 이주자
naturalize 귀화시키다	multicultural 다문화의
estimate 추정하다	in comparison with ~에 비해서
dominant 지배적인, 우세한	nationality 국적; 민족
spouse 배우자	via ~을 통하여; ~을 거쳐
ratio 비율, 비	absolute 순, 완전; 완전한
diversification 다양화, 다양성; 변화, 변형	
purpose 목적	labor 노동
dominate 가장 크다[높다, 두드러지다]; 지배하다	
rationale 이유, 근거	expertise 전문적 기술[지식]
relatively 상대적으로; 비교적	

---

16 빈칸형 독해 > Reading for Writing > 빈칸 구 완성 답 ③

핵심포인트 불면증에 영향을 미치는 요인에 대해 서술하고 있다. 본문의 전개 방식을 파악하고 각 연구가 공통적으로 주장하는 요인이 무엇인지 파악하는 것이 관건이다.

| **해석** | 최근의 연구는 특정 스트레스 요인이 불면증에 미치는 영향에 대해 좀 더 면밀히 관찰하기 시작했다. 이들 연구 중 일부는 어린이, 청소년, 젊은이 들에게서 나타나는 ③ 가정에서의 갈등과 불면증 사이의 관계를 설명했는데, 이는 이른 나이의 만성적인 스트레스는 평생에 걸친 수면 문제의 원인이 될 수 있다는 생각과 일치한다. 프랑스 청소년들을 대상으로 한 연구에서, 불면증 증상을 가진 청소년들은 이혼율이 더 높은 가정 출신이었고, 가족과의 관계가 소원했으며, 더 높은 비율로 부모의 의학적, 심리적 질병 또는 사망을 겪은 것으로 알려졌다. 대학생들을 대상으로 한 전향 연구는 가정적, 학문적, 그리고 사회적 사건이 불면증에 미치는 영향을 조사했다. 학문적 또는 사회적 스트레스 요인을 제외한 우울감과 가정의 부정적인 사건을 제어하는 것이 상당한 불면증 예측치를 보여 주었다.

① 자기 혐오
② 사회 문제
③ 가정에서의 갈등
④ 학교에서의 문제

| **정답해설** | 본문은 '불면증(insomnia)'과 관련이 있는 요인에 대해 설명하는 글이다. 빈칸에는 해당 요인이 무엇인지 나타내는 표현이 들어가는 것이 적절하다. 본문 중반부의 'In a study of French adolescents, ~ and psychological illness or death in parents.'에 등장하는 '이혼율, 소원한 가족 관계, 부모의 사망 또는 질병' 등은 모두 '가정 문제'에 해당한다는 것을 알 수 있다. 또한 마지막 문장 'A prospective study of undergraduate college students ~ showed significant predictive value for insomnia.'에서도 '학문적, 사회적 문제보다 가정 문제가 불면증에 더 많은 영향을 미친다'라고 언급하고 있으므로, 빈칸에 가장 적절한 표현은 ③ 'conflict at home(가정에서의 갈등)'이다.

| **오답해설** | ②④ 본문 후반부에서 '사회적 문제, 학문적 문제'가 언급되기는 하였으나, 글의 주제는 '가정 문제'와 '불면증'의 상관관계이므로, 빈칸에 적절하지 않다.

| **어휘** |

stressor 스트레스 요인	demonstrate 설명하다, 입증하다
adolescent (사춘기의) 청소년	consistent with ~와 일치하는
chronic 만성적인	
contribute to ~에 기여하다, ~의 원인이 되다	
prospective study 전향 연구, 계획 연구	
undergraduate 대학 재학생의	
assess ~의 가치[중요성, 성질 등]를 검토 평가하다	
significant 상당한, 주요한	predictive value 예측치
self-loathing 자기혐오	conflict 갈등, 충돌

17 지문제시형 독해 > Macro Reading > 제목 　　답 ②

핵심포인트 좋은 경청자가 되는 방법에 대해 서술하고 있다. 제목을 묻는 문제인 만큼 미시적 정보보다는 거시적 정보에 집중해야 한다.

| 해석 | 우리 모두는 그것이 짧은 회의든, 매우 긴 회의든 간에, 경청하기 위해 최선을 다한다. 하지만 우리들 중 일부는 옆의 대화에 주의를 빼앗기거나, 문자 메시지에 대답하고 싶어 한다. 당신은 어떤 사람의 말을 들으면서 다른 어떤 것을 함으로써 멀티태스크를 하는 것이 가능하다고 생각할지도 모른다. 하지만 당신은 누군가의 말을 경청하면서 동시에 다른 어떤 것을 하는 것을 정말로 할 수는 없다. 다른 업무에 의해 주의를 빼앗기는 것은 좋은 경청자의 특징 중 하나가 아니다. 당신은 당신 주변에 있을 수 있는 정신을 산란하게 만드는 것들을 막는 것이 경청하기를 위해 중요하다는 것을 알고 있다. 좋은 경청자가 되기 위해서는 외부에서 오는 또는 내면의 정신을 산란하게 만드는 것을 가지지 않도록 확실히 하라. 핸드폰은 치우고, 옆의 대화나 소음에 귀를 기울이지 않고, 노트북을 닫아라. 기억하라, 누군가의 말을 경청하는 것은 당신의 멀티태스킹 기술을 과시할 시간이 아니다. 말하는 사람에게 완전히 주의를 기울이는 것이 좋은 경청자의 가장 중요한 특징 중 하나이다.
① 잘 경청하는 것이 중요하다!
② 좋은 경청자는 열심히 귀를 기울인다!
③ 좋은 경청자는 멀티태스크를 할 수 있다!
④ 직장에서는 핸드폰을 치워 두어라!

| 정답해설 | 본문은 좋은 경청자가 되는 방법으로 멀티태스킹을 하지 않고 온전히 말하는 사람에게 집중할 것을 조언하고 있다. 본문의 초반부에서는 옆의 대화에 주의를 기울이거나 문자 메시지를 보내면서 상대방의 말도 잘 들을 수 있다는 멀티태스크가 가능하다고 생각하지만 실제로는 그렇지 않다는 것을 설명하고 있다. 본문의 중반부에서는 좋은 경청자가 되기 위해 경청에 방해가 될 수 있는 요소들을 모두 없애라고 조언하고 있다. 마지막으로, 본문의 후반부에서는 다시 한 번 본문의 내용을 정리하면서 좋은 경청자의 가장 중요한 특징 중 하나가 말하는 사람에게 온전히 집중하는 것임을 강조하고 있다. 즉, 본문은 좋은 경청자가 되기 위한 방법으로 경청에 방해가 되는 것들을 모두 치워 멀티태스크를 하지 않도록 하고 온전히 말하는 사람에게 집중하라고 조언하고 있다. 따라서 전체 내용을 가장 잘 함축한 것은 ② 'Good Listeners Are All Ears!(좋은 경청자는 열심히 귀를 기울인다!)'이다.

| 오답해설 | ① 본문의 내용은 경청을 잘하는 방법에 초점을 두고 있으므로, ① 'Good Listening Is Crucial!(잘 경청하는 것이 중요하다!)'는 제목으로 적절하지 않다.
③ 본문에서는 경청을 잘하기 위해 멀티태스크를 하지 말라고 조언하고 있다. 따라서 'Good Listeners Can Multitask!(좋은 경청자는 멀티태스크를 할 수 있다!)'라고 서술한 ③은 제목으로 적절하지 않다.
④ 본문에 핸드폰을 치워 두라는 언급이 있기는 하나, 이는 경청을 잘하기 위해 방해 요소를 제거하라는 의미이다. 또한 본문은 직장 생활에 초점을 둔 것이 아니므로, 'Put Your Phone Away at Work!(직장에서는 핸드폰을 치워 두어라!)'라고 서술한 ④는 제목으로 적절하지 않다.

| 어휘 |
lengthy 매우 긴; 장황한
distract 주의를 빼앗다; 산만하게 하다; 관심이 멀어지다
be tempted to V ～하고 싶다　　characteristic 특징, 특성
prevent 막다; 방해하다; 예방하다　crucial 중요한, 결정적인
external 외부에서 오는, 외인적인; 외부의; 외면적인
internal 내면의; 내부의; 국내의
distraction 정신을 산란하게 만드는 것; 주의 산만
tune out ～에 귀를 기울이지 않다; 채널을 다른 데로 돌리다
show off 과시하다　　　　　trait 특성, 특징

18 논리형 독해 > Logical Reading > 삽입 　　답 ③

핵심포인트 기록 보관소에 대해 서술하고 있다. 삽입 문제인 만큼 주어진 문장의 지시형용사, 지시대명사 등이 가리키는 것이 무엇인지 본문에서 파악하는 것이 관건이다.

| 해석 | 기록 보관소는 사람들이 서신, 보고서, 기록, 메모, 사진, 그리고 다른 1차 자료로부터 직접적인 사실, 자료, 그리고 증거를 수집하기 위해 갈 수 있는 곳이다. 대중에게 개방된 National Archives(국립보존기록관)는 미국 역사상 주요 사건을 기록하는 문서들의 미 정부 소재 집합소이다. 당신이 그것을 자각하고 있든지 아니든지 간에, 당신 또한 아마도 집에 기록 보관소, 즉 가족 역사의 중요 사건을 기록하는 자료 모음이 있을 것이다. 그것들은 당신 서재의 파일 캐비닛, 지하실의 상자, 또는 다락방의 궤짝에 들어 있을지도 모른다. ③ 사적과 공적, 이러한 두 가지 유형의 기록 보관소가 함께 당신 가족에 대한 이야기를 말해 줄 수 있는 방법들이 있다. 예를 들어, 당신의 가족 기록 보관소는 당신의 고조부의 농가에 대한 최종 증명서를 포함할 수도 있다. National Archives는 농가에 대한 (매입) 신청서 원본을 보유하고 있을 것이다. 또한, 당신의 가족 기록 보관소는 당신의 조모가 미국 시민이 된 날의 사진을 포함하고 있을지도 모른다. National Archives는 미국 시민이 되길 희망하는 사람들의 정부 귀화 신청서를 가지고 있다.

| 정답해설 | 주어진 문장의 'these two types of archives(이러한 두 가지 유형의 기록 보관소)'로 보아, 주어진 문장 이전에는 두 가지 유형의 기록 보관소에 대한 설명이 나와야 함을 알 수 있다. 또한 주어진 문장의 'tell your family's story together(함께 당신 가족에 대한 이야기를 말하다)'로 보아, 주어진 문장 이후에는 가족의 역사에 관한 공적, 사적인 기록의 예가 나와야 자연스럽다는 것을 유추할 수 있다. ③ 이전에는 'The National Archives(국립보존기록관)'와 'archives in your home(집의 기록 보관소)'이라는 두 가지 유형의 기록 보관소에 대해 언급되고 있으며, ③ 이후에서는 'for example'을 이용해 가족의 역사와 관련된 자료가 보관된 공적, 사적 기록 보관소의 예시를 언급하고 있다. 따라서 두 가지 조건을 모

두 만족하는 위치인 ③에 주어진 문장이 들어가는 것이 가장 적절하다.

| 오답해설 | ① 이전에는 'The National Archives(국립보존기록관)'라는 공공 기록 보관소에 관한 내용만 언급되어, 주어진 문장의 'these two types of archives(이러한 두 가지 유형의 기록 보관소)'가 가리키는 대상이 한 가지만 존재하므로 오답이다.

② 이후 문장의 'They'가 이전 문장의 'archives in your home'을 가리키며, 사적 기록 보관소에 대한 보충 설명을 제공하고 있으므로 ①과 ②가 연달아 위치하는 것이 적절하다.

| 어휘 |

archive 기록 보관소, 아카이브	firsthand 직접적인
primary source 1차 자료	basement 지하실
chest 궤, 큰 상자	attic 다락방
certificate 증명서, 면허	homestead 농가, 농지
application 신청서	naturalization 귀화

---

19 [지문제시형] 독해 > Macro Reading > 요지　　답 ④

핵심포인트 글의 요지를 묻는 문제이므로 미시적인 독해보다는 거시적인 독해가 중요하며 선지 분석에 유의해야 한다.

| 해석 | 대대로 아이들은 날 때부터 실제로 비행기, 기차, 그리고 자동차에 끌린다. 그들의 짧은 삶에서 유치원생들은 세계의 많은 부분을 볼 기회가 없었을지도 모른다. 그러나 그들은 분명히 차에서 많은 시간을 소비했다! 당신이 차로 아이들을 학교, 식품점 또는 할머니의 집에 데려다 준 시간을 생각해 보아라. 그 작은 눈들은 당신이 그 대단하고 큰 핸들을 잡고 녹색 불일 때 가고 빨간 불일 때 멈추는 것을 봐 오고 있다. 교통수단은 그들 주변에 있고, 아이들은 그들이 살고 있는 세계를 알고 이해하려고 한다.
① 아이들은 항상 그들의 부모의 차로 어딘가에 간다.
② 아이들은 자동차 장난감을 가지고 노는 데 많은 시간을 소비한다.
③ 비행기, 기차, 그리고 자동차는 아이들에게 좋다.
④ 아이들은 교통수단이 그들이 경험하는 세계이기 때문에 그것을 좋아한다.

| 정답해설 | 본문은 아이들이 교통수단을 좋아하는 이유에 대해서 서술하고 있다. 아이들은 차에서 보내는 시간이 많아서 주변에 있는 교통수단들을 볼 기회가 많은데, 그것이 아이들에게는 그들이 사는 세상이고 아이들은 그 세상을 알고 이해하려고 한다고 서술하고 있다. 따라서 글의 요지로는 ④ 'Kids like transportation because it is the world they experience.(아이들은 교통수단이 그들이 경험하는 세계이기 때문에 그것을 좋아한다.)'가 가장 적절하다.

| 오답해설 | ① 'Think of the hours ~ Grandma's house.'를 통해서 아이들이 차에서 보내는 시간이 많음을 서술하지만, 이는 이로 인해 아이들이 주변의 교통수단을 많이 보게 됨을 설명하기 위한 것이므로 요지가 될 수 없다.

② 자동차 장난감과 관련된 내용은 본문에 언급되지 않았으므로 요지가 될 수 없다.

③ 'Generation after ~ from birth.'를 통해서 아이들이 비행기, 기차, 자동차에 끌린다고 제시하고 있다. 이는 '교통수단이 좋다'로 일반화할 수 없으며, 본문에서 가장 많이 언급한 '세상에 대한 이해의 경험'에 대한 언급이 없으므로 '일반화의 오류' 선지라고 할 수 있다.

| 어휘 |

generation after generation 자손 대대로
gravitate toward ~에 자연히 끌리다

automobile 자동차	practically 사실상, 실제로

from birth 날 때부터
preschooler 취학 전의 아동, 유치원생

certainly 분명히, 틀림없이	grocery store 식품점
grip 꽉 잡다, 움켜잡다	steering wheel 핸들

transportation 교통수단

---

20 [논리형] 독해 > Logical Reading > 배열　　답 ②

핵심포인트 미세 플라스틱에 대해 서술하고 있다. 배열 문제인 만큼 각 문단의 연결고리를 찾는 것이 관건이다.

| 해석 | 플라스틱의 대량 생산이 60년 전에 시작된 이래로, 인류는 80억 미터 톤 이상의 플라스틱을 생산해 왔다. 9%만이 재활용되었고, 다른 12%는 소각되었다.
(B) 나머지, 지금까지 만들어진 플라스틱의 거의 80%는 쓰레기 매립지에 모이거나 자연 환경에 놓여져 결국 강, 하천 및 바다에 이르게 된다. 그런 다음 플라스틱은 전 세계의 해양을 오염시킨다.
(C) 이 플라스틱 오염은 매우 가시적인 문제가 되었지만, 해양 오염의 가장 다루기 힘든 형태 중 하나는 보기 더 힘든 미세 플라스틱이다. 플라스틱은 자연 분해되지 않지만 더 작은 조각으로 분해되어 미세 플라스틱이 된다.
(A) 이 미세 플라스틱은 크기가 5mm보다 작다. 바다에 있는 수억 톤의 플라스틱 쓰레기의 많은 부분은 미세 플라스틱으로 이루어져 있다. 이러한 작은 입자들이 우리의 환경에 어떻게 영향을 미치는지는 아직까지도 상대적으로 연구되지 않은 분야이다.

| 정답해설 | 본문은 '미세 플라스틱'에 대해서 설명하고 있다. 주어진 글은 플라스틱의 대량 생산이 60년 전에 시작된 이래로, 인류는 80억 미터 톤 이상의 플라스틱을 생산해 왔다. 9%만이 재활용되었고, 다른 12%는 소각되었다고 설명하고 있다. 따라서 주어진 글 이후에는 생산된 플라스틱의 나머지 80%에 대한 설명이 나오는 (B)가 이어지는 것이 가장 적절하다. 'Then the plastic pollutes the oceans of the world.(그런 다음 플라스틱은 전 세계의 해양을 오염시킨다.)'라고 마무리되는 (B) 이후에는 (B)의 마지막 문장을 'this plastic pollution(이 플라스틱 오염)'으로 지칭해 설명을 이어나가는 (C)가 이어지는 것이 가장 적절하다. 'Plastic does not biodegrade, but breaks down into ever smaller pieces,

resulting in microplastics.(플라스틱은 자연 분해되지 않지만 더 작은 조각으로 분해되어 미세 플라스틱이 된다.)'라고 끝나는 (C) 이후에는 (C)의 마지막 문장에 있는 'microplastics(미세 플라스틱)'를 'these microplastics(이 미세 플라스틱)'로 받아 설명을 이어나가는 (A)가 이어지는 것이 가장 적절하다. 따라서 주어진 글 다음에 올 글의 순서로 가장 적절한 것은 ② (B) – (C) – (A)이다.

| **오답해설** | ①③ 주어진 글에서 플라스틱에 대한 설명이 있어 플라스틱 오염에 대해 설명하는 (C)가 바로 이어질 것으로 혼동할 수 있으나 주어진 글에서는 생산된 플라스틱의 약 20%에 대한 설명만 있으므로 이후에는 나머지 80%에 대한 설명으로 이어지는 것이 자연스러우므로 옳지 않다.

| **어휘** |

mass 다량, 다수	humankind 인류
billion 10억	the rest 나머지
amass 모이다, 집결하다	landfill 쓰레기 매립지
end up -ing 결국 ~하게 되다	find one's way into ~에 이르게 되다
intractable 다루기 힘든	biodegrade 생분해[자연 분해]되다
dimension 크기	hundreds of millions 수억
unexplored 미개척의	

9급공무원 공개경쟁채용 필기시험

2회 난이도	中
2회 합격선	16개/20개

회차	유형매칭
2	2022 지방직 (= 서울시) 9급

2회차 핵심페이퍼

문번	정답	개념	꼭 짚고 넘어가야 하는 핵심포인트!
01	②	어휘	'relieve'와 'alleviate'가 유의어 관계인 것을 파악한다.
02	②	어휘	'indifferent'와 'apathetic'이 유의어 관계인 것을 파악한다.
03	③	어휘	'now and then'과 'occasionally'가 유의어 관계인 것을 파악한다.
04	④	어휘	'make up for'의 의미를 알고 있는지 묻는 문제이다.
05	②	문법	시간의 부사구에 따른 시제 판단을 묻는 문제이다. 제시된 시간의 부사구와 함께 사용할 수 있는 시제를 파악하는 것이 관건이다.
06	①	문법	수량형용사를 묻는 문제이다. 수량형용사가 수식하는 대상을 파악하고 수의 형용사인지 양의 형용사인지 구분하는 것이 관건이다.
07	①	문법	모든 선지가 to부정사를 묻는 문제이다. 모든 선지를 동일한 영역에서 출제하는 경우도 있는 만큼 하나의 문법 개념에서 출제할 수 있는 포인트를 꼼꼼하게 파악하고 있는 것이 중요하다.
08	④	문법	'if' 생략 가정법을 묻는 문제이다. 'if'가 생략된 후 도치된 문장의 어순과 시제에 유의해야 한다.
09	③	생활영어	A와 B의 대화를 통해 주어진 상황을 파악하고 A의 말에 대한 적절한 대답을 유추할 수 있어야 한다.
10	④	생활영어	'be wet behind the ears'의 의미를 알고 있는지 묻는 문제이다.
11	③	독해	지중해식 식단에 대해 서술하고 있다. 배열 문제인 만큼 각 문단의 연결고리를 찾는 것이 관건이다.
12	④	독해	체험 소비에 대해 서술하고 있다. 삽입 문제인 만큼 본문의 논리적 흐름을 파악하고 주어진 문장과의 연결고리를 찾는 것이 관건이다.
13	④	독해	스스로에게 투자하는 것에 대해 서술하고 있다. 제목을 묻는 문제인 만큼 미시적 정보보다는 거시적 정보에 집중해야 한다.
14	③	독해	달력의 역사에 대해 서술하고 있다. 본문의 중심 내용을 파악하고 중심 내용과 관련이 없는 내용을 찾는 것이 관건이다.
15	②	독해	Alfred Bernhard Nobel에 대해 서술하고 있다. 내용일치 문항은 먼저 각 선지의 핵심 포인트를 찾고 본문에서 정답의 근거를 정확하게 찾는 것이 관건이다.
16	③	독해	OTT 서비스에 대해 서술하고 있다. 내용일치 문항인 만큼 거시적인 정보보다는 미시적인 정보에 집중해야 한다.
17	②	독해	글의 요지를 묻는 문항이다. 미시적인 독해보다는 거시적인 독해가 중요하며 선지 분석에 유의해야 한다.
18	②	독해	연결사를 묻는 문제로 전체 지문의 논리적 흐름을 파악하는 것이 중요하다.
19	②	독해	벌의 개체 수 감소에 대해 서술하고 있다. 본문의 핵심 내용을 파악하는 것이 관건이다.
20	③	독해	본문에서 빈칸이 포함된 문장이 하는 역할을 파악하는 것이 관건이다.

※ 해당 회차는 1초 합격예측 서비스의 데이터 누적 기간이 충분하지 않아 [오답률/선택률] 기재를 생략하였습니다.

01	②	02	②	03	③	04	④	05	②
06	①	07	①	08	④	09	③	10	④
11	③	12	④	13	④	14	③	15	②
16	③	17	②	18	②	19	②	20	③

※ 上 中 下 는 문항의 난이도를 나타냅니다.

中

01 밑줄형 어휘 > 유의어 찾기 답 ②

핵심포인트 'relieve'와 'alleviate'가 유의어 관계인 것을 파악한다.

| 해석 | 가격이 적당한 친환경 전기차의 개발은 자동차가 구매되도록 유도하고 대기오염을 완화할 것이다.
① 팽창하다, 부풀다; 늘리다
② 완화하다, 경감하다
③ 혼란시키다; 당황하게 하다
④ 세심히 살피다, 면밀히 조사하다

| 정답해설 | 밑줄 친 'relieve'는 '완화하다'를 뜻하므로 의미가 가장 가까운 것은 ② 'alleviate(완화하다, 경감하다)'이다.

| 어휘 |
affordable (가격이) 적당한   eco-friendly 친환경적인
induce 유도하다; 유발하다

中

02 밑줄형 어휘 > 유의어 찾기 답 ②

핵심포인트 'indifferent'와 'apathetic'이 유의어 관계인 것을 파악한다.

| 해석 | 보안 시스템은 창문을 여는 것과 같은 무관심하거나 어리석은 행동에 의해 무용지물이 될 수 있다.
① 탐욕스러운, 갈망하는
② 무관심한, 심드렁한
③ 여분의; 장황한; 불필요한; (일시) 해고된
④ 번영한, 번창한; 부유한; (날씨 따위가) 순조로운

| 정답해설 | 밑줄 친 'indifferent'는 '무관심한'을 뜻하므로 의미가 가장 가까운 것은 ② 'apathetic(무관심한, 심드렁한)'이다.

中

03 밑줄형 어휘 > 유의어 찾기 답 ③

핵심포인트 'now and then'과 'occasionally'가 유의어 관계인 것을 파악한다.

| 해석 | 그는 때때로 그녀의 일이 아닌 일에도 그녀에게 도움을 요청했다.
① 몹시, 매우, 죽은 듯이; 치명적인, 죽은 듯한
② 즉시; 기민하게

③ 가끔, 때때로
④ 세심하게, 꼼꼼하게

| 정답해설 | 밑줄 친 'now and then'은 '가끔, 때때로'를 뜻하므로 의미가 가장 가까운 것은 ③ 'occasionally(가끔, 때때로)'이다. 'from time to time', 'every so often' 등도 동일한 의미의 관용 표현이다.

中

04 빈칸형 어휘 > 빈칸 완성 답 ④

핵심포인트 'make up for'의 의미를 알고 있는지 묻는 문제이다.

| 해석 | 중국의 자유 시장 체제로의 전환의 일환으로 폐지된 보조금의 손실을 ④ 만회하기 위해 의사들이 의약품이나 값비싼 치료제들을 판매함으로써 이윤을 추구하도록 장려한 정책들에 의해 불균형이 초래됐다.
① 나눠주다; 발표하다
② 실망시키다; 늦추다
③ 참다
④ 만회하다, 보상하다

| 정답해설 | 문맥상 의사들에게 의약품이나 값비싼 치료제들을 판매함으로써 이윤을 추구하도록 한 이유는 자유 시장 체제로의 전환으로 발생한 보조금 폐지로 인한 손실을 '만회하기' 위함일 것이다. 따라서 빈칸에 들어갈 말로 가장 적절한 것은 ④ 'make up for(만회하다, 보상하다)'이다.

中

05 문장형 문법 > Main Structure > 시제 답 ②

핵심포인트 시간의 부사구에 따른 시제 판단을 묻는 문제이다. 제시된 시간의 부사구와 함께 사용할 수 있는 시제를 파악하는 것이 관건이다.

| 해석 | ① William은 그의 바이올린 레슨을 포기한 것을 후회했다.
② 그녀는 그녀가 매일 아침 기타를 친다고 생각한다.
③ 소셜 미디어는 이러한 질문들을 제기하고, 미디어계 직종에 문제를 일으키고 있다.
④ 그 학회 발표자는 말을 잘하지 못했을 뿐만 아니라, 자신의 주제에 대해 아무것도 설명하지 못했다.

| 정답해설 | ② 현재의 습관적 동작은 현재시제로 나타낸다. 주절의 시제가 현재이고, that절에 있는 시간의 부사 'every morning'을 통해 현재의 습관적 동작을 나타내고 있음을 알 수 있으므로 'played'를 현재시제 동사 'plays'로 수정해야 한다.

| 오답해설 | ① 'regret'은 완전타동사로 to부정사와 동명사를 목적어로 사용할 수 있으며 to부정사가 목적어인 경우 '~하게 되어 유감이다'를 뜻하는 반면 동명사가 목적어인 경우 '~했던 것을 후회하다'를 뜻한다. 해당 문장은 'regret'의 과거시제 'regretted'의 목적어로 동명사 'giving up'을 사용하였으며 해석상 '포기한 것을 후회했

다가 자연스러우므로 'regretted giving up'은 옳은 표현이다.

③ 'raise'는 완전타동사로 전치사 없이 목적어를 가진다. 해당 문장은 'raise'의 현재진행형인 'is raising'을 사용하였으며 뒤에 목적어 'these questions'가 왔으므로 'raising'은 옳은 표현이다.

④ 「부정문＋and neither」 뒤에 오는 어순은 동사가 일반동사인 경우 「do/does/did＋주어＋동사원형」이다. 따라서 해당 문장의 'did he explain'은 옳은 표현이며, 이때 'and neither'는 접속사 'nor'로 바꾸어 사용할 수 있다. 또한 'neither'는 부사이므로 부정문 뒤에 접속사 'and' 없이 「neither＋절」을 사용할 경우 틀린 문장이 되므로 주의해야 한다.

---

06 [문장형] 문법 > Modifiers > 형용사 　　　　답 ①

핵심포인트 수량형용사를 묻는 문제이다. 수량형용사가 수식하는 대상을 파악하고 수의 형용사인지 양의 형용사인지 구분하는 것이 관건이다.

| 해석 | ① 일부 사람들이 그 시스템이 우리의 마음을 읽을 것이라고 걱정하지만, 그것은 몇 개의 간단한 단어만 이해할 수 있을 뿐이다.

② 동서양으로 통하는 교역로에 놓여 있기 때문에, 그 지역은 거의 모든 사업체들이 무시할 수 없는 독특한 장점을 가지고 있다.

③ 그가 어떤 삶을 선택하든지 간에, 그는 만족스러운 삶을 살 수 없고 자신의 삶으로 행복할 수 없을 것이다.

④ 일부 외향적인 사람들은 침묵을 불편하게 여기며 그들은 잠자코 있는 것보다는 차라리 사람들과 대화를 하려고 애쓴다.

| 정답해설 | ① 복수명사 'words'를 수식해야 하므로 양을 나타내는 형용사인 'a little'이 아니라 수를 나타내는 형용사인 'a few'가 와야 한다. 따라서 'a little'을 'a few'로 수정해야 한다.

| 오답해설 | ② 분사구문이 쓰인 문장으로, 생략된 주어 'the area'와의 관계가 능동이고 해석상 '~하면서'가 적절하므로 현재분사 'Lying'을 사용하는 것이 옳다.

③ 해당 문장에서 'Whatever'는 복합관계형용사로 'life'를 수식하며 접속사로서 절과 절을 연결하고 있다. 'choose'의 목적어로서 'whatever life'가 쓰이고 있음에 주의해야 한다.

④ 불완전타동사 'make'의 수동태 「주어＋be＋made＋목적격 보어[형용사]」가 쓰인 옳은 문장이다. 또한 'would rather A than B'는 'B하는 것보다 A하는 것이 낫다'를 뜻하는 표현이며 이때 A와 B는 모두 동사원형을 사용해야 한다. 해당 문장에서는 'try'와 'be'가 동사원형으로 옳게 사용되었다.

---

07 [문장형] 문법 > Modifiers > 부정사 　　　　답 ①

핵심포인트 모든 선지가 to부정사를 묻는 문제이다. 모든 선지를 동일한 영역에서 출제하는 경우도 있는 만큼 하나의 문법 개념에서 출제할 수 있는 포인트를 꼼꼼하게 파악하고 있는 것이 중요하다.

| 정답해설 | ① 「It＋be동사＋형용사＋의미상 주어＋to부정사」에서

형용사가 사람의 성격, 성질을 나타내는 경우 의미상 주어는 「of＋목적격」으로 표현한다. 해당 문장은 「It＋be동사＋형용사＋의미상 주어＋to부정사」가 쓰인 문장으로 사람의 성격, 성질을 나타내는 형용사 'nice'가 사용되었으나 의미상 주어에 「for＋목적어」인 'for you'를 사용하였으므로 틀린 문장이다. 따라서 'for you'를 'of you'로 수정해야 한다.

| 오답해설 | ② 해당 문장에서 'are to succeed'는 'be to 용법'에 해당하며 '의도'를 나타낸다. 의도를 나타내는 'be to 용법'의 경우 주로 조건절에서 사용된다.

③ 해당 문장에서 'only to fail'은 to부정사의 부사적 용법에 해당하며 '결과'를 나타낸다. 또한 'take a hand in'은 관용표현으로 '~에 관여하다'를 뜻한다.

④ 'to discipline'은 to부정사의 형용사적 용법으로 'the authority'를 수식하며 이때 'discipline'은 완전타동사이므로 전치사 없이 목적어 'their students'를 가진다.

---

08 [문장형] 문법 > Main Structure > 가정법 　　　　답 ④

핵심포인트 'if' 생략 가정법을 묻는 문제이다. 'if'가 생략된 후 도치된 문장의 어순과 시제에 유의해야 한다.

| 정답해설 | ④ 종속절에 'If'가 없으며 주어진 해석과 주절의 'would have sold'를 통해 'If'가 생략된 가정법 과거완료 문장임을 알 수 있다. 'If'가 생략된 가정법 과거완료의 경우 「Had＋주어＋과거분사 ~, 주어＋would/should/could/might＋have＋과거분사 ~.」의 형태를 사용하므로 'Has'를 'Had'로 수정해야 한다. 또한 해당 문장에서 'have sold'는 '팔리다'를 뜻하는 능동태를 이용해서 표현했음에 주의해야 한다. 'sell'은 능동형 수동태로, 능동의 형태로 수동의 의미를 갖는 동사임에 유의하자.

| 오답해설 | ① 해당 문장에서 'asked'는 수여동사로 「asked＋간접목적어＋직접목적어[의문사절]」의 형태를 사용하였다. 이때 직접목적어이자 종속절에 해당하는 의문사절과 주절에 모두 과거시제를 사용하였으므로 시제가 일치한다. 또한 'arrived'는 완전자동사이므로 목적어 'the station' 앞에 전치사 'at'을 사용하였다.

② 타동사 'destroy'의 과거진행형인 'was destroying'을 사용하였으며 뒤에 목적어 'everything'이 왔으므로 옳은 문장이다.

③ 'evidence'는 불가산명사이므로 부정관사나 복수 형태를 사용하지 않았으며, 'who committed murder'는 전치사 'about'의 목적어로 사용된 간접의문문으로 「의문사＋주어＋동사[시제 적용]」의 어순을 사용하나 의문사가 주어인 경우 「의문사＋동사[시제 적용]」의 어순을 사용하므로 'who committed murder'는 옳은 표현이다.

09 대화형 생활영어 > 회화/관용표현 답 ③

핵심포인트 A와 B의 대화를 통해 주어진 상황을 파악하고 A의 말에 대한 적절한 대답을 유추할 수 있어야 한다.

| **해석** | ① A: 네가 가장 좋아하는 계절이 뭐야?

B: 나는 가을이야.

② A: 내 사촌은 일주일 전에 정신과 의사를 방문했어.

B: 그녀는 무슨 문제가 있었어?

③ A: 너는 무대 공포증을 어떻게 극복하는지 알아?

B: 나는 3년 전에 무대 공포증을 극복했어.

④ A: 너 나를 위해 냉방기 좀 꺼 줄래?

B: 나 방금 그러려고 했어. 여기 너무 추워.

| **정답해설** | ③ 무대 공포증 극복 방법을 알고 있는지 질문하는 사람에게 자신이 무대 공포증을 3년 전에 극복했다고 답변하는 것은 어울리지 않는다. 이때는 'Yes, I think that to remain calm is a way to overcome stage fright.' 정도로 답할 수 있다.

| **오답해설** | ② A와의 대화에서 A의 사촌이 왜 정신과 의사를 방문했는지 B가 질문한 것이므로 문맥상 자연스럽다.

| **어휘** |
psychiatrist 정신과 의사 　　　　stage fright 무대 공포증
air conditioner 에어컨, 냉방기

10 빈칸형 생활영어 > 회화/관용표현 답 ④

핵심포인트 'be wet behind the ears'의 의미를 알고 있는지 묻는 문제이다.

| **해석** | A: 우리가 어제 인터뷰한 면접 응시자에 대해 어떻게 생각하세요?

B: 긍정적인 직무 태도를 가지고 있었던 것 같아요. 당신은요?

A: 저도 그렇게 생각해요.

B: 그리고 문제의 해결책을 찾기 위해 노력하는 것을 포기하지 않았기 때문에 그가 정말 마음에 들었어요.

A: 맞아요. 그런데 걱정스러운 것이 한 가지 있어요.

B: 뭔데요?

A: 맡게 될 업무와 ④ 관련된 경험이 없는 것 같아요.

B: 그렇지요. 그것이 문제점이에요. 지금 우리는 더 많은 실무 경험이 있는 사람이 필요해요.

A: 네. 그가 새로운 것을 배우려면 오랜 시간이 걸릴 거예요.

B: 이번에는 그를 고용할 수 없을 것 같아요.

A: 당신 말에 동의해요.

① ~에 조예가 깊다

② ~을 다루는 요령을 안다

③ ~에 대해 정곡을 찌르다

④ ~에 관해 경험이 없다[미숙하다]

| **정답해설** | interviewee(면접자)에 대한 의견을 나누는 A와 B의 대화이다. 현재 해당 직업에는 'Right now we need a person who has more practical experience.(지금 우리는 더 많은 실무 경험이 있는 사람이 필요해요.)'를 통해서, 면접 응시자가 '실무 경험'이 부족한 상태임을 알 수 있다. 따라서 정답은 ④ 'be wet behind the ears about(~에 관해 경험이 없다, 미숙하다)'이 적절하다.

11 논리형 독해 > Logical Reading > 배열 답 ③

핵심포인트 지중해식 식단에 대해 서술하고 있다. 배열 문제인 만큼 각 문단의 연결고리를 찾는 것이 관건이다.

| **해석** | 수십 년 동안 의사들은 소위 지중해식 식단이 건강에 미치는 명백히 이로운 점에 관해 관심을 갖게 되었는데, 지중해식 식단은 대부분의 사람들이 생각하는 방식의 식단은 정말로 아니다. 그것은 식이 요법에 가깝고, 혹은 수세기 동안 지중해 연안 주변에 존재해 온 여러 가지 보충적인 식이 요법에 가깝다.

(B) 구체적으로, 전형적인 지중해식 식단에서는 많은 과일, 조리된 야채와 콩류, 곡물, 적당한 포도주, 견과, 생선 그리고 특히 요구르트나 치즈 같은 유제품 등을 강조한다.

(C) 지중해식 식단에 대하여 가장 엄격하게 통제된 연구에 따르면 지중해식 식단과 가장 가깝게 먹는 습관을 들인 사람들은 심장병으로 사망하는 위험을 줄일 수 있는 것으로 보인다. 그러나 이 연구는 올리브유는 물론 어떤 하나의 성분이 건강상의 혜택을 준다고 연관 짓지는 못했다.

(A) 그러나 대부분의 사람들은 이 식단에서도 한 가지 성분인 올리브유에 주목하여 마치 그것이 어느 식단에든 넣기만 하면 건강에 좋은 식단이 되는 마법의 약처럼 여기는 경향이 있다.

| **정답해설** | 주어진 글에서 먼저 지중해식 식단이라고 하는 것은 일반적인 식단이 아니라 보충적인 식이 요법에 가깝다고 서술하고 있으므로 지중해식 식단이 어떤 것으로 구성되는지 구체적으로 설명하는 (B)가 주어진 글 다음에 오는 것이 적절하다. 그리고 이러한 식단들의 연구 결과에서 올리브유는 물론, 어떤 하나의 성분이 건강에 크게 도움이 되는지 연관 짓지 못했다고 하는 것이 적절하므로 (C)가 (B) 다음에 위치하는 것이 적합하다. 마지막으로 올리브유가 그렇게 몸에 좋은지 연관 짓지도 못했는데 여전히 사람들이 올리브유에 주목한다고, 역접 접속사 'But'을 사용하며 설명하고 있는 (A)가 마지막에 와야 한다. 따라서 정답은 ③이다.

| **어휘** |

decade 10년간	intrigue ~의 흥미를 자아내다
apparent 명백한	so-called 소위, 이른바
Mediterranean 지중해 연안의	dietary 식이(食餌) 요법의
complementary 보충하는, 상보적인	basin 유역
typical 전형적인	emphasize 강조하다
legumes 콩류	grain 곡물
moderation 절제	nut 견과(호두·개암·밤 등)
dairy 낙농업	component 구성 요소, 성분

drizzle 이슬비가 내리다   meal 식사, 한 끼
rigorously 엄격하게   ingredient 성분; 원료

12   [논리형] 독해 > Logical Reading > 삽입   답 ④

핵심포인트 체험 소비에 대해 서술하고 있다. 삽입 문제인 만큼 본문의 논리적 흐름을 파악하고 주어진 문장과의 연결고리를 찾는 것이 관건이다.

| 해석 | 우리는 다양한 이유로 제품들을 구매한다. 하지만, 때때로, 우리가 특정한 제품을 구매하도록 이끄는 것은 감정적인 매력이다. 당신이 방금 즉석 복권에서 5,000달러에 당첨되었다고 상상해 보라. 당신은 지불될 수도 있는 몇몇 청구서를 가지고 있고, 당신의 냉방 장치가 매우 잘 작동하지 않고 있다는 것을 알고 있다. 하지만 잡지를 훑어보다가, 꿈에 그리던 휴가에 대한 광고지가 떨어졌고 즉시 당신의 관심을 끈다. 우연히도 그 꿈에 그리던 휴가 또한 비용이 5,000달러 든다. 이제 새로운 냉방 장치는 당신에게 여름의 열기 동안 시원하게 지내는 만족감을 제공해 줄 것이다. 그리고 청구서들을 지불하는 것은 빚이 없는 것의 만족감을 당신에게 줄 것이다. ④ 하지만 꿈에 그리던 휴가를 구매하는 것은 당신의 감정적 만족에 호소할 것이다. 이것은 그것을 얻는 것이 당신에게 흥분, 기쁨, 휴식, 그리고 평생 지속될 추억을 줄 것이기 때문이다. 만약 당신이 당신의 감정을 따라서 꿈에 그리던 휴가를 구매한다면, 당신은 체험 소비를 경험하고 있는 것이다.

| 정답해설 | 체험 소비의 개념에 대한 설명으로, 여러 가지 선지 중에서 감정적 만족을 주는 것을 선택한다면 그것이 체험 소비를 하고 있다는 의미라는 점을 사례를 들어 설명하고 있다. 주어진 문장은 꿈에 그리던 휴가를 구매하는 것이 당신의 감정적 만족에 호소한다는 내용이다. 세 번째 문장부터 ① 문장 '~ costs $5000.'까지는 5,000달러가 생겼을 때 당신이 선택할 수 있는 세 가지 선지를 열거하고 있으며 ② 다음 문장은 세 가지 중 첫 번째로 냉방 장치를 선택했을 때 당신이 얻을 수 있는 만족감에 대해 설명하고 있다. ③ 다음 문장은 청구서들을 지불했을 때 당신이 얻을 수 있는 만족감에 대해 설명하고 있다. ④ 이후 문장은 주어가 'This(이것)'로 시작되고 이것의 이유는 당신이 꿈에 그리던 휴가가 당신에게 여러 감정적 즐거움을 주기 때문이라는 내용이 이어진다. 마지막 문장은 만약 당신이 감정을 따라서 꿈에 그리던 휴가를 구매한다면, 당신은 체험 소비를 경험하고 있는 것이라고 하였는데, 여기서 꿈에 그리던 휴가를 구매하는 것이 감정을 따르는 행위라는 것을 알 수 있다. 따라서 ④ 다음 문장에서 주어로 사용된 'This(이것)'가 가리키는 것이 ③ 다음 문장의 청구서들을 지불하는 것이 아니라 꿈에 그리던 휴가를 구입하는 것이 되어야 한다. 그러므로 ④에 주어진 문장을 넣어야 ④ 이후 문장의 주어인 'This(이것)'가 가리키는 것과 자연스럽게 연결되므로 주어진 문장이 들어갈 가장 적절한 위치는 ④이다.

| 오답해설 | ①② ① 이전 문장에서 'a dream vacation(꿈에 그리던 휴가)'에 대해 언급하고 있고, ① 이후 문장의 주어 'It(그것)'은 바로

앞 문장의 'a dream vacation(꿈에 그리던 휴가)'을 가리키고 있으므로 주어진 문장이 ① 혹은 ②에 들어가는 것이 자연스럽다고 생각할 수 있으나 ① 이후 문장까지는 '가능한 선지 자체'에 대한 설명이고, 주어진 문장은 꿈에 그리던 휴가를 '구매'하는 것이 어떤 만족감을 주는지에 대한 서술이다. ② 이후 문장과 ③ 이후 문장이 각각 냉방 장치를 고치는 것, 청구서들을 지불하는 것이 어떤 만족감을 주는지에 대한 서술이므로 이 문장들 이후에 주어진 문장이 이어지는 것이 흐름상 자연스럽다. 또한 ④ 다음 문장의 주어인 'This(이것)'가 청구서들을 지불하는 것을 가리키는 것이 아니라 꿈에 그리던 휴가를 구입하는 것이므로 주어진 문장은 ④에 들어가는 것이 자연스럽다. 따라서 ①과 ②는 오답이다.

| 어휘 |

purchase 구매하다   a variety of 다양한
appeal 매력; 호소; 호소하다   scratch ticket 즉석 복권
bill 청구서; 계산서   air conditioning unit 냉방 장치
flip through ~을 훑어보다   advertisement 광고
grab 관심[눈길]을 끌다; 붙잡다
it (just) so happens that 우연히도 (때마침) ~하다
satisfaction 만족(감); 충족   debt 빚, 부채
free 없는; 자유로운; 무료의   excitement 흥분, 신남; 흥분되는 일
pleasure 기쁨, 즐거움   relaxation 휴식
last 지속되다; 견디다   go with ~에 따르다; 선택하다
experiential consumption 체험 소비

13   [지문제시형] 독해 > Macro Reading > 제목   답 ④

핵심포인트 스스로에게 투자하는 것에 대해 서술하고 있다. 제목을 묻는 문제인 만큼 미시적 정보보다는 거시적 정보에 집중해야 한다.

| 해석 | 당신이 다른 누군가를 위해 일을 할 때, 당신은 회사에 가치를 제공함으로써 당신의 상사에게 깊은 인상을 준다. 당신이 더 빨리 배우고 더 잘 성취할 때 당신은 동료들과 당신 자신을 구별 짓는다. 하지만, 누가 가장 많이 이익을 얻는가? 당신이 다른 누군가를 위해 일하면서 경력에 투자할 때, 당신이 만들어내는 가치의 가장 큰 몫은 당신의 고용주에게 돌아간다. 만약 당신이 기업가라면, 상황은 달라진다. 당신이 사업을 시작할 때, 당신은 당신 자신에게 투자한다. 그것은 당신이 만들어내는 가치를 더 이상 나눌 필요가 없다는 의미이다. 물론, 그러한 보상을 거두는 것은 쉽지 않다. 그것(그러한 보상을 거두는 것)은 당신 자신의 능력에 확신을 가지는 것을 필요로 한다. 자기 자신에게 투자한다는 것은 당신이 당신의 일이나 고용주를 위해 현재 하고 있는 것보다 더 많은 것을 할 수 있다고 믿는 것을 의미한다. 그것은 또한 때로 당신 자신과 당신의 사업에 투자하기 위해 모든 다른 활동들을 포기하는 것을 필요로 한다. 배우고, 성장하고, 가치를 만들어내기 위해 일하면서 시간을 보내라. 당신이 좋아하는 취미를 희생하는 것은 절대 쉽지 않지만, 수익을 얻는 것은 당신의 사업과 당신 자신에게 가능한 한 많은 시간을 투자하는 것을 필요로 한다.

① 최고의 수익을 얻는 방법

② 자신에게 투자하는 방법: 다른 사람들에게 투자하라

③ 기업가가 되기 위해, 취미를 희생하라

④ 기업가들: 자신에게 투자한다는 것은 무슨 의미인가

| 정답해설 | 본문은 기업가가 자기 자신에게 투자한다는 것이 무엇을 의미하는지를 설명하고 있다. 본문의 초반부는 다른 누군가를 위해 일할 때 그 일에 대한 이익은 대부분 타인에게 간다고 서술하고 있다. 본문의 중반부는 사업을 시작하게 되면, 자신이 창출한 가치를 타인과 공유할 필요는 없지만, 그 보상을 거두는 것이 쉽지 않으므로 자신의 능력에 대한 확신을 가지고 투자해야 할 필요성이 있다고 설명하고 있다. 이어서, 본문의 후반부는 기업가가 자기 자신에게 투자한다는 것이 무엇인지를 구체적으로 서술하고 있다. 즉, 본문은 기업가들에게 있어 자기 자신에게 투자한다는 것이 어떤 의미이며 구체적으로 어떻게 실천해야 하는지에 대해 설명하고 있다. 이러한 전체 내용을 함축적으로 가장 잘 표현한 제목으로는 ④ 'Entrepreneurs: What It Means To Invest in Yourself(기업가들: 자신에게 투자한다는 것은 무슨 의미인가)'가 가장 적절하다.

| 오답해설 | ① 본문의 핵심어인 '자신에 대한 투자'를 포함하고 있지 않으므로 이 글의 제목으로는 부적절하다.

② 본문의 중반부부터 자기 자신에게 투자하는 방법에 대한 서술이 이어지지만 그중 다른 사람들에게 투자하라는 내용은 언급되고 있지 않다. 따라서 제목으로 적절하지 않다.

③ 마지막 문장에서 수익을 얻으려면 당신의 사업과 당신 자신에게 가능한 한 많은 시간을 투자해야 하므로 당신이 좋아하는 취미를 희생해야 할 수 있다는 내용이 언급되어 있다. 하지만 이것은 본문 전체에서 설명하고 있는 자기 자신에게 투자하는 방법들 중 하나에 불과하며, 이것이 이 글을 대표하는 제목이 되기에는 전체 내용을 포괄하고 있지 못한다. 따라서 이 글의 제목으로 부적절하다.

| 어휘 |

impress 깊은 인상을 주다, 감명[감동]을 주다

distinguish 구별 짓다, 차이를 보이다

co-worker 동료

perform 성취하다; 실행하다; 연주하다

invest 투자하다

the lion's share 가장 큰 몫, 가장 좋은 몫

entrepreneur 기업가   no longer 더 이상 ~ 않는

reap 거두다, 획득하다; 수확하다

reward 보상, 대가   require 필요로 하다, 요구하다

confidence 확신, 자신감; 신용   capable of ~을 할 수 있는

currently 현재   at times 때로

forego[forgo] (하고 싶은 것, 갖고 싶은 것을) 포기하다

sacrifice 희생하다; 희생시키다

earn 얻다[받다]; (이자·수익 등을) 올리다[받다]; (돈을) 벌다

return 수익; 귀환; 반환; 응답

as ~ as possible 가능한 ~한, 가능한 ~하게

---

14   논리형   독해 > Logical Reading > 삭제   답 ③

핵심포인트   달력의 역사에 대해 서술하고 있다. 본문의 중심 내용을 파악하고 중심 내용과 관련이 없는 내용을 찾는 것이 관건이다.

| 해석 | 우리의 현대 달력은 기원전 46년에 로마 제국에 의해 도입되었던 Julian 달력으로 시작되었다. Julius Caesar는 제국을 하나의 달력 아래에 통합하고 태양년을 더 잘 따를 새로운 달력이 개발되도록 명령했다. 이 달력은 그의 이름을 따라 Julian 달력이라고 이름지어졌다. 이 달력은 휴일을 정하기 위해 동방 정교회에 의해 여전히 쓰이고 있다. 몇 세기 후에, 이 달력은 Gregorian 달력으로 대체되었다. Gregorian 달력은, 때때로 기독교 달력이라고 불리는데, 1582년에 도입되었다. ③ 교황 Gregory 13세는 북부와 동부 유럽에서 다른 기독교 종교들에 의해 제기된 도전에 직면했다. 교황 Gregory 13세 하에서, Julian 달력은 수정되었다. 수정은 4년에 한 번씩 윤년을 추가하고 부활절 휴일 결정 방식을 변경하는 것을 포함했다. 오늘날, Gregorian 달력은 전 세계에서 사용되고 있다.

| 정답해설 | 본문은 현대적인 달력의 탄생과 변화 과정을 설명하고 있다. ①②④는 Julian 달력을 수정한 Gregorian 달력에 대한 서술인데, ③은 교황 Gregory 13세에 대한 서술이기는 하나 달력과는 관련 없는 내용이다. 따라서 ③을 삭제하는 것이 글의 흐름상 자연스럽다.

| 어휘 |

unify 통합하다   empire 제국

solar year 태양년   in use 쓰이고 있는

Eastern Orthodox church 동방 정교회

replace 대체[대신]하다   refer to ~을 지칭하다; 조회하다

Christian 기독교의

be confronted with ~에 직면하다[마주치다]

pose (위협, 문제 등을) 제기하다   religion 종교

revise 수정[개정, 조정]하다   revision 수정; 검토, 변경

leap year 윤년   Easter 부활절

determine 결정하다; 알아내다   throughout ~ 도처에

---

15   지문제시형   독해 > Micro Reading > 내용일치/불일치   답 ②

핵심포인트   Alfred Bernhard Nobel에 대해 서술하고 있다. 내용일치 문항은 먼저 각 선지의 핵심 포인트를 찾고 본문에서 정답의 근거를 정확하게 찾는 것이 관건이다.

| 해석 | Alfred Bernhard Nobel은 Sweden, Stockholm에서 1833년 10월 21일에 Immanuel과 Caroline Nobel의 8명의 아이들 중 넷째로 태어났다. Nobel은 어렸을 때 종종 병약했지만, 그는 항상 활기찼고 주변 세상에 대해 호기심이 강했다. 1864년에, Nobel이 29살이었을 때, 가족의 스웨덴 공장에서 난 큰 폭발이 Nobel의 남동생 Emil을 포함한 5명의 사람을 죽게 했다. 이 사건에 크게 영향을 받아서, Nobel은 더 안전한 폭발물을 개발하기 시작했다. 1867

년에, 그는 니트로글리세린과 흡수성의 물질의 혼합물로 특허를 받았고 그가 "다이너마이트"라고 이름 붙인 것을 만들어냈다. 1888년에, Nobel의 형 Ludvig가 프랑스에서 사망했을 때, 한 프랑스 신문이 Ludvig 대신에 Nobel의 사망 기사를 틀리게 발표했고 그의 다이너마이트 발명에 대해 Nobel을 비난했다. 이 사건에 자극받고 그가 어떻게 기억될지에 실망해서, Nobel은 남자와 여자에게 물리학, 화학, 의학, 문학에서의 두드러진 성취와 평화를 위해 노력한 것에 대해 명예를 주기 위해 노벨상을 제정하려고 그의 재산의 많은 양을 떼어놓았다. 스웨덴 중앙은행인, Sveriges Riksbank는 Nobel에게 경의를 표하여 1968년에 노벨 경제학상을 제정했다.

① 한 오보가 Nobel이 노벨상을 제정하게 했다.
② Nobel은 노벨상을 제정하기 위해 스웨덴 전역에서 기금을 모금했다.
③ 그의 형제의 죽음이 Nobel이 더 안전한 폭발물에 공을 들이도록 촉발했다.
④ 노벨 경제학상은 노벨상이 제정된 시기에는 포함되지 않았다.

| 정답해설 | 본문은 Nobel의 생애와 노벨상을 제정하게 된 계기에 대해 서술하고 있다. 본문의 후반부에서 Nobel은 노벨상을 제정하기 위해 그의 재산의 많은 양을 떼어놓았다고 설명하고 있으므로, ② 'Nobel raised funds across Sweden to establish the Nobel Prizes.(Nobel은 노벨상을 제정하기 위해 스웨덴 전역에서 기금을 모금했다.)'는 본문의 내용과 일치하지 않는다.

| 오답해설 | ① 본문의 중후반부에 Nobel의 형이 죽었을 때, 한 신문이 Nobel이 죽었다고 오보를 내고 이것에 자극받고 그가 어떻게 기억될지에 실망해서 Nobel이 노벨상을 제정하였다는 언급이 등장한다. 따라서 ① 'A false report caused Nobel to establish the Nobel Prizes.(한 오보가 Nobel이 노벨상을 제정하게 했다.)'는 본문의 내용과 일치한다.
③ 본문의 초반부에 가족의 스웨덴 공장에서 난 큰 폭발로 Nobel의 남동생을 포함한 5명이 사망했고, 이 사건에 영향을 받아 Nobel은 더 안전한 폭발물을 개발하기 시작했다고 설명하고 있다. 따라서 ③ 'His brother's death triggered Nobel to work on a safer explosive.(그의 형제의 죽음이 Nobel이 더 안전한 폭발물에 공을 들이도록 촉발했다.)'는 본문의 내용과 일치한다.
④ 마지막 문장에서, 스웨덴 중앙은행이 1968년에 Nobel에게 경의를 표하여 노벨 경제학상을 제정했다고 서술하고 있으므로 ④ 'The Nobel Prize in Economics wasn't included at the time the Nobel Prizes were established.(노벨 경제학상은 노벨상이 제정된 시기에는 포함되지 않았다.)'는 본문의 내용과 일치한다.

| 어휘 |
sickly 병약한
lively 활기찬, 활발한; 생생한
curious 호기심이 강한
explosion 폭발; 격발; 급증
dramatically 크게; 급격히; 극적으로
affect 영향을 주다
set out 시작하다; 착수하다; 출발하다
explosive 폭발물; 폭발성의
patent 특허를 받다; 특허(권)
mixture 혼합물; 혼합
nitroglycerin 니트로글리세린

absorbent 흡수성의; 흡수제
substance 물질
erroneously 틀리게, 잘못되게
publish 발표하다; 출판하다
obituary 사망 기사
condemn 비난하다; 유죄 판결을 내리다
invention 발명품; 발명; 허구
provoke 자극하다
disappointed 실망한
set aside 떼어놓다; 무시하다; 제쳐놓다
bulk 많은 양, 큰 규모
estate 재산; 토지
establish 설립하다; 수립하다
honor 명예를 주다
outstanding 두드러진; 뛰어난
achievement 성취, 업적
physics 물리학
chemistry 화학
medicine 의학
literature 문학
economics 경제학
in honor of ~에게 경의를 표하여

中

16 지문제시형 독해 > Micro Reading > 내용일치/불일치 답 ③

핵심포인트 OTT 서비스에 대해 서술하고 있다. 내용일치 문항인 만큼 거시적인 정보보다는 미시적인 정보에 집중해야 한다.

| 해석 | Netflix는 OTT 혁명과 가장 같은 뜻을 갖게 되었다. 소비자들은 그들이 원할 때는 언제든지 그들의 다양한 이동 장치에서 콘텐츠를 이어서 전송받을 수 있기를 원했고, 이것은 결국 콘텐츠 제공자에게도 유익하다는 것이 드러났는데, 이 방식을 통해 콘텐츠 제공자들이 소비자에게 직접 닿을 수 있기 때문이다. TV와 케이블 방송망은 광고가 아니라 대부분의 돈을 벌어들인 콘텐츠를 사업자들에게 허가하곤 했지만, OTT로 이 모델은 천천히 없어지고 있다. 유료 텔레비전 방송은 쇠퇴하고 있다; 이제, 구독, 광고, 그리고 고급 주문형 비디오 시스템에 수익 창출 노력이 기울여진다. COVID 또한 OTT 사업자들에게 있어 완전히 새로운 사업 모델 — 인터넷을 통한 콘텐츠의 극장 개봉 — 을 강요했다. Warner Bros.가 극장에서 그리고 동시에 그들의 HBO Max 플랫폼으로 영화를 개봉하거나 Disney가 Disney＋에서 Premier Access를 가진 구독자들이 영화에 대한 우선 이용권을 얻기 위해 달마다 약간의 추가 비용을 지불하도록 해주는 것을 생각해 보라. 이제는 심지어 영사막이 수요가 있다.

① OTT 때문에, 수익 창출 방법이 바뀌었다.
② OTT를 통해서, 소비자들은 인터넷으로 영화에 대한 이용 권리를 가질 수도 있다.
③ 추가 비용을 내면, 당신은 어떤 OTT 플랫폼에서도 영화에 대한 우선 이용권을 얻을 수 있다.
④ 과거에는, TV와 케이블 방송국들이 주로 콘텐츠의 허가를 통해 돈을 벌었다.

| 정답해설 | 본문은 OTT 서비스가 인기를 얻게 된 배경과 그와 함께 나타난 콘텐츠 제공 관련 사업들의 환경 변화에 대해 서술하고 있다. 본문의 마지막 문장에서 '~ Disney allowing subscribers with Premier Access to pay a little extra per month to gain early access to movies on Disney＋(Disney가 Disney＋에서 Premier Access를 가진 구독자들이 영화에 대한 우선 이용권을 얻

기 위해 달마다 약간의 추가 비용을 지불하도록 해 주는 것 ~)'라고 서술하였는데 이는 'Disney+'라는 플랫폼의 사용 방식을 설명한 것이다. 본문의 다른 부분에서 추가 비용에 대한 언급은 전혀 없으므로 '추가 비용을 내면, 당신은 어떤 OTT 플랫폼에서도 영화에 대한 우선 이용권을 얻을 수 있다.'라고 서술한 ③은 본문의 내용과 일치하지 않는다.

| 오답해설 | ① 본문 중반부에서 'TV와 케이블 방송국들이 과거에 돈을 벌던 방식이 OTT가 생기면서 천천히 사라지고 있다.'고 언급하고 있다. 또한 '이제, 구독, 광고, 그리고 고급 주문형 비디오 시스템에 수익 창출 노력이 기울여진다.'라고 서술하고 있다. 이는 OTT가 생기면서 수익 창출 방식이 변화했다는 내용이므로 본문의 내용과 일치한다.

② 본문 중후반부에, 'OTT 제공자들이 인터넷을 통한 콘텐츠의 극장 개봉을 하도록 압박을 받았다.'는 내용이 언급되어 있으며 본문 마지막 문장에는 'HBO Max platform과 Disney+를 통해 영화를 볼 수 있다'는 내용이 언급되어 있다. 이를 통해 ② 'OTT를 통해서, 소비자들은 인터넷으로 영화에 대한 이용 권리를 가질 수도 있다.'는 본문의 내용과 일치함을 알 수 있다.

④ 본문 중반부에, 'TV와 케이블 방송국들은 사업자들에게 콘텐츠를 허가해 준 것에서 그들의 돈의 대부분을 얻었다.'는 내용이 언급되어 있다. 따라서 '과거에는, TV와 케이블 방송국들이 주로 콘텐츠의 허가를 통해 돈을 벌었다.'고 서술한 ④는 본문의 내용과 일치한다.

| 어휘 |
synonymous 동의어의, 같은 뜻을 갖는
OTT(Over The Top) 인터넷을 통해 각종 미디어 콘텐츠를 제공하는 서비스
revolution 혁명, 변혁
stream 스트리밍하다(데이터 전송을 연속적으로 이어서 하다)
mobile device 모바일 장치, 이동 장비, 휴대용 장치
turn out 밝혀지다, 드러나다
content provider 콘텐츠 제공자(텍스트, 음악, 이미지 등을 웹사이트에서
　　　　　　　제공하는 회사)
license 허가하다
operator 특정한 사업을 하는 사람, 회사
advertising 광고　　　　　　　　pay-TV 유료 텔레비전 방송
on the decline 내리막에, 쇠퇴하여　creating revenue 수익 창출
subscription 구독　　　　　　　premium 고급의, 상급의
video on demand 주문형 비디오 시스템
theatrical 연극의, 극장의
release 개봉; 발표; 개봉하다; 발표하다
premiere 개봉하다
platform 플랫폼(사용 기반이 되는 컴퓨터 시스템, 소프트웨어)
subscriber 구독자　　　　　　extra 추가의, 여분의
premier 최고의
access 이용하는 권리[기회]; 이용, 허용, 접근
silver screen 영사막, 은막
on demand 수요가 있는, 요구가 있는

17 [지문제시형] 독해 > Macro Reading > 요지　　　답 ②

핵심포인트　글의 요지를 묻는 문항이다. 미시적인 독해보다는 거시적인 독해가 중요하며 선지 분석에 유의해야 한다.

| 해석 | 자동차 사고는 미국인의 생활에서 처음 30년 동안 죽음의 원인과 연결되고 있다. 2009년에만 사고는 33,000명이 넘는 사람을 죽게 하고 또 다른 220만 명을 다치게 했는데 이중 70퍼센트가 넘는 사람들이 자동차와 트럭의 승객이었다. 자동차 사고로 사망한 사람들 중 절반이 넘는 사람들이 사고 당시 안전벨트를 매지 않았다. 안전벨트를 착용하는 것이 사고에서 죽음과 심각한 부상을 예방하는 가장 효과적인 방법이다. 그러나, 7명 중 1명이 안전벨트를 매지 않는다.

① 자동차와 트럭은 위험하다.
② 당신은 안전을 위해 안전벨트를 착용해야 한다.
③ 차 사고를 예방하는 많은 방법들이 있다.
④ 당신은 차 사고를 막기 위해 조심스럽게 운전해야 한다.

| 정답해설 | 본문은 안전벨트 착용에 대해서 서술하고 있다. 미국에서 자동차 사고로 많은 사람들이 사망했으며 그 사람들 중 절반이 넘는 사람들이 안전벨트를 착용하지 않았다고 서술하고 있다. 특히 본문 후반부에서 'Wearing a seat belt ~ in a crash.'를 통해서 안전벨트를 착용하는 것이 사고에서 죽음과 심각한 부상을 예방하는 가장 효과적인 방법이라고 서술했으므로 ② 'You should wear seat belt for your safety.(당신은 안전을 위해 안전벨트를 착용해야 한다.)'가 글의 요지로 가장 적절하다.

| 오답해설 | ① 자동차와 트럭의 위험성에 대해서는 본문에서 언급되지 않았으므로 요지로 적절하지 않다.

③ 'Wearing a seat belt ~ in a crash.'를 통해서 안전벨트를 착용하는 것이 사고에서 죽음과 심각한 부상을 예방하는 가장 효과적인 방법이라고 서술했으나, 자동차 사고를 예방하는 방법에 대해서는 언급되지 않았으므로 요지로 적절하지 않다.

④ 본문에서 운전에 대해서는 언급되지 않았으므로 요지로 적절하지 않다.

| 어휘 |
motor vehicle 자동차　　　　　crash 사고
decade 십년　　　　　　　　　million 백만
passenger 승객
restrain 제지하다, 저지하다; 규제하다; 구속하다
seat belt 안전벨트　　　　　　effective 효과적인
prevent 예방하다, 막다　　　　serious 심각한
injury 부상　　　　　　　　　buckle up 안전벨트를 매다

18 [빈칸형] 독해 > Logical Reading > 연결사 　　답 ②

핵심포인트 연결사를 묻는 문제로 전체 지문의 논리적 흐름을 파악하는 것이 중요하다.

| 해석 | 지구 표면 물의 대부분, 96퍼센트가 넘는 물이 바다에 있는 염분이 함유된 물이다. 하늘에서 떨어져서 시내, 강, 호수, 그리고 지하수로 이동하는 물 (A) 같은 담수 자원은 사람들에게 그들이 살기 위해 매일 필요한 물을 제공한다. 지구 표면에 있는 물은 시각화하기 쉽고, 물 순환에 대한 당신의 생각은 비가 강과 호수를 채우는 것일지도 모른다. (B) 그러나, 우리의 발아래에 보이지 않는 물 또한 삶에 매우 중요하다. 당신이 지구 표면의 물만 의식할지라도 표면에 액체 형태로 있는 것보다 훨씬 더 많은 담수가 땅속에 저장되어 있다.

(A)　　　　　　　　(B)
① 그러나　　　　　　～와 같은
② ～와 같은　　　　　그러나
③ ～와 같은　　　　　그러므로
④ 그러나　　　　　　비록 ～일지라도

| 정답해설 | 본문은 '생활에 필요한 담수는 지구 표면보다 땅속에 더 많이 저장되어 있음'을 서술하고 있다. (A) 이전에 'freshwater resources(담수 자원)'가 제시되어 있고 (A) 이후에는 담수 자원의 예가 되는 'water falling from the skies and moving into streams, rivers, lakes, and groundwater(하늘에서 떨어져서 시내, 강, 호수, 그리고 지하수로 이동하는 물)'가 나왔으므로 (A)에는 '～와 같은'의 의미를 가진 'such as'가 들어가는 것이 가장 적절하다. (B) 이전에는 'Water sitting ~ rivers and lakes.(지구 표면에 있는 물은 시각화하기 쉽고, 물 순환에 대한 당신의 생각은 비가 강과 호수를 채우는 것일지도 모른다.)'라고 서술하고, (B) 이후에는 '우리의 발아래에 보이지 않는 물 또한 삶에 매우 중요하다'라는, 대조되는 내용을 서술하고 있다. 따라서 (B)에는 '그러나'의 의미를 가진 'However'가 들어가는 것이 가장 적절하다. 그러므로 ② 'such as – However'가 정답이다.

| 오답해설 | ③ (B) 이전 문장과 이후 문장은 대조되는 서술이므로 상반되는 내용을 이어주는 연결사가 필요하다. 'Therefore'는 '그러므로'의 의미로, 인과 관계의 문장을 연결하는 접속부사이므로 정답이 될 수 없다.

| 어휘 |
saline 염분이 함유된	freshwater resource 담수 자원
groundwater 지하수	visualize 시각화하다
water cycle 물 순환	rainfall 비, 강우(량)
liquid 액체	form 형태, 유형

---

19 [빈칸형] 독해 > Reading for Writing > 빈칸 절 완성 　　답 ②

핵심포인트 벌의 개체 수 감소에 대해 서술하고 있다. 본문의 핵심 내용을 파악하는 것이 관건이다.

| 해석 | Ottawa 대학의 2020년 연구가 '호박벌 개체 수가 특정 지역에서 살아남을 가능성'이 인간의 한 세대 동안 30%가 넘게 감소했다는 것을 발견했다. 유럽에는 800종이 넘는 야생 벌 종이 있다; 세계자연보전연맹(IUCN)에 의하면 (그중) 7종이 "위급" 단계로 분류되었다. 추가로 46종은 "위기" 단계, 24종은 "취약" 단계, 그리고 101종은 "준위협" 단계로 분류되었다. 벌들이 죽어가는 데에는 많은 이유들이 있는데, 인간이 그들의 개체 수 감소에 주로 책임이 있다. 다양한 요인들로는 살충제, 가뭄, 서식지 파괴, 영양 결핍, 대기 오염, 그리고 지구 온난화가 있는데, 살충제와 서식지 파괴가 가장 두드러진 원인들 중 두 가지라고 여겨진다. 전 세계적인 도시 개발과 집약적 농업이 많은 꽃가루 매개자 친화적인 서식지들을 파괴해 왔다. ② 벌들은 세계의 농작물 중 많은 것들에 있어 필수적이기 때문에 그들의 개체 수 감소는 걱정의 매우 큰 원인이다. 꿀벌은 — 야생(벌)과 사육(벌) 모두 — 전 세계적으로 모든 수분의 약 80퍼센트를 해낸다. 바람은 주로 곡물을 수분하지만, 벌들은 과일, 견과류, 그리고 야채들을 수분한다. 인간의 농작물 상위 100가지 중 70가지는 — 전 세계 영양분의 약 90퍼센트를 공급하는데 — 벌에 의해 수분된다.

① 그들이 없으면, 꽃이 더 이상 없을 것이다
② 벌들은 세계의 농작물 중 많은 것들에 있어 필수적이다
③ 벌들의 서식지는 인간의 그것들(거주지)과 밀접하게 관련되어 있다
④ 벌들은 대기 오염 강도의 지표로 기능할 수 있다

| 정답해설 | 본문은 벌의 개체 수가 줄어들고 있는 현상의 원인과 그 의미에 대해 설명하고 있다. 밑줄 친 부분은 벌의 개체 수 감소가 걱정거리인 이유에 대한 서술이 들어가야 하고 이는 빈칸이 포함된 문장 이후에 제시되고 있다. 이후 내용의 핵심은 벌이 인간의 농작물 중 많은 것들의 수분을 담당하고 있다는 것이므로 선지 중 ② 'bees are essential to many of the world's food crops(벌들은 세계의 농작물 중 많은 것들에 있어 필수적이다)'가 빈칸의 내용으로 가장 적절하다.

| 오답해설 | ① 본문에서는 벌이 인간의 농작물 중 많은 부분에 있어 수분을 담당하고 있기 때문에 벌의 개체 수 감소가 걱정거리라고 서술하고 있으므로, ① 'without them, there won't be flowers any more(그들이 없으면, 꽃이 더 이상 없을 것이다)'는 빈칸의 내용으로 적절하지 않다.

③ 본문에서는 벌이 인간의 농작물 중 많은 부분에 있어 수분을 담당하고 있기 때문에 벌의 개체 수 감소가 걱정거리라고 서술하고 있으므로, ③ 'habitats of bees are closely related to those of humans(벌들의 서식지는 인간의 그것들(거주지)과 밀접하게 관련되어 있다)'는 빈칸의 내용으로 적절하지 않다.

④ 본문에서는 벌이 인간의 농작물 중 많은 부분에 있어 수분을 담당하고 있기 때문에 벌의 개체 수 감소가 걱정거리라고 서술하고 있으므로, ④ 'bees can serve as an indicator of intensity of air pollution(벌들은 대기 오염 강도의 지표로 기능할 수 있다)'은 빈칸의 내용으로 적절하지 않다.

| 어휘 |

likelihood 가능성　　　　　　　　　bumblebee 호박벌

population 개체 수; 인구

decline 감소하다; 쇠퇴하다; 거절하다

generation 세대　　　　　　　　　　species 종

classify 분류하다

Critically Endangered 위급(세계자연보전연맹의 멸종위기 9단계 중 3단계)

further 더 나아가

Endangered 위기(세계자연보전연맹의 멸종위기 9단계 중 4단계)

Vulnerable 취약(세계자연보전연맹의 멸종위기 9단계 중 5단계)

Near Threatened 준위협(세계자연보전연맹의 멸종위기 9단계 중 6단계)

primarily 주로; 본래

responsible 원인이 되는; 책임이 있는

dwindle 줄어들다　　　　　　　　　variety 다양성; 여러 가지

factor 요인, 요소　　　　　　　　　pesticide 살충제

drought 가뭄　　　　　　　　　　　habitat 서식지

destruction 파괴　　　　　　　　　nutrition 영양

deficit 결핍, 부족　　　　　　　　　regard ~라고 여기다

prominent 두드러진, 현저한; 중요한

urban 도시의　　　　　　　　　　　intensive 집약적인; 집중적인

pollinator 꽃가루 매개자　　　　　　friendly 친화적인; 우호적인

essential 필수적인; 본질적인　　　　domestic 사육되는; 국내의; 가정의

perform 해내다; 실행하다; 연주하다, 연기하다

pollination 수분　　　　　　　　　　pollinate 수분하다

grain 곡물　　　　　　　　　　　　supply 공급하다

[上]

20 빈칸형 독해 > Reading for Writing > 빈칸 절 완성　　　답 ③

핵심포인트　본문에서 빈칸이 포함된 문장이 하는 역할을 파악하는 것이 관건이다.

| 해석 | 그리스의 문화는 수천 년에 걸쳐 발전되었고, 현대 서양 문화의 발상지로 널리 여겨진다. 이는 민주주의, 배심원에 의한 재판, 그리고 합법적인 평등과 같은 정치 체제와 절차들이 그곳에서 유래했기 때문이다. 그리스에서 파생된 서양 문명의 이러한 주요 특징 외에도, 고대 그리스의 사상가들과 건축가들은 많은 연구 분야의 지적 기반을 닦았다. 그것이 점성학이든, 수학이든, 생물학이든, 공학이든, 의학이든, 또는 언어학이든 오늘날 우리가 당연히 여기는 거의 모든 정보는 고대 그리스인들에 의해 최초로 발견되었다. 이 모든 것이 마치 충분하지 않은 것처럼, 문학, 음악, 건축, 디자인, 그리고 공연 예술을 포함한 예술의 영역에 관한 한, 그리스인들은 미와 창조적인 가치를 확인하는 근거가 되는 많은 기준을 정립했다. 요컨대, 만일 당신이 서양에 산다면, ③ 당신은 당신이 알아차리는 것보다 더 고대 그리스인과 유사하다. 우리가 매일 경험하고 혜택을 받는 철저히 고대 그리스적인 많은 공헌들이 존재한다.

① 당신은 그리스의 역사와 문화에 대해 더 많이 배워야 한다

② 당신은 그리스의 정치 체제에 영향을 받아 왔다

③ 당신은 당신이 알아차리는 것보다 더 고대 그리스인과 유사하다

④ 당신은 지금 고대 그리스의 철학자들과 예술가들과 친숙하다

| 정답해설 | 본문은 그리스의 문화(culture of Greece)가 현대 서양 문화(modern Western culture)에 미친 영향에 대해 서술하고 있다. 본문에 따르면, 정치, 학문, 예술 등 문화 전반에 걸쳐 그리스 문화의 영향이 미치지 않은 부분은 거의 없으며, 현재까지도 서양에서 당연시하고 있는 여러 문화적 요소들은 고대 그리스인들이 닦아 놓은 토대 위에 기반한 것이다. 즉, 현대의 우리들(서양에 살고 있는 사람들)은 우리가 미처 인식하고 있지는 못하지만 고대 그리스인들의 영향을 많이 받고 있다는 것이 글의 요지이다. 따라서 'In short(요컨대)'를 이용해 글 전체를 요약하고자 하는 빈칸에는 ③ 'you are more like an ancient Grecian than you may realize(당신은 당신이 알아차리는 것보다 더 고대 그리스인과 유사하다)'가 들어가는 것이 가장 적절하다.

| 오답해설 | ① 본문에서는 그리스의 '문화'에 대해 언급하고 있으며, '역사'에 관해서는 설명하지 않는다. 또한 그리스의 문화가 서구 문화에 미친 지대한 영향에 대해 객관적으로 설명하는 글이며, 그리스 문화에 대한 학습의 필요성에 관해서는 본문에 언급되지 않으므로 오답이다.

② 그리스의 정치 체계에 관해서는 '서양 문화에 영향을 준 그리스 문화'의 한 예시로 제시되었으나, 이후 학문, 예술 등 다양한 분야에 대해 추가적으로 언급하고 있으므로, '정치' 만을 언급하는 선지는 빈칸에 적절하지 않다.

④ 본문에서는 정치, 학문, 예술 등 전반적인 '문화' 분야에 대해 언급하고 있는데, 글을 요약하는 빈칸에서 '철학자와 예술가'라고 '인물'에 대해 이야기하는 것은 글의 흐름상 적절하지 않다.

| 어휘 |

evolve 차츰 발전[전개]시키다　　　　cradle 발상지, 요람

procedure 절차, 과정　　　　　　　jury 배심원

lawful 합법적인　　　　　　　　　equality 평등, 균등

originate 유래하다　　　　　　　　apart from ~ 이외에

derive 나오다, 파생하다, 기인하다　　feature 특징, 특성

Grecian 그리스(풍)의, 그리스인(풍)의

intellectual 지적인　　　　　　　　astrology 점성술, 점성학

take A for granted A를 당연한 것으로 여기다

when it comes to ~에 관한 한　　　realm 영역, 범위

thoroughly 철저하게, 완벽하게　　　contribution 공헌, 기여

9급공무원 공개경쟁채용 필기시험

3회 난이도	中
3회 합격선	17개/20개

회차	유형매칭
3	2021 국가직 9급

3회차 핵심페이퍼

문번	정답	개념	꼭 짚고 넘어가야 하는 핵심포인트!
01	④	어휘	'converge'와 'flock'이 유의어 관계인 것을 파악한다.
02	①	어휘	'misappropriate'와 'usurp'가 유의어 관계인 것을 파악한다.
03	③	어휘	'conspire'와 'collude'가 유의어 관계인 것을 파악한다.
04	①	어휘	'detest'를 알고 있는지 묻는 문제이다.
05	①	독해	회중시계를 소재로 한 내용일치 문항으로 꼼꼼한 독해가 필요하다.
06	②	문법	주어진 문장의 관계대명사 'which' 이후의 문장이 완전한 문장임을 파악하는 것이 관건이다.
07	②	독해	사회학과 인류학의 차이점에 대해 서술하고 있는 글로, 제목을 묻는 문항인 만큼 미시적으로 지문에 접근하기 보다는 거시적으로 접근해야 한다.
08	④	문법	구전치사의 목적어로 온 간접의문문의 어순에 유의한다.
09	④	독해	지문의 논리적 흐름을 파악하고 마지막 문장의 'as well'의 역할을 파악하는 것이 관건이다.
10	③	독해	홈스쿨링의 부정적 사실에 대해 서술하는 것과 다른 맥락을 서술하는 문장을 파악하는 것이 관건이다.
11	④	생활영어	관용표현인 'keep one's fingers crossed'의 의미를 파악하는 것이 관건이다.
12	③	생활영어	문맥에 맞게 'rain cats and dogs'라는 표현과, 'copycat'이라는 관용표현의 의미를 파악하는 것이 관건이다.
13	④	독해	홍콩 독감을 소재로 한 내용 불일치 문항으로 꼼꼼한 독해가 필요하다.
14	②	문법	시제 일치 예외에 대해 묻는 문항으로 역사적 사실을 나타내는 경우 과거시제를 사용함을 파악하는 것이 관건이다.
15 〈오답률 TOP 1〉	④	문법	불완전자동사로 쓰인 'prove'가 수동태 불가 동사임을 파악하는 것이 관건이다.
16 〈오답률 TOP 2〉	②	독해	Columbus를 소재로 한 빈칸 문항으로 지문에서 'This is not the case.'가 하는 역할과 필자가 궁극적으로 주장하는 바를 파악하는 것이 관건이다.
17 〈오답률 TOP 3〉	②	독해	주어진 글에서 서술하고자 하는 바를 파악하고 빈칸 이후 이어지는 예시를 통해 '단호함'이 필요로 하는 것을 유추하는 것이 관건이다.
18	②	독해	생체 자기 제어 기술에 관한 지문으로 논리적 흐름을 파악하는 것이 관건이다.
19	①	독해	걱정을 멈추는 방법에 대한 글로 선지상의 차이를 먼저 파악해야 정확하고 빠르게 주제를 파악할 수 있다.
20	④	독해	글 속에 제시된 인물들 사이의 감정 변화를 에피소드를 통해 파악하는 것이 관건이다.

※ [오답률/선택률] 산정 기준: 2022.01.13. ~ 2022.12.30. 기간동안 응시된 1초 합격예측 서비스의 누적 데이터
※ [오답률] TOP 1, 2, 3은 많은 응시생들이 헷갈린 문항이므로 꼭 확인하고 넘어가시기 바랍니다.

01	④	02	①	03	③	04	①	05	①
06	②	07	②	08	④	09	④	10	③
11	④	12	③	13	④	14	②	15	④
16	②	17	②	18	②	19	①	20	④

※ 上中下 는 문항의 난이도를 나타냅니다.
※ 50% 는 선지별 선택률을 나타냅니다.

오답률 39% 中

01 밑줄형 어휘 > 유의어 찾기 답 ④

핵심포인트 'converge'와 'flock'이 유의어 관계인 것을 파악한다.

| 해석 | 당국이 안전 문제를 이유로 들며, 중앙 광장에 모이려고 시도하던 겁에 질린 참가자들을 몰아내며 동성연애자와 트렌스젠더의 프라이드 이벤트를 금지했던 2015년에 그것은 갑작스럽게 변했다.
① 14% 영구화하다   ② 16% 위반하다
③ 9% 유발하다, 야기하다   ④ 61% 모이다

| 정답해설 | 해당 문장에서 'converge'는 '모이다'로 사용되었으므로, 문맥상 ④ 'flock(모이다)'가 가장 적절하다.

| 어휘 |
authorities (정부) 당국, 관계자   ban 금지하다, 금하다

오답률 47% 中

02 밑줄형 어휘 > 유의어 찾기 답 ①

핵심포인트 'misappropriate'와 'usurp'가 유의어 관계인 것을 파악한다.

| 해석 | 이것은 그가 국정에 간섭하고 공적 자금을 횡령하도록 허락받았다는 증거와 관련된다.
① 53% 빼앗다, 횡령하다   ② 17% 억제하다
③ 18% 어울리다   ④ 12% 둘러싸다, 에워싸다

| 정답해설 | 해당 문장에서 'misappropriate'는 '횡령하다'라는 의미로 사용되었으므로, ① 'usurp(빼앗다, 횡령하다)'가 가장 적절하다.

| 어휘 |
meddle 간섭하다, 참견하다   state affairs 국정

오답률 36% 中

03 밑줄형 어휘 > 유의어 찾기 답 ③

핵심포인트 'conspire'와 'collude'가 유의어 관계인 것을 파악한다.

| 해석 | 그러나 경솔한 개인의 선택들과 역사적인 우연들은 Marrero를 향한 음모였던 것처럼 보였다.
① 9% 모으다   ② 23% 경멸하다
③ 64% 공모하다   ④ 4% 문의하다

| 정답해설 | 해당 문장에서 'conspire'는 '음모하다'라는 의미로 사용되었으므로, ③ 'collude(공모하다)'가 가장 적절하다.

| 어휘 |
unconsidered 경솔한, 사려 깊지 못한   accident 우연, 사고

오답률 28% 中

04 빈칸형 어휘 > 빈칸 완성 답 ①

핵심포인트 'detest'를 알고 있는지 묻는 문제이다.

| 해석 | 상호간의 이익이 얽힌 범죄를 해결하기 위해 표면상으로 협력함에도 불구하고, 그들은 서로를 ① 몹시 싫어한다.
① 72% 혐오하다, 싫어하다
② 7% 취소하다, 철회하다
③ 11% 진정시키다, 만족시키다
④ 10% 해설하다, 설명하다

| 정답해설 | '표면상으로 협력함에도 불구하고'라고 했으므로 빈칸에는 이와 대조되는 내용인 ① 'detest(혐오하다, 싫어하다)'가 가장 적절하다.

| 어휘 |
ostensibly 표면상   mutual 상호간의, 서로의

오답률 49% 中

05 지문제시형 독해 > Micro Reading > 내용일치/불일치 답 ①

핵심포인트 회중시계를 소재로 한 내용일치 문항으로 꼼꼼한 독해가 필요하다.

| 해석 | 최초의 회중시계는 독일의 Nuremberg에서 1510년에 Peter Henlein에 의해 발명되었다. 비록 16세기와 17세기의 시계가 굉장히 신뢰할만하지 않고 아름다운 장식품이었을 뿐임에도 불구하고, 회중시계는 부와 지위의 상징이 되었다. 케이스와 문자반은 호화로운 프랑스식 디자인으로 공들여 수공예로 만들어졌고, 반면 영국, 독일, 그리고 네덜란드식 디자인은 더 수수했다. 기술적 발전이 이루어짐에 따라, 디자인은 단순화되었고, 시계의 이미지는 신뢰할 수 없는 것에서 신뢰할 수 있는 시계로 바뀌었다. 18세기에 회중시계는 계속해서 진화했다. 보석이, 때때로 다이아몬드가, 베어링으로 사용되었는데, 당신이 상상할 수 있듯이, 이것이 회중시계를 매우 비싸게 만들었다. 18세기 하반기에 회중시계는 3개의 침으로 만들어졌는데, 이것이 시간 알림을 더욱 정확하게 만들었다. 두 차례의 세계대전 중에는, 착용하기 더 쉬웠기 때문에 손목시계가 선호되었지만, 회중시계는 1950년대에도 스리피스 정장과 함께 여전히 종종 착용되었다.
① 프랑스식 회중시계 디자인이 영국식 디자인보다 더 호화로웠다.
② 회중시계는 시계라기보다는 액세서리로 여겨져 왔다.
③ 18세기에, 회중시계는 수공예로 만들어졌기 때문에 비쌌다.
④ 17세기에 생산된 회중시계에는 초침이 있었다.

| 정답해설 | ① 51% 회중시계(pocket watch)의 역사에 대한 글이

다. 세 번째 문장 'Cases and dials were painstakingly handcrafted with opulent French designs whilst English, German and Dutch designs were more sedate(케이스와 문자반은 호화로운 프랑스식 디자인으로 공들여 수공예로 만들어졌고, 반면 영국, 독일, 그리고 네덜란드식 디자인은 더 수수했다).'를 통해, 여타 디자인보다 프랑스식 디자인이 호화롭고 화려했다는 것을 알 수 있으므로, ① 'French pocket watch designs were more sumptuous than English designs.'는 글의 내용과 일치한다.

| 오답해설 | ② 26% 본문 초반에서 회중시계는 장신구에 더 가까웠다고 언급하고 있으나, 본문 중반 'As technical advances were made, designs were simplified and the watch's image changed from an unreliable, to a reliable timekeeper(기술적 발전이 이루어짐에 따라, 디자인은 단순화되었고, 시계의 이미지는 신뢰할 수 없는 것에서 신뢰할 수 있는 시계로 바뀌었다).'에서 신뢰할 수 있는 시계로의 역할을 수행하기 시작했다는 것을 알 수 있으므로, 글의 내용과 일치하지 않는다.

③ 15% 본문 중후반 'Jewels were used as bearings, sometimes diamonds, but as you can imagine, this made the pocket watch very expensive(보석이, 때때로 다이아몬드가, 베어링으로 사용되었는데, 당신이 상상할 수 있듯이, 이것이 회중시계를 매우 비싸게 만들었다.).'를 통해 회중시계의 비싼 가격의 원인은 보석류 사용이라는 것을 알 수 있다.

④ 8% 본문 후반 'In the second half of the 18th century, pocket watches started to be produced with three hands, thus making telling the time even more accurate(18세기 하반기에 회중시계는 3개의 침으로 만들어졌는데, 이것이 시간 알림을 더욱 정확하게 만들었다).'을 통해, 18세기 하반기부터 회중시계에 시, 분, 초침이 포함되었음을 알 수 있으므로, 글의 내용과 일치하지 않는다.

| 어휘 |

pocket watch 회중시계 　　terribly 몹시, 굉장히, 대단히
reliable 신뢰할 수 있는 　　ornament 장신구, 장식품
dial (시계의) 문자반, (나침반·계량기의) 눈금판
painstakingly 공들여, 힘들여 　　handcraft 손으로[수공예로] 만들다
opulent 호화로운 　　sedate 수수한, 점잖은
simplify 간소화[단순화]하다, 간단[평이]하게 하다
unreliable 신뢰할 수 없는 　　timekeeper 시계
evolve (서서히) 발전하다, 진화하다
hand (시계) 바늘, (시·분·초)침
three-piece suit (상의·바지로 조끼로 이루어진) 스리피스 정장
sumptuous 호화로운, 사치스러운 　　costly 값비싼
second hand (시계의) 초침

06 　　문장형　文法 > Expansion > 관계사　　　　답 ②

핵심포인트 주어진 문장의 관계대명사 'which' 이후의 문장이 완전한 문장임을 파악하는 것이 관건이다.

| 해석 | ① 만일 당신이 체육관에 왔었다면, 당신은 그녀를 볼 수 있었을 텐데.
② 그녀는 제한구역에서 사는데, 그곳에서 그녀는 수학 선생님으로 일한다.
③ William과 Jane은 너무 깊은 불신감을 가지고 있어서 그들은 서로를 신뢰할 수 없다.
④ 그는 그 장엄한 광경을 본 후에, 자신의 디지털 카메라로 그것의 사진을 찍었다.

| 정답해설 | ② 66% 관계대명사는 「전치사+관계대명사」를 제외하고 뒤에 오는 절의 형태가 불완전하며, 관계부사는 뒤에 오는 절의 형태가 완전하다. 해당 문장은 관계대명사 'which'를 사용하였으나 뒤에 오는 절 'she works as a math teacher'가 완전한 형태이므로 틀린 문장이다. 따라서 'which'를 수정해야 하는데, 선행사가 'the restricted area'이므로 관계부사 'where'로 고쳐 써야 한다. 또한 해당 문장에서 'restricted'는 'restrict'의 과거분사로 해석상 '제한된 구역'이 자연스러우며 수식하는 대상 'area'와 수동 관계이므로 'restricted'는 옳은 표현이다.

| 오답해설 | ① 14% 종속절에 접속사 'If'가 없으나 주절의 'could have seen'을 통해 해당 문장이 'If'가 생략된 가정법 과거완료가 사용되었음을 알 수 있다. 이때 'If'가 생략된 가정법 과거완료의 형태는 「Had+주어+과거분사 ~, 주어+would/should/could/might+have+과거분사 ~.」이다.
③ 12% 해당 문장에서 'that'은 부사절을 이끄는 접속사로 「so+형용사+부정관사+단수 가산명사+that+주어+cannot+동사원형」의 형태로 사용된 옳은 표현이다.
④ 8% 해당 문장에서 'Having seen'은 완료 분사구문으로 '장엄한 광경을 본 시점이 사진을 찍은 시점보다 앞섬'을 나타낸다. 이때 생략된 주어 'he'와 능동 관계로 해석상 '그가 그 장엄한 광경을 본 후에'가 자연스러우므로 현재분사의 완료형태인 'Having seen'은 옳다. 해당 분사구문이 이루어지는 과정은 다음과 같다.
- After he had seen the magnificent view, he took a picture of it with his digital camera.
→ 종속절과 주절의 주어가 같으므로 주어를 생략하고, 종속절의 태가 능동태이므로 현재분사를 사용하며, 종속절의 시제가 주절의 시제보다 앞서므로 완료 형태를 사용
→ After having seen the magnificent view, he took a picture of it with his digital camera.
→ 접속사 'After'는 생략할 수 있으므로 생략
→ Having seen the magnificent view, he took a picture of it with his digital camera.

24 · 에듀윌 9급공무원 실전동형 모의고사

cross-cultural 여러 문화가 섞인[혼재된], 비교 문화의, 문화 간의

07 지문제시형 독해 > Macro Reading > 제목 답 ②

핵심포인트 사회학과 인류학의 차이점에 대해 서술하고 있는 글로, 제목을 묻는 문항인 만큼 미시적으로 지문에 접근하기 보다는 거시적으로 접근해야 한다.

| 해석 | 사회학과 인류학은 사회 내에서 인간의 행동을 연구하는 데 초점을 맞춘 사회 과학 분야이다. 많은 학회들은 둘 사이의 유사점 때문에 두 분야를 하나의 부문으로 결합한다. 그러나, 그 두 사회 과학의 주요 차이점은 사회학이 사회에 집중하는 반면, 인류학은 문화에 집중한다는 것이다. 좀 더 구체적으로 말하면, 사회학은 사회생활, 사회적 변화, 그리고 인간 행위의 사회적 원인과 결과에 대한 연구이다. 사회학적인 사고는 사람들 간의 관계, 또는 더 구체적으로, 사람들 간의 연관성과 인간 상호작용의 산물을 포함한다. 인류학은 과거와 현재의 인간에 대한 연구로 정의된다. 인류학적 관점은 사회제도, 문화적 믿음, 그리고 의사소통 방식에서 나타나는 문화 간의 차이를 관찰하는 것에 의해 영감을 받는다.
① 인류학이 어떻게 사회학에 영향을 끼쳤는가?
② 사회학과 인류학은 어떻게 다른가?
③ 사회학과 인류학의 유사점
④ 사회 과학 분야의 중요한 역할

| 정답해설 | ② 92% 본문 첫 문장 'Sociology and anthropology are social science disciplines that focus on studying the behavior of humans within their societies.'를 통해, 사회학과 인류학의 특성에 대해 설명하는 글이라는 것을 알 수 있다. 특히, 그 중에서도 세 번째 문장 'But the key distinction between the two social sciences is that sociology concentrates on society while anthropology focuses on culture.'를 통해, 둘 간의 주요 차이점을 설명할 것이라는 점을 유추할 수 있다. 이후 내용은 두 학문의 주요 연구 분야를 구체적으로 언급하며 차이점을 설명하고 있으므로, 글의 제목으로 가장 적절한 것은 ② 'How Do Sociology And Anthropology Differ?(사회학과 인류학은 어떻게 다른가?)'이다.

| 오답해설 | ③ 6% 두 번째 문장 'Many institutions combine both disciplines into one department due to the similarities between the two(많은 학회들은 둘 사이의 유사점 때문에 두 분야를 하나의 부문으로 결합한다).'에서 둘 사이의 유사점이 언급되기는 하지만, 이후에는 '차이점' 중심으로 내용을 기술하고 있으므로, 글의 제목으로 적절하지 않다.

| 어휘 |
sociology 사회학
discipline (학문의) 분야
concretely 구체적으로, 명확하게
sociological 사회학의
specifically 명확히, 분명히, 구체적으로
association 관련, 관계, 연합
define 정의하다
viewpoint 견해, 견지, 관점
anthropology 인류학
institution 학회, 협회; 제도, 관습
consequence 결과, 결말, 영향
involve 포함하다, 수반하다
interaction 상호작용
anthropological 인류학의

08 밑줄형 문법 > Structure Constituent > 대명사 답 ④

핵심포인트 구전치사의 목적어로 온 간접의문문의 어순에 유의한다.

| 해석 | 그 경험으로부터, 나는 여러분에게 지금 당장 쓰지 말아야 할 단어에 대한 약간의 비밀을 알려주겠다. 그것은 "사실상"이다. 숙련된 청자들에게 "사실상"은 적어도 추가 조사가 필요하거나 속임수일 수도 있음을 알리는 결정적인 증거이다. 대답할 때 "사실상"은 중요하지 않다. 그것은 그 단어가 왜 추가되었는지에 대해 청자를 궁금하게 만드는 추가적인 정보일 뿐이다. 빈틈없는 투자자 혹은 고객은 고객사 리스트나 소개 자료를 보여 달라고 요청할 것이다.

| 정답해설 | ④ 66% 'as to'는 구전치사로 목적어로 명사구나 명사절을 취할 수 있다. 해당 문장에서는 목적어로 명사절에 해당하는 간접의문문이 「의문사(why)+주어+동사」의 어순으로 쓰였으므로 옳은 표현이다.

| 오답해설 | ① 2% immediate → immediately
'immediate'는 형용사로 동사를 수식할 수 없다. 따라서 동사를 수식하는 부사 'immediately'로 수정해야 한다.

② 16% experiencing → experienced
'경험 있는, 숙련된'의 의미로 'listener'를 수식해야 하므로 과거분사 experienced가 옳다.

③ 16% need → needs
밑줄 친 'need'는 주격 관계대명사절의 동사로 사용되었다. 주격 관계대명사 절의 동사는 선행사와 수일치해야 하므로 선행사인 'an area'와 수일치해 복수 형태의 동사 'need'를 단수 형태의 동사 'needs'로 수정해야 한다. 해당 문장에서 'at the least'는 전명구로 관계대명사의 수일치에 어떠한 영향도 주지 않는다.

| 어휘 |
a dead giveaway 결정적인 증거   deception 속임수, 속임
astute 빈틈없는, 기민한

09 논리형 독해 > Logical Reading > 삽입 답 ④

핵심포인트 지문의 논리적 흐름을 파악하고 마지막 문장의 'as well'의 역할을 파악하는 것이 관건이다.

| 해석 | YouTube에서 '보복운전'을 검색해 보아라. 그러면 당신은 650만 개 이상의 운전석에서 참지 못하는 (그리고 그들에게는 불행하게노, 카메라 앞의) 운전자들의 영상을 찾을 것이다. 그리고 어떤 영상은 재미있어 보일지도 모르지만, 그것들은 모두 똑같은 심각한 문제를 강조하고 있다. 즉, 우리가 운전석에 오를 때 우리 중 너무나도 많은 사람들이 보복운전에 영향을 받고 있다는 것이다. 현재 수년 동안, 5명 중 4명의 운전자가 운전 중 화를 내는 영국은 전 세계에서 보복운전에 있어서 최악의 국가 자리를 차지해 왔다. ④ 교통

체중, 꼬리물기, 그리고 나쁜 운전이 사람들이 운전석에서 화내도록 만드는 일부 요소들이다. 나쁜 기분으로 자동차에 오르는 것 또한 도로에서 운전자들이 더욱 스트레스에 민감하도록 만들 수 있다.

| **정답해설** | ④ 45% 보복운전(road rage)의 심각성에 대한 글이며, 주어진 문장은 보복운전이 발생하는 원인에 대해 언급하고 있다. 마지막 문장 또한 '보복운전의 원인'을 설명하고 있는데, 마지막 문장의 'as well(또한)'로 보아 마지막 문장 이전에 다른 원인을 언급하는 내용이 들어가야 한다는 것을 알 수 있다. 따라서 주어진 문장이 들어갈 가장 적절한 위치는 ④이다.

| **오답해설** | ③ 11% 주어진 문장이 ③에 들어갈 수도 있다고 생각할 수 있지만, ④ 이후 문장의 'as well'과 주어진 문장의 연결성이 더욱 확실하므로, 가장 적절한 위치는 ④이다.

| **어휘** |
tailgate (다른 차의 뒤를) 바짝 따라 달리다
see red 몹시 화를 내다, 붉으락푸르락하다
road rage 보복운전, 운전자 폭행, (도로에서 운전 중) 분통 터뜨리기
lose it 참지를 못하다, 미치다
at the wheel (자동차의) 핸들을 잡고, 운전하여
highlight 강조하다   motorist 운전자
lose one's temper 화내다, 욱하다   susceptible to ~에 민감한
as well 또한

오답률 10% 下

10 논리형 독해 > Logical Reading > 삭제 답 ③

핵심포인트 홈스쿨링의 부정적 사실에 대해 서술하는 것과 다른 맥락을 서술하는 문장을 파악하는 것이 관건이다.

| **해석** | 홈스쿨링에 대한 가장 큰 미신 중 하나는 홈스쿨링 사회화는 존재하지 않는다거나 홈스쿨링을 받는 사람들은 모두 이상하거나 사람들과 상호작용하는 방법을 모른다는 생각이다. 그러나 이것이 항상 사실은 아니다. 물론, 홈스쿨링은 아이 또래의 많은 아이들과의 더 적은 일상적인 상호작용을 의미한다. 그리고 홈스쿨링을 받는 사람은 결국 자신들의 또래와의 조직적인 스포츠와 활동에 참여하는 것에 매일 더 적은 시간을 보낼 수 있다. ③ 게다가, 공립 학교와 비교하여, 아이들을 홈스쿨링 하는 것은 그들의 교육과정 선택에 따라 더 많은 비용이 들 수 있다. 그러나, 이것이 홈스쿨링을 받는 사람들이 자신들의 또래와 접촉을 할 수 없다는 것이나 자신들의 가족 외부의 사람들과 스포츠를 즐기거나 사회적으로 상호작용할 수 없다는 것을 의미하지는 않는다. 사실, 평균적으로, 홈스쿨링을 받는 사람들은 공립 학교에 다니는 자신들의 상대방보다, 공동체에 더 많이 참여하고, 덜 비활동적이며, 더 넓은 배합의 어른들(특히 전문가들)과 교제한다. 유연성 있는 성질과 1대1/개인 맞춤형 학습의 일부로, 홈스쿨링은 더 많은 현장 학습, 실제의 경험, 그리고 직접 참여하는 학습을 포함한다.

| **정답해설** | ③ 90% 해당 지문은 홈스쿨링에 대한 (근거 없는) 미신 중 하나인 '홈스쿨링과 사회성'에 대해 설명하고 있다. ①, ②에서는 홈스쿨링을 받는 아이들은 또래와의 사회화 경험이 더 적을

수도 있다는 부정적 사실을 언급하고 있다. ③에서도 홈스쿨링의 부정적 사실에 대해 언급하고는 있으나, '사회화'와 관련된 내용이 아니라 '홈스쿨링의 높은 비용'에 관해 언급하고 있으므로, 전체 글의 흐름과 어울리지 않는다. 따라서 정답은 ③이다.

| **오답해설** | ④ 3% 앞서 사회화 관련 '홈스쿨링의 단점'에 대해서 '또래와의 적은 사회화 경험'을 언급하고, 'However(그러나)'를 이용해 대조적인 내용을 제시함으로써 두 번째 문장 'But this is not always true(그러나 이것이 항상 사실은 아니다.).'에서 밝힌 것처럼 앞서 언급된 내용이 반드시 사실이 아님을 드러내고 있다. 따라서 ④ 문장은 전체 문맥상 자연스럽다.

| **어휘** |
socialization 사회화   weird 이상한, 기묘한
end up 결국 ~이 되다   peer 또래
in comparison to ~와 비교할 때   curriculum 교과[교육] 과정
access 접근성
sedentary 활동적이지 않은, 주로 앉아서 지내는
counterpart 상대, 대응 관계에 있는 사람[것]
flexible 유연한, 융통성 있는   personalized 맞춤형의
field trip 견학, 현장 학습   hands-on 직접 해 보는[체험하는]

오답률 7% 下

11 빈칸형 생활영어 > 회화/관용표현 답 ④

핵심포인트 관용표현인 'keep one's fingers crossed'의 의미를 파악하는 것이 관건이다.

| **해석** | A: 무슨 일이야? 너 약간 흥분한 거 같아.
B: 정말? 사실 노래 경연 대회가 내일로 다가왔어. 일년 내내 준비해 왔어. 이번이 졸업 전에 있는 마지막 기회거든.
A: 오, 너 정말 긴장되는 것이 틀림없어. 그렇지만 솔직히, 나는 네가 얼마나 열심히 이번 오디션을 준비했는지 보아와서, 네가 정말 해낼 것이라고 확신해!
B: 고마워, 그런데 나는 긴장하면 가끔 가사를 잊어버리거든.
A: 그냥 마음을 편히 가져! ④ 행운을 빌어줄게.
B: 응원해줘서 정말 고마워.
① 나는 그것이 신물 나.
② 나의 입장을 나타낼 거야.
③ 문자 그대로 받아들일 거야.
④ 행운을 빌어줄게.

| **정답해설** | ④ 93% 주어진 A와 B의 대화를 통해서 B가 '오디션'을 앞두고 긴장하고 있음을 알 수 있다. 주어진 빈칸은 A가 B에게 긴장을 풀어주기 위해 하는 말이 들어가는 것이 적절하다. 따라서 관용표현인 'keep one's fingers crossed(행운을 빌다)'를 이용한 ④ 'I'll keep my fingers crossed for you.(행운을 빌어 줄게.)'가 오는 것이 가장 적절하며, 비슷한 표현으로는 'break your leg(행운을 빌어)'가 있다.

| **오답해설** | ② 4% 'I'll show my true colors(나의 입장을 나타내다, 본의를 나타내다)'의 의미는 문맥상 어색하다.

③ 1% 'I'll accept it at face value'에서 'face value'는 문자 그대로의 가치를 말하며 이는 문맥상 적절하지 않다.

| 어휘 |
prepare for ~을 준비하다   lyrics 노랫말

오답률 1% 下

12 빈칸형 | 생활영어 > 회화/관용표현   답 ③

핵심포인트 문맥에 맞게 'rain cats and dogs'라는 표현과, 'copycat'이라는 관용표현의 의미를 파악하는 것이 관건이다.

| 해석 | A: 밖에 (A) 폭우가 쏟아지고 있어. 퍼붓는 거 봐봐!
B: 장화를 신어야겠어. 내 노란색 부츠 (어디 있는지) 봤니?
A: 현관 신발장에 있겠지. 그런데 내 생각에는 갈색 장화가 네가 오늘 입은 옷에 더 잘 어울릴 것 같아.
B: 알아. 하지만 지난 금요일에 내가 학교에 신고 갔는데, 다음날 Janet이 쇼핑몰에서 나를 따라서 똑같은 걸 사는 걸 봤어. 오늘 Janet이 그거 신고 올 게 확실해.
A: 지난번에도 방 꾸민다고 네 물건들이랑 똑같은 거 사지 않았니? 네가 하는 거 다 따라 하는구나.
B: 맞아. 항상 내 스타일을 가로채 간다니깐.
A: 정말 (B) 흉내쟁이네.

	(A)	(B)
①	내 취향이 아닌	겁쟁이
②	변덕을 부리다, 생각을 자주 바꾸다	냉혈한, 냉정한 사람
③	폭우가 쏟아지다	흉내쟁이, 모방하는 인간
④	헛수고하다	이익을 불러오는 사업

| 정답해설 | ③ 99% 빈칸 (A)에 이어 나오는 'Look at it's pouring (퍼붓는 거 봐봐)!'를 통해서 비가 많이 쏟아지고 있음을 짐작할 수 있다. 따라서 첫 번째 빈칸인 (A)에는 'raining cats and dogs(폭우가 쏟아진다)'가 적절하고, 두 번째 빈칸인 (B) 앞에 나오는 A와 B의 대화 'I know, but ~ a shopping mall.'과 'Didn't she buy ~ everything you do.'를 통해서 Janet이라는 친구가 B를 따라서 똑같은 물건들을 산 적이 몇 번 있음을 알 수 있다. 따라서 (B)에는 '흉내쟁이, 모방하는 사람'이라는 의미의 'copycat'이 오는 것이 가장 적절하다.

| 오답해설 | ① 0% 'not cup of my tea(내 취향이 아닌)'는 비가 많이 내리는 상황을 묘사하는 표현으로 적절하지 않다. 또한 '친구를 항상 따라하는 사람'을 나타내는 표현으로 'chicken(겁쟁이)'은 적절하지 않다.

② 0% 'blowing hot and cold(변덕을 부리다, 생각을 자주 바꾸다)'는 비가 많이 내리는 날에 대한 상황으로 적절하지 않고, 친구를 항상 따라 하는 Janet에 대한 묘사로 'cold fish(냉혈한, 냉정한 사람)'는 적절하지 않다.

| 어휘 |
pour 붓다, 마구 쏟아지다   put something on ~을 입다
shoe chest 구두 상자   entrance 입구, 현관
go well with ~와 잘 어울리다   outfit 옷, 복장
the exact 정확한   bet (~이) 틀림없다
stuff 것, 물건   decorate 장식하다
imitate 모방하다, 흉내 내다

오답률 22% 中

13 지문제시형 | 독해 > Micro Reading > 내용일치/불일치   답 ④

핵심포인트 홍콩 독감을 소재로 한 내용 불일치 문항으로 꼼꼼한 독해가 필요하다.

| 해석 | 스페인 독감 50년 후, 또 다른 인플루엔자 바이러스인 H_3N_2가 전 세계에 확산되었다. 추정에 따르면 전 세계 사망자 수가 약 백만 명이었고, 그 중 약 10만 명은 미국에서 있었다. 1968년 팬데믹은 20세기에 발생한 세 번째 인플루엔자 발병이었고, 다른 둘은 스페인 독감과 아시아 독감 팬데믹이다. 아시아 독감을 유발한 바이러스가 진화하고 10년 후 이 소위 "홍콩 독감"이라는 것으로 다시 출현해, H_3N_2 팬데믹으로 이르렀다고 여겨진다. 스페인 독감 발병만큼 치명적이지는 않았지만, H_3N_2는 이례적으로 전염성이 강해, 홍콩에서 최초로 보고된 사례 이후 2주 이내에 50만 명의 사람들이 감염되었다. 그 팬데믹은 전 세계 보건 분야가 미래의 발병을 예방하는 데 있어서 백신 접종의 중요한 역할을 이해하는 데 도움을 주었다.

① 스페인 독감은 1918년에 발생했다.
② H_3N_2 팬데믹 전체 사상자의 약 10분의 1이 한 국가에서 사망했다.
③ 아시아 독감 바이러스는 H_3N_2와 관련이 있다고 생각되어진다.
④ 홍콩 독감은 스페인 독감보다 더 많은 죽음을 유발했다.

| 정답해설 | ④ 78% 본문은 20세기에 발생한 세 번째 팬데믹(pandemic)인 홍콩 독감(Hong Kong flu)에 관한 내용이다. 본문의 중후반 'While not as deadly as the Spanish flu outbreak, H_3N_2 was exceptionally contagious(스페인 독감 발병만큼 치명적이지는 않았지만, H_3N_2는 이례적으로 전염성이 강해),'를 통해, 스페인 독감이 더 치명적이었다는 것을 알 수 있으므로, ④ 'The Hong Kong flu caused more deaths than the Spanish flu(홍콩 독감은 스페인 독감보다 더 많은 죽음을 유발했다).'는 오답이라는 것을 유추할 수 있다.

| 오답해설 | ① 3% 첫 번째 문장에서 스페인 독감은 홍콩 독감 50년 전에 발생했다는 것을 알 수 있으며, 세 번째 문장에서 홍콩 독감은 1968년 발생한 사실을 확인할 수 있으므로, 스페인 독감은 그로부터 50년 전인 1918년에 발병했다는 것을 유추할 수 있다. 따라서 글의 내용과 일치한다.

② 11% 두 번째 문장 'Estimates put the number of global fatalities at around one million people, about 100,000 of which were in the US(추정에 따르면 전 세계 사망자 수가 약

백만 명이었고, 그 중 약 10만 명은 미국에서 있었다).'을 통해, 사망자 백만 명 중 10만 명이 미국에 있었다는 것을 알 수 있으므로, ②는 글의 내용과 일치한다.

③ 8% 본문 중반 'It is believed that the virus responsible for the Asian flu evolved and reemerged 10 years later into this so-called "Hong Kong flu," resulting in the H$_3$N$_2$ pandemic(아시아 독감을 유발한 바이러스가 진화하고 10년 후 이 소위 "홍콩 독감"이라는 것으로 다시 출현해, H$_3$N$_2$ 팬데믹을 일으켰다고 여겨진다).'을 통해 아시아 독감 바이러스가 진화해 홍콩 독감 바이러스로 다시 출현했다는 것을 알 수 있으므로, 글의 내용과 일치한다.

| 어휘 |
estimate 추정, 추산　　　　　　　　fatality 사망자
pandemic 팬데믹, 전 세계적인 유행병
outbreak 발발, 발생　　　　　　　　evolve 진화하다
reemerge 다시 나타나다, 재출현하다
so-called 소위, 이른바
exceptionally 이례적으로, 예외적으로
contagious 잘 번지는, 전염성의　　　vital 중요한, 필수적인
approximately 약, 대략

오답률 21% 中

14　문장형　문법 > Main Structure > 시제　　답 ②

핵심포인트　시제 일치 예외에 대해 묻는 문항으로 역사적 사실을 나타내는 경우 과거시제를 사용함을 파악하는 것이 관건이다.

| 정답해설 | ② 79% 역사 선생님이 말한 시점보다 제1차 세계대전이 발발한 시점이 앞서며 주절의 동사에 과거시제를 사용하였으므로 that절의 동사에 과거완료인 'had broken'을 사용하는 것이 옳다고 생각할 수 있으나 종속절이 역사적 사실을 나타내는 경우 과거시제를 사용한다. 따라서 'had broken'을 과거시제 동사 'broke'로 수정해야 한다.

| 오답해설 | ① 10% 주어가 의문사절인 경우 단수로 취급하므로 동사에 단수 형태인 'is'를 사용하는 것이 옳으며 뒤에 오는 'as important as'는 원급 비교 「as + 원급[형용사/부사] + as」의 형태에 해당한다. 또한 의문부사 'How'가 이끄는 절의 동사 'do'는 완전자동사이며 의문대명사 'what'이 이끄는 절의 동사 'do'는 완전타동사이므로 'do'가 완전자동사와 완전타동사 모두 가능하다는 점에 주의하도록 한다.

③ 6% 'ask'가 불완전타동사의 경우 「ask + 목적어 + 목적격 보어[to + 동사원형]」의 형태로 사용되며 수동태의 경우 「be + asked + 목적격 보어[to + 동사원형]」의 형태로 사용된다. 해당 문장의 경우 'was asked to respond'는 불완전타동사 'ask'의 수동태에 해당하며 주어진 해석과 일치하므로 옳은 표현이다.

④ 5% 해당 문장에서 'Most of the people'은 주절의 주어이자 선행사에 해당하며 이때 주절의 동사와 주격 관계대명사절 동사의 수일치 기준은 복수 형태인 'the people'이므로 복수 형태의 동

사 'seem'과 'participate'의 쓰임은 올바르다. 또한 'participate'는 완전자동사이므로 목적어 'the project' 앞에 전치사 'in'을 사용하였으며 'seem'은 불완전자동사이므로 주격 보어로 to부정사인 'to be interested'를 사용하였다.

오답률 TOP 1　오답률 60% 上

15　문장형　문법 > Main Structure > 태　　답 ④

핵심포인트　불완전자동사로 쓰인 'prove'가 수동태 불가 동사임을 파악하는 것이 관건이다.

| 정답해설 | ④ 40% 주어진 해석 '드러나다'를 통해 해당 문장에서 'prove'는 불완전자동사로 사용되었음을 알 수 있으며, 불완전자동사는 수동태를 사용할 수 없으므로 'was proved'를 능동태인 'proved'로 수정해야 한다.

| 오답해설 | ① 13% 'whatever'는 복합관계대명사로 '~을 할지라도'를 뜻하며 선행사를 포함한다. 해당 문장에서는 뒤에 오는 절과 함께 부사 역할을 하고 있다. 또한 'have one's feet on the ground'는 관용표현으로 '현실적이다'라는 의미이다.

② 26% 「stumble on + 목적어」는 관용표현으로 '~을 우연히 발견하다'라는 의미이다.

③ 21% 혼합가정법은 「If + 주어 + had + 과거분사 ~ 시간의 부사(구), 주어 + would/should/could/might + 동사원형 ~ 시간의 부사(구)」의 형태이다. 이때 종속절의 시간의 부사(구)는 과거를 가리키며, 주절의 시간의 부사(구)는 현재를 가리킨다. 해당 문장의 경우 종속절의 시간의 부사구와 주절의 시간의 부사구가 각각 'then'과 'now'이므로 종속절의 동사와 주절의 동사에 각각 과거완료와 「could + 동사원형」을 사용하였으므로 옳다.

오답률 TOP 2　오답률 56% 上

16　빈칸형　독해 > Reading for Writing > 빈칸 절 완성　　답 ②

핵심포인트　Columbus를 소재로 한 빈칸 문항으로 지문에서 'This is not the case.'가 하는 역할과 필자가 궁극적으로 주장하는 바를 파악하는 것이 관건이다.

| 해석 | 아이들은 학교에서 오랫동안 Christopher Columbus가 지구는 평평하지 않다는 것을 증명했다고 배워왔다. 실제로, Christopher Columbus가 1492년에 새로운 동인도 제도로 가는 새로운 항로를 찾기 위해 항해를 시작했을 때, 그 당시 사람들은 지구가 평평하다고 믿었기 때문에 그가 지구의 끝으로 떨어지지 않을까 두려워했다는 것이 널리 믿어져 왔다. 그렇지 않다. 일찍이 기원전 6세기에 Pythagoras는 - 이후에 Aristotle과 Euclid가 뒤이어 - 지구를 구로 서술했으며, 많은 역사학자들은 Columbus의 시대의 지식인들이 지구가 둥글다는 것을 꽤 잘 알고 있었다는 것에는 의심할 여지가 없다고 말한다. 실제로 Columbus는 Ptolemy가 쓴 Geography 한 부를 소유하고 있었는데, 이것은 Columbus가 항해를 떠나기 전 1,300년 로마 제국의 전성기에 쓰인 것이다. 1,200년

대 초반에 쓰였고, 1,300년대부터 이후까지 유럽 대학에서 읽어야만 했던 The Sphere를 포함해 1,200년에서 1,500년 사이에 유럽에서 발간된 여러 책들이 지구의 형태에 대해 논했다. ② Columbus에게 있어서 커다란 문제는 지구의 형태가 아니라 그가 가로지르려고 계획하고 있던 바다의 크기였다는 것이 밝혀졌다.

① 그가 계획대로 아시아에 도착하지 못했을지라도, 우리는 평평한 지구 이론이 틀렸음을 입증한 그의 업적을 무시할 수는 없다.

② Columbus에게 있어서 커다란 문제는 지구의 형태가 아니라 그가 가로지르려고 계획하고 있던 바다의 크기였다는 것이 밝혀졌다.

③ 오늘날, 이 유럽인 탐험가는 그의 이름을 딴 미국 연방 공휴일이 있으며, 다른 국가들에서도 또한 공휴일로서 기념되고 있다.

④ 사실, Columbus는 스페인의 식민지 주민들을 또한 위협하면서 섬의 원주민들에게 잔혹한 행위를 저질렀으며 주민들을 학살했다.

| **정답해설** | ② 44% 해당 지문은 Christopher Columbus가 지구가 둥글다는 것을 증명했다는 것은 사실이 아니라는 내용이다. 글의 초반에서 'Children in school have long been taught that Christopher Columbus proved the Earth wasn't flat. Indeed, it has been widely believed that when Christopher Columbus set sail in 1492 to find a new route to the East Indies, it was feared that he would fall off the edge of the Earth because people then thought the planet was flat.'을 통해 지구의 형태와 관련해 일반적으로 Christopher Columbus에 대해 알려진 사실을 서술하고 있으며, 이후 'This is not the case.'라고 서술함으로써 그에 대해 반박하는 진술이 이어질 것임을 드러내고 있다. 보기 중 지구의 형태에 관해 언급하고 있는 것은 ① 'Although he may never have reached Asia as planned, we cannot discount his achievement in disproving the flat-Earth theory.(그가 계획대로 아시아에 도착하지 못했을지라도, 우리는 평평한 지구 이론이 틀렸음을 입증한 그의 업적을 무시할 수는 없다).'와 ② 'The big question for Columbus, it turns out, was not the shape of the globe but the size of the ocean he was planning to cross (Columbus에게 있어서 커다란 문제는 지구의 형태가 아니라 그가 가로지르려고 계획하고 있던 바다의 크기였다는 것이 밝혀졌다).'인데, 필자의 주장과 일치하는 내용은 ②이므로 빈칸에는 ②가 들어가는 것이 자연스럽다.

| **오답해설** | ① 38% Columbus가 평평한 지구 이론이 틀렸음을 입증했다는 내용은 본문의 주장과는 반대되는 내용이므로 오답이다.
③ 11% Columbus의 이름을 딴 휴일은 본문과는 관련이 없는 내용이므로 오답이다.
④ 7% Columbus의 잔혹한 행위에 관련해서는 본문에 언급되지 않으므로 빈칸에 적절하지 않다.

| **어휘** |
prove 입증하다, 증명하다　　　　East Indies 동인도 제도
edge 가장자리, 끝　　　　　　　　sphere 구체
at the height of ~의 절정에[한창일 때]
discuss 논의하다　　　　　　　　beyond 넘어서, 저쪽에

discount 무시하다
turn out ~임이 드러나다, ~로 판명되다
globe 지구　　　　　　　　　federal 연방의
commit 저지르다, 범하다　　　　atrocity 잔학한 행위, 포악
decimate 많은 사람을 죽이다　　terrorize 공포에 떨게 하다
colonist 식민지 주민

17　빈칸형　독해 > Reading for Writing > 빈칸 구 완성　　　답 ②

핵심포인트　주어진 글에서 서술하고자 하는 바를 파악하고 빈칸 이후 이어지는 예시를 통해 '단호함'이 필요로 하는 것을 유추하는 것이 관건이다.

| **해석** | 많은 사람들은 자신들이 단호할 권리가 없다고 생각하거나, 자신을 효과적으로 표현할 기술이 부족하거나, 주장을 내세우는 것에 대해 불안하거나 두려움을 느끼기 때문에 단호함을 계발하는 데 어려움을 겪는다. 또한 그들은 사회 문화적 요인들 때문에 어려움을 겪을 수도 있다. 단호함은 ② 안전과 소속감을 필요로 하는 경향이 있기 때문에, 다르게 느끼거나 자기 모습 그대로일 수 없는 사람들은 단호한 방식으로 행동할 가능성이 더 적다. 다시 말해, 사람들이 두렵거나 불편할 때, 그들은 종종 참는다. 예를 들어, (민족이든, 성별이든, 또는 인종적이든) 소수 집단의 일부인 사람들은 자신들의 관점을 평가받거나 거부당하는 것을 두려워하기 때문에 그들은 자신들의 중요한 부분을 감추어 놓는다. 예를 들어, 여성은 역사적으로 남성이 하는 것과 같은 방식으로 그들이 원하는 것과 욕구를 직접적으로 알리는 것이 금기시되어왔다. 자신들의 욕구를 알리는 여성은 단호하다기보다는 공격적이라는 꼬리표가 붙어왔다.

① 존경과 공감　　　　　　　② 안전과 소속감
③ 자신감과 확신　　　　　　④ 책임감과 신뢰성

| **정답해설** | ② 45% 본문은 단호함을 계발할 수 없는 요인을 여러 가지 측면에서 언급하고 있으며, 특히 빈칸 바로 앞에서는 '사회 문화적 요인'을 제시하고 있다. 빈칸 이후에 제시된 예시에서 'For instance, individuals who are a part of a minority group (whether ethnic, gender, or racial) may fear being judged or rejected for their views so they keep important parts of themselves hidden(예를 들어, (민족이든, 성별이든, 또는 인종적이든) 소수 집단의 일부인 사람들은 자신들의 관점을 평가받거나 거부당하는 것을 두려워하기 때문에 그들은 자신들의 중요한 부분을 감추어 놓는다).'라고 설명하고 있으므로, 소수 집단일수록(소속 집단이 약하거나 없을수록) 단호하게 행동하는 것이 어렵다는 것을 유추할 수 있다. 또한, 바로 이전 문장 'In other words, when people are afraid or uncomfortable, they often hold back(다시 말해, 사람들이 두렵거나 불편할 때, 그들은 종종 참는다).'을 통해, 'afraid(두려운), uncomfortable(불편한)' 상황의 사람들이 단호해지지 못한다는 것을 알 수 있다. 즉 '단호함'은 '안정성과 편안함(소속감)'을 필요로 한다는 것을 유추할 수 있으므로, 빈칸에 가장 적절한 표현은 ② 'safety and belonging(안전과 소속감)'이다.

| **오답해설** | ③ 47% 단호함을 계발할 수 없는 요인으로 소수집단이

③ 'confidence and assurance(자신감과 확신)'의 필요성을 근거로 삼을 부분이 본문에 제시되어 있지 않으므로 옳지 않다.

| 어휘 |
struggle 어려움을 겪다, 고군분투하다
assertiveness 단호함, 자기주장　　assertive 단호한, 확신에 찬
assert oneself (단호하게) 자기주장을 하다
hold back 참다, 주저하다　　ethnic 민족의
discourage 막다, 말리다, 좌절시키다
label (특히 부당하게) 딱지[꼬리표]를 붙이다
aggressive 공격적인

오답률 18% 中

18　논리형　독해 > Logical Reading > 배열　　답 ②

핵심포인트　생체 자기 제어 기술에 관한 지문으로 논리적 흐름을 파악하는 것이 관건이다.

| 해석 | 생체 자기 제어는 당신이 심장 박동 수 같은 신체의 기능을 조절하는 것을 배우기 위해 사용할 수 있는 기술이다. 생체 자기 제어로 당신은 당신의 신체(바이오)에 대한 정보(피드백)를 받도록 돕는 전기 센서에 연결된다.
(B) 이 피드백은 고통을 줄이는 것과 같은 당신이 원하는 결과를 얻기 위해 특정 근육을 이완시키는 것과 같이 당신의 신체에서 미묘한 변화를 만드는 것에 초점을 맞추는 데 도움을 준다.
(C) 게다가, 생체 자기 제어는 당신의 신체를 조절하기 위해, 종종 건강 상태나 신체적 수행을 향상시키기 위해 당신의 생각을 사용할 힘을 준다. 당신의 치료사는 몇 가지 다른 생체 자기 제어 방법을 사용할지도 모른다.
(A) 당신에게 맞는 방법을 결정하는 것은 당신의 건강 문제와 목표에 달려 있다. 생체 자기 제어 방법들은 뇌파, 호흡, 심박수, 근육, 땀샘, 그리고 체온을 포함한다.

| 정답해설 | ② 82% 해당 지문은 생체 자기 제어 기술에 대해서 서술하고 있다. 주어진 문장은 생체 자기 제어가 심장 박동 수 같은 신체의 기능을 조절하는 것을 배우기 위해 사용할 수 있는 기술이라고 서술하며, 생체 자기 제어로 당신은 신체(바이오)에 대한 정보(피드백)를 받도록 돕는 전기 센서에 연결된다고 마무리 하고 있다. 따라서 주어진 문장 이후에는 주어진 문장에서 서술된 피드백을 'This feedback(이 피드백)'으로 받아 문장을 이어가는 (B)가 이어지는 것이 가장 적절하다. 이 피드백은 고통을 줄이는 것과 같은 당신이 원하는 결과를 얻기 위해 특정 근육을 이완시키는 것과 같이 당신의 신체에서 미묘한 변화를 만드는 것에 초점을 맞추는 데 도움을 준다고 서술한 (B) 이후에는 'In addition(게다가)'을 이용하여 생체 자기 제어에 대해 덧붙여 서술을 이어가는 (C)가 이어지는 것이 가장 적절하다. 치료사가 몇 가지 다른 생체 자기 제어 방법을 사용할 것이라고 마무리하는 (C) 이후에는 그 중 당신에게 맞는 방법을 결정하는 방법에 대해 서술하는 (A)가 이어지는 것이 가장 적절하다. 따라서 주어진 글의 문맥에 가장 어울리는 순서는 ② (B) − (C) − (A)이다.

| 어휘 |
biofeedback 생체 자기 제어　　heart rate 심장 박동 수
electrical 전기의, 전기를 이용하는　　brainwave 뇌파
muscle 근육　　sweat gland 땀샘
subtle 미묘한, 감지하기 힘든　　performance 수행
therapist 치료사

오답률 15% 下

19　지문제시형　독해 > Macro Reading > 주제　　답 ①

핵심포인트　걱정을 멈추는 방법에 대한 글로 선지상의 차이를 먼저 파악해야 정확하고 빠르게 주제를 파악할 수 있다.

| 해석 | 사실, 많은 연구들이 걱정은 우리의 정신 건강뿐만 아니라 우리의 신체적 건강에도 부담을 준다는 것을 보여주었다. 걱정의 문제는 그것이 저절로 계속되는 부정적 사고의 순환이 된다는 것이다. 새로운 검토에서 Surrey 대학 연구원들은 걱정을 "감정적으로 부정적이고 상대적으로 통제할 수 없는 일련의 생각과 이미지들"이라고 묘사했다. 19개 연구에 대한 Surrey 대학 검토에 따르면, 걱정과 심사숙고를 멈추기 위한 가장 효과적인 전략은 인지적 행동 치료 전략뿐 아니라 현재의 생각과 감정에 대한 개인적 판단을 피하는 인식을 포함하는 사려 깊음에 근거한 전략일 수 있다. 특히, 그 검토는 "참가자가 보다 구체적인 사고를 채택할 수 있도록 하거나, 보다 긍정적이고 건설적인 방법으로 생각을 인지적으로 재구성할 수 있는 치료법"뿐 아니라 "참가자가 생각 스타일을 바꾸거나, 심사숙고나 걱정에 대한 감정적 반응에서 벗어나도록 권장하는 치료"가 특별히 효과적인 것 같다고 언급했다.
① 우리는 어떻게 걱정을 멈출 수 있는가?
② 걱정의 정의는 무엇인가?
③ 걱정은 우리의 건강에 어떻게 영향을 미치는가?
④ 사람들은 보통 무엇에 대해 걱정하는가?

| 정답해설 | ① 85% 걱정을 멈추는 방법에 대해서 서술하고 있다. 지문 전체적으로 걱정을 멈추기 위한 가장 효과적인 전략에 대해서 설명하고 그에 따른 치료법을 서술하고 있다. 따라서 ① 'How can we stop worrying?(우리는 어떻게 걱정을 멈출 수 있는가?)'가 글의 주제로 가장 적절하다.

| 오답해설 | ② 0% 해당 지문에 Surrey 대학 연구원들이 묘사한 걱정의 의미가 서술되긴 했지만 지문 전체를 포괄하는 내용이 아니므로 글의 주제로 적절하지 않다.
③ 14% 해당 지문에 걱정이 우리의 건강에 부담을 준다고 서술되어 있기는 하지만 구체적으로 어떻게 영향을 미치는지 서술되지 않았으므로 글의 주제로 적절하지 않다.
④ 1% 해당 지문에 서술된 내용이 아니므로 글의 주제로 적절하지 않다.

| 어휘 |
put a strain on ~에 부담을 주다　　mental 정신의
physical 육체의, 신체의　　self-perpetuating 저절로 계속되는
a chain of 일련의　　affectively 감정적으로

negative 부정적인

uncontrollable 통제할 수 없는, 걷잡을 수 없는

strategy 전략   rumination 심사숙고

nonjudgmental 개인적 판단을 피하는

participant 참가자   disengage 풀다, 떼어내다

concrete 구체적인   restructure 재구성하다, 개조하다

constructive 건설적인

오답률 12% 下

20 지문제시형 독해 > Logical Reading > 심경 추론   답 ④

핵심포인트 글 속에 제시된 인물들 사이의 감정 변화를 에피소드를 통해 파악하는 것이 관건이다.

| 해석 | 한 어린 소년이 크리스마스트리 아래에서 금으로 된 포장지로 상자를 장식하고 있었다. 돈이 부족해서, 소년의 아버지는 그 비싼 금으로 된 포장지를 거의 다 낭비한 것에 대해 그 소년을 벌주었다. 그러나 다음날 아침 소년은 아버지에게 선물을 가져다주었다. "아빠, 당신을 위한 거예요"라고 그가 말했다. 그가 상자를 열어보니 비어 있었고, 그래서 그는 다시 화가 났다. "누군가 누군가에게 선물을 줄 때, 그 안에 무언가가 있을 것이라는 것을 알지 않니?"라고 그는 심하게 말했다. 어린 소년은 눈물을 글썽이며 아빠를 바라보았다. "아빠, 이 상자는 비어있지 않아요. 아빠를 위한 제 입맞춤으로 가득 채웠어요." 아버지는 어안이 벙벙했다. 그는 너무 창피해서 어린 아들을 안아주고 그의 용서를 빌 수밖에 없었다. 그의 인생의 많은 세월 동안 그 남자는 자신의 침대 근처에 그 황금 상자를 가지고 있었다. 슬프고 기운 없다고 느끼는 날이면, 그는 상자를 열고 어린아이가 그 안에 담아둔 사랑을 생각했다.

① 냉혈한 → 좌절한   ② 불안한 → 관대한

③ 사려 깊은 → 냉담한   ④ 화가 난 → 감동 받은

| 정답해설 | ④ 88% 한 아버지와 아들에 관한 이야기이다. 아버지는 어린 아들이 '금으로 된 포장지를 낭비한 것'에 화가 났고, 또한 '빈 상자를 선물'로 준 것에 역시나 화가 났다. 하지만, 글의 중반 이후에 '빈 상자'가 아닌 '소년의 키스'로 가득 찬 선물임을 알고 당황한 상태에서 아버지가 아들에게 용서를 구하는 이야기이다. 이후에 아버지는 슬프거나 마음이 울적해질 때 그 상자를 열어보고 아이의 사랑을 생각한다는 글의 서술로 미루어볼 때, 아버지의 심경 변화는 ④ 'enraged(화가 난) → touched(감동 받은)'가 가장 적절하다.

| 오답해설 | ② 4% 글의 초반에서 아버지의 감정은 '불안한(nervous)' 상태라고 볼 수 없다.

③ 0% 글의 초반에서 아버지의 행동은 '사려 깊은(considerate)' 상태라기보다는 오히려 '경솔한(inconsiderate)'이 적절하다.

| 어휘 |

short 부족한

stunned 어안이 벙벙한, 어리벙벙하게 하는

beg for ~을 구하다   downhearted 낙담한, 기운 없는

9급공무원 공개경쟁채용 필기시험

4회 난이도	中
4회 합격선	16개/20개

회차	유형매칭
4	2021 지방직 (= 서울시) 9급

4회차 핵심페이퍼

문번	정답	개념	꼭 짚고 넘어가야 하는 핵심포인트!
01	①	어휘	'audacious'와 'valiant'가 유의어 관계인 것을 파악한다.
02	③	어휘	'infringe'의 의미를 파악하는 것이 관건이다.
03	④	어휘	'demonstrate'의 의미를 파악하는 것이 관건이다.
04	③	어휘	'mitigate'의 의미를 파악하는 것이 관건이다.
05	②	어휘	'surreptitious'와 'clandestine'이 유의어 관계임을 파악한다.
06	②	문법	부정부사(구)가 문두에 올 경우 뒤따라오는 어순을 파악하는 것이 관건이다.
07	②	문법	혼합가정법의 문장구조를 파악하는 것이 관건이다.
08	①	문법	'used to'의 쓰임에 대해 파악하는 것이 관건이다.
09	④	독해	사회적 거리두기에 대해 서술하고 있는 글로, 제목을 묻는 문항인 만큼 미시적으로 지문에 접근하기 보다는 거시적으로 접근해야 한다.
10	②	독해	번아웃에 관한 지문으로 지시대명사와 지시형용사에 유의해 논리적 흐름을 파악하는 것이 관건이다.
11 오답률 TOP 3	①	생활영어	관용표현 'You are telling me.'의 적절한 쓰임을 파악하는 것이 관건이다.
12	④	생활영어	'give my best wishes[love, regards]'라는 표현이 지인 사이에 '안부를 묻는 표현'임을 파악하는 것이 관건이다.
13	②	독해	유전자 변형 아기라는 다소 생소한 주제를 소재로 한 만큼 내용 파악에 유의해야 한다.
14	③	독해	'PTSD(외상 후 스트레스 장애)'를 소재로 한 지문으로 논리적 흐름 파악에 유의해야 한다.
15	①	문법	관용표현 'look forward to'에서 'to'가 전치사임을 파악하는 것이 관건이다.
16	④	독해	'coulrophobia(광대 공포증)'을 소재로 한 글로 역접을 나타내는 'however' 이후의 내용과 반대되는 맥락의 선지를 파악하는 것이 관건이다.
17	③	독해	코로나 바이러스로 인한 봉쇄조치에 대처하는 문화에 대해 소개하는 글로 'this global pandemic'을 통해 빈칸이 전체 글의 내용을 요약하는 것임을 파악하는 것이 관건이다.
18 오답률 TOP 1	②	독해	'infodemic(인포데믹)'에 대한 글의 요지를 묻는 문항으로 선지 분석에 유의해야 한다.
19	②	독해	연결사를 묻는 문제로 마스크 착용에 관한 지문의 논리적 흐름을 파악하는 것이 관건이다.
20 오답률 TOP 2	②	독해	독일의 외화 더빙 시스템을 소재로 한 삽입 문제로 논리적 흐름 파악에 유의해야 한다.

※ [오답률/선택률] 산정 기준: 2022.01.13. ~ 2022.12.30. 기간동안 응시된 1초 합격예측 서비스의 누적 데이터
※ [오답률] TOP 1, 2, 3은 많은 응시생들이 헷갈린 문항이므로 꼭 확인하고 넘어가시기 바랍니다.

01	①	02	③	03	④	04	③	05	②
06	②	07	②	08	①	09	④	10	②
11	①	12	④	13	②	14	③	15	①
16	④	17	③	18	②	19	②	20	②

※ 上 中 下 는 문항의 난이도를 나타냅니다.
※ 50% 는 선지별 선택률을 나타냅니다.

오답률 36% 中

01 밑줄형 │ 어휘 > 유의어 찾기 답 ①

핵심포인트 'audacious'와 'valiant'가 유의어 관계인 것을 파악한다.

│ **해석** │ Tom은 Lucy가 그야말로 대담했던 농담을 이야기하는 것을 막지 않았다.
① 64% 대담한, 용맹한 ② 20% 보조적인
③ 6% 회의적인 ④ 10% 믿지 않는

│ **정답해설** │ 해당 문장에서 'audacious'는 '대담한'으로 사용되었으므로, 문맥상 ① 'valiant(대담한, 용맹한)'가 가장 적절하다.

│ **어휘** │
nothing less than 그야말로, 다름 아닌 바로

오답률 18% 中

02 빈칸형 │ 어휘 > 빈칸 완성 답 ③

핵심포인트 'infringe'의 의미를 파악하는 것이 관건이다.

│ **해석** │ 중국은 남한의 사드 포대 배치는 중국의 안보를 ③ 침해할 것이라고 주장한다.
① 4% 돌아다니다, 배회하다
② 10% 활기 띠게 하다, 활발해지다
③ 82% 침해하다
④ 4% 낭비하다, 탕진하다

│ **정답해설** │ 사드를 배치하는 것은 국가의 안보를 '침해할' 것이다. 따라서 빈칸에 가장 적절한 것은 ③ 'infringe'이다.

오답률 6% 下

03 빈칸형 │ 어휘 > 빈칸 완성 답 ④

핵심포인트 'demonstrate'의 의미를 파악하는 것이 관건이다.

│ **해석** │ 형사상 유죄 판결을 ④ 입증하기 위해, 타당한 의심을 넘어선 증거는 필수적이다. 사건은 반드시 유죄 선고를 함에 있어서 판사의 마음에 어떠한 합리적 의구심이 생길 수 없도록 입증되어야만 한다.
① 2% 묵살하다, 일축하다 ② 4% 축하하다
③ 0% 가치를 떨어뜨리다 ④ 94% 입증하다, 증명하다

│ **정답해설** │ 유죄 판결에 증거가 필수적인 이유는 유죄임을 '입증'하기 위함일 것이다. 따라서 빈칸에 들어갈 말로 가장 적절한 것은 ④ 'demonstrate'이다.

│ **어휘** │
criminal 형사상의 conviction 유죄 판결[선고]
reasonable 타당한, 합리적인 guilty 유죄의, 책임이 있는
sentence (형의) 선고

오답률 10% 下

04 빈칸형 │ 어휘 > 빈칸 완성 답 ③

핵심포인트 'mitigate'의 의미를 파악하는 것이 관건이다.

│ **해석** │ 환자를 수술할 때, 의사들은 종종 고통을 일시적으로 ③ 완화시키는 마취제를 사용한다.
① 1% 평가하다, 부과하다
② 5% 악화시키다
③ 90% 완화시키다, 누그러뜨리다
④ 4% 분배하다, 배당하다

│ **정답해설** │ 의사들이 수술을 할 때 마취제를 사용하는 이유는 환자들의 고통을 '완화시키기' 위함일 것이다. 따라서 빈칸에 들어갈 말로 가장 적절한 것은 ③ 'mitigate'이다.

│ **어휘** │
operate on ~을 수술하다 anesthetics 마취제
temporarily 일시적으로, 임시로

오답률 33% 中

05 밑줄형 │ 어휘 > 유의어 찾기 답 ②

핵심포인트 'surreptitious'와 'clandestine'이 유의어 관계임을 파악한다.

│ **해석** │ 테러리스트에 의한 혼란이 계속됨에 따라, FBI는 은밀한 조사에서 직접적인 접촉으로 조치를 취했다.
① 18% 기이한 ② 67% 은밀한, 비밀리에 하는
③ 5% 오명이 난, 악명 높은 ④ 10% 노골적인, 명백한

│ **정답해설** │ 해당 문장에서 'surreptitious'는 '은밀한'이라는 의미로 사용되었으므로, ② 'clandestine(은밀한, 비밀리에 하는)'이 가장 적절하다.

│ **어휘** │
move 조치[행동]를 취하다

오답률 18% 中

06 문장형 │ 문법 > Balancing > 강조와 도치 답 ②

핵심포인트 부정부사(구)가 문두에 올 경우 뒤따라오는 어순을 파악하는 것이 관건이다.

│ **정답해설** │ ② 82% 부정부사 'Scarcely'가 문두에 오고 동사가 일

반 동사인 경우 뒤에 오는 어순은 「do/does/did+주어+동사원형」이다. 해당 문장은 'Scarcely'가 문두에 왔으나 뒤에 오는 어순이 「주어+동사[시제 적용]」인 'new teachers know'이므로 틀린 문장이다. 따라서 'new teachers know'를 'do new teachers know'로 수정해야 한다. 이때 'know'의 목적어로 온 'what they do to understand their students'는 간접의문문으로 「의문사+주어+동사[시제 적용]」의 어순을 사용하였다.

| 오답해설 | ① 3% to부정사가 주어인 경우 가주어 'It'을 사용하여 「It+be동사+형용사+to+동사원형」의 형태로 나타낸다. 이때 to부정사의 의미상의 주어는 일반적으로 「for+목적어」의 형태로 나타내나 사람의 행동에 대한 평가를 나타내는 형용사(considerate, careful, crazy, mad, silly, wise, careless, greedy, nice, unwise, wrong, foolish, stupid 등)가 오는 경우 to부정사의 의미상 주어는 「of+목적어」의 형태로 나타낸다. 해당 문장은 to부정사구 'to discuss the best way to buy a new car'이 진주어인 문장으로 가주어 'It'을 사용하였으며 형용사가 사람의 행동에 대한 평가를 나타내는 형용사 'wise'이므로 to부정사의 의미상 주어에 「of+목적어」인 'of him'을 사용하였다.

※ 「It+be동사+형용사+의미상 주어+to+동사원형」에서 형용사가 사람의 행동에 대한 평가를 나타내는 형용사가 오는 경우 두 가지 형태로 나타낼 수 있다.

1. It+be동사+형용사+of+목적어+to+동사원형

   ex) It was foolish of you to eat so much.

2. 주어+be동사+형용사+to+동사원형

   ex) You were foolish to eat so much.

   이때 주어는 「of+목적어」의 목적어가 주어 자리로 이동한 경우에 해당한다.

③ 10% 'few'는 수를 나타내는 형용사로 수식하는 대상은 복수가산명사이다. 해당 문장은 'Few' 뒤에 복수가산명사 'students'가 왔으므로 'Few students'는 옳은 표현이다. 또한 전치사 'of'의 목적어로 쓰인 'understanding'은 동명사로 뒤에 목적어 'the structure'이 왔으므로 동명사의 능동태 'understanding'은 옳은 표현이다.

④ 5% 해당 문장에서 'is busy explaining'은 '~하느라 바쁘다'를 뜻하는 관용표현 「be busy+-ing」의 현재시제로 옳은 표현이다. 이때 'explaining'은 4형식으로 착각하기 쉬운 완전타동사 'explain'의 동명사로, 뒤에 목적어가 오며 대상을 나타내는 목적어가 오는 경우 전치사 'to'를 사용한다. 따라서 'explaining to his customers that ~'은 옳은 표현이다.

오답률 16% 中

07 문장형 문법 > Main Structure > 가정법 답 ②

핵심포인트 혼합가정법의 문장구조를 파악하는 것이 관건이다.

| 정답해설 | ② 84% 혼합가정법은 「If+주어+had+과거분사 ~ 시간의 부사(구), 주어+would/should/could/might+동사원형 ~

시간의 부사(구)」의 형태이다. 이때 종속절의 시간의 부사(구)는 과거를 가리키며, 주절의 시간의 부사(구)는 현재를 가리킨다. 해당 문장의 경우 종속절의 시간의 부사구와 주절의 시간의 부사구가 각각 'at the beginning of the last year'와 'now'이므로 혼합가정법임을 알 수 있으며, 주절의 'would have taken'을 'would take'로 수정해야 한다.

| 오답해설 | ① 1% 'whatever'는 복합관계대명사로 '~하는 것은 무엇이나(모두)'를 뜻하며 선행사를 포함한다. 해당 문장에서는 뒤에 오는 절과 함께 타동사구 'picked up'의 목적어 역할을 하고 있다. 이때 「pick+목적어+up」은 「완전타동사+목적어+부사」의 형태로 '~을 익히다, 집어들다'를 뜻한다.

③ 9% 'consist'는 완전자동사로 전치사 'of'를 통해 목적어를 가지며 수동태로 사용할 수 없다. 또한 해당 문장에서 'that'은 주격 관계대명사로 선행사는 복수 형태의 명사구 'a set of mathematical equations'이다. 따라서 주격 관계대명사절의 동사에 복수 형태인 'describe'를 사용하는 것은 옳다.

④ 6% 'call on+목적어」는 관용표현으로 '~에게 부탁하다'를 뜻한다. 해당 문장의 경우 'call on' 뒤에 목적어가 없으므로 수동태인 'was called on'은 옳은 표현임을 알 수 있다.

오답률 38% 中

08 문장형 문법 > Main Structure > 조동사 답 ①

핵심포인트 'used to'의 쓰임에 대해 파악하는 것이 관건이다.

| 해석 | ① 우리가 방과 후 놀이터에서 많은 시간을 보내곤 했던 때를 기억하니?

② 나는 다음 주에 새로운 일을 시작하는데 그것은 상급학생들에게 영어를 가르치는 것이다.

③ 우리는 초등학생들이 먹을 수 있는 것보다 더 많은 음식을 제공해왔고, 그 음식의 대부분이 낭비된다.

④ 이러한 원리들의 흥미로운 측면은 그것들이 국가에 의해 주어지는 것은 아니지만, 국가의 형성에 있어 필수적이라는 것이다.

| 정답해설 | ① 62% 「used to+동사원형」은 '~하곤 했다'를 뜻하며 'to' 이후에 동사원형이 온다. 해당 문장의 경우 'used to'를 사용하였으나 'to' 이후에 '-ing'형태인 'hanging'을 사용하였으므로 틀린 문장이다. 따라서 'hanging'을 동사원형인 'hang'으로 수정해야 한다.

| 오답해설 | ② 8% 'start'는 왕래발착동사이며 가까운 미래를 나타내는 경우 현재 진행형으로 나타낼 수 있다. 해당 문장의 경우 'next week'가 가까운 미래를 나타내는 시간의 부사구이므로 'am starting'은 옳은 표현이다.

③ 22% 'much'는 불가산명사이므로 단수 취급하며 'much of' 뒤에는 불가산명사 및 불가산명사에 상응하는 것들이 목적어로 온다. 따라서 해당 문장의 경우 'much of'의 목적어로 온 'the food'와 단수 형태의 동사 'is'는 모두 옳은 표현이다. 또한 'much of the food'는 낭비의 대상에 해당하므로 수동태 'is wasted'는

옳은 표현이다.

④ 8% 'interesting'은 감정 제공 형용사(현재분사)로 수식하는 대상은 감정을 제공하는 주체이다. 해당 문장의 경우 'interesting'의 수식 대상인 'aspect'가 감정을 제공하는 주체에 해당하므로 'interesting'은 옳은 표현이다.

오답률 11% 下

09 [지문제시형] 독해 > Macro Reading > 제목　　답 ④

핵심포인트 사회적 거리두기에 대해 서술하고 있는 글로, 제목을 묻는 문항인 만큼 미시적으로 지문에 접근하기 보다는 거시적으로 접근해야 한다.

| 해석 | 사회적 거리두기와 격리 요청은 코로나바이러스 표어가 되었고, 봉쇄가 전 세계의 도시와 마을을 마비시키고 있다. 학교는 폐쇄되었고, 비필수 사업체들 또한 그러하다. 모든 모임은 중단되었다. 재택근무가 새로운 근무 형태이며, 집 밖에서 보낸 시간이 최저 수준으로 감소했다. 물론, 그것은 당신이 집을 가지고 있을 때 말이다. 부유한 서구 도시들에서, 노숙인들은 그 질병에 감염될 더 높은 위험에 처해 있고, 노숙인 인구가 많은 도시들, 즉, 불균형이 더 심한 도시들은 그 유명한 곡선을 평평하게 만드는 데 더 어려운 시간을 보낼 것이다. 또한, 아프리카 혹은 아시아의 대도시의 저소득 또는 중간 소득 지역이나 라틴 아메리카의 빈민가에 사는 사람들은 비공식적인 경제에 의존한다. 그들은 종종 혼잡한 구역을 공유하고, 2미터(6피트) 떨어져 서 있을 현실적인 선택을 할 수 없다. 세계의 일부 부분에서, 사회적 거리두기는 상상할 수 없는 사치이다.
① 사회적 거리두기는 사회적 단절이 아니다
② 다른 국가에서의 사회적 거리두기 정책
③ 사회적 거리두기가 지금 당신의 건강권에 대단히 중요한 이유
④ 사회적 거리두기는 가난한 사람들이 감당할 수 없는 특권이다

| 정답해설 | ④ 89% 사회적 거리두기(social distancing)의 효율성에 관한 내용이다. 본문에 따르면, 많은 국가들에서 바이러스 확산을 저지하고자 사회적 거리두기를 실시하고 있으나, '재택근무를 하거나, 집 밖에서 최소한의 시간을 보내는 것'과 같은 사회적 거리두기는 집이 없는 '노숙인'들에게는 불가능한 일이다. 또한, 여러 국가의 저·중소득층 인구들은 과밀한 지역에서 밀집해 살아가고 있으며, 현실적으로 타인으로부터 2미터(6피트) 떨어져 생활하는 것은 불가능하다. 마지막 문장 'For some part of the world, social distancing is an unimaginable luxury(세계의 일부 부분에서, 사회적 거리두기는 상상할 수 없는 사치이다.)'에서 언급된 것과 같이, 일부 지역, 특히 가난한 사람들이 사는 지역에서는 '사회적 거리두기'는 거의 불가능한 정책인 것이다. 그러므로, 글의 제목으로 가장 적절한 것은 ④ 'Social Distancing Is a Privilege That Poor People Cannot Afford(사회적 거리두기는 가난한 사람들이 감당할 수 없는 특권이다)'이다.

| 오답해설 | ② 5% 다양한 국가와 도시에서의 '사회적 거리두기'의 상황에 대해 언급되기는 하지만, 본문의 주요 요지는 '사회적 거리두기가 불가능한 지역이 존재한다'는 것이므로, 글의 제목으로 적절

하지 않다.

| 어휘 |
call 요청, 명령　　　　　　　　　isolation 격리, 고립
battle-cry (운동·투쟁 등의) 슬로건, 표어
lockdown 봉쇄, 엄중한 감금, 제재
halt ~을 정지시키다, ~을 멈춰 서게 하다
remote working 재택근무　　　　bare minimum 최저 수준
contract (비교적 중병에) 걸리다　inequality 불균형, 불평등
flatten 평평하게[납작하게] 하다　proverbial 유명한, 소문이 나 있는
slum 빈민가　　　　　　　　　　quarter 구역, 지구
measure 정책, 조치　　　　　　　privilege 특권, 특전
afford ~을 살 여유[형편]가 되다

오답률 23% 中

10 [논리형] 독해 > Logical Reading > 배열　　답 ②

핵심포인트 번아웃에 관한 지문으로 지시대명사와 지시형용사에 유의해 논리적 흐름을 파악하는 것이 관건이다.

| 해석 | 번아웃은 최근 많은 화제가 된 단어이다. 기술의 진보로 인해 오늘날 사람들이 얼마나 많이 일하는가를 고려해볼 때, 번아웃이 그렇게나 많은 주목을 받는 것이 놀랍지는 않다.
(A) 그러나 이것은 단지 몇 년 전에 소개된 무언가가 아니다. 번아웃, 우울증, 그리고 불안에 관한 한 연구 논문에 따르면, 번아웃에 대한 묘사는 많은 다양한 시대와 문화에 걸쳐 찾아볼 수 있으며, 심지어 구약 시대와 셰익스피어의 작품 시대까지 거슬러 올라간다.
(C) 그때부터 번아웃은 아주 오랜 시간 동안 우리 주변에 있어 왔다. 의료계 및 심리학계 연구자들과 전문가들이 본격적으로 그 개념에 주목하기 시작한 것은 1970년대 중반이었다.
(B) 이 시기에, 그것은 정신과 의사인 Herbert Freudenberger와 사회 심리학자인 Christina Maslach에 의해 처음으로 연구되었다. Freudenberger는 그것을 "에너지, 기력, 또는 지략을 과도하게 필요로 하여 쇠약해지거나, 지치거나 또는 기진맥진해지는 것"으로 묘사했다.

| 정답해설 | ② 77% 주어진 문장에서는 최근 들어 높아진 '번아웃(Burnout)'에 대한 관심에 관해 언급하고 있다. 이어질 내용으로 가장 적절한 것은 역접의 접속사 But(그러나)을 이용해, 번아웃이 최근에 대두된 개념이 아니라고 설명하는 (A)이다. 여기에서 'this'는 주어진 문장의 'burnout'을 지칭한다. (A) 후반부에 제시된 복수의 과거 시기들을 (C)의 'those times(그때)'가 가리키고 있으므로, 이후에 (C)가 이어지고, (C)의 두 번째 문장에서 제시된 '번아웃이 본격적으로 연구된 시기인 1970년대 중반'이라는 단일 시기를 (B)의 'At this time(이 시기에)'이 가리키고 있으므로, 마지막으로 (B)가 이어지는 것이 적절하다. 따라서 정답은 ② (A) - (C) - (B)이다.

| 오답해설 | ①③ 12% 3% (B)의 'At this time'이 가리키는 내용이 (A)에 없으며, (B)의 내용은 번아웃에 대한 의학적/심리학적 연구에 관한 구체적인 내용이므로, 이러한 연구가 시작된 시기가 최초로

언급된 (C) 이후에 (B)가 위치하는 것이 문맥상 자연스럽다.

④ 8% (C)의 'those times'가 가리키는 내용이 주어진 문장에 언급되지 않으므로, 주어진 문장에 (C)가 연결되는 것은 옳지 않다.

| 어휘 |

buzz 수군거림, 소문, 잡담 　　　　anxiety 불안

description 묘사, 기술, 설명 　　　　Old Testament 구약 (성서)

psychiatrist 정신과 의사 　　　　social psychologist 사회 심리학자

fail (힘, 건강 등이) 쇠약해지다 　　wear out 지치다, 기진맥진하다

exhausted 기운이 빠진, 기진맥진한, 지친

excessive 과도한 　　　　　　　demand 필요, 요구, 수요

resource 지략, 역량, 자질

오답률 TOP 3　오답률 41%　上

11　빈칸형　생활영어 > 회화/관용표현　답 ①

핵심포인트　관용표현 'You are telling me.'의 적절한 쓰임을 파악하는 것이 관건이다.

| 해석 |

A: 들어보니 Tony가 나랑 Jane이 이별했다는 것을 우리 가족에게 다 떠벌렸더라고.

B: 정말 입이 가벼운 사람이야. 사생활은 비밀을 지켜줘야 한다는 걸 모르는 것 같아.

A: 그니까, Tony는 사람들의 관심을 끌만 한 일이라면 뭐든 다 말하고 다닐 거야.

B: ① 같은 생각이야. 지난번에는 그가 Steve의 깜짝 파티에 대해서도 사람들에게 말하는 걸 들었어.

A: 와, 믿을 수 없군! Steve가 약혼녀를 위해 몇 달 간 준비해 온 거였잖아.

B: 그래, 결국 그 계획이 약혼녀 귀에도 들어가서 Steve가 아주 열받았었지.

A: 나라도 그러겠다!

① 같은 생각이야.

② 이해가 되지 않아.

③ 정말 그래.

④ 그는 작은 일을 크게 떠벌려.

| 정답해설 | ① 59% 빈칸 이후 이어지는 'The other day ~ plan to everyone.'을 통해 B가 A의 말에 동의하며 다른 예시를 하나 더 들고 있다는 것을 알 수 있다. 따라서 A의 말에 동의하는 'You are telling me.(같은 생각이야.)'가 빈칸에 들어갈 말로 가장 적절하다.

| 오답해설 | ② 7% 'It's all Greek to me.(이해가 되지 않는다.[그리스어로 보인다.])'는 어떤 상황이 이해가 되지 않을 때 사용하는 관용어구로 빈칸에 적절하지 않다.

④ 14% 'He is making a mountain out of a molehill.(그는 작은 일을 크게 떠벌린다.)'는 작은 일을 크게 부풀려 말한다는 의미로 문맥상 적절하지 않다.

| 어휘 |

apparently 듣자 하니 　　　　breakup 이별, 불화

---

personal 개인적인 　　　　　get an attention 주의를 끌다

fiancée 약혼녀 　　　　　　end up 결국 ~이 되다

get in one's ears 귀에 들어가다 　irritate 짜증나게 하다

molehill 두더지가 파 놓은 흙 두둑

오답률 9%　下

12　문장형　생활영어 > 회화/관용표현　답 ④

핵심포인트　'give my best wishes[love, regards]'라는 표현이 지인 사이에 '안부를 묻는 표현'임을 파악하는 것이 관건이다.

| 해석 | ① A: 지금 몇 점이에요?

B: 경기 지금 동점이에요.

② A: 무슨 일 있어?

B: 아무 일도 없어. 전혀 중요한 일이 아니야.

③ A: 어떻게 감사하다고 해야 할지 모르겠어요.

B: 그런 말 마세요[천만에요].

④ A: 당신의 부모님께 안부 전해 주세요.

B: 나는 전에 우리가 만난 적이 없는 것 같아요.

| 정답해설 | ④ 91% A가 B에게 '부모님께 안부'를 전해 달라고 하는 것으로 미루어 볼 때, 지인 관계임을 유추할 수 있다. 이에 대해 B가 A에게 'I don't think we've met before(나는 전에 우리가 만난 적이 없는 것 같아요.)'라고 대답하는 것은 적절하지 않다.

| 오답해설 | ① 5% A의 '점수'를 묻는 표현에 대한 응답으로 B가 'be tied(동점이다)'라고 대답하는 것은 적절하다.

오답률 30%　中

13　지문제시형　독해 > Micro Reading > 내용일치/불일치　답 ②

핵심포인트　유전자 변형 아기라는 다소 생소한 주제를 소재로 한 만큼 내용 파악에 유의해야 한다.

| 해석 | 인간 배아 연구는, 그들의 게놈을 변형시키는 것은 말할 것도 없고, 역사적으로 윤리적 우려가 많은 문제였기 때문에, Lulu와 Nana로 이름 붙여진 최초의 유전자 조작 아기들의 탄생에 대한 중국인 생물물리학자 He Jiankui의 발표는 엄청난 논란을 일으켰다. 우려의 원인 한 가지는 그의 실험을 둘러싼 투명성의 부족이다. He는 연구를 새로운 HIV 백신 개발을 위한 프로그램으로 연구를 묘사하여 부모를 속였을 뿐만 아니라, 대학에 자신의 연구에 대해 알리지도 않았다. 연구의 초점을 HIV로 설정한 그의 선택 또한 논란이다. 아버지로부터 자식에게 HIV가 유전될 위험성은 '정자 세척'과 레트로바이러스 약물과 같은 기술을 사용함으로써 완화시킬 수 있다. 치료법이 없는 질환에 있어서는 배아 편집술이 정당화될 수도 있다. HIV의 경우 이점이 매우 적어 보인다. 게다가, 유전자 편집 기술의 안전성은 완전히 이해된 것과는 거리가 멀고, 그것들은 암과 같은 병리적 이상을 야기하는 돌연변이를 일으킬 수 있다. 이 때문에 아직까지 그것들의 사용은 극도로 심각한 질병을 앓고 있는 성인들에게만 제한되어 왔다.

---

① 세계 최초의 유전자 편집 아이들의 탄생은 논란이 되어왔다.

② He는 자신의 연구를 완전히 합리화할 수 있는 질병을 선택했다.

③ He의 학교는 그가 연구를 실행하고 있다는 것을 알지 못했다.

④ Lulu와 Nana는 미래에 암에 걸릴 위험성을 가지고 있다.

| 정답해설 | ② 70% 해당 지문은 세계 최초의 유전자 변형 아기들의 탄생을 둘러싼 논란에 대해 서술하고 있으며, 두 번째 문장부터 He Jiankui의 연구에 대한 논란에 대해 상세히 설명하고 있다. 본문 중반의 'His choice of HIV as the focus of the study is controversial as well. The risk that HIV will pass from the father to the child can be mitigated by using techniques like 'sperm washing' and retroviral drugs. For conditions that lack a cure, embryonic editing may be justified; for HIV, the benefits seem slim(연구의 초점을 HIV로 설정한 그의 선택 또한 논란이다. 아버지로부터 자식에게 HIV가 유전될 위험성은 '정자 세척'과 레트로바이러스 약물과 같은 기술을 사용함으로써 완화시킬 수 있다. 치료법이 없는 질환에 있어서는 배아 편집술이 정당화될 수도 있다. HIV의 경우 이점이 매우 적어 보인다.).'을 통해 '이미 치료 방법이 존재하는 HIV를 연구 대상으로 삼은 것에 대한 의문'을 제기하고 있으므로 ② 'He selected a disease that can fully rationalize his research(He는 자신의 연구를 완전히 합리화할 수 있는 질병을 선택했다).'는 글의 내용과 일치하지 않는다.

| 오답해설 | ① 3% 첫 번째 문장에서 'He Jiankui's announcement on the birth of the first genetically modified babies, ~, caused significant debate(Lulu와 Nana로 이름 붙여진 최초의 유전자 조작 아기들의 탄생에 대한 중국인 생물물리학자 He Jiankui의 발표는 엄청난 논란을 일으켰다)'라고 언급하고 있으므로 내용과 일치한다.

③ 12% 세 번째 문장에서 'he did not inform his university of his research(대학에 자신의 연구에 대해 알리지도 않았다)'라고 언급하고 있으므로 그의 학교는 연구에 대해 몰랐다는 것을 알 수 있다.

④ 15% 글의 후반에서 'they may cause mutations that result in pathologies such as cancer(그것들은 암과 같은 병리적 이상을 야기하는 돌연변이를 일으킬 수 있다)'라고 언급하고 있으므로, 유전자 편집 기술을 통해 태어난 Lulu와 Nana 또한 동일한 위험성을 지녔다는 것을 알 수 있다.

| 어휘 |

biophysicist 생물물리학자

genetically modified 유전자가 조작된

significant 상당한, 아주 큰　　　debate 논쟁, 논란

embryo 배아 (인간의 경우는 수정 후 첫 8주까지의 태아)

not to mention ~은 말할 것도 없고[물론이고]

genome 게놈(세포나 생명체의 유전자 총체)

ethically 윤리적으로, 도덕적으로　　fraught 걱정스러운, 걱정하는

concern 우려, 걱정　　　　　　lack 부족, 결핍; ~이 없는[부족한]

transparency 투명성　　　　　surrounding 둘러싼, 주위의

trial 실험　　　　　　　　　mislead 속이다, 호도하다

novel 새로운

HIV 에이즈 바이러스(human immunodeficiency virus)

controversial 논란의, 논쟁의　　　risk 위험(성)

pass 넘어가다, 양도되다　　　　mitigate 완화시키다, 가볍게 하다

sperm 정액, 정자　　　　　　　retroviral 레트로바이러스의

condition 질환　　　　　　　　cure 치료(법)

embryonic 배아의, 태아의　　　　slim 아주 적은

safety profile 안전성　　　　　gene-editing 유전자 편집

far from 거리가 먼, 전혀[결코] ~이 아닌

mutation 돌연변이　　　　　　　result in ~을 야기하다

pathology (병리적) 병변, 이상, 변이

restrict 제한하다　　　　　　　severe 극심한, 심각한

오답률 3% 下

14 논리형 독해 > Logical Reading > 삭제　　　　답 ③

핵심포인트　'PTSD(외상 후 스트레스 장애)'를 소재로 한 지문으로 논리적 흐름 파악에 유의해야 한다.

| 해석 | 외상 후 스트레스 장애(PTSD)는 다양한 원인이 있는 불안 장애이다. 이것은 신체적, 심리적, 또는 모든 경우에 그렇듯이, 두 가지 모두의 충격적인 사건을 경험한 사람들이 자주 진단받는다. 충격적인 사건을 겪은 후, 그 사람에게 PTSD가 발생할 수도 있다. 이 장애는 회상 또는 악몽을 통해 그 사건을 다시 경험하는 것, 자극받는 것, 사건과 관련된 자극을 회피하는 것, 그리고 각성과민 또는 불면 상태에 있는 것을 포함하는 증상으로 특징지어진다. ③ 심각하거나 반복적인 PTSD에는 심리치료와 약물치료의 병행이 권고될 수 있다. 가장 흔한 PTSD 증상 중 일부는 불면증과 악몽을 포함한다. 70%에서 91% 사이의 환자들이 수면을 취하는 것 또는 수면 상태에 머무르는 것에 자주 어려움을 느낀다.

| 정답해설 | ③ 97% 해당 지문은 'posttraumatic stress disorder(PTSD), 외상 후 스트레스 장애'에 대한 내용으로, 본문 초반에는 PTSD의 원인이 무엇인지 설명한 후, 중후반에서는 PTSD의 증상에 대해 설명하고 있다. ① 문장은 PTSD의 원인에 대한 내용이며, ②, ④ 문장은 모두 PTSD의 증상에 관해 설명하고 있다. 그런데 ③ 'A combination of a psychological therapy and medication may be recommended for severe or persistent PTSD(심각하거나 반복적인 PTSD에는 심리치료와 약물치료의 병행이 권고될 수 있다).'에서는 PTSD의 치료법에 관해 언급하고 있다. 해당 문장이 PTSD의 증상을 나열하며 설명하는 ②와 ④ 사이에 들어가는 것은 글의 흐름상 적절하지 않다. 따라서 정답은 ③이다.

| 어휘 |

disorder 장애　　　　　　　　diagnose 진단하다

traumatic 충격적인, 트라우마의　develop (병·문제가) 생기다

characterize 특징짓다

flashback (갑자기 생생히 떠오르는) 회상

trigger 자극하다, 촉발하다; 자극, (사건을 유발하는) 계기

associated with ~와 관련된　　hyperarousal 각성과민, 과다각성

vigilance 각성 (상태[활동]), 불면증

15 문장형 문법 > Modifiers > 동명사 답 ①

핵심포인트 관용표현 'look forward to'에서 'to'가 전치사임을 파악하는 것이 관건이다.

| **해석** | ① 저는 가능한 빨리 당신이 그녀를 만나기를 기대한다.
② 직원들은 오전 9시 전에 출근하라고 요청받았다.
③ 조만간 우리는 식수 부족으로 고통 받게 될 것이다.
④ 공용어가 많은 국가들을 더 가까운 상태로 만들 것이라는 것은 위험한 생각이다.

| **정답해설** | ① 80% 'look forward to'는 관용표현으로 '~하기를 기대하다'를 뜻하며, to가 전치사이므로 뒤에 명사 또는 동명사가 목적어로 온다. 해당 문장은 'look forward to'를 사용하였으나 'to' 뒤에 동사원형 'meet'을 사용하여 to부정사의 형태가 되었으며 앞에 to부정사의 의미상 주어에 해당하는 'for you'가 왔으므로 틀린 문장이다. 따라서 옳은 문장으로 고치기 위해서는 동사원형 'meet'을 동명사 'meeting'으로 수정해야 하며, to부정사의 의미상 주어인 'for you'의 경우 동명사의 의미상 주어 'your'로 수정하여 전치사 'to'와 동명사 'meeting' 사이로 이동해야 한다. 즉, 'for you to meet'을 'to your meeting'으로 수정해야 한다.

| **오답해설** | ② 4% 'ask'는 불완전타동사의 경우 「ask+목적어+목적격 보어[to+동사원형]」의 형태를 사용하며 수동태의 경우 「be asked+목적격 보어[to+동사원형]」의 형태를 사용한다. 해당 문장은 불완전타동사 'ask'의 수동태가 쓰인 문장으로 'were asked to come'은 옳은 표현이다.
③ 9% 「It will not be long before+주어+현재시제 동사」는 관용표현으로 '조만간 ~하게 될 것이다'를 뜻한다.
④ 7% 해당 문장에서 'It'은 가주어로 진주어는 접속사 'that'이 이끄는 명사절 'an official language will make many countries closer'이다. 이때 명사절의 동사로 사용된 'make'는 불완전타동사이므로 목적격 보어에 사용된 형용사 'close'의 비교급 'closer'의 쓰임은 적절하다.

16 빈칸형 독해 > Reading for Writing > 빈칸 구 완성 답 ④

핵심포인트 'coulrophobia(광대 공포증)'을 소재로 한 글로 역접을 나타내는 'however' 이후의 내용과 반대되는 맥락의 선지를 파악하는 것이 관건이다.

| **해석** | 이것은 오래된 공포증이 아니고 최근 수십 년 동안에 증가한 것이기 때문에, 광대에 대한 지속적인 공포인 광대공포증에 대해서 알려진 것은 많지 않다. 그 공포증은 패닉 상태, 호흡 곤란, 불규칙한 심장 박동, 땀 흘림, 메스꺼움 등을 유발시킬 수 있다. 이제 과학자들과 의사들은 과도한 분장, 빨간 코, 그리고 화려한 색의 머리 뒤에 누가 있는지 모르는 것에서 그것이 비롯된 것이라는 데 동의한다. 광대는 이목구비를 해체시키고 새로운 정체성을 창조하기

위해 보통 화려한 분장을 하기 때문인데, 이것은 재미있게 생각되도록 의도된 것이다. 그러나 그들의 밝은 분장이 그들이 사회적 통념을 깨고 다른 사람들은 할 수 없는 일들을 쉽게 할 수 있게 해준다는 발상이 두려움을 증가시키는 것으로 보인다. ④ 이 재미있게 생긴 사람들을 무서워한다는 것이 일부 사람들에게는 터무니없게 들릴지도 모른다. 그러나 많은 사람들이 그 공포증을 겪고 있다는 것은 사실이다. 그것은 심지어 그들 중 일부가 유명한 패스트푸드 체인점인 맥도날드에서 햄버거를 먹을 수도 없게 한다.
① 전문적인 광대로 일하는 것
② 광대에 대한 공포를 없애는 것
③ 광대 앞에서 침착함을 유지하는 것
④ 이 재미있게 생긴 사람들을 무서워한다는 것

| **정답해설** | 62% 해당 지문은 'coulrophobia(광대 공포증)'에 대해 서술하고 있다. 본문의 전반부에서는 '광대 공포증의 정의, 증상, 원인' 등을 서술하고 있다. 빈칸 이후 'however, it is true that many people are suffering from the phobia(그러나 많은 사람들이 그 공포증을 겪고 있다는 것은 사실이다).'로 보아 빈칸이 포함된 문장은 이와는 반대되는 맥락의 내용인 '광대 공포증은 터무니없게 들릴지도 모른다'는 것을 의미해야 한다는 것을 알 수 있다. 본문 중반에서 'the clown normally wears a colorful makeup to deconstruct the facial features to create a new identity, which is intended to be considered amusing'을 통해 '광대들은 웃기게 보이기 위해 분장을 한다'라고 언급하고 있으므로, ④ 'Being terrified of these funny looking people(이 재미있게 생긴 사람들을 무서워한다는 것)'이 가장 적절하다.

| **오답해설** | ②③ 25% 10% 빈칸 이후의 '그러나 실제로 많은 사람들이 광대 공포증을 겪는다'는 내용과 역접 관계에 있지 않으므로 오답이다.

| **어휘** |

phobia 공포증, 병적인 공포   coulrophobia 광대공포증
persistent 지속적인, 영속적인   panic 공황, 패닉
nausea 메스꺼움, 욕지기   and so on 등등
lie behind ~뒤에 숨어 있다   excessive 과도한
deconstruct 해체하다   facial features 이목구비
identity 정체성, 독자성   norm 규범, 기준
absurd 어리석은, 불합리한   suffer from ~로 고통받다
prevent A from B A가 B하는 것을 막다

17 빈칸형 독해 > Reading for Writing > 빈칸 구 완성 답 ③

핵심포인트 코로나 바이러스로 인한 봉쇄조치에 대처하는 문화에 대해 소개하는 글로 'this global pandemic'을 통해 빈칸이 전체 글의 내용을 요약하는 것임을 파악하는 것이 관건이다.

| **해석** | 한 사람의 진정한 성격은 위기 시에 드러난다고 한다 — 그리고 만일 코로나바이러스 팬데믹이 우리에게 지금까지 무언가를 가르쳐 주었다면, 동일한 것이 한 국가에 대해서도 말해질 수 있을

것이다. 세계가 바이러스의 확산을 늦추는 것을 돕기 위해 점점 더 봉쇄를 함에 따라, 발생하고 있는 가장 흥미로운 현상 중 하나는 다른 도시들과 국가들이 팬데믹에 대처하고 그 과정에서 자신들만의 분명한 "격리 문화"를 정의하고 있는 독창적이고 별나며 고무적인 방법들이다. 이탈리아에서 자가격리 중인 주민들이 그들의 발코니에서 오페라를 힘차게 부르는 장면이 촬영되었다. 벨기에에서는 그 국가의 상징적인 감자튀김 가게들이 여전히 감자튀김을 나눠주고 있다. 그리고 스칸디나비아 전역에서 몇몇 사람들은 여전히 자전거를 타고 출근을 한다. 여러 가지 방식으로, 이 전 세계적인 팬데믹은 ③ 다른 국가들에게 있어서 무엇이 진정으로 중요한지를 훤히 드러내고 있으며, 한 국가의 성격에 대해 많은 것을 밝혀주고 있다.

① 전 세계의 수많은 사업체와 산업에 악영향을 끼치고 있다
② 세계의 국가들이 이 위협적인 전지구적 난관을 타결하기 위해 하나로 합칠 수 있다는 것을 보여주고 있다
③ 다른 국가들에게 있어서 무엇이 진정으로 중요한지를 훤히 드러내고 있으며, 한 국가의 성격에 대해 많은 것을 밝혀주고 있다
④ 부유하든 가난하든, 유명하든 그렇지 않든, 그들의 공포와 감금에 있어서 세계의 모든 사람들을 동등하게 만들고 있다

| 정답해설 | ③ [74%] 본문은 '코로나바이러스 팬데믹으로 인한 봉쇄 조치에 대처하는 각국의 독특한 문화'에 대해 소개하는 글이다. 본문 첫 문장 'It's been said that a person's true character is revealed in a crisis — and if the coronavirus pandemic has taught us anything so far, the same can be said for a country(한 사람의 진정한 성격은 위기 시에 드러난다고 한다 — 그리고 만일 코로나바이러스 팬데믹이 우리에게 지금까지 무언가를 가르쳐 주었다면, 동일한 것이 한 국가에 대해서도 말해질 수 있을 것이다).'를 통해, '사람과 마찬가지로 위기 시에 한 국가의 성격이 보여진다'는 것을 설명한 후, 이어서 여러 나라들이 다른 방식으로 격리 상황에 대처하는 예시를 제시하고 있다. 따라서, 글 전체의 내용을 요약하는 마지막 문장의 빈칸에 들어갈 표현으로 가장 적절한 것은 ③ 'laying bare what really matters to different nations and revealing a lot about a country's character(다른 국가들에게 있어서 무엇이 진정으로 중요한지를 훤히 드러내고 있으며, 한 국가의 성격에 대해 많은 것을 밝혀주고 있다)'이다.

| 오답해설 | ① [6%] 산업과 사업 분야에 미치는 영향에 대한 글이 아니므로 오답이다.
② [14%] 본문과 관련 없는 내용이므로 오답이다.
④ [6%] 본문에서는 국가 간 '차이점'에 대해 초점을 맞추고 있으므로, 개인간 '공통점'에 대해 언급하고 있는 ④는 오답이다.

| 어휘 |
reveal 드러내다, 밝히다
pandemic 팬데믹, 전 세계적인 유행병

phenomenon 현상	take place 발생하다, 일어나다
quirky 별난, 독특한	cope with ~에 대처하다, 처리하다
define 정의하다	distinct 분명한, 뚜렷한
quarantine 격리	along the way 그 과정에서

self-isolate 자가격리하다	belt 힘차게[큰 소리로] 노래하다
dole out (조금씩) 나눠 주다	pedal (자전거를) 타고 가다

adversely 부정적으로, 불리하게
tackle (곤란한 문제·일 등에) 달려붙다, 착수하다, 다루다, 맞붙다
threatening 위험한, 위협적인
lay bare (비밀 등을) 발가벗기다, 까발리다
confinement 감금, 속박

오답률 TOP 1   오답률 56%   上

18   지문제시형   독해 > Macro Reading > 요지   답 ②

핵심포인트   'infodemic(인포데믹)'에 대한 글의 요지를 묻는 문항으로 선지 분석에 유의해야 한다.

| 해석 | 점점 더 많은 국가들의 보건 관계자들이 신종 코로나바이러스의 확산을 늦추기 위해 분투함에 따라, 그들은 또한 세계 보건 기구가 "infodemic(인포데믹)"이라 칭하는 부수적인 문제를 막아내려 일하고 있다. WHO는 infodemic을 "사람들이 신뢰할 만한 출처와 그들이 필요로 할 때 믿을 수 있는 지침을 찾기 어렵게 만드는 — 일부는 정확하고 일부는 그렇지 않은 — 정보의 과잉"으로 정의한다. 그 문제는 사실이 아니거나 호도하는 정보가 소셜 미디어에서 확산될 수 있는 용이함과 빠른 속도에 의해 촉진된다. 그 질병이 확산됨에 따라, 그것이 어떻게 시작되었는지, 감염된 사람의 수, 그리고 마법의 치료약에 대한 약속에 대한 사실이 아닌 주장들 또한 온라인으로 확산되었다. COVID-19의 이 특정한 경우에는, 최근의 소셜 미디어 플랫폼의 성장으로 인해, 정확하든 아니든 정보가 바이러스 자체보다 더 빠르게 확산되고 있다.

① 인포데믹이 팬데믹보다 더 위험하다.
② 소셜 미디어의 발달이 부작용을 일으키고 있다.
③ 소셜 미디어에서 정확한 정보와 부정확한 정보를 구별하는 것은 중요하다.
④ 바이러스와 관련된 정보를 얻기 위해서는 소셜 미디어보다 전통 미디어에 의지하는 것이 더 낫다.

| 정답해설 | ② [74%] 본문은 '인포데믹(infodemic)'에 관한 내용이다. '인포데믹'이란 정보(information)와 전염병(epidemic)의 합성어로, 잘못된 정보나 악성루머가 미디어, 인터넷 등의 매체를 통해 매우 빠르게 확산되는 현상을 뜻한다. 본문에서는 이러한 '인포데믹'의 원인으로 '소셜 미디어(social media)'를 꼽고 있다. 'The problem is aided by the ease and speed with which false or misleading information can spread on social media(그 문제는 사실이 아니거나 호도하는 정보가 소셜 미디어에서 확산될 수 있는 용이함과 빠른 속도에 의해 촉진된다).' 즉, '인포데믹 문제는 소셜 미디어의 발달로 인해 더욱 심화되었다'는 주장이므로, 글의 요지로 가장 적절한 것은 ② 'The development of social media has been causing a side effect(소셜 미디어의 발달이 부작용을 일으키고 있다).'이다.

| **오답해설** | ① ⎡27%⎤ 본문에서는 'As health officials in a growing number of countries fight to slow the spread of the novel coronavirus, they're also working to stem a secondary issue that the World Health Organization is calling an "infodemic."(점점 더 많은 국가들의 보건 관계자들이 신종 코로나바이러스의 확산을 늦추기 위해 분투함에 따라, 그들은 또한 세계보건 기구가 "infodemic(인포데믹)"이라 칭하는 부수적인 문제를 막아내려 일하고 있다)'라고 언급하며, 바이러스 퇴치와 인포데믹 근절 모두를 위해 노력하고 있는 상황에 대해서만 설명하고 있을 뿐, 둘 중 어느 것이 더 위험한지는 비교하고 있지 않으므로 오답이다.

③ ⎡29%⎤ 본문에서는 소셜 미디어상의 정보가 정확할 수도 있고 그렇지 않을 수 있다고 언급하고 있으나, 둘을 구분하는 것의 중요성에 대해서는 언급하고 있지 않으므로 오답이다.

④ ⎡0%⎤ 본문에서는 '전통 미디어(traditional media)'에 관해서는 전혀 언급되지 않는다.

| **어휘** |

novel (이전에 볼 수 없던) 새로운   stem 막다, 저지하다
secondary (다른 것의 결과로 나오는) 2차[부수]적인
infodemic 인포데믹(정보(information)와 전염병(epidemic)의 합성어로, 정보전염병을 뜻함. 잘못된 정보나 악성루머가 미디어, 인터넷 등의 매체를 통해 매우 빠르게 확산되는 현상)
overabundance 과잉, 과다   accurate 정확한
guidance 지침, 지도, 안내   aid 촉진하다, 돕다
misleading 호도[오도]하는   claim 주장
pandemic 팬데믹, 전 세계적인 유행병
side effect 부작용   distinguish 구별하다, 구분하다
inaccurate 부정확한, 오류가 있는   rely on 의지하다, 기대다

오답률 16% 中

---

19 빈칸형 독해 > Logical Reading > 연결사 답 ②

핵심포인트 연결사를 묻는 문제로 마스크 착용에 관한 지문의 논리적 흐름을 파악하는 것이 관건이다.

| **해석** | 마스크를 쓰는 것이 당신이 아프게 되지 않을 것이라는 이의를 제기할 수 없는 보장은 분명 아니다 – 바이러스는 눈을 통해서도 또한 전염될 수 있고, 에어로졸이라고 알려진 작은 바이러스성 미립자는 마스크를 관통할 수 있다. (A) 그러나 마스크는 코로나바이러스의 주된 전염 경로인 비말을 잡아내는 데 효과적이며, 일부 연구는 차단막이 하나도 없는 경우에 반해 대략 5배의 보호력을 추정했다. 만일 당신이 감염된 누군가와 밀접 접촉을 할 가능성이 있다면, 마스크는 그 질병이 전염되는 것의 가능성을 줄여준다. 만일 당신이 코로나바이러스의 증상을 보이거나 진단을 받았다면, 마스크를 착용하는 것이 또한 타인을 보호해줄 수 있다. (B) 따라서 마스크는 환자를 돌보는 보건복지 직원들에게 필수적이고 또한 아픈 누군가를 돌봐야 할 가족에게도 권고된다 – 이상적으로 환자와 간병인 모두 마스크를 착용해야 한다.

	(A)	(B)
①	그러므로	실은
②	그러나	따라서
③	즉	그러므로
④	유사하게	예를 들어

| **정답해설** | ② ⎡84%⎤ (A) 이전 문장 'Wearing a face mask is certainly not an ironclad guarantee that you won't get sick — viruses can also transmit through the eyes and tiny viral particles, known as aerosols, can penetrate masks(마스크를 쓰는 것이 당신이 아프게 되지 않을 것이라는 이의를 제기할 수 없는 보장은 분명 아니다 — 바이러스는 눈을 통해서도 또한 전염될 수 있고, 에어로졸이라고 알려진 작은 바이러스성 미립자는 마스크를 관통할 수 있다).'에서는 '마스크의 비효율성'에 대해 언급하고 있으나, (A) 이후 문장에서는 'masks are effective at capturing droplets(마스크는 비말을 잡아내는 데 효과적이다)'라고 '마스크의 효율성'에 대해 설명하고 있으므로, 전후 내용이 대조적이라는 것을 알 수 있다. 따라서 '역접'을 나타내는 'However(그러나)'가 빈칸에 들어가는 것이 가장 자연스럽다.

(B) 이전 두 문장에서 '감염자와 밀접 접촉을 해야 하는 경우'와 '코로나바이러스의 증상이 있거나 진단을 받은 경우' 마스크를 착용하는 것이 바이러스 전파 차단에 효과가 있다고 설명하고 있다. 이후 (B) 이하에서 '환자를 돌보는 사람들과 환자 모두 마스크 착용이 필요하다'고 언급하고 있다. (B) 이전에 설명한 효과로 인해 착용의 필요성이 발생하는 것이므로, 전후 내용이 '인과' 관계인 것을 알 수 있다. 따라서 빈칸에는 'So(따라서)' 또는 'Hence(그러므로)'가 들어가는 것이 자연스럽다. 따라서 정답은 ② 'However(그러나) – So(따라서)'이다.

| **오답해설** | ③ ⎡7%⎤ (A) 전후의 관계가 '재서술'이 아니기 때문에 'That is(즉, 다시 말해)'가 빈칸에 들어가는 것은 어색하다.

| **어휘** |

ironclad 이의를 제기할 수 없는, 변경할 수 없는
transmit 전염시키다, 전달하다   viral 바이러스성의
particle 미립자, 입자   aerosol 에어로졸, 연무제
penetrate 관통하다, 침투하다   droplet 작은 방울
transmission 전염   versus ~에 대하여, 대비[대조]하여
barrier 장벽   diagnose 진단하다

오답률 TOP 2 오답률 54% 上

---

20 논리형 독해 > Logical Reading > 삽입 답 ②

핵심포인트 독일의 외화 더빙 시스템을 소재로 한 삽입 문제로 논리적 흐름 파악에 유의해야 한다.

| **해석** | 독일과 같이 유사하게 두드러지고 높은 수준의 더빙 문화가 생겨난 다른 국가는 거의 없다. 그러나 1930년 경 발성 영화, 또는 "토키"의 초창기 시절, 외국어 영화를 번역할 필요성이 쟁점이 되었을 때, 관객들은 대화상에서 그들이 듣는 생소한 목소리에 대해 처음에는 전혀 열광하지 않았다. 그 당시 더빙, 자막처리와 함께 한

가지의 다른 대안이 있었는데, 그것은 현지 언어로 영화를 가능한 정확하게 리메이크하는 것이었다. ② 이러한 다른 옵션들이 동시에 행해졌고, 영화계는 먼저 어떤 것이 관객들에게 가장 인기가 있을지 알아내야 했다. 자막처리가 만들기 가장 쉬웠으나, 보는 사람에게는 가장 피로했고, 리메이크는 가장 비용이 많이 들었으나 가장 인기 있었고, 더빙은 논란이 가장 많았다. 배우들이 생소한 목소리로 말하는 것은 전통적인 시청 관습과 충돌했다. 이러한 불쾌감은 초기의 더빙 작업에서 입모양을 일치시키려는 교리적이고 까다로운 시도에 의해 악화되었다. 그러나 1930년대의 과정 동안 관객들은 그들의 초기 충격을 극복했고, 점점 더 자막을 읽는 것보다 독일어로 대화를 듣는 것이 더 편리하다고 여겼다.

| **정답해설** | ② [46%] 독일의 외화 더빙 시스템에 대한 내용이다. 주어진 문장의 'These different options were practiced in parallel, and the film industry first had to discover which would become most popular with audiences(이러한 다른 옵션들이 동시에 행해졌고, 영화계는 먼저 어떤 것이 관객들에게 가장 인기가 있을지 알아내야 했다).'를 통해 이전 문장에는 'These different options'가 가리키는 내용이 와야 하고, 이후에는 'which would become most popular(어떤 것이 관객들에게 가장 인기가 있을지)'의 답을 보여주는 내용이 오는 것이 자연스럽다는 것을 알 수 있다. ② 이전 문장에서 더빙, 자막 처리, 리메이크라는 여러 옵션들을 언급한 후, ② 이후에서 각각의 옵션에 대한 관객의 반응을 서술하고 있다. 따라서 주어진 문장이 들어가기에 가장 적절한 곳은 ②이다.

| **오답해설** | ③ [29%] 이전 문장에서 주어진 문장의 질문에 대한 답을 제시하고 있으므로 적절하지 않다.

| **어휘** |

in parallel 동시에, 병행하여
emerge 생기다, 드러나다
alongside ~와 함께; ~와 동시에
accomplish 이루다, 달성하다
clash 충돌하다
exacerbate 악화시키다
fastidious 까다로운, 괴팍스러운
get over 극복하다
convenient 편리한

prominent 탁월한, 두드러진
enthusiastic 열렬한, 열광하는
alternative 대안
controversial 논쟁의, 논란의
unease 불안, 우려, 불쾌
dogmatic 교리적인, 독단적인
synchronize 동시에 움직이게 하다
initial 초기의
decipher 판독하다, 해독하다

9급공무원 공개경쟁채용 필기시험

5회 난이도	中
5회 합격선	17개/20개

회차	유형매칭
5	2020 국가직 9급

5회차 핵심페이퍼

문번	정답	개념	꼭 짚고 넘어가야 하는 핵심포인트!
01	④	어휘	'short'와 'abbreviated'가 유의어 관계인 것을 파악한다.
02	③	어휘	'improve'와 'ameliorate'가 유의어 관계인 것을 파악한다.
03 (오답률 TOP 3)	③	어휘	'cliched'와 'trite'가 유의어 관계인 것을 파악한다.
04	④	어휘	'malicious'와 'vicious'가 유의어 관계인 것을 파악한다.
05	④	문법	대명사가 지칭하는 대상을 파악하고 「the+형용사」는 일반적으로 복수 취급한다는 것을 아는 것이 관건이다.
06	③	문법	불완전 타동사의 수동태를 파악하고 현재분사와 과거분사를 구분하는 것이 관건이다.
07	②	문법	주어와 본동사 사이에 수식어가 있는 경우 수일치를 하는 것이 관건이다.
08	②	독해	글에서 다루지 않은 내용을 포함한 선지를 우선 찾아 삭제한다.
09	①	독해	지엽적이거나 언급되지 않은 내용이 아닌 글 전체의 내용을 담은 제목을 선택한다.
10	②	독해	0의 발명 이전 상황에 대한 설명 중 무(無)에 대해 언급하는 부분을 찾아야 한다.
11	③	생활영어	'cold'를 이용한 관용표현을 구분하는 것이 관건이다.
12	③	생활영어	선지로 출제된 관용표현에 대한 사전 의미 파악이 관건이다.
13	③	독해	문맥상 'rekindled'가 의미하는 것이 무엇인지 파악해야 한다.
14	③	독해	외국어 학습과 관련된 글의 전체 내용을 담고 있는 주제를 선택한다.
15 (오답률 TOP 2)	②	독해	숫자로 표기하지 않은 부분의 문맥을 파악하여 숫자 표현과 연결해야 한다.
16	①	독해	아이들에게 있어서의 문학의 중요성과 문학(책) 선택권을 구분해야 한다.
17 (오답률 TOP 1)	①	독해	본문에 제시된 'It'과 주어진 문장에 제시된 'Our independent streak'를 연결하는 것이 관건이다.
18	④	독해	고등학교 졸업반 학생들과 전학생의 'Macaulay Honors College' 지원 가능 여부를 구분해야 한다.
19	②	독해	빈칸의 앞뒤 문장의 문맥과 글의 전체적인 내용을 파악해 적절한 단어를 선택해야 한다.
20	③	독해	선지에 제시된 삼권 분립에 관한 어휘를 파악하는 것이 관건이다.

※ [오답률/선택률] 산정 기준: 2021.01.14. ~ 2022.12.30. 기간동안 응시된 1초 합격예측 서비스의 누적 데이터
※ [오답률] TOP 1, 2, 3은 많은 응시생들이 헷갈린 문항이므로 꼭 확인하고 넘어가시기 바랍니다.

01	④	02	③	03	③	04	④	05	④
06	③	07	②	08	②	09	①	10	②
11	③	12	③	13	③	14	③	15	②
16	①	17	①	18	④	19	②	20	③

※ 上 中 下 는 문항의 난이도를 나타냅니다.
※ 50% 는 선지별 선택률을 나타냅니다.

오답률 37% 中

01 밑줄형 어휘 > 유의어 찾기 답 ④

핵심포인트 'short'와 'abbreviated'가 유의어 관계인 것을 파악한다.

| 해석 | 전염병은 보통 2주 이하의 짧은 시간 내에 특정 인구의 많은 사람들에게 감염병이 급속도로 확산되는 것을 말한다.
① 11% 방심하지 않는, 경계하고 있는
② 16% 예리한
③ 10% 벗겨지는, 연마재
④ 63% 단축된, 약자의, 간결하게 한

| 정답해설 | 'short'는 '짧은, 단기의'라는 의미로 ④ 'abbreviated(단축된)'와 뜻이 가장 가깝다.

| 어휘 |
epidemic 유행병   infectious 감염성의

오답률 46% 中

02 밑줄형 어휘 > 유의어 찾기 답 ③

핵심포인트 'improve'와 'ameliorate'가 유의어 관계인 것을 파악한다.

| 해석 | 카르텔은 그들의 이익을 향상시키고 시장을 지배하기 위해 서로 결탁하는 독립적인 시장 참여자들의 모임이다.
① 15% 일치하다, 동시에 일어나다
② 13% 위로하다
③ 54% 개선하다, 개량하다
④ 18% 추측하다

| 정답해설 | 'improve'는 '향상시키다'라는 의미로 ③ 'ameliorate (개선하다)'와 뜻이 가장 가깝다.

| 어휘 |
cartel 카르텔, 기업연합   collude 결탁하다
dominate 지배하다

오답률 TOP 3 오답률 68% 上

03 밑줄형 어휘 > 유의어 찾기 답 ③

핵심포인트 'cliched'와 'trite'가 유의어 관계인 것을 파악한다.

| 해석 | 일부 사람들은 영화에 나오는 아프리카계 미국인의 삶에 대

한 진부한 이미지들에 대해 반감을 갖고 있다.
① 15% (색깔이) 야한
② 27% 터무니없이 높은
③ 32% 평범한, 케케묵은, 진부한
④ 26% 쉽게 외부의 영향을 받는

| 정답해설 | 'cliched'는 '진부한, 평범한'의 의미로 ③ 'trite (평범한, 케케묵은, 진부한)'와 유사한 뜻을 가지고 있다.

오답률 17% 中

04 밑줄형 어휘 > 유의어 찾기 답 ④

핵심포인트 'malicious'와 'vicious'가 유의어 관계인 것을 파악한다.

| 해석 | 케이블 모뎀을 통해 인터넷에 연결된 PC는 당신이 그 PC를 켤 때마다 언제나 악의적인 해킹에 취약하다.
① 4% 간결한, 간명한   ② 3% 무서운, 무시무시한
③ 10% 헤아릴 수 없는   ④ 83% 나쁜, 악의 있는

| 정답해설 | 'malicious'는 '악의의, 사악한, 나쁜'의 의미로 ④ 'vicious(나쁜, 악의 있는)'와 유의어 관계이다.

오답률 43% 中

05 문장형 문법 > Balancing > 일치 답 ④

핵심포인트 대명사가 지칭하는 대상을 파악하고 「the+형용사」는 일반적으로 복수 취급한다는 것을 아는 것이 관건이다.

| 해석 | ① 우리가 어떻게 정의를 실현하는가는 시간이 지남에 따라 그리고 다른 상황에서 달라질 것이다.
② 우리가 무덤을 찾아내면, 우리는 흙을 제거하고 최종적으로는 시신을 깨끗하게 하고, 그것을 기록할 것이다.
③ 실업자들은 정규직 또는 시간제 직업을 가진 사람들보다 평균적으로 하루에 더 많은 시간을 TV를 시청하는 데 보냈다.
④ 소, 양, 돼지, 닭, 그리고 염소를 포함한 가축들은 가정의 반려동물과 같지 않기 때문에 노인들에게 질병을 옮길 수 있다.

| 정답해설 | ④ 57% 접속사 'since' 뒤에 온 'they'는 가리키는 대상이 복수형태의 명사구 'Farm animals'이므로 옳은 표현이다. 또한 'the old'는 「the+형용사」로 'old people'을 뜻하며 복수로 취급한다.

| 오답해설 | ① 9% 의문부사 'how'가 이끄는 절은 주절의 주어이므로 간접의문문에 해당하며 이때 간접의문문의 어순은 「의문사+주어+동사」이다. 따라서 'do we realize justice'를 'we realize justice'로 수정해야 한다.
② 7% 시간, 조건을 나타내는 종속절에서는 현재시제가 미래시제를 대신한다. 따라서 부사절 접속사 'when'이 이끄는 종속절의 동사 'will find'를 현재시제인 'find'로 수정해야 한다.
③ 27% 'more time'을 통해 비교급이 쓰인 문장임을 알 수 있다. 이때 전치사 'than' 뒤의 'that'은 단수형태의 대명사이나 가리키

는 대상이 'unemployed people'을 뜻하는 'The unemployed'이므로 'that'을 'those'로 수정해야 한다.

06 문장형 | 문법 > Main Structure > 태   답 ③

핵심포인트 불완전 타동사의 수동태를 파악하고 현재분사와 과거분사를 구분하는 것이 관건이다.

| **정답해설** | ③ [52%] 해당 문장은 불완전타동사 'ask'의 수동태인 「be asked＋to＋동사원형」이 옳게 사용되었다. 또한 'required'는 불완전타동사 'require'의 과거분사로, 뒤에 온 to부정사(구) 'to gain access'는 목적격 보어에 해당한다.

| **오답해설** | ① [17%] 주어진 해석을 통해 'It'이 가주어이며 'that ~ development.'가 진주어임을 알 수 있다. 따라서 'suggested'의 목적어가 없으므로 능동인 'has recently suggested'를 수동태 'has recently been suggested'로 수정해야 한다.

② [25%] 해당 문장에서 'arises'는 완전자동사이나 뒤에 목적어 'a number of privacy concerns'가 왔으므로 틀린 문장임을 알 수 있다. 이때 주어진 해석이 '~을 불러일으키다'이므로 'arises'를 완전타동사 'raises'로 수정해야 한다.

④ [6%] 주어진 해석을 통해 과학이 지배의 주체가 아닌 지배의 대상에 해당하므로 수동태임을 알 수 있다. 따라서 능동태 'dominated'를 수동태인 'was dominated by'로 수정해야 한다.

07 문장형 | 문법 > Balancing > 일치   답 ②

핵심포인트 주어와 본동사 사이에 수식어가 있는 경우 수일치를 하는 것이 관건이다.

| **정답해설** | ② [67%] 주절의 주어가 단수형태인 'the teacher'이므로 동사에 단수형태를 사용해야 한다. 따라서 'like'를 단수형태 'likes'로 수정해야 한다. 또한 해당 문장은 주격 관계대명사 'who'가 쓰인 문장으로 선행사는 주절의 주어이자 단수형태인 'the teacher'이므로 관계대명사절의 동사에 단수형태인 'tries'는 옳게 사용하였다.

| **오답해설** | ① [12%] 주절의 경우 주어가 단수형태인 'the fact'이므로 단수형태 동사 'justifies'는 옳은 표현이며, 종속절인 that절의 경우 주어가 복수형태인 'wolves'이므로 복수형태의 동사 'are'는 옳은 표현이다. 또한 'inhabiting'은 'inhabit'의 현재분사로 수식하는 대상 'wolves'와 능동관계이며 뒤에 목적어 'the area'를 가지므로 'inhabiting'은 옳게 사용되었다. 따라서 해당 문장은 옳은 문장이다.

③ [11%] 주어가 단수형태인 'the machine'이고 주어진 해석이 '기계는 금속판에 한 줄로 구멍을 뚫기 위해 사용된다'이므로 동사에 단수형태의 수동태인 'is used'를 사용하는 것이 옳다. 또한 'taking'은 'take'의 현재분사로, 수식하는 대상 'the machine'과 능동관계이며 뒤에 목적어 'its name'을 가지므로 'taking'은 옳게 사용되었다.

④ [10%] 주어가 단수형태인 'the country'이고 주어진 해석이 '영국이라고 알려져 있다'이므로 동사에 단수형태의 수동태인 'is known as'를 사용하는 것이 옳다. 또한 'referred to as'는 관용표현 'refer to A as B(A를 B라고 부르다)'의 과거분사로, 수식하는 대상 'the country'와 수동관계이며 뒤에 B에 해당하는 'The U.K. or Great Britain'이 왔으므로 'referred to as'는 옳은 표현이다.

08 지문제시형 | 독해 > Macro Reading > 요지   답 ②

핵심포인트 글에서 다루지 않은 내용을 포함한 선지를 우선 찾아 삭제한다.

| **해석** | 우리는 종종 리더들을, 아마도 부대를 결집시키는 고무적인 연설을 하거나, 토론을 촉진시키거나, 또는 분명한 방향을 제공하는 것과 같은, 그들이 말하고 있는 맥락 내에서 생각한다. 그러나, 듣기를 선호하는 리더들이 대부분의 시간을 장황하게 말을 하며 보내는 사람들보다 상당히 더 유능한 것으로 평가된다는 것이 발견되었다. 나의 동료 Joe Folkman과 나는 577명의 리더들이 작성한 말하기 대 듣기 선호도에 관한 자기 평가 결과를 분석했다. 우리는 말하기를 강하게 선호하는 104명의 리더들을 식별하고, 그들의 결과를 듣기를 선호하는 135명의 리더들과 비교했다. 우리는 또한 매니저, 동료, 직속 부하직원, 그리고 다른 사람들로부터의 평가를 이용하여 이 지도자들에 대한 유능함 평가를 수집했다. 우리는 16개의 다른 능력에 대한 리더십 유능함을 평가했고, 모든 평가자 집단으로부터의 평균 평점을 검토했다. 우리는 듣기를 강하게 선호하는 리더가 16개의 능력 중 13개의 능력에서 상당히 더 유능하다고 평가되었다는 것을 발견했다. 그 데이터는 매우 흥미로운데, 이는 듣기 (그리고 말하기 전 듣기)에 대한 선호가 리더의 유능함과 직접적으로 연결되어 있다는 것을 보여준다.
① 사람들은 유능한 리더가 더 잘 듣는다고 생각한다.
② 유능한 리더는 말하는 것보다 듣는 것을 선호하는 경향이 있다.
③ 훌륭한 리더는 말하기와 실행하기 사이의 균형을 유지해야 한다.
④ 리더십 기술은 규칙적인 자기 평가를 통해 개선될 수 있다.

| **정답해설** | ② [83%] 본문은 통념과는 달리, 유능하다고 평가되는 리더들이 말하기보다 듣기를 선호한다고 설명하고 있다. 두 번째 문장 'However, it has been found ~ holding forth.'를 통해 '듣기를 선호하는 리더들이 더 유능하다'는 글의 요지를 알 수 있고, 그에 대한 근거를 이후에 제시하고 있다. 따라서 정답은 ② 'Effective leaders tend to favor listening over speaking(유능한 리더는 말하는 것보다 듣는 것을 선호하는 경향이 있다).'이다.

| **오답해설** | ① [13%] 본문의 내용은 더 유능하다고 평가된 리더들을 분석해 본 결과, 듣기를 선호하는 사람들이 많았다는 것이며, 사람들이 듣기를 좋아한다는 이유로 리더를 좋게 평가한 것은 아니므로, 글의 요지로 부적절하다.

③ [2%] 본문에서는 '듣기'와 '말하기'의 관점에서 비교하고 있으며, '행하기(doing)'에 관해서는 언급하지 않는다.

| 어휘 |

rally 결집[단결]시키다	facilitate 촉진하다, 용이하게 하다
hold forth 말을 장황하게 늘어놓다	self-assessment 자기 평가
evaluation 평가	peer 동료
direct report 직속 부하직원	differentiate 달라지다, 구별이 생기다
competency 능력	compelling 강한 흥미를 돋우는

오답률 14% 下

09 지문제시형 독해 > Macro Reading > 제목 답 ①

핵심포인트 지엽적이거나 언급되지 않은 내용이 아닌 글 전체의 내용을 담은 제목을 선택한다.

| 해석 | 밤하늘의 밝기는 빛 공해 지표 중 하나이다. 자연적인 대기는 대기광과 여기저기 흩어져있는 빛 때문에 완전히 어둡지 않으므로, 빛 공해를 측정하는 것은 복잡한 과정이다. 정확한 측정을 위해서, 과학자들은 광원의 수와 강도를 알아내기 위해 지구의 야간 인공위성 이미지를 사용하고 하늘의 총 밝기를 계산한다. 아마추어 및 전문 천문학자들은 또한 다른 지역들을 기록하고 비교하기 위해 하늘의 밝기를 측정하는 소형 기기인 Sky Quality Meter를 사용한다. Dark Sky Meter와 Loss of Night과 같은 모바일 앱 또한 누구나 하늘의 밝기를 측정할 수 있게 해 준다. 빛 공해를 측정하는 다른 방법으로는 식별 가능한 기준을 제공하여 하늘의 상태를 측정하게 해 주는 9등급 평가 체계인 Bortle Scale이 있다. 은퇴한 소방서장이자 아마추어 천문학자인 John E. Bortle은 2001년에 아마추어 천문학자가 관측 지점의 어둡기를 측정하고 지점들을 비교하는 것을 돕는 수단으로서 그 평가 체계를 고안했다.
① 빛 공해를 측정하는 방법
② 인공광의 위험성
③ 야간에 빛을 측정하는 것의 어려움
④ 빛 공해를 줄이기 위한 천문학자들의 노력

| 정답해설 | ① 86% 본문의 두 번째 문장 'Because the natural atmosphere is not completely dark because of airglow and scattered light, taking measurements of light pollution is an intricate process.'에서 '빛 공해 측정의 어려움'에 대해 언급한 후, 이어서 빛 공해를 측정하기 위해 천문학자 및 일반인들이 사용할 수 있는 방법을 몇 가지 나열하고 있다. 따라서 ① 'How to Gauge Light Pollution(빛 공해를 측정하는 방법)'이 글의 제목으로 가장 적절하다.

| 어휘 |

indicator 지표	atmosphere 대기
airglow 대기광	scattered 산발적인, 흩어진
measurement 측량, 측정	intricate 뒤얽힌, 복잡한
determine 결정하다	intensity 집중, 세기
light source 광원	handheld 소형의, 손에 들고 쓰는
device 장치, 기구	measure 측정하다, 재다
observable 식별 가능한, 관찰할 수 있는	
retired 은퇴한	devise 고안하다
means 수단, 방법	observation 관측, 관찰

gauge 측정하다, 알아내다, 판단하다
artificial 인공적인

오답률 21% 中

10 지문제시형 독해 > Micro Reading > 내용일치/불일치 답 ②

핵심포인트 0의 발명 이전 상황에 대한 설명 중 무(無)에 대해 언급하는 부분을 찾아야 한다.

| 해석 | 많은 사학자들과 학자들은 0이 인도에서 나왔다는 것에 동의한다. 무(無)를 표시하는 것의 개념은 마야인들 또는 바빌로니아인들과 같은 몇몇 다른 문화에서도 존재하였으나, 고대 인도인들이 무(無)를 단순히 의미가 없는 요소가 아니라 제대로 된 숫자로 취급한 최초의 사람들이었다. 그리고 수학적 개념이 발달함에 따라 0은 인도 밖으로 나와 세계로 뻗어나가기 시작했다. 그것은 십자군 시대에 유럽에 정착했고, 사람들은 0에 대해 회의적이었다. 왜냐하면, 무(無)라는 전체의 개념은 실제로 많은 사람들, 특히 기독교인들에게 꽤 어려운 생각이었기 때문이다. 그들의 생각은 어느 정도 [다소] '영원'이었고, 신의 처음과 끝은 없다. 따라서 무(無)라는 바로 그 개념은 그들을 꽤 불편하게 느끼도록 만들었다. 15세기가 되어서야 비로소 서양 세계에서 0이 완전히 받아들여졌다. 상인들이 그것에 있어서 주요한 역할을 했다.
① 많은 사람들이 0이 인도에서 발명되었다는 것에 널리 동의한다.
② 0의 개발 이전에, 초기 문명에서는 무(無)를 나타낼 수 없었다.
③ 유럽 사람들은 처음에 0의 개념을 지지하지 않았다.
④ 무(無)의 개념은 일부 종교 신념에 모순되는 것처럼 보였다.

| 정답해설 | ② 79% 본문은 '숫자 0(zero)이 인도에서 최초로 발명되어 서구로 퍼지게 된 경위'에 대해 설명하는 글이다. 두 번째 문장 'Although the concept of marking nothingness ~ simply a placeholder.'를 통해 '이전 문명 사람들(마야 문명, 바빌로니아 문명)도 자신들만의 방식으로 무(無)를 표시하였다'는 것을 알 수 있다. 따라서 ② 'Before the invention of zero, early civilizations were unable to indicate nothingness(0의 개발 이전에, 초기 문명에서는 무(無)를 나타낼 수 없었다).'는 글의 내용과 일치하지 않는다.

| 오답해설 | ① 5% 첫 번째 문장 'Many historians and scholars agree that zero first emerged from India.'를 통해, 많은 사학자들과 학자들이 인도에서 0이 나왔다는 것에 동의함을 알 수 있다.
③ 12% 본문 중반 'It landed in Europe during the era of the Crusades, and people were skeptical of zero ~.'를 통해, 유럽 사람들이 처음에는 0에 회의적이었음을 알 수 있으므로, 글의 내용과 일치한다.
④ 4% 본문 후반 'Their idea was sort of 'eternity' and there's no beginning and no end of God. So the very concept of nothingness made them feel quite uncomfortable.'을 통해, 기독교에서 말하는 '신'에 대한 교리와 '무(無)'의 개념이 모순됨을 알 수 있다.

| 어휘 |

emerge from ~에서 나오다　　　proper 제대로 된, 적절한, 올바른

numeral 숫자

placeholder 필요하지만 의미가 없는 요소, 유효하지 않은 숫자

creep out of ~에서 기어 나오다　　　Crusades 십자군

skeptical of ~에 대해 회의적인　　　sort of 일종의

eternity 영원, 영겁　　　merchant 상인

오답률 2% 下

11　[문장형]　생활영어 > 회화/관용표현　　　답 ③

핵심포인트　'cold'를 이용한 관용표현을 구분하는 것이 관건이다.

| 해석 | ① A: 너는 어떤 디자인을 선호하니?

B: 나는 빨간색에 꽃무늬가 있는 것이 좋아.

② A: 바깥으로 나가 산책하는 것이 어떠니?

　 B: 나도 같은 것을 네게 물어보려던 참이었어.

③ A: 수프가 식기 전에 먹어야 해.

　 B: 바깥은 몹시 추워.

④ A: Angelina가 그녀의 결혼식 청첩장을 네게 줬어?

　 B: 물론이지. 나는 소식을 듣고 매우 놀랐어.

| 정답해설 | ③ 98% A는 B에게 수프가 식기 전에 먹어야 한다고 이야기하지만, B는 밖이 매우 춥다고 대답한다. B의 답변은 A의 말에 대한 적절한 반응이 아니므로 정답은 ③이다.

오답률 21% 中

12　[빈칸형]　생활영어 > 회화/관용표현　　　답 ③

핵심포인트　선지로 출제된 관용표현에 대한 사전 의미 파악이 관건이다.

| 해석 | 남편: 난 너무 배고파요! 부엌에 먹을 거 있어요?

부인: 음, 냉장고 안에 당근, 버섯, 빵, 그리고 달걀이 좀 있어요.

남편: 좋아요! 가서 스크램블드에그 좀 만들어야겠어요. 당신도 좀 먹을래요?

부인: 오, 고마워요! 나도 마침 딱 배고파지려던 참이었어요. 요리하는 것 좀 도와줄까요?

남편: ③ 신경 쓰지 마요. 내가 요리할 동안 당신은 좀 쉬어야 해요.

부인: 정말 친절하네요. 만약 내 도움이 필요하다면, 아무 때나 말해줘요.

① 진심이에요

② 나는 몰라요

③ 신경 쓰지 마요

④ 내 눈에 흙이 들어가기 전까지는

| 정답해설 | ③ 79% 부인은 스크램블드에그를 요리한다는 남편에게 도움이 필요한지 물었고, 남편은 '자신이 요리할 동안 부인은 좀 쉬어야 한다'고 말한다. 따라서 빈칸에 들어갈 가장 적절한 말은 부인의 도움을 거절하는 의미의 ③ 'Don't bother(신경 쓰지 마요)'이다.

오답률 17% 中

13　[빈칸형]　독해 > Logical Reading > 연결사　　　답 ③

핵심포인트　문맥상 'rekindled'가 의미하는 것이 무엇인지 파악해야 한다.

| 해석 | 미국의 총기 규제에 대한 논쟁은 민간 환경에서의 총기 소지자에 의한 일련의 총기 난사에 의해 자극을 받으며 수년 간 흥망성쇠를 거듭했다. 특히, 2012년 Connecticut의 Newtown에서 20명의 학생들이 죽은 것은 총기법에 대한 새로운 국가적인 논쟁을 촉발했다. (A) 그러나, 반자동 공격용 무기를 금지했을 입법 조치는 광대한 대중의 지지에도 불구하고 상원에서 무효가 되었다. 안타깝게도, 최근에는 미국 역사상 최악의 총기 난사 사건이 몇몇 있었다. 그것들은 58명을 죽인 2017년 Las Vegas의 음악 축제에서의 난사 사건, 17명을 죽인 2018년 Florida의 Parkland에 있는 고등학교에서의 난사 사건, 그리고 22명을 죽인 2019년 Texas의 El Paso에 있는 쇼핑센터에서의 난사 사건을 포함한다. (B) 그 결과, 총기 규제 논쟁은 다시 불이 붙었고, 이러한 사건들의 규칙성은 미국의 총기 정책과 다른 부유한 민주국가의 총기 정책을 비교하게 만들었다.

① 게다가 - 그러므로

② 그럼에도 불구하고 - 반면에

③ 그러나 - 그 결과

④ 마찬가지로 - 예를 들어

| 정답해설 | ③ 83% (A) 이전에서는 '2012년 Newtown에서 발생한 총기 난사 사건이 총기법에 관한 논쟁을 불러일으켰다'고 언급하고 있으나, 이후에서는 '총기 소지 금지에 관한 법률 제정이 무효화되었다'고 설명하고 있으므로, '논쟁이 있었지만 (그럼에도 불구하고) 법 제정으로 이어지지는 않았다'는 역접의 흐름이 되는 것이 적절하다. 따라서 (A)에는 'Nevertheless(그럼에도 불구하고)' 또는 'However(그러나)'가 오는 것이 자연스럽다.

(B) 빈칸 이전의 내용은 여러 가지 심각한 총기 난사 사건의 예시를 제시하고 있고 빈칸 이후 내용은 'the gun control debate has been rekindled'으로, '총기 규제에 관한 논쟁이 다시 불거졌다'고 언급하고 있으므로 (B)에는 '인과'를 나타내는 'As a consequence'가 들어가는 것이 적절하다.

따라서 정답은 ③ 'However(그러나) - As a consequence(그 결과)'이다.

| 어휘 |

debate 논쟁, 논란, 논의　　　gun control 총기 규제

wax and wane 흥하다가 이울다　　　stir 불러일으키다

mass shooting 총기 난사　　　civilian 민간의, 일반인의

setting 환경　　　prompt 촉발하다

legislation 입법 (조치), 법률 제정

assault weapon 공격용 무기(개인 화기), (호신용이 아닌) 공격용 총기

defeat 무효로 하다, 무산시키다

rekindle (감정·생각 등을) 다시 불러일으키다

invoke ~을 생기게 하다, 일으키다

---

14 지문제시형 독해 > Macro Reading > 주제 답 ③

핵심포인트 외국어 학습과 관련된 글의 전체 내용을 담고 있는 주제를 선택한다.

| 해석 | University of Wisconsin-Madison의 Elise Hopman과 Maryellen MacDonald는 외국어 학습에서의 이해 연습과 제작 연습의 효과를 비교했다. 연구원들은 연구에서 참가자들을 두 집단으로 나누고 그들에게 인공 언어를 가르쳤다. 이해 연습 집단은 전형적인 듣기 연습 문제를 활용했고, 제작 연습 집단에 있는 사람들은 말을 하고 그들의 어휘, 문법, 그리고 구두법에 대해 즉각적인 피드백을 받았다. 그 후 모든 참가자들은 어휘 시험과 그들의 문법적 기술을 평가하는 시험을 치렀다. 결과는 제작 연습 집단이 문법과 어휘 시험 모두에서 이해 연습 집단을 능가했다는 것을 시사했다. 언어 학습에 대해 연구원들은 "알맞은 상황에서, 언어를 만들어 내는 것은 엄청나게 강력한 학습 경험이다."라고 설명한다. 그들은 학생들이 일반적으로 말하기보다 듣기를 더 많이 하는 현재의 교육 관행이 학생들이 스스로 언어를 제작하게 하는 것의 가치를 과소평가하고 있는지도 모른다고 말한다.

① 말하기 기술을 향상시키는 효율적인 방법
② 외국어 구사의 필요성
③ 외국어 학습에서의 말하기의 중요성
④ 외국어 학습 시 음악 청취의 비효율성

| 정답해설 | ③ 78% 해당 지문은 '외국어 학습 시 듣기 위주의 학습(이해 연습)과 말하기 위주의 학습(제작 연습)의 효율성'을 비교하는 연구 결과를 제시하고 있다. 연구 결과에 따르면, '제작 연습에 기반한 학습을 한 집단'이 '이해 연습 집단'보다 더 나은 결과를 낳았다. 즉, 말하기가 외국어 학습에 있어서 듣기보다 더 중요하다는 것이다. 또한 마지막 문장 'They suggest that ~ produce the language themselves.'를 통해서도, '말하기의 중요성'이 과소평가된다는 점을 언급하고 있으므로, 전체 글의 주제로 가장 적절한 것은 ③ 'importance of talking in learning a foreign language(외국어 학습에서의 말하기의 중요성)'이다.

| 오답해설 | ① 13% 본문에서는 '말하기의 중요성'에 대해 언급하고 있지만, '말하기를 향상시키는 방법'에 대해서는 언급하지 않았다.
② 7% 본문은 '외국어 학습 시 듣기와 말하기의 효율성'에 대한 글이며, '외국어 자체를 구사하는 것의 필요성'에 대한 글은 아니므로 오답이다.
④ 2% '음악을 듣는 것'에 대해서는 본문에 언급하지 않았다.

| 어휘 |
comprehension 이해
production 제작, 만들기
measure 평가하다
outperform 더 나은 결과를 내다, 능가하다
underestimate 과소평가하다
practice 연습, 실행; 관행, 관습
punctuation 구두법

15 논리형 독해 > Logical Reading > 배열 답 ②

핵심포인트 숫자로 표기하지 않은 부분의 문맥을 파악하여 숫자 표현과 연결해야 한다.

| 해석 | 친구, 동반자, 자녀, 또는 동료와 같은 누군가와의 대화에서 얼굴을 맞대고 앉아 있을 때, 당신은 얼마나 자주 상대방의 입에서 나오는 말 외에 실제로 아무것도 생각하지 않는가? 아마도 그렇게 자주는 아닐 것이다. 그리고 당신만 그런 것은 아니다.
(A) 연구는 우리 중 오직 약 10%만이 효과적으로 듣는다는 것을 보여준다. 우리는, 계속 늘어나는 할 일 목록은 말할 것도 없고, 우리의 스마트폰에서 울리는 딩동 소리와 트윗 메시지의 소음에 의해 너무 주의가 산만해져 있어서 사람들이 우리에게 말할 때 집중하고 듣는 데 애를 쓴다.
(C) 만약 우리가 기술에 의해 주의가 산만해지지 않는다면, 우리 자신의 생각이 다른 사람을 듣는 것을 방해한다.
(B) 우리는 종종 우리가 듣고 있다고 생각하지만 우리는 사실 우리 자신의 이야기를 말하고, 조언을 하고, 또는 심지어 판단을 하기 위해 어떻게 끼어들어야 할지 생각하고 있는 것이다. 다시 말해, 우리는 이해하기 위해서가 아니라 오히려 대답하기 위해 듣는 것이다.

| 정답해설 | ② 30% 주어진 글은 '대화 시에 오로지 상대방의 말에만 집중하는 경우가 매우 적다'는 내용이다. 주어진 글의 마지막 문장에서 'And you are not alone(당신은 혼자가 아니다).'이라고 언급하고 있으므로, (A)의 'Research shows that only about ten percent of us listen effectively.'가 이어져, '우리들 중 10%만이 효과적으로 듣고, 나머지 90%는 당신처럼 제대로 듣지 않는다'는 취지의 내용이 오는 것이 자연스럽다. 그리고, 그 이유로 '스마트폰'에 의해 정신이 산만해지는 것, 즉, '기술' 때문에 산만해지는 것에 대해 언급하고 있으므로, 이후에는 '기술 외에 우리 자신의 생각이 우리를 산만하게 만든다'고 언급하는 (C)가 이어지는 것이 알맞다. 마지막으로 대화 시에 '우리는 듣는 것이 아니라 언제 끼어들어야 할지 생각한다'고 언급하며, '우리의 생각'으로 인해 산만해지는 것의 구체적인 내용을 제시하고 있는 (B)가 오는 것이 자연스럽다. 따라서 정답은 ② (A) - (C) - (B)이다.

| 어휘 |
other than ~ 외에
distracted 마음이 산란해진, 주의가 산만한
cacophony 불협화음, 소음
not to mention ~은 말할 것도 없고[물론이고]
jump in (대화에) 불쑥 끼어들다
keep A from -ing A가 ~하는 것을 막다[방해하다]

16 [논리형] 독해 > Logical Reading > 삭제   답 ①

핵심포인트 아이들에게 있어서의 문학의 중요성과 문학(책) 선택권을 구분해야 한다.

| 해석 | 아이들이 모든 종류의 문학을 접할 수 있게 하는 것은 그들의 성공을 위해 매우 중요하고, 교육자, 부모, 그리고 공동체 구성원들은 아이들이 문학을 읽는 것에 대한 사랑과 열정을 기를 수 있도록 도와야 한다. ① 아이들이 읽을 책을 선택하는 것은 어른들이 흥미롭다고 생각하는 것이 아니라 그들이 흥미있어 하는 것에 따라 달라져야 한다. 문학은 학교나 직장 환경에서 성공하기 위한 인지 기술들을 계발시키는 데 중요할 뿐만 아니라, 다른 이유에 있어서도 가치가 있다. 문학은 아이들에게 세상에 대해 반응하고 그들의 개인적인 의견과 감정을 표현할 수 있는 기회를 제공하기 때문에 중요하다. 아이들은 문학을 통해 다른 사람들의 문화적 유산뿐 아니라 자기 자신의 문화적 유산에 대한 이해를 할 수 있다. 게다가 그것은 그들이 지성과 창의성을 계발하도록 도와주고, 아이의 개성과 사회적 기술의 성장과 계발을 양성한다. 셀 수 없이 많은 중요한 주제, 아이디어, 상상력, 그리고 경험을 한 세대에서 다음 세대로 전달하는 것도 바로 문학이다.

| 정답해설 | ① 60% 해당 지문은 '아이들이 문학을 읽는 것의 중요성'에 대해 서술하고 있다. 첫 문장에서 '아이들이 문학을 읽는 것은 그들의 성공에 있어서 중요하다(extremely important for their success)'고 언급한 후, ②에서 'Not only is literature important in developing cognitive skills to be able to succeed in a school or work setting, but it is of value for other reasons as well.'이라고 첫 문장에서 언급된 '성공을 위한 중요성' 외에 문학이 중요한 다른 이유가 있다고 강조하고 있으므로, 첫 문장 이후에 ②가 바로 이어지는 것이 자연스럽다. ①에서는 '어른들의 기준이 아니라 어린이들의 기준으로 책을 골라야 한다'고 언급하고 있으므로, 전체적인 글의 주제인 '문학의 중요성'과는 거리가 멀다. 따라서 ①이 글의 흐름상 가장 어색하다.

| 어휘 |

access 접근, 접근 방법	variety 여러 종류
cognitive skill 인지 기술	setting 환경
appreciation 감상	heritage 유산
additionally 게다가, 부가적으로	nurture 양육하다, 양성하다
transmit 송신하다, 전달하다	generation 세대

17 [논리형] 독해 > Logical Reading > 삽입   답 ①

핵심포인트 본문에 제시된 'It'과 주어진 문장에 제시된 'Our independent streak'를 연결하는 것이 관건이다.

| 해석 | 모든 위기에도 기회는 있다. 전 세계적인 팬데믹 가운데, 나의 X세대가 마침내 우리의 것[기회]을 찾은 것 같다. ① 우리의 독립적 성향은 마침내 훌륭한 장점이자 이 종[인간]의 생존에 대한 유용한 자질로서 인정받고 있다. 그것은 우리의 (베이비)부머 부모들이 직장에서 오랜 시간 동안 노동하는 동안 스스로를 돌보아야 할 우리의 필요로 인해 형성되었고, 이는 우리가 자립과 소파에서 비디오 게임을 하며 보내는 오후에 더욱 편안함을 느끼도록 해 주었다. 현재, 우리 인생 최초로, "왜 모든 이들이 좀 더 X세대 같을 수 없나?"라는 질문이 대두되고 있다. 그렇다, 전 세계적인 팬데믹이 지금 또 하나의 세대 간의 경계선이 되었다. 주요 뉴스들은 브런치를 거르지 못한다는 이유로 Z세대와 밀레니얼을 비판하고, 자신들의 건강에 대한 위험을 더 심각하게 받아들이지 않는 부머들을 책망했으며, 몰려다니지 않고, 실내에 머무르며, 아무것도 하지 않는 X세대의 재능을 찬양했다.

| 정답해설 | ① 26% 본문은 X세대의 독립적 성향 및 실내 생활에 대한 기호가 코로나바이러스 팬데믹 상황에서 긍정적인 작용을 하고 있다는 내용의 글이다. 주어진 문장은 독립적 성향이 마침내 인정받고 있다는 내용이므로, 두 번째 문장 'Amid a global pandemic, it looks like my own Gen X has eventually found ours(전 세계적인 팬데믹 가운데, 나의 X세대가 마침내 우리의 것[기회]을 찾은 것 같다).' 이후에 위치하며, 'ours(기회)'의 내용을 구체적으로 설명하는 구조가 되는 것이 자연스럽다. 또한, ① 이후 문장 'It was fostered by our need to fend for ourselves ~.'에서 'It(그것)'이 주어진 문장의 'Our independent streak'를 가리키고 있으므로, 이를 통해서도 정답이 ①이라는 것을 알 수 있다.

| 어휘 |

streak 기질, 기미, 경향	recognize 인정하다
asset 유용한 자질, 이점	
pandemic 팬데믹, 전국[전 세계]적인 유행병	
foster 조성하다, 발전시키다	
fend for oneself 자활하다, 스스로 돌보다, 자립하다	
toil 힘들게[고생스럽게] 일하다	self-reliance 자립, 자기 의존
utter (입으로 어떤 소리를) 내다, (말을) 하다	
generational 세대 간의, 세대의	
divide 경계선, 분계선, 차이점	call out (남에게) 싸움을 걸다
inability ~할 수 없음	chastise 책망하다, 꾸짖다
celebrate 찬양하다, 기리다	hang out 몰려다니다, 어울리다, 놀다

18 [지문제시형] 독해 > Micro Reading > 내용일치/불일치   답 ④

핵심포인트 고등학교 졸업반 학생들과 전학생의 'Macaulay Honors College' 지원 가능 여부를 구분해야 한다.

| 해석 | 흔히 Macaulay Honors College라고 불리는 William E. Macaulay Honors College는 뉴욕 시의 뉴욕 시립대학교 시스템에 있는 학생들을 위해 선택적인 공동 학위를 수여하는 우등 대학이다. 그 대학은 다른 혜택들 중 모든 학부생들에게 수업료 전액 장학금을 제공하는 것으로 주로 알려져 있다. Macaulay 각 학생은 대학 장학생으로 지정되어 수업료 전액 장학금, Apple MacBook Air 노트북, Macaulay Advising 프로그램을 통한 헌신적이고 전문화된

조언자들, 문화 기관에 참여하는 것에 대한 무료 또는 할인 혜택을 제공하는 NYC 문화 여권 카드를 받는다. Macaulay Honors College는 고등학교 졸업반 학생들이 졸업반이 되었을 때 신입생이 되기 위해 처음으로 지원하는 경우 신청서를 받는다. Macaulay는 전학생이나 중간 입학을 지원한 지원자들은 받지 않는다. 대학은 지원자들이 온라인으로 지원서를 제출하기 전에 Macaulay에 관여하는 8개의 CUNY 상급 대학을 조사하도록 조언한다. Macaulay 지원자들은 그리고 나서 그들의 지원서에 지정된 CUNY 캠퍼스에 있는 학부 과정에 승인이 고려된다.

| **정답해설** | ④ 88% 해당 지문은 Macaulay Honors College에 대해서 서술하고 있다. 'Macaulay does not accept transfer students or applicants applying for mid-term entry.'를 통해 Macaulay는 전학생이나 중간 입학을 지원한 지원자들은 받지 않는다고 서술하고 있으므로 ④ '다른 학교 신입생의 경우, 처음 한 번은 Macaulay로 전학할 수 있는 기회가 있다.'는 글의 내용과 일치하지 않는다. 'Macaulay Honors College accepts ~ their senior year.' 부분을 자세히 읽어보지 않으면 자칫 ④가 글의 내용과 일치하는 것으로 혼동할 수 있으니 주의한다.

| **오답해설** | ① 3% 첫 번째 문장 'William E. Macaulay Honors College ~ in New York City.'를 통해 William E. Macaulay Honors College는 뉴욕 시의 뉴욕 시립대학교 시스템에 있는 학생들을 위해 선택적인 공동 학위를 수여하는 우등 대학이라고 서술하고 있으므로 글의 내용과 일치한다.

② 4% 'The college is known primarily for offering full-tuition scholarships'를 통해 Macaulay 대학은 모든 학부생들에게 수업료 전액 장학금을 제공하는 것으로 알려져 있다고 서술하고 있으므로 글의 내용과 일치한다.

③ 5% 'The college advises ~ available online.'을 통해 대학은 지원자들이 온라인으로 지원서를 제출하기 전에 Macaulay에 관여하는 8개의 CUNY 상급 대학을 조사하도록 조언한다고 서술하고 있으므로 글의 내용과 일치한다.

| **어휘** |

selective 선택적인, 선별적인	offer 제공하다
full-tuition 수업료 전액	scholarship 장학금
undergraduate 학부생	substantial 상당한, 많은
designate 지명하다, 선정하다	dedicate 헌신하다
admission 입학	application 지원서, 신청서
freshman 신입생	transfer 옮기다, 이동하다
submit 제출하다	

오답률 41% 中

19 빈칸형 독해 > Reading for Writing > 빈칸 구 완성 답 ②

핵심포인트 빈칸의 앞뒤 문장의 문맥과 글의 전체적인 내용을 파악해 적절한 단어를 선택해야 한다.

| **해석** | 13세에 Andrew Carnegie는 방적공장에서 얼레잡이로서 직기의 직원들에게 보빈(실패)을 가져다주고 일주일에 $1.20를 받으며 새벽부터 어두워질 때까지 일했다. 1년 후 그는 지역 전신회사의 배달원으로 고용되었다. 그리고 그곳에서 그는 장비를 다루는 법을 독학했고, 전신기사로 승진했다. 이 기술을 가지고, 그는 Pennsylvania 철도회사에 취직을 했다. 그리고 그곳에서 그는 24세의 나이에 관리자로 승진했다. 단지 야망만 있는 것이 아니라, 어린 Carnegie는 (A) 열렬한 독서가였고, Allegheny의 시민 James Anderson 대령이 지역의 일하는 소년들에게 그의 서재를 개방하는 관대함을 이용했는데 이것은 그 당시에 흔치 않은 기회였다. 수년 동안 책이 Carnegie의 교육의 대부분을 제공하였고, 그가 커리어를 통해 빠르게 (B) 발전하면서 이는 변함없이 매우 귀중하게 남아있었다.

① 자비로운 – 저항했다
② 열렬한 – 발전했다
③ 마음이 맞는 – 정체를 나타냈다
④ 열렬한 – 활기가 없어졌다

| **정답해설** | ② 59% 해당 지문은 Andrew Carnegie의 성장기를 '경력' 측면에서 서술하고 있다. (A) 빈칸 이후에서 'he took advantage of the generosity of an Allegheny citizen, ~.'과 마지막 문장 'Through the years books provided most of Carnegie's education'을 통해, 'Carnegie가 수년간 James Anderson 대령의 서재에서 책을 읽었다'는 것을 알 수 있으므로, (A)에는 '열렬한 독서가'의 의미가 되는 'voracious(열렬한)' 또는 'avid(열렬한)'가 들어가는 것이 적절하다.

(B)는 그의 '경력'에 대한 내용으로, 글의 초반에서 중반까지 '13세에 얼레잡이로 시작하여 24세에 철도회사의 관리자'로 빠르게 발전하였다는 것을 언급하고 있으므로, 'progressed(발전했다)' 또는 'advanced(진보했다)'가 두 번째 빈칸에 가장 적절하다.

따라서 ② (A) voracious(열렬한) – (B) progressed(발전했다)가 정답이다.

| **어휘** |

dawn 새벽	bobbin 실패, 실타래, 얼레
cotton mill 방적공장, 직물공장	loom 직기(직물을 짜는 기계), 베틀
hire 고용하다	messenger 배달원, 전달자
telegraph 전신, 전보	teach oneself 독학하다
operator (장비·기계를) 조작[운전]하는 사람	
land a job 직장을 구하다	superintendent 관리자, 감독
ambitious 야망 있는	take advantage of ~을 이용하다
generosity 관대함, 관대한 행위	citizen 시민
colonel 대령	rapidly 빨리

오답률 61% 上

20 빈칸형 독해 > Reading for Writing > 빈칸 구 완성 답 ③

핵심포인트 선지에 제시된 삼권 분립에 관한 어휘를 파악하는 것이 관건이다.

| **해석** | 캐나다는 의원내각제를 시행하는 민주적 입헌군주제 국가이다. 캐나다 의회는 캐나다인들을 대표하기로 선택된 사람들로 구성된 연방 입법기관이다. 그것은 입법부를 구성한다. 정부의 수장

인 총리와 내각이 행정부를 구성하고, 캐나다의 연방과 지방 법원은 사법부를 구성한다. 캐나다 의회는 그것의 ③ 입법 기능을 10개의 지방 정부와 3개의 준주 정부와 공유한다. 연방 의회의 입법권은 1867 헌법안 제 91조에 의해 규정되어있다. 일반적으로, 그것은 "평화, 질서, 좋은 캐나다 정부를 위해" 법률을 만들 권한을 가지고 있으며, 이것은 지방의 독점적인 입법 권한에 포함되지 않는다.

① 총선거
② 사법권
③ 입법 기능
④ 행정 권한

| 정답해설 | ③ [39%] 본문의 전반부에서 '캐나다의 입법(legislative branch of government), 행정(executive branch), 사법 기관(judicial branch of government)'의 구성에 대해 설명한 뒤, 빈칸 이후 문장에서 'The legislative powers of the federal Parliament are stipulated by section 91 of the Constitution Act, 1867'라고 세 기관 중, 의회의 입법 기능을 특정하여 설명하고 있으므로, 빈칸에는 '의회의 입법 기능'에 대해 설명하는 말이 들어가는 것이 적절하다는 것을 알 수 있다. 따라서 정답은 ③ 'law-enacting function(입법 기능)'이다.

| 오답해설 | ① [14%] 선거에 대한 내용은 본문에 언급되지 않으므로 오답이다.

②④ [16%] [31%] 빈칸 이후에서 설명하는 내용은 '입법권'에 대한 내용이므로 오답이다.

| 어휘 |
constitutional monarchy 입헌군주제
parliamentary system 의원 내각제   federal 연방의
legislature 입법부   composed of ~로 구성된
legislative branch (of government) 입법부
Prime Minister 총리, 수상   Cabinet 내각
comprise 구성하다, 포함하다, 이루다
executive branch 행정부   provincial 지방의
make up 구성하다
judical branch (of government) 사법부
parliament 의회
territorial [미·캐나다] 준주(準州)의(주(州)의 자격을 얻지 못한 행정구역)
legislative power 입법권   stipulate 규정하다
constitution 헌법   jurisdiction 권한, 관할권
fall within ~의 범위에 들어가다[포함되다]
exclusive 독점적인, 배타적인   authority 권한
legislative election 총선거   judicial 사법의
competence 권한   law-enacting 법 제정, 입법
administrative 행정의

9급공무원 공개경쟁채용 필기시험

6회 난이도	中
6회 합격선	16개/20개

회차	유형매칭
6	2020 지방직 (= 서울시) 9급

6회차 핵심페이퍼

문번	정답	개념	꼭 짚고 넘어가야 하는 핵심포인트!
01	④	어휘	'dexterous'의 의미를 파악하는 것이 관건이다.
02	③	어휘	'adorn'과 'embellish'가 유의어 관계인 것을 파악한다.
03	①	어휘	'jettison'과 'ditch'가 유의어 관계인 것을 파악한다.
04	③	어휘	'circumvent'와 'escape'가 유의어 관계인 것을 파악한다.
05	③	문법	생략된 목적격 관계대명사를 파악한다.
06	④	어휘	'grapple with'의 의미를 파악하는 것이 관건이다.
07	②	문법	관계대명사 'what'과 접속사 'that'을 구분하는 것이 관건이다.
08	③	문법	주어와 본동사 사이에 수식어가 있는 경우 주어와 동사의 단어를 정확히 파악해서 수일치를 하는 것이 관건이다.
09	④	독해	빈칸 앞뒤 문맥을 파악해 '부연'과 '양보'를 나타내는 연결사를 선택하는 것이 관건이다.
10	②	독해	글 전체의 내용을 담아내는 주제를 선택해 언급되지 않은 내용이 담기지 않도록 해야 한다.
11	③	생활영어	'hold one's horses'의 의미를 파악하는 것이 관건이다.
12	③	문법	'made'가 불완전타동사가 아닌 완전타동사로 쓰였음을 파악한다.
13	④	생활영어	조동사와 의문사의 쓰임을 파악하는 것이 관건이다.
14	④	독해	에너지 치료와 관련된 글의 전체 내용을 담고 있는 제목을 선택한다.
15	③	독해	사진 촬영 방식과 사진 촬영 목적을 구분하는 것이 관건이다.
16	②	독해	농업이 미친 영향 중 본문에서 집중적으로 다루고 있는 내용이 무엇인지 파악해야 한다.
17	②	독해	X세대와 관련된 글의 전체 내용을 아우르는 요지를 선택한다.
18	③	독해	스트레스를 받은 사람들이 생각하는 방식을 주어진 글에 제시된 스트레스의 특징과 같은 맥락으로 파악해야 한다.
19	④	독해	주어진 문장의 'this interactive triangle'이 가리키는 내용을 파악해야 한다.
20	①	독해	수치 표현의 감소와 증가를 나타내는 표현을 파악해야 한다.

오답률 TOP 3 → 03
오답률 TOP 1 → 17
오답률 TOP 2 → 18

※ [오답률/선택률] 산정 기준: 2021.01.14. ~ 2022.12.30. 기간동안 응시된 1초 합격예측 서비스의 누적 데이터
※ [오답률] TOP 1, 2, 3은 많은 응시생들이 헷갈린 문항이므로 꼭 확인하고 넘어가시기 바랍니다.

01	④	02	③	03	①	04	③	05	③
06	④	07	②	08	③	09	④	10	②
11	③	12	③	13	④	14	④	15	③
16	②	17	②	18	③	19	④	20	①

※ 上 中 下 는 문항의 난이도를 나타냅니다.
※ 50% 는 선지별 선택률을 나타냅니다.

오답률 55% 上

01 빈칸형 어휘 > 빈칸 완성 답 ④

핵심포인트 'dexterous'의 의미를 파악하는 것이 관건이다.

| 해석 | Jean의 솜씨 좋은 연주를 들으면서 Baker 선생님의 얼굴에는 미소가 번졌다.
① 8% 잔인한, 야만적인, 난폭한
② 28% 열성의
③ 19% 지배적인, 우세한, 우성의
④ 45% 솜씨 좋은, 빈틈없는

| 정답해설 | 빈칸에 'play'를 수식하는 말로 가장 적절한 표현은 ④ 'dexterous(솜씨 좋은)'이다.

오답률 23% 中

02 밑줄형 어휘 > 유의어 찾기 답 ③

핵심포인트 'adorn'과 'embellish'가 유의어 관계인 것을 파악한다.

| 해석 | 그의 부인은 목과 귀를 장식할 무언가를 원했다.
① 9% 맹공하다, 습격하다　② 6% 몹시 괴롭히다
③ 77% 미화하다, 장식하다　④ 8% 침범하다, 침해하다

| 정답해설 | 'adorn'은 '꾸미다, 장식하다'의 의미로 ③ 'embellish(미화하다, 장식하다)'와 유의어 관계이다.

오답률 TOP 3 오답률 62% 上

03 밑줄형 어휘 > 유의어 찾기 답 ①

핵심포인트 'jettison'과 'ditch'가 유의어 관계인 것을 파악한다.

| 해석 | 그 회사는 재정 문제 때문에 그 계획을 버리도록 강요받았다.
① 38% 버리다　② 19% 매도하다
③ 31% 은둔하다, 고립시키다　④ 12% 집행하다, 강요하다

| 정답해설 | 'jettison'은 '버리다, 폐기하다, 포기하다'를 뜻하는 동사로 ① 'ditch(버리다)'와 유의어 관계이다.

오답률 48% 中

04 밑줄형 어휘 > 유의어 찾기 답 ③

핵심포인트 'circumvent'와 'escape'가 유의어 관계인 것을 파악한다.

| 해석 | 고용수칙 및 안전수칙을 피하기 위해 그 배들은 해외에서 등록되었다.
① 12% 구슬리다, 달래다
② 17% 비난하다, 비방하다
③ 52% 피하다, 달아나다, 탈출하다
④ 19% 급증하다, 확산되다

| 정답해설 | 'circumvent'는 '피하다, 면하다'를 뜻하는 동사로 ③ 'escape(피하다, 달아나다, 탈출하다)'와 유의어 관계이다.

오답률 44% 中

05 문장형 문법 > Structure Constituent > 대명사 답 ③

핵심포인트 생략된 목적격 관계대명사를 파악한다.

| 해석 | ① 그녀는 전에 이탈리아를 방문한 적이 결코 없었다.
② 몇몇 사람들은 그들의 아이들이 좋아하는 것을 하도록 허락하는 것 같다.
③ 이 빵과 함께 먹을 수 있는 치즈를 가지고 있니?
④ 내 친구는 그의 이름을 몇 번 언급했지만 나는 전에 그를 만난 적이 없었다.

| 정답해설 | ③ 56% 해당 문장은 의문문이므로 'any'를 사용하는 것이 옳다. 이때 'I can have with this bread'는 생략된 목적격 관계대명사가 이끄는 절로, 선행사가 'any'를 포함하는 'any cheese'이므로 생략된 목적격 관계대명사는 'that'이다. 따라서 ③은 옳은 문장이다.

| 오답해설 | ① 15% 'ago'는 단독으로 사용할 수 없으며 「기간＋ago」의 형태로 사용한다. 반면에 'before'는 단독으로도 사용할 수 있으며 「기간＋before」의 형태로도 사용할 수 있다. 해당 문장은 'ago'를 단독으로 사용하였으므로 'before'로 수정해야 하며 이때 단독으로 쓰인 'before'의 경우 과거, 과거완료, 현재완료와 함께 사용할 수 있으므로 'had never been'은 옳은 표현이다.
② 12% 해당 문장은 사역동사 'let'의 목적격 보어로 수동관계를 나타내는 과거분사 'done'을 사용하였으나 뒤에 목적어 'what they like'가 있으므로 틀린 문장이다. 따라서 'done'을 능동관계를 나타내는 원형부정사 'do'로 수정해야 한다.
④ 17% 'mention'은 완전타동사로 뒤에 전치사 없이 목적어를 가진다. 해당 문장은 'mention'의 과거인 'mentioned'를 사용하였으나 뒤에 오는 목적어 앞에 전치사 'about'을 사용하였으므로 틀린 문장이다. 따라서 'about'을 삭제해야 한다.

06 밑줄형 | 어휘 > 유의어 찾기 답 ④

핵심포인트 'grapple with'의 의미를 파악하는 것이 관건이다.

| 해석 | 그 두 사람은 그 일을 <u>해결하기 위해 노력해서</u> 그것을 하루 만에 끝냈다.

① 4% 용인될 만한 해결책을 찾았다
② 5% 어떤 것을 심각하게 여겼다
③ 3% 어떤 것을 중요하지 않은 것으로 취급했다
④ 88% 문제를 해결하기 위해 노력했다

| 정답해설 | 'grapple with'는 '(어려운 상황이나 문제를) 해결하려고 노력하다'의 뜻으로, ④ 'make an effort to solve a problem(문제를 해결하기 위해 노력하다)'과 그 의미가 가장 가깝다.

07 밑줄형 | 문법 > Expansion > 관계사 답 ②

핵심포인트 관계대명사 'what'과 접속사 'that'을 구분하는 것이 관건이다.

| 해석 | 그것은 3년 전에 Anderson이 처음으로 교장 선생님을 만났던 세미나실에서 열렸다. 교장 선생님은 왜 그가 어린 아이들과 함께 일하는 것을 선택했는지 물었다. 그는 아이들이 처음으로 자신들의 이름을 쓰는 것을 배우는 것을 돕고, 누군가에게 새 친구를 찾아 주고, 읽기의 기쁨을 공유하는 것을 아주 좋아한다고 대답했다. 그러나 시간이 지나면서, 그의 헌신과 열정은 점차 희미해지는 것처럼 보였다.

| 정답해설 | ② 86% 뒤따라오는 절이 완전한 형태이므로 밑줄 친 관계대명사 'what'을 접속사 'that'으로 수정해야 한다. 따라서 ②는 어법상 옳지 않은 표현이다.

| 오답해설 | ① 4% 밑줄 친 'met'은 관계부사 'where'가 이끄는 절의 동사로 사용되었으며 뒤에 시간의 부사구 'three years ago'가 있으므로 과거시제 'met'은 옳은 표현이다.
③ 5% 해당 문장에서 앞에 있는 'helping'과 뒤에 있는 'and sharing'을 통해 'loved'의 목적어에 해당하는 동명사가 「A, B, and C」의 형태로 병렬구조를 이루고 있음을 알 수 있다. 따라서 밑줄 친 'finding'은 동명사에 해당하며 옳은 표현이다.
④ 5% 밑줄 친 'to fade'는 to부정사의 형용사적 용법에 해당하며 불완전자동사 'seemed'의 주격 보어로 사용되었다. 이때 'fade'는 완전자동사로 사용되었으므로 뒤에 부사 'gradually'가 올 수 있다.

| 어휘 |

commitment 헌신	passion 열정
fade 희미해지다	gradually 점차

08 문장형 | 문법 > Balancing > 일치 답 ③

핵심포인트 주어와 본동사 사이에 수식어가 있는 경우 주어와 동사의 단어를 정확히 파악해서 수일치를 하는 것이 관건이다.

| 정답해설 | ③ 80% 주어가 복수형태인 'The officials'이므로 동사에 복수형태를 사용해야 한다. 따라서 'holds'를 복수형태인 'hold'로 수정해야 한다. 'attributing'은 'attribute'의 현재분사로, 수식하는 대상 'the officials'와 능동관계이며 뒤에 목적어 'this success'가 왔으므로 'attributing'은 옳은 표현이다.

| 오답해설 | ① 4% 관계대명사 'what'이 이끄는 절이 주절의 주어에 오는 경우 단수 취급하므로 동사에 단수형태인 'is'를 옳게 사용하였다. 또한 해당 문장에서 접속사 'that'은 명사절 'we need to support this plan'을 이끌며 주격 보어로 사용되었다.
② 12% 주절의 주어가 단수형태인 'a high-tech table'이므로 동사에 단수형태인 'is'를 옳게 사용하였다. 또한 'made'는 'make'의 과거분사로, 수식하는 대상 'a high-tech table'과 수동관계이며 뒤에 전명구 'of glass and steel'이 왔으므로 'made'는 옳은 표현이다. 마지막으로 해당 문장에서 'so expensive that we can't buy it'의 경우 「so+형용사+that+주어+can't+동사원형」의 형태로 '너무 ~해서 ~할 수 없다'를 뜻한다.
④ 4% 주절의 주어가 단수형태인 'the article'이므로 동사에 단수형태를 사용해야 하며 주어진 해석이 '그 기사는 기자가 지어낸 것이었다'이므로 동사에 단수형태의 수동태인 'was invented'를 사용하는 것이 옳다.

09 빈칸형 | 독해 > Logical Reading > 연결사 답 ④

핵심포인트 빈칸 앞뒤 문맥을 파악해 '부연'과 '양보'를 나타내는 연결사를 선택하는 것이 관건이다.

| 해석 | 신기술들은 여러 방면에서 예술을 변화시켜왔다. 소셜미디어는 예술가들이 심지어 세계의 가장 먼 장소에 있는 더 폭넓은 관객들에게도 닿을 수 있도록 해 주었다. 다양한 모바일 앱과 VR(가상현실) 기술 덕분에, 당신은 Brooklyn 혹은 Reykjavik의 대안 예술 갤러리를 방문하기 위해 집을 떠날 필요가 없다. (A) 게다가, 현대 예술가들은 최첨단 기술에의 점점 더 독창적인 접근을 보여주는데, 그들은 이것을 그들의 작업에 융합시키고, 가상 및 증강현실, 생물학, 과학, 심지어 생태학뿐만 아니라 인공지능을 열정적으로 실험한다. 예술은 제너러티브 아트(generative art), 바이오 아트(bio art), 게임 아트(game art), 앱 아트(app art), 3차원 매핑, 인공지능(AI) 또는 생각 조종(마인드 컨트롤) 장치, 그리고 음향 발생 조소의 영역을 초월한다. (B) 그럼에도 불구하고, 회화, 데생, 조각, 그리고 그래픽과 같은 전통적인 매체들은 물질적인 예술 작품과의 상호작용을 동경하는 관객들 사이에서 여전히 상당히 훌륭한 인기를 누리며, 그들에게 눈부신 휴대폰과 컴퓨터 화면을 계속해서 바라

보는 것의 압도적인 지루함이 아니라 다감각 경험을 제공하고 있다.

① 그러나 – 이것에도 불구하고

② 게다가 – 예를 들어

③ 그래서 – 유사하게

④ 게다가 – 그럼에도 불구하고

| **정답해설** | ④ 69% (A) 이전의 내용은 '새로운 기술로 인한 예술의 변화'로 '관객에 대한 예술가들의 접근성 증가'와 '관객의 예술 작품에 대한 접근성 증가'를 언급하고 있다. 그리고 빈칸 이후에서 '다양한 최첨단 기술을 이용하는 현대 예술가들'에 대해 언급하고 있으므로, 역시 '새로운 기술로 인해 야기된 예술의 변화'를 '예술가의 작업 방식' 측면에서 기술하고 있다. 따라서, 빈칸에는 동일한 논조의 내용을 추가적으로 제시할 때 사용하는 'Furthermore(게다가)' 또는 'In addition(게다가)'이 올 수 있다.

(B) 이전에는 '예술이 새로운 기술과 융합하여 새로운 매체로 옮겨가고 있다'는 내용이다. 그러나 빈칸 이후에는 '전통적인 매체(conventional mediums)가 여전히 인기가 있다'고 언급하고 있으므로, 이전과는 대조적인 내용임을 알 수 있다. 따라서, 빈칸에는 '양보'를 나타내는 'In spite of this(이것에도 불구하고)' 또는 'Nonetheless(그럼에도 불구하고)'가 올 수 있다.

그러므로 정답은 ④ 'In addition(게다가) – Nonetheless(그럼에도 불구하고)'이다.

| **어휘** |

ingenious 독창적인, 기발한	state-of-the-art 최첨단의, 최신의
fuse 융합[결합]시키다	augmented reality 증강현실
ecology 생태학	transcend 넘다, 초월하다, 능가하다
generative art 제너러티브 아트(자율적인 시스템 사용으로 창작되어진 부분 또는 전체적인 예술)	
bio art 바이오 아트(물질 대신 생명체를 다루는 생물학과 예술을 융합한 예술 장르)	
installation 장치, 설비	generative 발생의
conventional 전통적인	yearn for 동경하다
multisensory (시각·청각 등의) 여러 감각이 관여하는, 다감각의	
as opposed to ~이 아니라	overbearing 압도적인, 지배적인
tedium 지루함, 싫증	glaring 빛나는, 눈부신

오답률 4% 下

10	지문제시형	독해 > Macro Reading > 주제	답 ②

핵심포인트 글 전체의 내용을 담아내는 주제를 선택해 언급되지 않은 내용이 담기지 않도록 해야 한다.

| **해석** | 홈스쿨링은 자신들의 자녀들이 더욱 맞춤화된 교육을 받길 원하거나 전통 공립 학교의 엄격함이 불만스러운 부모들에게 오랫동안 선택지가 되어왔고, 수년간 점점 더 인기 있어졌다. 미국 교육부에 따르면, 1999년부터 2012년까지, 홈스쿨링을 받는 아이들의 수는 850,000명에서 180만 명으로 증가했다. 국립 교육 통계청에 따르면, 취학 연령 인구의 약 3%가 2011-2012년에 홈스쿨링을 받았다. 코로나19 팬데믹의 여파로, 이 수는 훨씬 더 빠르게 증가할 준비가 되어있다. 증가하는 수의 부모들이 자신의 자녀를 위해

홈스쿨링의 장단점을 평가하고 있고 그들에게 학습이 어떻게 보일 것인지에 대한 영구적인 변화를 고려하고 있다.

① 홈스쿨링의 위험성

② 홈스쿨링의 증가 추세

③ 홈스쿨링을 하는 사람들이 매우 유능한 이유

④ 홈스쿨링의 장점과 단점

| **정답해설** | ② 96% 해당 지문의 첫 문장 'Homeschooling has long been an option for parents ~'에서 '홈스쿨링이 증가하고 있다'는 글의 요지를 살펴볼 수 있고, 이후에는 '증가하는 홈스쿨링'에 대한 구체적인 수치를 제시하고 있다. 또한 본문 후반 'In the wake of the COVID-19 pandemic, those numbers may be set to grow even more rapidly.'를 통해, 향후에도 홈스쿨링이 증가 추세를 이어갈 것이라는 예측을 하고 있으므로, 글의 주제로 가장 적절한 것은 ② 'the increasing trend of homeschooling(홈스쿨링의 증가 추세)'이다.

| **오답해설** | ④ 4% 마지막 문장 'An increasing number of parents are weighing the pros and cons of homeschooling for their kids ~.'에서 '부모들이 홈스쿨링의 장단점을 평가한다'고 언급하고 있으나, 구체적인 장단점에 대해서는 언급되지 않는다.

| **어휘** |

personalized (개인에) 맞춘	rigidity 엄격, 엄숙, 딱딱함
in the wake of ~의 결과[여파]로서	
pandemic 전국[세계]적인 유행병, 팬데믹	
weigh ~을 신중히 고려하다, ~을 평가하다	
pros and cons 장단점	permanent 영구적인, 영원한

오답률 11% 下

11	빈칸형	생활영어 > 회화/관용표현	답 ③

핵심포인트 'hold one's horses'의 의미를 파악하는 것이 관건이다.

| **해석** | Sue: 나 너무 배고파! 우리 빨리 음식 시키자.

Tim: 나도! 너는 뭐 먹고 싶어?

Sue: 음, 메뉴 좀 보자. 오, 이것들 모두 정말 맛있어 보여.

Tim: 정말 그래 보이네. 볶음밥과 토마토 수프를 시키는 것이 어때?

Sue: 좋은 선택이야! 내가 웨이터를 부를게.

Tim: 사실, 우리는 프런트에서 메뉴를 주문해야 해. 내가 주문하고 올게. 그냥 ③ 참고 기다려줘.

Sue: 고마워. 음식이 얼른 나왔으면 좋겠어.

① 체면을 잃다　　　　　　② 용기를 내다

③ 참고 기다리다　　　　　④ 오만하게 행동하다

| **정답해설** | ③ 89% 식사하러 도착한 음식점에서 Sue와 Tim은 대화를 나눈다. Tim은 볶음밥과 토마토 수프를 시키자고 제안하고, Sue는 그의 제안을 받아들인다. 그러자 Tim은 메뉴를 주문하고 오겠다고 말하며 Sue에게 '~해줘'라고 부탁한다. 따라서 빈칸에 들어갈 말로 가장 자연스러운 것은 ③ 'hold your horses(참고 기다려

취)'이다.

| 오답해설 | ① [0%] Tim은 자신이 음식을 주문하고 온다고 말하며 Sue에게 '체면을 잃어줘(lose face)'라고 부탁하는 것은 문맥상 어색하다.

② [7%] 음식을 주문하러 다녀온다는 Tim이 기다리는 Sue에게 '용기를 내(take heart)'라고 이야기하는 것은 대화의 흐름상 적절하지 않다.

④ [4%] Tim은 식당에서 음식을 주문하러 다녀온다고 말하면서 기다리는 Sue에게 '오만하게 행동해 줘(ride the high horse)'라고 부탁하는 것은 빈칸에 들어갈 말로 부자연스럽다.

| 어휘 |
order 주문하다, 시키다, 주문

오답률 43% 中

---

12 문장형 문법 > Modifiers > 부정사 답 ③

핵심포인트 'made'가 불완전타동사가 아닌 완전타동사로 쓰였음을 파악한다.

| 정답해설 | ③ [57%] 해당 문장에서 'made'는 사역동사가 아닌 완전타동사로 사용되었으며 목적어 'a decision'과 결합하여 '결심했다'를 뜻한다. 따라서 원형부정사 'sell'은 목적격보어로 볼 수 없으며 'a decision'을 수식하는 수식어에 해당하므로 'sell'을 to부정사인 'to sell'로 수정해야 한다.

| 오답해설 | ① [5%] 「It+be동사+형용사+의미상 주어+to부정사」에서 형용사가 사람의 성격, 성질을 나타내는 경우 의미상 주어는 「of+목적어」를 사용한다. 해당 문장은 「It+be동사+형용사+의미상 주어+to부정사」가 쓰인 문장으로 사람의 성격, 성질을 나타내는 형용사 'nice'가 사용되었다. 따라서 의미상 주어 'of you'는 옳은 표현이다.

② [18%] 해당 문장에서 'am to call'은 be to용법에 해당하며 의무를 나타낸다. 또한 'reach'는 완전타동사로 전치사 없이 목적어 'the airport'를 가진다. 'once'는 '일단 ~하면'의 의미로 시간/조건을 나타내는 접속사이다. 따라서 현재시제가 미래시제를 대신하므로 'reach'는 옳게 쓰였다.

④ [20%] 해당 문장에서 'only to find'는 to부정사의 부사적 용법에 해당하며 결과를 나타낸다. 또한 'entered'는 완전타동사로 전치사 없이 목적어 'the driveway'를 가진다.

오답률 6% 下

---

13 문장형 생활영어 > 회화/관용표현 답 ④

핵심포인트 조동사와 의문사의 쓰임을 파악하는 것이 관건이다.

| 해석 | ① A: 너 언제 머리 잘랐어?
B: 나는 마지막으로 머리 자른 것이 두 달 전이야.
② A: 나는 길 건너에 내 차를 주차해뒀어.
  B: 서점 앞을 말하는 거야?

③ A: 너 앞문 잠근 거 확실해?
  B: 걱정하지 마. 내가 두 번 확인했어.
④ A: 나를 위해 이 탑승권 좀 들고 있을 수 있어?
  B: 난 네가 네 탑승권을 어디서 받을 수 있는지 알아.

| 정답해설 | ④ [94%] '비행기 탑승권을 들어달라'고 부탁하는 사람에게 '어디서 탑승권을 받을 수 있는지 안다'고 답변하는 것은 어울리지 않는다. 이때는 'Yes, I can.' 등으로 답할 수 있다. 따라서 어색한 문장은 ④이다.

| 오답해설 | ① [1%] A가 B에게 머리를 언제 잘랐는지 묻자 B는 마지막으로 머리를 자른 것이 두 달 전이라고 이야기한다. B의 대답은 A의 물음에 대한 대답으로 적합하다.

② [5%] A는 자신의 차를 길 건너에 주차해 두었다고 B에게 말한다. B는 A가 차를 주차한 장소가 서점 앞을 말하는 것이냐고 A에게 되묻는다. 이는 자연스러운 대화의 흐름이다.

③ [0%] A는 B에게 앞문을 잠근 것이 확실한지 물어본다. 그러자 B는 A에게 걱정하지 말라며 두 번 확인했다고 한다. B의 답변은 A의 질문에 대한 적절한 답변이다.

| 어휘 |
bookstore 서점   double check 두 번 확인하다
boarding pass 탑승권

오답률 12% 下

---

14 지문제시형 독해 > Macro Reading > 제목 답 ④

핵심포인트 에너지 치료와 관련된 글의 전체 내용을 담고 있는 제목을 선택한다.

| 해석 | 에너지 치료는 한 사람의 균형, 건강, 그리고 평화 상태를 만들고자 하는 대체 요법이다. 가장 인기 있는 에너지 치료의 형태는 촉수 요법, 접촉 요법, 그리고 기 치료이다. 이러한 치료법들은 사람은 미묘한 형태의 생명 에너지를 지니고 있다는 믿음을 반영한다. 이 에너지는 고대 중국 의학에서는 기, 아유르베다 의학에서는 프라나, 유태교와 크리스트교 전통에서는 영이라고 종종 불린다. 이러한 치료법의 근본적인 이론은 질병과 질환을 초래하는 에너지 막힘 또는 불균형을 포함한다. 이 제시된 생명 에너지의 균형을 맞추는 것이 에너지 치료의 목표이다. 그러나, 사람들이 에너지 의학에서 에너지에 대해 말할 때, 그들은 보통 존재한다고 증명되지 않은 에너지 분야 또는 형태를 지칭한다. 전통적인 의사들은 암을 진단하거나 치료하기 위해 의료 행위에서 증명할 수 없는 에너지를 사용하지 않는다. 따라서 우리는 이러한 치료법이 중피종과 다른 암을 앓고 있는 사람들 사이에서 그들이 안정을 취하고 삶의 질을 높이도록 해 주어 도움이 될 수도 있지만, 암을 치유하거나 직접적으로 치료할 수는 없다는 것을 이해해야 한다.
① 암환자들에게 대체 의학이 필요한 이유
② 당신의 생명 에너지의 균형을 맞추는 것의 중요성
③ 암 투병: 당신의 정신력을 이용하는 법
④ 에너지 치료: 대체재가 아니라 보완재

| **정답해설** | ④ 88% 해당 지문은 대체 요법의 한 분야인 '에너지 치료'에 대한 내용이다. 글의 초반에서 에너지 치료에 대한 기본적인 정보를 제공하고 있으며, 글의 중반 'However, when people talk about energy in energy medicine, ~ that has not been proven to exist.'를 통해 에너지 치료의 문제점을 제시한 후, 마지막 문장에서 'thus'를 사용하여 글의 요지를 드러내고 있다. 'We thus need to understand that these therapies may be helpful ~, but cannot cure or directly treat cancer.'를 통해 '암 치료에 있어서 에너지 치료의 역할과 한계'를 서술하며, '도움은 되지만 직접적인 치료는 할 수 없다'라고 언급하고 있으므로, ④ 'Energy Therapies — Not Replacements But Complements(에너지 치료: 대체재가 아니라 보완재)'가 글의 제목으로 가장 적절하다.

| **오답해설** | ① 4% 본문에서는 '대체 의학'의 한 분야인 '에너지 치료'만을 언급하고 있으므로 글의 제목으로는 부적절하다.

② 8% '생명 에너지 균형을 맞추는 것이 에너지 치료의 목적'임을 언급하고 있으나, 그에 대한 중요성은 언급되지 않으므로 옳지 않다.

③ 0% '정신력'에 관한 내용은 본문에서 전혀 언급되지 않는다.

| **어휘** |

energy therapy 에너지 치료	alternative therapy 대체 요법
aim 목표하다, ~하려고 노력하다	reflect 반영하다, 나타내다
possess 소유하다, 가지고 있다	subtle 미묘한, 난해한
life-force 생명력	ayurvedic (힌두교) 아유르베다의
Judeo-Christian 유태교와 크리스트교의 (공통의)	
underlying 기초가 되는, 근원적인	involve ~을 수반하다
blockage 막혀 있는 것	imbalance 불균형
lead to ~로 이어지다, ~을 초래하다	
energy medicine 에너지 의학	refer to 언급하다, 말하다
unverifiable 증명[입증]할 수 없는	
practice (의사, 변호사 등 전문직 종사자의) 업무; 관습, 실행	
diagnose 진단하다	treat 치료하다, 처치하다
thus 따라서, 그러므로	mesothelioma 중피종(中皮腫)
cure 치료하다, 고치다	replacement 교체물, 대체물
complement 보완물	

오답률 52% 上

15 [논리형] 독해 > Logical Reading > 삭제   답 ③

핵심포인트 사진 촬영 방식과 사진 촬영 목적을 구분하는 것이 관건이다.

| **해석** | 한때 말 그대로 살인죄를 모면할 수 있는 시대가 있었다. 이것은 지문이 분석되었던 19세기에 바뀌기 시작했다. 사진술이 사진을 충분히 빨리 찍을 수 있을 정도로 발전함에 따라 사진 또한 실용적인 범죄 소탕 수단이 되었다. 1880년대 말 프랑스인 경찰관인 Alphonse Bertillon이 범죄자들의 사진을 찍기 시작했다. 그것은 곧 프랑스에서 표준화된 관행이 되었다. 그는 각각의 범죄자의 사진을 같은 방식으로 그리고 표준화된 조명 상태 하에 촬영하였다. ③ 범죄자 사진 촬영의 목적은 법 집행기관이 체포된 개인의 사진 기록을 보유하도록 하는 것이었다. 한 장은 정면에서, 한 장은 측면

에서, 총 두 장의 사진이 촬영되었다. 그 후 그 사진들은 다른 정보와 함께 식별 카드에 부착되었다. 그의 사진 촬영 시스템은 시카고에서 열린 1893년 세계 박람회에 전시되었다. 이것이 그 기술을 전 세계적으로 보급하는 데 도움이 되었고 많은 국가들이 이 시스템을 도입했다. 이 수사 기법은 얼굴을 뜻하는 속어인 mug(머그)라는 용어에서 "mugshot(머그샷)"이라는 별칭을 얻게 되었다.

| **정답해설** | ③ 48% 본문은 범죄 수사 기법의 하나인 '범죄자 사진 촬영 기법'의 탄생부터 널리 보급되기까지 시간적 순서로 서술하고 있다. ②에서 최초로 표준화된 범죄자 사진 촬영 기법이 개발된 것을 언급하고 있으며 이후에 구체적으로 사진을 찍는 방식을 나열하고 있다. 그런데 ③에서 범죄자 사진 촬영의 목적이 언급되고, 이후에 다시 'Two photographs were taken, one from the front and the other from the side'로 구체적인 사진 촬영 방식에 대해 서술하고 있으므로, 설명 중간에 범죄자 사진 촬영 목적이 들어가는 것은 글의 흐름상 어색하다. 따라서 가장 불필요한 것은 ③이다.

| **어휘** |

literally 글자 그대로, 사실상
get away with (벌 따위를) 교묘히 모면하다
practical 실용적인, 실제적인
crime-fighting 범죄와 싸우는, 범죄에 맞서는
standardize 표준에 맞추다, 표준으로 삼다

practice 관행, 관습	law enforcement 법 집행
identification 식별, 신분	fair 박람회
popularize 대중화하다, 보급하다	adopt 채택하다, 도입하다

mugshot 머그샷, (경찰의) 범인 식별용 얼굴 사진
slang term 속어, 은어

오답률 24% 中

16 [빈칸형] 독해 > Reading for Writing > 빈칸 구 완성   답 ②

핵심포인트 농업이 미친 영향 중 본문에서 집중적으로 다루고 있는 내용이 무엇인지 파악해야 한다.

| **해석** | 농업이 인류에 미친 영향은, ② 인구의 측면에서 가장 명백히, 엄청났다. 이는 식물과 동물을 기르는 것이 제곱 킬로미터 당 인간이 소비할 수 있는 칼로리의 이용 가능성을 상당히 증가시켰기 때문이다. 이에 대해 생각해 보는 한 가지 방법은 우리가 인간에 의해 소비할 수 없었던 것들을 소비할 수 있는 것으로 대체했다는 것이다. 관개와 같은 기술을 통해, 우리는 또한 이전에는 자랄 수 없던 곳에서 작물들이 자랄 수 있도록 할 수 있었다. 이를 전체적인 시각으로 보자면, 농업 혁명 이전에, 전문가들은 6백만에서 1천만 명의 사람이 있었을 것으로 추정하는데, 이는 지구가 지탱할 수 있는 사냥꾼-채집가들의 수이다. 약 1만 년 후인 로마 제국 시기에 전 세계의 사람들의 수는 25배 이상 증가해 2억 5천만 명이 되었다. 시간을 현재까지 2,000년을 빠르게 돌리면, 그 수는 또 다시 28배가 증가해 70억이 되었다. 약 1만에서 1만 5천 년 동안, 농업에서의 진보가 인간이 수적인 면에서 크게 그리고 극적으로 번창할 수 있도록 해 준 것이다.

① 과학 때문에　　　　　② 인구의 측면에서
③ 인력에 의하여　　　　④ 문명에 관한 한

| 정답해설 | ② 76% 본문은 '농업의 발달이 인류에 미친 영향'에 관한 글이다. 빈칸에는 농업이 미친 영향 중 특히 본문에서 집중적으로 다루고 있는 내용이 무엇인지 설명하는 표현이 들어가야 한다. 빈칸 이후, 땅의 면적 당 인간이 소비할 수 있는 칼로리(섭취 가능한 식량)의 양이 증가하고, 또한 관개 기술을 통해 더 많은 토지에서 작물을 재배할 수 있게 되었음을 시사하고 있다. 그 결과, 전체적인 시각으로 볼 때, 이러한 식량의 증가는 인구의 증가로 이어졌음을 본문을 통해 알 수 있다. 본문은 '인구'의 측면에서 농업의 영향이 지대했다는 점을 강조한다는 것을 알 수 있다. 따라서 빈칸에 가장 적절한 표현은 ② 'in terms of population(인구의 측면에서)' 이다.

| 오답해설 | ① 6% 본문 초중반 'Through techniques like irrigation, we were also able to make things grow where they might not have before.'에서 과학과 관련된 기술이 언급되기는 하지만, 전체적인 글의 내용은 '인구'에 초점이 맞추어져 있으므로 '과학 때문에 농업의 영향이 컸다'고 말하는 것은 문맥상 어색하다.
③ 10% '인구의 수가 증가했다'는 것을 언급하고는 있으나, 이러한 수의 증가(인력의 증가)로 인해 농업의 영향이 커진 것은 아니기 때문에, 인과관계가 알맞지 않다.
④ 8% 본문과 관련이 없는 내용이다.

| 어휘 |

agriculture 농업　　　　　　　profound 엄청난, 심오한
availability 이용 가능성
consumable 소비할 수 있는, 소비 가능한
square kilometer 평방(제곱) 킬로미터
replace A with B A를 B로 대체하다
irrigation 관개, 물을 끌어들임
in perspective 전체적 시야로, 긴 안목에서
estimate 추정하다, 추산하다　　　hunter-forager 사냥꾼-채집가
sustain 살아가게[존재하게/지탱하게] 하다
-fold -배
fast forward (테이프 등을 빨리) 앞으로 감다
flourish 번창하다　　　　　　on account of ~ 때문에
in terms of ~ 면에서[~에 관하여]
by means of ~에 의하여, ~을 써서
when it comes to ~에 관한 한　with respect to ~에 대하여

오답률 TOP 1　오답률 65%　上

17　지문제시형　독해 > Macro Reading > 요지　　답 ②

핵심포인트　X세대와 관련된 글의 전체 내용을 아우르는 요지를 선택한다.

| 해석 | 오래전, X세대는 – 냉담하고, 냉소적이고, 반체제적인 – "더 태만한 세대"로 치부되었다. 대부분의 X세대들은 그들이 나이가 들고 자식을 낳음에 따라 안정성과 전통으로의 더 강한 소속을 선택했다. 그러나, 새로운 데이터가 X세대가 다른 세대의 경쟁자들

보다 더 높은 비율로 승진에서 제외되는 "leapfrog[등넘기(구부린 등을 뛰어넘음)]" 세대라는 것을 밝힌 것처럼, 야심이 없다는 그들에 대한 평판이 직장에서 그들의 발전을 방해해 왔을지도 모른다. 현재 30대 후반에서 50대 초반의 연령대인 X세대가 그들의 이력에서 가장 절정의 시기에 있고 빠르게 승진하고 있는 중이어야 하기 때문에, 그 결과는 의외다. 그러나, 많은 베이비 부머들이 이전 세대들보다 직장에 훨씬 더 오래 머무를 것을 결심하고 있는데, 이것이 X세대의 승진에 영향을 주고 있을 것이다. 동시에, 변화하는 직업 관행과 가치에 직면하여, 기업들은 디지털 시대에 성인이 되는 첫 번째 세대인 밀레니얼의 재능 육성법에 수많은 노력을 집중해오고 있다. 베이비 부머와 밀레니얼에게 돌아간 관심의 결과로, X세대는 종종 소홀한 대접을 받는데, 이 경향은 오랫동안 지속되어 왔다.
① X세대들은 회의론으로 악명 높다.
② X세대들은 직장에서 승진하는 데 어려움을 겪고 있다.
③ X세대에 대한 널리 퍼진 고정관념 중 일부는 오해의 소지가 있다.
④ 세대의 다른 특성을 이해하는 것이 기업들에게 필요하다.

| 정답해설 | ② 35% 본문 초반에 'X세대의 특성'에 대해 간략하게 설명하고, 세 번째 문장 'But their unambitious reputation ~ than their counterparts in other generations.'를 통해 'X세대들이 직장에서 승진을 하는 데 어려움을 겪고 있다'는 글의 주제를 드러내고 있다. 이후에는 X세대가 승진에 어려움을 겪는 이유로, '베이비 부머의 늦은 은퇴 및 기업의 집중적 밀레니얼 육성'을 제시하고 있으므로, 글의 요지로 가장 적절한 것은 ②이다.

| 오답해설 | ① 4% 첫 번째 문장에서 'Generation X was long ago written off as the "slacker generation" — apathetic, cynical, and anti-establishment.'에서 X세대의 특성을 설명하기는 했으나 글 전체를 아우르는 내용은 아니므로 글의 요지로 적절하지 않다.
③ 38% 본문 초반에 언급된 'X세대에 대한 인식'에 대해 부정하고 있지 않다.
④ 23% 본문과 관련 없는 내용이다.

| 어휘 |

write off as ~라고 치부하다　　slack 태만한, 해이한, 느슨한
apathetic 냉담한, 무관심한　　　cynical 냉소적인, 비꼬는
anti-establishment 반(反)체제의　affiliation 가입, 귀속, 제휴
unambitious 야심이 없는　　　　reputation 평판, 명성
hold back (진전·발전을) 방해[저해]하다
leapfrog 등넘기(구부린 등을 뛰어넘음)
overlook 간과하다, 무시하다, (일자리·직책에 대해) 고려 대상으로 삼지 않다
advance 출세하다, 승진하다, 나아가다
advancement 출세, 승진, 발전　nurture 육성하다, 양성하다
come of age 성년이 되다　　　in the face of ~을 직면하여
get short shrift 소홀히 대접받다, 별로 관심을 받지 못하다
infamous 악명 높은, 오명이 난　skepticism 회의론
prevalent 일반적인[널리 퍼져 있는]
misleading 오해의 소지가 있는

18 논리형 독해 > Logical Reading > 배열 답 ③

핵심포인트 스트레스를 받은 사람들이 생각하는 방식을 주어진 글에 제시된 스트레스의 특징과 같은 맥락으로 파악해야 한다.

| 해석 | 번아웃은 꾸준한 스트레스의 결과일 수도 있으나, 그것은 너무 많은 스트레스와는 다르다. 일반적으로 스트레스는 너무 많음을 수반한다. 당신에게 신체적 및 정신적으로 너무 많은 것을 요구하는 너무 많은 압박들이 그것이다.

(B) 그러나, 스트레스를 받는 사람들은 만일 그들이 모든 것을 통제할 수 있기만 한다면, 그들의 기분이 나아질 것이라고 여전히 생각한다.

(A) 반면에, 번아웃은 충분하지 못함에 대한 것이다. 번아웃이 되는 것은 공허함과 정신적으로 지친 것과 동기의 결여, 그리고 관리의 영역 밖에 있다고 느끼는 것을 의미한다.

(C) 그것을 겪는 사람들은 종종 그들의 상황에서 긍정적인 변화의 어떠한 희망도 보지 못한다. 만일 과도한 스트레스가 당신이 책무에 압도당하는 것 같은 느낌이라면, 번아웃은 모두 말라버린 감정이다. 그리고, 당신이 많은 스트레스를 받는다는 것을 보통 알아차리는 반면, 당신은 번아웃이 발생할 때 그것을 항상 알아차리지는 못한다.

| 정답해설 | ③ 35% 주어진 글에서는 '번아웃과 과도한 스트레스의 차이'를 언급하며, '스트레스의 특징'에 대해 이야기하고 있다. 이어질 내용으로 가장 적절한 것은 '스트레스의 특징'의 연장선으로 '스트레스를 받은 사람들이 생각하는 방식'에 대해 설명하는 (B)이다. 이어서, 대조적으로 '번아웃'의 특징을 설명하는 (A)가 이어지고, 마지막으로 'People experiencing it often don't see any hope of positive change in their situations.'라고 언급하며, '번아웃을 겪는 사람들이 생각하는 방식'을 설명해 주는 (C)가 이어지는 것이 자연스럽다. 따라서 정답은 ③ (B) – (A) – (C)이다.

| 오답해설 | ①② 7% 50% 주어진 글에서 '번아웃과 스트레스의 차이'에 대해 언급한 후, '스트레스의 특징'에 대해 설명하고 있다고 해서, 접속부사 'On the other hand(반면에)'만 보고 바로 이어질 내용이 (A)의 '번아웃의 특징'이라고 추측하는 실수를 하지 않도록 하자. (B)에서 '스트레스의 부가적인 특징'이 언급되고 있으므로, (B)가 (A) 이전에 오는 것이 더 자연스럽다.

④ 8% (C)의 'People experiencing it often don't see any hope of positive change in their situations.'에서 'it'이 가리키는 것은 문맥상 '번아웃'임을 알 수 있으므로 (C)가 '번아웃의 일반적인 특징'을 설명하는 (A) 이후에 위치하는 것이 알맞다.

| 어휘 |
burnout 번아웃(신체적, 정신적 힘이 고갈되어 탈진한 상태), 소진, 극도의 피로
unrelenting 끊임없는, 수그러들 줄 모르는
by and large 일반적으로, 대체로
exhausted 고갈된, 기운이 빠진, 지친
devoid ～이 전혀 없는, 결여된   excessive 과도한

---

drown in ～에 압도당하다, ～에 싸이다[덮이다]

19 논리형 독해 > Logical Reading > 삽입 답 ④

핵심포인트 주어진 문장의 'this interactive triangle'이 가리키는 내용을 파악해야 한다.

| 해석 | 히포크라테스 선서는 직업적 접근보다는 일반적인 정신을 나타내고, 그것은 여전히 의학 직종의 초석이자 기초로서 여겨진다. 히포크라테스 자신은 선구적인 의사일 뿐만 아니라 뛰어난 철학자로서도 인식되어 왔다. 그의 저서에서, 그는 "의사는 의학에 현명함을 포함시켜야 한다"고 주장했고, 의학 직종의 기술자주의적인 면을 맹렬히 비난했다. 히포크라테스 선서는 고대 그리스 의학의 도덕률의 개요를 구성하며, 히포크라테스에 의해 묘사되듯이, 의사, 환자, 그리고 질병 간의 삼자 관계의 안정에 기여한다. ④ 그러나, 상호적인 삼각형의 조화는 기술적 발전, 공공 매체, 그리고 다양한 결과를 내는 비용 효율이 높은 양식을 포함하는 여러 요소에 의해 흐트러져왔다. 이러한 측면에서, 오늘날의 의사와 환자 간의 관계를 회복시키기 위해, 히포크라테스 선서와 그것의 오래 지속되어 온 메시지의 재평가는 필수적인 것처럼 보인다.

| 정답해설 | ④ 87% 본문은 '히포크라테스 선서(Hippocratic Oath)의 기본적인 의미와, 현대 사회에서 히포크라테스 선서가 나아가야 할 방향'에 대해 설명하고 있다. 주어진 문장의 'this interactive triangle'로 보아, 이것(삼각형, 즉 세 가지 요소)이 가리키는 내용이 주어진 문장 이전에 등장해야 한다는 것을 알 수 있다. 본문 중 세 가지 요소를 나타내는 내용은 ④ 이전 문장의 'the stabilization of the tri-part relationship among the physician, the patient, and the illness,' 뿐이므로, 주어진 문장은 ④에 들어가야 한다는 것을 알 수 있다.

| 어휘 |
interactive 상호적인, 상호작용을 하는
derange 흐트러뜨리다, 어지럽히다
cost-effective 비용 효율이 높은   modality 양식, 양상
multiple 다수의   consequence 결과
Hippocratic Oath 히포크라테스 선서(의사가 될 사람들이 서약하는 의사들의 윤리 강령)
indicate 나타내다, 보여 주다
prevailing 우세한[지배적인], 일반적인
ethos (특정 집단, 사회의) 정신, 기풍
profession (특히 많은 교육이 필요한 전문적인) 직업[직종]
recognize 인정[인식]하다   pioneering 개척[선구]적인
outstanding 뛰어난, 걸출한   denounce 맹렬히 비난하다
technocratic 기술자주의의, 기술자 지배의
constitute 구성하다   synopsis 개요
moral code 도덕률   contribute 공헌하다, 기여하다
stabilization 안정   tri-part 세 부분(으로 된)
in terms ～ 측면에서   reevaluation 재평가
time-enduring (세월이) 오래 지속되는

essential 필수의, 중요한　　　　reinstate 회복시키다, 복귀시키다

오답률 45% 中

20 [지문제시형] 독해 > Micro Reading > 내용일치/불일치　　답 ①

핵심포인트　수치 표현의 감소와 증가를 나타내는 표현을 파악해야 한다.

| 해석 | 잉글랜드와 웨일스에서 2005년과 2010년 사이에 구금당한 청소년들의 숫자는 14% 감소하였다. 이 시기 성인 구류 수치는 정반대의 방향으로 흘렀던 때이다. 청소년 사법 제도에 처음 발을 들인 사람의 수도 또한 2007년 최고치인 약 110,000명에서 2010년 60,000명을 약간 상회하는 정도로 줄어들었다. 게다가 법정에서 유죄 판결을 받은 청소년 범죄자들은 이전보다 청소년 사법 제도로 다시 들어가는 가능성이 줄어들었다. 그럼에도 불구하고, 청소년 범죄자들이 저지른 범죄의 수는 전체적으로 줄었지만 상당수의 감소가 자동차 운행 관련 범죄의 감소 때문이었다. 청소년 사법 위원회는 자동차 운행 범죄를 청소년 범죄에서 배제시키면 감소의 범위가 줄어든다고 인정했다. 실제로 성범죄, 약물 관련 범죄, 강도 사건을 포함한 청소년 범죄자들에 의한 더 심각한 범죄의 수는 증가했다.

① 나이에 관계없이 2000년대 중반부터 구금된 사람들의 수가 감소했다.

② 청소년 사법 제도에 처음으로 들어간 청소년 범죄자의 수는 2007년에 최고치를 기록했다.

③ 청소년 범죄자의 재범률은 과거와 비교해 감소했다.

④ 운전은 청소년이 저지르는 범죄의 원인이 되는 요소였다.

| **정답해설** | ① 55% 해당 지문은 잉글랜드와 웨일스의 청소년 범죄에 관해 서술하고 있다. 본문의 첫 문장 'the number of young people in custody fell by 14% between 2005 and 2010 − a time when adult custody figures went the opposite direction.'에서 구금된 청소년들의 수는 감소했으나 성인의 수치는 그 반대 방향으로 갔다고 서술하였으므로, 청소년의 경우와 반대로 구금된 성인의 수는 증가했다는 것을 알 수 있다. 따라서 ①은 글의 내용과 일치하지 않는다.

| **오답해설** | ② 7% 두 번째 문장 'The number of first-time entrants to the youth justice system also fell, from a peak of around 110,000 in 2007 to just over 60,000 in 2010.'에서 '2007년 최고치인 약 110,000명에서 2010년 60,000명을 약간 상회하는 정도로 줄어들었다.'라고 서술하였으므로 내용과 일치한다.

③ 11% 세 번째 문장 'young offenders convicted in court were less likely to re-enter the youth justice system than previously.'를 통해 'reconviction rate of juvenile criminals(청소년 범죄자의 재범률)'가 과거와 비교해 줄어들었다는 것을 알 수 있다.

④ 27% 네 번째 문장의 주절 'much of the decrease was due to a fall in the number of motoring crimes.'를 통해 '자동차 운행 관련 범죄가 감소함에 따라 전체적인 범죄의 수가 감소한 것'을

알 수 있으므로, 운전으로 인해 발생하는 청소년 범죄의 수가 상당하다는 것을 알 수 있다. 따라서 내용과 일치한다.

| 어휘 |

custody 구금, 구류　　　　　　　　figure 수치, 숫자

peak 절정, 최고조

convict 유죄를 선고하다, 유죄 판결을 내리다

court 법정

youth justice system 청소년 사법 제도

commit 범하다, 저지르다　　　　　offender 범죄자

overall 전체적으로, 전반적으로　　motoring 자동차 운행의

board 위원회　　　　　　　　　　acknowledge 인정하다

strip out 제거하다, 떼어내다　　　scale 범위, 규모

regardless of ~에 관계없이

take into custody 수감시키다, 구금시키다

reconviction rate 재범률　　　　juvenile 청소년의; 청소년

compared to ~와 비교하여　　　contributory 기여하는, 원인이 되는

perpetrate 범하다, 저지르다

9급공무원 공개경쟁채용 필기시험

7회 난이도	中
7회 합격선	**17개**/20개

회차	유형매칭
7	2019 국가직 9급

7회차 핵심페이퍼

문번	정답	개념	꼭 짚고 넘어가야 하는 핵심포인트!
01	③	어휘	'cluster'와 'congregate'가 유의어 관계인 것을 파악한다.
02	①	어휘	'exaggerate'와 'amplify'가 유의어 관계인 것을 파악한다.
오답률 TOP 3 03	③	생활영어	'Do you have the time?'과 'Do you have time?'의 차이를 구분할 수 있는지 묻는 문제이다.
04	③	생활영어	대화를 통해 주어진 상황을 파악하고 A가 하려는 말을 유추할 수 있어야 한다.
05	④	문법	'shy of'의 관용표현에 대한 정보를 묻는 문제이다.
오답률 TOP 2 06	④	문법	'per person'과 'personal'의 차이를 묻는 문제이다.
07	④	문법	분사의 수식 대상과 능·수동 여부를 묻는 문제이다.
08	④	문법	수동태 불가 동사인 'resemble'에 대한 지식을 묻는 문제이다.
09	②	독해	부분적인 해석보다 글 전체가 어떤 소재를 이야기하려는지를 파악하는 것이 관건이다.
10	③	독해	행복과 우리의 통제에 대한 글의 요지를 묻는 문항으로, 선지 분석에 주의해야 한다.
11	③	독해	허리케인에 대해 설명하는 지문으로, 지문 자체는 어렵지 않으나 내용일치 문항인 만큼 꼼꼼한 독해가 필요하다.
12	②	독해	삭제 문항으로, 눈맞춤 행동에 대한 지문 중 '겸허함'에 대한 문장이 상이함을 인지할 수 있어야 한다.
13	②	독해	쌀을 소재로 한 글로, 선지상의 차이를 먼저 파악해야 정확하고 빠르게 주제를 파악할 수 있다.
오답률 TOP 1 14	③	어휘	'austere'와 'frugal'이 유의어 관계인 것을 파악한다.
15	③	어휘	'laborious'와 'painstaking'이 유의어 관계인 것을 파악한다.
16	①	독해	연결사를 묻는 문제로, 종의 경쟁에 관한 지문의 논리적 흐름을 파악하는 것이 중요하다.
17	④	독해	삽입 문제로, 심해 어류와 생태계 변화에 관한 지문의 논리적 흐름을 파악하고 유추할 수 있어야 한다.
18	④	독해	'Columbus의 날'이라는 소재를 다룬 지문으로, Columbus의 날과 원주민의 날의 연관성을 통해 유추할 수 있어야 한다.
19	④	독해	「미국의 비극」이라는 소설에 대해 설명하는 지문으로, 내용일치 문항인 만큼 꼼꼼한 독해가 필요하다.
20	③	독해	배열 문항으로, 법 집행과 휴대폰에 대한 권한 사이의 논쟁을 다루는 지문의 논리적 흐름을 파악한다.

※ [오답률/선택률] 산정 기준: 2020.02.11. ~ 2022.12.30. 기간동안 응시된 1초 합격예측 서비스의 누적 데이터
※ [오답률] TOP 1, 2, 3은 많은 응시생들이 헷갈린 문항이므로 꼭 확인하고 넘어가시기 바랍니다.

01	③	02	①	03	③	04	③	05	④
06	④	07	④	08	④	09	②	10	③
11	③	12	②	13	②	14	③	15	③
16	①	17	④	18	④	19	④	20	③

※ 上 中 下 는 문항의 난이도를 나타냅니다.
※ 50% 는 선지별 선택률을 나타냅니다.

오답률 34% 中

01 [밑줄형] 어휘 > 유의어 찾기 　　답 ③

핵심포인트 　'cluster'와 'congregate'가 유의어 관계인 것을 파악한다.

| 해석 | 역사적 연상들은 그것들에 강하게 밀집되어 있다.
① 15% 종합하다, 합성하다　　② 11% 날조하다, 꾸미다
③ 66% 모이다, 모으다　　④ 8% 놀라게 하다

| 정답해설 | 'cluster'는 '밀집하다, 모으다'의 의미로 ③ 'congregate (모이다, 모으다)'와 유의어 관계이다.

오답률 44% 中

02 [밑줄형] 어휘 > 유의어 찾기 　　답 ①

핵심포인트 　'exaggerate'와 'amplify'가 유의어 관계인 것을 파악한다.

| 해석 | 그녀는 숙제가 너무 많다고 과장하는 경향이 있다.
① 56% 확대하다, 과장하다　　② 30% 악화시키다
③ 7% 합병하다, 융합하다　　④ 7% 괴롭히다

| 정답해설 | 'exaggerate'는 '과장하다'의 의미로 ① 'amplify(확대하다, 과장하다)'와 유의어 관계이다.

오답률 TOP 3　오답률 51% 上

03 [문장형] 생활영어 > 회화/관용표현 　　답 ③

핵심포인트 　'Do you have the time?'과 'Do you have time?'의 차이를 구분할 수 있는지 묻는 문제이다.

| 해석 | ① A: 인도 음식 한번 먹어보고 싶은가요?
B: 아뇨, 저는 그렇게 모험적이지 않아요.
② A: 차 한잔 하러 오시겠습니까?
　 B: 그러고 싶지만, 지금 다른 할 일이 좀 있습니다.
③ A: 지금 몇 시입니까?
　 B: 아니요, 저는 충분한 시간이 없어요.
④ A: 아빠, 쿠키 어디에 있어요? 다 드셨다고 말하지 마세요.
　 B: 응, 다 먹었어. 어쩔 수 없었어. 너무 맛있었거든.

| 정답해설 | ③ 49% 'Do you have the time?'은 '지금은 몇 시입니까?'라는 뜻인데, '저는 충분한 시간이 없어요.'라고 대답한 ③의 대화는 어색하다. '시간 있으세요?'라는 뜻이 되려면 'Do you have time?'이라고 해야 한다.

오답률 10% 下

04 [빈칸형] 생활영어 > 회화/관용표현 　　답 ③

핵심포인트 　대화를 통해 주어진 상황을 파악하고 A가 하려는 말을 유추할 수 있어야 한다.

| 해석 | A: 오늘 밤 네가 New York에 간다고 들었어.
B: 맞아. 거기서 친척들과 저녁 파티가 있을 거거든.
A: 음, 네가 이건 모를 수도 있는데, 내일이 크리스마스라서 집에 일찍 돌아가려고 모두들 오늘 일찍 일을 끝낼 거야. 4시부터 시작해서 ③ 보통 교통이 밀리게 돼.
B: 어머, 그건 몰랐어. 음, 그러면 나는 오늘 일찍 퇴근해야겠어. 그러니까 오후 3시쯤.
A: 그래, 중요하게 처리해야 할 일이 없으면, 가능한 빨리 떠나.
① 도로에 차량이 없어
② 전기가 나가
③ 보통 교통이 밀리게 돼
④ 정부의 청소 계획이 시행돼

| 정답해설 | ③ 90% A가 오늘 밤 New York에 간다는 B를 위해 조언을 해주고 있다. 내일이 크리스마스이므로 사람들이 모두 일찍 퇴근하게 되면 차가 밀리는 상황을 유추할 수 있으므로 빈칸에 가장 적절한 것은 ③이다.

오답률 22% 中

05 [문장형] 문법 > Modifiers > 형용사 　　답 ④

핵심포인트 　'shy of'의 관용표현에 대한 정보를 묻는 문제이다.

| 정답해설 | ④ 78% 「A shy of B」는 'B되기 A 전'을 뜻하며 「A after B」의 경우 'B 지나고 A'를 뜻한다. 주어진 우리말이 '약혼식 다음날 아침'이므로 'shy of'를 'after'로 수정해야 한다.

| 오답해설 | ① 2% 완전타동사 'bought' 뒤에 목적어가 없으며 선행사가 'the car'이므로 목적격 관계대명사 'that' 또는 'which'가 생략된 옳은 문장이다.
② 8% 'appear'는 불완전자동사의 경우 주격 보어로 형용사(구) (better)를 사용할 수 있다.
③ 12% 'discuss'는 완전타동사이므로 뒤에 전치사 없이 목적어를 가진다. 'discuss'와 목적어 'identical books' 사이에 전치사를 사용하지 않았으므로 올바른 문장이다. 또한 'readers'와 'separated' 사이에 「관계대명사＋be동사」가 생략된 형태이다.

06　문장형　문법 > Modifiers > 형용사　답 ④

핵심포인트　'per person'과 'personal'의 차이를 묻는 문제이다.

| 정답해설 | ④ 48% 'per person'은 '한 사람 당'을 뜻하며 'personal'은 '개인의, 개인적인'을 뜻한다. 주어진 우리말이 '개인적'이므로 'per person'을 'personal'로 수정해야 한다. 또한 '개인적 필요'라는 의미로 명사(needs)를 수식해야 하므로 어순은 'personal needs'가 되어야 한다.

| 오답해설 | ① 15% 「since + 명사구」는 시간의 부사구로 동사에 현재완료나 현재완료 진행형을 사용할 수 있다.

② 14% 'consist'는 완전자동사로 전치사 "of" 없이 목적어가 올 수 없으며 수동태를 사용할 수 없다. 여기서는 완전자동사 'consist'가 능동태로 사용되었으며 뒤에 전치사 'of'를 사용하여 목적어를 가지므로 옳은 문장이다.

③ 23% 주어진 해석이 '~도 그러했다'이며 부정문 뒤에 「neither + 조동사 + 주어」를 사용하였으므로 옳은 문장이다.

07　밑줄형　문법 > Modifiers > 분사　답 ④

핵심포인트　분사의 수식 대상과 능·수동 여부를 묻는 문제이다.

| 해석 | 최근 금융 위기와 경기 침체 동안에 재정 적자와 연방 정부의 부채가 모두 치솟았다. 2009년-2010년 동안 연방 정부 지출 중 거의 40퍼센트가 대출에 의해 자금이 충당되었다. 최근의 막대한 연방 재정 적자는 제2차 세계대전 직후 이어진 수년 간 이후로 본 적이 없었던 수준으로 연방 정부의 부채를 밀어 붙였다. 향후 10년 간 베이비붐 세대의 퇴직자들이 빠르게 증가하는 것은 사회 보장 연금과 의료 보험 제도의 더 높은 지출 수준과 점점 더 커지는 적자를 의미할 것이다. 더욱이, 18세 이상의 미국인들 중 절반 이상은 개인 소득세를 거의 또는 전혀 내지 않으면서, 다양한 이전 프로그램으로부터 보조금을 얻어낸다.

| 정답해설 | ④ 69% 생략된 주어 'more than half of Americans'와의 관계가 능동이고 해석상 '개인 소득세를 거의 혹은 전혀 내지 않으면서'가 적절하므로 과거분사 'paid'를 현재분사 'paying'으로 고쳐야 한다.

| 오답해설 | ① 2% 'during'은 전치사로서 특정 기간을 나타내는 명사(구)와 결합한다.

② 12% 「부분 명사 + of + 명사」의 수일치 기준은 명사이다. 따라서 'federal expenditures'와 수일치되도록 복수동사 'were'가 온 것은 알맞다.

③ 17% 수식하는 대상 'levels'와의 관계가 수동이고 '보여진 적'의 의미이므로 과거분사 'seen'은 옳다.

| 어휘 |

budget deficit 재정 적자	recession 경기 침체, 불경기
expenditure 지출, 비용	deficit 적자, 부족액
derive 얻다, 끌어내다	transfer 이전, 이동
income tax 소득세	

08　밑줄형　문법 > Main Structure > 태　답 ④

핵심포인트　수동태 불가 동사인 'resemble'에 대한 지식을 묻는 문제이다.

| 해석 | 작동 기억 안에 저장된 많은 정보는, 특히 그 정보가 언어를 기반으로 할 때, 청각의 형태로 암호화된다. 예를 들어, Conrad의 초창기 연구에서, 성인들에게는 한 번에 하나씩 0.75초의 간격으로 시각적으로 제시된 여섯 개의 글자들을 연속해서 보여주었다. 연속된 글자들의 마지막 글자가 제시되자마자, 그 연구 참여자들은 그들이 쉽게 기억해 낼 수 없는 글자들을 짐작해 보면서, 자신들이 봤던 글자 여섯 개 모두를 적었다. 사람들이 글자들을 부정확하게 기억해 냈을 때, 그들이 보았다고 말한 그 글자들은 그것들이 어떻게 보였는지보다는 어떻게 들렸는지의 관점에서 실제 자극과 유사한 경향이 더 컸다.

| 정답해설 | ④ 79% 'resemble'은 수동태를 쓸 수 없는 완전타동사이므로 능동태 'to resemble'로 고쳐야 한다.

| 오답해설 | ① 2% 주어가 불가산명사 'the information'으로 단수 취급하므로 단수동사 'is'가 옳다.

② 6% 주어인 'last letter'와 'present'는 의미상 수동의 관계이므로 수동태 표현이 올바르다. 또한 「As soon as + 주어 + 동사(과거) ~, 주어 + 동사(과거) ~」는 '~하자마자 …하다'를 뜻한다.

③ 13% 'had seen'은 생략된 목적격 관계대명사 'that'이 이끄는 절의 동사이고 'were'는 주절의 동사이며, 주어 'the letters'가 복수 명사이므로 옳은 표현이다. 해당 문장에서 'they said'는 생략된 목적격 관계대명사 'that' 뒤에 삽입된 경우이다.

| 어휘 |

| working memory 작동 기억 | encode 암호화하다 |
| auditory 청각의 | sequence 연속물 |

09　지문제시형　독해 > Macro Reading > 제목　답 ②

핵심포인트　부분적인 해석보다 글 전체가 어떤 소재를 이야기하려는지를 파악하는 것이 관건이다.

| 해석 | 끼어드는 것은 당신의 경청 기술이 미숙하다는 것을 나타낸다. 유사하게, 질문에 대한 답을 내놓는 것에 실패하는 방식으로 반응하는 것은, 특히 직업 면접에서, 당신의 경청 기술을 나쁘게 반영할 것이다. 너무 많이 말하는 것 또한 문제인데, 적절한 대화는 당사자들이 발언할 동일한 시간을 가지고 균형이 잘 맞추어져 있어야 하기 때문이다. 대화를 독점하는 것은 당신이 경청하지 못하게 하

고, 상대방이 말하고 싶어하는 것을 충분히 표현하지 못하게 한다. 결국, 이것은 당신이 좋지 않은 인상을 남기도록 만들 것이다. 산만해 보이는 것 또한 나쁜 청자의 특징이다. 이것은 눈 맞춤을 피하는 것에서부터 타인이 말하는 동안 전화기 또는 손목시계를 확인하는 것까지 어떤 것이든 포함할 수 있다.

① 나쁜 듣기 습관을 없애는 방법
② 무엇이 나쁜 청자를 만드는가
③ 당신의 경청 기술을 향상시키기 위한 조언
④ 직장에서 경청 기술의 중요성

| 정답해설 | ② 77% 본문에서는 '끼어드는 것(interrupting)', '질문에 대한 적절한 답을 내놓지 못하는 것(responding in a way that fails to answer the question)', '대화를 독점하는 것(Monopolizing a conversation)', '산만한 것(Looking distracted)' 등 '나쁜 청자'로 보이게 하는 특징들을 제시하고 있다. 따라서 글의 제목으로 가장 적절한 것은 ② 'What Makes a Bad Listener(무엇이 나쁜 청자를 만드는가)'이다.

| 오답해설 | ① 2% 나쁜 경청 습관에 대해 설명하고 있으나, 그것을 고치는 방법에 대해서는 언급하고 있지 않으므로 오답이다.

| 어휘 |
interrupt 끼어들다, 방해하다   indicate 나타내다, 가리키다
underdeveloped 미숙한
reflect 악영향을 미치다, (체면을) 손상시키다, 수치가 되다
proper 적절한   party 당사자
monopolize 독점하다, 독차지하다   impression 인상
distracted 산만한   quality 특징, 특질
involve 포함하다

오답률 21% 中

10 지문제시형 독해 > Macro Reading > 요지   답 ③

핵심포인트 행복과 우리의 통제에 대한 글의 요지를 묻는 문항으로, 선지 분석에 주의해야 한다.

| 해석 | 상황이 달랐다면 우리는 더 행복할 거라는 방식의 생각을 하기 쉽고, 이것이 바로 우리가 결코 완전히 만족할 수 없는 이유이다. 궁극적으로, 우리의 행복이 좌우된다고 우리가 생각하는 것들은 전적으로 우리의 통제 아래에 있지 않다. 우리는 꿈의 직업을 얻을 수 있을지 없을지 통제할 수 없다. 우리는 다른 사람이 우리에 대해 생각하는 바를 통제할 수 없다. 우리는 날씨를 통제할 수 없다. 우리는 행동으로 이러한 것의 일부에 영향을 줄 수는 있으나, 때때로 상황은 우리가 원하는 대로 흘러가지 않으며, 우리가 달리 할 수 있었던 것은 전혀 없다. 당신의 통제 안에 있지 않은 것들을 변하게 하고 싶은 것은 아마도 좌절과 불만족이 가득한 삶을 사는 가장 최고의 방법일 것이다. 유감스럽게도, 현재 상황이 어떤지에 대해 사람들을 이러한 좌절감의 상태로 종종 이끄는 것은 바로 그 행복을 좇는 것이 될 수 있다.

① 좌절감은 우리의 욕구에 만족하지 못한 결과로 온다.
② 고통의 회피는 사람들이 희망과 꿈을 포기하는 주요한 이유 중

하나이다.
③ 우리의 통제 아래 있지 않은 것들을 바꾸고자 할 때, 행복 추구는 역효과를 낳을 수 있다.
④ 우리가 경험하는 좌절감은 너무 강력해서 우리의 진실된 감정을 숨긴다.

| 정답해설 | ③ 79% 행복에 관여하는 것들은 우리의 통제 아래 있지 않으며, 이를 변하게 하려고 한다면 좌절과 불만족이 가득한 삶이 된다고 했다. 따라서 이 글의 요지는 ③ '우리의 통제 아래 있지 않은 것들을 바꾸고자 할 때, 행복 추구는 역효과를 낳을 수 있다.'이다.

| 어휘 |
go one's way ~의 생각대로 하다   pursuit 추구
backfire 역효과를 낳다

오답률 22% 中

11 지문제시형 독해 > Micro Reading > 내용일치/불일치   답 ③

핵심포인트 허리케인에 대해 설명하는 지문으로, 지문 자체는 어렵지 않으나 내용일치 문항인 만큼 꼼꼼한 독해가 필요하다.

| 해석 | 대서양의 허리케인 시즌이 토요일부터 시작되며, 미국 본토에는 그 이후 상륙하게 된다. 지난 몇 년 동안은 해양성 허리케인의 숫자 면에서 평균 이상으로 활동적이었다. 그러나 허리케인이 단 한 번도 미국 연안을 강타하지 않고 2년이 지나갔다. 기상예보관들은 비정상적인 좋은 날씨가 영원히 지속되지는 않을 것이라고 말한다. "기본적으로는 운이 좋았던 거지요. 그리고 계속 운이 좋으리라고 기대할 수는 없습니다."라고 전미해양기후국(NOAA)의 허리케인 연구부서장인 Michael Burner는 말한다. NOAA의 전문가들은 대서양의 허리케인 시즌이 정상 수준 내지 약간 높은 수준의 폭풍 활동을 보일 것이며, 9~13개의 열대성 폭풍을 동반하는데 그 중 6~8개가 허리케인이 될 것이라고 말한다. 그 시즌은 11월 30일까지 지속된다.

① 지난 몇 년 동안 더 적은 허리케인이 해양에서 관찰되었다.
② 일기예보는 가까운 미래에 허리케인은 없을 거라고 말한다.
③ 미국 연안은 지난 2년 동안 허리케인의 영향을 받지 않았다.
④ 올해 적어도 13건의 허리케인이 있을 것이라 예상된다.

| 정답해설 | ③ 78% 2년 동안 허리케인은 미국 연안을 강타하지 않고 지나갔다고 했으므로 ③이 글의 내용과 일치한다.

| 어휘 |
in terms of ~의 관점에서   forecaster 일기예보관
streak 연속   above-normal 보통 이상의

12 논리형 독해 > Logical Reading > 삭제 답 ②

핵심포인트 삭제 문항으로, 눈맞춤 행동에 대한 지문 중 '겸허함'에 대한 문장이 상이함을 인지할 수 있어야 한다.

| **해석** | 눈맞춤 행동이 연구되어 온 모든 문화에서, 과학은 권력이 있는 사람들이 그것을 사용하는 데 더 많은 자유를 갖는다는 것을 확인해 준다. 본질적으로, 이 사람들은 그들이 원하는 곳은 어디든지 볼 수 있는 자격이 있다. 하지만 하급자들은 어떤 곳을 언제 볼 수 있는지에 더 제한을 받는다. ② 겸허함은 교회에서와 마찬가지로 왕족이 있는 곳에서 고개가 숙여져야 한다고 지시한다. 일반적으로, 하급자들은 지배자들을 멀리서 바라보는 경향이 있지만, 지배자들은 하급자들을 시각적으로 무시하는 경향이 있다. 다시 말해서, 지위가 낮은 사람들은 그들의 시선에 신경을 쓰도록 요구받지만, 지위가 높은 사람들은 그들의 하인들에게 무관심할 수 있다. 왕은 누구든 그가 원하는 어떠한 사람을 쳐다보는 것이 자유롭지만, 모든 신하들은 심지어 방 밖으로 다시 나올 때조차도 왕 쪽으로 얼굴을 향한다.

| **정답해설** | ② 80% 지위가 낮은 사람들은 그들의 시선에 신경을 쓰도록 요구받지만 지위가 높은 사람들은 제약 없이 누구든 자유롭게 바라보거나 무시할 수도 있다는 내용이다. 따라서 겸허함(humility)에 대해 서술하고 있는 ②는 글의 흐름상 어색하다.

| **어휘** |

eye-gaze 눈맞춤	dominant 우세한, 지배적인; 지배자
in essence 본질적으로	entitle to ~에게 자격을 주다
subordinate 하급자	restrict 제한하다
humility 겸허함	dictate 지시[명령]하다
attentive 신경을 쓰는	

13 지문제시형 독해 > Macro Reading > 주제 답 ②

핵심포인트 쌀을 소재로 한 글로, 선지상의 차이를 먼저 파악해야 정확하고 빠르게 주제를 파악할 수 있다.

| **해석** | 고고학적인 증거에 근거하여 벼는 중국의 양쯔강 계곡 지역에서 최초로 재배되었다고 여겨진다. Diaotonghuan 유적지의 벼 식물암에 대한 형태학 연구는 야생 벼 채집에서 재배 벼 경작으로의 변천을 분명히 보여준다. 현재로부터 BP 12,000년에서 11,000년 전으로 거슬러 올라가는 Diaotonghuan 지층에 있는 야생 벼 식물암의 많은 수는 야생 벼 채집이 지역의 생존 수단의 일부였다는 것을 나타낸다. BP 10,000년에서 8,000년 전으로 거슬러 올라가는 Diaotonghuan 식물암의 형태학적 변화는 벼가 이때즘에는 재배되었다는 것을 보여준다. 머지않아 두 주요 품종인 indica와 japonica 벼가 중국 중부에서 경작되었다. 기원전 3,000년 후반 벼 재배는 인도차이나 반도와 서쪽의 네팔, 인도 지역으로 급격히 확산되었다.

① 벼 확산의 경로
② 벼 재배의 기원
③ 벼를 재배하는 전통적인 방법들
④ Diaotonghuan 유적지의 발견

| **정답해설** | ② 53% 첫 번째 문장 'rice is believed to have first been domesticated in the region of the Yangtze River valley in China.'에서 '벼가 최초로 재배된 지역'에 대해 언급한 후, 이를 뒷받침하는 증거를 이후에 나열하고 있으므로, 글의 주제로 가장 적절한 것은 ② 'origin of rice cultivation(벼 재배의 기원)'이다.

| **오답해설** | ① 38% 본문 마지막에 벼 재배가 확산된 경로를 언급하고는 있으나, 지엽적인 내용이므로 글의 전체 주제로는 적절하지 않다.

③ 4% 벼 재배 방식은 본문에서 언급되지 않았다.

④ 5% 벼 재배 기원을 밝히는 증거가 Diaotonghuan 유적지에서 발견된 식물암이라는 것을 언급하고 있으나, 해당 유적지 발견 자체를 다루는 내용이 아니므로 오답이다.

| **어휘** |

archeological 고고학적인, 고고학의	domesticate (작물을) 재배하다
morphological 형태학의	phytolith 식물암, 식물규소체
archaeological site 유적지	collection 채집, 모으기
cultivation 재배, 경작	level 지층, 층
BP before the present의 약자(방사성 탄소에 의한 연대측정으로 결정된 연대)	
means 수단	subsistence 생존
morphology 형태학	variety 품종, 종류
expansion 확산	
mainland Southeast Asia 인도차이나 반도	

14 밑줄형 어휘 > 유의어 찾기 답 ③

핵심포인트 'austere'와 'frugal'이 유의어 관계인 것을 파악한다.

| **해석** | 전형적인 미국 가정은 50년 전 만큼 검소하다.
① 23% 낭비하는, 방탕한
② 14% 일시적으로 유행하는, 변덕스러운
③ 47% 검소한, 절약하는, 간소한
④ 16% 말이 많은, 장황한

| **정답해설** | 'austere'는 '엄한, 검소한, 절약하는'의 의미로 ③ 'frugal(검소한, 절약하는, 간소한)'과 유의어 관계이다.

15 밑줄형 어휘 > 유의어 찾기 답 ③

핵심포인트 'laborious'와 'painstaking'이 유의어 관계인 것을 파악한다.

| **해석** | 다이어트를 할 때에는 가장 근면한 관심을 가지고 스스로를 감시하라.
① 15% 용맹스러운, 용감한   ② 12% 파산한, 지급불능의
③ 58% 수고를 아끼지 않는   ④ 15% 괴상한

| 정답해설 | 'laborious'는 '열심인, 근면한, 힘든'의 의미로 ③ 'painstaking(수고를 아끼지 않는)'과 유의어 관계이다.

오답률 50% 上

16 빈칸형 독해 > Logical Reading > 연결사 답 ①

핵심포인트 연결사를 묻는 문제로, 종의 경쟁에 관한 지문의 논리적 흐름을 파악하는 것이 중요하다.

| 해석 | 생명체들은 자원을 놓고 그들과 같은 종의 구성원뿐만 아니라 다른 종들의 구성원들과 함께 경쟁해야 한다. 두 종이 똑같은 자원을 이용하고 그 자원이 부족할 때, 마치 그 종들은 같은 개체군의 구성원인 것처럼 경쟁해야 한다. 대개 그 두 종들 중의 하나는 경쟁에서 더 나은 것으로 밝혀진다. 예를 들어, 두 종이 정확히 똑같은 먹이를 먹는다면, 그 둘 중 하나는 그것을 더 잘 잡게 될 것이다. 만약 어떤 것도 방해하지 (A) 않는다면, 열등한 경쟁자는 지고 경쟁력이 있는 뛰어난 종이 장악한다. 하나의 종이 다른 종과의 경쟁에서 이김으로써 그것을 몰아낼 때에, 그것을 경쟁적 배제라고 부른다. 때때로 경쟁에서 뛰어난 종은 더 열등한 경쟁자를 배제하는 것을 방해받는다. 심한 폭풍, 표류하는 통나무에 의한 타격, 또는 수중 산사태와 같은 주기적인 방해들은 지배적인 경쟁자의 수를 줄일 수 있고 다른 종에게 기회를 줄 수 있다. (B) 게다가, 어느 종이 경쟁에서 뛰어난지는 가끔 상황에 따라 다르다. 예를 들면, 열대 홍콩의 바위가 있는 해변가에서 (잎처럼 생긴) 엽상 조류는 상대적으로 추운 겨울에 지배적인 해초이다. 여름의 열기에서, 이러한 형태는 죽고 더 저항력이 있는 외피가 있는 조류에 의해 대체된다. 따라서 계절적 변화는 어떤 집단이 다른 집단을 배제시키는 것을 막으며, 그래서 경쟁하는 종들 사이에 변화하는 균형이 존재한다.

	(A)	(B)
①	~하지 않는다면	게다가
②	~에 반하여	대신에
③	~하는 반면	한편으로는
④	~라면	여전히

| 정답해설 | ① 50% (A) 빈칸 뒤의 'the inferior competitor loses out and the competitively superior species takes over(열등한 경쟁자는 지고 경쟁력이 있는 뛰어난 종이 장악한다)'는 앞에 나온 조건인 'something interferes'와 반대되는 상황을 설명한 것이므로 '~하지 않는다면'이라는 뜻을 가진 접속사 'Unless'가 적절하다. (B)에 앞서서 몇 가지 자연재해 상황을 예로 들면서 열등한 경쟁자가 배제되는 것을 방해한다고 했고, (B) 다음에서 상황에 따라 우월한 경쟁자도 변한다고 했으므로 앞 문장을 다음 문장이 부연 설명하고 있음을 알 수 있다. 따라서 'Furthermore(게다가)'가 적절하다. 따라서 정답은 ①이 된다.

| 어휘 |
organism 유기체　　　　　　　compete 경쟁하다
resource 자원　　　　　　　　scarce 부족한
turn out ~인 것으로 밝혀지다[드러나다]
outcompete (다른 경쟁자들보다) 훨씬 뛰어나다

competitive exclusion 경쟁적 배제　　periodic 주기적인
disturbance 방해　　　　　　　　　batter 두드리다, 타격하다
shift 이동하다

오답률 36% 中

17 논리형 독해 > Logical Reading > 삽입 답 ④

핵심포인트 삽입 문제로, 심해 어류와 생태계 변화에 관한 지문의 논리적 흐름을 파악하고 유추할 수 있어야 한다.

| 해석 | 지구상의 모든 생물체가 그렇듯이, 심해 어류에 대한 장기간의 주요한 위협은 지구 기후 변화의 추세에서 비롯된다. 심해 어류가 일반적으로 냉수종이지만, 바다의 온난화 자체는 직접적인 위협이 아닐 수도 있다. 심해 어류 중 많은 수는 심해가 따뜻했고 지중해였던 백악기 초기에 나타났다. 이 바다는 5,000미터가 넘는 깊이까지 내려가도 따뜻하고, 심해 어류가 다수 서식한다. ④ 반면, 향후 100년 동안 해양 생태계에 상당한 변화가 예상될 수 있는데, 이는 화석 연료 연소로 발생하는 용존 이산화탄소(CO_2)의 증가와 그 결과로 발생한 해양 산성화에 의해 일어난다. 산호초 서 식지의 소실과 먹이 가용성의 변화를 통해 심해 어류에 대한 영향이 간접적일 가능성이 높지만, 바다의 표층에 있는 유생 단계의 심해 어류는 산성도에 의해 직접적으로 영향을 받을 수 있다.

| 정답해설 | ④ 64% 주어진 문장의 'on the other hand(반면에)'로 보아, 그 앞에는 대조되는 내용이 와야 함을 알 수 있다. 주어진 문장에서는 'ocean acidification(해양 산성화)'으로 인해 해양 생태계가 변화할 수도 있다고 언급하는데, ④ 이전까지는 해양 생태계에 큰 영향을 미치지 않는 '온도의 변화'에 대해 설명하고 있다. 그리고 마지막 문장에서는 '산성도에 의한 영향'에 대해 언급하고 있으므로, 주어진 문장은 ④에 들어가는 것이 가장 적절하다.

| 어휘 |
substantial 상당한　　　　　　ecosystem 생태계
drive 몰다, 주도하다　　　　　dissolve 녹이다
consequent ~의 결과에 따라 일어나는
acidification 산성화　　　　　fossil fuel 화석 연료
long-term 장기의　　　　　　derive 끌어내다, 얻다
species 종　　　　　　　　　Cretaceous 백악기의
coral 산호　　　　　　　　　habitat 서식지
availability 입수 가능성　　　acidity 산성

오답률 41% 中

18 빈칸형 독해 > Reading for Writing > 빈칸 절 완성 답 ④

핵심포인트 'Columbus의 날'이라는 소재를 다룬 지문으로, Columbus의 날과 원주민의 날의 연관성을 통해 유추할 수 있어야 한다.

| 해석 | 10월의 두 번째 월요일은 1937년 이후 Christopher Columbus를 기리기 위해 미국 연방 공휴일로 지정되었다. 대부분의 미국인들에게 1492년 그의 Bahamas 상륙을 기념하는 것은 더 이상 큰 의미가 없다. 대규모의 이탈리아계 미국인 커뮤니티 이외

의 많은 미국인들은 그것이 공휴일이라는 것만 희미하게 알고 있을 뿐이다. 많은 사람들이 Columbus의 날을 추수 감사절의 다음 날과 맞바꾸면서 심지어 그 날 휴가도 내지 않는다. Seattle이나 Minneapolis같은 도시에서는 그것은 이미 원주민의 날로 이름이 바뀌었다. Columbus를 기념하는 것을 멈추고 ④ 그가 대체하기 시작했던 원주민의 문화를 기리기 시작하라.

① 그가 나라를 위해 그의 삶을 얼마나 많이 헌신했는지 기억하라
② 우리가 왜 Columbus의 날을 기념해야 하는지 생각해보아라
③ Columbus의 업적을 예우하고 이탈리아계 미국인의 유산을 기념하라
④ 그가 대체하기 시작했던 원주민의 문화를 기리기 시작하라

| **정답해설** | ④ 59% 빈칸 이전에는 Columbus의 날은 현재 더 이상 큰 의미가 없으며 어떤 도시에서는 그 날을 이미 원주민의 날로 바꾸었다고 했으므로, 빈칸이 있는 문장은 Columbus를 기념하기를 멈추고 원주민의 날을 기념하는 것과 관련된 내용이 됨을 유추할 수 있다. 따라서 빈칸에는 ④가 들어가는 것이 가장 적절하다.

| **오답해설** | ①②③ 5% 29% 7% 지문 전체적으로 Columbus의 날에 대해서 부정적 견해를 서술하며 빈칸 이전에 Columbus를 기념하는 것을 멈추라고 서술하고 있으므로 그에 대한 긍정적 서술을 하고 있는 나머지 선지는 빈칸에 들어갈 문장으로 적절하지 않다.

| **어휘** |
designate 지정하다   federal 연방 정부의
commemoration 기념, 기념행사   dimly 희미하게
official 공식적인   trade 맞바꾸다
Indigenous Peoples' Day 원주민의 날
displace 대체하다

오답률 33% 中

19 [지문제시형] 독해 > Micro Reading > 내용일치/불일치   답 ④

핵심포인트 「미국의 비극」이라는 소설에 대해 설명하는 지문으로, 내용일치 문항인 만큼 꼼꼼한 독해가 필요하다.

| **해석** | Dreiser의 최장편 소설인 『미국의 비극』(1925)은 Clyde Griffiths라는 한 젊은 반영웅(주인공답지 않은 주인공)의 삶과 죽음에 대한 복잡하고도 연민적인 이야기이다. 그 소설은 Clyde의 저주받은 (성장)배경으로 시작하여 그의 성공과정을 이야기하고, 그의 체포의 재판, 그리고 살인죄에 의한 처형으로 막을 내린다. 그 책은 한 영향력 있는 비평가로부터 "세상에서 최악으로 쓰여진 위대한 소설"로 불리었으나, 의문의 여지가 있는 문법과 문체는 그 서사적 힘에 의해 초월된다. Clyde의 죄책감에 대한 Dreiser의 미로와 같은 설명은 물질주의와 성공을 향한 아메리칸 드림에 대한 신랄한 비판을 무디게 하지 않았다.

① Clyde Griffiths는 결백했지만 사형을 선고받았다.
② Dreiser는 1925년에 쓰여진, 그의 마지막 소설인 『미국의 비극』으로 유명하다.
③ Dreiser는 살인에 관한 주제를 다룬 첫 번째 미국 소설가였다.
④ Dreiser는 성공을 향한 아메리칸 드림을 비판하기 위해서 『미국

의 비극』을 이용했다.

| **정답해설** | ④ 67% 마지막 문장 'Dreiser's labyrinthine ~ of success'에서 Dreiser의 설명이 성공을 향한 아메리칸 드림에 대한 비판을 무디게 하지 않았다고 했으므로, ④의 내용은 이와 일치한다.

| **오답해설** | ① 14% Clyde Griffs의 결백 여부는 나와 있지 않다.
② 11% 마지막 소설인지 여부는 언급되지 않았으므로 옳지 않다.
③ 8% 살인이라는 주제를 다룬 첫 번째 미국 소설가인지 여부는 언급되지 않았다.

| **어휘** |
compassionate 연민 어린   antihero 주인공답지 않은 주인공
cursed 저주받은   culminate 막을 내리다
transcend 초월하다   labyrinthine 미로와 같은
blunt 무디게 하다   trenchant 통렬한, 신랄한
indictment 비난, 폐단의 흔적

오답률 30% 中

20 [논리형] 독해 > Logical Reading > 배열   답 ③

핵심포인트 배열 문항으로, 법 집행과 휴대폰에 대한 권한 사이의 논쟁을 다루는 지문의 논리적 흐름을 파악한다.

| **해석** | ⓒ 법 집행기관이 당신의 문자 메시지를 읽을 수 있게 되어야만 할까?
ⓛ 이러한 논쟁은 California 주 San Bernardino에서 최근 일어난 테러리스트의 공격들로 인해 다시 활기를 띤 것으로, 이번 주 국회의사당에서 계속 진행되고 있다.
ⓐ 국회의사당에서, 연방수사국장인 James Comey는 그 기관이 그 공격자들 중 한 명의 휴대폰 잠금을 풀 수 없었다고 말했다.
ⓔ 그러나 다른 관료들은 법 집행기관이 이러한 접근권을 가지고 있었다고 해서 최근의 테러 공격들이 예방될 수 있었다는 증거는 없다고 말했다.

| **정답해설** | ③ 70% 도입부에 나와야 할 것은 논쟁의 주제를 처음 언급하는 ⓒ이다. 이 주제에 대한 언급을 이어갈 지시어로 'This debate'를 사용한 ⓛ이 뒤따르는 것이 알맞으며, ⓛ에서 언급한 'Capitol Hill'을 이어서 설명하며 'In the Capitol'로 시작하는 ⓐ이 이어져야 한다. 그리고 'But'으로 시작하며 ⓐ과 다른 의견을 제시한 ⓔ이 마지막에 오는 흐름이 알맞다. 따라서 ③이 글의 순서로 가장 적절하다.

| **어휘** |
unlock 풀다, 해결하다, 열다   revive 소생시키다, 기억을 되살리다
law enforcement 법 집행기관

나무는 위로 열매 맺기 전에
반드시 아래로 먼저 깊이 뿌리를 내립니다.

– 조정민, 『고난이 선물이다』, 두란노

9급공무원 공개경쟁채용 필기시험

8회 난이도	中
8회 합격선	16개/20개

회차	유형매칭
8	2019 지방직 9급

8회차 핵심페이퍼

문번	정답	개념	꼭 짚고 넘어가야 하는 핵심포인트!
01	②	어휘	'weary of'와 'feeling a repugnance to'가 유의어 관계인 것을 파악한다.
02	④	어휘	'assemble'과 'converge'가 유의어 관계인 것을 파악한다.
03	④	생활영어	'get cold feet'을 알고 있는지 묻는 문제이다.
04	②	생활영어	'day in and day out'의 의미를 묻고 있는 문항이다.
05	①	문법	과거분사의 쓰임과 수식 대상 파악을 묻는 문항이다.
오답률 TOP 2 06	①	문법	접속사 'lest'가 종속절에 동사를 should 동사원형으로 쓰는지를 묻는 문항이다. 이때 should가 생략됨에 주의해야 한다.
07	②	독해	배열 문항으로, 변호사와 과학자의 논증이라는 소재를 다룬 지문의 논리적 전개에 집중하며 풀어야 한다.
08	④	독해	의사소통이 성공의 기반이었음을 다룬 지문으로, 지문 자체는 어렵지 않으나 내용일치 문항인 만큼 꼼꼼한 독해가 필요하다.
09	④	독해	범고래가 백상아리를 공격하는 이유에 대해 언급하는 선지를 주제로 골라야 한다.
10	③	독해	침수에 대한 벼의 일반적인 속성을 토대로 흐름상 어색한 문장을 찾아본다.
오답률 TOP 3 11	①	어휘	'idiosyncratic'과 'singular'가 유의어 관계인 것을 파악한다.
12	④	어휘	'impartial'과 'equitable'이 유의어 관계인 것을 파악한다.
13	②	독해	운동의 장점들이 서술됨을 파악해야 한다.
14	①	독해	연결사를 묻는 문제로, 기후 변화와 문명의 쇠퇴에 대한 지문의 논리적 흐름을 파악하는 것이 중요하다.
15	②	독해	삽입 문제로, 기능형 관리자와 사업형 관리자에 대한 지문의 논리적 흐름을 파악하고 유추할 수 있어야 한다.
오답률 TOP 1 16	①	문법	'company'와 'accompany'를 구분할 수 있어야 한다.
17	①	독해	고구마의 역사를 다룬 지문으로, 지문 자체는 어렵지 않으나 내용일치 문항인 만큼 꼼꼼한 독해가 필요하다.
18	②	독해	미국의 선거를 다룬 지문으로, 선지 분석에 주의해야 하는 문항이다.
19	④	독해	돌고래의 의사소통 방식에 대한 지문으로, 진동의 분석을 통한 결과가 의미하는 바를 유추할 수 있어야 한다.
20	②	독해	지면 광고에서 사용되는 움직임 효과에 대한 글로, 움직임의 시각적 자극에 대한 내용을 파악하는 것이 중요하다.

※ [오답률/선택률] 산정 기준: 2020.02.11. ~ 2022.12.30. 기간동안 응시된 1초 합격예측 서비스의 누적 데이터
※ [오답률] TOP 1, 2, 3은 많은 응시생들이 헷갈린 문항이므로 꼭 확인하고 넘어가시기 바랍니다.

01	②	02	④	03	④	04	②	05	①
06	①	07	②	08	④	09	④	10	③
11	①	12	④	13	②	14	①	15	②
16	①	17	①	18	②	19	④	20	②

※ 上 中 下 는 문항의 난이도를 나타냅니다.

※ 50% 는 선지별 선택률을 나타냅니다.

오답률 23% 中

01 밑줄형 어휘 > 유의어 찾기 답 ②

핵심포인트 'weary of'와 'feeling a repugnance to'가 유의어 관계인 것을 파악한다.

| 해석 | Johansson은 단조로운 생활에 싫증이 났다.

① 7% ~을 열망하는
② 77% ~에 진절머리가 난
③ 10% 막 ~하려는 차에
④ 6% ~와 사이가 좋은

| 정답해설 | 'weary of'는 '~에 싫증이 난'의 의미로 ② 'feeling a repugnance to (~에 진절머리가 난)'와 유의어 관계이다.

오답률 6% 下

02 밑줄형 어휘 > 유의어 찾기 답 ④

핵심포인트 'assemble'과 'converge'가 유의어 관계인 것을 파악한다.

| 해석 | 전국 수 천 명의 추종자들과 신자들은 6월 22일에 시작될 3일 간의 긴 축제를 위해 Kamakhya 절에 매년 모인다.

① 3% 식별하다
② 1% 위태롭게 하다, 위협하다
③ 2% 포기하다
④ 94% 모여들다

| 정답해설 | 여기서 'assemble'은 '모이다'는 의미로, ④ 'converge (모여들다)'와 유의어이다.

오답률 30% 中

03 문장형 생활영어 > 회화/관용표현 답 ④

핵심포인트 'get cold feet'을 알고 있는지 묻는 문제이다.

| 해석 | ① A: 그의 전화를 왜 안 받았어?
B: 그가 또 별것도 아닌 걸로 소란피우는 거 같아서.
② A: Nora 집 앞에 이 택배 좀 놓고 올래?
　B: 명령만 하세요.
③ A: 바깥에 쌓인 잡지들 갖고 올까요?
　B: 그럴 거 없어요. 필요 없는 것들이에요.
④ A: Louis한테 좀 가봐. 대회 때문에 겁먹었어.
　B: 그에게 양말 좀 갖다 줘야겠네.

| 정답해설 | ④ 70% Louis가 대회로 인해 겁을 먹었다(has got cold feet)며 가보라는 말에 양말을 갖다 준다는 답변은 어색하다.

| 어휘 |
cry wolf (도와달라고) 거짓으로 소란피우다
package 택배
I am at your command. 시키는 대로 하겠다.
stack 쌓다　　　　　　　　　for the birds 필요 없는
get cold feet 겁을 먹다

오답률 22% 中

04 빈칸형 생활영어 > 회화/관용표현 답 ②

핵심포인트 'day in and day out'의 의미를 묻고 있는 문항이다.

| 해석 | Sue: 네 새로운 일은 어때?
Mark: 내가 상상했던 것과는 사뭇 달라.
Sue: 오, 일들이 잘 안 돼가?
Mark: 아니, 모든 것들은 괜찮아. 근데 그저 근래에 내가 스트레스를 많이 받을 뿐이야.
Sue: 좋지 않네. 아마 네가 새로운 환경에 적응할 시간이 좀 필요한가 봐. 스트레스를 극복할 방법을 내가 알고 있어.
Mark: 팁 좀 알려줘. 도움을 좀 받고 싶어.
Sue: 일기를 써보는 것은 어때? 내가 힘들었던 때에는 ② 매일매일 일기를 썼어.
Mark: 도움이 됐어?
Sue: 물론이지. 매일 글 쓰면서 스트레스를 모두 해소할 수 있었어.
Mark: 조언 고마워. 한번 시도해볼게.

① 몰래
② 매일매일
③ 급격하게
④ 적시에

| 정답해설 | ② 78% Sue의 마지막 말 중 'through writing every day'에서 빈칸의 말을 유추할 수 있다. 'day in and day out(매일매일)'의 의미를 알면 답을 쉽게 찾을 수 있다.

| 오답해설 | ① 7% Mark가 새로 옮긴 직장으로 인해 받는 스트레스를 극복하는 방법으로 '몰래' 일기를 쓰라는 것은 흐름상 부자연스럽다.
③ 5% 일기를 '급격하게' 써보라고 권하는 것은 부적절하다.
④ 10% 스트레스를 극복하는 방법으로 '적시에' 일기를 쓰는 것은 흐름상 적절하지 않다.

| 어휘 |
turn out (일, 진행, 결과가 특정 방식으로) 되다
stressed out 스트레스를 받는　　　overcome 극복하다
journal 일기　　　　　　　　　　advice 조언

오답률 12% 下

05 밑줄형 문법 > Modifiers > 분사 답 ①

핵심포인트 과거분사의 쓰임과 수식 대상 파악을 묻는 문항이다.

| 해석 | 독일에서 당신은 werewolves, 즉 반인반수의 Wild Man이면서, 아이들을 잡아먹는 거친 털로 덮인 일종의 거인에 의해 공격

당했을 수도 있다. 8세기의 Beowulf와 같은 앵글로 색슨족의 민담은 무서운 숲속에서의 사건을 종종 설정하였는데, 이는 Tolkein의 이야기에서 물려받은 유산으로, 그 이야기에서 친근한 호빗들은 유령이 나오는 Fangorn 숲을 통과해야 한다는 생각에 매우 무서워한다. 이러한 중세의 상상으로부터 'savage'라는 단어가 나왔는데, 이는 숲이라는 의미를 지닌 'silva'에서 유래했다.

| 정답해설 | ① 88% 수식하는 대상 'a kind of ogre'와의 관계가 수동이고 의미상 '덮인'이 적절하므로 과거분사 'covered'로 고쳐야 한다.

| 오답해설 | ② 4% 「전치사+관계대명사」가 쓰인 문장으로 뒤따라 오는 문장이 완전하므로 옳은 문장이다.

③ 5% 장소의 부사구가 문두로 도치되어 「동사+주어」의 어순으로 쓰인 문장으로, 주어(our word 'savage')가 단수명사이므로 단수동사 'comes'가 옳다.

④ 3% 수식하는 대상 'silva'와의 관계가 능동이고 해석상 '의미하는'이 적절하므로 현재분사 'meaning'은 옳다.

| 어휘 |

coarse 거친, 굵은	legacy 유산
inherit 상속받다, 물려받다	medieval 중세의

오답률 TOP 2　오답률 57%　上

06　문장형　문법 > Main Structure > 조동사　답 ①

핵심포인트　접속사 'lest'가 종속절에 동사를 should 동사원형으로 쓰는지를 묻는 문항이다. 이때 should가 생략됨에 주의해야 한다.

| 해석 | ① Tom은 자신이 아기를 방해할까 봐 움직이기 너무 두렵다.
② 유일한 논리적 해결책은 아이에게 분할된 성을 주는 것이다.
③ 당신의 아기의 울음소리를 듣는 것은 부모가 되는 것의 가장 힘든 부분 중 하나이다.
④ 일부 국가들과 일부 지역들은 문제를 다루는 데 있어 다른 나라들보다 더 유능하다.

| 정답해설 | ① 43% 접속사 'lest'가 '~하면 안 되므로, ~할까 봐'를 뜻하는 경우 뒤따라오는 절은 「(should)+동사원형」의 형태를 가지며 부정부사 'not' 또는 'never'를 사용하지 않는다. 해당 문장은 해석상 '~하면 안 되므로, ~할까 봐'가 자연스러우므로 'lest' 뒤에 오는 절에 「(should)+동사원형」을 사용하였고, 부정부사 'not' 또는 'never'를 사용하지 않았으므로 옳은 문장이다.

| 참고이론 | 'lest'는 격식체로 '~하지 않도록'의 의미로 쓰이며 부정의 의미를 포함하고 있다. 이때 'fear, danger' 등과 같이 두려움과 위험을 나타내는 말 뒤에 쓰이면 '~할까 봐'라는 의미로도 쓰일 수 있음에 유의한다.

| 오답해설 | ② 6% 해당 문장을 수동태로 볼 경우 간접목적어 'the kid'와 직접목적어 'a split last name'이 남아있으므로 틀린 문장이 된다. 따라서 능동태 문장으로 '유일한 논리적 해결책은 아이에게 분할된 성을 주는 것이다'라는 의미가 되는 것이 자연스러우므로 과거분사 'given'을 to부정사 'to give' 또는 동명사 'giving'으로 수정

해야 한다.

③ 25% 「one of+목적어」에서 목적어에 복수 형태를 사용해야 한다. 여기서는 목적어에 단수 형태 'part'를 사용하였으므로 틀린 문장이며, 'part'를 'parts'로 수정해야 한다.

④ 26% 전치사 뒤에는 명사(구)가 와야 한다. 여기서는 전치사 'at' 뒤에 명사와 동사의 의미가 있는 'address'를 사용하였으나 뒤에 목적어 'the problem'이 있으므로 틀린 문장이다. '문제를 다루는 데 있어'라는 흐름이 되도록 'address'를 동명사 'addressing'으로 수정해야 한다.

오답률 37%　中

07　논리형　독해 > Logical Reading > 배열　답 ②

핵심포인트　배열 문항으로, 변호사와 과학자의 논증이라는 소재를 다룬 지문의 논리적 전개에 집중하며 풀어야 한다.

| 해석 | 변호사와 과학자들은 결론에 이르는 증거와 원칙들의 요약을 의미하기 위해 논증을 이용한다. 하지만, 과학적 논증은 법적 논증과 다르다. 검사는 재판관이나 배심원들에게 피고가 유죄라는 것을 설득하기 위해 논증을 한다.
(B) 반면, 동일한 재판에서 피고 측 변호인은 같은 재판관 혹은 배심원들이 반대의 결론을 내리도록 설득하려고 논증을 한다. 검찰이나 변호인 어느 쪽도 그들 각각의 주장을 약화시킬 수 있는 어떤 것도 고려할 의무가 없다.
(C) 이와 반대로, 과학자들은 자신들의 생각을 점검하고 자연의 특정 측면에 대해 정확한 설명을 내리기를 원하기 때문에 논증을 한다. 과학자들은 그들의 주장을 뒷받침하는 어떤 증거나 가설도 포함시킬 수 있지만, 그들은 전문 과학의 기본적인 법칙을 반드시 준수해야 한다.
(A) 그들은 알려진 모든 증거들과 기존에 제기된 모든 가설들을 포함해야 한다. 변호사들과 달리, 과학자들은 자신들이 틀릴 수도 있다는 가능성을 명확하게 설명해야 한다.

| 정답해설 | ② 63% 주어진 글에서는 변호사와 과학자들이 논증을 이용하는데, 마지막 문장에서 검사(A prosecuting attorney)가 어떠한 법적 논증을 하는지 설명을 하고 있다. 따라서 'On the other hand'로 시작하며 이에 반대 논증을 하는 피고 측 변호인(a defence attorney)에 대한 (B)가 가장 먼저 오는 것이 알맞다. 그 뒤에는 주어진 글에서 변호사와 대조되는 과학자의 경우를 다룬 'On the countrary'로 시작하는 (C)가 이어져야 한다. 마지막으로 과학자들의 과학적 논증에 대해 부연 설명하고 있는 (A)가 와야 한다. 따라서 ② (B) – (C) – (A)의 순서가 알맞다.

| 어휘 |

argument 논증	prosecuting attorney 검사
the accused 피고인	hypothesis 가정
explicitly 명백하게	account for 설명하다
possibility 가능성	defense attorney 변호사
be obliged to ~해야 한다	respective 각각의
aspect 측면	

08 [지문제시형] 독해 > Micro Reading > 내용일치/불일치   답 ④

핵심포인트 의사소통이 성공의 기반이었음을 다룬 지문으로, 지문 자체는 어렵지 않으나 내용일치 문항인 만큼 꼼꼼한 독해가 필요하다.

| 해석 | 가장 우수한 투자자인 Warren Buffett은 의사소통이 성공의 기반이라고 믿는다. "만약 당신이 의사소통을 할 수 없다면, 그것은 어둠에서 소녀를 향해 윙크하는 것과 같다. 아무 일도 일어나지 않는다. 당신은 세계에 있는 모든 지능을 가질 수 있지만 그것을 전할 수 있어야 한다."라고 Buffett은 말했다. Buffett은 일류 대학들의 졸업생이다. 그러나, 그는 그가 벽에 전시하는 유일한 학위는 Dale Carnegie 의사소통 과정에서 받은 의사소통 자격증이라고 말한다. 공개 연설의 두려움을 극복한 것은 그의 삶을 바꾸었다. 그는 그 과정을 완료하는 것이 가장 중요한 투자였다고 말했다. Buffett이 포브스의 가장 부유한 미국인들 리스트에 처음 올랐을 때 그는 52세였다. 그때 그의 순자산은 2억 5천만 달러였다. 3년 후, 그의 순자산은 4배가 되었고 그는 억만장자가 되었다. 1989년에서 1999년까지 Buffett의 순자산은 10배 증가했다. 현재 그의 순자산은 88세에 775억 달러에 달한다.

① Warren Buffett은 Dale Carnegie 의사소통 과정을 경시한다.
② Warren Buffett이 대학들에서 받은 다양한 학위들은 그가 사람들 앞에서 대범해지도록 도왔다.
③ 의사소통 자격증은 Warren Buffett이 일평생 받은 유일한 학위이다.
④ Dale Carnegie의 의사소통 과정은 그로 하여금 공개 연설에 대한 그의 두려움을 극복하도록 도왔다.

| 정답해설 | ④ 75% Warren Buffett은 Dale Carnegie 의사소통 과정으로 공개 연설의 두려움을 극복했다고 했으므로 ④가 글의 내용과 일치한다.

| 오답해설 | ① 3% Dale Carnegie 의사소통 과정을 완료한 것이 가장 중요한 투자라고 했으므로 일치하지 않는다.
② 2% 공개 연설의 두려움을 극복한 것은 대학 학위들이 아닌 의사소통 과정 덕분이므로 글의 내용과 일치하지 않는다.
③ 20% Buffett은 일류 대학들의 졸업생이라고 했으므로 의사소통 자격증이 그의 유일한 학위가 아님을 알 수 있다.

| 어휘 |

ace 가장 우수한	investor 투자자
foundational 기본의, 기초의	wink at ~을 향해 윙크하다
brainpower 지능	transmit 전하다, 전달하다
alumnus 남자 졸업생	prestigious 명망 있는, 일류의
certificate 증명서, 증서, 자격증	quadruple 네 배가 되다
billionaire 억만장자	
depreciate ~을 얕보다, ~의 가치를 떨어뜨리다	

09 [지문제시형] 독해 > Macro Reading > 주제   답 ④

핵심포인트 범고래가 백상아리를 공격하는 이유에 대해 언급하는 선지를 주제로 골라야 한다.

| 해석 | 범고래와 같은 대형 포식자들은 지방층이 풍부한 먹이를 쫓는 경향이 있는데, 이는 대부분의 상어가 식사로서 매력적이지 않다는 것을 의미한다. 그러나 상어의 특정 부위는 범고래에게 매력적이다. 기록된 각각의 공격에서 범고래는 상어의 매우 정확한 부위를 물었다. 주로 그들은 상어의 간, 위, 고환을 표적으로 삼는다. 그리고 이것은 실제로 무슨 일이 발생하고 있는지 설명할 수 있을 것이다. 상어의 간은 기름과 지방이 매우 높게 농축되어 있다. 그것들은 또한 다른 동물들과 비교하여 매우 크다. 이것은 잠재적으로 백상아리의 간을 바다에서 가장 좋은 신속한 에너지원 중 하나로 만드는 것이다. 범고래는 이것을 학습한 것으로 보이며 특별히 영양분이 풍부한 간을 먹기 위해 상어를 표적으로 삼고 있다.

① 범고래의 사냥 습관들
② 범고래의 주요 먹이들
③ 범고래가 백상아리를 죽이는 방법들
④ 범고래가 백상아리를 사냥하는 이유

| 정답해설 | ④ 74% 상어는 범고래에게 매력적인 먹이가 아님에도 불구하고, 범고래는 빠르게 에너지를 섭취하기 위해 기름과 지방이 풍부한 백상아리의 간, 위, 고환 등을 집중적으로 공격한다는 내용이다. 따라서 글의 주제로 가장 적절한 것은 ④ 'the reason why killer whales hunt great white sharks(범고래가 백상아리를 사냥하는 이유)'이다.

| 오답해설 | ① 7% 범고래가 백상아리를 공격할 때 특정 부위를 겨냥한다는 내용이 언급되어 있으나, '범고래의 사냥 습관들'은 너무 광범위한 내용이므로 주제로 알맞지 않다.
② 9% 범고래의 먹이가 되는 동물을 여러 가지 언급하고 있는 것이 아니라, 백상아리 사냥에 국한된 내용이므로, 전체 글의 주제로는 적절하지 않다.
③ 10% 범고래가 백상아리의 간, 위, 고환을 주로 겨냥하여 공격한다고 언급하고는 있으나, 범고래가 백상아리를 죽이는 방법들이 구체적으로 언급되지는 않고, 글 전체를 아우르는 내용이 아니므로 주제로 알맞지 않다.

| 어휘 |

orca 범고래	blubber 해양 동물의 지방
unappealing 매력 없는	killer whale 범고래
primarily 주로	testes testis(고환)의 복수형
concentration 집중, 농축	compared to ~와 비교하여
potentially 잠재적으로, 가능성 있게	specifically 특별히, 명확하게
nutrient-rich 영양이 풍부한	

10　논리형　독해 > Logical Reading > 삭제　답 ③

핵심포인트　침수에 대한 벼의 일반적인 속성을 토대로 흐름상 어색한 문장을 찾아본다.

| **해석** | 대부분의 식물들처럼 쌀은 물을 필요로 한다. 사실 그것은 대부분의 식물들보다 더 많은 물을 필요로 한다. 이 습지 식물의 싹은 보통 부분적으로 물에 잠겨 있기 때문이다. 그러나 대부분의 농작물처럼 쌀은 여전히 완전한 침수에 견디지 못한다. 홍수가 일어나기 쉬운 지역의 주요 산물임에도 불구하고, 쌀의 대부분의 종류들은 4일 이상 물에 잠기면 죽고 심지어 단기간의 침수도 성장을 방해하고 수확에 영향을 줄 수 있다. 이제 연구원들은 몇몇 쌀 품종들에서 장기간에 걸친 침수에 생존하는 능력을 부여하는 유전자를 발견했고 그것을 이 중요한 보호가 부족한 품종들에 성공적으로 도입했다. ③ 가장 수확량이 많은 품종들은 홍수에 견딜 수 있기 때문에 현재 연간 쌀 수확량은 증가하고 있다. 그 유전자를 이전에 그것이 부족했던 품종에 도입함으로써 연구원들은 수확량과 곡식의 품질을 저하시키지 않고도 침수에 대한 내성을 향상시켰다. 이미 방글라데시, 라오스, 인도에 맞게 침수에 잘 견디는 쌀이 개발되고 있다.

| **정답해설** | ③ 87% 쌀은 침수에 잘 견디지 못하므로 침수는 수확량에 영향을 주는데, 연구원들이 침수에 생존하는 능력이 있는 유전자를 발견했고 이를 이용해 침수에 잘 견디는 쌀이 이미 개발되고 있다는 내용이다. 그러나 가장 수확량이 많은 품종들이 홍수에 견딜 수 있어 연간 쌀 수확량이 증가하고 있다는 내용의 ③은 전체적인 글의 흐름상 어색하다.

| **어휘** |

shoot 순, 싹	marsh 습지
partially 부분적으로	submerged 물속에서 자라는, 수중의
stand 참다, 견디다	staple 주요 산물
flood-prone 범람하기 쉬운	strain 종류, 유형
inundation 범람, 침수	stunt 성장[발달]을 방해[저해]하다
harvest 추수, 수확물(량)	gene 유전자
confer 주다, 수여하다	cultivar 품종
annual 연간의	yield 생산하다
withstand 견뎌내다, 이겨내다	tolerance 내성, 저항력

11　밑줄형　어휘 > 유의어 찾기　답 ①

핵심포인트　'idiosyncratic'과 'singular'가 유의어 관계인 것을 파악한다.

| **해석** | 그는 그의 특유한 스타일로 잘 알려져 있다. 많은 국제 영화제에서 수상을 하였으며, 그는 가장 유명하고 논란의 여지가 많은 아시아 영화 감독들 중 한 명으로 입지를 다졌다.
① 52% 특이한, 뛰어난, 단수형의
② 9% 모조의, 가장된
③ 31% 무시무시한, 기분 나쁜, 으스스한
④ 8% 산만한, 논증적인

| **정답해설** | 'idiosyncratic'은 여기서 '특유의, 특별한'의 의미이므로, 유의어로는 ① 'singular'가 적절하다.

12　밑줄형　어휘 > 유의어 찾기　답 ④

핵심포인트　'impartial'과 'equitable'이 유의어 관계인 것을 파악한다.

| **해석** | 다른 기관에 이야기하면서, 정우택 원내대표는 심문을 받을 때 이전 리더가 진실될 것을 요구하는, 공정한 수사의 중요성 또한 강조했다.
① 6% 창의성이 풍부한
② 12% 강제적인, 필수의
③ 10% 비길 데 없는
④ 72% 공정한, 공평한

| **정답해설** | 'impartial'은 '공정한'의 의미이므로, 유의어로는 ④ 'equitable'이 적절하다.

13　빈칸형　독해 > Reading for Writing > 빈칸 구 완성　답 ②

핵심포인트　운동의 장점들이 서술됨을 파악해야 한다.

| **해석** | 운동을 시작하고 곧, 당신은 신체적 활동이 당신의 신체와 행복에 영향을 줄 수 있는 ② 이점을 보고 느끼기 시작할 것이다. 규칙적인 운동은 당신의 건강을 상당히 증진시키는 것으로 보여져 왔다. 그것의 가장 큰 장점은 당신이 건강한 몸무게를 갖게 하고, 근육량을 유지시켜주며, 만성적 질병의 위험을 줄여주는 데 도움을 주는 것을 포함한다.
① 위험
② 이점
③ 편리함
④ 역경

| **정답해설** | ② 93% 빈칸 이후에는 건강한 몸무게를 갖게 하는 것, 근육량을 유지시키는 것, 만성적 질병의 위험을 줄이는 것을 돕는 것이 운동의 가장 큰 혜택들이라 했으므로 빈칸에는 ② 'advantage (이점)'이 알맞다.

| **어휘** |

soon after ~하자 곧	well-being 행복, 웰빙
significantly 상당히	achieve 달성하다, 이루다
chronic 만성의	

14　빈칸형　독해 > Logical Reading > 연결사　답 ①

핵심포인트　연결사를 묻는 문제로, 기후 변화와 문명의 쇠퇴에 대한 지문의 논리적 흐름을 파악하는 것이 중요하다.

| **해석** | 기후 변화는 문명, 도시, 그리고 왕조의 역사적 붕괴와 관련이 있어왔다. ㉠ 예를 들어, 하라파와 인더스 문명은 4,500년에서 3,500년 전 가뭄의 영향을 받았다. 3,800에서 2,500년 전 중동과 북인도에서의 강수량의 감소는 히타이트와 고대 이집트에 영

향을 주었을 것이다. 환경 접근법은 고대 마야의 붕괴가 일부 기간 동안 극심하고 길어진 가뭄 때문일 수도 있음을 제시한다. 그린란드의 바이킹 정착지ⓛ와 같은 더 작은 공동체들 역시 기후 변화로 붕괴를 겪었다.

	㉠	㉡
①	예를 들어	~와 같은
②	예를 들어	~임에도 불구하고
③	그러나	~와 같은
④	그러므로	~와 달리

| 정답해설 | ① [96%] ㉠ 이전에는 기후 변화가 문명, 도시, 왕조의 붕괴와 관련이 있어왔다고 했고 ㉠ 이후에는 가뭄에 의해 영향을 받은 문명들을 예로 들고 있으므로 'For example' 또는 'For instance'가 적절하다.
㉡ '그린란드의 바이킹 정착지'는 'Smaller communities'의 예이므로 '~와 같은, ~처럼'의 의미를 갖는 'such as'가 가장 적절하다. 따라서 정답은 ①이다.

| 어휘 |
associated with ~와 관련된   collapse 붕괴
dynasty 왕조   severe 극심한
extended 길어진   settlement 정착지

오답률 36% [中]

15 [논리형] 독해 > Logical Reading > 삽입   답 ②

핵심포인트 삽입 문제로, 기능형 관리자와 사업형 관리자에 대한 지문의 논리적 흐름을 파악하고 유추할 수 있어야 한다.

| 해석 | 기업 조직에는 기능형 관리자와 사업형 관리자라는 두 유형의 관리자들이 있다. 두 유형의 관리자들 모두 서로 다른 역할과 자질을 지니고 있다. 기능형 관리자들은 마케팅이나 엔지니어링 같은 한 회사의 부서 중의 하나를 이끌고, 자신들이 관리하는 영역에서 전문가들이다. 그들은 어떤 시스템의 요소들을 더 작은 요소들로 쪼개는 데 능숙하고, 자신들이 담당하는 각 작업의 세부사항들에 관한 것을 알고 있다. ② 반면에, 사업형 관리자들은 어떤 분야에서 전문가로서 직장생활을 시작한다. 사업형 관리자의 지위로 승진될 때, 그들은 (특정 분야에) 전문적인 애벌레에서 여러 분야에 대해 많이 알고 있는 나비로 바뀌어야 한다. 그들은 각각 그 영역의 전문가들을 지닌, 많은 기능 영역들을 감독한다. 그러므로, 요구되는 것은 어떤 과업의 많은 조각을 모아 일관성이 있는 전체를 만들 수 있는 능력이다. 따라서, 예를 들어 개구리를 이해하기 위해, 기능형 관리자들은 그것을 절개해 그것을 자세히 살펴보지만, 사업형 관리자들은 그것이 다른 개구리들과 헤엄치는 것을 보고 환경을 고려한다.

| 정답해설 | ② [64%] 보기 문장은 내용을 전환하는 연결사 'On the other hand'로 시작하고 있으므로 '사업형 관리자(project managers)'에 대한 내용을 시작하는 문장으로 볼 수 있다. 따라서 'When promoted to the position of project manager(사업형 관리자의 지위로 승진될 때)' 부분 바로 전인 ②에 보기 문장을 넣어야 자연스럽다.

| 어휘 |
skilled 능숙한, 숙련된   component 요소
caterpillar 애벌레   oversee 감독하다
put together 합하다   coherent 일관성 있는

오답률 TOP 1   오답률 63% [上]

16 [문장형] 문법 > Main Structure > 동사   답 ①

핵심포인트 'company'와 'accompany'를 구분할 수 있어야 한다.

| 정답해설 | ① [37%] 'company'는 명사로서 동사로 사용할 수 없다. 따라서 'companied'를 'accompanied'로 고쳐야 한다.

| 오답해설 | ② [25%] '눕다'를 뜻하는 완전자동사 'lie'의 과거형은 'lay'이므로 옳은 표현이다. 또한 'look at'은 타동사구로서, 불완전타동사로 사용되는 경우 목적격 보어로 원형부정사 또는 현재분사가 올 수 있으므로, 원형부정사 'run'은 옳은 표현이다.
③ [11%] 해당 문장에서 'found'는 완전타동사로 '~을 설립하다'를 뜻한다. 또한 'It takes+사람+시간+to부정사'는 '사람이 ~하는 데 시간이 걸리다'는 의미이다.
④ [27%] 'arise'는 완전자동사로 '발생하다'를 뜻하며 'arouse'는 완전타동사로 '~을 불러일으키다'를 뜻한다. 'arise'와 'arouse'는 각각 'arose'와 'aroused'로 과거 시제가 옳게 사용되었다.

오답률 30% [中]

17 [지문제시형] 독해 > Micro Reading > 내용일치/불일치   답 ①

핵심포인트 고구마의 역사를 다룬 지문으로, 지문 자체는 어렵지 않으나 내용일치 문항인 만큼 꼼꼼한 독해가 필요하다.

| 해석 | 고구마는 인간에게 알려진 가장 오래된 채소 중 하나이다. 고구마의 역사를 되돌아보면, Christopher Columbus는 서인도 제도로의 그의 여행에서 다양한 새로운 음식들을 발견했고, 그것들을 스페인으로 가져왔다. 사실, 고구마는 그의 배의 보물들 중 하나였다. 그 기간 동안 스페인 사람들은 그것들을 즐겼고 즉시 고구마를 재배하기 시작했다. 곧 그들은 이익을 얻기 위해 영국에 고구마를 수출하기 시작했는데, 그곳에서는 헨리 8세가 궁궐에서 먹는 양념 파이에 고구마가 포함되었다. 스페인 탐험가들이 고구마를 필리핀에 가져온 것은 16세기였다. 그러나 고구마 역사에 따르면, 이 뿌리 채소는 포르투갈 탐험가에 의해 아프리카, 인도, 인도네시아와 남아시아에 도입되었다. 같은 시기에, 고구마는 미국 남부에서 재배되기 시작했는데, 그곳에서 고구마는 여전히 전통 요리의 주요 음식으로 남아있다.
① 스페인 사람들은 고구마를 먹었을 뿐 아니라 그것으로 이익을 냈다.
② 고구마는 더 이상 미국 남부의 전통 음식이 아니다.
③ 스페인 사람들은 Christopher Columbus가 서인도 제도에서 가져온 고구마를 좋아하지 않았다.
④ 고구마는 Christopher Columbus에 의해 처음 발견되었고, 그는 그것을 다른 나라들로 전파했다.

| **정답해설** | ① 70% 'During that time ~ Henry VIII.'에서 스페인 사람들은 고구마를 즐겼고 이익을 얻기 위해 영국에 고구마를 수출하기 시작했다고 했으므로 ①은 글의 내용과 일치한다.

| **오답해설** | ② 8% 마지막 문장에서 고구마는 미국 남부에서 재배되기 시작했고 그곳에서 여전히 주요한 전통 음식으로 남아있다고 했으므로 글의 내용과 일치하지 않는다.

③ 4% 'During that time, the Spanish relished them'에서 그 기간 동안 스페인 사람들은 그것들(고구마)을 즐겼다고 했다.

④ 18% Columbus는 고구마를 스페인으로 가져온 것이고, 스페인 탐험가는 필리핀에, 포르투갈 탐험가는 아프리카, 인도, 인도네시아와 남아시아에 고구마를 도입했다고 했으므로 글의 내용과 일치하지 않는다.

| **어휘** |

voyage 여행, 항해	West Indies 서인도 제도
relish 즐기다, 좋아하다	profitably 유익이 되게, 이익이 되게
spice 양념, 향신료	explorer 탐험가
staple 주된, 주요한	cuisine 요리, 요리법

오답률 38% 中

18 지문제시형 독해 > Micro Reading > 내용일치/불일치 답 ②

핵심포인트 미국의 선거를 다룬 지문으로, 선지 분석에 주의해야 하는 문항이다.

| **해석** | 선거일은 공휴일이다. 그 날은 일반 대중에게는 쉬는 날이고 학교와 대부분의 사업체들은 문을 닫는다. 선거일에 미국 시민은 지역, 주, 국가 차원에서 공직 후보자에 대해 일반 무기명 투표를 할 수 있다. 짝수 해에는 연방 정부의 선거가 항상 열린다. 4로 나누어지는 해에는 대통령 선거가 항상 열린다. 지방 및 주 공무원의 선거는 지방과 주 법에 따라 홀수 또는 짝수 연도에 열릴 수 있다. 사람들이 투표하는 방법은 그들이 사는 주에 따라 다르다. Oregon 주에서는 모든 표가 우편으로 보내지고 모든 표들은 선거일의 주어진 시간에 수거되어야 한다. Washington 주에서는 거의 모든 사람들이 우편으로 투표를 하고 투표 용지가 포함된 봉투는 선거일자로 소인이 찍혀있어야 한다. 다른 주에서는 사람들이 긴 줄이 형성될 수 있는 투표소에서 투표를 한다.
① 주 공무원을 뽑는 선거는 국가법에 의해 열린다.
② 대통령 선거가 있는 해에는 연방 정부의 선거도 열린다.
③ 어른들은 선거일에 쉬는 반면 학생들은 학교에 나간다.
④ 미국에서 사람들은 투표소에서 투표를 하든 우편으로 투표를 하든 선택할 수 있다.

| **정답해설** | ② 62% 'In even numbered ~ are always held.'에서 짝수 해에는 연방 정부의 선거가 항상 열리고 4로 나누어지는 해에는 대통령 선거가 항상 열린다고 했으므로 ② 'In presidential election years, federal elections are also held.(대통령 선거가 있는 해에는 연방 정부의 선거 역시 열린다.)'가 글의 내용과 일치한다.

| **오답해설** | ① 13% 지방 및 주 공무원의 선거는 지방과 주 법(local and state laws)에 따라 홀수 또는 짝수 연도에 열릴 수 있다고 했

으므로 일치하지 않는다.

③ 3% 두 번째 문장에서 선거날은 일반 대중에게 쉬는 날이고 학교와 대부분의 사업체들은 문을 닫는다고 했으므로 글의 내용과 일치하지 않는다.

④ 22% 사람들이 투표하는 방법은 그들이 사는 주에 따라 다른 것이지, 그들이 선택할 수 있는 것은 아니다.

| **어휘** |

day off 쉬는 날	general population 일반 대중
business 사업체, 장사	vote by ballot 무기명 투표로 표결하다
public office 관공서	even-numbered 짝수의
presidential election 대통령 선거	official 공무원
odd 홀수의	cast (~에게) 표를 던지다
postmark 소인을 찍다	queue 줄, 대기 행렬

오답률 19% 中

19 빈칸형 독해 > Reading for Writing > 빈칸 절 완성 답 ④

핵심포인트 돌고래의 의사소통 방식에 대한 지문으로, 진동의 분석을 통한 결과가 의미하는 바를 유추할 수 있어야 한다.

| **해석** | 돌고래들은 높은 지능을 가지고 있고 더 큰 무리 내에서 의사소통을 할 수 있다는 것이 오랫동안 인정되어 왔지만, 개별적으로 서로 대화하는 그들의 능력은 덜 이해되었다. 그러나 연구원들은 돌고래들에 의해 만들어진 최대 다섯 "단어"의 진동, 딸깍거리는 소리, 휘파람 소리들은 반응이 있기 전에 다른 돌고래들에게 완전히 들린다고 믿는다. 그 연구는 포획된 두 마리의 성체 돌고래에 실행되었다. 그 돌고래들은 수영장에서 20년간 살았다. 식량 보상 없이, 특별한 오디오 시스템은 그 돌고래들 사이의 교환을 기록했다. 내뿜어지는 소리는 작은 무리에서 생성되는 것과는 다른 패턴이었다. Ryabov 박사는 이어 말했다. "우리의 실험에 등록된 많은 진동을 분석한 것은 이 돌고래들이 진동 묶음을 만들어낼 때 교대로 하고 서로를 방해하지 않는다는 것을 보여주었는데, 이는 ④ 돌고래들 각각이 자신의 진동을 만들어내기 전에 다른 돌고래의 진동을 듣는다는 것을 믿을만한 이유를 제공한다."
① 돌고래들은 다른 돌고래에게 관심을 두지 않는다
② 돌고래들은 자연에서 조화를 이루며 사는 동물이다
③ 돌고래들은 강한 진동 때문에 서로 소리를 들을 수 없다
④ 돌고래들 각각이 자신의 진동을 만들어내기 전에 다른 돌고래의 진동을 듣는다

| **정답해설** | ④ 81% 지문 전반부에서 돌고래들에 의해 만들어진 최대 다섯 "단어"의 소리를 완전히 듣고 나서야 다른 돌고래가 반응한다고 했다. 또한 두 마리 돌고래를 대상으로 한 실험에서 진동 묶음을 만들 때 그들이 교대로 하고 서로를 방해하지 않았다고 했으므로, 이와 같은 맥락의 내용인 ④가 빈칸에 들어가는 것이 가장 적절하다.

| **오답해설** | ① 3% 돌고래의 다른 개체에 대한 관심 여부를 언급하기에는 적절하지 않다.

② 8% 자연과 조화를 이룬다는 것과 돌고래의 의사소통에 대한 내용은 직접적으로 연결되지 않는다.

③ 8% 글의 흐름과 결론에 반대되는 내용이다.

| 어휘 |

intelligence 지능
pulse 고동, 진동
whistle 휘파람 소리
emit (소리 등을) 내다, 내뿜다
interrupt 방해하다

pack 무리, 집단, 묶음
click 딸깍거리는 소리
word (말들의) 마디
pod (고래 등의) 작은 떼

오답률 25% 中

20 빈칸형 독해 > Reading for Writing > 빈칸 구 완성 　답 ②

핵심포인트　지면 광고에서 사용되는 움직임 효과에 대한 글로, 움직임의 시각적 자극에 대한 내용을 파악하는 것이 중요하다.

| 해석 | 우리는 모두 회전하는 야외 진열 간판, 주류 판매점 홍보 진열, 그리고 눈에 잘 띄는 움직임을 만들기 위해서 차례로 켜지고 꺼지도록 진열된 네온 불빛을 보아왔다. 신문과 잡지의 몇몇 상업 광고들은 움직이는 선을 이용하여 인쇄된 종이 위에 움직임을 자극하는 것을 시도할 것이다. Teuber(1974)는 이런 인쇄된 패턴들이 어떻게 명백한 움직임의 느낌을 만들 수 있는지 논했다. 몇몇 행동 신경 과학자들은 뇌의 피질 신경 연결통로에서의 "특징 감지" 방법을 제안했다. 이 방법들은 움직임의 시각적 자극에 반응한다. 명백히, 선의 특정한 반복적인 패턴은 어떠한 실질적인 움직임의 부재에 반응하기 위해 이런 특징 감지 방법을 일으킬 수 있다. 그래서 몇몇 인쇄된 광고들은 마치 실질적인 움직임이 발생하는 것처럼 효과적으로 보는 사람의 주의를 끄는 분명한 ② 움직임을 만들어 낼 수 있다.

① 왜곡　　　　　　　② 움직임
③ 방법론　　　　　　④ 애매모호함

| 정답해설 | ② 75% 신문과 잡지의 지면 광고에서 움직임의 느낌을 주는 특정한 반복적 패턴을 사용하고 있다는 내용이다. 접속부사 'Thus'가 이끄는 빈칸이 있는 문장은 결론 문장으로, 몇몇 인쇄된 광고들은 마치 실질적인 움직임이 발생하는 것처럼 사람들의 주의를 끄는 명백한 ② 'movement(움직임)'를 만들 수 있다는 흐름이 되는 것이 알맞다. 'motion'이 패러프레이징된 것을 파악한다.

| 어휘 |

arrange 마련하다, 배열하다
detection 발견, 감지
cerebral 뇌의, 지적인
neural pathway 신경 연결통로

in sequence 차례차례로
mechanism 방법, 매커니즘
cortex 피질
generate 만들어 내다

9급공무원 공개경쟁채용 필기시험

9회 난이도	上
9회 합격선	17개/20개

회차	유형매칭
9	2019 서울시 9급

9회차 핵심페이퍼

문번	정답	개념	꼭 짚고 넘어가야 하는 핵심포인트!
01	③	어휘	'relentless'와 'stubborn'이 유의어 관계인 것을 파악한다.
02	①	어휘	'preparatory'와 'exploratory'가 유의어 관계인 것을 파악한다.
03	②	어휘	'indefatigable'을 알고 있는지 묻는 문제이다.
04	③	어휘	등위접속사 'and'를 통해 'timid'와 유사한 의미의 단어를 유추할 수 있어야 한다.
05	②	어휘	'drowsy'를 알고 있는지 묻는 문제이다.
06	④	생활영어	대화를 통해 'Even Homer sometimes nods'를 유추하는 문제이다.
오답률 TOP 1 07	③	문법	동사의 3단 변화가 A－A－A 유형인 경우 문장에서의 시제를 파악하는 것이 관건이다.
오답률 TOP 2 08	②	문법	완전타동사인 'contradict'의 쓰임과, 대명사 'each other'의 문장 내 쓰임을 파악하는 문항이다.
오답률 TOP 3 09	②	문법	동명사 주어의 경우 단수 취급함을 확인해야 한다.
10	④	문법	관계대명사의 선행사와 관계절 동사와의 수일치에 주의한다.
11	②	독해	전문가와 대중의 가치와 의견 차이라는 소재의 글의 제목을 묻는 문제로, 미시적 정보보다는 전체가 주는 정보에 집중해야 한다.
12	②	독해	글에 등장하는 Alexander와 Porus 왕의 지칭 대상을 구별하는 문항이다.
13	③	어휘	'contemplate'를 알고 있는지 묻는 문제이다.
14	②	독해	연결사를 묻는 문제로, 온라인 교육에 관한 지문의 논리적 흐름을 파악하는 것이 중요하다.
15	②	독해	인식의 오류라는 다소 생소한 소재인 만큼, 지문 파악에 주의한다.
16	②	독해	생물학적 방제에 대한 글로, 특정된 상황에서의 성공을 통해 유추할 수 있어야 한다.
17	③	독해	감각 특정적 포만이라는 다소 생소한 소재인 만큼, 지문 파악에 주의해야 한다.
18	①	독해	공감적 듣기의 장점을 서술하는 것과 다른 맥락을 파악하는 것이 관건이다.
19	②	독해	삽입 문제로, 암기 능력과 동시에 하는 작업과의 관계에 대한 지문의 논리적 흐름을 파악하고 유추할 수 있어야 한다.
20	④	독해	배열 문항으로, 구조주의에 관한 지문의 논리적 흐름을 파악한다.

※ [오답률/선택률] 산정 기준: 2020.02.11. ~ 2022.12.30. 기간동안 응시된 1초 합격예측 서비스의 누적 데이터
※ [오답률] TOP 1, 2, 3은 많은 응시생들이 헷갈린 문항이므로 꼭 확인하고 넘어가시기 바랍니다.

01	③	02	①	03	②	04	③	05	②
06	④	07	③	08	②	09	②	10	④
11	②	12	④	13	③	14	②	15	②
16	②	17	③	18	①	19	②	20	④

※ 上 中 下 는 문항의 난이도를 나타냅니다.
※ 50% 는 선지별 선택률을 나타냅니다.

오답률 59% 上

01 밑줄형 어휘 > 유의어 찾기 답 ③

핵심포인트 'relentless'와 'stubborn'이 유의어 관계인 것을 파악한다.

| 해석 | 우리는 TELUS International과 같은 멋진 파트너를 찾게 되어 더 없이 자랑스럽다. – 그러한 중요한 브랜드에 대한 고객 경험 필요를 제공하는 것에 관한 한 우리의 기업가 정신 그리고 아웃소싱 산업을 재정립하고 지장을 줄 끈질긴 욕망을 공유하는 기업이다.

① 9% 솔직한
② 20% 하찮은, 경박한
③ 41% 완고한, 고집스러운
④ 30% 복종하는, 순종하는

| 정답해설 | 'relentless'는 '끈질긴, 완고한'의 의미이므로 유의어는 ③ 'stubborn'이다.

| 어휘 |
fabulous 기막히게 좋은, 엄청난   entrepreneurial 기업(가)의

오답률 59% 上

02 밑줄형 어휘 > 유의어 찾기 답 ①

핵심포인트 'preparatory'와 'exploratory'가 유의어 관계인 것을 파악한다.

| 해석 | "종교 집단들에게 과세하기 전에 정부는 모든 준비 단계를 밟을 것이다." 라고 김 씨는 말했다.
① 41% 답사의, 예비[입문]적인
② 8% 무산된, 수포로 돌아간
③ 6% 양면적인, 상반되는 감정이 공존하는
④ 45% 냉담한, 굳어진, 무감각한

| 정답해설 | 'preparatory'는 '준비의, 예비의'의 의미이므로, 유의어는 ① 'exploratory'이다.

오답률 41% 中

03 빈칸형 어휘 > 빈칸 완성 답 ②

핵심포인트 'indefatigable'을 알고 있는지 묻는 문제이다.

| 해석 | 그녀의 인내심, ② 지치지 않는 정신과 열정은 필수적이었다.

① 8% 파산한, 결핍된   ② 59% 지치지 않는
③ 19% 미약한, 부서지기 쉬운   ④ 14% 게으른, 나태한

| 정답해설 | 'spirit'을 수식하기에 가장 적절하며 'patience'와 같은 맥락이 되는 형용사는 ② 'indefatigable(지치지 않는)'이다.

오답률 32% 中

04 빈칸형 어휘 > 빈칸 완성 답 ③

핵심포인트 등위접속사 'and'를 통해 'timid'와 유사한 의미의 단어를 유추할 수 있어야 한다.

| 해석 | 반면, 아이가 잘못했다고 느꼈는데 처벌받지 않거나 용서를 확신하지 않을 때, 아이는 ③ 불안해하고 겁먹을 것이다.
① 7% 절약하는, 선견지명의   ② 10% 낭비가 심한
③ 68% 불안한   ④ 15% 토착의, 지역 고유의

| 정답해설 | 등위접속사 'and'와 'timid(소심한)'로 보아, 빈칸에는 'timid'와 유사한 맥락의 형용사인 ③ 'insecure'가 올 것임을 알 수 있다.

오답률 20% 中

05 빈칸형 어휘 > 빈칸 완성 답 ②

핵심포인트 'drowsy'를 알고 있는지 묻는 문제이다.

| 해석 | ② 졸린 상태에서 운전하는 것은 당신을 치명적인 상황에 처하게 할 수 있다.
① 4% 정성을 다하는, 근면한   ② 80% 졸리는
③ 12% 지칠 줄 모르는   ④ 4% 손대지 않은, 완전한

| 정답해설 | 운전 중 치명적인 상황에 처하게 할 수 있는 것은 ② 'drowsy(졸리는)'이다.

오답률 14% 下

06 빈칸형 생활영어 > 회화/관용표현 답 ④

핵심포인트 대화를 통해 'Even Homer sometimes nods'를 유추하는 문제이다.

| 해석 | A: 커피 나왔습니다.
B: 고맙습니다. 음, 그런데요, 이건 제가 주문한 커피가 아닌데요.
A: 라떼 시키지 않으셨나요?
B: 아니요, 카푸치노 시켰어요.
A: 죄송해요. 제가 헷갈렸나봐요.
B: ④ 원숭이도 나무에서 떨어질 때가 있다더니. 실수하신 거 한 번도 본 적 없었는데.
A: 바로 제대로 된 걸로 해드릴게요.
B: 고마워요. 천천히 하세요.
① 쉽게 얻은 것은 쉽게 사라진다
② 깊은 물은 조용히 흐른다[빈 수레가 요란하다]
③ 쥐구멍에도 볕 들 날 있다

④ 원숭이도 나무에서 떨어질 때가 있다

| 정답해설 | ④ 86% A가 B에게 주문과 다른 커피를 만들어 주자, B는 A가 실수한 것을 한 번도 본 적이 없다고 말한다. 여기에 어울리는 속담은 ④ 'Even Homer sometimes nods(원숭이도 나무에서 떨어질 때가 있다)'이다.

07 밑줄형 | 문법 > Main Structure > 동사 답 ③

핵심포인트 동사의 3단 변화가 A-A-A 유형인 경우 문장에서의 시제를 파악하는 것이 관건이다.

| 해석 | 하와이의 Kauai 섬의 한 전설은 어떻게 naupaka 꽃이 그 신기한 모양을 갖게 되었는지 설명한다. 그 꽃은 작은 데이지의 반쪽처럼 생겼다. 전설에 따르면 그 섬에 살던 두 젊은 연인의 결혼이 양쪽 부모의 반대를 받았다. 부모들은 어느 날 해변에서 둘이 같이 있는 걸 발견했고 그들이 같이 있는 걸 막기 위해 양쪽 집안 중 한쪽이 산으로 이사를 갔고 그것은 젊은 연인의 관계를 잘라버렸다. 결과적으로 naupaka 꽃은 두 개의 반쪽으로 나눠졌다. 반쪽은 산으로 이사를 갔고, 다른 반쪽은 해변 근처에 남았다. 이 이야기는 원주민들이 그들 주위의 세계를 이해하기 위해 만들어 낸 전설의 좋은 예이다.

| 정답해설 | ③ 22% 동사 'cut'은 과거시제와 과거분사 모두 동일한 형태이며, 이 문장에서는 주격 관계대명사절에 쓰인 과거 동사로 알맞게 쓰였다. 혼동하기 쉬운 동사의 불규칙 변화가 출제 포인트이다.

| 오답해설 | ① 4% 'half'는 「a/an + 형용사 + 명사」와 결합하는 경우 「half + a/an + 형용사 + 명사」의 구조를 가진다. 따라서 'half small a daisy'는 'half a small daisy'가 되어야 한다. 관사의 위치에 유의한다.

② 63% 연결사가 'and', 'which' 2개뿐이므로 동사는 3개이어야 하나 'found', 'prevented', 'moved', 'cut' 4개를 사용하였으므로 틀린 문장이다. 문맥상 '그들이 함께 있는 것을 막기 위해서'의 의미가 되는 것이 알맞으므로 'prevented'를 목적을 나타내는 to부정사 부사적 용법인 'to prevent'로 고쳐야 한다.

④ 11% 목적격 관계대명사 'which'가 쓰인 문장으로, 뒤의 문장은 목적어가 생략된 불완전한 문장이어야 하므로 수동태 'were invented'를 능동태 'invented'로 고쳐야 한다.

| 어휘 |
oppose 반대하다   separate 떼어놓다
make sense of ~을 이해하다

08 밑줄형 | 문법 > Main Structure > 태 답 ②

핵심포인트 완전타동사인 'contradict'의 쓰임과, 대명사 'each other'의 문장 내 쓰임을 파악하는 문항이다.

| 해석 | 기원전 525년에, 이탈리아 남부에 살았던 Theagenes라는 그리스인은 신화를 과학적 유추 또는 우화로 간주했다. 예를 들어, 그에게, 자기들끼리 싸우는 신들에 대한 신화적인 이야기는 불과 물처럼 서로 상충하는 자연의 힘을 나타내는 우화였다. 이것은 우주, 세계 및 인류의 창조를 설명하는 모든 사회 또는 문명에서 발견되는 이야기로 시작하면서 많은 설명 또는 "인과적인" 신화의 근원이 된다. 이 "과학적" 신화는 계절, 해가 뜨고 지는 것, 그리고 별의 행로를 설명하는 것을 시도했다.

| 정답해설 | ② 37% 'each other'는 대명사로 완전타동사 'contradict'의 목적어로 사용할 수 있다. 따라서 문장의 동사인 수동태 'are contradicted'는 틀리고 능동태인 'contradict'가 옳다.

| 오답해설 | ① 7% 'identify'는 불완전타동사의 경우 「identify + 목적어 + 목적격 보어[as + 명사/형용사]」의 구조를 가진다. 여기서는 과거 시제의 본동사로 쓰였다.

③ 39% 선행사가 복수명사 'the accounts'이고 관계대명사절의 동사로 복수동사 'explain'을 사용하였으므로 옳은 문장이다. 관계대명사의 선행사와 관계절 동사와의 수일치에 주의한다.

④ 17% 'attempt'는 완전타동사로 「attempt + 목적어[명사/to부정사]」의 구조를 가진다. 여기서는 문장의 동사로 알맞게 쓰였다.

| 어휘 |
analogy 유추   allegory 우화, 풍자
account 이야기

09 밑줄형 | 문법 > Balancing > 일치 답 ②

핵심포인트 동명사 주어의 경우 단수 취급함을 확인해야 한다.

| 해석 | 영웅이 장애물과 싸우고 위기를 극복하는 것을 보는 것은 시청자를 감정적 투쟁에 빠지게 하는데, 그런 투쟁 속에서 드라마의 줄거리와 결말에 나오는 사건들은 그렇지 않다면 사라지는 감정적인 영향을 지니게 된다.

| 정답해설 | ② 39% 동명사가 주어인 경우 '행위' 및 '동작'을 나타내므로 단수로 취급해 동사에 단수 형태를 사용해야 한다. 문장의 주어는 동명사(구) 'Seeing ~ crises'인데 동사에 복수 형태인 'engage'를 사용하였으므로 틀리다. 따라서 'engage'를 단수 형태인 'engages'로 수정해야 한다.

| 오답해설 | ① 38% 지각동사 'see'의 목적격 보어가 등위접속사 'and'를 통해 동사 'battle'과 병렬 구조를 이루는 'overcome'은 옳은 표현이다.

③ 6% 선행사는 'an emotional struggle'이고 뒤따라오는 절이 완

전하므로 「전치사+관계대명사」를 사용한 것은 옳다.

④ 17% 실제 주어인 선행사 'an emotional impact'와 의미상 '~하는'의 능동 관계이므로 현재분사를 사용한 것은 옳다.

| 어휘 |
obstacle 장애물　　　　　　　　　overcome 극복하다

오답률 9% 下

10 밑줄형　문법 > Expansion > 관계사　　　답 ④

핵심포인트　관계대명사의 선행사와 관계절 동사와의 수일치에 주의한다.

| 해석 | 문제를 분석적으로 해결할 때 주의력의 이러한 형태가 필수적인 반면에, 그것은 실제로 우리가 창조적인 통찰로 이끄는 연결고리를 알아채는 것을 막는다.

| 정답해설 | ④ 91% 선행사가 복수명사 'connections'이므로 주격 관계대명사절의 동사에는 복수동사를 사용하는 것이 옳다. 따라서 'leads'를 'lead'로 고쳐야 한다.

| 오답해설 | ① 2% 형용사는 보어로 사용할 수 있으나 부사는 보어로 사용할 수 없다.

② 3% 양태부사 'actually'를 동사 'prevents' 앞에 옳게 사용하였다. 빈도/양태부사의 위치에 유의한다.

③ 4% 전치사 'from'의 목적어로 동명사가 옳게 쓰였다.
　cf. 「prevent+목적어+from+-ing」는 '~가 …하는 것을 막다'를 뜻한다.

오답률 19% 中

11 지문제시형　독해 > Macro Reading > 제목　　　답 ②

핵심포인트　전문가와 대중의 가치와 의견 차이라는 소재의 글의 제목을 묻는 문제로, 미시적 정보보다는 전체가 주는 정보에 집중해야 한다.

| 해석 | 전문가와 일반 사람들 사이의 차이가 가치의 실제적인 갈등을 반영하는 상황이 있다. 예를 들면, 전문가들은 종종 사망자 수를 통해 위험을 측정하는 반면 대중들은 '편안한 죽음'과 '불행한 죽음' 사이, 혹은 일정치 않은 우연한 사고 희생자들과 스키와 같은 자발적인 활동 중에 발생하는 사망자들 사이의 더 미세한 구분을 하는 경향이 있다. 이러한 일리 있는 구분은 단순히 사례의 수를 계산하는 통계에서는 종종 무시된다. 대중은 전문가들보다 위험에 대하여 더 다채로운 인식을 가질 수도 있다. 결과적으로, 전문가들의 의견이 다른 사람들의 의견과 충돌할 때, 전문가들의 주장이 의심 없이 받아들여져야 한다는 관점은 유지될 수 없다. 전문가들과 대중이 각자 우선시하는 사항에 대하여 의견이 다른 경우, 양측은 다른 쪽의 통찰력과 지성을 존중해야 한다.
① 고도로 전문화된 전문가　　　② 전문가는 항상 옳은가?
③ 전문가; 불가침　　　　　　　④ 전문가 의견의 중요성

| 정답해설 | ② 81% 'Consequently(결과적으로)' 다음에 전문가들의 의견이 전적으로 받아들여질 수 없다고 했고, 마지막 문장에서

전문가들과 대중이 우선시하는 사항이 다른 경우, 상대의 통찰력과 지성을 존중해야 한다고 했으므로, 전문가의 의견이 항상 우선시되는 것은 아니라는 것이 글의 주제인 것을 알 수 있다. 따라서 제목으로 적절한 것은 ② 'Is an Expert Always Right?(전문가는 항상 옳은가?)'이다.

| 오답해설 | ① 2% 전문가의 전문성에 대해서 서술하고 있지 않다.

③④ 10% 7% 전문가의 의견을 항상 받아들여야 하는 것이 아니라고 했으므로 글의 내용과 대치된다.

| 어휘 |
conflict 대립, 충돌　　　　　　distinction 구분, 구별
accidental 우연한　　　　　　　fatality 사망자(수)
legitimate 합법적인　　　　　　consequently 그 결과로, 결과적으로

오답률 15% 下

12 밑줄형　독해 > Logical Reading > 문맥상 다양한 추론　　답 ②

핵심포인트　글에 등장하는 Alexander와 Porus 왕의 지칭 대상을 구별하는 문항이다.

| 해석 | 인도 왕과 ① 그의 조우에서 보여지듯이, Alexander 자신도 못지않게 용맹했다. Porus 왕은 인더스 강의 지류에서 전투 코끼리와 보병으로 이루어진 ② 그의 강력한 군대를 데리고 숨어서 그를 기다렸다. Alexander가 강에 도착했을 때 왕의 군대는 맞은편의 강둑에 배치되어 있었고, Alexander와 그의 군인들은 적장을 마주하고 강을 건널 수밖에 없었다. 그리고 ③ 그의 성공(강을 건넌 것)은 그의 가장 위대한 업적 중 하나였다. 그러나 한층 더 놀라운 것은 바로 인도의 숨 막힐 듯한 열기 속에서 그 군대를 무찌른 그의 승리였다. Porus는 쇠사슬에 묶여 ④ 그의 앞에 끌려왔다. '나에게 무엇을 원하는가?'라고 Alexander가 물었다. '오직 당신이 나를 왕에 걸맞게 대하는 것이오.' '그리고 그것이 전부인가?' '전부요. 더 이상 말할 것은 없소.'라고 대답이 돌아왔다. Alexander는 매우 감명을 받았고 그는 그에게 그의 왕국을 돌려주었다.

| 정답해설 | ② 85% Porus 왕을 지칭한다. 나머지 ①③④는 모두 Alexander를 지칭한다.

| 어휘 |
no less 꼭 ~만큼, ~와 마찬가지로, ~에 못지않게
valiant 용맹스런　　　　　　　　encounter 만남, 조우
lie in wait for ~을 잠복[매복]하여 기다리다
branch (강, 도로, 철도 등의) 지류[지선]
mighty 강력한　　　　　　　　　position 배치시키다
far (말하는 사람에게서 떨어진) 저쪽의
bank 둑, 제방
have no choice but to ~할 수 밖에 없다
in the face of ~에 직면하여, ~에도 불구하고
host 군, 군대　　　　　　　　　feat 위업, 업적
remarkable 위대한, 훌륭한, 주목할 만한
stifling 숨 막힐 듯한, 답답한　　treat 대우하다
as befits ~에 어울리게, ~에 걸맞게
impressed 감명을 받은

13 [빈칸형] 어휘 > 빈칸 완성 답 ③

핵심포인트 'contemplate'를 알고 있는지 묻는 문제이다.

| 해석 | 양국은 그 회담을 계속할 것인지를 두고 ③ 심사숙고했다.

① 9% 예언했다
② 11% 범람시켰다, 침수시켰다
③ 74% 심사숙고했다
④ 6% 약화시키다

| 정답해설 | 회담이 계속될지 여부에 대해 ③ 'contemplated(심사숙고했다)'는 흐름이 알맞다.

14 [빈칸형] 독해 > Logical Reading > 연결사 답 ②

핵심포인트 연결사를 묻는 문제로, 온라인 교육에 관한 지문의 논리적 흐름을 파악하는 것이 중요하다.

| 해석 | 온라인 교육과 교실 교육 사이의 다른 점은 수단 그 이상이다. 교사가 어떻게 정보를 전달하는지, 어떻게 학생들과 소통하는지, 그리고 어떻게 학습을 평가하는지는 가상 학습 환경에서 많이 다르다. 온라인 교육은 더 많은 독립성을 요구한다. ② 따라서, 교수들이 없을 때에도 학생들은 적어도 일부 내용을 배울 수 있어야 한다. 온라인 학위 프로그램은 일하는 학생들, 부모들, 그리고 군인들을 포함하여 외부 지역의 그리고 기존과 다른 학생들을 많이 모으기 때문에, 교수들은 또한 더 다양한 그룹의 학습자들을 사로잡는 것을 배워야 한다.

① 한편
② 따라서
③ 그러나
④ 대신에

| 정답해설 | ② 75% 빈칸 이전의 '온라인 교육은 더 많은 독립성을 요구한다'는 내용과 빈칸 이후의 '교수들이 없어도 학생들이 일부 내용을 배울 수 있어야 한다'는 내용은 원인과 결과에 해당하는 인과관계이다. 그러므로 ② 'Thus(따라서)'가 빈칸에 들어갈 말로 가장 적절하다.

| 어휘 |
medium 도구, 수단　　　　　virtual (컴퓨터를 이용한) 가상의
unavailable 사람들을 만날 시간[여유]이 없는, 가능하지 않은
degree 학위
attract 불러일으키다, 끌어모으다, 끌어당기다
nontraditional 전통적이지 않은　　engage 사로잡다

15 [빈칸형] 독해 > Reading for Writing > 빈칸 구 완성 답 ②

핵심포인트 인식의 오류라는 다소 생소한 소재인 만큼, 지문 파악에 주의한다.

| 해석 | 당신은 상당한 감정적인, 심리적인, 혹은 신체적인 스트레스를 경험하고 있는 동안 누군가를 만난 적이 있는가? 아마 당신은 밤을 새며 기말시험을 위해 공부했거나 혹은 아마 조부모님이 최근

에 돌아가신 것을 알게 되었을 것이다. 당신은 당신이 평소에 행동하는 방식과 부합하지 않는 행동을 보여 줄 수 있다. 당신이 극도로 스트레스를 받고 있을 때 누군가를 만나는 것은 당신에 대한 잘못된 인상을 만들어 낼 수 있다. 이런 이유 때문에, 다른 사람에 대해 우리가 갖는 첫인상 또한 인식의 오류(잘못된 인식)일 수 있다는 것을 인정하라. 이런 오류를 범하는 것을 피하는 데 도움을 주기 위해서, ② 인식의 점검에 들어가라. 그것은 우리가 다른 사람들에 대한 그리고 그들의 행동들에 대한 우리의 인식을 확인하거나 이의를 제기하는 일련의 질문들을 우리가 고려하는 것을 의미한다. 예를 들어, 당신은 관찰된 언어적 그리고 비언어적 행위들에 대해 두 가지 가능한 해석들을 제공할 수 있는지 그리고 당신의 평가의 정확성을 판단하기 위해 그것에 대하여 설명할 수 있는지 여부를 알아보라.

① 언어적 행동
② 인식의 점검
③ 언어의 정확한 표현
④ 비언어적 확증의 차이

| 정답해설 | ② 74% 'which means' 뒤에서 설명하는 내용이 빈칸에 들어갈 표현이 된다. '인식을 확인하는 일련의 질문들을 우리가 고려하는 것'은 ② 'perception checking(인식의 점검)'이라고 할 수 있다.

| 어휘 |
psychological 심리적인　　　be likely to ~하기 쉽다
consistent 지속적인　　　　　impression 인상
perceptual 지각의　　　　　　engage in ~에 관여하다
perception 지각　　　　　　　interpretation 해석
verbal 음성의　　　　　　　　nonverbal 비음성의
clarification 명확　　　　　　accuracy 정확성

16 [빈칸형] 독해 > Reading for Writing > 빈칸 구 완성 답 ②

핵심포인트 생물학적 방제에 대한 글로, 특정된 상황에서의 성공을 통해 유추할 수 있어야 한다.

| 해석 | '생물학적 방제[통제]'라는 용어는 모든 범위의 생물학적인 유기체와 생물학적 기반의 제품들을 포함하기 위해 가끔 넓은 맥락에서 사용되어 왔다. 이것은 많은 해충 문제가 천적의 도입과 성공적인 정착에 의해 영구적으로 해결이 되면서, 많은 경우에 있어서 멋지게 성공을 거두어 왔다. 이러한 도입의 성공은 대체로 특정한 유형의 생태계와 또는 다년생의 생태계에 도입된 해충과 같은 해충 상황에만 한정되었다. 반면, 이런 접근은 줄뿌림 작물이나 다른 단명하는 계통의 주요한 해충에서는 ② 제한적인 성공과 맞닥뜨렸다. 이러한 상황에서, 문제는 흔히 효과적인 천적이 없는 것이 아니라 관리 관행 그리고 특정한 농업 생태계 환경에서 도입 시도의 성공 혹은 실패를 결정하는 요인들에 대한 공동의 연구가 없다는 것이다. 따라서, 도입 프로그램은 지금까지 대체로 관련된 개별 전문가들의 경험에 기초를 둔 시행착오의 문제이다.

① 광범위한 성공
② 제한적인 성공
③ 심각한 피해
④ 완전한 박멸

| **정답해설** | ② 46% 역접의 연결사인 'On the other hand'로 보아 앞의 내용과 다른 내용으로 전환되는 것을 알 수 있다. 빈칸이 있는 문장 앞에서는 특정한 상황에서 방제가 성공했다는 내용이다. 따라서 빈칸이 있는 문장은 또 다른 상황에서는 성공하지 않을 수 있음을 의미하는 내용이 되어야 함을 알 수 있으므로 빈칸에 가장 적절한 것은 ② 'limited success(제한적인 성공)'이다.

| **어휘** |
biological control 생물학적 방제[통제]
spectacularly 눈부시게, 멋지게
instance 사례   resolve 해결하다, 풀다
importation 수입, 도입   perennial 다년생의
row crop 줄뿌림 작물   ephemeral 수명이 짧은, 단명하는
concerted 협력된   agro-ecosystem 농업 생태계
trial and error 시행착오

오답률 57% 中

---

17   빈칸형   독해 > Reading for Writing > 빈칸 구 완성   답 ③

핵심포인트 감각 특정적 포만이라는 다소 생소한 소재인 만큼, 지문 파악에 주의해야 한다.

| **해석** | 감각 특정적 포만이란 먹지 않은 음식이 주는 쾌락에는 변화가 거의 없는 가운데 식욕, 즉 먹고 있는 음식에 대한 주관적 애호가 감소하는 것으로 정의된다. 감각 특정적 포만의 결과로, 사람들은 다양한 종류의 음식을 먹을 때, 과식하는 경향이 있다. 더 다양한 종류의 음식은 사람들로 하여금 그렇지 않을 경우에 먹는 것보다 더 많이 먹게 한다. 그래서, 배가 부르다는 것과 욕구가 충족된다는 느낌은 ㉠ 별개의 문제이다. 식욕, 즉 먹고자 하는 욕구가 회복된다는 것은, 많은 양의 식사를 하고 나서 배가 아주 불러서, 매일의 요구를 충족시킬 추가적인 에너지나 영양소가 필요하지는 않지만, 디저트 카트를 보고 나서 추가적인 칼로리를 더 섭취하기로 결심하는 사람이면 누구에게나 분명하다. 음식의 감각적 특성의 작은 변화라도 음식의 섭취를 증가시키기에 ㉡ 충분하다. 예를 들어, 서로 다른 모양의 파스타가 제공된 피실험자들은, 단 한 가지 모양의 파스타만을 먹는 피실험자들과 비교하여, 증가된 쾌락 등급과 증가된 에너지 섭취를 보였다.

       ㉠   ㉡
① 종합된 문제   충분한
② 구별된 문제   불충분한
③ 별개의 문제   충분한
④ 거대한 문제   불충분한

| **정답해설** | ③ 43% ㉠ 앞의 문장에서 더 다양한 종류의 음식은 사람들이 더 많이 먹게 한다고 했으므로, 배가 부른 것과 만족감은 다른 문제라는 것을 알 수 있다. 따라서 'separate matters(별개의 문제)'가 오는 것이 적절하다.
㉡ 다음 문장의 예시처럼 음식의 모양만 바뀌었는데도 쾌락 등급과 에너지 섭취가 증가했으므로, 작은 변화라도 음식의 섭취를 증가시키기에 'sufficient(충분한)'하다는 것을 알 수 있다.

따라서 ③이 답이 된다.

| **어휘** |
sensory 감각   satiety 포만감, 배부름
appetite 입맛, 식욕   subjective 주관적인
sate (욕구를) 채우다[충족시키다]   motivation 동기부여
nutrient 영양소   intake 섭취

오답률 56% 中

---

18   논리형   독해 > Logical Reading > 삭제   답 ①

핵심포인트 공감적 듣기의 장점을 서술하는 것과 다른 맥락을 파악하는 것이 관건이다.

| **해석** | 듣기의 가장 생산적인 형태 중 하나는 공감적 듣기이다. 이것은 당신이 분열적이고 공격적인 행동을 조절하고 피하도록 도와줄 수 있는 기술이다. ① 공감적 듣기는 숙달하기 쉬운 기술이 아닌데, 주요 이유는 우리들 대부분은 듣기보다는 말하려 하기 때문이다. 게다가, 이것은 당신이 만나는 사람들과 소중한 유대감을 형성할 수 있도록 도울 수 있다. 당신이 그들에게 말할 시간을 줄 때, 당신은 그들을 존중하게 되고, 대개 사람들이 존중을 받을 때 그들의 더 나은 면이 드러난다. 또한, 공감적 듣기는 당신이 신뢰를 형성하는 것에 도움이 되며 상대방이 안정감을 느끼도록 독려할 수 있다. 신뢰가 형성되었을 때, 화자의 감정과 어떠한 정보가 표면으로 드러날 수 있고, 이는 공감적 듣기를 자연히 문제 해결을 위한 유용한 도구가 되도록 한다.

| **정답해설** | ① 44% 첫 문장에서 '공감적 듣기'가 생산적이라고 언급한 후, 글 전체적으로 도움이 되는 이유를 나열하고 있는데, 공감적 듣기 숙달의 어려움에 대해 언급하는 ①은 어색하다.

| **오답해설** | ③ 25% 'When you give them the time ~(당신이 그들에게 시간을 줄 때)'에서 'them'은 ②에서 등장한 'people you encounter(당신이 만나는 사람들)'를 지칭하므로 두 문장이 이어지는 것은 자연스럽다.

| **어휘** |
productive 생산적인   empathetic 공감적인
disruptive 분열적인, 교란시키는, 붕괴를 초래하는
assaultive 공격적인   momentous 중대한, 중요한, 소중한
bond 유대   encounter 만나다
value 높이 평가하다, 존중하다, 소중히 하다
encourage 장려하다, 독려하다

오답률 36% 中

---

19   논리형   독해 > Logical Reading > 삽입   답 ②

핵심포인트 삽입 문제로, 암기 능력과 동시에 하는 작업과의 관계에 대한 지문의 논리적 흐름을 파악하고 유추할 수 있어야 한다.

| **해석** | 2006년 Missouri 대학의 연구자들은 28명의 학부생들을 데려다가 그들에게 단어 목록들을 암기하고 나서 나중에 이 단어들을 기억해 낼 것을 요청했다. 주의를 흐트러뜨리는 것이 그들의 암

기 능력에 영향을 주었는지를 실험하기 위해, 연구자들은 그 학생들에게 동시 작업, 즉 컴퓨터 키보드의 키들을 눌러 색에 따라 순서대로 일련의 글자들을 입력하는 작업을 수행할 것을 요청했다. ② 이 작업은 두 가지 상황 하에 주어졌는데, 학생들이 단어 목록들을 암기하고 있을 때와 학생들이 연구자들에게 그 목록들을 기억해 내고 있을 때였다. Missouri 대학 과학자들은 동시 작업이 암기하기와 기억해 내기 모두에 영향을 주었다는 것을 발견했다. 학생들이 이전에 암기한 단어들을 기억해 내려고 노력하는 동안 키보드 작업이 주어졌을 때, 그들의 수행에서 9~26퍼센트 하락이 있었다. 그들이 암기하는 동안 동시 작업이 일어난 경우 그 하락은 훨씬 더 컸는데, 이 경우 그들의 수행은 46~59퍼센트만큼 감소했다.

| 정답해설 | ② 64% 보기 문장의 주어가 'This task(이 작업)'이므로 이것이 무엇인지 설명하는 내용 다음에 보기 문장이 위치해야 한다. 본문에서 ② 직전의 'a simultaneous task — placing a series of letters in order based on their color by pressing the keys on a computer keyboard(동시 작업, 즉 컴퓨터 키보드의 키들을 눌러 색에 따라 순서대로 일련의 글자들을 입력하는 작업)'가 이것을 설명하고 있으므로 ②에 보기 문장이 들어가야 적절하다.

| 어휘 |
recall 회상하다
distraction 집중을 방해하는 것, 산만함
simultaneous 동시의   in order 순서대로
concurrent 동시의

오답률 13% 下

20 논리형 독해 > Logical Reading > 배열   답 ④

핵심포인트   배열 문항으로, 구조주의에 관한 지문의 논리적 흐름을 파악한다.

| 해석 | 대신, 유기체가 어떻게 그리고 왜 무언가를 하는지에 초점이 맞춰져야 한다. 심리학자들이 행동의 근본적인 원인 그리고 관련된 정신적 과정을 찾아야 한다고 제안되었다.

(C) 행동의 원인과 결과에 대한 이러한 강조는 현대 심리학에 영향을 미쳤다. 구조주의는 Wilhelm Wundt에 의해 개척된 접근법에 주어진 이름이었다.

(A) 그 용어는 Wundt에 의해 훈련된 미국의 심리학자 Edward Titchener로부터 유래되었다. 구조주의는 어떤 일을 수행하는 동안 피실험자들이 그들의 마음속에 무슨 일이 일어나고 있는지를 이야기하는 연구 방법인 훈련된 자기 성찰에 의존했다.

(B) 그러나, 그것은 피실험자들의 경험과 보고에 너무 많은 개인차가 있었기 때문에 신뢰할 수 없는 방법임이 드러났다.

| 정답해설 | ④ 87% 주어진 글에서 언급하고 있는 'the underlying cause of behavior and the mental processes involved(행동의 근본적인 원인 그리고 관련된 정신적 과정)'를 (C)에서 'the causes and consequences of behavior(행동의 원인과 결과)'로 받고 있으므로 가장 먼저 (C)가 와야 한다. (C)에서 언급하고 있는 학자 'Wilhelm Wundt'가 (A)에서 'Wundt'로 다시 언급되고 있으므로

(C) 다음에 (A)가 와야 적절하다. 마지막으로 그러한 방법에 문제가 있었다는 내용의 (B)가 제일 마지막에 위치해야 한다. 따라서 정답은 ④ (C) - (A) - (B)이다.

| 어휘 |
organism 유기체, 생물체   underlying 근본적인
structuralism 구조주의   introspection 내성, 자기성찰
whereby (그것에 의하여) ~하는   unreliable 신뢰할 수 없는
variation 차이, 변화   emphasis 강조
contemporary 현대의   psychology 심리학
pioneer 개척하다

9급공무원 공개경쟁채용 필기시험

10회 난이도	中
10회 합격선	17개/20개

회차	유형매칭
10	2018 국가직 9급

10회차 핵심페이퍼

문번	정답	개념	꼭 짚고 넘어가야 하는 핵심포인트!
01	④	생활영어	대화를 통해 'make a beeline for'를 유추할 수 있는지를 묻는 문제이다.
02	①	독해	관찰을 통한 학습과 아이의 공격성과의 연관성을 파악한다.
03	③	독해	동물의 위장 전술에 대한 글의 제목을 묻는 문제로, 미시적 정보보다는 전체가 주는 정보에 집중해야 한다.
04	②	문법	'seal off'의 문장 구조와 해석을 통해 능동태와 수동태를 구분할 수 있어야 한다.
05	③	어휘	'ravenous'와 'voracious'가 유의어 관계인 것을 파악한다.
오답률 TOP 2 06	②	어휘	'be inundated with'를 알고 있는지 묻는 문제이다.
07	②	독해	삭제를 묻는 문제로, 감자 재배법에 관련된 지문 중 '감자 보관법'에 대한 서술이 상이함을 인지할 수 있어야 한다.
08	④	생활영어	대화를 통해 주어진 상황을 파악하고 B가 하려는 말을 유추할 수 있어야 한다.
09	④	독해	해외입양이라는 소재를 다룬 내용일치 문제로, 해외입양 절차와 소요 시간의 연관성을 파악한다.
오답률 TOP 1 10	③	문법	수식하는 대상과의 관계를 파악하여 현재분사와 과거분사를 선택할 수 있어야 한다.
11	④	독해	삭제 유형으로, 쥐를 통한 줄기세포 실험 관련 지문 중 '신생아 탯줄에서의 줄기세포 채취'에 대한 문장이 상이함을 인지할 수 있어야 한다.
12	③	독해	걱정과 스트레스에 대한 글의 주제를 묻는 문항으로, 선지 분석에 주의해야 한다.
13	③	독해	Locke의 '인간의 소유물에 대한 권리와 제한'이라는 다소 생소한 주제를 소재로 한 만큼 지문 파악에 주의해야 한다.
14	①	어휘	'uncharted'와 'unknown'이 유의어 관계인 것을 파악한다.
15	③	어휘	'take a lot out of(~를 피곤하게 하다)'의 의미를 묻는 문제이다.
16	④	독해	삽입 문제로, 인간 복제라는 생소한 소재를 다루고 있는 만큼 논리적 흐름에 주목해야 한다.
17	②	독해	동상에 대한 소재로, 내용불일치 문항인 만큼 꼼꼼한 독해가 필요하다.
오답률 TOP 3 18	②	독해	광대 목격 사건이라는 소재를 다룬 지문으로, 경찰의 대처를 유추할 수 있어야 한다.
19	④	독해	배열 문항으로, 코페르니쿠스와 케플러의 발견에 관한 지문의 논리적 흐름을 파악한다.
20	②	문법	비교급에서 비교대상 수일치의 선행조건은 비교하는 대상을 파악하는 것이다.

※ [오답률/선택률] 산정 기준: 2020.02.11. ~ 2022.12.30. 기간동안 응시된 1초 합격예측 서비스의 누적 데이터
※ [오답률] TOP 1, 2, 3은 많은 응시생들이 헷갈린 문항이므로 꼭 확인하고 넘어가시기 바랍니다.

01	④	02	①	03	③	04	②	05	③
06	②	07	②	08	④	09	④	10	③
11	④	12	③	13	③	14	①	15	③
16	④	17	②	18	②	19	④	20	②

※ 上 中 下 는 문항의 난이도를 나타냅니다.
※ 50% 는 선지별 선택률을 나타냅니다.

오답률 21% 中

01 | 빈칸형 | 생활영어 > 회화/관용표현 | 답 ④

핵심포인트 | 대화를 통해 'make a beeline for'를 유추할 수 있는지를 묻는 문제이다.

| 해석 | A: 안녕하세요, 어떻게 도와드릴까요?
B: 안녕하세요, 도서관 보유 장서를 하나 요청하고 싶은데요.
A: 알겠습니다. 장서에 있는지 확인해보셨나요?
B: 음, 지난번에 봤을 때는 목록에 없었어요.
A: 그럼 제가 지금 찾아볼게요. 보세요, 누가 주문을 해서 그 책은 벌써 서가에 있어요.
B: 정말요? 아주 좋네요!
A: ④ A구역으로 곧장 가세요, 그러면 그 책이 보이실 거예요.
B: 시간을 절약했어요. 정말 감사합니다.

① 서식을 작성하세요
② 서점으로 가세요
③ 그 사람에게 양보하세요
④ A구역으로 곧장 가세요

| 정답해설 | ④ 79% 사서인 A는 새로운 책을 요청하는 B를 돕고 있다. A는 B가 요청하는 책이 이미 서가에 꽂혀 있다고 알려준다. 따라서 이어질 A의 말로 적절한 것은 ④ 'Make a beeline for the section A(A구역으로 곧장 가세요)'이다.

| 어휘 |
library collection 도서관 장서　　catalog (도서 등의) 목록
give way to ~에게 양보하다　　make a beeline for ~로 곧장 가다

오답률 21% 中

02 | 빈칸형 | 독해 > Reading for Writing > 빈칸 구 완성 | 답 ①

핵심포인트 | 관찰을 통한 학습과 아이의 공격성과의 연관성을 파악한다.

| 해석 | 사회학습 이론은 사람들이 관찰 학습, 모방, 모델링을 통해 서로로부터 배운다고 주장한다. 한 아이는 집, 학교, 거리에서 수많은 공격 사례를 관찰한다. 그 결과를 관찰함으로써, 아이는 행동 규칙에 대한 지식을 얻는다(예를 들어, 힘을 사용해서 무언가를 얻을 수 있다는 것). 공격에 대한 보상물이 ① 있으면, 공격의 가능성은 높아질 것이다. 분노의 영향은 자존감 상실과 같은, 대응에 실패함으로써 예상되는 결과와 분노의 인지적 평가 면에서 기여할 수 있고 설명될 수 있다.

① 있는, 존재하는
② 부족한
③ 불충분한
④ 마음에 들지 않는

| 정답해설 | ① 79% 빈칸이 포함된 문장 이전에서는 아이가 공격 사례를 관찰함으로써 행동 규칙에 대한 지식을 얻는데, 그 예가 힘을 사용해서 무언가를 얻을 수 있다는 것이라고 했다. 관찰 결과 공격에 대한 보상물이 빈칸이면, 공격의 가능성이 높아질 것이라고 했으므로 빈칸에는 ① 'present(있는, 존재하는)'가 들어가는 것이 가장 적절하다.

| 어휘 |
social learning theory 사회학습 이론
imitation 모방, 흉내내기　　aggression 공격성, 공격
incentive 보상물　　probability 가능성
provocation 화, 분노　　in terms of ~ 면에서
anticipate 예상하다, 예측하다　　self esteem 자존감
cognitive 인지적인　　appraisal 평가, 판단

오답률 12% 下

03 | 지문제시형 | 독해 > Macro Reading > 제목 | 답 ③

핵심포인트 | 동물의 위장 전술에 대한 글의 제목을 묻는 문제로, 미시적 정보보다는 전체가 주는 정보에 집중해야 한다.

| 해석 | 동물의 세계는 속임수와 은닉으로 가득 차 있다. 포식동물을 피하고 먹이에 몰래 다가가기 위해 동물들은 종종 그들의 실제 모습을 왜곡해야 한다. 이러한 종류의 속임수를 쓰기 위해 동물은 많은 유형의 숨기기를 진화시켰는데, 그 중 어떤 것은 사람의 눈을 쉽게 속일 수 있다. "동물이 살고 있는 환경에 따라 동물들이 사용하는 다양한 범주의 전략이 있습니다."라고 브리스톨 대학의 동물학자는 말한다. 공통적인 전략은 배경 맞추기로, 동물은 환경에 자신이 섞이도록 돕는 색과 패턴을 입는다. 이것은 눈처럼 흰 모피 코트처럼 간단할 수 있다. 다른 보다 정교한 변장은 나무 껍질의 나선 문양이나 얼룩덜룩한 돌 표면과 닮도록 하는 것이다. 일부 동물은 윤곽을 없애기 위해 밝은 색과 어두운 색의 반점들을 이용하기도 한다. 이것은 분단성 색채라고 하며, 포식자가 그들의 형태를 보는 것을 더 어렵게 만든다.

① 사냥 전략
② 자연에서 나타나는 색 대비
③ 동물들이 위장하는 방법
④ 적자생존의 법칙

| 정답해설 | ③ 88% 동물들은 포식동물을 피하고 먹이에 몰래 다가가기 위해 주위와 잘 섞이도록 색상과 패턴을 환경에 맞추거나 자신의 윤곽을 없애는 방법 등을 이용하기도 한다는 내용이다. 따라서 ③ 'How Animals Camouflage(동물들이 위장하는 방법)'가 이 글의 제목으로 적절하다.

| 어휘 |
trickery 속임수　　concealment 은닉
evade 피하다　　sneak up on ~에 몰래 다가가다
distort 왜곡하다　　appearance 모습, 외관
subterfuge 속임수　　strategy 전략
tactic 전략　　sport 입다
elaborate 정교한　　disguise 변장

---

whorl 나선 문양

mottled 얼룩덜룩한

patch 반점

outline 윤곽

disruptive coloration 분단성 색채(경계를 모호하게 하여 방어하기 위한 색의 유형)

04 밑줄형 문법 > Main Structure > 태 답 ②

핵심포인트 'seal off'의 문장 구조와 해석을 통해 능동태와 수동태를 구분할 수 있어야 한다.

| 해석 | Vostok 호수는 지질상의 단층선을 따라 형성되었다. 위쪽 빙하의 압력과 아래쪽 단층에서 나오는 열로 인해 그 호수는 액체 상태를 유지한다. Vostok 호수는 50만 년 동안 지구의 대기로부터 차단되어 온 것으로 생각된다. 3.2킬로미터 이상 두께의 빙하 아래에 위치한 Vostok 호수의 표면 근처에서 채취한 얼음 표본에는 호수 내부에서 기원한 것으로 생각되는 미생물이 들어있다.

| 정답해설 | ② 54% 'seal off'는 '~을 밀봉[차단]하다'의 뜻인데, 여기서는 Vostok 호수가 '차단하는' 것이 아니라 '차단되는' 것이므로 수동형이 알맞다. 따라서 'have sealed off'는 현재완료 수동태 'have been sealed off'가 되어야 한다.

| 오답해설 | ① 10% 'stay'는 불완전자동사의 경우 「stay + 주격 보어」의 구조를 가지며 주격 보어로 형용사, 현재분사, 과거분사를 사용한다. 여기서는 불완전자동사 'stay' 뒤에 주격 보어로 형용사 'liquid'를 사용한 옳은 문장이다.

③ 16% 현재분사는 수식하는 대상과의 관계가 능동이며, 과거분사는 수동이다. 수식하는 대상 'the surface of Lake Vostok'과 'locate'의 관계가 의미상 수동이므로 과거분사 'located'는 알맞다.

④ 20% 주어와 동사는 수일치한다. 문장의 주어는 복수명사 'Samples'이므로 주절의 동사 'contain'은 알맞다.

| 어휘 |

geologic 지질의

fault line 단층선

seal off ~을 밀봉하다

microbe 미생물

05 밑줄형 어휘 > 유의어 찾기 답 ③

핵심포인트 'ravenous'와 'voracious'가 유의어 관계인 것을 파악한다.

| 해석 | 그것은 아름다운 나비로 변하기 전에 너무 많이 먹어서 스스로를 아프게 한 탐욕스러운 애벌레의 이야기이다.
① 11% 고유의, 고질적인
② 13% 극빈한, 궁핍한
③ 65% 탐욕스러운
④ 11% 토착의

| 정답해설 | 'ravenous'는 '탐욕스러운, 몹시 굶주린'의 의미를 가지며 ③ 'voracious(탐욕스러운)'와 유의어 관계이다.

| 어휘 |

caterpillar 애벌레

transform 변형시키다

06 빈칸형 어휘 > 빈칸 완성 답 ②

핵심포인트 'be inundated with'를 알고 있는지 묻는 문제이다.

| 해석 | 그 공장이 5%까지 노동력을 늘릴 것이라고 발표하자, 채용 지원이 ② 쇄도했다.
① 34% 만연한, 구석구석 스며든
② 36% 쇄도한, 몰려드는
③ 14% 반복되는
④ 16% 자세히 조사되는

| 정답해설 | 노동력을 늘릴 것이라는 발표 후에는 아마도 지원자가 늘었을 것임을 예상할 수 있으므로, '감당 못할 정도로 주다[보내다]'는 뜻의 동사 'inundate'의 과거분사형인 ② 'inundated'가 빈칸에 알맞다. 'be inundated with'는 '~으로 넘치다[쇄도하다]'는 의미이다.

| 어휘 |

workforce 노동력

job application 구직

07 논리형 독해 > Logical Reading > 삭제 답 ②

핵심포인트 삭제를 묻는 문제로, 감자 재배법에 관련된 지문 중 '감자 보관법'에 대한 서술이 상이함을 인지할 수 있어야 한다.

| 해석 | 감자는 자급자족하는 채소 재배자와 미식가 채소 재배자에게 중요하다. 기르기가 쉽고 영양가가 높으며 주방에서 매 사용도가 다양하다. 모든 연령대의 아이들은 감자를 재배하는 것을 좋아한다. 물이 잘 빠지고 유기물이 풍부한 옥토질의 토양이 선호되지만, 감자는 지나치게 까다롭지 않다. ② 감자를 위한 저장 구역은 어둡고, 환기가 잘 되며, 장기 보관을 위해서는 섭씨 4도 가까이 유지되는 것이 중요하다. 만약 무거운 점토나 옥토질의 토양이 사용된다면, 두 배로 땅을 파는 것과 피복 작물을 키우는 것이나 퇴비나 거름 첨가를 통해 유기 물질의 성분을 개선하는 것이 배수 문제를 고칠 수 있다. 감자를 위해 계획된 땅에 석회를 뿌리지 말라. 식물의 지상 부분이 30cm일 때, 식물 주위 15cm에 흙을 "북돋우라". 초록색 잎들을 덮어도 괜찮다. 짚이나 풀 뿌리 덮개 역시 효과적이다. 이 과정은 두세 번까지 반복될 수 있다. 병을 피하기 위해 심기와 싹트기 사이에 관개하지 않는 것이 권장된다. 하지만 토양이 너무 건조해지지 않도록 하고 식물이 꽃을 피우는 동안 물을 주는 것이 중요하다.

| 정답해설 | ④ 60% 지문 전체적으로 감자 재배를 위한 토양 선택과 심는 방법, 관개 등에 대해 말하고 있다. 그러나 ②는 감자 보관법에 대한 문장으로 글의 흐름상 어색하다.

| 어휘 |

self-sufficient 자급자족할 수 있는

gardener 채소 재배자

gourmet 미식가

nutritious 영양분이 많은

prescribe 처방하다

drain 물이 빠지다

loamy 옥토질의　　　　　　　organic 유기농의
overly 아주, 몹시　　　　　　fussy 까다로운
ventilate 환기하다　　　　　　loam 양질토
cover crop 지피 작물, 피복 작물　compost 퇴비
manure 거름　　　　　　　　drainage 배수, 배수시설
lime 석회를 뿌리다
aboveground 지상부의, 땅에 묻히지 않은
hill up 흙을 북돋우다　　　　　mulch 뿌리 덮개
irrigation 관개, 물을 끌어들임　　sprout 새싹

08 빈칸형 생활영어 > 회화/관용표현　　　　　답 ④

핵심포인트　대화를 통해 주어진 상황을 파악하고 B가 하려는 말을 유추할 수 있어야 한다.

| 해석 | A: Sarah, 안녕?
B: 안녕? 너도 여기서 쇼핑하는 거야?
A: 응, 겨울 외투 좀 사려고. 넌 어쩐 일이야?
B: Clara 생일이 오잖아. 선물로 스웨터를 샀어.
A: 어디 봐봐. 예쁘다.
B: 근데 Clara 취향을 모르겠어. 추천해줄 만한 거 있니?
A: 음, 내 생각엔 민무늬보다는 줄무늬가 더 잘 어울릴 거 같은데.
B: ④ 그것들도 찾아봤는데, 이상한 사이즈밖에 안 남았어.
A: 그럼 네가 고른 걸로 갖고 있어. 색깔이 무늬를 보완해줄 거야.
B: Clara가 맘에 들어 했으면 좋겠다.
① 그녀는 이미 스웨터를 갖고 있어.
② 그녀는 취향이 고급이야.
③ 네가 그렇게 생각하는 이유라도 있어?
④ 그것들도 찾아봤는데, 이상한 사이즈밖에 안 남았어.

| 정답해설 | ④ 83% A는 Clara에게 민무늬(solid)보다는 줄무늬(stripe) 옷이 더 잘 어울릴 것 같다고 한다. B가 이에 대해 답을 하자, A는 원래 산 것을 갖고 있으라며, 색깔이 무늬를 보완해준다고 말한다. 따라서 빈칸에서 B가 한 말은 줄무늬 옷을 구할 수 없다는 의미의 ④임을 유추할 수 있다.

| 어휘 |
pick up 사다　　　　　　　What are you up to? 너는 뭐 해?
solid 무늬가 없는　　　　　make up for 보완하다, 보충하다
odd 이상한, 홀수의
champagne taste 고급 취향

09 지문제시형 독해 > Micro Reading > 내용일치/불일치　답 ④

핵심포인트　해외입양이라는 소재를 다룬 내용일치 문제로, 해외입양 절차와 소요 시간의 연관성을 파악한다.

| 해석 | 해외입양은 세 가지 법률, 즉 미국 연방법, 아동의 거주 국가의 법, 그리고 당신의 거주지인 미국 주의 법에 의해 관리된다. 다른 나라에서 아이를 입양하고 그 아이를 미국으로 데려오는 데

걸리는 시간은 매우 다양하다. 일반적으로 그 과정은 어디에서도 1년에서 4년이 걸릴 수 있지만, 경우에 따라서 더 오래 걸릴 수도 있다. 소요 시간은 출생지의 법과 절차, 입양 서비스 제공업체의 절차, 미국 이민 절차, 그리고 그 경우에 관한 특정한 상황들을 포함하여 많은 요인들에 달려 있다. 입양 서비스 제공업체는 당신이 그들과 입양 서비스 계약에 서명하기 전에 당신의 입양과 관련된 예상 비용을 공개해야 한다. 이것은 해외입양 법률과 국제승인 법률에 의거해 해외입양을 위한 모든 업체에게 요구된다.
① 어떤 경우에도 아이를 입양하는 데는 1년에서 4년이 필요하다.
② 해외입양은 출생지의 법에 의해 진행된다.
③ 당신은 입양 서비스 제공업체에게 계약 전에 약간의 비용을 주어야 한다.
④ 미국 이민 절차는 입양 절차에 소요되는 시간에 영향을 준다.

| 정답해설 | ④ 56% 미국에서의 해외입양에 대한 글이다. 글의 중반부의 'The length of time ~ regarding the case.'에서 출생지의 법과 절차, 입양 서비스 제공업체의 절차, 미국 이민 절차 등의 많은 요인들에 따라 입양 소요 기간이 다르다고 했으므로 ④가 글의 내용과 일치한다.

| 오답해설 | ① 15% 'Generally, the process ~ it may take longer.'에서 일반적으로 입양 과정은 1년에서 4년이 걸릴 수 있지만 경우에 따라서 더 오래 걸릴 수도 있다고 했으므로 글의 내용과 일치하지 않는다.
② 10% 첫 문장에서 해외입양은 세 가지 법률인 미국 연방법, 아동의 거주 국가의 법, 거주하는 미국 주의 법에 의해 관리된다고 했으므로 글의 내용과 일치하지 않는다.
③ 19% 'Adoption service providers ~ contract with them.'에서 입양 계약 전에 예상 비용을 고객에게 공개해야 한다고 했지만, 입양 서비스 제공업체에게 계약 전에 약간의 비용을 주어야 한다는 내용은 없다.

| 어휘 |
govern 통치하다, 다스리다　　federal 연방 정부의
country of origin 출생지　　immigration 이주, 이민

10 밑줄형 문법 > Modifiers > 분사　　　　　답 ③

핵심포인트　수식하는 대상과의 관계를 파악하여 현재분사와 과거분사를 선택할 수 있어야 한다.

| 해석 | 또 다른 일관된 연구 결과는 어떤 외적인 보상을 얻기 위해 명시적으로 어떠한 학습 활동을 할 때 사람들은 보상을 보장해 주는 가장 덜 힘든 방식을 추구함으로써 반응한다는 것이다. 외적인 보상을 통제하는 체제를 가진 지배적인 가르침이 질 낮은 학습의 원인이 될 수도 있다는 30년간의 증거가 있기 때문에, 내적인 동기부여 이론에 기초를 둔 교수법을 사용하는 것은 문화적으로 다양한 학생들 사이에서 학습을 증진시키는 데 있어 더 합리적이고 효과적인 접근법인 것 같다.

| 정답해설 | ③ 33% 현재분사는 수식하는 대상과의 관계가 능동이고, 과거분사는 수동이다. 여기서는 'dominate'와 수식하는 대상인 'instruction'과의 관계가 능동이므로, 'dominated'를 현재분사 'dominating'으로 고쳐야 한다.

| 오답해설 | ① 17% 여기서 'finding'은 '발견, 결과'라는 뜻의 명사이다. 한정사 'another'는 「another+단수명사」와 「another+수사+복수명사」의 구조로 사용할 수 있는데, 여기서는 단수명사 'finding'이 알맞게 왔다.

② 27% 주어와 동사는 수일치한다. 여기서 'there'는 유도부사이며 주어가 'three decades of evidence(30년간의 증거)'이므로 단수동사인 'is'가 옳다.

④ 23% 주어와 동사는 수일치하며 주어에 동명사가 올 경우 단수 취급한다. 문장의 주어는 동명사인 'using'이므로 단수동사 'appears'는 알맞게 쓰였다.

| 어휘 |

consistent 일관된, 지속적인	explicitly 명시적으로
extrinsic 외적인	dominate 지배하다
contribute to ~의 원인이 되다	enhance 증진시키다

오답률 35% 中

11 논리형 독해 > Logical Reading > 삭제 답 ④

핵심포인트 삭제 유형으로, 쥐를 통한 줄기세포 실험 관련 지문 중 '신생아 탯줄에서의 줄기세포 채취'에 대한 문장이 상이함을 인지할 수 있어야 한다.

| 해석 | 미국의 한 생물학 팀이 인간과 쥐의 잡종을 만드는 것과 관련된 줄기세포 실험을 권고할지 여부를 놓고 논쟁을 벌이고 있다. (실험의) 목표는 여러 종류의 인간 배아줄기세포를 특정 질병을 치료하는 데 있어서 그것들의 특성과 이용 가능성을 검사하는 것이다. 이것을 하는 최상의 방법은 세포가 생체 내에서 어떻게 작용하는지 알아보는 것이다. 하지만 인간 줄기세포가 생쥐의 몸에서 이런 방식으로 검사될 경우, 실험의 결과로 태어나는 동물은 상이한 두 종류의 세포가 혼합된 돌연변이가 될 수 있다. ④ 줄기세포를 얻을 수 있는 한 가지 방법은 신생아의 탯줄에서 채취된 혈액에서 찾을 수 있다.

| 정답해설 | ④ 65% 인간과 쥐의 교배종을 만드는 줄기세포 실험에 관한 글인데, ④는 줄기세포를 신생아의 탯줄에서 채취할 수 있다는 문장으로 흐름상 적절하지 못하다.

| 어휘 |

hybrid 잡종, 교배종	embryonic 배아의, 초기의
chimera 키메라(돌연변이 생물체), 괴물	
umbilical chord 탯줄	

오답률 20% 中

12 지문제시형 독해 > Macro Reading > 주제 답 ③

핵심포인트 걱정과 스트레스에 대한 글의 주제를 묻는 문항으로, 선지 분석에 주의해야 한다.

| 해석 | 많은 사람들이 걱정하는 것은 나쁜 것이라고 생각한다. 하지만, 걱정은 당신의 인생에서 중요한 기능을 제공할 수 있다. 당신이 적절히 걱정을 관리하는 한, 걱정은 세계를 효과적으로 다루기 위한 당신의 목록의 중요한 부분이다. 그러나, 동시에, 걱정하는 것 자체는 아무것도 해결해 주지 않는다. 그것은 해결되어야 할 문제가 있다는 신호이다. 그러므로 문제 해결로 이어지지 않는 걱정은 시간 낭비라는 것을 명심하라. 걱정하는 것은 매우 스트레스를 줄 수 있다. 당신이 걱정할 때, 당신의 몸은 스트레스 호르몬인 아드레날린과 코티솔을 내보낸다. 과도하면, 이러한 호르몬들은 당신의 정신적, 육체적, 그리고 감정적 건강을 파괴할 수 있다. 걱정이 당신 삶의 질에 간섭하는 것을 멈추는 한 가지 방법은 그것이 당신에게 야기시키는 스트레스를 줄이는 것이다.

① 우리는 언제 걱정하는가?
② 사람들은 무엇에 대해 걱정하는가?
③ 우리는 걱정을 어떻게 다루어야 하는가?
④ 걱정하는 것의 장점은 무엇인가?

| 정답해설 | ③ 80% 걱정하는 것 자체는 아무것도 해결해 주지 않으므로 문제 해결로 이어지지 않는 걱정은 시간 낭비라고 했다. 그리고 걱정은 스트레스 호르몬을 내보내어 건강에 해로울 수 있으므로 걱정이 야기시키는 스트레스를 줄이라고 했다. 따라서 ③이 글의 주제로 가장 적절하다.

| 오답해설 | ④ 19% 걱정을 적절히 관리하는 한 걱정은 세계를 효과적으로 다루기 위한 목록의 중요한 부분이라는 내용이 나오지만, 글 전체를 포괄하는 내용이 아니므로 글의 주제로 적절하지 않다.

| 어휘 |

repertoire 목록	in and of itself 그것 자체는
release 방출하다	in excess 극단적으로, 과도하게
wreak havoc with ~을 망가뜨리다, 파괴하다	

오답률 21% 中

13 지문제시형 독해 > Micro Reading > 내용일치/불일치 답 ③

핵심포인트 Locke의 '인간의 소유물에 대한 권리와 제한'이라는 다소 생소한 주제를 소재로 한 만큼 지문 파악에 주의해야 한다.

| 해석 | Locke는 인간은 그들의 소유물을 창조하고 즐길 권리가 있다고 주장하는 반면, 또한 자연 상태에서는 그 권리에 제한이 있다고 주장한다. 첫 번째 제한은 그가 재산이 어떻게 만들어지는지 설명할 때 언급된다. 그는 "노동은 의심할 여지 없이 그 노동자의 재산이고, 적어도 다른 사람들을 위해 공동으로 충분히 똑같이 남겨진 곳에서 한때 결합되었던 것에 대해 그 사람 외에는 아무도 권리를 가질 수 없다."라고 말한다. 그 의미는 재산에 대한 권리가 자신

을 위한 동등한 종류의 부를 창출하는 다른 사람의 능력을 위태롭게 하지 않는 한 명확하고 독점적이라는 것이다. Locke는 이런 제한을 강조하지 않지만, 그의 다음 주장에서 제한의 대부분의 힘을 재산에 둔다. "누구나 만들 수 있을 만큼의 재산을 그것이 못쓰게 되기 전에 삶의 이점에 활용하기 때문에 사람은 그의 노동을 이용하여 재산을 정해두는지도 모른다. 무엇이든 이 밖에 있고, 그의 몫 이상이면, 다른 사람들에게 속한다." 이 제한의 이유는 "사람이 망가뜨리거나 파괴하도록 하나님에 의해 만들어지는 것은 없기" 때문이다.

| 정답해설 | ③ 79% 'The implications is ~ for himself.'에서 재산에 대한 권리는 역시 부를 창출하는 다른 사람의 능력을 위태롭게 하지 않는 한 명확하고 독점적이라고 했다. 따라서 ③ 'Locke의 견해대로라면 인간의 재산에 대한 권리는 명확하지 않다.'가 글의 내용과 일치하지 않는다.

| 오답해설 | ① 3% 'Labour being the ~ common for others.'에서 인간이 노동을 통해 재산을 창출함을 알 수 있다.
② 3% 첫 문장에서 Locke는 인간은 소유물에 대한 권리뿐 아니라 동시에 제한도 갖고 있다고 했다.
④ 15% 'Whatever is beyond ~ belongs to others.'에서 자신의 몫 이상의 것은 다른 사람의 것이라고 했으므로 글의 내용과 일치한다.

| 어휘 |

allude 언급하다	unquestionable 의심할 여지 없는
implication 암시, 함축	exclusive 독점적인
jeopardize 위태롭게 하다	equivalent 동등한
limitation 제한, 한계	spoil 못쓰게 되다

14 밑줄형 어휘 > 유의어 찾기 　　답 ①

핵심포인트 'uncharted'와 'unknown'이 유의어 관계인 것을 파악한다.

| 해석 | 그 일꾼들은 <u>미지의</u> 정글을 헤쳐나가고 있었고, 그때 그들은 우연히 고대 건축물을 만나게 되었다.
① 80% 미지의　　　　② 10% 신에 바치지 않은
③ 7% 기이한　　　　④ 3% 만장일치의

| 정답해설 | 'uncharted'는 '미지의, 잘 알지 못하는'의 의미로 ① 'unknown(미지의)'과 유의어 관계이다.

| 어휘 |
come upon 우연히 만나다

15 밑줄형 어휘 > 유의어 찾기 　　답 ③

핵심포인트 'take a lot out of(~를 피곤하게 하다)'의 의미를 묻는 문제이다.

| 해석 | 긴 여행은 <u>나를 지치게 했다.</u>
① 2% 나를 행복하게 만들었다
② 3% 내 욕구를 빼앗아갔다
③ 75% 나를 피곤하게 만들었다
④ 20% 나에게 많은 것을 가르쳐주었다

| 정답해설 | 'take a lot out of'는 '~를 피곤하게 하다'의 의미로 'make ~ tired'와 의미가 가장 가깝다. 따라서 ③이 답이 된다.

16 논리형 독해 > Logical Reading > 삽입 　　답 ④

핵심포인트 삽입 문제로, 인간 복제라는 생소한 소재를 다루고 있는 만큼 논리적 흐름에 주목해야 한다.

| 해석 | 인간 복제는 종종 기존 인간의 유전 복제본을 생산하기 위한 인간의 생식 복제를 지칭한다. 수십 년 동안의 추측에도 불구하고, 인간의 생식 복제는 없었다. 배아 복제 또는 치료용의 복제로도 알려진 연구용 복제는 유전적으로 특이한 배아 줄기 세포를 생산하는 인간 복제의 또 다른 형태이다. 일련의 실패와 세간의 이목을 끄는 성공의 거짓 주장 후에, 복제된 인간 배아에서 만들어진 줄기 세포의 첫 보고는 2013년에 발표되었다. 그러나 연구용 복제에 의해 제기된, 이를 둘러싼 주요한 걱정들이 있다. ④ 그것들은 필요한 많은 수의 난자들을 제공해야 하는 여성에게 제기되는 위험 그리고 "개인화된" 치료라는 과장되고 대체로 비현실적인 주장이다. 인간의 생식 복제를 위해 복제된 배아를 사용하려는 잘못된 시도를 방지하기 위한 효과적인 관리 역시 필요하다.

| 정답해설 | ④ 73% 주어진 문장에서는, 그것들(They)은 그것(it)이 여성에게 주는 위험들(risks) 그리고 "개인화된" 치료라는 과장되고 대체로 비현실적인 주장들(claims)이라고 했다. 여기서 'They'는 ③ 이후 문장의 'some of the major concerns'를 지칭하므로 주어진 문장은 ④의 위치에 오는 것이 알맞다.

| 어휘 |

exaggerated 과장된, 부풀린	therapy 치료(법)
human cloning 인간 복제	refer to 지칭하다
reproductive 생식[번식]의	genetic 유전의
existing 기존의	speculation 추측, 짐작
embryo cloning 배아 복제	therapeutic cloning 치료용 복제
embryonic 배아의	stem cell 줄기 세포
high-profile 세간의 이목을 끄는	false claim 거짓 주장
oversight 관리, 감독	
rogue 독자적으로 행동하는, (흔히) 해를 끼치기도 하는	

17 지문제시형 독해 > Micro Reading > 내용일치/불일치 답 ②

핵심포인트 동상에 대한 소재로, 내용불일치 문항인 만큼 꼼꼼한 독해가 필요하다.

| 해석 | 동상이란 어느 것으로 인해 피부와 다른 조직들에 국소적인 손상이 야기되는 의학적 상태이다. 0도나 0도 이하에서 피부에 근접해 있는 혈관들은 수축하기 시작하고, 혈액은 사구체의 작용을 통해서 심장에서 가장 먼 신체 부위에서부터 혈액을 돌리게 된다. 이것은 몸이 중심부의 체온을 유지하고 저체온증과 싸우기 위해서 심장에서 가장 먼 신체 부위에서의 순환을 수축하고 있기 때문일 수 있다. 그러나 이러한 보호 전략은 몸의 몇몇 부위들에 있는 혈류량을 위험하게 낮은 수치까지 줄일 수 있으며, 이는 환부를 결국 얼게 하고 피부 조직의 괴사를 초래할 수 있다. 만약 당신이 동상에 걸리면, 당신은 처음에는 어떤 것이 잘못되었는지 깨닫지 못할 수 있다. 왜냐하면 환부에 감각이 없을 수 있기 때문이다. 즉각적인 치료로, 대부분의 사람들은 동상으로부터 완전히 회복된다. 그러나 만약 심각한 동상이 발생한다면, 그 조직이 얼마나 오래 그리고 심하게 얼었는지에 따라 영구적인 손상이 가능하다.

① 주위 온도가 빙점 이하로 내려갈 때 부족한 혈류 순환은 동상을 야기한다.
② 추운 날씨에, 당신의 심장에서 가장 먼 상체와 하체 부위는 신체의 중심부에서 가장 멀리 떨어져 있기 때문에 (감각이) 더 민감하다.
③ 만약 환부에 감각이 없다면, 당신은 정상적인 상태와 비정상적인 상태 사이의 차이를 알지 못할 수 있다.
④ 혈관 수축은 낮은 온도에서의 한 생존 전략이다.

| 정답해설 | ② 70% 추운 날씨에서 심장에서 가장 먼 신체 부위의 감각이 예민해진다는 것은 글의 내용과 상이하다.

| 어휘 |
frostbite 동상   localized 국지[국소]적인
tissue (세포) 조직   blood vessel 혈관
shunt 한 혈관에서 다른 혈관으로 돌리다
extremities 심장에서 가장 먼 신체 부위, 사지, 손발
glomus body 사구소체   hypothermia 저체온증
numb 감각이 없는   ambient 주위의
abnormal 비정상적인

18 빈칸형 독해 > Reading for Writing > 빈칸 절 완성 답 ②

핵심포인트 광대 목격 사건이라는 소재를 다룬 지문으로, 경찰의 대처를 유추할 수 있어야 한다.

| 해석 | '기이한' 광대 과잉 반응은 20개 이상의 주에 걸쳐 거주자들에 의해 그들의 스마트폰으로 포착되고 있는 어릿광대의 특이한 목격과 함께 미국 전역으로 계속 퍼지고 있다. 숲속에 숨어서 아이들을 유인하려는 가면을 쓴 인물들과 관련된 몇몇 사건들이 8월에 사우스 캐롤라이나에서 처음 보고되었다. 경찰은 그 보고들 중 많은 것을 "사실무근"이라고 했지만 수요일에 16세 소년이 맨해튼의 한 지하철 역에서 부엌 칼을 휘두르는 광대에 의해 쫓겼다. 경찰에 따르면, 그 광대는 기차의 출입구에 서서 사람들이 나가는 것을 막고 있었다. 잠시 후에, 그는 출구 쪽으로 그 10대를 쫓기 시작했다. 경찰은 현재 ② 그 가면 쓴 사람을 찾고 있다.

① 광대와 그 소년을 쫓고 있는
② 그 가면 쓴 사람을 찾고 있는
③ 그 사건에 대한 뉴스를 퍼뜨리고 있는
④ 광대처럼 보이도록 그의 얼굴을 분장하고 있는

| 정답해설 | ② 47% 빈칸이 포함된 문장 이전에는 기차의 출입구에 서서 사람들을 막고 있다가 칼을 휘두르며 출구 쪽으로 10대 소년을 쫓았던 광대 사건을 말하고 있다. 빈칸이 포함된 문장의 주어는 경찰(Police)이므로, 빈칸에는 그 사건과 관련하여 경찰의 대처와 관련된 내용이 들어가야 함을 알 수 있다. 따라서 빈칸에는 ②가 들어가는 것이 가장 적절하다.

| 오답해설 | ① 26% 광대는 쫓고 있지만, 소년은 추격의 대상이 아니다.
③④ 15% 12% 빈칸에는 광대를 잡고 사건을 해결하기 위한 경찰의 대처 내용이 들어가야 하는데, 해당 선택지들은 사건을 해결하기 위한 경찰의 역할이라고 볼 수 없다.

| 어휘 |
creepy 으스스한, 기이한   clown 광대
hysteria 과잉 흥분[반응]   unusual 특이한
sighting 목격   jester 어릿광대
resident 주민   lurk 숨어[잠복해] 있다
lure 꾀내다, 농락하다   unfounded 근거 없는, 사실 무근의
wield 행사하다, 휘두르다

19 논리형 독해 > Logical Reading > 배열 답 ④

핵심포인트 배열 문항으로, 코페르니쿠스와 케플러의 발견에 관한 지문의 논리적 흐름을 파악한다.

| 해석 | 과학 혁명은 코페르니쿠스의 우주론 발견으로 16세기 초반에 일어났다. 그는 지구가 움직이지 않고 우주의 중심에 있다는 당시의 믿음에 반대하여, 움직일 수 있는 지구가 있는 태양 중심의 우주를 제기했다.
(C) 케플러에 의한 더 나아간 발견은 이 가설들 중 두 번째를 확인했고, 다른 두 가지 발견을 덧붙였다. 타원 모양의 행성 궤도, 그리고 행성들이 궤도를 돌 때 속도 변화에 대한 설명이 그것이다.
(B) 이 두 발견들과 관련하여, 행성의 운동, 궤도의 유지, 우주의 기본적인 수학적 구조, 그리고 중력이 모두 이해되어지게 되었다.
(A) 결론적으로, 놀라운 수학적 정확성으로 배열된 것처럼 보였던 몇 가지 원칙들에 의해 좌우된 기계론적 구조로서의 우주에 대한 이해는 이러한 발견들과 그 밖의 많은 것들로부터 왔다.

| **정답해설** | ④ 68% 주어진 글은 후반부에 코페르니쿠스는 움직일 수 있는 지구를 지닌 태양 중심의 우주를 제기했다고 했는데, (C)는 'Further discoveries by Kepler(케플러에 의한 더 나아간 발견) ~'로 보아 주어진 글의 코페르니쿠스의 이론에 이어지는 내용임을 알 수 있으므로 가장 먼저 온다. (C) 후반부에는 케플러가 다른 두 가지 발견을 덧붙였다고 했는데, 이 두 가지 발견을 (B)의 'In connection to these two discoveries(이 두 발견들과 관련하여)'가 받고 있으므로 (B)가 다음 순서로 적절하다. 또한 (B) 이후에는 'In conclusion(결론적으로)'으로 시작하며 전체 내용의 결론을 내려주는 (A)가 이어지는 것이 가장 적절하다. 따라서 알맞은 순서는 ④ (C) − (B) − (A)이다.

| **어휘** |
cosmological 우주론의   go against ~에 반대하다
stationary 움직이지 않는, 정지된
hypothesize 제기하다, 가설을 세우다
dictate ~을 좌우하다, ~에 영향을 주다
maintenance 유지, 지속   ellipse 타원

오답률 39% 中

20 문장형   문법 > Balancing > 일치   답 ②

핵심포인트   비교급에서 비교대상 수일치의 선행조건은 비교하는 대상을 파악하는 것이다.

| **정답해설** | ② 61% 비교급에 쓰인 대명사는 비교대상과 수일치한다. 여기서는 단수 대명사 'that'과 비교대상인 복수명사 'children'이 수일치 하지 않으므로 틀린 문장이다. 따라서 'that'을 복수대명사 'those'로 고쳐야 한다.

| **오답해설** | ① 5% 가정법 과거의 종속절 동사에 be동사를 사용하는 경우 'were'를 사용하며 종속절 주어에 따라 변하지 않는다. 여기서는 '~처럼'의 표현을 'as if' 가정법 과거로 알맞게 했으며, 종속절 동사에 'were'를 사용한 것도 알맞다.

③ 30% 'save'는 전치사로 쓰인 경우 '~을 제외하고'의 뜻으로, 목적어로 명사(구)를 가진다. 여기서는 전치사 'save' 뒤에 목적어로 명사구 'passionate love'가 와서 우리말 뜻을 잘 표현했으며, 'could understand ~, think ~ and feel ~'의 병렬 구조의 쓰임도 올바르다.

④ 4% 'to improve'가 앞의 명사 'way'를 후치 수식하는 to부정사의 형용사 용법으로 우리말 뜻에 맞게 쓰였으며, 주어(way)와 동사(was)의 수일치도 알맞다.

| **어휘** |
save ~을 제외하고   immortal 불멸의
mortal 인간의, 죽어야 할 운명의

9급공무원 공개경쟁채용 필기시험

11회 난이도	上
11회 합격선	16개/20개

회차	유형매칭
11	2018 지방직 9급

11회차 핵심페이퍼

	문번	정답	개념	꼭 짚고 넘어가야 하는 핵심포인트!
오답률 TOP 2	01	②	어휘	'domicile'과 'residence'가 유의어 관계인 것을 파악한다.
	02	④	어휘	'be (well-)versed in'과 'be conversant with'가 유의어임을 파악한다.
	03	①	문법	관계대명사와 관계부사 구분 시 뒤 문장의 구조를 파악하는 것이 중요하다.
	04	②	문법	현재분사와 과거분사 구분 시 수식하는 대상과의 관계를 파악한다.
오답률 TOP 3	05	③	어휘	'impervious'와 'unaffected'가 유의어 관계인 것을 파악한다.
오답률 TOP 1	06	④	어휘	'collude with'를 알고 있는지 묻는 문제이다.
	07	④	문법	'without' 가정법 과거와 'without' 가정법 과거완료의 쓰임을 구분하고 시제 파악에 주의한다.
	08	②	문법	'too ~ to'의 쓰임과 문장 구조를 이해해야 한다.
	09	③	독해	흐름상 어색한 문장을 묻는 문제로, 해커의 방화벽 교란 관련 내용 중 상이한 문장을 인지할 수 있어야 한다.
	10	①	독해	영어에서의 축약형 사용에 대한 글의 요지를 묻고 있는 문항으로, 선지 분석에 주의해야 한다.
	11	④	생활영어	대화를 통해 주어진 상황을 파악하고 A가 하려는 말을 유추할 수 있어야 한다.
	12	③	독해	해당 글은 Kalu라는 코끼리를 다룬 지문으로, 분위기를 묻는 문제인 만큼 전체가 주는 정보에 집중해야 한다.
	13	②	독해	순서 배열 유형으로, 질랜디아 대륙에 대한 논리적 흐름을 파악한다.
	14	④	생활영어	'have one's shirts off' 관용표현의 의미를 사전에 파악하고 있어야 한다.
	15	④	독해	색상 인지 시 사물의 표면과 우리의 색 인지력의 연관성을 파악한다.
	16	③	독해	핫 미디어와 쿨 미디어에 대한 글의 제목을 묻는 문제로, 미시적 정보보다는 전체가 주는 정보에 집중해야 한다.
	17	②	독해	현대 예술작품에의 투자에 관한 지문의 논리적 흐름을 파악해야 한다.
	18	③	독해	석유 위기의 결과와 홀짝 휘발유 판매제의 연관성을 파악한다.
	19	④	독해	삽입 문제로, '결정'에 관련된 지문의 논리적 흐름을 파악하고 유추한다.
	20	④	독해	사회 계급에 대한 변론 의견을 소재로 다룬 지문으로, 사회 계급을 옹호하는 내용을 유추할 수 있어야 한다.

※ [오답률/선택률] 산정 기준: 2020.02.11. ~ 2022.12.30. 기간동안 응시된 1초 합격예측 서비스의 누적 데이터
※ [오답률] TOP 1, 2, 3은 많은 응시생들이 헷갈린 문항이므로 꼭 확인하고 넘어가시기 바랍니다.

01	②	02	④	03	①	04	②	05	③
06	④	07	④	08	②	09	③	10	①
11	④	12	③	13	②	14	④	15	④
16	③	17	②	18	③	19	④	20	④

※ 上 中 下 는 문항의 난이도를 나타냅니다.
※ 50% 는 선지별 선택률을 나타냅니다.

오답률 TOP 2　오답률 68%　上

01 밑줄형 어휘 > 유의어 찾기 답 ②

핵심포인트 　'domicile'과 'residence'가 유의어 관계인 것을 파악한다.

| 해석 | 거주지는 개인과 국가 사이의 관계인 국적과는 구별되어야 한다.
① 19% 종교
② 32% 주택, 거주지
③ 42% 시민권
④ 7% 병역

| 정답해설 | 'domicile'은 '거주지'라는 의미로, ② 'residence(주택, 거주지)'와 유의어 관계이다.

오답률 53%　中

02 밑줄형 어휘 > 유의어 찾기 답 ④

핵심포인트 　'be (well-)versed in'과 'be conversant with'가 유의어임을 파악한다.

| 해석 | 모두가 SMS나 AIM 용어에 정통한 것은 아니며 마치 새로운 재주를 배우지 못하는 노견처럼 행동하는 더 나이 든 사람들이 이해하기에는 어렵다.
① 10% ~에 국한되다
② 31% ~에 만족하다
③ 12% ~에 관계가 있다, ~에 관심이 있다
④ 47% ~에 정통하다

| 정답해설 | 'be (well-)versed in'은 '~에 정통하다'의 의미로, 'be conversant with(~에 정통하다)'와 유의어 관계이다. 따라서 정답은 ④이다.

| 어휘 |
lingo (전문) 용어　　　　　　　versed 정통한
grasp 움켜잡다, 이해하다

오답률 18%　中

03 밑줄형 문법 > Expansion > 관계사 답 ①

핵심포인트 　관계대명사와 관계부사 구분 시 뒤 문장의 구조를 파악하는 것이 중요하다.

| 해석 | 몇몇 심리학자들은, 통찰력은 사람이 과거의 경험에 너무 정신을 쏟아서 꼼짝 못하게 되는 것이라고 믿어지는 정체기 후에 문제를 재구성하는 것의 결과라고 믿는다. 문제를 표현할 새로운 방식이 갑자기 발견되어 지금까지 예측되지 않은 해결책으로 가는 다른 길로 이어진다는 것이다. 문제 상황에서 통찰력을 얻기 위해서 어떤 특정한 지식이나 경험은 요구되지 않는다고 주장되어 왔다.

| 정답해설 | ① 82% 관계부사는 뒤따라오는 문장이 완전하나 관계대명사는 불완전하다. 여기서는 관계대명사 'which' 뒤의 문장이 완전하므로 틀리다. 따라서 'which'를 관계부사 'where'로 고쳐야 한다. 즉, 선행사인 'a period of non-progress'를 상황 개념으로 보고 'where'을 쓰는 것이 알맞다. 혹은 'the person is believed ~ get stuck in a period of non-progress'의 문장으로 볼 수도 있으므로 'which'를 'in which'로 고쳐도 된다.

| 오답해설 | ② 2% 주어와 동사는 수일치한다. 여기서는 주어가 단수명사인 'A new manner'이므로 단수동사 'is'를 사용한 것은 옳다.
③ 12% 현재분사 구문은 주어와 동사의 관계가 능동인 경우, 과거분사 구문은 수동인 경우에 사용한다. 여기서는 생략된 주어 'a new manner'와 동사 'lead'의 관계가 능동이므로 'leading'은 알맞다.
④ 4% 가주어 'It', 진주어 'that' 명사절의 쓰임이 알맞다.

| 어휘 |
insight 통찰력　　　　　　　　get stuck 꼼짝 못하게 되다

오답률 53%　中

04 문장형 문법 > Modifiers > 분사 답 ②

핵심포인트 　현재분사와 과거분사 구분 시 수식하는 대상과의 관계를 파악한다.

| 정답해설 | ② 47% 현재분사는 수식하는 대상과의 관계가 능동이며 과거분사는 수동이다. 여기서 완전타동사 'hike'는 '~을 대폭 인상하다'는 뜻이므로, 수식하는 대상 'Interest rates'와의 관계가 수동이다. 따라서 현재분사 'hiking'을 과거분사 'hiked'로 고쳐야 한다.

| 오답해설 | ① 16% 복합 관계부사 'however'는 「however+수식어+주어+동사」의 구조를 가지며 이때 「however+수식어」는 분리하여 사용할 수 없고 수식어는 동사에 따라 형용사, 현재분사, 과거분사, 부사가 될 수 있다. '아무리 ~하더라도'의 의미를 「however+수식어+주어+동사」로 알맞게 표현했고 수식어에 과거분사 'qualified'를 사용한 옳은 문장이다.
③ 20% '~한 이래[이후로]'를 시간의 부사절 「since+주어+과거시제 동사」로 표현하고 주절에 현재완료 'has come'을 사용한 것 등 모두 알맞게 쓰였다.
④ 17% 「neither A nor B」가 주어인 경우 동사는 B에 수일치한다. 따라서 단수명사 'the editor'에 단수동사 'was'를 사용한 것은 알맞으며, '~에 의해 만들어진 제안'이라는 수동의 의미이므로 과거분사 'made'도 알맞게 쓰였다.

05 | 밑줄형 | 어휘 > 유의어 찾기 | 답 ③

핵심포인트 'impervious'와 'unaffected'가 유의어 관계인 것을 파악한다.

| **해석** | 조심스럽게 만들어진 Emily의 사생활 이미지는, 정확하게 말하면, 그녀가 그녀의 이미지가 유포된 거대 소비자 시장에 영향을 받지 않은 것처럼 보였기 때문에 사랑받았다.
① 11% 편애하는, 좋아하는
② 32% 감수성이 풍부한, 민감한, ~을 받기 쉬운
③ 43% 영향을 받지 않는
④ 14% 무례한, 실례되는

| **정답해설** | 'impervious'는 '영향을 받지 않는, 좌우되지 않는, 불침투성의'의 의미로 ③ 'unaffected(영향을 받지 않는)'와 유의어 관계이다.

06 | 빈칸형 | 어휘 > 빈칸 완성 | 답 ④

핵심포인트 'collude with'를 알고 있는지 묻는 문제이다.

| **해석** | 공감하지 않는 것을 선택한 사람들은 진짜 괴물이 될 수 있다. 노골적인 악행을 행한 적이 없다 하더라도, 무관심을 통해서 우리는 그것④과 공모하는 것이다.
① 52% ~에 대처하다
② 17% ~와 충돌하다
③ 8% ~와 맞추어보다
④ 23% ~와 공모하다

| **정답해설** | 공감하지 않는 것은 사람을 괴물로 만들 수 있고, 설사 악행을 저지르지 않더라도 무관심하면 악행과 공모한다는 흐름이 알맞다. 따라서 빈칸에는 ④ 'collude with(~와 공모하다)'가 가장 적절하다.

07 | 문장형 | 문법 > Main Structure > 가정법 | 답 ④

핵심포인트 'without' 가정법 과거와 'without' 가정법 과거완료의 쓰임을 구분하고 시제 파악에 주의한다.

| **해석** | ① 우리가 나무로 땅을 덮지 않는다면 토양은 씻겨나갈 것이다.
② 점점 더 많은 회사들은 이용자들에게 인터넷에 접근을 제공하는 일을 전문으로 한다.
③ 그는 그녀에게 어떻게 그녀의 개를 교육하는지에 대해 약간의 좋은 조언을 해주었다.
④ 그녀의 도움이 없었다면, 나는 지난 금요일에 그 일을 끝마칠 수 없었을 것이다.

| **정답해설** | ④ 45% 'without' 가정법은 가정법 과거의 경우 「without + 명사(구), 주어 + 과거시제 조동사 + 동사원형」의 구조이며, 가정법 과거완료의 경우 「without + 명사(구), 주어 + 과거시제 조동사 + have + p.p.」의 구조를 가지며 이때 가정법의 시제는 주절의 시제를 통해서 알 수 있다. 여기서는 'last Friday'로 보아 과거 사실의 반대를 가정하는 'without' 가정법 과거완료가 알맞게 쓰였다.

| **오답해설** | ① 7% 'unless'는 'if ~ not'의 의미이므로 뒤따라오는 문장에 'not'을 사용하지 않는다. 따라서 'Unless we don't'는 'Unless we (do)'로 바꿔야 한다.
② 17% 「numbers of + 복수명사」가 주어로 오는 경우 동사의 수일치 대상(주어)은 복수명사이다. 여기서는 주어가 복수명사 'firms'이므로 단수동사 'specializes'는 'specialize'로 고쳐야 한다.
③ 31% 'advice'는 불가산명사로 복수형이 없으며 단수 취급한다. 따라서 'advices'를 'advice'로 고쳐야 한다.

08 | 문장형 | 문법 > Modifiers > 부정사 | 답 ②

핵심포인트 'too ~ to'의 쓰임과 문장 구조를 이해해야 한다.

| **정답해설** | ② 75% '너무 ~해서 …할 수 없다'를 「too + 형용사 + to부정사」로 알맞게 표현했다.

| **오답해설** | ① 10% 관계부사는 뒤따라오는 문장이 완전하나 관계대명사는 불완전하다. 여기서는 관계대명사 'which' 뒤의 문장이 완전하므로 'which'를 관계부사 'where'로 고쳐야 한다. 혹은 'several men were killed in a sharp fight'이므로 'which'를 'in which'로 고칠 수도 있다.
③ 8% 과거시제 동사 'parked'와 등위접속사 'and'로 연결되는 병렬 구조가 되도록 'heads'를 과거시제 동사 'headed'로 고쳐야 한다.
④ 7% 현재분사구문은 주어와 동사의 관계가 능동인 경우, 과거분사구문은 수동인 경우에 사용한다. 여기서는 생략된 주어 'McConnell and Shell'과 동사 'approach'의 관계가 수동이므로 현재분사 'approaching'을 과거분사 'approached'로 고쳐야 한다. 분사구문에서 접속사 'when'이 생략되지 않고 쓰인 형태이다.

09 | 논리형 | 독해 > Logical Reading > 삭제 | 답 ③

핵심포인트 흐름상 어색한 문장을 묻는 문제로, 해커의 방화벽 교란 관련 내용 중 상이한 문장을 인지할 수 있어야 한다.

| **해석** | 당신이 한 조직에서 한편에(방화벽 안에) 다수의 컴퓨터들을 소유하고 있고 다른 한편에(방화벽 바깥에) 인터넷의 나머지를 소유하고 있다고 가정해보자. 방화벽은 바깥에 있는 어떠한 컴퓨터도 안으로 들여보내지 않게 한다. 가끔 그것은 안에 있는 컴퓨터들을 바깥으로 내보낸다. 해커들이 찾아낸 방법은 그것의 혼란시키는 능력에 있어서 명쾌하다. 그들은 그저 방화벽을 교란시켜서 그들이

안에 있다고 믿게 만든다. ③ 그러나 이러한 기회는 매일 오는 것이 아니다. 다시 말해서, 그것은 당신이 바깥에 있지 않기 때문에 당신을 안으로 들이도록 경비원을 속이는 것과 같다.

| 정답해설 | ③ 88% ④ 문장의 'In other words'는 앞 문장을 부연 설명하는 연결사인데 ③과 ④의 문장의 흐름은 다르다. 즉, ④는 ②의 문장을 부연설명하는 것이므로, ③은 흐름상 어색하다.

| 어휘 |
bunch 무리, 다발　　　　　　　　firewall 방화벽
security guard 경호원, 경비원

오답률 18%　中

10 [지문제시형] 독해 > Macro Reading > 요지　　답 ①

핵심포인트　영어에서의 축약형 사용에 대한 글의 요지를 묻고 있는 문항으로, 선지 분석에 주의해야 한다.

| 해석 | 오늘날 영어의 구어체와 문어체에서 축약형은 매우 흔하다. 우리는 그것들을 언제 피하고 언제 사용해야 하는지 결정해야 한다. 당신이 격식을 차린 글을 쓴다면, 모든 축약형의 사용을 피해야 한다. 이것은 자기 소개서, 이력서, 논문, 에세이 등을 포함한다. 축약형의 사용은 더 격식에 얽매이지 않게 보이기 때문에, 당신이 전문적이고 훌륭한 이미지를 보여주고 싶은 경우에는 그것들을 피해야 한다. 그러나 몇몇 유형의 글은 축약형을 포함하는 것으로부터 덕을 본다. 특히 당신의 글이 더 격식에 얽매이지 않고 대화체이기 원한다면, 글 전반에 걸쳐 축약형을 간간이 섞는 것은 이를 이루는 데 도움이 된다. 이런 유형의 글은 허구의 이야기나 소설, 대화, 또는 개인적인 편지나 이메일을 포함한다.
① 당신이 축약형을 쓸 수 있는지 없는지는 글의 유형에 따라 다르다.
② 오늘날 젊은 사람들은 그들의 대화에서 축약형을 사용하는 것을 좋아한다.
③ 개인적인 편지 같은 글에서는 축약형을 사용하는 것이 더 좋다.
④ 축약형은 표준어가 아니기 때문에 사용을 피해야 한다.

| 정답해설 | ① 82% 지문 전체적으로 격식을 차린 글에서는 축약형의 사용을 피하고, 격식에 얽매이지 않는 글에서는 축약형을 사용할 수 있다는 내용이다. 따라서 ①이 글의 요지로 가장 적절하다.

| 오답해설 | ③ 12% 개인적인 편지에서 축약형을 사용할 수 있다고 서술되긴 했지만 그것이 더 좋다고 서술되지는 않았으며, 또한 글 전체를 아우르는 내용도 아니므로 글의 요지로 적절하지 않다.

| 어휘 |
contraction (단어의) 축약형　　　commonplace 아주 흔한
formal 격식을 차린, 공식적인　　　cover letter 자기 소개서
resume 이력서　　　　　　　　　informal 격식에 얽매이지 않는
portray 나타내다, 보여주다　　　　respected 훌륭한, 높이 평가되는
inclusion 포함　　　　　　　　　sprinkle 간간이 섞다

오답률 13%　下

11 [빈칸형] 생활영어 > 회화/관용표현　　답 ④

핵심포인트　대화를 통해 주어진 상황을 파악하고 A가 하려는 말을 유추할 수 있어야 한다.

| 해석 | A: 초대해주셔서 감사합니다.
B: 천만에요. 추석을 함께 보내게 돼서 기뻐요. 추수감사절도 얼마 안 남은 걸로 아는데, 맞지요?
A: 네. 근데 추석은 항상 날짜가 똑같지는 않은 것 같아요.
B: 아, 그건 음력을 따라서 그래요.
A: 흥미롭네요.
B: 양력 달력에서의 날짜는 매년 바뀌지요. 그래서 달력 한켠에 음력 날짜도 표기한답니다.
A: ④ 준비를 하려면 달력을 확인하는 게 좋겠네요.
① 우린 가까스로 시간을 맞췄네요
② 양력이 더 정확해요
③ 시간이 갈수록 십인 십색이에요
④ 준비를 하려면 달력을 확인하는 게 좋겠네요

| 정답해설 | ④ 87% B의 초대를 받은 A가 추석과 음력에 대한 설명을 듣는 대화이다. B는 추석은 음력을 따르므로 양력상 날짜가 매년 바뀌는데, 그래서 양력에 음력 날짜도 표기됨을 말해준다. 따라서 이에 대한 A의 대답으로 가장 적절한 것은 ④이다.

| 어휘 |
around the corner 코앞에 와 있는, 곧
fall on the same date 같은 날짜이다
lunar calendar 음력　　　　　　solar calendar 양력
by a close call 가까스로　　　　as time goes by 시간이 갈수록
may as well ~하는 게 낫다

오답률 12%　下

12 [논리형] 독해 > Logical Reading > 문맥상 다양한 추론　　답 ③

핵심포인트　해당 글은 Kalu라는 코끼리를 다룬 지문으로, 분위기를 묻는 문제인 만큼 전체가 주는 정보에 집중해야 한다.

| 해석 | Central Park 동물원의 코끼리 Kalu는 Albert Brockell이라는 단 한 명의 조련사만 따랐다. Albert가 백혈병을 앓자, Kalu는 그의 '주인'이 명령하지 않았기 때문에 그의 우리로 들어가는 것을 거부했다. 겨울이 다가오자 이것은 심각한 걱정거리가 되었다. 아무도 그를 설득할 수가 없었다. 그는 자신을 안으로 들여보내려는 시도에 분노로 반응해서 새 조련사가 될 사람을 다치게 했다. 절박했던 동물원 관리인들은 마침내 병원에서 Albert의 목소리를 녹음했고, Kalu는 그에게 들어가라고 명령하는 (Albert의) 목소리를 들을 수 있었다. 하지만 그는 단지 목소리만 녹음된 것에는 복종하지 않으려 했다. 결국 Albert는 앰뷸런스에 실려 동물원으로 오기를 자청했다. 그는 들것에 실려 코끼리가 있는 쪽으로 운반되어 "안으로 들어가, Kalu."라고 말했다. 마침내 그는 복종했다.

① 유머러스하고 재미있는

② 비이성적이고 화나는

③ 마음을 움직이고 감동적인

④ 세속적이고 비꼬는

| 정답해설 | ③ 88% 동물원의 코끼리가 유일하게 따르던 조련사가 아프게 되자 그를 기다리며 다른 사람의 말을 듣지 않았고, 그것을 걱정한 조련사가 아픈데도 불구하고 동물원까지 가서 그를 우리에 들어가게 했다는 에피소드로, 동물과 인간 사이의 교감을 보여주고 있다. 따라서 글의 분위기는 ③ 'moving and touching'이다.

| 어휘 |

handler 조련사   leukemia 백혈병

quarters 주거, 숙소   command 명령

concern 걱정   gurney 바퀴가 달린 들것

오답률 53% 中

13 논리형 독해 > Logical Reading > 배열   답 ②

핵심포인트 순서 배열 유형으로, 질랜디아 대륙에 대한 논리적 흐름을 파악한다.

| 해석 | 질랜디아는 세계의 8번째이자 가장 작은 대륙이고 가장 최근에 발견되었다. 그것은 뉴질랜드, 뉴칼레도니아와 오스트레일리아의 두 섬인 Lord Howe Island와 Norfolk Island를 포함하며, 남태평양에 위치하고 있다.

(B) 그 대륙은 190만 평방 마일에 걸쳐있지만 그것의 대부분인 94%는 태평양 아래에 있다. 그것은 호주의 크기의 약 2/3이다. 그 대륙은 지난 20년간 과학자들에 의해 점차적으로 발견되었다.

(C) 1995년에 미국의 지구 물리학자인 Bruce Luyendyk는 그 이름을 뉴질랜드, Chatham Rise, Campbell Plateau 및 Lord Howe Rise를 설명하기 위해 사용했다. 그 단계에서 그것은 대양 지각보다는 대륙에서 발견되는 암석 유형과 "대양 지각에 의해 바닥이 만들어진 지역에 비해 높은 고지대"를 포함하여 대륙으로 자격을 얻는 데 필요한 네 가지 속성 중 세 가지를 지닌 것으로 믿어졌다.

(A) 올해 초 과학자 팀은 질랜디아가 "침수된 대륙 파편"의 집합체가 아니라 통일 된 대륙이며 따라서 대륙의 지위를 부여받아야 한다고 주장하기 위해 새로운 위성과 지도 데이터를 사용했다.

| 정답해설 | ② 47% 주어진 글은 세계에서 8번째 대륙이자 가장 작은 대륙인 질랜디아에 대해서 서술하고 있다. (B)는 주어진 글의 질랜디아를 'The continent'로 받으며 질랜디아의 발견에 대해 말했으므로, 가장 먼저 오는 것이 적절하다. 질랜디아가 지난 20년간 과학자들에 의해 점차적으로 발견되어 왔다는 (B) 이후에는 질랜디아 발견에 대한 역사가 서술될 것을 유추할 수 있다. (C)는 1995년에 발견된 사실을 서술하고 (A)는 올해 초의 과학자들의 주장을 서술하고 있으므로 시간의 흐름상 (B) 이후에는 (C)가 먼저 오고 (A)가 이어지는 것이 가장 적절하다.

| 어휘 |

mapping 지도제작   landmass 대륙, 광대한 토지

span 걸치다   bulk of ~의 대부분

geophysicist 지구 물리학자   ocean crust 대양 지각

오답률 22% 中

14 빈칸형 생활영어 > 회화/관용표현   답 ④

핵심포인트 'have one's shirts off' 관용표현의 의미를 사전에 파악하고 있어야 한다.

| 해석 | A: 여기 정말 덥네요. 에어컨을 켜는 게 어때요?

B: 새로운 회사 규정 때문에 그걸 켤 수 없어요.

A: 지금 26도예요. 무슨 말이에요?

B: 새로운 규정에 의하면, 온도가 섭씨 27보다 높을 때만 에어컨을 사용할 수 있어요.

A: 아, 이런! 그건 너무 높아요.

B: 실은, 사장님께서 지난 달 높은 전기요금 청구서를 확인하셨을 때, 그는 ④ 자제심을 잃으셨어요. 그게 갑작스레 규정을 바꾼 이유예요.

A: 그렇지만 이렇게 더운 사무실에서는 일에 집중할 수가 없어요.

B: 전적으로 동의해요.

① 열심히 공부했다

② 근근히 살아갔다

③ 바빴다

④ 자제심을 잃었다

| 정답해설 | ④ 78% 새로운 회사 규정으로 인해 더운 환경에서 일하고 있음을 알 수 있다. 문맥상 더운 환경이 조성된 이유로, 사장님이 높은 전기요금 청구서를 확인하면서 '화난(자제심을 잃은)' 상태에서 회사 규정을 바꾸었음을 유추할 수 있다. 따라서 정답은 ④ 'had his shirts off(자제심을 잃었다)'가 적절하다.

| 어휘 |

regulations 규정   Celsius 섭씨

오답률 13% 下

15 빈칸형 독해 > Reading for Writing > 빈칸 구 완성   답 ④

핵심포인트 색상 인지 시 사물의 표면과 우리의 색 인지력의 연관성을 파악한다.

| 해석 | 인간의 눈과 뇌는 함께 빛을 색으로 바꾼다. 눈 안의 빛 감각기는 뇌에 메시지를 전달하고, 이것은 친숙한 색감을 만들어낸다. 뉴턴은 색상이 사물에 내재되어 있지 않다는 것을 관찰했다. 그보다는 사물의 표면이 일부 색상을 반사하고 다른 모든 색상을 흡수한다. 우리는 반사된 색들만 인지하다. 따라서 빨강색은 사과 "안에" 있지 않다. 사과의 표면이 ④ 우리가 빨강색으로 보는 파장들을 반사하고 나머지 색들을 흡수하는 것이다. 사물은 그것이 모든 파장을 반사할 때 흰색으로 나타나고 모든 파장을 흡수할 때 검정색으로 나타난다. 빨강, 녹색 그리고 파랑색은 색상 스펙트럼의 추가적인 기본 색상이다. 균형 잡힌 양의 빨강, 녹색 그리고 파랑색 빛의 조합은 순수한 흰색을 만들어낸다. 빨강, 녹색 그리고 파랑색 빛

의 양에 변화를 줌으로써 가시 스펙트럼의 모든 색상이 만들어질 수 있다.

① 원색들
② 사과 안에 있는 색
③ 우리가 좋아하는 색들
④ 우리가 빨강색으로 보는 파장들

| 정답해설 | ④ 87% 빈칸이 있는 문장 앞에서 사물의 표면은 일부 색상을 반사하고 다른 모든 색상을 흡수하는데, 우리는 반사된 색들만 인지한다고 했다. 빈칸이 포함된 문장은 사과의 표면이 빈칸을 반사하고 나머지 색들을 흡수하고 있다고 서술하고 있다. 우리가 사과를 빨강색으로 인지하므로 따라서 사과의 표면이 반사하는 것은 ④ 'the wavelengths we see as red(우리가 빨강색으로 보는 파장들)'일 것이다.

| 어휘 |
receptor 수용기, 감각기   sensation 느낌, 감각
inherent 내재하는   perceive 감지하다, 인지하다
wavelength 파장, 주파수   additive 부가의, 추가의

오답률 4% 下

16 | 지문제시형 | 독해 > Macro Reading > 제목   답 ③

핵심포인트 핫 미디어와 쿨 미디어에 대한 글의 제목을 묻는 문제로, 미시적 정보보다는 전체가 주는 정보에 집중해야 한다.

| 해석 | 미디어 학자인 Marshall McLuhan은 핫 미디어와 쿨 미디어라는 두 가지 카테고리를 만들었다. 핫 미디어는 하나의 감각을 완전히 사로잡는 것이다. 그것은 콘텐츠를 하나하나 다 가르쳐주기 때문에 사용자들로부터 상호작용을 거의 요구하지 않는다. 일반적으로 핫 미디어의 콘텐츠는 그 특정 시간에 자료가 제공하는 것으로 제한된다. 핫 미디어의 예는 라디오와 영화를 포함한다. 그 이유는 사용자의 관심이 콘텐츠에 집중되지만 그들의 참여가 미미할 정도로 그것들이 사용자의 한 감각을 사로잡기 때문이다. 쿨 미디어는 일반적으로 청중 측에 많은 상호 작용을 요구한다는 점에서 여러 감각을 덜 완전하게 사용하는 저화질 미디어를 사용한다. 그리고 나서 청중들은 콘텐츠 자체의 차이를 인지하도록 요구되기 때문에 더 많이 참여한다. 사용자는 매체를 완전히 이해하기 위해 장르 규칙에 익숙해야 한다. 그 예로는 TV, 전화 통화, 만화책이 있다.

① 사람들이 콘텐츠를 이해하는 방법
② Marshall McLuhan 은 왜 미디어를 분류했는가?
③ 핫 미디어와 쿨 미디어의 차이점은 무엇인가?
④ 핫 미디어와 쿨 미디어의 장점과 단점

| 정답해설 | ③ 96% 핫 미디어는 하나의 감각을 완전히 사로잡는 것으로 사용자들로부터 상호작용을 거의 요구하지 않으며 라디오와 영화를 포함하는 반면, 쿨 미디어는 여러 감각을 사용하며 청중 측에서 많은 상호 작용을 요구하고 TV, 전화 통화, 만화책을 포함한다고 했다. 따라서 지문 전체적으로 핫 미디어와 쿨 미디어의 차이점에 대해 서술하고 있으므로 ③ 'What Are Differences Between Hot Media and Cool Media(핫 미디어와 쿨 미디어의 차이점은 무엇인가)?'가 글의 제목으로 가장 적절하다.

| 오답해설 | ② 2% Marshall McLuhan이 미디어를 두 개의 범주로 나누었다고 했으나 그 이유에 대해서는 나와있지 않다.

| 어휘 |
engage 사로잡다, 끌다   interaction 상호작용
spoon-feed (스스로 생각하게 하지 않고) 하나하나 다 가르쳐주다
content 콘텐츠, 내용물   to an extent that ~하는 정도까지

오답률 41% 中

17 | 빈칸형 | 독해 > Logical Reading > 연결사   답 ②

핵심포인트 현대 예술작품에의 투자에 관한 지문의 논리적 흐름을 파악해야 한다.

| 해석 | 현대 예술의 공급은 매우 제한적이다. 왜냐하면 경매에서 그들의 작품이 팔린 예술가들은 일반적으로 죽었기 때문이다. 예술가의 죽음 이후에는 그들의 작품 양이 크게 증가할 수 없기 때문에 거의 항상 가격의 급등이 있다. 가격의 증가 때문에 이 시기에 새로운 작품들이 종종 발견되긴 하지만 말이다. (A) 그러나, 이러한 가격 상승은 부분적으로는 그들의 시장 가치를 바꿀 만큼 죽은 예술가의 평판에 영향을 미칠 수 있는 것이 거의 없기 때문에 발생한다. 반 고흐 작품의 가치가 절대 하락하지는 않겠지만 이것은 투자자에게 양날의 칼 역할을 한다. (B) 그러므로, 그 속성이 틀리지 않는다면 단기간에 가치가 급등할 것 같지 않다.

(A)	(B)
① 그러므로	예를 들어
② 그러나	그러므로
③ 그러나	물론
④ 예를 들어	반면에

| 정답해설 | ② 59% (A) 이전에는 예술가의 죽음 이후에는 거의 항상 가격의 급등이 있다고 했고 (A) 이후에는 이러한 가격 상승이 부분적이라고 역접의 내용을 서술하고 있으므로 (A)에는 'However(그러나)'가 들어가는 것이 가장 적절하다.
(B) 이전에는 예술작품의 가치 '하락'은 크게 없겠지만 투자자에게 양날의 칼 역할을 한다고 했고 (B)가 포함된 문장에서는 그 속성이 틀리지 않는다면 단기간에 가치가 '급등'할 것 같지도 않다고 했으므로 (B)에는 'therefore(그러므로)'가 들어가는 것이 가장 적절하다. 즉, 가격이 하락하지도 않겠지만 급등하지도 않을 것이므로, 투자자에게 좋지 않은 이러한 상황을 '양날의 칼'에 비유한 것이다.
따라서 정답은 ②이다.

| 어휘 |
upsurge 급증   reputation 평판
attribution 속성   leap 뛰어오르다
rocket 치솟다, 급등하다

18 지문제시형 독해 > Micro Reading > 내용일치/불일치 답 ③

핵심포인트 석유 위기의 결과와 홀짝 휘발유 판매제의 연관성을 파악한다.

| 해석 | 최근 석유 위기의 결과로, 캘리포니아 주의 1,500만 자가용 운전자들 중에서 990만 명이 홀짝 휘발유 판매제를 지켜야만 했다. 주지사는 홀수로 끝나는 번호판을 가진 운전자들은 날짜가 홀수인 날에만 휘발유를 사고, 짝수로 끝나는 번호판을 가진 운전자들은 짝수 일에만 휘발유를 살 수 있게 하는 법안에 서명했다. 번호판이 전부 문자로 되어 있거나 특별히 인쇄된 번호판을 가진 운전자들은 홀수 일 계획에 따라야 했다. 예외는 응급상황과 캘리포니아 주 이외의 운전자에게만 주어졌다. 휘발유를 구할 수 없는 사람들은 직장까지 걸어가거나 자전거를 타고 가거나 혹은 스케이트를 타고 가야 했다. 이 계획은 많은 주유소에서 줄이 길게 늘어서게 되는 것을 없애줄 것으로 기대되었다. 20갤런 이상의 휘발유를 사려고 하거나 절반이 채워진 연료 탱크를 더 채우려고 하는 사람들은 벌금형에 처해지고 어쩌면 수감될 수도 있다.

① 휘발유 구매에 대한 제한이 부과되었다.
② 휘발유 할당제는 구급차에는 적용되지 않았다.
③ 공무원들은 이 계획이 길게 휘발유 줄을 서는 것을 악화시킬 것이라고 기대했다.
④ 할당 프로그램을 위반하는 사람은 구속될 수 있었다.

| 정답해설 | ③ 67% 공무원들은 이 계획이 휘발유를 사기 위해 줄을 길게 서게 되는 것을 없애줄 것으로 기대했으므로 악화시킬 것이라는 내용의 ③은 일치하지 않는다.

| 어휘 |
be subjected to ~에 종속되다, ~해야 한다
be imprisoned 구속되다　　　　ration 할당하다
exacerbate 악화시키다　　　　detain 구금하다, 붙들다

19 논리형 독해 > Logical Reading > 삽입 답 ④

핵심포인트 삽입 문제로, '결정'에 관련된 지문의 논리적 흐름을 파악하고 유추한다.

| 해석 | 우리 삶의 목표를 파악하고 달성하는 것은 교양 있고 똑똑한 결정을 내리는 것을 수반한다. 우리가 내리는 결정들 중 많은 것은 믿을 만하고 사려 깊지만, 우리는 또한 우리가 내리는 결정의 일부가 잘 되지 않아 우리가 인생에서 가장 원하는 것을 성취하려는 노력을 약화시키는 것을 발견할 수도 있다. 우리의 형편없는 결정 중 많은 것은 상대적으로 사소한 문제들을 포함한다. 예를 들어, 그것들은 음식점에서 맛없는 음식을 고르고 소개팅을 하는 데 동의하고 우리의 기대에 미치지 못하는 수업을 듣는 것이다. 비록 이러한 결정들이 불쾌한 결과를 초래할 수 있지만 불편함은 생명을 위협하거나 오래 지속되지 않는다. ④ 그러나 형편없는 선택이 상당히 더 손해를 입히고 지대한 영향을 가져올 결과를 초래할 수 있는 우리

의 삶에서의 더 중요한 결정들이 많이 있다. 예를 들어, 현재 미국에서 이혼율이 거의 50%인 한 가지 이유는 "죽음이 우리를 갈라놓을 때까지" 서약 전이나 후에 사람들이 내리는 잘못된 결정이다.

| 정답해설 | ④ 64% John Chaffee의 'Thinking Critically'의 일부이다. 주어진 문장은 그러나 형편없는 결정이 손해를 끼치고 지대한 영향을 줄 수 있다는 내용이다. 그러므로 주어진 문장 이전에는 별 영향이 없는 결정들에 대해, 그리고 주어진 문장 이후에는 큰 영향을 끼치는 결정에 대해 설명할 것임을 유추할 수 있다. 따라서 주어진 문장이 들어갈 위치로는 ④가 가장 적절하다.

| 어휘 |
considerably 많이, 상당히　　　far-reaching 지대한 영향을 가져올
informed 교양 있는, 학식이 풍부한　intelligent 총명한, 똑똑한
sound 믿을만한, 타당한　　　　undermine 약화시키다
unappealing 매력 없는　　　　blind date 소개팅
divorce 이혼　　　　　　　　vow 서약

20 빈칸형 독해 > Reading for Writing > 빈칸 절 완성 답 ④

핵심포인트 사회 계급에 대한 변론 의견을 소재로 다룬 지문으로, 사회 계급을 옹호하는 내용을 유추할 수 있어야 한다.

| 해석 | 현대 서구는 평등의 가치에 높은 프리미엄을 두었다. 완전히 와해되지는 않는 경우 오래된 귀족 계급과 사회 계급이 도전을 받아오는 동안, 평등한 권리는 법에서 소중히 간직되고 있다. 이러한 변화 때문에 국제 사회가 더 좋아진다는 것에는 의심의 여지가 없다. 그러나 계급은 사라지지 않았다. 사회는 여전히 무수히 많은 방법으로 부와 지위에 따라 계층을 이룬다. 반면에 계급이 전혀 없는 완전 평등주의 세계에 대한 생각은 비현실적이고 매력적이지 않게 보이는 것 같다. 생각해보면, ④ 아무도 모든 계급을 없애고 싶어하지 않을 것이다. 왜냐하면 우리는 모두 몇몇 사람들이 사회에서 특정한 역할을 수행하는 데 다른 사람들보다 더 자격이 있다는 인정으로부터 득을 얻기 때문이다. 우리는 의대생이 아닌 상위 외과의에게 치료받기를 선호하고 인턴이 아닌 전문가로부터 재정적 조언을 얻길 선호한다. 타당하고 허용되는 계급은 우리 주변에 항상 있다.

① 우리는 계급 사회를 폐지해야 한다
② 계급에는 다양한 단계들이 있다
③ 계급은 우리에게 더 이상 큰 의미가 없다
④ 아무도 모든 계급을 없애고 싶어하지 않을 것이다

| 정답해설 | ④ 66% 평등의 가치를 높임에 따라 국제 사회가 더 좋아지고 있지만, 계급이 전혀 없는 완전 평등주의 세계에 대한 생각은 비현실적이고 매력적이지 않은 것 같다고 했다. 빈칸 이후에 'for'로 시작하는 이유가 나오고 있다. 즉, 사회에서 특정한 역할을 수행하는 데 있어 다른 이들보다 더 적임자인 사람들이 있고, 그로 인해 우리 모두는 득을 보고 있다는 원인으로부터 도출될 수 있는 결론이 빈칸의 내용이다. 따라서 빈칸에는 사회 계급을 옹호하는 내용이 들어가야 함을 유추할 수 있다. 그러므로 ④ 'nobody would

want to eliminate all hierarchies(아무도 모든 계급을 없애고 싶어하지 않을 것이다)'가 가장 적절하다.

| 오답해설 | ①②③ 6% 16% 12% 사회 계급을 옹호하는 내용이 아니므로 정답으로 적절하지 않다.

| 어휘 |

place (중요성, 가치 등을) 두다   enshrine 소중히 간직하다

hierarchy 계급   nobility 귀족

dismantle 분해하다   stratify 계층화하다

myriad 무수히 많은

9급공무원 공개경쟁채용 필기시험

12회 난이도	上
12회 합격선	17개/20개

회차	유형매칭
12	2018 서울시 9급

12회차 핵심페이퍼

문번	정답	개념	꼭 짚고 넘어가야 하는 핵심포인트!
01	③	독해	주로 나비와 나방의 차이점을 서술한 지문으로, 나비와 나방의 날개에 대한 차이점을 유추할 수 있어야 한다.
02	④	독해	Marcel Mauss라는 인물을 소재로 한 내용불일치 문제로, 지문 파악에 주의해야 한다.
03	③	독해	삼림 벌채에 관한 지문의 논리적 흐름을 파악한다.
04	②	어휘	'loquacious'와 'garrulous'가 유의어 관계인 것을 파악한다.
05 (오답률 TOP 1)	④	어휘	'hectic'과 'bustling'이 유의어 관계인 것을 파악한다.
06	①	어휘	'rampant'와 'ubiquitous'가 유의어 관계인 것을 파악한다.
07	②	생활영어	'cost an arm and a leg'를 알고 있는지 묻는 문제이다.
08	②	문법	'enough'가 형용사를 수식할 때의 어순에 유의한다.
09 (오답률 TOP 3)	①	문법	형용사의 서술적 용법에 유의한다.
10	④	독해	'Columbus Day'라는 소재를 다룬 지문으로, 'Columbus Day'가 문제가 되는 이유를 유추할 수 있어야 한다.
11	②	독해	Charles Dickens라는 인물을 소재로 한 빈칸 문제로, 글의 흐름을 통해 두 사람(Dickens와 Ternan)이 만남을 시작했다는 것을 유추할 수 있어야 한다.
12	④	독해	미국의 입양 시스템이라는 소재를 다룬 내용일치 문제로, 미국의 입양 시스템과 정부 소속 웹사이트와의 연관성을 파악한다.
13	③	독해	연결사를 묻는 문제로, 아이들에 대한 감정적 학대에 관한 지문의 논리적 흐름을 파악하는 것이 중요하다.
14 (오답률 TOP 2)	③	어휘	'putrid'와 'vital'이 반의어 관계임을 파악한다.
15	④	어휘	'fluctuate'를 알고 있는지 묻는 문제이다.
16	②	문법	주어와 동사의 수일치에 대한 개념을 숙지한다.
17	②	문법	관용표현 'refer to A as B'에 유의한다.
18	④	독해	성공한 야구 선수인 Ricky에 대한 글을 읽고 이와 일맥상통하는 속담을 파악할 수 있어야 한다.
19	①	독해	사회학습 이론에서 부모 역할의 중요성을 서술한 지문으로, 폭력적인 아버지로부터 아이가 습득할 수 있는 것이 무엇인지 유추할 수 있어야 한다.
20	③	독해	'언어와 색상'이라는 소재를 다룬 지문으로, Candoshi 사람들과 색상 단어의 관계를 통해 유추할 수 있어야 한다.

※ [오답률/선택률] 산정 기준: 2020.02.11. ~ 2022.12.30. 기간동안 응시된 1초 합격예측 서비스의 누적 데이터
※ [오답률] TOP 1, 2, 3은 많은 응시생들이 헷갈린 문항이므로 꼭 확인하고 넘어가시기 바랍니다.

01	③	02	④	03	③	04	②	05	④
06	①	07	②	08	②	09	①	10	④
11	②	12	④	13	③	14	④	15	④
16	②	17	②	18	④	19	①	20	③

※ 上 中 下 는 문항의 난이도를 나타냅니다.
※ 50% 는 선지별 선택률을 나타냅니다.

오답률 25% 中

01 [빈칸형] 독해 > Reading for Writing > 빈칸 구 완성 　　답 ③

핵심포인트 주로 나비와 나방의 차이점을 서술한 지문으로, 나비와 나방의 날개에 대한 차이점을 유추할 수 있어야 한다.

| 해석 | 나비와 나방은 많은 공통점을 가지고 있는데, 주로 몸과 날개를 덮고 있는 비늘이다. 이 비늘들은 사실 변형된 털들이다. 당신은 나비와 나방의 차이를 어떻게 구별할 수 있는가? 나비는 일반적으로 더 크고 날개에 더 화려한 색의 무늬를 가지고 있다. 나방은 일반적으로 ③ 단조로운 색깔의 날개를 가지고 있으며 더 작다. 나비는 주로 낮에 날아다니는 주행성이다. 나방은 보통 밤에 날아다니는 야행성이다. 그러나 산누에과 나방처럼 주행성 나방이 있고 어스름한 때에 활동하는, 즉 새벽과 황혼에 날아다니는 나비가 있다.

① 약한　　　　　　　　② 사치스러운
③ 단조로운 색깔의　　　④ 호화로운 무늬의

| 정답해설 | ③ 75% 빈칸 이전의 문장에서는 나비는 일반적으로 더 크고 날개에 더 화려한 색의 무늬를 가지고 있다고 했다. 빈칸이 포함된 문장은 나방은 일반적으로 빈칸의 날개를 가지고 있으며 더 작다고 했으므로, 빈칸에는 화려한 색의 무늬가 있는 나비와 대조적인 나방의 묘사가 서술됨을 유추할 수 있다. 따라서 빈칸에는 ③ 'drab-colored(단조로운)'가 들어가는 것이 가장 적절하다.

| 어휘 |
in common 공통적으로　　　modify 변경하다, 바꾸다
diurnal 주행성의　　　　　nocturnal 야행성의
crepuscular 어스름한 때에 나타나는[활동하는]
drab 단조로운, 칙칙한

오답률 34% 中

02 [지문제시형] 독해 > Micro Reading > 내용일치/불일치 　　답 ④

핵심포인트 Marcel Mauss라는 인물을 소재로 한 내용불일치 문제로, 지문 파악에 주의해야 한다.

| 해석 | Marcel Mauss는 프랑스 사회학자이자 인류학자로, 그의 공헌은 교환과 사회 구조 형태 사이의 관계에 대한 매우 독창적인 비교 연구를 포함한다. 민족학의 이론과 방법에 대한 그의 견해는 많은 저명한 사회 과학자들에게 영향을 준 것으로 생각된다. Mauss는 Emile Durkheim의 조카였는데, 그(Emile Durkheim)는

그(Mauss)의 지적 형성에 많은 공헌을 했고 그(Mauss)는 많은 일의 준비에서 그(Durkheim)를 도왔다. 그는 1902년에 파리에 있는 Practical School of Higher Studies(실용 고등교육원)에서 원시 종교 교수로 일을 시작했다. 그는 매우 폭넓은 민족학 및 언어 지식에 능통한 해박한 지성을 지녔다. 그의 강의는 책과 논문에 영감을 주는 새롭고 생산적인 아이디어가 풍부한 것으로 묘사되었다.

① 그는 Emile Durkheim에 의해 크게 영향을 받았다.
② 그의 강의는 책들과 논문들에 유용했다.
③ 그는 Emile Durkheim이 일을 준비하는 것을 도왔다.
④ 그의 많은 연구들은 그가 파리에서 교수가 될 수 있게 했다.

| 정답해설 | ④ 66% 'In 1902 ~ Paris.'에서 그가 1902년에 파리에 있는 Practical School of Higher Studies에서 원시 종교 교수로 일을 시작했다고는 했지만, 그것이 그의 많은 연구의 결과로 얻어진 것인지는 알 수 없으므로, 그의 많은 연구들은 그가 파리에서 교수가 될 수 있게 했다는 ④는 글의 내용과 일치하지 않는다.

| 오답해설 | ① 7% 'Emile Durkheim, who contributed much to his intellectual formation'에서 Emile Durkheim은 Mauss의 지적 형성에 많은 공헌을 했다고 했으므로 Mauss는 Durkheim에 의해 많은 영향을 받았음을 알 수 있다.
② 6% 'His lectures ~ books and theses.'의 내용과 일치한다.
③ 21% '~ whom he assisted in the preparation of a number of works'에서 Mauss가 Durkheim의 일을 도왔다고 언급되어 있다.

| 어휘 |
sociologist 사회학자　　　　　anthropologist 인류학자
contribution 기여, 공헌　　　　original 독창적인
comparative 비교의　　　　　ethnology 민족학
eminent 저명한　　　　　　　intellectual 지적인, 지능의
primitive 원시 사회의, 초기의
encyclopaedic 해박한, 백과사전적인
exceptional 특출한, 극히 예외적인　breadth (지식, 관심 등이) 폭넓음
ethnographic 민족지학(상)의　　　abound in ~이 풍부하다

오답률 22% 中

03 [논리형] 독해 > Logical Reading > 배열 　　답 ③

핵심포인트 삼림 벌채에 관한 지문의 논리적 흐름을 파악한다.

| 해석 | (D) 삼림 벌채는 거대한 규모로 지구의 숲을 제거하여 종종 토지의 질에 해를 끼친다. 숲은 여전히 전 세계 토지 면적의 약 30%를 차지하고 있지만, 매년 영국의 절반 크기가 사라지고 있다. 왜 사람들이 나무를 벨까?
(B) 삼림 벌채의 가장 큰 요인은 농업이다. 농부들은 농작물을 심거나 가축을 방목할 수 있는 더 많은 공간을 제공하기 위해 숲을 벤다. 종종 소규모 농민들은 나무를 베어 내고 슬래시 및 화전 농법으로 알려진 과정으로 그것들을 태워서 몇 에이커를 없앨 것이다.

(C) 삼림 벌채는 환경에 부정적인 영향을 줄 수 있다. 가장 극적인 영향은 수백만 종의 서식지가 손실되는 것이다. 지구의 육상 동물과 식물의 80%가 숲에 살고, 많은 수가 그들의 집을 파괴하는 삼림 벌채에서 생존할 수 없다.

(A) 나무를 제거하는 것은 또한 낮 동안 태양 광선을 차단하고 밤에 열을 유지하는 숲지붕의 일부를 숲에서 빼앗는다. 이러한 환경 파괴는 식물과 동물에게 해를 끼칠 수 있는 더 심각한 온도 변동을 일으킨다.

| 정답해설 | ③ 78% 글의 주제인 '삼림 벌채'가 무엇을 의미하는지 서술하고 왜 사람들이 나무를 베는지 문제를 제기하는 (D)가 가장 먼저 제시되는 것이 적절하다. (D) 이후에는 사람들이 나무를 베는 이유를 묻는 (D)의 마지막 문장을 받아 그 주된 이유를 서술하는 (B)가 이어지는 것이 알맞다. (B) 이후에는 삼림 벌채의 부정적 영향에 대해 서술하는 (C)가 이어지는 것이 가장 적절하다. 마지막으로 'also(또한)'를 사용하여 삼림 벌채의 또 다른 부정적 영향에 대해 추가 서술하는 (A)가 이어지는 것이 알맞다. 따라서 가장 알맞은 순서는 ③ (D) − (B) − (C) − (A)이다.

| 어휘 |
disruption 환경 파괴, 붕괴   deforestation 삼림 벌채
graze 방목하다   livestock 가축
burnagriculture 화전농법   habitat 서식지

오답률 19% 中

04 밑줄형 어휘 > 유의어 찾기   답 ②

핵심포인트   'loquacious'와 'garrulous'가 유의어 관계인 것을 파악한다.

| 해석 | 그녀의 아버지는 아들이 잃어버린 아기곰 장난감이나 새로운 가족인 강아지에 대한 주제에 대해 어머니만큼 수다스럽지 않았다.
① 5% 성급한, 견디지 못하는   ② 81% 수다스러운, 말이 많은
③ 7% 괴로워하는, 아파하는   ④ 7% 책망하는, 비난하는

| 정답해설 | 'loquacious'는 '수다스러운, 말이 많은'이라는 의미로 ② 'garrulous(수다스러운, 말이 많은)'와 유의어 관계이다.

오답률 TOP 1 오답률 47% 上

05 밑줄형 어휘 > 유의어 찾기   답 ④

핵심포인트   'hectic'과 'bustling'이 유의어 관계인 것을 파악한다.

| 해석 | 레몬 그라스 에센셜 오일 몇 방울을 가습기에 넣는 것이 당신의 바쁜 일상에 활력을 재충전하는 데 도움을 줄 것이다.
① 3% 간결한, 함축적인
② 35% 지겨운, 장황한
③ 9% 유사한, 평행인
④ 53% 바쁜, 분주한, 떠들썩한

| 정답해설 | 'hectic'은 '정신없이 바쁜, 빡빡한'을 의미하며, ④ 'bustling(바쁜, 분주한, 떠들썩한)'과 유의어 관계이다

오답률 25% 中

06 밑줄형 어휘 > 유의어 찾기   답 ①

핵심포인트   'rampant'와 'ubiquitous'가 유의어 관계인 것을 파악한다.

| 해석 | 판매 감소 그리고 만연하는 인터넷 불법복제로 고전하고 있는 산업계에서 음반업체가 대규모 합병을 하는 것은 일리 있는 일이다.
① 75% 어디에나 있는, 아주 흔한
② 8% 걱정하는, 열렬한, 세심한
③ 8% 생기 없는, 무기력한
④ 9% 섬뜩한, 흉측한

| 정답해설 | 'rampant'는 '만연하는'의 의미로 ① 'ubiquitous(어디에나 있는, 아주 흔한)'와 유의어 관계이다.

오답률 10% 下

07 문장형 생활영어 > 회화/관용표현   답 ②

핵심포인트   'cost an arm and a leg'를 알고 있는지 묻는 문제이다.

| 해석 | ① A: 저 몸이 안 좋아요.
B: 집에 일찍 가서 푹 주무세요.
② A: 나 엄청 비싼 시계 샀어.
  B: 안됐다. 깁스해야겠네.
③ A: 논문을 끝내려면 결론 부분만 쓰면 돼.
  B: 힘내. 거의 다 했다.
④ A: 좌석도 예약했고, 여권도 준비됐고, 비자도 받았어요.
  B: 다 되셨어요. 즐거운 여행 되세요.

| 정답해설 | ② 90% A는 매우 값비싼(cost an arm and a leg) 시계를 샀다고 했는데, 깁스를 하라는 B의 응답은 어색하다.

| 어휘 |
feel under the weather 몸이 안 좋다
sleep tight 푹 자다   cost an arm and a leg 엄청 비싸다
wear a cast 깁스하다   Hang in there 힘내
all set 만반의 준비가 되어

오답률 23% 中

08 밑줄형 문법 > Modifiers > 형용사   답 ②

핵심포인트   'enough'가 형용사를 수식할 때의 어순에 유의한다.

| 해석 | 그것들은 푸르른 상태로 남아 있다가, 새로운 계절의 잎이 자라나 기능을 시작할 시간이 되기 전인 봄에, 날씨가 충분히 따뜻해지자마자 광합성을 시작할 수 있다.

| 정답해설 | ② 77% 'enough'는 「형용사/부사＋enough」의 어순으로 쓰인다. 따라서 'enough warm'을 'warm enough'로 고쳐야 한다. 참 'enough'가 명사를 수식할 때 어순은 「enough＋명사」이다.

| **오답해설** | ① 2% 'remain'은 불완전자동사의 경우 「remain＋주격 보어」의 구조를 가지며, 주격 보어로 형용사, 현재분사, 과거분사 등을 가질 수 있다. 여기서는 'remain'의 주격 보어로 형용사 'green'이 알맞게 쓰였다.

③ 8% 'to expand'는 앞의 명사 'time'을 수식하는 to부정사의 형용사 용법으로 알맞게 쓰였다. 참고로 to부정사의 의미상 주어는 'for the new season's leaves'로 표현했다.

④ 13% 'start'는 완전타동사의 경우 「start＋목적어」의 구조를 가지며 목적어로 명사, to부정사, 동명사를 가질 수 있다. 여기서는 'start'의 목적어로 동명사 'functioning'을 알맞게 썼다.

오답률 TOP 3 | 오답률 37% | 上

09 | 밑줄형 | 문법 > Modifiers > 형용사 | 답 ①

핵심포인트 형용사의 서술적 용법에 유의한다.

| **해석** | 반면에, 운전하는 동안 당신이 장소를 찾는 것을 돕는 인공위성에 기반을 둔 전(全) 지구 위치 파악 시스템(GPS)을 위해 필요한 계산에 대하여, 뉴턴의 이론이 오답을 제공할지도 모른다. 그러므로 반드시 아인슈타인의 이론이 사용되어야 한다.

| **정답해설** | ① 63% 형용사 'necessary' 앞에 「주격 관계대명사＋be동사」가 생략된 구조로 볼 수 있는 올바른 표현이다. 이때 형용사는 서술적 용법(보어)으로 쓰인 것이다.

| **오답해설** | ② 18% 주격 관계대명사절의 동사는 선행사와 수일치한다. 주격 관계대명사 'that'의 선행사는 단수명사인 'the satellite-based global positioning system (GPS)'이므로 관계대명사절의 동사로 쓰인 'help'는 단수동사 'helps'로 고쳐야 한다.

③ 12% 현재분사구문은 주어와 동사의 관계가 능동인 경우, 과거분사구문은 수동인 경우에 사용한다. 여기서는 생략된 주어 'you'와 동사 'drive'의 관계가 능동이므로 과거분사 'driven'을 '현재분사 'driving'으로 고쳐야 한다.

④ 7% 명사를 수식하는 것은 부사가 아니라 형용사이므로, 부사인 'wrongly'는 형용사 'wrong'으로 고쳐야 한다.

오답률 34% | 中

10 | 빈칸형 | 독해 > Reading for Writing > 빈칸 절 완성 | 답 ④

핵심포인트 'Columbus Day'라는 소재를 다룬 지문으로, 'Columbus Day'가 문제가 되는 이유를 유추할 수 있어야 한다.

| **해석** | 옛날에 교사들은 니나, 핀타, 산타 마리아에 대한 노래의 합창으로 아이들을 이끌며 Columbus의 날을 축하했다. 만약 그 기념행사가 이 "발견된" 땅에서 이미 번성하고 있는 토착 문명들에 대한 유럽 탐사의 영향을 다루었다 하더라도, 그것은 대개 잠깐이었다. 최근에 교육자들과 전국의 사람들이 왜 Christopher Columbus를 기념하는 것이 문제가 있는지 많은 이유들을 발견하기 시작하면서 그 대화는 더 미묘해졌다. ④ 그것들은 원주민들에 대한 폭력적인 학대, 대서양 연안 국가들의 노예 무역의 착수, 그리고 준비되지

않은 대륙으로의 치명적인 질병들의 도입이었다.

① 우리는 Columbus가 비록 기념될 사람이 아닐지라도 중요하다는 것을 학생들이 이해하도록 도울 필요가 있다.

② Indigenous Peoples' Day는 그들의 삶과 문화가 식민지 정복에 의해 회복할 수 없게 손상된 사람들을 예우하는 것이다.

③ 우리가 Columbus를 기념하든 안 하든 그가 무엇을 했는지와 그것을 어떻게 했는지를 배우는 것은 역사를 이해하는 데 필수적이다.

④ 그것들은 원주민들에 대한 폭력적인 학대, 대서양 연안 국가들의 노예 무역의 착수, 그리고 준비되지 않은 대륙으로의 일련의 치명적인 질병들의 도입이었다.

| **정답해설** | ④ 66% 빈칸 이전에는 최근에 교육자들과 전국의 사람들이 왜 Christopher Columbus를 기념하는 것이 문제가 있는지 많은 이유들(many reasons)을 발견하기 시작했다고 했으므로, 뒤이어 나오는 빈칸에는 '그 이유들'을 서술하는 문장이 들어가는 것이 가장 적절하다. 따라서 빈칸에는 ④의 내용이 들어가는 것이 알맞다.

| **오답해설** | ①③ 5% 20% 빈칸에는 Christopher Columbus와 업적에 관련하여 부정적인 서술이 이어져야 하므로 적절하지 않다.

② 9% 'Indigenous Peoples' Day'는 지문에서 언급되지 않았으므로 적절하지 않다.

| **어휘** |

commemoration 기념, 기념행사	indigenous 토착의, 토종의, 원산의
civilization 문명	flourish 번창하다
fleet 빨리 지나가다, 사라지다	nuance 미묘한 차이를 두다
abuse 학대, 남용	launch 개시
transatlantic 대서양 횡단의, 대서양 연안 국가들의	
swath 긴 줄, 넓은 길	

오답률 31% | 中

11 | 빈칸형 | 독해 > Reading for Writing > 빈칸 구 완성 | 답 ②

핵심포인트 Charles Dickens라는 인물을 소재로 한 빈칸 문제로, 글의 흐름을 통해 두 사람(Dickens와 Ternan)이 만남을 시작했다는 것을 유추할 수 있어야 한다.

| **해석** | Charles Dickens는 그의 첫 번째 책이 출판되자마자 곧 Catherine Hogarth와 결혼했다. 그 부부는 10명의 아이들을 낳았다. 1850년대에 Dickens는 두 번의 엄청나게 충격적인 상실을 겪었다. 그것은 그의 딸과 아버지의 죽음이었다. 그는 또한 1858년에 그의 아내와 헤어졌다. Dickens는 공공연하게 Catherine을 비방했고, Ellen "Nelly" Ternan이라는 젊은 여배우와 친밀한 관계를 시작했다. 정보는 두 사람이 Dickens 부부가 결혼을 끝내기 전에 만남을 시작했는지 후에 시작했는지에 대해 다르다. 그는 또한 그의 인생에서 Ternan의 존재를 내비치는 어떤 기록도 지우기 위해 무엇이든 했다고 여겨진다.

① (관계를) 쌓았다

② (관계를) 끊었다, 단절했다

③ (대화[관계]를) 시작했다

④ (협약[관계]에) 들어갔다, 시작했다

| **정답해설** | ② `69%` 빈칸이 있는 문장 이전에는 부인과 헤어지고 그녀를 비방했다는 내용이 나온다. 빈칸 이후에는 두 사람(Dickens와 Ternan)이 Dickens 부부가 헤어지기 전에 만남을 시작했는지 헤어진 후에 시작했는지에 대한 정보는 다르다고 했으므로, 빈칸이 있는 문장은 Dickens와 Ternan이 만남을 시작했다는 내용이 되어야 함을 유추할 수 있다. 따라서 빈칸에 들어갈 단어로 가장 옳지 않은 것은 ② 'broke off(단절했다)'이다.

| **어휘** |
brood 새끼들, 자식들	devastating 엄청나게 충격적인
slander 비방하다, 중상모략하다	publicly 공공연하게, 공개적으로
intimate 친밀한, 은밀한	marital 결혼생활의, 부부생활의
separation 헤어짐, 별거	

오답률 33% 中

12 지문제시형 독해 > Micro Reading > 내용일치/불일치 답 ④

핵심포인트 미국의 입양 시스템이라는 소재를 다룬 내용일치 문제로, 미국의 입양 시스템과 정부 소속 웹사이트와의 연관성을 파악한다.

| **해석** | 미국에서의 입양은 국내 또는 다른 나라로부터일 수도 있다. 국내 입양은 주 정부기관이나 입양기관을 통해, 또는 독립적으로 할 수 있다. 입양기관들은 그것들이 운용되는 주에 의해 면허를 받아야 한다. 민간 및 공공 입양기관 둘 다 있다. 민간 입양기관은 종종 유아 입양에 초점을 맞추는 반면, 공공 입양기관은 일반적으로 현재 위탁 양육을 받고 있고 영구적인 애정이 있는 가정이 필요한 대기 아동들을 위해 가정을 찾는 데 도움을 준다. 대기 아동들의 입양을 돕기 위해 가능성 있는 양부모와 이 아이들에 관한 정보를 공유하도록 돕는 미국 정부 소속 웹사이트가 있다. 독립 입양은 보통 변호사들에 의해 주선되고 일반적으로 신생아를 포함한다. 모든 미국 신생아 입양의 거의 55%가 독립 입양을 통해 이루어진다.

① 미국에서 입양된 모든 아이들의 55%는 유아들이다.

② 미국에서 당신은 주 정부기관을 통해 다른 나라로부터 아이를 입양할 수 있다.

③ 변호사들은 국내 입양을 주선하기 위해 정부로부터 면허증을 받아야 한다.

④ 양부모들은 아이를 집으로 데려오기 전에 입양할 아이에 대해서 알 수 있다.

| **정답해설** | ④ `67%` 'To assist in ~ potential adoptive parents.'에서 대기 아동들의 입양을 돕기 위해 가능성 있는 양부모와 이 아이들에 관한 정보를 공유하도록 돕는 정부 소속 웹사이트가 있다고 했으므로 ④는 글의 내용과 일치한다.

| **오답해설** | ① `11%` 마지막 문장에서 모든 미국의 신생아 입양의 거의 55%가 독립 입양을 통해 이루어진다는 내용이 나오나, 입양된 모든 아이의 55%가 유아라는 언급은 없다.

② `12%` 첫 문장에서 미국 내 입양에는 국내 입양 또는 다른 나라로부터의 입양이 있다고 했으나, 이후 내용은 모두 국내 입양에 대한 설명으로 후자에 대한 내용은 알 수 없다. 주 정부기관을 통해 할 수 있는 입양은 국내 입양이라고 두 번째 문장에서 제시되어 있다.

③ `10%` 주로부터 면허를 받아야 하는 것은 입양기관들이라고 했다.

| **어휘** |
domestic 국내의	arrange 주선하다, 마련하다
operate 운용하다	infant 유아
foster care 위탁 양육	permanent 영구적인
attorney 변호사, 대리인	newborn 신생아

오답률 23% 中

13 빈칸형 독해 > Logical Reading > 연결사 답 ③

핵심포인트 연결사를 묻는 문제로, 아이들에 대한 감정적 학대에 관한 지문의 논리적 흐름을 파악하는 것이 중요하다.

| **해석** | 아이들에게 있어서 감정적이고 심리학적인 학대는 아이에게 정신적으로 부정적 영향을 주는 부모, 보살펴 주는 사람, 또는 아이의 생활에 있어서 다른 중요한 인물들의 태도, 언어, 그리고 행동으로 규정된다. 가장 좋은 부모들조차도 긴급할 때 그들의 아이들에게 소리를 지르거나 화나서 하는 말들을 사용해왔다. 그것이 꼭 학대하는 것은 아니다. (A) 그러나, 당신의 행동에 패턴이 있다면 당신은 상담사에게 전화하는 것을 고려해봐야 한다. 육아는 당신이 항상 해야 할 가장 힘들고 가장 중요한 일이다, 그것을 잘할 수 있는 방책들을 찾아라. (B) 예를 들어, 당신이 규칙적으로 술이나 불법 약물을 사용한다면 당신의 행동을 바꿔라. 이런 습관들은 당신이 아이들을 얼마나 잘 돌보는지에 영향을 줄 수 있다.

	(A)	(B)
①	그러므로	그럼에도 불구하고
②	게다가	예를 들어
③	그러나	예를 들어
④	그러나	그럼에도 불구하고

| **정답해설** | ③ `77%` (A) 이전에는 긴급할 때 아이들에게 소리를 지르거나 화내는 말들을 한다고 그것이 꼭 학대는 아니라고 했는데, (A) 이후에는 행동에 패턴이 보여지면 상담사에게 전화하라고 말하고 있으므로 (A)에는 역접의 의미를 가진 'However'가 들어가는 것이 적절하다. (B) 이전에는 육아를 잘할 수 있는 방책을 찾아볼 것을 제안했고 (B) 이후에는 그에 해당하는 예가 나오고 있으므로 (B)에는 'For example' 또는 'For instance'가 들어가는 것이 적절하다.

| **어휘** |
define 규정하다, 정의하다	caregiver 돌보는 사람
angry words 화나서 하는 말	in times of stress 긴급할 때

14 밑줄형 어휘 > 반의어 찾기 답 ③

핵심포인트 'putrid'와 'vital'이 반의어 관계임을 파악한다.

| 해석 | 시적인 것(아름다운 것)과 <u>부패한</u> 것의 묘사적 혼합에 요령을 가진 Jackson은 동시에 그가 발견하지 못한 놀라운 세계의 붕괴에 관한 철학적인 추측에는 곧잘 빠지지는 못한다.
① 11% 신, 상한   ② 15% 썩은
③ 59% 활기 있는, 생기 넘치는   ④ 15% 더럽혀진, 썩은

| 정답해설 | 밑줄 친 'putrid'는 '부패한, 악취가 나는'의 의미로 ③ 'vital(활기 있는, 생기 넘치는)'과 반의어 관계이다.

15 빈칸형 어휘 > 빈칸 완성 답 ④

핵심포인트 'fluctuate'를 알고 있는지 묻는 문제이다.

| 해석 | 체중은 일반적으로 온종일 ④ <u>변동한다</u>. 그래서 사람들은 하루 중 다른 시간대에 다른 체중을 갖는다.
① 2% 진정시키다   ② 4% 설명하다
③ 4% 지키다, 관리하다   ④ 90% 변동을 거듭하다

| 정답해설 | 사람들의 체중은 시간마다 달라진다고 했으므로 빈칸에는 ④ 'fluctuates(변동을 거듭하다)'가 가장 적절하다.

16 밑줄형 문법 > Balancing > 일치 답 ②

핵심포인트 주어와 동사의 수일치에 대한 개념을 숙지한다.

| 해석 | 부모, 형제자매, 또는 배우자가 이 확산되는 어둠에 굴복하는 것을 지켜본 사람이면 누구나 알듯이, 등불이 꺼지는 것을 멈추게 할 방법이 전혀 없다. 즉, 일단 어두워지게 되면 등불을 다시 켤 방법이 없는 것이다.

| 정답해설 | ② 65% 주어와 동사는 수일치한다. 'As' 절의 주어가 단수명사 'anyone'이므로 복수동사 'know'는 단수동사 'knows'로 고쳐야 한다. 'who ~ darkness'는 주격 관계사절이다.

| 오답해설 | ① 30% 'watch'는 불완전타동사의 경우 「watch + 목적어 + 목적격 보어」의 구조를 가지며 목적격 보어에 동사원형, 현재분사, 과거분사를 사용할 수 있다. 여기서는 'watch'의 목적격 보어로 동사원형 'succumb'이 알맞게 왔다.
③ 3% '~가 …하는 것을 막다'라는 뜻의 「stop + 목적어 + from + 명사[동명사]」의 구조가 올바르게 쓰였다.
④ 2% 'once'는 '일단 ~하면'을 뜻하는 접속사로, 뒤따라오는 절이 완전하고 해석상 자연스럽다.

17 밑줄형 문법 > Main Structure > 동사 답 ②

핵심포인트 관용표현 'refer to A as B'에 유의한다.

| 해석 | 우리의 몸은 유산소 효소라고 불리는 무언가를 생산하고 저장함에 의해서 그 문제에 대응한다. 이러한 효소는 우리가 더 많은 지방을 태울 수 있게 도와주는데, 그것은 유산소 운동이 체지방에 확연한 효과를 갖는 또 하나의 이유이다.

| 정답해설 | ② 64% 'refer to A as B'는 관용표현으로 'A를 B라고 부르다'를 뜻하며, 'A는 B로 불리다'는 「A + be + referred to as + B」의 구조가 된다. 여기서는 'something is referred to as aerobic enzymes'의 문장이 관계대명사절로 바뀌며 '~ something which is referred to as aerobic enzymes'에서 'which is'가 생략되고 과거분사 'referred'만 남아 'something'을 후치 수식하고 있는 형태이다. 따라서 'referred as'를 'referred to as'로 고쳐야 한다.

| 오답해설 | ① 9% 'respond to'는 '~에 대응하다'의 의미로, 전치사 'to' 뒤에 명사가 알맞게 왔다.
③ 15% 'help'는 불완전자동사의 경우 「help + 목적어 + 목적격 보어」의 구조를 가지며 목적격 보어로 to부정사와 원형부정사가 온다. 여기서는 'help'의 목적격 보어로 원형부정사 'burn'이 쓰였다.
④ 12% 「such + a/an + 형용사 + 단수명사」의 어순이 옳게 쓰였다.

18 논리형 독해 > Logical Reading > 문맥상 다양한 추론 답 ④

핵심포인트 성공한 야구 선수인 Ricky에 대한 글을 읽고 이와 일맥상통하는 속담을 파악할 수 있어야 한다.

| 해석 | 기억해야 할 중요한 교훈 하나는 우리가 곤경의 한가운데 갇혀 있는 경우에조차도 인생에서 긍정적인 것들을 보도록 애써야 한다는 것이다. 멕시코 출신의 이민자였던 아버지의 이름을 따른 Riccardo는 어린 나이에 이 교훈을 배웠다. 가족들은 그를 Ricky라고 불렀지만, 그의 아버지는 그에 대하여 '아무짝에도 쓸모없는 놈'이라는 자기만이 부르는 별명을 가지고 있었다. 왜 아버지 Riccardo는 그를 그렇게 불렀을까? Ricky가 고기잡이를 싫어했기 때문이다. 그의 아버지는 어부였기 때문에 이것을 매우 부정적으로 생각했다. 그는 고기잡이 일을 사랑했다. '아무짝에도 쓸모없는 놈' Ricky를 제외하고는 그의 아들들 모두 그랬다. 그 아이는 배 타는 것을 좋아하지 않았고, 생선 냄새는 그에게 구역질을 일으켰다. 대신에 Ricky는 힘든 일을 두려워하지 않았으므로 신문을 배달하고, 구두를 닦고, 사무실에서 일하며, 심지어는 그물도 손질했다. 그의 수입은 가족들에게로 갔다. 그래도 그의 아버지는 그에게 아주 불만이어서 여전히 그가 아무짝에도 쓸모없다고 늘 말했다. 이러한 일들은 고기잡이가 아니었으므로 그의 아버지는 그런 일에는 아무런 가치도 없다고 생각했다. 곧 Ricky는 동네 야구를 하곤 했던 형

을 따라다니기 시작했다. Ricky에게 그와 함께 야구를 하는 것은 괴로움을 잊는 방법이었다. 다행히 Ricky는 야구를 아주 잘해서, 놀이 친구들 사이에서 영웅으로 대접받았다. Ricky는 16살 때 야구 선수가 되기 위해 학교를 중퇴하기로 결심했다. 그리고 야구를 그만두었을 때쯤에 그는 영웅이 되어 있었다. 전 국민이 Ricky를 그가 살았던 세대의 가장 완벽한 선수라고 알게 되었으며, 그는 투표로 뽑혀 명예의 전당에 들어갔다. 그리고 그의 아버지 Riccardo는 그것에 대해 어떻게 생각했을까? 그는 비록 자기 아들 모두가 가업에 함께 종사하기를 원했지만, 마침내 Ricky를 자랑스럽게 여기고 그가 이룬 것을 존중해 주었다. Ricky는 그의 인생의 가장 어려운 시기 중 하나에서 희망을 놓지 않고 붙잡아 위대한 성과를 거두었다.

① 소 잃고 외양간 고치기
② 말보다 행동이 중요하다.
③ 옆에 없으면 더 애틋해지는 법이다.
④ 나쁜 일만 계속되는 것은 아니다.

| 정답해설 | ④ 65% 아버지의 반대에도 불구하고 가업인 고기잡이를 싫어했던 Ricky가 힘겨운 생활 속에서도 열심히 노력한 결과 위대한 야구 선수가 되었다는 것이 글의 골자로, 전체적인 글의 흐름, 그리고 첫 문장과 마지막 문장으로 보아 이 글의 내용과 가장 부합하는 속담은 '태풍이 지난 뒤 떨어진 배를 줍는다.' 즉, '나쁜 일만 계속되는 것은 아니다.'라는 의미의 ④이다.

| 오답해설 | ② 19% 글의 주인공인 Ricky가 자신의 목표를 이루기 위해 학교를 중퇴하고 야구 선수가 된 상황 등이 '말보다 행동이 중요하다.'라는 속담에 어울릴 수 있지만 이것이 이 글의 주제는 아니므로 정답이 될 수 없다.

| 어휘 |
good for nothing 쓸데가 없는　　　sandlot ball 동네 야구
through with ~을 끝내고　　　accomplishment 성취, 업적

오답률 12% 下

19 빈칸형 독해 > Reading for Writing > 빈칸 구 완성　　답 ①

핵심포인트　사회학습 이론에서 부모 역할의 중요성을 서술한 지문으로, 폭력적인 아버지로부터 아이가 습득할 수 있는 것이 무엇인지 유추할 수 있어야 한다.

| 해석 | 공격(성)은 긍정적이고 부정적인 강화와 처벌을 포함하는 시행착오적 학습을 통해 직접적으로 학습될 수 있다. Bandura는 공격성은 또한 관찰 학습의 간접적인 메커니즘에 의해 학습될 수 있다고 말했다. 사회학습 이론은 아이들이 모방 과정을 통해 배운다고 주장한다. Bandura는 가족 구성원의 모방 형태에서 공격적인 강화가 행동 모델링의 가장 두드러진 원천이라고 믿었다. 부모는 아이들에게 주요 역할 모델이다. 관찰과 인지 과정을 통해 그들의 행동이 만들어진다. 아버지가 어머니를 공격하는 것을 지켜보는 소년은 ① 폭력적인 부모와 남편이 될 가능성이 더 높다.

① 폭력적인, 난폭한　　　　② 모호한
③ 구식의, 시대에 뒤떨어진　　④ 편견이 없는, 공평한

| 정답해설 | ① 88% 빈칸이 포함된 문장 이전에 부모는 아이들에게 주요 역할 모델이며 관찰과 인지 과정을 통해 아이들의 행동이 만들어진다고 했다. 즉, 아이들은 부모의 모습을 모방한다는 것이다. 따라서 아버지가 어머니를 공격하는 것을 지켜보는 소년 역시 ① 'abusive(폭력적인)' 부모와 남편이 될 가능성이 높다는 흐름이 알맞다.

| 어휘 |
aggression 공격, 공격성
operant conditioning 시행착오적 학습
social learning theory 사회학습 이론
prominent 중요한, 두드러지는, 현저한
identification 인지, 식별　　　　　model 만들다, 모형을 만들다

오답률 17% 中

20 빈칸형 독해 > Reading for Writing > 빈칸 절 완성　　답 ③

핵심포인트　'언어와 색상'이라는 소재를 다룬 지문으로, Candoshi 사람들과 색상 단어의 관계를 통해 유추할 수 있어야 한다.

| 해석 | 전 세계 도처에 있는 문화적 그룹들은 색상에 대해서 다르게 말한다. 심지어 일부는 색상에 대한 단어를 가지고 있지도 않다. Candoshi 마을에서, 인류학자 Alexandre Surrallés는 탁자 위에 색깔이 있는 작은 조각을 하나 놓고 묻는다. "그것은 어떤가요?" Surrallés가 물어보고 싶은 것은 "어떤 색입니까?"이다. 하지만 아마존 강 상류에 사는 약 3,000명으로 이루어진 부족인 Candoshi는 색 개념에 대한 단어가 없다. 이 경우, Surrallés가 황색 또는 노란색을 띤 주황색이라고 부르는 조각이 더 생강처럼 보이는지 아니면 더 물고기 알처럼 보이는지 두 Candoshi 사람 사이에 활발한 토론이 쏟아져 나온다. 이 순간은 Surrallés가 Candoshi 사람들 사이에 살고 있는 총 3년 동안 그가 겪었던 많은 비슷한 경험들 중 단지 하나였다. 이 사람들은 단순히 색상 단어가 없다. Candoshi 아이들은 무지개의 색깔을 배우지 않는다. 왜냐하면 ③ 그들의 사회에는 그것들에 해당하는 단어들이 없기 때문이다.

① 그들은 무지개를 본 적이 없다
② 그들은 학교에서 미술 수업을 하지 않는다
③ 그들의 사회에는 그것들에 해당하는 단어들이 없다
④ 그들에 사회에서는 그것들을 배우는 것을 중요하게 생각하지 않는다

| 정답해설 | ③ 83% 빈칸이 포함된 문장 이전에서 Candoshi 부족에게는 색상을 표현하는 단어가 없다고 했으므로, Candoshi 아이들이 무지개의 색깔을 배우지 않는 이유로 가장 알맞은 것은 ③이다.

| 어휘 |
lively 활발한　　　　　　erupt 쏟아져 나오다
amber 황색　　　　　　yellow-orange 노란색을 띤 주황색
ginger 생강　　　　　　spawn 알

9급공무원 공개경쟁채용 필기시험

13회 난이도	中
13회 합격선	16개/20개

회차	유형매칭
13	2017 국가직 9급

13회차 핵심페이퍼

문번	정답	개념	꼭 짚고 넘어가야 하는 핵심포인트!
01	②	어휘	'scornful'과 'derisive'가 유의어 관계인 것을 파악한다.
02	③	어휘	'capacious'와 'roomy'가 유의어 관계인 것을 파악한다.
03	④	생활영어	대화를 통해 'get one's feet wet'을 유추할 수 있는지를 묻는 문제이다.
오답률 TOP 1 04	④	생활영어	대화 지문을 통해 주어진 상황을 파악하고 A가 하려는 말을 유추할 수 있어야 한다.
오답률 TOP 3 05	②	문법	to부정사 목적어의 주어 도치가 쓰인 문장 구조에 유의한다.
06	①	문법	'no sooner' 구문의 문장 구조에 유의한다.
07	④	독해	비상 관리자의 역할과 비상 대응 활동의 연관성을 파악한다.
08	④	독해	Charles Dickens라는 인물을 소재로 한 빈칸 문제로, 주어진 지문을 통해 가족의 빈곤과 Charles의 관계를 파악하는 것이 중요하다.
09	②	독해	호르몬 불균형의 증상 기저에 있는 원인의 위험을 언급하는 부분을 놓치지 말아야 한다.
10	④	독해	총기 관련 사망에 언급된 다양한 수치 등의 표현을 정확히 독해하는 것이 관건이다.
11	③	어휘	'smoking gun'과 'conclusive evidence'가 유의어 관계인 것을 파악한다.
12	②	어휘	'yield to'와 'give in to'가 유의어 관계인 것을 파악한다.
오답률 TOP 2 13	②	독해	유리에 대한 글의 제목을 묻는 문제로, 미시적 정보보다는 전체가 주는 정보에 집중해야 한다.
14	③	독해	영어에서의 축약형 사용에 대한 글의 요지를 묻는 문항으로, 선지 분석에 주의해야 한다.
15	③	문법	가정법 과거의 문장 구조에 유의한다.
16	④	문법	to부정사의 한정적 용법과 술목관계에 유의한다.
17	②	독해	자율주행 차량을 소재로 한 빈칸 문제로, 자율주행 차량의 비용과 이점이 정확하지 않다는 것과 그 기술의 단점으로부터 유추할 수 있어야 한다.
18	④	독해	삭제를 묻는 문제로, 참고래의 개체수 감소에 관련된 지문 중 '매년 출산'에 대한 서술이 상이함을 인지할 수 있어야 한다.
19	③	독해	삽입 문제로, 확증편향에 대한 지문의 논리적 흐름을 파악하고 유추할 수 있어야 한다.
20	③	독해	배열 문항으로, Jacob L. Moreno의 심리극을 설명하는 지문에 대한 논리적 흐름을 파악한다.

※ [오답률/선택률] 산정 기준: 2020.02.11. ~ 2022.12.30. 기간동안 응시된 1초 합격예측 서비스의 누적 데이터
※ [오답률] TOP 1, 2, 3은 많은 응시생들이 헷갈린 문항이므로 꼭 확인하고 넘어가시기 바랍니다.

01	②	02	③	03	④	04	④	05	②
06	①	07	④	08	④	09	②	10	④
11	③	12	①	13	②	14	③	15	③
16	④	17	②	18	④	19	③	20	③

※ 上 中 下 는 문항의 난이도를 나타냅니다.
※ 50% 는 선지별 선택률을 나타냅니다.

오답률 32% 中

01 밑줄형 어휘 > 유의어 찾기 답 ②

핵심포인트 'scornful'과 'derisive'가 유의어 관계인 것을 파악한다.

| 해석 | 그는 회사의 부사장으로 승진한 후에 전 동료들을 멸시하게 되었다.
① 10% 걱정되는, 불안한 ② 68% 경멸하는, 멸시하는
③ 12% 유순한 ④ 10% 다산의, (수가) 많은

| 정답해설 | 'scornful'은 '경멸하는, 멸시하는'의 의미로 ② 'derisive(조롱하는)'와 유의어 관계이다.

오답률 43% 中

02 밑줄형 어휘 > 유의어 찾기 답 ③

핵심포인트 'capacious'와 'roomy'가 유의어 관계인 것을 파악한다.

| 해석 | 나는 이렇게 공간이 넓고, 튼튼하게 지어지고, 사용자 친화적인 컨테이너는 본 적이 없다.
① 26% 진심 어린 ② 8% 호기심이 많은
③ 57% 널찍한 ④ 9% 무능력한

| 정답해설 | 'capacious'는 '널찍한, 큼직한'의 의미로 ③ 'roomy(널찍한)'와 유의어 관계이다.

오답률 19% 下

03 빈칸형 생활영어 > 회화/관용표현 답 ④

핵심포인트 대화를 통해 'get one's feet wet'을 유추할 수 있는지를 묻는 문제이다.

| 해석 | A: 이번 시즌에 미친 듯이 일했어.
B: 스트레스 엄청 받았겠다. 좀 쉬어.
A: 스트레스 좀 풀게 운동 좀 시작하려고 해.
B: 좋은 생각이다. 요가는 어때?
A: 요가 아주 좋은데. 근데 내 스스로 할 것 같지 않아.
B: 스포츠 센터에 수업이 있어. 레벨에 따라 가르쳐 줘.
A: ④ 난 처음 시작해보는 거야.
B: 그럼 초급반이 적당할 거야.
① 내 몸은 유연해 ② 난 터놓고 얘기해
③ 정말 갑작스러운데 ④ 난 처음 시작해보는 거야

| 정답해설 | ④ 81% B는 A에게 요가를 추천하며 스포츠 센터에 수업이 있는데, 빈칸 뒤에 A에게는 초급반이 맞을 것이라고 답했으므로, A가 할 말로는 ④의 내용이 적절하다.

| 어휘 |
work like crazy 미친 듯이 일하다   stressed out 스트레스를 받는
on one's own 스스로   flexible 유연한
call a spade a spade 터놓고 얘기하다, 직언하다
out of the blue 난데없는, 갑자기   get one's feet wet 처음 시작하다

오답률 TOP 1 오답률 67% 上

04 빈칸형 생활영어 > 회화/관용표현 답 ④

핵심포인트 대화 지문을 통해 주어진 상황을 파악하고 A가 하려는 말을 유추할 수 있어야 한다.

| 해석 | A: 회의는 언제 할까요?
B: 빠를수록 좋아요. 프로젝트 마감기한을 맞춰야 하니까요.
A: 팀 전체가 시간을 다퉈서 일하는 이유죠.
B: 우리가 얼마나 많은 날을 지샜는지 셀 수도 없네요.
A: 넘어야 할 고비가 하나 더 있어요. 진행에 대한 부사장님의 승인이요.
B: 중요한 건, 다음 두 주 동안 자리를 비우시잖아요.
A: ④ 프로젝트를 완료할 가능성은 얼마예요?
B: 우리가 완수할지는 아슬아슬해요.
① 회의는 취소될 거예요.
② 우리는 처음부터 그것을 다시 해야 돼요.
③ 우리는 그를 불러 혼내야 돼요.
④ 프로젝트를 완료할 가능성은 얼마예요?

| 정답해설 | ④ 33% A와 B는 기한이 얼마 안 남은 프로젝트의 완성을 놓고 얘기하고 있다. 시간에 쫓기며 일하고 있지만 부사장의 승인을 받아야 하는 일이 또 남아서 난감한 상황이다. 빈칸 뒤에 B는 완수해낼지는 '아슬아슬(touch-and-go)하다'고 말했으므로, 빈칸에는 ④ 'What are the odds of finishing the project?(프로젝트를 완료할 가능성은 얼마예요?)'가 적절하다.

| 어휘 |
meet the deadline 마감기한을 맞추다
work against the clock (마감을 맞추려) 시간을 다투며 일하다
touch-and-go 아슬아슬한   from scratch 처음부터
call ~ on the carpet ~을 불러 혼내다
odds 가능성

오답률 TOP 3 오답률 52% 上

05 문장형 문법 > Balancing > 강조와 도치 답 ②

핵심포인트 to부정사 목적어의 주어 도치가 쓰인 문장 구조에 유의한다.

| 해석 | ① 그들은 짙은 안개 속에서 버스가 그들을 놓칠까봐 손을 흔들었다.
② 작은 선물로 Jane을 만족시키는 것은 우리가 생각했던 것보다

훨씬 더 어려웠다.

③ 이곳이 내가 잘 작동하지 않는 수동 펌프를 구매했던 가게이다.

④ John은 Mary가 소개해준 가게에서 가구 몇 점을 구매했다.

| 정답해설 | ② 48% 2형식에서 주어로 쓰인 to부정사의 길이가 긴 경우 가주어 'it'과 진주어 to부정사를 써서 「It+be동사+주격 보어+to부정사 ~」의 구조가 된다. 이때 to부정사의 목적어가 주어로 이동하면 「주어[to부정사의 목적어]+be동사+주격 보어+to부정사 ~」의 구조를 가진다. 여기서는 'It was much more difficult ~ to satisfy Jane ~'의 문장을 'Jane was much more difficult ~ to satisfy ~'로 쓴 것으로, 이 구조가 올바르게 쓰였다.

| 오답해설 | ① 20% 'for fear that'은 부정의 의미를 내포한 접속사로, 뒤따라오는 절에 부정어를 사용하지 않는다. 따라서 'not'을 삭제하여야 한다.

③ 9% 관계부사는 뒤따라오는 문장이 완전하지만 관계대명사는 불완전하다. 여기서는 관계대명사 'which' 뒤의 문장이 완전하므로 틀리다. 따라서 'which'를 관계부사 'where'로 고쳐야 한다. 혹은 'This is the store.'와 'I have purchased ~ in the store.'를 합친 문장이므로 'which'를 'in which'로 바꾸어 쓸 수도 있다.

④ 23% 'introduce'는 '~을 소개하다'라는 의미이므로 'Mary had introduced him'은 'Mary는 그를 소개했다'의 뜻이 된다. 흐름상 'Mary가 John에게 소개해준 가게'의 의미가 되는 것이 알맞으므로 '~에게 소개하다'는 의미가 되도록 'had introduced him'은 'had introduced to him'이 되어야 한다.

오답률 36% 中

06 문장형 | 문법 > Main Structure > 시제 답 ①

핵심포인트 'no sooner' 구문의 문장 구조에 유의한다.

| 해석 | ① 그는 눈을 뜨자마자 가장 듣고 싶지 않은 목소리를 들었다.

② 명반과 황산구리는 샤이카와티의 케트리에서 분해된 편암들로 제조된다.

③ 그 영화는 비평가들의 극찬을 받았고 Paz Vega를 그녀의 아주 뛰어난 연기로 할리우드 스포트라이트에 놓아두었다.

④ 그가 집에 도착하는 데 그렇게 오래 걸리지 않았고, 그는 곧장 그의 총기 캐비닛으로 가서 소총 하나를 꺼냈다.

| 정답해설 | ① 64% 「주어+had no sooner+p.p. ~ than+주어+과거 동사 …」의 구조는 '~하자마자 …하다'의 뜻으로, 'no sooner'가 문두로 이동하는 경우 「No sooner had+주어+p.p. ~ than+주어+과거 동사 …」의 구조가 된다. 여기서는 'than' 이후에 현재완료 'has heard'를 사용하였으므로 틀리다. 'has heard'는 과거 동사인 'heard'가 되어야 한다.

| 오답해설 | ② 15% 현재분사는 수식하는 대상과의 관계가 능동이며, 과거분사는 수동이다. 여기서는 과거분사 'decomposed'와 수식하는 대상 'schists'와의 관계가 수동이므로 옳은 문장이다. '제조된

다(are manufactured)'의 표현도 알맞다.

③ 13% 부사 'critically'가 과거분사 'acclaimed'를 알맞게 수식하고 있으며, '극찬받다'는 수동태 표현도 알맞다.

④ 8% 가주어(It)와 진주어(to get ~), to부정사의 의미상의 주어 (for him) 등이 모두 올바르게 쓰였다.

오답률 21% 下

07 빈칸형 | 독해 > Reading for Writing > 빈칸 구 완성 답 ④

핵심포인트 비상 관리자의 역할과 비상 대응 활동의 연관성을 파악한다.

| 해석 | 비상 관리자의 주된 의무는 권한에 관계없이 관할 지역 시민의 "안전을 보호하고 보존하는" 것이다. 비상 관리자는 비상사태 시 각 기관 간의 운영을 용이하게 하기 위해 비상 대응 기관들과의 관계를 발전시켜야 한다. 비상 관리자의 다음 임무는 비상 대응 활동을 조정하는 것이다. 경찰이나 소방 활동을 지시하는 것은 비상 관리자의 일이 아니나, 두 가지 계획 모두 필요에 따라 시행되도록 하는 것이다. 심각한 허리케인에 의해 요구되는 것과 같은 비상 대응은 경찰, 의료 및 소방서 대응뿐 아니라 ④ 구호 활동, 현장 피해자와 피난민에 대한 지원, 그리고 재건을 포함할 것이다.

① 시민들과 좋은 관계를 유지하는 것

② 국가와 지역 경제에 대한 연구

③ 신문과 텔레비전 같은 미디어에 대해 약간의 정보를 얻는 것

④ 구호 활동, 현장 피해자와 피난민에 대한 지원, 그리고 재건

| 정답해설 | ④ 79% 빈칸 이전 문장에서는 비상 관리자의 역할은 경찰이나 소방 활동이 필요에 따라 시행되도록 하는 것이라고 했다. 비상 대응은 경찰, 의료 및 소방서 대응뿐 아니라 빈칸이 포함될 것이라고 했으므로, 빈칸에는 역시 비상 상황에서의 대응 활동이 나올 것을 알 수 있다. 따라서 빈칸에는 ④ 'relief efforts, assistance to victims on site and evacuees, and reconstruction (구호 활동, 현장 피해자와 피난민에 대한 지원, 그리고 재건)'이 들어가는 것이 가장 적절하다.

| 오답해설 | ①②③ 10% 1% 10% 비상 상황에서의 대응 활동과 관련된 내용이 아니므로 빈칸에 들어갈 말로 적절하지 않다.

| 어휘 |

obligation 의무   preserve 지키다, 보존하다

jurisdiction 관할권, 관할구역   citizenry 시민들, 주민들

facilitate 용이하게 하다   inter-agency 각 기관 간의

coordinate 조정하다, 조직화하다

effort (특정한 성과를 거두기 위한 집단의 조직적인) 활동

implement 시행하다   relief 구호

evacuee 피난민

08 | 빈칸형 | 독해 > Reading for Writing > 빈칸 구 완성   답 ④

핵심포인트   Charles Dickens라는 인물을 소재로 한 빈칸 문제로, 주어진 지문을 통해 가족의 빈곤과 Charles의 관계를 파악하는 것이 중요하다.

| 해석 | Charles Dickens는 1812년 2월 7일 Portsmouth에서 문학에 대한 열렬한 사랑을 가진 무책임하고 앞날을 생각하지 않는 해군 사원인 John Dickens와 그의 아내 Elizabeth의 아들로 태어났다. Charles는 David Copperfield에서 그들을 반어적으로 다정하게 묘사했다. 그가 탐욕스럽게 독서를 했던 Chatham에서의 행복한 어린 시절은 1822년 London으로의 이사와 함께 끝났다. 가족의 빈곤은 어린 Charles가 돈을 벌어야 했다는 것을 의미했고, 그는 검정 구두약 공장에서 병에 라벨을 붙이는 ④ 굴욕적인 해를 보냈다. 이 기간 동안 그의 아버지는 빚으로 투옥되었다. 두 가지 경험 모두 이후의 소설에 영향을 미쳤다. 학교를 마친 후, 그는 국회의 기자이자 정치 칼럼의 작가가 되었다.

① 만족스러운   ② 널리 유행하는
③ 지칠 줄 모르는   ④ 굴욕적인

| 정답해설 | ④ 51% 빈칸이 있는 문장은 가족의 빈곤으로 인해 어린 Charles가 돈을 벌어야 했기에 그는 검정 구두약 공장에서 병에 라벨을 붙이는 해를 보냈다고 했으므로, 빈칸에는 부정적인 의미의 단어가 들어감을 유추할 수 있다. 그러므로 빈칸에 들어갈 단어로 가장 적절한 것은 ④ 'humiliating(굴욕적인)'이다.

| 어휘 |
feckless 무책임한
improvident 앞날을 생각하지 않는, 돈을 되는 대로 쓰는
ironically 반어적으로, 얄궂게도   affectionate 다정한, 애정 어린
portrait 묘사   voraciously 탐욕스럽게
blacking 검정 구두약   imprison 투옥하다
inform 영향을 미치다   parliamentary 의회의, 국회의
journalist 기자   sketch-writer 정치 칼럼의 작가

09 | 빈칸형 | 독해 > Reading for Writing > 빈칸 절 완성   답 ②

핵심포인트   호르몬 불균형의 증상 기저에 있는 원인의 위험을 언급하는 부분을 놓치지 말아야 한다.

| 해석 | 호르몬 불균형은 특정 호르몬이 불충분하게 또는 과도하게 신체에 의해 생성될 때 발생한다. 그리고 호르몬 불균형이 작은 불편으로 나타나거나, 변비 또는 설사, 너무 많은 체중 증가, 전신 열감, 땀, 피로, 그리고 불임과 같은 다른 질환과 흡사하기 때문에, 많은 사람들은 증상을 무시하고 의학적 치료를 강구하지 않는다. 그런데 호르몬 불균형의 가장 위험한 점은 사실 그 증상이 아니라 ② 그것이 나타내는 것이다. 호르몬 불균형의 흔한 원인은 당뇨병에서 갑상선 문제, 선상 문제와 — 악성 또는 양성의 — 가능한 종양에까지의 범위에 이른다. 만일 당신의 몸이 신체 내 화학물질의 변화에 대하여 위에 언급된 그러한 방식으로 반응한다면, 그것은

더 깊은 문제의 징후일 수도 있는데, 만일 치료되지 않고 방치된다면 위험할 수 있다.

① 그것이 유발하는 것   ② 그것이 나타내는 것
③ 그것이 근절하는 것   ④ 그것이 통제하는 것

| 정답해설 | ② 61% 해당 지문은 '호르몬 불균형에 의한 문제점'에 관해 설명하는 글이다. 본문 초반에는 '호르몬 불균형의 증상'에 대해 언급하고 있으며, 빈칸 문장에서는 '이러한 호르몬 불균형의 증상보다 더 위험한 것'을 설명하는 내용이 들어가야 한다. 빈칸 이후 문장에서 'Common causes of a hormonal imbalance range from diabetes to thyroid issues, to glandular issues and possible tumors — either benign or malignant(호르몬 불균형의 흔한 원인은 당뇨병에서 갑상선 문제, 선상 문제와 — 악성 또는 양성의 — 가능한 종양에까지의 범위에 이른다).'라고 언급하며, '호르몬 불균형의 원인'에 대해 언급하고 있으므로, '증상보다 더 심각한 원인'이 호르몬 불균형의 저변에 깔려있을 수 있음을 시사한다. 즉, 증상 그 자체보다 그것이 나타내는 바(원인)가 더 위험하다는 내용이므로, 빈칸에 가장 적절한 표현은 ② 'it may represent(그것이 나타내는 것)'이다.

| 오답해설 | ① 26% 'it'은 '호르몬 불균형'을 가리키고, 빈칸 이후에는 '호르몬 불균형을 유발하는 것(원인)'에 대해 설명되고 있으므로, '호르몬 불균형이 유발하는 것(결과)'이 더 위험하다는 내용은 문맥상 어색하다.

| 어휘 |
present 보이기 시작하다   mimic 모방하다, 흉내내다
constipation 변비   diarrhea 설사
hot flash 일과성[전신] 열감   exhaustion 지침, 피로
infertility 불임   brush off 무시하다
hormonal 호르몬의   diabetes 당뇨병
thyroid 갑상선
glandular (기관·세포가) 선(腺)이 있는[으로 된]
tumor 종양   benign 양성의
malignant 악성의   untreated 치료되지 않은

10 | 지문제시형 | 독해 > Micro Reading > 내용일치/불일치   답 ④

핵심포인트   총기 관련 사망에 언급된 다양한 수치 등의 표현을 정확히 독해하는 것이 관건이다.

| 해석 | 2008년에서 2017년까지 미국에서 342,000명 이상의 사람들이 총에 맞아 사망했는데, 이는 이 국가에서 매15분마다 한 사람이 총으로 죽임을 당한다는 것을 의미한다. 그러나 이곳에서의 총기 폭력 위기는 획일적이지 않다. 총기 폭력의 비율은 그 폭력의 특징 또한 그러하듯이 주마다 매우 다양하다. 어떤 주들은 상대적으로 적은 비율의 총기 관련 살인을 보고하지만 높은 비율의 총기 관련 자살을 보고하는 반면, 다른 주들은 정반대의 경험을 한다. 그럼에도, 다른 주들은 양쪽 모두의 추세를 겪거나 둘 다 겪지 않는데, 이는 범주에 걸쳐 전반적으로 높은 또는 낮은 비율의 총기 폭력을

의미한다. Alaska, Louisiana, Alabama, 그리고 Mississippi 주는 십만 명 당 18건의 총기 사망보다 더 높은 비율을 기록하며 총기 관련 사망의 가장 높은 비율을 보이는 상위 4개 주에 올랐다. 반대로, New York, Rhode Island, Massachusetts, 그리고 Hawaii는 십만 명 당 5건의 총기 사망보다 낮은 비율로 범위의 반대쪽 끝에 자리해 있다.

① 10년 동안 미국에서 30만 명 이상의 사람들이 총에 맞아 죽었다.

② 스스로 자초한 총기 사망의 높은 비율이 반드시 타인에 의해 가해진 총기 사망의 높은 비율과 관련된 것은 아니다.

③ 총기 관련 자살률뿐만 아니라 총기 관련 살해율도 낮은 주들이 있다.

④ Louisiana와 Massachusetts보다 Alabama에서 100,000명 당 더 적은 사람들이 총에 맞아 죽는다.

| 정답해설 | ④ 74% 해당 지문은 '미국의 총기 관련 사망'에 대한 내용이다. 본문 후반 'Alaska, Louisiana, Alabama, and Mississippi rank in the top four for highest rates of gun-related deaths, with rates that are higher than 18 gun deaths per every 100,000 people.'을 통해, Alabama와 Louisiana는 총기 관련 사망 비율이 높은 주임을 알 수 있다. 반면 마지막 문장 'In contrast, New York, Rhode Island, Massachusetts, and Hawaii are at the other end of the spectrum, with rates lower than five gun deaths per every 100,000 people.'에서는 Massachusetts가 총기 관련 사망 비율이 낮은 주'임을 밝히고 있다. 따라서, Massachusetts보다 Alabama에서 100,000명 당 더 많은 사람들이 총격으로 인해 사망한다는 것을 유추할 수 있다. 또한, Louisiana와 Alabama가 모두 높은 총기 사망률을 지닌 주인 것은 언급되었으나, 최상위 4개 주들의 순위는 언급되지 않으므로, 어느 주의 100,000명 당 사망자의 수가 더 많은지는 본문을 통해서는 알 수가 없다. 따라서 글의 내용과 일치하지 않는 것은 '④ Less people per 100,000 are shot to death in Alabama than in Louisiana and Massachusetts (Louisiana와 Massachusetts보다 Alabama에서 100,000명 당 더 적은 사람들이 총에 맞아 죽는다).'이다.

| 오답해설 | ① 5% 첫 번째 문장 'Over 342,000 people were shot to death in the United States from 2008 through 2017(2008년에서 2017년까지 미국에서 342,000명 이상의 사람들이 총에 맞아 사망했는데)'을 통해, 글의 내용과 일치하는 것을 알 수 있다.

② 3% 세 번째 문장 'Some states report relatively low rates of gun-related homicides but high rates of gun-related suicides, while other states have the exact opposite experience(어떤 주들은 상대적으로 적은 비율의 총기 관련 살인을 보고하지만 높은 비율의 총기 관련 자살을 보고한다. 반면, 다른 주들은 정반대의 경험을 한다).'을 통해, 어떤 주는 총기 살해율이 낮고, 총기 자살률이 높은 반면, 어떤 주는 그 반대의 상황임을 알 수 있으므로, 두 부문의 비율이 반드시 비례하는 것은 아니라는 것을 알 수 있다.

③ 18% 본문 중반 'Still others see both or neither trend, meaning overall high or low rates of gun violence across

categories(그럼에도, 다른 주들은 양쪽 모두의 추세를 겪거나 둘 다 겪지 않는데, 이는 범주에 걸쳐 전반적으로 높은 또는 낮은 비율의 총기 폭력을 의미한다).'을 통해, 두 부문 모두 낮은 비율인 주도 존재한다는 것을 알 수 있다.

| 어휘 |
monolithic 획일적인, 통일된   relatively 상대적으로
homicide 살인 (행위)   suicide 자살 (행위)
spectrum 범위, 스펙트럼

오답률 27% 中

11 밑줄형 어휘 > 유의어 찾기   답 ③

핵심포인트   'smoking gun'과 'conclusive evidence'가 유의어 관계인 것을 파악한다.

| 해석 | 이것은 Blair 총리가 하원이나 내각의 어떠한 결정에 앞서 영국을 전쟁에 가담시키는 것에 동의한다는 것을 보여주는 명백한 증거인가?

① 7% 방해   ② 5% 극적인 것
③ 73% 결정적인 증거   ④ 15% 강한 의심

| 정답해설 | 밑줄 친 'smoking gun'은 '명백한 증거'를 의미한다. 따라서 ③ 'conclusive evidence(결정적인 증거, 확증)'와 의미가 가깝다.

오답률 37% 中

12 밑줄형 어휘 > 유의어 찾기   답 ②

핵심포인트   'yield to'와 'give in to'가 유의어 관계인 것을 파악한다.

| 해석 | 자녀가 화를 내게 만들 때 모든 자제력을 잃고 감정의 힘에 굴복하는 사람들이 많다.

① 18% ~에 호소하다
② 63% ~에 굴복하다
③ 9% 고장나다, ~을 무너뜨리다
④ 10% ~에 대한 권리를 주장하다

| 정답해설 | 'yield to'는 '~에 굴복하다'라는 의미로 ② 'give in to'와 유의어 관계이다.

오답률 TOP 2 오답률 60% 上

13 지문제시형 독해 > Macro Reading > 제목   답 ②

핵심포인트   유리에 대한 글의 제목을 묻는 문제로, 미시적 정보보다는 전체가 주는 정보에 집중해야 한다.

| 해석 | "유리가 고체입니까? 아니면 액체입니까?"라는 질문에 대한 명확한 답이 없다. 분자 동력학 및 열역학 면에서, 그것은 매우 점성이 높은 액체, 무정형의 고체라는, 또는 단순히 유리가 액체도 고체도 아닌 또 다른 상태의 물질이라는 다양한 다른 관점들을 정당화하는 것이 가능하다. 차이점은 의미론적이다. 그것의 재료 특

성 면에서 우리는 별다른 이득을 볼 수 없다. 고체와 점성이 높은 액체의 차이에 관한 명확한 정의는 없다. 물질의 모든 그런 단계 또는 상태들은 실제 재료 특성을 이상화한 것들이다. 그럼에도 불구하고, 더 상식적인 관점에서, 일상적인 경험에 따라 유리는 견고하기 때문에 고체로 여겨져야 한다. 유리를 설명하기 위한 "과냉각 액체"라는 용어의 사용은 여전히 계속되고 있지만, 많은 사람들에 의해 피해야 하는 부적절한 명칭으로 여겨진다. 어쨌든, 오래된 창문의 외부 창유리가 유리의 흐름 때문에 변형되었다는 주장은 입증되지 않았다.

① 창문은 한때 액체였다.
② 유리는 고체로 정의되어야 한다.
③ 유리는 그것의 상태에 따라 많은 정의를 가지고 있다.
④ 유리의 특성을 이해하는 것은 불가능하다.

| 정답해설 | ② 40% 유리는 관점에 따라 여러 정의가 있지만, 일상적인 경험에 따라 유리는 견고하기 때문에 고체로 여겨져야 한다는 내용이다. 따라서 ② 'Glass should be defined as a solid.(유리는 고체로 정의되어야 한다.)'가 글의 제목으로 가장 적절하다.

| 오답해설 | ① 2% 마지막 문장에서 오래된 창문의 외부 창유리가 유리의 흐름 때문에 변형되었다는 주장은 입증되지 않았다는 내용이 나오나, 이는 유리가 액체가 아니라는 것을 뒷받침하는 문장이며, 창문(window)에 대한 글도 아니므로 제목으로 알맞지 않다.
③ 52% 다양한 관점에서 유리를 정의할 수 있다고는 했으나, 결국 유리는 고체라는 것이 글의 핵심이므로 글의 제목으로 적절하지 않다.
④ 6% 유리의 특성을 명확히 구분하고 정의하는 것은 중요하지 않지만, 유리가 고체로 여겨져야 한다는 내용이므로 제목이 될 수 없다.

| 어휘 |
in terms of ~ 면에서, ~에 관해서
amorphous 형태가 없는
idealization 이상화(된 것)
unfortunate 부적절한
pane 판유리
molecular dynamics 분자 동력학
semantic 의미의
rigid 단단한
misnomer 부적절한 명칭
substantiate 입증하다

오답률 27% 中

14 지문제시형 독해 > Macro Reading > 요지 답 ③

핵심포인트 영어에서의 축약형 사용에 대한 글의 요지를 묻는 문항으로, 선지 분석에 주의해야 한다.

| 해석 | 간단히 말해서, 축약형은 단어의 짧은 형태이다. 글쓰기에서, 축약형은 당신이 많은 글을 작은 공간 안에 밀어 넣어야 할 때 유용하다. 당신은 또한 문장을 읽기 쉽게 하기 위해 길고 복잡한 구절 대신 그것들을 사용할 수 있다. 축약형에 대해 기억해야 할 한 가지는 특정 축약형들은 격식을 차리지 않는 것으로 간주된다는 것이다. 만약 당신이 매우 격식을 차린 글을 쓰고 있다면, 지나치다 싶을 정도로 설명을 자세히 하는 게 낫다. 기억해야 할 또 다른 것은 어떤 독자들은 축약형이 무엇을 의미하는지 모를 수도 있다는

것이다. 축약형이 모호하거나 익숙하지 않은 경우, 당신이 그것을 처음 사용할 때 반드시 그것이 무엇을 의미하는지 설명하도록 해라.

① 우리는 개인적인 편지나 이메일에서 축약형을 발견할 수 없다.
② 그것들의 다양한 장점 때문에 축약형의 사용이 권고된다.
③ 축약형의 효과적인 사용을 위해 몇 가지 고려사항을 명심해라.
④ 당신은 축약형을 이해하지 못하는 독자들을 위해 글을 쓸 때 그것들을 사용해서는 안 된다.

| 정답해설 | ③ 73% 축약형이 글을 쓸 때 유용하기도 하지만 격식을 차린 글에서는 사용을 자제하는 것이 낫고, 그것들을 이해하지 못하는 독자들을 위해 처음에 그 의미를 설명해야 한다는 등의 주의사항을 말하고 있다. 따라서 ③이 글의 요지로 가장 적절하다.

| 오답해설 | ① 1% 축약형은 격식을 차리지 않는 것으로 간주된다고 했으므로 개인적인 편지나 이메일에서 볼 수 있을 것임을 유추할 수 있다. 따라서 글의 내용과 일치하지 않으며 글의 요지도 될 수 없다.
② 8% 축약형이 글을 쓸 때 유용한 점이 있다고 했지만 권고된다는 내용은 없으므로 글의 요지로 적절하지 않다.
④ 18% 축약형을 이해하지 못하는 독자들을 위해 처음 사용 시 그 의미를 설명해야 한다고 했으므로 글의 내용과 일치하지 않으며 글의 요지도 될 수 없다.

| 어휘 |
abbreviation 축약형, 축약
cumbersome 길고 복잡한
informal 격식을 차리지 않는, 일상적인, 회화체[구어체]의
err on the side of 지나치다 싶은 정도로 ~하다
spell things out 자세히 설명하다
in place of ~ 대신에
obscure 모호한, 이해하기 힘든

오답률 25% 中

15 문장형 문법 > Main Structure > 가정법 답 ③

핵심포인트 가정법 과거의 문장 구조에 유의한다.

| 정답해설 | ③ 75% 우리말 뜻으로 보아 현재 사실의 반대를 나타내는 가정법 과거 문장이 되어야 한다. 즉, 「If + 주어 + 과거시제 동사 ~, 주어 + 과거시제 조동사 + 동사원형 ~.」의 구조가 되어야 하므로, 주절의 'could have come'은 'could come'이 되어야 한다.
참 come(오다) - came - come

| 오답해설 | ① 8% 「another + 단수명사」, to부정사의 부사적 용법(목적)으로 쓰인 'to learn'과 시제 등 모두 알맞다.
② 12% 'declined'가 to부정사 목적어인 'to confess'를 취한 것은 알맞다. 'confess'의 목적절로 온 that절의 쓰임도 알맞다. '풀려나다'를 'be released'의 수동태로 쓴 것 등도 올바르다.
④ 5% 관계대명사 'what'은 선행사를 포함하며, '~하는 것'의 의미로 쓰인다.

평가하기 위해서 더 많은 정보가 필요하다고 했으므로 (A)에는 자율주행 차량의 비용과 이점이 정확하지 않음을 서술하는 표현이 나올 것임을 유추할 수 있다. 그러므로 (A)에는 'hypothetical(가설적인)' 또는 'vague(모호한)'가 들어갈 수 있다. (B)가 포함된 문장 이전에는 자율주행 기술의 장점을 서술하고 있고 (B)가 포함된 문장은 역접의 접속사 'But(그러나)'을 사용하여 이전 문장과 반대의 내용을 서술하고 있다. 그러므로 (B)에는 'automated(자동화된)' 또는 'autonomous(자율의)'가 들어갈 수 있다. 따라서 정답은 ②가 된다.

| 어휘 |

equity 형평법	overarching 대단히 중요한
error-prone 오류 발생이 쉬운	mobilize 동원하다

18 논리형 독해 > Logical Reading > 삭제   답 ④

핵심포인트 삭제를 묻는 문제로, 참고래의 개체수 감소에 관련된 지문 중 '매년 출산'에 대한 서술이 상이함을 인지할 수 있어야 한다.

| 해석 | 1935년 이래로 참고래를 사냥하는 것은 불법이다. 그런데 왜 그들의 수는 적을까? 참고래는 오늘날 다양한 위험에 직면해 있다. 큰 크기와 느린 움직임 때문에 그들은 배와의 충돌과 낚시 도구가 되는 것에 피해를 입기 쉽다. 그들은 또한 오염, 저하된 서식지, 그리고 감소하고 있는 먹이로 고통을 겪는다. 매해 과학자들은 아직 살아있는 참고래 수의 추정치를 수정한다. 개체수는 2010년도에 약 483마리로 최고조에 달했지만, 그때 이후로 개체수는 다시 감소해오고 있다. 그러나 그 수가 너무 적어서 과학자들은 그 개체수의 미래의 규모를 정확하게 예측할 수 없다. ④ 오늘날 암컷은 (1980년대에 3년마다 새끼를 낳는 것과 비교하여) 매년 새끼를 낳고 있는데, 종이 생존하도록 유지하기에 충분히 빠른 속도이다. 개입 없이는, 과학자들은 개체수가 다음 20년 후에 사라질 수 있다고 예측한다.

| 정답해설 | ④ 84% 지문 전체적으로 참고래 개체수 감소에 대해 말하고 있는데 반해, ④는 암컷이 새끼를 더 자주 낳는다는 그와 상반되는 내용이므로 글의 흐름상 가장 어색하다.

| 어휘 |

right whale 참고래	vulnerable to ~에 피해를 입기 쉬운
collide 충돌하다	degrade 저하시키다

19 논리형 독해 > Logical Reading > 삽입   답 ③

핵심포인트 삽입 문제로, 확증편향에 대한 지문의 논리적 흐름을 파악하고 유추할 수 있어야 한다.

| 해석 | 우리는 우리의 견해에 반박하는 정보를 인정하는 것을 왜 어려워할까? 확증편향의 존재에 대해 처음 알게 될 때, 많은 사람들은 그들이 영향을 받는다는 것을 부인한다. 결국, 우리들 대부분은 자신을 지적이고 이성적인 사람으로 본다. 심지어 어떤 것이 사실이 아닌 것으로 판명되었을 때도, 완전히 제 정신인 많은 사람들은

---

16 문장형 문법 > Modifiers > 부정사   답 ④

핵심포인트 to부정사의 한정적 용법과 술목관계에 유의한다.

| 정답해설 | ④ 56% to부정사의 한정적 용법은 명사를 뒤에서 수식하며 수식을 받는 명사와 to부정사의 관계가 술목 관계인 경우 to부정사에 타동사를 사용할 수 있으나 자동사는 전치사와 결합한 경우에만 사용할 수 있다. 'depend'는 완전자동사로, to부정사 'to depend' 뒤에 전치사가 없으므로 틀리다. 따라서 'depend'를 'depend on'으로 고쳐야 한다.

| 오답해설 | ① 23% 여기서 'read'는 '읽다'라는 타동사가 아닌 '쓰여 있다'라는 뜻의 완전자동사로 쓰였다.

② 13% 「instead of+목적어」는 '~ 대신에'라는 뜻으로, 목적어에 명사(구)와 동명사를 사용할 수 있다. 여기서는 목적어로 동명사 'meeting'이 쓰였다. 또한 동명사(meeting)를 부사(directly)가 수식하는 것도 알맞다.

③ 8% 「be on the brink of+목적어」는 '~을 막 하려던 참이다'를 뜻하며 목적어에 명사(구)와 동명사를 쓴다. 여기서는 목적어로 동명사 'finding'이 알맞게 쓰였다.

17 빈칸형 독해 > Reading for Writing > 빈칸 구 완성   답 ②

핵심포인트 자율주행 차량을 소재로 한 빈칸 문제로, 자율주행 차량의 비용과 이점이 정확하지 않다는 것과 그 기술의 단점으로부터 유추할 수 있어야 한다.

| 해석 | 자율주행 차량의 비용과 이점은 여전히 대부분 (A) 가설적이다. 그것들이 운전자, 경제, 형평법, 그리고 환경과 공중 보건에 얼마나 영향을 미치는지 완전히 평가하기 위해서 더 많은 정보가 필요하다. 안전은 대단히 중요한 관심사이다. 미국에서 매년 수천 명의 사람들이 자동차 사고로 사망한다. 소프트웨어가 사람보다 오류 발생이 덜하다고 드러날 수 있어 가설적으로 자율주행 차량이 그 수를 줄일 수 있지만, 사이버 보안은 여전히 주요한 관심사이다. 형평법은 또 다른 주요한 고려사항이다. 자율주행 기술은 노인이나 장애인과 같이 스스로 운전할 수 없는 사람들을 동원하는 데 도움이 될 수 있다. 그러나 (B) 자율 차량의 광범위한 사용은 또한 운전자로 고용된 수백만의 미국인들을 대체할 수 있고, 대중교통 자금 제공에 부정적으로 영향을 미치며, 현재 교통 시스템의 불평등을 영구화할 수 있다.

	(A)	(B)
①	정확한	자동화된
②	가설적인	자율의
③	모호한	수동의
④	정확한	대중의

| 정답해설 | ② 60% (A)가 포함된 문장 이후에는 그것들이 운전자, 경제, 형평법, 환경과 공중 보건에 얼마나 영향을 미치는지 완전히

후속 인지 부조화를 완화시킬 방법을 계속해서 찾는다. 이 중 많은 부분이 인지 일관성에 대한 우리의 필요의 결과이다. 우리는 정보에 의해 폭격을 받는다. 그것은 다른 사람들, 미디어, 우리의 경험, 그리고 다양한 다른 원천으로부터 온다. 우리의 마음은 우리가 노출된 데이터를 암호화하고, 저장하고, 검색하는 수단을 찾아야 한다. 우리는 반박하는 증거를 무시한다. 왜냐하면 그것은 우리의 두뇌에 매우 받아들이기 쉽지 않기 때문이다. ③ 연구에 따르면, 우리는 다른 사람들에 의해 책임이 지워질 때에만 비판적으로 생각하도록 동기 부여된다. 그것은 만약 우리가 다른 사람들에게 우리의 믿음, 감정, 행동을 정당화하도록 요구된다면, 우리는 확증적인 증거에 편향될 가능성이 적다는 것을 의미한다. 이것은 정확하고자 하는 열망보다는, 비논리적인 것으로 인한 부정적인 결과나 조롱을 피하고 싶어하는 것의 결과이다. 사회적 소외감을 피하기 위해 다른 사람들의 신념의 편을 들 때처럼 증거를 무시하는 것은 도움이 될 수 있다.

| 정답해설 | ③ 66% 주어진 문장은 우리가 다른 사람들에 의해 책임이 지워질 때에만 비판적으로 생각하도록 동기 부여된다는 내용이다. ③ 이후의 'That means ~'는 앞의 문장을 다시 풀어 설명하는 표현으로, 이후 내용은 주어진 문장과 같은 맥락을 가지고 있으므로 주어진 문장이 들어갈 가장 적절한 곳은 ③이다.

| 어휘 |

be held accountable 책임을 지다	mitigate 완화시키다
dissonance 충돌	bombard 퍼붓다
unpalatable 받아들이기 쉽지 않은	derision 조롱, 조소

오답률 26% 中

20 논리형 독해 > Logical Reading > 배열   답 ③

핵심포인트   배열 문항으로, Jacob L. Moreno의 심리극을 설명하는 지문에 대한 논리적 흐름을 파악한다.

| 해석 | Jacob Levy Moreno는 심리극이라 불리는 치료를 개발했던 20세기 정신과 의사였다. 그는 비엔나 대학에서 의학을 공부하고 1917년에 학위를 받았다. 학교에 있는 동안 Moreno는 Sigmund Freud의 이론들과 명백히 다른 치료 경험에 대한 자신만의 이론들을 개발하기 시작했다.

(B) Moreno는 의뢰인의 과거를 분석하기보다는 대인관계를 통해서 현재와 미래에 주력하는 것을 선호했다. 극작품에 대한 Moreno의 관심은 그가 심리극 기법을 개발하도록 이끌었다.

(C) 심리극 활동은 주로 주인공이라고 불리는 한 사람에게 초점이 맞추어진다. 주인공의 행동을 잘 보여주는 것과 역할을 바꾸는 것과 같은 기법들은 참가자들이 다른 사람들의 행동과 느낌뿐 아니라 그들 자신의 행동과 느낌을 더 잘 이해하도록 도와주는 데 사용된다.

(A) 무엇보다도, Moreno는 심리극 장면 내에서 즉흥적임과 피드백을 강조했다. Moreno는 즉흥적임과 창조성이 인류 진화를 앞으로 나아가게 했다고 믿었다. 그는 사랑과 상호관계가 집단 속에서 삶의 주요 요소들이며 한 사람의 집단 구성원들 속에서 신

뢰는 문화적 삶에서 중대한 역할을 한다고 주장했다.

| 정답해설 | ③ 74% 주어진 글은 정신과 의사였던 Jacob L. Moreno가 Sigmund Freud와는 명백히 다른 자신만의 이론들을 개발하기 시작했다는 내용이다. 따라서 Sigmund Freud의 이론과는 다른 Moreno의 이론의 특징이 나오는 (B)가 먼저 오는 것이 가장 자연스럽다. (B)의 마지막에 Moreno가 심리극 기법을 개발했다고 했으므로, 이를 이어 심리극의 특징이 나오는 (C)가 이어지는 것이 알맞다. 이후에는 연결사 'Above all things(무엇보다도)'를 사용하여 심리극 안에서 Moreno가 특히 강조했던 부분에 대한 부연설명이 나오는 (A)가 오는 것이 가장 자연스럽다. 따라서 정답은 ③이다.

| 어휘 |

psychiatrist 정신과 의사	psychodrama 심리극
therapeutic 치료상의, 치료법의	distinctly 뚜렷하게, 명백하게
spontaneity 즉흥적임	seminal 중대한
interpersonal 대인관계에 관련된	protagonist 주인공

9급공무원 공개경쟁채용 필기시험

14회 난이도	中
14회 합격선	17개/20개

회차	유형매칭
14	2017 지방직 9급

14회차 핵심페이퍼

문번	정답	개념	꼭 짚고 넘어가야 하는 핵심포인트!
01	④	생활영어	대화 지문을 통해 주어진 상황을 파악하고 B가 하려는 말을 유추할 수 있어야 한다.
02	④	생활영어	대화를 통해 'caught between two stools'를 유추할 수 있는지 묻는 문제이다.
03	②	어휘	'extraneous'와 'unrelated'가 유의어 관계인 것을 파악한다.
04	②	어휘	'ward off'와 'stave off'가 유의어 관계인 것을 파악한다.
오답률 TOP 1 05	②	어휘	'plausible'과 'specious'가 유의어 관계인 것을 파악한다.
06	③	문법	완전타동사 'continue'의 문장 구조에 유의한다.
07	②	문법	보어 도치 시 주어로 쓰이는 품사에 따라 어순이 달라짐을 유의한다.
08	④	독해	Ahmed의 부당한 체포에 대한 이야기를 다룬 글로, 지문 자체는 어렵지 않으나 내용일치 문항인 만큼 꼼꼼한 독해가 필요하다.
09	②	독해	Martin Luther가 쓴 작품의 인기와 확산에 대한 지문 중 Luther의 작품에 대한 박해라는 문맥과 서술이 상이함을 인지할 수 있어야 한다.
10	④	독해	Jean Baptiste Joseph Fourier라는 인물을 소재로 한 내용불일치 문제로, 지문 파악에 주의해야 한다.
11	②	독해	'결정'에 관련된 지문의 논리적 흐름을 파악하고 유추할 수 있어야 한다.
12	②	독해	남아프리카의 수공예품에 대한 글의 제목을 묻는 문제로, 미시적 정보보다는 전체가 주는 정보에 집중해야 한다.
13	③	문법	주격 관계대명사절 동사의 수일치와 「the+형용사」는 일반적으로 복수 취급함에 유의한다.
오답률 TOP 3 14	④	문법	관용표현 'make up'과 'make out'을 구분할 수 있어야 한다.
오답률 TOP 2 15	②	어휘	'squalid'를 알고 있는지 묻는 문제이다.
16	④	독해	성운을 설명하는 지문으로, 성운과 중력의 연관성을 파악하는 것이 중요하다.
17	②	독해	배열 문항으로, 생체 자기 제어에 대한 지문의 논리적 흐름을 파악한다.
18	①	독해	건강 상태와 의료 비용의 관계에 대한 글의 요지를 묻는 문항으로, 선지 분석에 주의해야 한다.
19	④	독해	긴급상황실이라는 소재를 다룬 지문으로, 긴급상황실의 통신과 관련된 내용이 옴을 유추할 수 있어야 한다.
20	②	독해	광대 목격 사건이라는 소재를 다루고 있는 글로, 지문 및 선택지 파악에 주의해야 한다.

※ [오답률/선택률] 산정 기준: 2020.02.11. ~ 2022.12.30. 기간동안 응시된 1초 합격예측 서비스의 누적 데이터
※ [오답률] TOP 1, 2, 3은 많은 응시생들이 헷갈린 문항이므로 꼭 확인하고 넘어가시기 바랍니다.

01	④	02	④	03	②	04	②	05	②
06	③	07	②	08	④	09	②	10	④
11	②	12	②	13	③	14	④	15	②
16	④	17	②	18	①	19	④	20	②

※ 上 中 下 는 문항의 난이도를 나타냅니다.
※ 50% 는 선지별 선택률을 나타냅니다.

오답률 22% 下

01 빈칸형 생활영어 > 회화/관용표현 답 ④

핵심포인트 대화 지문을 통해 주어진 상황을 파악하고 B가 하려는 말을 유추할 수 있어야 한다.

| 해석 | A: 요즘 책 한 권을 읽고 있어. 아주 흥미로워.

B: 뭐에 관한 건데?

A: 작가는 어떻게 하면 위기에서 살아남을까에 대해 얘기해.

B: 알았어. 작가의 비법을 말해봐.

A: 그는 믿음과 사랑을 제시해. 당신의 가능성을 믿고 다른 사람을 섬겨라.

B: 말이야 쉽지. 근데 너도 알지만 그걸 이룬다는 건 쉽지 않아.

A: 아마도. 근데 작가는 빈털터리에서 백만장자가 됐어.

B: 사람은 단순한 결심만으로 바뀌지 않아. ④ 표범이 제 점을 못 바꾼다고.

① 돌다리도 두드려 보고 건너라

② 각인각색이다

③ 양보하는 것은 좋은 예절이다

④ 표범이 제 점을 못 바꾼다(사람은 쉽게 바뀌지 않는다)

| 정답해설 | ④ 78% A는 B에게 자신이 요즘 읽고 있는 책을 소개하고 있다. 저자가 말한 위기를 극복하는 방법에 대해 설명하자 B는 사람은 결심만으로는 변하지 않는다며 회의적인 태도를 보이고 있다. 따라서 빈칸에 들어갈 적절한 말은 ④ 'A leopard cannot change his spots(표범이 제 점을 못 바꾼다)'이다.

| 오답해설 | ① 8% 'Look before you leap'은 '돌다리도 두드려보고 건너라'는 뜻으로 신중한 태도와 사람이 바뀌는 것과는 관련이 없다.

② 9% 'Everyone to his taste'는 각자의 취향이 있음을 강조하는 표현이다. 보편적인 사람들의 태도를 말하고 있으므로 적절하지 않다.

③ 4% 'After you' is good manners는 양보의 미덕에 대한 격언이다. 변화의 가능성은 이와 관련이 없다.

| 어휘 |

survive ~에서 살아남다　　　　spell out 말하다

Talk is cheap 말은 쉽다　　　　mere 단지 ~에 불과한, 단순한

resolution 결심

오답률 21% 下

02 빈칸형 생활영어 > 회화/관용표현 답 ④

핵심포인트 대화를 통해 'caught between two stools'를 유추할 수 있는지 묻는 문제이다.

| 해석 | A: 안녕, Brad? 뭐 보고 있어?

B: 안녕, Sam. 대학교 책자들 보고 있었어.

A: 뭐 생각해둔 것 있어?

B: 전공으로 과학을 공부하고 싶어.

A: 멋지다. 어떤 과학 분야가 좋아?

B: 내 적성은 천문학이야. 근데 취업을 고려하면 공학이 최선이야.

A: 네가 주도적이 돼야 해. 환경이 너를 지배하게 하지 마.

B: 근데 결정을 못하겠어. 나는 아직 ④ 둘 사이에서 갈등 중이야.

A: 학과 사무실에 가보지 않을래? 정보가 결정을 내리는 데 도움을 줄 거야.

① 선례를 따르는, 남하는 대로 따라하는

② 위아래가 바뀐, 거꾸로

③ 보복하는

④ 둘 사이에서 갈등 중인

| 정답해설 | ④ 79% B는 대학 전공으로 천문학과 공학 중에 고민하고 있다. 그러자 A는 학과 사무실을 방문해서 정보를 얻으면 두 선택 사이의 팽팽한 대치가 사라질 것(break the tie)이라고 조언한다. 그러므로 B가 했을 가장 적절한 말은 둘 사이에서 갈등 중이라는 ④이다.

| 어휘 |

browse 훑어보다　　　　　　aptitude 적성

be in the driver's seat 주도권을 갖다

break a tie 동점을 깨다

be caught between two stools 둘 사이에서 갈등하다

오답률 44% 中

03 밑줄형 어휘 > 유의어 찾기 답 ②

핵심포인트 'extraneous'와 'unrelated'가 유의어 관계인 것을 파악한다.

| 해석 | 보고서에 관련 없는 정보가 너무 많이 있어서 가치 있는 것과 쓸모없는 것을 걸러내는 것이 불가능했다.

① 2% 고대의　　　　　　　② 56% 관계없는

③ 24% 복잡한　　　　　　　④ 18% 저승의, 내세의

| 정답해설 | 'extraneous'는 '관련 없는, 관계없는'이라는 뜻으로 ② 'unrelated(관계없는)'와 그 의미가 가장 가깝다.

04 밑줄형 어휘 > 유의어 찾기 답 ②

핵심포인트 'ward off'와 'stave off'가 유의어 관계인 것을 파악한다.

| 해석 | 세상의 어떤 지역에서 부적은 종종 나쁜 힘을 피하는 데 사용되었다.

① 9% 전송하다
② 72% ~을 늦추다, 피하다
③ 13% ~을 초월하다
④ 6% ~을 우연히 만나다

| 정답해설 | 'ward off'는 '~을 피하다, 막다'의 의미로 ② 'stave off(~을 늦추다, 피하다)'와 유의어 관계이다.

05 밑줄형 어휘 > 유의어 찾기 답 ②

핵심포인트 'plausible'과 'specious'가 유의어 관계인 것을 파악한다.

| 해석 | 아이디어 그 자체에 관해서는 근본적인 차이와 본질적인 동일함의 공존에 대한 이유가 굉장히 그럴듯해 보인다.

① 30% 잘 팔리는, 값이 적당한
② 32% 허울만 그럴 듯한
③ 17% 평화를 좋아하는, 온순한
④ 21% 논란이 많은

| 정답해설 | 'plausible'은 '타당한 것 같은, 그럴듯한'의 의미를 가지며 ② 'specious (허울만 그럴 듯한)'와 유의어 관계이다.

06 문장형 문법 > Main Structure > 동사 답 ③

핵심포인트 완전타동사 'continue'의 문장 구조에 유의한다.

| 해석 | ① 선수들이 여전히 관중들을 끌어 모으는 PGA Champions Tour가 해당이다.
② 이번 여론 조사에서 Donald Trump 대통령은 대통령으로서 그의 두 번째 해에 19퍼센트를 얻었다.
③ 그 다음에 그들은 가스 불을 높이고 기름에서 콩을 계속 볶았다.
④ 만약 당신이 Blake만큼 집착한다면, 당신은 잠시 쉬어야 할 필요가 있을지도 모른다.

| 정답해설 | ③ 55% 'continue'는 완전타동사의 경우 목적어로 명사, 동명사, to부정사를 가진다. 여기서는 'coutinued'가 목적어 'fry'를 갖기 위해서는 'continued to frying'을 'continued frying'(동명사 목적어)으로 바꾸거나 'continued to fry'(to부정사 목적어)로 바꿔야 한다.

| 오답해설 | ① 5% 관계부사 'where' 뒤의 문장이 완전하므로 알맞은 문장이다. 선행사 'the PGA Champions Tour'를 상황의 개념으로 보고 관계부사 'where'을 쓴 것도 알맞다. 'where'는 물리적 장소 외에 추상적 장소, 상황, 사건 등에도 사용될 수 있다.

② 12% 'during'은 전치사로, 목적어에 특정 기간을 나타내는 명사(구)를 사용한다. 여기서는 목적어에 특정 기간을 나타내는 명사구 'his second year'가 알맞게 왔다.

④ 28% 「as+원급+as」는 원급 비교구문으로, 원급에 형용사, 부사, 분사를 사용할 수 있다. 여기서는 원급에 과거분사 'obsessed'가 쓰인 옳은 문장이다.

07 문장형 문법 > Balancing > 강조와 도치 답 ②

핵심포인트 보어 도치 시 주어로 쓰이는 품사에 따라 어순이 달라짐을 유의한다.

| 해석 | ① 아무것도 Psychic Tipster에서 나온 것으로 확인된 방법의 성공적인 행적에 근접하지 못했다.
② 이러한 장점들 중 주된 것은 최초 메시지와 이야기가 처음 표현되는 방식을 조절하는 능력이다.
③ 그것은 미래 개발을 위한 Corporate Boulevard의 새 부분을 따라 두 개의 다른 부지를 남겨 둔다.
④ 서로 싸우는 것은 문제를 일으키는 사람들의 손 안에서 놀아나게 되는 것일 뿐이었다.

| 정답해설 | ② 55% 보어가 문두로 도치 시 주어에 일반명사가 쓰이는 경우 「동사+주어」의 의문문 어순을 사용하며, 주어에 대명사가 쓰이는 경우 「주어+동사」의 평서문 어순을 사용한다. 여기서는 주어가 일반명사 'the ability'이고 보어 'chief ~ advantages'가 문두로 도치한 문장으로 「동사+주어」의 어순인 'is the ability'를 사용하였으므로 옳은 문장이다. 'to control ~ framed'는 'the ability'를 수식하는 to부정사구이다.

| 오답해설 | ① 15% 'as'는 전치사의 경우 목적어로 명사(구)와 동명사를 쓰거나, 또는 as 이후를 보어로 보아 현재분사로도 사용할 수 있으나 to부정사는 사용할 수 없다. 여기서는 전치사 'as' 뒤에 목적어에 to부정사인 'to come'을 사용하였으므로 틀리다. 따라서 'to come'을 동명사 또는 현재분사 형태인 'coming'으로 고쳐야 한다.

③ 13% 형용사 'other'는 「수사+other+복수명사」의 구조를 사용할 수 있으며 한정사 'another'는 「another+수사+복수명사」의 구조로 사용한다. 여기서는 수사와 복수명사 사이에 'another'가 쓰였으므로 틀린 문장이다. 따라서 'another'를 'other'로 고쳐야 한다.

④ 17% 'play into the hands of'는 관용표현으로 '~의 손에 놀아나다'를 뜻한다. 따라서 'hand'를 'hands'로 고쳐야 한다.

08 [지문제시형] 독해 > Micro Reading > 내용일치/불일치 답 ④

핵심포인트 Ahmed의 부당한 체포에 대한 이야기를 다룬 글로, 지문 자체는 어렵지 않으나 내용일치 문항인 만큼 꼼꼼한 독해가 필요하다.

| 해석 | Barack Obama 대통령은 학교 숙제로 만든 시계 때문에 체포가 된 Texas의 그 학생을 백악관으로 초대했다. 선생님들은 14살인 Ahmed Mohamed가 집에서 만든 폭탄을 학교로 가져왔다고 믿었다. 경찰은 Ahmed를 몇 시간 동안 심문했고 후에 그것이 모두 실수라는 것을 깨달았다. 후에 Ahmed의 이야기는 인터넷 상에서 입소문이 나게 되었다. Obama 대통령은 Twitter에 "우리는 너와 같은 아이들이 과학을 좋아하도록 더 영감을 주어야 한다. 이것이 미국을 위대하게 만드는 것이다."라고 게시했다. Ahmed의 체포는 이슬람 공포증과 어떻게 사람들이 이슬람 교도들을 취급하는지에 대해 초점을 맞추게 되었다. Ahmed는 그의 종교 때문에 학교에 있는 아이들이 그를 '테러리스트'라고 부른다고 말했다. 그는 경찰이 그가 범죄자이자 테러리스트라고 느끼게 만들었다고 덧붙였다. 그의 학교는 심지어 그를 정학시켰다. 그러나 Twitter는 그에게 수습 계약을 제안했고 Google은 그를 과학 박람회에 초대했다. Facebook의 최고경영자인 Mark Zuckerberg는 "미래는 Ahmed와 같은 사람의 것이다."라고 말했다.
① Mark Zuckerbeg는 Ahmed에게 과학 박람회의 초대장을 제공했다.
② 미국 사람들은 자신들을 위대하게 만드는 과학을 좋아하도록 Ahmed에게 영감을 주었다.
③ Barack Obama 대통령은 이슬람 공포증을 앓고 있는 이슬람 학생을 초대했다.
④ Ahmed의 이야기는 이슬람 교도들에 대한 차별 대우에 재조명을 했다.

| 정답해설 | ④ 64% Ahmed의 부당한 체포에 대한 이야기가 인터넷에 퍼졌고 대통령부터 Facebook의 최고경영자까지 각종 인사들이 Ahmed의 이야기를 통해 이슬람 교도들에 대한 차별 대우를 재조명하고 있음을 알 수 있다. 따라서 일치하는 것은 ④이다.

| 어휘 |
go viral 입소문이 나다　　　　Islamophobia 이슬람 공포증
suspend 정학시키다　　　　　training contract 수습 계약

09 [논리형] 독해 > Logical Reading > 삭제 답 ②

핵심포인트 Martin Luther가 쓴 작품의 인기와 확산에 대한 지문 중 Luther의 작품에 대한 박해라는 문맥과 서술이 상이함을 인지할 수 있어야 한다.

| 해석 | 1500년대 초 Martin Luther의 작품 사본에 대한 수요는 유럽 전역에서 엄청나게 높았다. 1518년과 1521년 사이에 그의 작품 100편에 대해 자그마치 800판이 여러 언어로 출간되었다.

② Luther의 작품은 검열을 당했고 그의 신봉자들은 천주교회에 의해 유럽 곳곳에서 박해를 받았다. 인쇄기의 발명 덕분에 그의 설교, 교화용 소책자와 박력있는 논증법의 사본들을 대중들이 모두 접할 수 있게 되었다. 대량 생산이 없었다면 유럽 전역에서 Luther의 인기와 영향력은 그토록 대단하지 않았을 것이다.

| 정답해설 | ② 69% Martin Luther의 작품의 인기와 인쇄기를 통한 확산에 관한 내용이다. ②는 Luther의 작품이 검열을 받고 그의 신봉자들이 억압받았다는 내용으로, 흐름상 적절하지 않다.

| 어휘 |
censor 검열하다　　　　　　　adherent 지지자
persecute 박해하다　　　　　　sermon 설교
polemics 논증법

10 [지문제시형] 독해 > Micro Reading > 내용일치/불일치 답 ④

핵심포인트 Jean Baptiste Joseph Fourier라는 인물을 소재로 한 내용불일치 문제로, 지문 파악에 주의해야 한다.

| 해석 | Jean Baptiste Joseph Fourier는 프랑스의 수학자이자 물리학자였다. 그가 여덟 살 때 아버지가 사망했고, 이러한 비극이 있은 지 일 년도 안 되어 그의 어머니가 돌아가시며 그를 고아로 남겨 놓았다. 한 자비로운 여인은 그가 지역의 군사학교에 다니는 것을 도와주었다. 그는 장교가 되고 싶었지만 그가 재단사의 아들이라는 이유 때문에 허용되지 않았다. 1795년 그는 파리 Ecole Normale의 교사가 되었다. 혁명 후 광란의 기간 동안, 그는 단두대의 사용을 반대한다는 의견을 공개적으로 밝혔는데, 그것 때문에 그는 거의 목숨을 잃을 뻔하였다. Napoleon이 1798년 이집트를 침공했을 때, Fourier와 다른 학자들은 그 원정에 함께했다. 프랑스에 돌아왔을 때 Fourier는 열 전도에 대한 연구를 시작했다. 열 전도에 대한 그의 수학적 이론은 그에게 지속적인 명성을 얻게 해 주었다. 이집트에 머무는 동안 그는 이상한 질병에 걸려서 남은 생애 동안 더운 방 안에 갇혀 살아야만 했다. 1830년 5월 16일 Fourier는 파리에서 사망했다.
① 그는 출생 신분 때문에 장교가 될 수 없었다.
② 그는 단두대에 대한 반대로 목숨을 잃을 뻔했다.
③ 열 전도에 대한 그의 연구는 그에게 명성을 가져다주었다.
④ 그는 프랑스로 돌아온 후에 이상한 질병에 걸렸다.

| 정답해설 | ④ 88% Fourier는 이집트에 머무는 동안 병에 걸렸으므로 프랑스로 돌아온 후에 병에 걸렸다는 ④는 글의 내용과 일치하지 않는다.

| 어휘 |
pass away 사망하다　　　　　　frenzy 광란
speak out 공개적으로 이야기하다　expedition 원정, 모험
heat conduction 열 전도　　　　contract 병에 걸리다
confine 가두다

11 [논리형] 독해 > Logical Reading > 삽입 　답 ②

핵심포인트　'결정'에 관련된 지문의 논리적 흐름을 파악하고 유추할 수 있어야 한다.

| 해석 | 나이 든 성인은 종종 젊은 성인들보다 결정을 내리는 데 더 많은 시간이 걸린다. 그러나 그것은 그들이 덜 똑똑하다는 것을 의미하지는 않는다. Ohio 주립대학의 연구에 따르면, 나이 든 성인의 더 느린 반응 시간은 속도보다 정확성을 더 중요하게 여기는 것과 관련이 있다고 한다. Journal of Experimental Psychology: General에 최근 게재된 그 연구에서, 대학생 나이 정도의 학생들과 60~90세의 성인들이 단어 인지와 기억에 대해 시간 제한을 둔 시험을 치렀다. ② 모든 참가자들이 동등하게 정확했지만, 더 나이 든 그룹은 더 느리게 반응했다. 하지만 연구자들이 그들에게 더 빨리 하도록 장려했을 때 그들은 정확성을 상당히 희생시키지 않으면서도 젊은 사람들의 속도를 따라갈 수 있었다. "많은 단순한 일에서 나이 든 사람들은 그들의 결정을 내리기 위해 더 많은 증거들을 요구하려고 마음먹기 때문에 더 많은 시간이 걸립니다."라고 공동저자인 Roger Ratcliff는 말한다. 그가 말하기를, 나이 든 사람이 속도를 요구하는 일에 직면했을 때, 더 빨리 하려는 의식적인 노력이 종종 효과를 낼 수 있다.

| 정답해설 | ② 76% 주어진 문장은 대학생 나이의 학생들과 나이 든 사람들이 치른 시험의 결과이므로 ②에 오는 것이 가장 적절하다.

| 어휘 |
have more to do with ~와 더 관련 있다
prize 귀하게 여기다　　　　　　　recognition 인식
match ~와 동등하게 하다　　　　　do the trick 효과가 있다

12 [지문제시형] 독해 > Macro Reading > 제목 　답 ②

핵심포인트　남아프리카의 수공예품에 대한 글의 제목을 묻는 문제로, 미시적 정보보다는 전체가 주는 정보에 집중해야 한다.

| 해석 | 남아프리카를 방문하는 여행객들은 의심할 여지 없이 수많은 공예품들이 골동품 시장이나 거리의 모퉁이에서 판매되고 있는 것을 보게 될 것이다. 이 수공예품들은 남아프리카 예술가들의 창조성을 보여준다. 전통적인 돌이나 나무에서 만들어진 조각품들, 구슬, 천, 점토를 사용한 조각품뿐만 아니라 병 뚜껑, 맥주 캔, 전화선으로 만들어진 작품들도 있다. 몇몇 공예가들은 화려한 색깔의 혼응지 항아리를 만들기 위해 음식 캔에 붙어 있는 라벨을 이용하기도 한다. 자동차, 오토바이 그리고 심지어 실제로 작동하는 라디오에서 볼 수 있는 철사도 또 다른 선호되는 표현 수단이다.
① 남아프리카에서의 관광
② 남아프리카 공예가들의 기발한 재주
③ 남아프리카의 골동품 시장
④ 남아프리카 예술의 브랜드화

| 정답해설 | ② 60% 남아프리카 예술가들의 많은 수공예품과 그 재료들을 나열하며 그들의 뛰어난 손재주를 보여주는 글이므로, ② '남아프리카 공예가들의 기발한 재주'가 글의 제목으로 가장 적절하다.

| 어휘 |
craft 공예품　　　　　　　　　　curio market 골동품 시장
handiwork 수공예품　　　　　　　carving 조각, 조각품
ingenuity 기발함, 독창성

13 [문장형] 문법 > Balancing > 일치 　답 ③

핵심포인트　주격 관계대명사절 동사의 수일치와 「the+형용사」는 일반적으로 복수 취급함에 유의한다.

| 정답해설 | ③ 61% 「the+형용사」는 '~한 사람들'로 해석하며 복수 취급한다. 여기서는 이에 해당하는 'the world's hungry'가 관계대명사 'who'의 선행사로 쓰였으므로, 단수동사 'suffers'는 복수동사 'suffer'로 고쳐야 한다.

| 오답해설 | ① 7% 'much'는 강조 부사로 쓰인 경우 형용사와 부사의 비교급을 수식할 수 있다. 여기서는 'much'가 형용사 비교급 'better'를 알맞게 수식하고 있다.

② 6% 「be used to+동명사」는 관용표현으로 '~하는 데 익숙하다'의 의미이다. 여기서는 동명사 'being'이 알맞게 쓰였고 동물이나 사물을 선행사로 갖는 주격 관계대명사 'which'의 쓰임도 알맞다.

④ 26% 현재분사는 수식하는 대상과의 관계가 능동이며, 과거분사는 수동이다. 여기서는 현재분사 'suffering'과 수식하는 대상 'different men and women'과의 관계가 능동이므로 옳은 문장이다.

14 [문장형] 문법 > Main Structure > 동사 　답 ④

핵심포인트　관용표현 'make up'과 'make out'을 구분할 수 있어야 한다.

| 정답해설 | ④ 34% 'make up'은 관용표현으로 '~을 만들다, 구성하다'를 뜻하며 'make out'은 '~을 알아듣다, 이해하다'를 뜻한다. 여기서는 우리말 해석이 '~을 알아듣다'이므로 'make up'을 'make out'으로 고쳐야 한다.

| 오답해설 | ① 10% 'at the eleventh hour'는 관용표현으로 '마지막 순간에, 막판에'를 뜻하므로, 주어진 우리말과 일치하는 옳은 문장이다.

② 41% 'in the wake of'는 관용표현으로 '~에 뒤이어, ~을 좇아서'의 의미로, 주어진 우리말과 일치한다.

③ 15% 「since+주어+과거시제 동사」는 시간의 부사절로, 주절에는 현재완료를 사용한다. 여기서는 주절의 시제 'has been'과 'since'절의 시제 'failed'는 알맞게 쓰였다.

15 [빈칸형] 어휘 > 빈칸 완성 답 ②

핵심포인트 'squalid'를 알고 있는지 묻는 문제이다.

| 해석 | 수천 명의 난민들과 이주민들이 눈이 예상되는 Dunkirk의 진흙투성이의 캠프에서 ② 지저분한 상태로 살아가고 있다.

① 26% 서투른
② 32% 지저분한
③ 15% 오점 하나 없는, 깨끗한
④ 27% (사람이) 풀이 죽은, 낙담한

| 정답해설 | 진흙투성이의 캠프에서 살아가고 있으므로 정리가 되지 않은 더러운 상태일 것이다. 따라서 빈칸에는 ② 'squalid(지저분한)'가 가장 적절하다.

16 [빈칸형] 독해 > Reading for Writing > 빈칸 구 완성 답 ④

핵심포인트 성운을 설명하는 지문으로, 성운과 중력의 연관성을 파악하는 것이 중요하다.

| 해석 | 우리가 살고 있는 은하는 성운이라고 불리는 가스와 먼지의 거대한 구름을 포함하는데, 성운은 오래된 별의 남겨진 부분들, 많은 수소, 그리고 약간의 헬륨으로 이루어진다. 성운은 별이 될 가능성을 갖는다. 중력이 가스와 먼지 구름을 서로 당길 때, 그것은 중심부가 매우 뜨거운 밀도 높은 공으로 ④ 수축한다. 이 밀도 높은 공 모양 덩어리는 원시성이라 불리며, 그것이 별의 일생의 시작 단계이다.

① 급증한다　　　　② 폭발한다
③ 괴롭힌다　　　　④ 수축한다

| 정답해설 | ④ 72% 'gravity pulls a cloud of gas and dust together(중력이 가스와 먼지 구름을 서로 당기다)', 'a dense ball with a very hot center(중심부가 매우 뜨거운 밀도 높은 공)'라는 표현에서 ④ 'contracts(수축한다)'가 빈칸에 가장 적절함을 유추할 수 있다.

| 어휘 |
nebulae nebula(성운)의 복수형　　　leftover 남겨진
dense 밀도가 높은　　　　　　　protostar 원시성

17 [논리형] 독해 > Logical Reading > 배열 답 ②

핵심포인트 배열 문항으로, 생체 자기 제어에 대한 지문의 논리적 흐름을 파악한다.

| 해석 | 생체 자기 제어는 주로 동일한 시스템의 활동에 대한 정보를 제공하는 기구를 사용하여 많은 생리학적 기능에 대한 더 높은 인식을 얻는 과정으로, 그것들을 마음대로 조작할 수 있다는 목표를 가지고 있다.

(B) 조절될 수 있는 작용들 중 일부는 뇌파, 근긴장, 피부 전도성, 심박동수, 그리고 통증 인식을 포함한다. 생체 자기 제어에서, 당신은 전기 감지기들에 연결된다.

(C) 그것들은 당신이 신체에 대한 정보를 받도록 돕는다. 이러한 생체 자기 제어는 건강 및 종종 생각, 감정, 행동의 변화와 결합하여 발생하는 생리학적 변화를 개선하기 위해 사용될 수 있다.

(A) 결국, 이러한 변화들은 생체 자기 제어를 연습하기 위해 반드시 요구되는 장비는 없기 때문에 추가 장비의 이용 없이 유지될 것이다.

| 정답해설 | ② 82% 주어진 문장은 생체 자기 제어 과정의 정의와 그것의 목표(기능들을 조작하는 것)를 설명하고 있다. 따라서 주어진 문장 뒤에는 이 목표를 'Some of the processes that can be controlled(조절될 수 있는 작용들 중 일부)'로 받아 서술하는 (B)가 이어지는 것이 가장 적절하다. (B)는 후반부에 생체 자기 제어에서는 사람이 전기 감지기들(electrical sensors)에 연결된다고 했는데, 이를 'They(그것들)'로 받아 서술하는 (C)가 이어지는 것이 알맞다. (C)는 후반부에 생체 자기 제어는 생리학적 변화 등을 개선하기 위해 사용될 수 있다고 했는데, 'Eventually(결국)'로 시작하며 이러한 변화를 'these changes(이러한 변화들)'로 이어받아 글을 마무리 하는 (A)가 이어지는 것이 적절하다. 따라서 ② (B) − (C) − (A)가 주어진 문장 다음에 이어질 글의 순서로 가장 적절하다.

| 어휘 |
biofeedback 생체 자기 제어　　　awareness 의식, 자각, 인식
physiological 생리적인　　　　　manipulate 조종[조작]하다
at will 마음대로　　　　　　　conductance 전도성

18 [지문제시형] 독해 > Macro Reading > 요지 답 ①

핵심포인트 건강 상태와 의료 비용의 관계에 대한 글의 요지를 묻는 문항으로, 선지 분석에 주의해야 한다.

| 해석 | 단순히 더 건강한 사람들이 일반적으로 더 오래 살 것이기 때문에 "아이러니하게도, 아주 좋은 건강 상태는 사실 개인의 일생 동안의 의료 비용을 증가시킬 수 있다."라고 수요일에 발표된 보고서는 말한다. 예를 들면, Empower는 제2형 당뇨병을 앓고 있는 65세의 남성이 약 88,300달러를 의료 비용으로 축적해야 하는 반면, 건강한 상태의 사람은 143,800달러를 축적해야 한다고 추정했다. 그 이유는 당뇨병을 가지면 그의 기대 수명은 78세이나 건강 상태가 좋은 65세 남자는 87세이기 때문이다. 이러한 수치들은 오늘날의 달러 기준이며, 일생 동안의 의료 지출을 감당할 수 있게 하는 90%의 가능성을 제공하는 데 필요한 추정 금액이다. 65세의 건강한 남성이 144,000달러를 저축해야 하는 반면, 동일한 나이의 건강한 여성은 156,000달러를 저축해야 한다고 Empower는 말한다. 여성의 저축액 목표는 그들이 평균적으로 더 오래 살기 때문에 더 높다.

① 아프지 않은 것이 돈이 더 많이 든다.
② 의료비 지출은 병의 종류에 따라 다르다.

③ 제2형 당뇨병에 걸린 환자들은 적어도 88,300달러는 저축해야 한다.

④ 여성은 남성보다 저축액에 대한 기대가 더 높다.

| 정답해설 | ① 78% 첫 문장에 글의 요지가 담겨 있다. 병에 걸릴수록 더 많은 의료비가 나갈 것이라는 일반적인 생각과는 다르게 건강한 사람이 더 오래 살기 때문에 오히려 의료비가 더 축적되어 더 많은 돈이 든다는 내용의 글이므로, 이 글의 요지는 ①이다.

| 어휘 |
expect to (당연히) ~할 것이다, ~할 작정이다
release 발표하다, 풀어 주다　　　life expectancy 기대 수명

19　빈칸형 독해 > Reading for Writing > 빈칸 절 완성　답 ④

핵심포인트　긴급상황실이라는 소재를 다룬 지문으로, 긴급상황실의 통신과 관련된 내용이 옴을 유추할 수 있어야 한다.

| 해석 | 긴급상황실(EOC)의 첫 번째 가장 중요한 요소는 그곳의 직원으로 근무하는 사람들이다. 그들은 적절히 훈련되어야 하며 재해에 대처하기 위해 필요한 조치를 수행할 수 있는 적절한 권한을 가지고 있어야 한다. 그들은 또한 새로운 사고를 할 수 있어야 하고, 많은 "가정"의 시나리오를 만들 수 있어야 한다. 비상시 지역 긴급상황실의 기능은 사고 지휘관을 지원하는 것이다. ④ 긴급상황실의 두 번째로 가장 중요한 요소는 그곳의 통신 시스템이다. 이것은 간단한 구두에서부터 정교한 암호화된 통신 네트워크까지 가능하지만, 상황 인식 정보와 전략적 명령이 방해 없이 시설 안팎으로 이동할 수 있도록 예비 경로를 준비해야 한다.

① 데이터를 모으고 분석하는 것 또한 긴급상황실의 중요한 역할이다
② 그는 전략적인 지시와 작전상의 결정에 책임이 있다
③ 또 다른 중요한 요소는 긴급상황 시에 사용할 시설이다
④ 긴급상황실의 두 번째로 가장 중요한 요소는 그곳의 통신 시스템이다

| 정답해설 | ④ 71% 빈칸 이전에는 긴급상황실의 가장 중요한 요소인 그곳의 직원에 대한 내용을 다루었다. 빈칸 이후에 이것(This)은 구두에서부터 암호화된 통신 네트워크까지 가능하지만, 시설 안팎으로 이동할 수 있도록 예비 경로를 준비해야 한다고 했다. 그러므로 빈칸에는 긴급상황실의 '통신'과 관련된 내용이 서술될 것임을 유추할 수 있다. 따라서 빈칸에는 ④가 오는 것이 가장 알맞다.

| 어휘 |
component 요소
Emergency Operations Center 긴급상황실
staff ~의 직원으로 근무하다
think outside the box 새로운 사고를 하다
what-if scenario 가정의 시나리오　　commander 지휘관
word of mouth 구두, 구전　　　sophisticated 정교한, 복잡한
encrypted 암호화된

20　빈칸형 독해 > Reading for Writing > 빈칸 절 완성　답 ②

핵심포인트　광대 목격 사건이라는 소재를 다루고 있는 글로, 지문 및 선택지 파악에 주의해야 한다.

| 해석 | 2016년 광대의 목격은 근처 숲과 학교 같은 어울리지 않는 장소에서 무기를 소지한 사악한 광대로 변장한 사람들에 대한 보고였다. 그 사건은 2016년 8월부터 미국, 캐나다, 그리고 나중에 다른 국가와 지역에서 보고되었다. 2016년 사건의 빈발 전에는 2013년 이후 이상하거나 어울리지 않는 장소에서 광대 복장을 한 사람들에 대한 수많은 목격이 세계 곳곳에서 발생했다. 2016년 사건의 대부분은 전혀 근거가 없거나 범죄 행위의 증거가 부족한 것으로 나타났다. 그러나 일부는 ② 그들이 학교에 폭력적인 위협을 가했기 때문에 체포로 이어졌다. 몇몇 사건들은 어린이와 성인에 대한 강도 및 폭행과 관련이 있었다.

① 비록 어느 누구도 잘못이 없더라도
② 그들이 학교에 폭력적인 위협을 가했기 때문에
③ 그들이 그들의 가족과 할로윈 파티를 할 때
④ 그들이 상점에서 광대 의상을 구입했기 때문에

| 정답해설 | ② 62% 빈칸 이전에는 2016년 사건의 대부분이 전혀 근거가 없거나 범죄 행위의 증거가 부족한 것으로 나타났다고 했는데, 빈칸이 포함된 문장은 역접의 접속사 'However(그러나)'를 사용하여 일부는 체포로 이어졌다고 했다. 그러므로 빈칸에는 체포될 범죄 행위에 대한 내용이 들어가야 함을 유추할 수 있다. 따라서 빈칸에는 ②가 들어가는 것이 가장 적절하다.

| 오답해설 | ①③④ 14% 8% 16% 빈칸에는 체포될만한 범죄 행위와 관련된 내용이 들어가야 하는데, 나머지 선지들은 범죄 행위로 볼 수 없으므로 정답이 될 수 없다.

| 어휘 |
clown 광대　　　　　　　　　　sighting 목격
disguise 변장하다, 위장하다　　　armed 무기를 소지한
incongruous 어울리지 않는, 이상한
subsequently 그 뒤에, 나중에　　territory 지역, 영토
spate 빈발
unsubstantiated 근거 없는, 입증되지 않은
arrest 체포　　　　　　　　　robbery 강도 (사건)
assault 폭행, 공격

9급공무원 공개경쟁채용 필기시험

15회 난이도	中
15회 합격선	**17개/20개**

회차	유형매칭
15	2017 서울시 9급

15회차 핵심페이퍼

문번	정답	개념	꼭 짚고 넘어가야 하는 핵심포인트!
01	②	어휘	'build castles in the air'를 알고 있는지 묻는 문제이다.
02	④	어휘	'lingering'을 알고 있는지 묻는 문제이다.
03	③	문법	해석을 통해 수식하는 대상과의 관계를 파악하여 현재분사와 과거분사를 선택할 수 있어야 한다.
오답률 TOP 1 04	①	문법	완전타동사 'dissuade'가 「dissuade＋목적어＋from＋(동)명사」의 구조로 사용될 수 있음에 유의한다.
05	②	생활영어	대화 지문을 통해 주어진 상황을 파악하고 B가 하려는 말을 유추할 수 있어야 한다.
06	②	독해	연결사를 묻는 문제로, 후기 산업에 관한 지문의 논리적 흐름을 파악하는 것이 중요하다.
07	③	어휘	'reasonable'과 'affordable'이 유의어 관계인 것을 파악한다.
오답률 TOP 3 08	③	어휘	'hassle'과 'nuisance'가 유의어 관계인 것을 파악한다.
09	②	문법	주어와 동사의 수일치에 유의한다.
10	①	문법	해석을 통해 수식하는 대상과의 관계를 파악하여 현재분사와 과거분사를 선택할 수 있어야 한다.
11	④	생활영어	'in the flesh', 'fall for', 'in time'을 알고 있는지 묻는 문제이다.
12	④	독해	개개인의 지적 수준에 대한 간호사의 이해에 대한 글의 주제를 묻고 있는 문항이다. 주제를 제목으로 표현한 만큼 선지 분석에 주의해야 한다.
오답률 TOP 2 13	②	독해	태도에 대해 서술하는 글로, 이어지는 설명을 읽고 핵심어인 '태도'를 유추해낼 수 있어야 한다.
14	③	독해	동물의 제한 인자에 대한 지문의 논리적 흐름을 파악하고 유추할 수 있어야 한다.
15	④	독해	초기 문명을 다룬 지문으로, 내용일치 문항인 만큼 꼼꼼한 독해가 필요하다.
16	①	독해	추월 행위에 대한 글의 제목을 묻는 문제로, 미시적 정보보다는 전체가 주는 정보에 집중해야 한다.
17	④	독해	사회화라는 소재를 다룬 지문의 논리적 전개에 집중하며 풀어야 한다.
18	③	독해	연결사를 묻는 문제로, 경제적 거리에 대한 지문의 논리적 흐름을 파악하는 것이 중요하다.
19	①	독해	Steve Jobs의 죽음에 대한 글로, 죽음에 대한 그의 말에서 유추할 수 있어야 한다.
20	④	독해	현대 연극의 두 가지 중요 요소 중 하나인 사실주의가 갖는 특징을 유추할 수 있어야 한다.

01	②	02	④	03	③	04	①	05	②
06	②	07	③	08	③	09	②	10	①
11	④	12	④	13	②	14	③	15	④
16	①	17	④	18	③	19	①	20	④

※ 上 中 下 는 문항의 난이도를 나타냅니다.
※ 50% 는 선지별 선택률을 나타냅니다.

오답률 14% 中

01 빈칸형 어휘 > 빈칸 완성　　　　답 ②

핵심포인트　'build castles in the air'를 알고 있는지 묻는 문제이다.

| 해석 | 몇몇 사람들은 가능하지 않은 것들에 대해 꿈꾸기를 좋아한다. 그들은 멋진 휴가를 계획하지만 돈이 전혀 없다. 그들은 심지어 자신이 알지도 못하는 누군가와의 결혼에 대해 생각한다. 우리는 이러한 사람들이 ② 허황된 꿈을 꾸고 있다고 말한다.

① 10% 소문을 퍼뜨리는　　　② 86% 허황된 꿈을 꾸고 있는
③ 2% 소동을 벌이고 있는　　④ 2% 죽고 있는

| 정답해설 | 빈칸에는 가능하지 않은 것을 꿈꾸기 좋아하는 사람과 관련있는 내용이 와야 하므로 '공중 누각을 짓고 있는, 허황된 꿈을 꾸고 있는'의 의미인 ②가 오는 것이 알맞다.

오답률 43% 中

02 빈칸형 어휘 > 빈칸 완성　　　　답 ④

핵심포인트　'lingering'을 알고 있는지 묻는 문제이다.

| 해석 | A: 그게 힘들다는 걸 나도 알아. 하지만 넌 일어난 일은 잊어야 할 거야.
B: 나도 노력하고 있지만 그것에 대한 생각이 계속 머리에서 ④ 맴돌아.

① 25% 중단하는, 훼방놓는, 방해하는
② 8% 위협적인
③ 10% 당황하게 하는, 방해하는
④ 57% (시선, 생각이) 오래 머무는

| 정답해설 | A가 이미 일어난 일은 잊어야 한다고 했고, B는 이에 대해 노력하고 있다고 한 후, 'but(그렇지만)'이라고 했으므로 빈칸에는 ④ 'lingering((시선[생각]이) 오래 머무는)'이 들어가는 것이 적절하다.

오답률 17% 中

03 밑줄형 문법 > Modifiers > 분사　　　　답 ③

핵심포인트　해석을 통해 수식하는 대상과의 관계를 파악하여 현재분사와 과거분사를 선택할 수 있어야 한다.

| 해석 | 내가 문법과 사전들의 복잡한 미로들을 통해 나의 지친 길을 터덜거리며 걷고 있거나, 지식을 추구하는 사람들의 혼란을 위한 학교들과 대학들에 의해 만들어진 시험이라고 불리는 그러한 끔찍한 위험에 빠져있는 동안, 누군가는 여러 번 단어 주변을 여행하고 있을 수 있었을 것이다.

| 정답해설 | ③ 83% 현재분사는 수식하는 대상과의 관계가 능동이며, 과거분사는 수동이다. 의미상 'pitfalls(위험, 곤란)'는 시험이라고 '불리는' 수동의 관계이므로 현재분사 'calling'을 과거분사 'called'로 고쳐야 한다.

| 오답해설 | ① 2% 'while'은 '~하는 동안에'를 뜻하는 접속사로, 뒤에 절이 알맞게 쓰였다.
② 8% 등위접속사 'or'는 「A or B」로 사용되며 A와 B는 병렬 구조를 이룬다. 여기서는 과거동사 'trudged'와 'fell'이 병렬 구조를 이루고 있다.
④ 7% 주격 관계대명사절의 동사는 선행사와 수일치한다. 여기서는 선행사인 복수형 대명사 'those'와 복수동사 'seek'의 수일치가 알맞다.

오답률 TOP 1　오답률 75% 上

04 문장형 문법 > Main Structure > 동사　　　　답 ①

핵심포인트　완전타동사 'dissuade'가 「dissuade+목적어+from+(동)명사」의 구조로 사용될 수 있음에 유의한다.

| 해석 | ① Jane은 그를 설득하여 시험을 포기하는 것을 단념시켰다.
② Jane은 그를 설득하여 그 일을 돕게 했다.
③ Jane은 그에게 방을 청소할 것을 상기시켰다.
④ Jane은 그에게 이 장소에서 흡연하는 것을 금했다.

| 정답해설 | ① 25% 'dissuade'는 완전타동사로, '~가 …하지 못하게 설득하다[단념시키다]'의 의미는 「dissuade+목적어+from+명사[동명사]」의 형태로 쓴다. 따라서 'to give up'을 'from giving up'으로 고쳐야 한다.

| 오답해설 | ② 8% 'persuade'는 불완전타동사의 경우 「persuade+목적어+목적격 보어」의 구조이며, 목적격 보어로 to부정사를 취한다. 여기서는 불완전타동사 'persuade'의 목적격 보어로 to부정사인 'to help'가 알맞게 쓰였다.
③ 50% 'remind'는 불완전타동사의 경우 「remind+목적어+목적격 보어」의 구조로 쓰이며, 목적격 보어로 to부정사를 취한다. 여기서는 불완전타동사 'remind'의 목적격 보어로 to부정사인 'to clean'을 알맞게 썼다.
④ 17% 'forbid'는 불완전타동사의 경우 「forbid+목적어+목적격 보어」의 구조이며, 목적격 보어로 to부정사를 취한다. 여기서는 불완전타동사 'forbid'의 목적격 보어로 to부정사인 'to smoke'가 알맞게 쓰였다.

05 [빈칸형] 생활영어 > 회화/관용표현 답 ②

핵심포인트 대화 지문을 통해 주어진 상황을 파악하고 B가 하려는 말을 유추할 수 있어야 한다.

| **해석** | A: 세탁기가 또 작동이 안 돼.
B: 다른 걸로 시도해 봐. 저건 작동한다고.
A: 그렇지만 25센트 동전이 다 떨어졌어.
B: ② 동전 반환 레버는 눌러봤니?
A: 응, 그런데 아무 일도 일어나지 않았어. 이런 일이 너무 많이 벌어졌기 때문에 난 매니저에게 항의를 해야겠어.
① 너는 정말 재미있어.
② 동전 반환 레버는 눌러봤니?
③ 너는 운이 없고 나는 시간이 없어.
④ 동전 구멍에 가짜 동전을 넣었니?

| **정답해설** | ② 91% A의 대답 'Yes, but nothing happened.(응, 그런데 아무 일도 일어나지 않았어.)'로 보아 B가 할 수 있는 말은 ②가 가장 적절하다.

06 [빈칸형] 독해 > Logical Reading > 연결사 답 ②

핵심포인트 연결사를 묻는 문제로, 후기 산업에 관한 지문의 논리적 흐름을 파악하는 것이 중요하다.

| **해석** | 선진국의 일부는 후기 산업이라고 불린다. 그들이 예전에 소유했던 많은 산업 시설들은 현재 신흥 개발도상국에 위치해 있다. 이것은 생산 비용을 낮춰준다. 공장의 자동화로 고용 산업 또한 축소되었다. 그러나, 기계가 하지 못하는 일들도 있다. 예를 들어, 소파가 기능적이고 멋져 보일 수 있다. 그러나 그것이 실제로 안락한지 우리가 어떻게 알겠는가? 가구 실험자는 그것에 앉아보고 평가를 한다. 로봇이 인간의 편안함 정도를 가늠할 수 없듯이, 개도 통조림 개 먹이에 대한 자신의 의견을 내놓지 못한다. 그러므로, 개 먹이 식별가가 맛을 평가하기 위해 그 제품을 시식해 본다. 이런 모든 직업들은 후기 산업 경제에 의해 지속될 수 있다.
① 그러므로 – 유사하게
② 그러나 – 그러므로
③ 그러나 – 게다가
④ 예를 들어 – 대신에

| **정답해설** | ② 80% 첫 번째 빈칸이 있는 문장은 공장의 자동화로 고용이 축소되었다는 앞 문장을 반박하고 있으므로 역접의 접속부사 'However'가 알맞다. 두 번째 빈칸이 있는 문장 앞에서는 개가 개 먹이에 대한 의견을 주지 못한다고 했는데, 그것이 사람인 식별가가 그것을 대신하는 이유이므로 'Therefore'가 두 번째 빈칸에 알맞다. 따라서 답은 ②가 된다.

07 [밑줄형] 어휘 > 유의어 찾기 답 ③

핵심포인트 'reasonable'과 'affordable'이 유의어 관계인 것을 파악한다.

| **해석** | 우리는 고객들에게 품질 좋은 상품을 적정한 가격에 제공했기 때문에 우리의 회사는 지난 한 해 동안 성장할 수 있었다.
① 4% 전형적인
② 2% 비공식적인, 격식 차리지 않는
③ 92% (가격 등이) 알맞은
④ 2% 건강에 좋은

| **정답해설** | 'reasonable'은 '(가격이) 적정한, 합리적인'이라는 뜻으로 ③ 'affordable((가격 등이) 알맞은)'과 의미가 가장 가깝다.

08 [밑줄형] 어휘 > 유의어 찾기 답 ③

핵심포인트 'hassle'과 'nuisance'가 유의어 관계인 것을 파악한다.

| **해석** | 공공보건 서비스의 성가심에서 벗어나게 하자는 계획 아래, 환자들은 온라인으로 의사와의 진료 약속을 예약하고 건강검진 결과를 받아볼 수 있을 것이다.
① 21% 분노　　　　　　② 16% 허풍
③ 53% 성가신 사람[것, 일]　④ 10% 보이지 않는 차별

| **정답해설** | 'hassle'은 '귀찮은 상황이나 일, 성가심'을 의미하며 ③ 'nuisance(성가신 사람[것, 일])'와 유의어 관계이다.

09 [밑줄형] 문법 > Balancing > 일치 답 ②

핵심포인트 주어와 동사의 수일치에 유의한다.

| **해석** | 여러 시를 읽던 Housman은 많은 정보를 얻으려고 그 시들을 분석하고 설명하기 위해 많은 것들을 해왔다.

| **정답해설** | ② 75% 주어와 동사는 수일치한다. 주어가 단수명사인 'Housman'이므로 'have'를 'has'로 고쳐야 한다.

| **오답해설** | ① 5% 'Housman'과 'read'의 관계가 능동이므로 현재분사 'reading'은 올바르다.
③ 14% 등위접속사 'and'로 'to analyze'와 '(to) explain'이 병렬 구조를 이루고 있으므로 올바르다.
④ 6% 형용사 'a lot'이 불가산명사 'information'을 수식하고 있는 것은 알맞다.

오답률 21%　中

10　밑줄형　문법 > Modifiers > 분사　답 ①

핵심포인트　해석을 통해 수식하는 대상과의 관계를 파악하여 현재분사와 과거분사를 선택할 수 있어야 한다.

| 해석 | 예를 들어, 미국의 관습적 단위(예컨대, 인치, 피트, 야드, 마일 등)를 사용하는 미국의 대부분의 사람들은, 그러한 변화를 이루는 것이 미국인들로 하여금 세계의 다른 나라들과 더 효율적으로 접촉할 수 있게 함에도 불구하고, 미터법 채택에 저항해 왔다.

| 정답해설 | ① 79% 의미상 'most people'과 'use'의 관계가 능동이므로 과거분사 'used'는 현재분사 'using'이 되어야 한다.

❸ 본동사는 'have resisted'이므로 'used'를 본동사로 착각해서는 안 된다.

| 오답해설 | ② 4% 주어와 동사는 수일치한다. 주어는 복수명사인 'most people'이므로 동사 'have resisted'는 올바르다.

③ 12% 'resist'는 완전타동사로, 목적어로 명사 또는 동명사를 가진다. 여기서는 목적어로 동명사 'adopting'이 왔다.

④ 5% '~가 …하도록 하다'는 표현은 「enable + 목적어 + 목적격 보어(to부정사)」로 쓴다. 여기서는 목적격 보어로 to부정사인 'to interface'를 알맞게 사용했다.

오답률 31%　中

11　빈칸형　생활영어 > 회화/관용표현　답 ④

핵심포인트　'in the flesh', 'fall for', 'in time'을 알고 있는지 묻는 문제이다.

| 해석 | A: 어제 Ellie 이모한테서 편지를 받았어.

B: 아프리카에 갔다던 그 분 말이야? 어떻게 지내신대?

A: 최근에 케이프타운 여행을 끝내고 이번 주에 돌아오신대.

B: 정말? 난 아프리카를 책이랑 미디어로밖에 못 봤는데. (A) 직접 보는 건 어떨지 궁금하다.

A: Ellie 이모가 얘기를 잔뜩 갖고 올 거야. 너도 얘기에 (B) 빠져들 걸. 우리와 함께 하지 않을래?

B: 난 정말 좋지.

A: 좋아. 이모는 이번 토요일 오후에 오실 거야.

B: (C) 시간 맞춰 갈게.

A: 그때 보자.

	(A)	(B)	(C)
①	오랫동안	복수하다	끝난
②	완전히	제출하다	그리고
③	직접	피하다	(시간에) 매인
④	실물로, 직접	빠져들다	시간에 맞춰

| 정답해설 | ④ 69% (A) B가 책과 매체를 통해 본 것과 대비를 이루는 표현으로 '실물로, 직접'이라는 뜻의 'in the flesh'나 'in person'이 오는 것이 알맞다.

(B) B가 Ellie 이모의 이야기에 흥미를 보이자 A는 그녀가 많은 이

야기를 갖고 올 것이라고 말한다. 따라서 의미상 '빠져들다'는 뜻의 'fall for'가 알맞다.

(C) A가 B를 토요일 오후에 오라고 했으므로 '시간 맞춰(in time)' 가겠다는 대답이 적절하다.

따라서 답은 ④이다.

오답률 15%　中

12　지문제시형　독해 > Macro Reading > 주제　답 ④

핵심포인트　개개인의 지적 수준에 대한 간호사의 이해에 대한 글의 주제를 묻고 있는 문항이다. 주제를 제목으로 표현한 만큼 선지 분석에 주의해야 한다.

| 해석 | 현대 심리학은 어떠한 두 명의 인간도 동일하지 않다고 가르친다. 사람들은 IQ에 근거하여 다른 항목들로 분류가 된다. 사람은 바보에서 천재 항목에 이르기까지 분류될 수 있다. 개개인의 지적 수준은 그의 행동, 학습, 생각, 기억 등을 크게 결정한다. 환자를 효과적으로 관리하기 위해서 이러한 사실을 깨닫는 것은 간호사에게 중요하다. 간호사로부터 제공된 지시사항들을 이해하는 것은 이러한 환자들의 지적 수준들에 달려있다. 멍청한 사람들은 간호사의 지시사항들과 치료의 중요성을 이해하지 못할 수 있다. 반면 평균 또는 평균보다 높은 지적 수준의 환자들은 쉽게 이해하고 따라올 수 있다. 정신적으로 저능하고 평균 이하의 환자들은 특별한 교육과 지시가 필요하다. 그러므로 간호사가 이러한 개인 차이들을 확실히 아는 것이 중요하다.

① 저능아를 보통의 사람으로 교육하는 방법

② 유일하고 정확히 같지 않은 모든 살아있는 생물체

③ 같은 종의 개개인들 사이의 차이들을 만들어내는 것

④ 간호사가 지능에 있어 개인차를 이해해야 하는 이유

| 정답해설 | ④ 85% 개개인이 특히 지적 수준에 있어서 지시사항을 이해하는 정도가 달라 간호사가 환자를 잘 돌볼 수 있으려면 이러한 차이를 확실하게 이해해야 한다는 내용의 글이므로, 이 글의 주제로는 ④가 가장 적절하다.

| 어휘 |

dullard 얼간이, 바보　　　　　retard 더디게 하다, 방해하다
imbecile 저능한, 우둔한

오답률 TOP 2　오답률 53%　上

13　빈칸형　독해 > Reading for Writing > 빈칸 구 완성　답 ②

핵심포인트　태도에 대해 서술하는 글로, 이어지는 설명을 읽고 핵심어인 '태도'를 유추해낼 수 있어야 한다.

| 해석 | 우리가 처신하는 방식, 즉 우리의 태도는, 우리의 머릿속에 있는 것과 우리의 입 밖으로 나올 것에 대해 많은 것을 드러낸다. 이런 의사소통의 양상은 전형적으로 당신이 수동 공격적 행위에 대처할 때 뚜렷해진다. 진짜 문제에 대해 말하는 것보다는 오히려 "나는 괜찮아"라고 말하기를 원하는 대립을 불편해하는 사람은 그들의 태도에 정체를 드러낸다. 공격적인 판매원들은 정말로 일보 물러서

서 그들의 <u>태도</u>에 대해 생각할 수 있는 또 다른 집단의 사람들이다. 그들이 걷고, 손을 맞잡고, 누군가에게 다가가는 방식은, 말 한마디가 나오기 전이라도(그들이 말 한마디라도 꺼내기 전이라도) 매우 정이 안 갈 수 있다. 팔짱을 끼는 것, 얼굴을 노려보는 것과 축 늘어진 어깨는 그들이 열려있다고 말하더라도 그가 그렇지 않다는 것을 종종 나타낸다. 당신의 ② <u>태도</u>는 당신이 원하는 것을 정말로 반영하고 있다는 것을 주의해라.

① 역설
② 태도
③ 충고, 훈계
④ 신중, 용의주도

| 정답해설 | ② 47% 이것은 우리의 머릿속에 있는 것, 입 밖으로 나오는 것에 대해 많은 것들을 드러내며, 이것을 통해 진짜 속마음의 정체가 드러나고, 이것은 우리가 원하는 것을 반영하고 있다고 했다. 따라서 이것은 ② 'demeanor(태도)'임을 유추할 수 있다.

| 어휘 |
facet 측면, 양상
come into focus 뚜렷이 보이다, 뚜렷해지다
exponentially 전형적으로
passive aggressive 수동적으로 공격적 성향을 드러내는
confrontation 대치, 대립　　　give oneself away 정체를 드러내다
take a step back 일보 물러서다
off-putting 정이 안가는, 좋아하기 힘든
scowl 노려보다　　　slumped shoulders 축 늘어진 어깨

오답률 7% 下

14 논리형 독해 > Logical Reading > 삽입　　　답 ③

핵심포인트　동물의 제한 인자에 대한 지문의 논리적 흐름을 파악하고 유추할 수 있어야 한다.

| 해석 | 비록 유기체들이 그들의 환경과 여러 가지 방식으로 상호작용을 하지만, 어떤 요인들은 특정한 종이 생존에 성공하는 데 결정적일 수 있다. 어떤 인자의 부족이나 부재는 그 종의 성공을 제한할 수 있는데, 그 때문에 그것은 제한 인자라고 알려져 있다. 제한 인자들은 비생물적이거나 생물적인 것일 수도 있고 종마다 아주 다를 수도 있다. 많은 식물들은 물, 빛 또는 특정한 토양의 영양분들의 결핍에 의해 제한된다. ③ 동물들은 기후나 특정 먹이의 이용 가능성에 의해 제한될 수 있다. 예를 들어, 많은 뱀들과 도마뱀들은 세계의 보다 따뜻한 지역에 제한되는데, 그것은 그들이 추운 기후에서는 체온을 유지하는 데 어려움을 겪고 오랜 기간의 추위에 살아남을 수 없기 때문이다. 제왕나비들은 이용 가능한 밀크위드 식물의 수에 의해 제한되는데, 그것은 그들의 애벌레가 이 식물을 유일한 식량원으로 이용하기 때문이다.

| 정답해설 | ③ 93% 주어진 문장은 동물의 기후나 먹이 제한 인자에 대한 설명으로, 그에 대한 예시인 뱀과 도마뱀에 대한 문장이 나오기 직전인 ③에 오는 것이 가장 적절하다.

| 어휘 |
availability 이용 가능성　　　organism 유기체
abiotic 비생물적인　　　biotic 생물적인
scarcity 부족함, 결핍　　　nutrient 영양분

오답률 43% 中

15 지문제시형 독해 > Micro Reading > 내용일치/불일치　답 ④

핵심포인트　초기 문명을 다룬 지문으로, 내용일치 문항인 만큼 꼼꼼한 독해가 필요하다.

| 해석 | 기원전 약 5,000년경에 최초로 인간들은 한 장소에 정착하기 시작했다. 그들은 자신의 음식을 재배하고 영구적인 집을 짓기 시작했다. 첫 도시들이 형성되었던 것이다. 사람들은 도구들을 만들기 위해 돌 대신에 구리와 청동 같은 금속들을 사용하기 시작했다. 그러고는 기원전 약 3,000년에 그들은 문자 체계를 만들고 쓰는 것을 시작했다. 이 새로운 삶의 형태는 문명이라고 불려졌다. 초기 문명의 사람들은 마시기 위해서 그리고 농작물을 위해 물을 필요로 했다. 그래서 그들은 강 근처에 정착했다. 메소포타미아라고 불리는 한 문명이 지금의 이라크 국가에 있는 티그리스와 유프라테스 강 사이에 세워졌다. 이 문명의 수도는 바빌론이라는 도시였다. 서로 매우 가깝게 사는 사람들 사이에 평화를 지키기 위해서 그들은 규칙들이 필요했다. 기원전 약 2,000년에 통치했던 함무라비 왕은 최초로 기록된 법률을 만들었다. 함무라비 법전은 법을 어긴 사람들에게 가혹한 처벌을 세웠다. 이런 초기 법은 계층이나 계급에 상관없이 모두에게 적어도 이웃으로부터 어느 정도의 보호를 제공했다.

① 사람들은 여름에 더위를 이겨내기 위해 강 근처에 살았다.
② 함무라비는 특정 계급을 보호하기 위해 법을 제정했다.
③ 사람들은 첫 문명이 발생하기 이전에 이미 금속들을 사용했다.
④ 강은 초기 문명의 발달에 있어서 가장 중요한 요인들 중 하나였다.

| 정답해설 | ④ 57% 'The people of ~ settled near rivers.'에서 초기 문명의 사람들은 마시는 것과 농작물을 위해 물이 필요했으므로 강 근처에 정착했다고 했다. 따라서 ④는 글의 내용과 일치한다.

| 오답해설 | ① 2% 사람들은 마실 물과 농작물을 위해 강 근처에 정착했다고 했다.

② 3% 마지막 문장에서 함무라비가 만든 법은 계층이나 계급에 상관없이 모두에게 보호를 제공했다고 했으므로 글의 내용과 일치하지 않는다.

③ 38% 문명이 시작되면서 구리와 청동 같은 금속들을 사용하기 시작한 것이므로 글의 내용과 일치하지 않는다.

| 어휘 |
BCE 기원전　　　settle down 정착하다
draw up 만들다, 작성하다

16 지문제시형 독해 > Macro Reading > 제목   답 ①

핵심포인트 추월 행위에 대한 글의 제목을 묻는 문제로, 미시적 정보보다는 전체가 주는 정보에 집중해야 한다.

| 해석 | 한 영국의 조사는 7명의 운전자 중 한 명은 어떤 차가 느리게 이동하는 다른 차를 앞질러 가는 위험한 추월 행위로 인해 회피 행동을 취해 왔음을 보여준다. 교통안전 자선단체인 Brake는 1,000명의 자동차 운전자들에게 설문조사를 실시했다. 그것은 운전자 중 80퍼센트가 사람들의 추월로 인해 위험을 받은 적이 있다는 것을 알아냈다. 한편 94퍼센트의 운전자들은 위험한 추월을 목격한 적이 있다고 말했다. 17세에서 24세의 젊은 남성들은 추월에 있어서 가장 위험하다. 이와 비교해 여성은 훨씬 더 안전하다. 17세에서 24세의 남성 운전자 중 거의 40퍼센트가 앞쪽 도로에 차가 없다는 것을 확신하지 않았을 때에 추월했다는 것을 인정했다. 그 단체는 운전자들이 도심 지역보다 시골 도로에서 사망할 가능성이 두 배라는 것을 발견했다. 이러한 사망의 대부분은 예방할 수 있다. Brake는 "우리는 모든 운전자들에게 반드시 필수적인 경우가 아니라면, 시골 도로에서의 추월은 피하라고 충고하고 있다."라고 말했다. 그것은 "왜 그것의 위험을 감수하고 서두르는가? 당신은 삶을 종결시키고 다른 사람을 망치는 파괴적이고, 고속의, 정면 충돌 사고를 야기할 수 있다."라고 덧붙였다.
① 추월: 도로에서의 큰 위험
② 교통 신호 무시하기: 천국으로 가는 지름길
③ 남성 운전자들이 여성 운전자들보다 추월을 더 많이 한다
④ 우리는 왜 "추월 금지" 표지를 지키지 못할까?

| 정답해설 | ① 94% 도로에서의 추월에 대한 통계와 그 위험에 대한 글이므로, 이 글의 제목으로 가장 적절한 것은 ① '추월: 도로의 큰 위험'이다.

| 어휘 |
evasive 회피하는, 얼버무리는   overtake 추월하다
devastating 파괴적인
head-on (차량 충돌에서) 정면으로 부딪친

17 논리형 독해 > Logical Reading > 배열   답 ④

핵심포인트 사회화라는 소재를 다룬 지문의 논리적 전개에 집중하며 풀어야 한다.

| 해석 | 사회화의 많은 부분은 지식과 가치들을 전달하려는 고의적인 의도 없이 사람과의 상호작용 과정에서 발생한다.
(C) 예를 들어, 네 살짜리 아이가 대화 중인 두 선생님께 다가가서 "Jones 선생님, Jones 선생님, 저 좀 보세요!"라고 흥분한 상태로 이야기한다. 한 선생님은 "Sally야, 방해하지 마렴. 우린 지금 이야기 중이잖아."라고 말한다.
(B) 그날 아침 이후에 Sally와 그녀의 친구 Tanya는 레고를 하면서 노느라 바쁘다. Sally는 Tanya에게 그 조각들을 끼워 맞추는

법을 설명해주고 시범을 보이고 있다. Jones 선생님이 블록놀이 코너로 와서는 "얘들아, 지금 하고 있는 걸 멈추고, 와서 Rene가 학교에 무엇을 가져왔는지 좀 보렴."이라고 끼어든다.
(A) Sally가 그날 아침에 경험한 상호작용을 통해서 받은 메시지는 아이들은 어른들을 방해하면 안 되지만, 어른들은 아이들을 방해해도 된다는 것일 것이다. 그 예는 의도하지 않은 사회화 과정이 사람들 사이에서의 상호작용에 참여하거나 상호작용을 관찰한 결과일 수 있다는 것을 보여준다.

| 정답해설 | ④ 78% 사회화는 사람과의 상호작용 과정에서 의도치 않게 발생한다는 주어진 문장 다음에는 'For example'로 시작하여 선생님들의 대화에 끼어든 아이에 대한 예가 나온 (C)가 이어지고, 이어서 그 반대의 상황인 아이들의 대화에 끼어든 선생님에 대한 내용인 (B)가 와야 한다. 마지막으로 그러한 상호작용의 경험을 통해서 받은 메시지에 대한 내용인 (A)가 이어지는 것이 글의 흐름상 자연스럽다.

| 어휘 |
unintentional 고의가 아닌   deliberate 고의적인, 신중한
impart 전하다, 주다

18 빈칸형 독해 > Logical Reading > 연결사   답 ③

핵심포인트 연결사를 묻는 문제로, 경제적 거리에 대한 지문의 논리적 흐름을 파악하는 것이 중요하다.

| 해석 | 경제적 거리란 원래 출발지로부터 목적지까지 이동하고 다시 돌아오는 데 수반되는 시간 그리고 비용과 관련이 있다. 경제적 거리가 멀면 멀수록, 그 목적지에 대한 저항은 더욱 더 커지며, 결과적으로 수요는 더욱 더 낮아진다. 반대로, 어떤 출발 지점과 목적 지점 사이에서 이동하는 시간이나 비용이 줄어들 수 있다면 수요는 증가할 것이다. 아마도 민간 항공 서비스 역사에서의 두 전환점이 이러한 사실을 가장 잘 설명할 것이다. 1959년에 제트기의 도입은 우선적으로 캘리포니아와 하와이 사이의 이동 시간을 열두 시간에서 다섯 시간으로 줄였고, 그러면서 수요는 급격히 증가했다. 마찬가지로, 1960년대 후반 대서양 횡단 비행에 동체의 폭이 넓은 항공기가 도입되면서 좌석의 수요는 급격히 증가했다. 이러한 항공기들의 도입은 미국과 유럽 대륙의 대부분의 국가들 사이를 이동하는 비용을 거의 50퍼센트 줄였다.
① 게다가 – 한마디로   ② 게다가 – 마찬가지로
③ 반대로 – 마찬가지로   ④ 반대로 – 한마디로

| 정답해설 | ③ 61% 첫 번째 빈칸이 있는 문장은 앞의 문장에서 설명한 경우와 반대되는 경우를 가정하고 있으므로 첫 번째 빈칸에는 역접 연결사 'Conversely(반대로)'가 와야 한다. 두 번째 빈칸이 있는 문장은 앞 문장과 유사한 내용인 수요가 증가된 경우를 설명한 것이므로 두 번째 빈칸에는 'Likewise(마찬가지로)'가 와야 한다. 따라서 ③이 정답이 된다.

| 어휘 |

involve in ~에 관련되다   origin 출발지

transatlantic 대서양을 횡당하는   surge 급증

오답률 26% 中

19 [빈칸형] 독해 > Reading for Writing > 빈칸 구 완성   답 ①

핵심포인트 Steve Jobs의 죽음에 대한 글로. 죽음에 대한 그의 말에서 유추할 수 있어야 한다.

| 해석 | Apple 주식회사의 공동 설립자이자 전 대표이사였던 Steve Jobs가 췌장암과의 오랜 투쟁 끝에 10월 5일 사망했다. 악화되어 가는 건강은 그를 겨우 두 달 전에 Apple에서 사임하게 했다. 55세라는 젊은 나이에 일어난 Jobs의 죽음은 그의 유명한 2005년 Stanford 대학교의 졸업식 연설에 비추어 볼 때 특히 가슴 아프다. 그 연설에서 그는 그의 성취에 대한 중요한 영감으로서 죽음의 ① 불가피성에 대하여 길게 이야기했다. Jobs는 "긍지와 공포는 죽음 앞에서 사라질 뿐이고 진실로 중요한 것만 남는다."고 말했다.

① 불가피성   ② 진실성

③ 원한, 적대감   ④ 획득, 입수

| 정답해설 | ① 74% 빈칸 뒤의 Steve Jobs의 말에서 힌트를 얻을 수 있다. 죽음 앞에서 긍지와 공포는 사라지고 중요한 것만 남는다고 했으므로, 빈칸에는 ①이 가장 적절하다.

| 어휘 |

deteriorate 악화되다   poignant 가슴 아픈

in light of ~을 고려하여

commencement speech 졸업식 연설

오답률 14% 中

20 [빈칸형] 독해 > Reading for Writing > 빈칸 절 완성   답 ④

핵심포인트 현대 연극의 두 가지 중요 요소 중 하나인 사실주의가 갖는 특징을 유추할 수 있어야 한다.

| 해석 | 현대 연극의 두 가지 중요한 요소는 사실주의와 반사실주의이다. 포괄적으로 말하면, 20세기 연극은 이 두 범주 중 하나에 속한다고 할 수 있다. 연극에서 이 구분은 한 형태인 사실주의가 진실되고 진짜이고 다른 형태인 반사실주의가 그렇지 않다는 것을 의미하는 것은 아니다. 그보다는 연극에서 사실주의는 구체적인 함축성을 지니고 있다. 그것은 무대에서 일어나는 모든 일들이 ④ 관찰 가능한 일상생활을 닮도록 만들어진다는 것을 의미한다. (무대에서) 사람들이 말하는 방식, 옷 입는 방식, 행동하는 방식, 사는 방의 종류 등 이러한 모든 것이 관객들이 일상생활에서 말하고, 입고, 행동하는 방식에 가능한 한 가장 비슷하게 따른다.

① 정확하고 정밀한 타이밍으로 행해진다

② 관객들을 환상의 세계로 이끈다

③ 최고 수준의 연기를 보여줘야 한다

④ 관찰 가능한 일상생활을 닮도록 만들어진다

| 정답해설 | ④ 86% 무대 위 사람들의 모든 행동은 관객들이 일상에서 하는 행동과 가능한 한 가장 비슷하게 따른다고 했으므로 빈칸에는 ④가 적절하다.

| 어휘 |

connotation 함축   onstage 무대 위에서

illusory 가공의, 현혹시키는

인생은 곱셈이다.

어떤 찬스가 와도 내가 제로라면
아무런 의미가 없다.

– 나카무라 미츠루

9급공무원 공개경쟁채용 필기시험

16회 난이도	中
16회 합격선	**17개/20개**

회차	유형매칭
16	2020 지방직 (= 서울시) 7급

16회차 핵심페이퍼

	문번	정답	개념	꼭 짚고 넘어가야 하는 핵심포인트!
오답률 TOP 2	01	③	어휘	'rapt'와 'intent'가 유의어 관계인 것을 파악한다.
	02	①	어휘	'reckless'와 'rash'가 유의어 관계인 것을 파악한다.
	03	③	문법	현재분사와 과거분사를 구분할 때 수식하는 대상과의 관계를 파악하는 것이 중요하다.
오답률 TOP 1	04	③	독해	배경지식으로 문제를 풀지 않도록 주의해야 한다.
	05	④	어휘	'conspicuous'와 'visible'이 유의어 관계인 것을 파악해야 한다.
오답률 TOP 3	06	③	문법	자동사와 타동사의 차이를 구별해서 문장 구조를 보는 것이 관건이다.
	07	③	문법	형용사의 한정적 용법과 서술적 용법을 구별할 수 있어야 한다.
	08	②	독해	직접 생산에 대해서 언급한 부분을 찾는 것이 관건이다.
	09	③	문법	'try'의 목적어가 동명사일 때의 의미를 파악해야 한다.
	10	④	독해	자신을 더 돋보이게 만드는 방법이라는 소재를 다룬 지문으로, 자신감과 자신을 돋보이게 하는 방법의 관계를 파악하는 것이 중요하다.
	11	②	독해	심리극을 통한 정신치료라는 소재를 다룬 지문의 논리적 흐름을 파악한다.
	12	①	생활영어	'never mind'의 문맥상 쓰임에 대해서 정확히 파악해야 한다.
	13	③	생활영어	관용표현인 'make oneself at home'에 대한 이해가 관건이다.
	14	②	문법	지각동사의 목적격 보어의 종류를 파악해야 한다.
	15	②	문법	선행사를 포함한 관계대명사 'what'의 문장 구조를 파악해야 한다.
	16	③	독해	지엽적인 내용이 아닌 글 전체의 내용을 담아내는 제목을 선택해야 한다.
	17	③	문법	문장에서 형용사 또는 부사가 수식하는 대상을 파악해야 한다.
	18	④	독해	수치 표현을 묻는 내용일치 문제의 경우, 전체와 부분에 대한 내용을 선지와 꼼꼼하게 비교해야 한다.
	19	③	독해	주어진 문장에서 지시대명사를 파악한 후 문맥의 앞과 뒤에 들어갈 표현에 대해 정확한 분석을 해야 한다.
	20	②	독해	주물 조각상이라는 다소 생소한 소재를 다룬 지문인 만큼 꼼꼼한 독해를 요한다.

※ [오답률/선택률] 산정 기준: 2021.01.14. ~ 2022.12.30. 기간동안 응시된 1초 합격예측 서비스의 누적 데이터
※ [오답률] TOP 1, 2, 3은 많은 응시생들이 헷갈린 문항이므로 꼭 확인하고 넘어가시기 바랍니다.

01	③	02	①	03	③	04	③	05	④
06	③	07	③	08	②	09	③	10	④
11	②	12	①	13	③	14	②	15	②
16	③	17	③	18	④	19	③	20	②

※ 上 中 下 는 문항의 난이도를 나타냅니다.
※ 50% 는 선지별 선택률을 나타냅니다.

오답률 TOP 2 오답률 48% 上

01 밑줄형 어휘 > 유의어 찾기 답 ③

핵심포인트 'rapt'와 'intent'가 유의어 관계인 것을 파악한다.

| 해석 | 그 학생은 열중한 표정으로 앉아 그의 책을 읽고 있었다.
① 19% 신중한, 조심성 있는 ② 4% 치명적인, 운명의
③ 52% 몰두하는, 열중하는 ④ 25% 불쾌한, 혐오감을 주는

| 정답해설 | 'rapt'는 '열중한'을 뜻하는 형용사로 ③ 'intent(몰두하는, 열중하는)'와 유의어 관계이다.

오답률 31% 中

02 밑줄형 어휘 > 유의어 찾기 답 ①

핵심포인트 'reckless'와 'rash'가 유의어 관계인 것을 파악한다.

| 해석 | 그 죄수는 감옥으로부터 탈출하기 위해 무모한 시도를 하기로 결심했다.
① 69% 경솔한, 무분별한 ② 17% 황량한, 쓸쓸한
③ 6% 유순한, 온순한 ④ 8% 초라한, 낡아 빠진

| 정답해설 | 'reckless'는 '무모한, 신중하지 못한, 경솔한'을 뜻하는 형용사로 ① 'rash (경솔한, 무분별한)'와 유의어 관계이다.

오답률 34% 中

03 밑줄형 문법 > Modifiers > 분사 답 ③

핵심포인트 현재분사와 과거분사를 구분할 때 수식하는 대상과의 관계를 파악하는 것이 중요하다.

| 해석 | 제2언어 또는 외국어를 배울 때 사람들은 모든 단어를 이해하려는 경향이 있다. 그들은 포괄적인 주제를 찾기 위한 읽기 혹은 필요 정보만 찾으라는 나의 충고를 받아들이기 어려워한다. 외국어를 배우는 학생들은 자신들이 각각의 그리고 전체 단어를 이해하지 않으면 어쩐지 연습을 완성하지 않았다고 종종 느낀다.

| 정답해설 | ③ 66% 현재분사는 수식하는 대상과의 관계가 능동일 때, 과거분사는 수동일 때 쓰인다. 'require'와 수식하는 대상 'information'의 관계가 수동이므로 'requiring'을 과거분사 'required'로 고쳐야 한다.

| 오답해설 | ① 3% 현재분사구문은 주어와 동사의 관계가 능동일 때, 과거분사구문은 수동일 때 사용한다. 해당 문장은 접속사 'When'을 생략하지 않은 현재분사구문으로, 생략된 주어 'people'과 동사 'learn'의 관계가 능동이므로 'learning'은 올바르다.
② 6% 5형식에서 목적어로 쓰인 to부정사의 길이가 긴 경우 목적어에 가목적어 'it'을 사용하여 「불완전타동사+it+목적격 보어+to부정사(진목적어) ~」의 구조로 쓸 수 있다. 'to take'는 가목적어 'it'의 진목적어로 알맞게 쓰였다.
④ 25% 현재진행형의 부정 표현인 「be+not+현재분사」가 알맞게 쓰였다.

오답률 TOP 1 오답률 66% 上

04 지문제시형 독해 > Macro Reading > 요지 답 ③

핵심포인트 배경지식으로 문제를 풀지 않도록 주의해야 한다.

| 해석 | 코로나바이러스 팬데믹은 전 세계의 삶과 경제에 혼돈을 가져왔다. 그러나 그 바이러스의 확산을 억제하려는 노력은 지구 자체가 조금 덜 움직이고 있다는 것을 의미할지도 모른다. 지구의 움직임을 연구하는 연구원들은 지진 잡음 — 행성 표면 진동의 소리 — 의 감소를 보고하고 있으며, 이는 운송망과 다른 인류 활동이 폐쇄됨에 따른 결과일 수도 있다. 지진과 같은 자연적인 현상이 지각을 움직이게 하는 것처럼, 움직이는 차량과 상업적 기계에 의해 야기되는 진동 또한 그렇다. 그리고 개별적 근원으로부터 나오는 영향은 미미할지라도, 그것들은 함께 배경 잡음을 생성하고, 이는 동일 주파수에서 발생하는 다른 신호를 감지하는 지진학자들의 능력을 감소시킨다. 만일 다가오는 몇 개월 동안 제재가 지속된다면, 이것은 탐지기들이 더 작은 지진들을 발견해내도록 해 주고, 화산 활동과 다른 지진 활동을 모니터하고자 하는 노력을 북돋아줄 수 있을 것이다.
① 아이러니하게, 코로나바이러스 팬데믹이 지구의 대기를 깨끗하게 했다.
② 코로나바이러스 팬데믹 발생 이후 인간이 유발하는 지진 잡음은 감소했다.
③ 인간 활동 변화로 인한 지진 잡음의 감소는 지구과학자들에게 요긴한 것이다.
④ 인간 행위에 의해 야기되는 다양한 진동은 지진학자들이 더 작은 지진을 탐지하는 것을 방해한다.

| 정답해설 | ③ 34% 코로나바이러스 팬데믹 때문에 전 세계적으로 인류 활동이 감소함에 따라, 인류가 발생시키는 지구의 진동이 감소하였고, 이는 지진학자들의 지진 및 기타 지구 활동의 감지를 더 수월하게 만들어준다는 내용이다. 따라서, 전체 글의 요지로 가장 적절한 것은 ③ 'A reduction in seismic noise because of changes in human activity is a boon for geoscientists(인간 활동 변화로 인한 지진 잡음의 감소는 지구과학자들에게 요긴한 것이다).'이다.

| 오답해설 | ② 30% 본문 초반 'Researchers who study Earth's movement are reporting a drop in seismic noise — the hum of

vibrations in the planet's crust — which could be the result of transport networks and other human activities being shut down.'에서 언급되기는 하나, 본문의 중심 내용은 이러한 잡음 감소가 지진학자들의 활동에 긍정적인 영향을 미친다는 것이므로 글 전체의 요지로는 적절하지 않다.

④ 36% 본문 후반 'And although the effects from individual sources might be small, together they produce background noise, which reduces seismologists' ability to detect other signals occurring at the same frequency.'에서 언급되는 사실 이지만, 본문 전체를 아우르는 내용은 아니므로 글의 요지로는 적절하지 않다.

| 어휘 |
pandemic 팬데믹, 전국[전 세계]적인 유행병
curb 억제하다, 제한하다   seismic noise 지진 잡음
hum 웅웅[윙윙/웅성]거리는 소리   crust 표면, 표층
source 근원, 원천   seismologist 지진학자
detect 탐지하다, 감지하다   frequency 주파수
lockdown 제재
boost 북돋우다, 신장시키다, 격려하다
seismic 지진의, 지진에 의한   human-induced 인간이 유발하는
outbreak 발생, 발발   boon 요긴한 것, 혜택
geoscientist 지구과학자   hinder 방해하다, 저해하다

오답률 10% [下]

---

05 밑줄형   어휘 > 유의어 찾기   답 ④

핵심포인트   'conspicuous'와 'visible'이 유의어 관계인 것을 파악해야 한다.

| 해석 | 그 광고들은 모두 <u>눈에 잘 띄는</u> 곳에 붙여져 있었다.
① 5% 남성적인, 씩씩한
② 3% 미친, 제정신이 아닌
③ 2% 버림받은, 고독한
④ 90% 눈에 띄는, 알아볼 수 있는

| 정답해설 | 'conspicuous'는 '눈에 잘 띄는, 현저한, 뚜렷한'을 뜻하는 형용사로 ④ 'visible'과 유의어 관계이다.

오답률 TOP 3   오답률 47% [上]

---

06 문장형   문법 > Main Structure > 동사   답 ③

핵심포인트   자동사와 타동사의 차이를 구별해서 문장 구조를 보는 것이 관건이다.

| 해석 | ① 그는 대학을 졸업한 지 일주일도 안 되었다.
② 그는 사람들이 그에게 관심을 보이도록 하는 것이 아주 자연스럽다는 것을 알았다.
③ 상사가 퇴근할 시간이라고 말했을 때 아무도 반대하지 않았다.
④ 몇몇 낚시는 여전히 허용되지만 포획물의 크기에는 제한이 가해진다.

| 정답해설 | ③ 53% 해당 문장에서 'objected'는 완전자동사로 옳게 사용되었다. 'said'는 완전타동사로서 목적어에 접속사 'that'이 생략된 명사절 'it was time to go home'을 사용하였으므로 옳은 표현이다.

| 오답해설 | ① 15% 「기간＋before」는 과거완료시제와 함께 사용할 수 있다. 해당 문장은 「기간＋before」에 해당하는 'Less than a week before'를 사용했으므로 동사에 현재완료인 'has graduated'가 아니라 과거완료시제인 'had graduated'를 써야 한다.

② 22% 'have'는 사역동사의 경우 목적격 보어에 원형부정사, 현재분사, 과거분사를 사용하는데, 해당 문장은 목적격 보어에 to부정사 'to fuss'를 사용하였으므로 틀린 문장이다. 이때 목적어 'people'과 능동관계이므로 'to fuss'를 원형부정사 'fuss' 또는 현재분사 'fussing'으로 수정해야 한다.

④ 10% 'impose'는 '부과하다, 도입하다'를 뜻하는 경우 완전타동사이므로 뒤에 목적어가 있어야 한다. 해당 문장은 'impose'의 현재완료 'have imposed'를 사용하였으나 뒤에 전명구 'on the size'가 왔으므로 틀린 문장이다. 따라서 'have imposed'를 현재완료 수동태인 'have been imposed'로 수정해야 한다.

오답률 47% [上]

---

07 문장형   문법 > Modifiers > 형용사   답 ③

핵심포인트   형용사의 한정적 용법과 서술적 용법을 구별할 수 있어야 한다.

| 정답해설 | ③ 53% 'alone'은 형용사로 쓰일 때 서술적 용법으로 사용되므로 명사 앞에서 한정적 용법으로 사용될 수 없다. 따라서 'an alone person'을 'a lone person'으로 수정해야 한다.

| 오답해설 | ① 10% 해당 문장에서 'noticed'는 지각동사로 사용되었으며 목적어 'a bird'와 능동관계이므로 목적격 보어에 현재분사 'sitting'을 사용하였다.

② 12% 해당 문장에서 'obey'는 완전타동사로 사용되었으며 'be expelled'는 등위접속사 'or'를 통해 'obey'와 병렬구조를 이루는 to부정사의 동사원형에 해당한다.

④ 25% 'There'는 유도부사로 뒤에 「동사＋주어」 형태의 도치 어순이 온다. 또한 'who'는 주격 관계대명사로, 선행사가 복수형태의 명사구인 'many elderly people'이므로 주격 관계대명사절의 동사에 복수형태 'have never touched'를 옳게 사용하였다.

오답률 18% [中]

---

08 지문제시형   독해 > Micro Reading > 내용일치/불일치   답 ②

핵심포인트   직접 생산에 대해서 언급한 부분을 찾는 것이 관건이다.

| 해석 | Biosphere 2에서의 생존 가능성 미션은 1991년 9월 26일에 시작했고, 대중에 의해 "Biospherians"라고 칭해진 네 명의 남성과 네 명의 여성이 유리로 된 생물 군계 안으로 밀폐되었다. 그들이 토양판에서 자란 식물로부터 채취한 채소와 곡식, 농장 동물로부터

얻은 고기, 달걀, 우유, 그리고 수상 양식판에서 자란 물고기를 포함한 자신들의 식량을 생산하도록 기대되었기 때문에 농업 직무가 Biospherian들의 대부분의 일상 업무를 차지했다. 팀원들은 농업 생산, 야생에서 관찰된 변화, 그리고 대기 상태에 대해 상세한 기록을 남겼다. 실내 대기 안으로 들어간 지 수개월 이내에 Biospherian들은 산소 수치의 감소와 이산화탄소 증가를 감지하였다. 미션이 시작할 때 실내 대기는 약 20.9%의 산소로 구성되어 있었다. 17개월 후 산소 수치가 겨우 14.2%로 떨어졌다. 원인을 규명할 수 없었던 임원들은 적어도 두 번 설비 안으로 산소를 주입하기로 결정했고, 유리로 둘러싸인 내실의 공기 압력을 조절하기 위한 가변 확장실인 '폐'는 외부 환경으로부터 공기가 유입되도록 하기 위해 매일 열렸다.

① 4명의 사람들이 그 실험을 위해 Biosphere에 들어갔다.
② Biospherian들은 폐쇄된 환경에서 식량을 자급자족해야 했다.
③ 1992년 9월에 산소 수치는 약 14%가 되었다.
④ 이산화탄소 수치가 상승한 이유가 밝혀졌다.

| 정답해설 | ② 82% Biosphere 2 실험의 경과를 설명하는 지문이다. 두 번째 문장 'Agricultural tasks occupied much of the Biospherians' daily routine since they were expected to produce their own food ~'를 통해 Biospherian들은 자신들의 식량을 직접 재배하였다는 것을 알 수 있다. 따라서 ②는 글의 내용과 일치한다.

| 오답해설 | ① 4% 첫 번째 문장에서 'four men and four women (네 명의 남성과 네 명의 여성)'이 들어갔다고 언급하고 있으므로, 내용과 일치하지 않는다.

③ 8% 'At the start of the mission the indoor atmosphere consisted of about 20.9 percent oxygen; 17 months later, oxygen levels had dropped to just 14.2 percent.'를 통해 '시작 후 17개월 후에 산소 수치가 14.2%로 떨어졌다'는 것을 알 수 있다. 하지만 첫 문장에서 프로젝트가 'September 26, 1991'에 시작되었음을 언급하고 있으므로 프로젝트 개시 후 약 12개월이 지난 시점인 1992년 9월은 글의 내용과 일치하지 않는다.

④ 6% 마지막 문장에서 'Unable to identify the causes'라고 했으므로, '원인을 규명할 수 없었다'는 것을 알 수 있다.

| 어휘 |
survivability 살아남을 수 있는 힘; 생존 가능성
refer to 언급하다, 지칭하다 　　seal 밀봉하다, 밀폐시키다
biome 생물 군계 　　agricultural 농업의
occupy 차지하다 　　daily routine 일상 업무, 일과
bed (꽃·채소 등을 가꾸는) 장소, 단, 모판
aquaculture 수산 양식 　　wilderness 야생, 황야, 황무지
atmospheric 대기의, 공기의 　　atmosphere 대기, 공기
detect 탐지하다 　　consist of 구성하다
identify 찾다, 발견하다, 알아보다 　　inject 주입하다
occasion (~을 하기에) 적절한 때, 기회
variable-expansion 가변 확장 　　chamber 방, 실
regulate 조절하다
enclosure 둘러쌈, 울타리[담]를 친 장소
inflow 유입 　　external 외부의

오답률 39% 中

09 문장형 | 문법 > Modifiers > 동명사 　　답 ③

핵심포인트 　'try'의 목적어가 동명사일 때의 의미를 파악해야 한다.

| 해석 | ① 그녀는 그녀의 아이들의 삶에 간섭하지 않으려고 노력했다.
② 당신이 몇 분 전에 본 어린 소녀는 내 조카이다.
③ 나는 두통약들을 복용해보았지만 그것들은 아무런 효과도 없었다.
④ 그 다리는 몇몇 관광 안내 책자들이 당신이 믿도록 할 만큼 인상적이지는 않다.

| 정답해설 | ③ 61% 완전타동사 'try'는 동명사를 목적어로 취하는 경우 '~을 한번 (시험삼아) 해보다'를 뜻하며 to부정사를 목적어로 취하는 경우 '~하려고 노력하다'를 뜻한다. 단, 'try'의 목적어인 to부정사는 '노력' 외에 '시도'의 의미도 있으므로 주의해야 한다. 해당 문장에서는 'tried'의 목적어로 동명사 'taking'을 사용하였으며 문맥상 '복용을 시도해보다'가 자연스러우므로 옳은 문장이다.

| 오답해설 | ① 26% 'interfere'는 완전자동사이므로 목적어 앞에 전치사가 필요하다. 따라서 목적어 'her children's lives'를 'in her children's lives'로 수정해야 한다.

② 4% 주절의 주어가 단수형태의 명사구 'The little girl'이므로 동사에도 단수형태를 사용해야 한다. 따라서 'were'를 'was'로 수정해야 한다.

④ 9% 해당 문장은 원급 비교 「as + 원급 + as」가 쓰인 문장으로 원급에 들어가는 품사는 앞에 있는 문장 구조에 의해 결정된다. 이때 원급에 들어갈 품사는 불완전자동사 'is'의 주격 보어에 해당하므로 형용사여야 하나 부사 'impressively'를 사용하였으므로 틀린 문장이다. 따라서 'impressively'를 'impressive'로 수정해야 한다.

오답률 12% 下

10 빈칸형 | 독해 > Reading for Writing > 빈칸 구 완성 　　답 ④

핵심포인트 　자신을 더 돋보이게 만드는 방법이라는 소재를 다룬 지문으로, 자신감과 자신을 돋보이게 하는 방법의 관계를 파악하는 것이 중요하다.

| 해석 | 당신이 최고로 보이려면 무엇이 가장 필요하다고 생각하는가? 당신은 건강한 자신감을 가진 사람이 더 꼿꼿하게 서고, 더 많이 웃고, 호감과 신뢰감을 보여준다는 사실을 알면 놀라게 될지도 모른다. 자기 자신을 있는 그대로 받아들이는 것도 매우 중요하다. 당신은 당신을 독특하게 만드는 속성을 가지고 있다. 당신의 키, 골격, 피부색이나 나이에 대해 걱정하지 말라. 그것들은 인생의 현실들일 뿐이다. 미용실이나 성형수술은 잊어라. 염색한 머리나 주름 제거 수술보다는 오히려 품위와 자신감이 자신을 한층 더 돋보이게 만들 것이다. 그러므로, 최고로 보이는 데 가장 우선되고 중요한 단계는 ④ 자신에 대해 자신감을 갖는 것이다.

① 건강과 좋은 몸매를 유지하는 것

② 당신의 잠재력을 깨닫는 것

③ 자기 자신만의 관점을 갖는 것

④ 자신에 대해 자신감을 갖는 것

| **정답해설** | ④ 88% 품위와 자신감이 자신을 더 돋보이게 한다는 내용이므로, 빈칸에는 ④의 내용이 알맞다.

| **어휘** |

self-esteem 자신감   attribute 속성, 특성

grace 품위   perspective 가치관

---

11 논리형 독해 > Logical Reading > 배열   답 ②

핵심포인트 심리극을 통한 정신치료라는 소재를 다룬 지문의 논리적 흐름을 파악한다.

| **해석** | 심리극은 J. L. Moreno에 의해 고안된 그룹 치료의 형태이다. 그는 그룹 정신치료의 창시자 중 한 명이며 그룹에서 행해지는 치료는 사람들이 낫도록 돕는 최상의 방법이라고 믿었다. 심리극 치료 그룹에는 다섯 가지 요소들이 있다.

(B) 그룹 리더인 연출자가 있다. 그리고 다른 그룹의 멤버인 청중이 있고, 보통 그룹 방 안에 넓게 열린 공간인 무대가 있다. 그리고 그 구성원의 이야기가 연기될 주인공이 있다. 마지막으로, 보조 자아들이 있는데, 이들은 그 극에서 역할을 맡은 다른 그룹의 구성원들이다.

(A) 그리고서 연출자는 주인공이 빠져나갈 수 없거나 어려운 관계의 일부인 그의 삶으로부터 장면들을 만들도록 이끌고, 그가 그의 삶에서 다른 사람을 연기하도록 되어 있는 다른 그룹의 구성원들과 상호작용하게 한다. 그들은 대사를 하고 장면을 연기한다.

(C) 극이 끝난 후에 보조 역할을 연기했던 구성원은 "나는 더 이상 당신의 싫은 자아를 연기하지 않을 겁니다. 나는 Bob입니다."라고 말함으로써 그 부분의 연기를 마친다. 그룹은 다시 함께 모이고 그 극과 관련된 그들 자신에 대한 것들을 공유한다.

| **정답해설** | ② 89% 주어진 글에서는 심리극이 J. L. Moreno에 의해 만들어졌으며 심리극 치료 그룹에는 다섯 가지 요소들이 있다고 했다. 따라서 그 다섯 가지 요소를 나열하는 (B)가 가장 먼저 오는 것이 알맞다. 다섯 가지 요소의 설명 이후에는 심리극이 진행되는 방법이 나오는 (A)가 이어지고, 그 다음에는 심리극이 끝난 후의 마무리에 대해서 설명하는 (C)가 오는 흐름이 자연스럽다. 따라서 정답은 ②이다.

| **어휘** |

psychodrama 심리극   optimal 최선의, 최상의

stuck 빠져나갈 수 없는   auxiliary 보조의

---

12 문장형 생활영어 > 회화/관용표현   답 ①

핵심포인트 'never mind'의 문맥상 쓰임에 대해서 정확히 파악해야 한다.

| **해석** | ① A: 상을 차리는 것 좀 도와줄래?

B: 신경 쓰지 마. 실은 나는 아래층에 상을 차리고 있어.

② A: 근무하시는 시간이 언제인지 여쭤봐도 될까요?

   B: 저는 오후 3시부터 오후 5시까지 근무합니다.

③ A: 햇빛이 쨍쨍할 때 빨래를 해야 해.

   B: 알겠어. 비가 그치면 할게.

④ A: 오늘 학교가 일찍 끝나면 내가 집 갈 때 너를 데리고 갈게.

   B: 고마워. 학교 일찍 끝나면 나한테 문자해줘.

| **정답해설** | ① 66% A가 B에게 상 차리는 것을 도와줄 수 있는지 묻자 B는 신경 쓰지 말라며 '아래층에 상을 차리고 있다'고 답변한다. 도움 요청은 승낙 또는 허락을 명시하는 게 우선인 만큼 B는 A의 도움 요청에 대한 말로 적절하다고 볼 수 없다.

| **오답해설** | ② 9% A는 B에게 근무시간이 언제인지 물어보고, B는 자신의 근무시간을 이야기해 주고 있으므로 자연스러운 대화이다.

③ 6% A는 햇빛이 쨍쨍할 때 빨래를 해야 한다고 B에게 말한다. 그러자 B는 수긍하며 비가 그치면 빨래를 하겠다고 답하고 있으므로 B는 적절한 반응이다.

④ 19% A는 B에게 학교가 일찍 끝나면 집에 갈 때 B를 데리고 가겠다고 이야기한다. B는 이에 대해 고맙다고 말하며, 학교가 일찍 끝나면 문자를 해달라고 부탁하고 있으므로 자연스러운 대화의 흐름이다.

| **어휘** |

downstairs 아래층   office hour 근무 시간

laundry 빨래

---

13 빈칸형 생활영어 > 회화/관용표현   답 ③

핵심포인트 관용표현인 'make oneself at home'에 대한 이해가 관건이다.

| **해석** |

Jane: 어서 와, Kelly! 안으로 들어와!

Kelly: 초대해 줘서 고마워. 정말 좋은 집이다!

Jane: 여기 괜찮아? 이 새 집으로 이사한 후로 네가 첫 손님이야.

Kelly: 정말? 나는 여기가 아주 좋아. 그럼 난 매우 행운아네.

Jane: 파스타와 디저트가 식탁에서 널 기다리고 있어. 음식이 식기 전에 먹자.

Kelly: 우와! 나 너무 신나. 먹기 전에 편한 옷으로 갈아입고 싶어.

Jane: 그래! ③ 편안하게 있어. 내 잠옷을 빌려줄 수 있어.

Kelly: 사실 나는 내 가방에 내 것을 챙겨왔어. 빨리 갈아입을게.

Jane: 천천히 해. 식탁에서 널 기다리고 있을게.

Kelly: 고마워!

① 귀찮게 하지 말고 저리 가
② 생활비를 벌어와
③ 편안하게 있어
④ 정말 그래, 전적으로 동의해

| 정답해설 | ③ 89% 새로 이사한 Jane의 집에 초대를 받고 놀러 간 Kelly와 집주인 Jane의 대화이다. Jane은 Kelly와 먹을 파스타와 디저트를 미리 준비해 놓았다며 식기 전에 먹자고 이야기하지만, Kelly는 먹기 전에 편안한 옷으로 갈아입고 오겠다고 대답한다. Jane은 흔쾌히 승낙하며 '~하라면서 자신의 잠옷을 빌려줄 수 있다'고 이야기한다. 그러므로 빈칸에 들어갈 가장 적절한 것은 집에 있는 것처럼 편안하게 있으라는 의미의 ③ 'Make yourself at home'이다.

| 오답해설 | ① 3% Jane의 집에 놀러 가서 편한 옷으로 갈아입겠다는 Kelly에게 '귀찮게 하지말고 저리 가(Go fly a kite)'라고 말하면서 자신의 잠옷을 빌려줄 수 있다고 덧붙이는 것은 대화의 흐름상 어색하다.

② 3% 편안한 옷으로 갈아입겠다는 Kelly의 말에 승낙하면서 '생활비를 벌어와(Bring home the bacon)'라고 명령하는 것은 빈칸에 들어갈 말로 적절하지 않다.

④ 5% 편한 옷으로 갈아입고 음식을 먹겠다는 Kelly에게 '정말 그래(You can say that again)'라고 의견에 동의하는 것은 맥락상 부자연스럽다.

| 어휘 |
invite 초대하다   guest 손님
comfortable 편한, 편안한   pajama 잠옷

오답률 31% 中

14 문장형 문법 > Main Structure > 동사   답 ②

핵심포인트   지각동사의 목적격 보어의 종류를 파악해야 한다.

| 정답해설 | ② 69% 'watch'는 지각동사의 경우 목적격 보어로 원형부정사, 현재분사, 과거분사를 사용한다. 해당 문장은 지각동사 'watched'를 사용하였고 목적어 'the waiter'와 능동관계이나, 목적격 보어에 to부정사 'to prepare'를 사용하였으므로 틀린 문장이다. 따라서 'to prepare'를 'prepare' 또는 'preparing'으로 수정해야 한다.

| 오답해설 | ① 3% 'major'는 한정적 용법으로만 사용되는 형용사로, 명사 'problem'을 앞에서 수식한다.

③ 8% 해당 문장에서 'tell'은 수여동사로 「tell + 간접목적어[대명사] + 직접목적어[간접의문문]」의 형태로 사용되었다. 또한 'sympathize'는 완전자동사이므로 목적어 앞에 전치사를 사용해야 한다.

④ 20% 'There'는 유도부사로 뒤에 「동사 + 주어」 형태의 도치 어순이 온다. 또한 'which'는 주격 관계대명사로 선행사가 복수형태의 명사구인 'a great many questions'이므로 주격 관계대명사절의 동사에 복수형태인 'were left'를 옳게 사용하였다. 이때

'were left'는 불완전타동사 'leave'의 수동태로 'unanswered'는 목적격 보어에 해당한다.

오답률 28% 中

15 문장형 문법 > Expansion > 관계사   답 ②

핵심포인트   선행사를 포함한 관계대명사 'what'의 문장 구조를 파악해야 한다.

| 정답해설 | ② 72% 'what'은 완전타동사 'described'의 목적어에 해당하는 목적격 관계대명사로 옳은 표현이다.

| 오답해설 | ① 16% 'that' 뒤에 오는 절이 완전타동사 'described'의 목적어가 없는 불완전한 형태이므로 'that'은 목적격 관계대명사로 사용되었음을 알 수 있으나, 앞에 선행사가 없고 전치사 'in'이 있으므로 'that'을 관계대명사 'what'으로 수정해야 한다.

③ 6% 'that' 뒤에 오는 절이 완전한 형태이므로 'that'이 접속사임을 알 수 있으나, 전치사 'in' 뒤에 that절이 목적어로 위치할 수 없으므로 어법상 옳지 않다. 단, 'in that'이 '~의 관점에서'라는 의미로 사용되는 경우가 있으나 해당 문장에서는 적용되지 않는다.

④ 6% 'what' 뒤에는 불완전한 형태의 절이 와야 하므로 어법상 틀리며, 'doctors were described as ~'가 되면 'as' 이하가 'doctors'의 보어가 되므로 우리말 해석과도 맞지 않는다.

오답률 17% 中

16 지문제시형 독해 > Macro Reading > 제목   답 ③

핵심포인트   지엽적인 내용이 아닌 글 전체의 내용을 담아내는 제목을 선택해야 한다.

| 해석 | 명상은 아주 오래된 (심신) 수련법이지만 과학자들은 명상을 하고 있을 때 일어나는 일들을 관찰할 수 있을 만큼 정교한 도구를 최근에서야 개발했다. 전두엽은 뇌에서 가장 진화된 부분이며 추리, 계획, 감정과 자의식의 자각을 담당하고 있다. 명상 중에는 앞이마 부분의 대뇌 피질이 작동하지 않는 경향이 있다. 뇌의 두정엽 부분은 주위에서 일어나는 일들에 대한 감각적인 정보를 처리하여 시공간에 당신을 적응하게 한다. 명상 중에 두정엽의 활동은 느려진다. 감각에 대한 문지기와 같은 역할을 하는 시신경상은 몇 가지의 감각적인 데이터를 뇌로 깊이 쏟아 붓고 그 길에 있는 다른 신호들을 멈추어 주의를 집중시킨다. 명상은 내부로 쏟아져 들어오는 정보를 아주 작은 흐름으로 줄이는 것이다. 뇌의 파수꾼으로서 망양체는 내부로 들어오는 자극들을 받아들이고 언제라도 응답할 수 있도록 뇌를 기민하게 한다. 명상은 각성 신호들을 감소시킨다.
① 인간 두뇌의 구조
② 명상의 의학적 역할들
③ 명상 시에 두뇌는 어떻게 작용하는가
④ 명상이 어떻게 두뇌를 치료하는가

| 정답해설 | ③ 83% 명상을 할 때 우리 뇌가 어떻게 활동을 하고 뇌의 어느 부분이 활성화 되는지를 설명하고 있는 글이다. 따라서 글

의 제목으로 적절한 것은 ③ 'How the brain works in meditation (명상 시에 두뇌는 어떻게 작용하는가)'이다.

| 오답해설 | ① 1% 본문에서 뇌의 전두엽 부분에 대해 설명하고 있으나 뇌의 구조는 주제와 상관관계가 적다.

| 어휘 |

discipline 훈련	frontal (머리) 앞부분의
lobe 엽 (葉: 폐엽, 간엽 등)	reasoning 추리, 추론
self-conscious 자의식의	awareness 자각, 인식
cortex 피질, 외피; 대뇌 피질	parietal 벽의, 정수리 부분의
parietal lobe 두정엽	sensory 감각상의
thalamus 시상(視床)	gatekeeper 문지기, 수위
funnel 집중하다, 쏟다	trickle 물방울, 소량
sentry 보초, 초병, 파수꾼	reticular 그물 모양의, 망상의
reticular formation 망양체	arousal 환기, 자극

오답률 38% 中

17 밑줄형 문법 > modifiers > 형용사 답 ③

핵심포인트 문장에서 형용사 또는 부사가 수식하는 대상을 파악해야 한다.

| 해석 | 전망 이론은 사람들이 위험성과 불확실성을 동반하는 대안들 사이에서 어떻게 결정을 내리는지 보여주는 행동학적 모델이다. 그것은 사람들은 절대적인 결과물보다 참고 기준에 비례하는 예상 효용의 측면에서 생각을 한다고 설명한다. 전망 이론은 위험성 있는 선택을 표현하는 것에 의해 발전되었고, 사람들은 손실 회피 성향이 있다는 것을 나타낸다.

| 정답해설 | ③ 62% 밑줄 친 'absolutely'는 부사이므로 명사인 'outcomes'를 수식할 수 없다. 따라서 'absolutely'를 형용사 'absolute'로 수정해야 한다.

| 오답해설 | ① 3% 밑줄 친 'decide'는 앞에 있는 의문부사 'how'와 뒤에 오는 전치사구 'between alternatives'를 통해 완전자동사로 사용되었음을 알 수 있다. 따라서 밑줄 친 'decide'는 옳은 표현이다.
② 6% 밑줄 친 'that' 뒤에 오는 절이 완전한 형태이므로 접속사임을 알 수 있으며 완전타동사 'demonstrates'의 목적어 역할을 한다. 따라서 밑줄 친 'that'은 옳은 표현이다.
④ 29% 주어가 단수형태의 명사구 'Prospect theory'이므로 동사에 단수형태를 사용하는 것이 옳다. 따라서 밑줄 친 'indicates'는 옳은 표현이다.

오답률 10% 下

18 지문제시형 독해 > Micro Reading > 내용일치/불일치 답 ④

핵심포인트 수치 표현을 묻는 내용일치 문제의 경우, 전체와 부분에 대한 내용을 선지와 꼼꼼하게 비교해야 한다.

| 해석 | 교육은 매우 중요하다. 이 말의 정당성에 대해 의문을 품는 사람은 아무도 없을 것이다. 그러나 여러 국가에서 양질의 교육은 매우 한정되어 있다. 대부분의 경우, 드문 자원인 양질의 학교 교육은 오직 사회의 일부 엘리트들만 이용할 수 있다. 이것은 특히 인도에서 사실인 것처럼 보인다. iTV의 Kartikeya Sharma에 따르면 인도는 19%의 GER을 가지고 있다. GER, 즉 총진학률은 고등학교 졸업 후 상위 교육기관에 입학하기로 결정한 학생들의 수를 말한다. 이는 고등학교 교육을 마친 100명의 학생 중 오직 19명만이 상위 교육기관에 입학한다는 것이다. 인도의 GER은 현재 세계 평균보다 약 5% 낮다. 또한 그것은 미국과 호주와 같은 선진국들보다는 50% 이상 낮다.
① 거의 모든 사람들이 교육의 중요성을 인정한다.
② 인도는 제한된 양질의 교육 기회를 지닌 국가들 중 하나이다.
③ 인도에서 80% 이상의 고등학교 졸업생들이 전문대 또는 대학 학위를 얻지 않기로 결정한다.
④ 세계 평균 GER은 약 14%이다.

| 정답해설 | ④ 90% 해당 지문은 '인도의 교육'에 대해 설명하는 글로서, 총 진학률(GER) 측면에서 인도의 낮은 교육률에 대해 서술하고 있다. 본문 중반 'India has a GER of 19 percent.'를 통해 인도의 총 진학률이 19%라고 언급하고 있고, 이후 'India's GER is around 5% below the current world average.'라고 언급하며 세계 평균 GER은 인도의 GER보다 약 5% 높다고 설명하고 있다. 따라서 세계 평균은 약 24%라는 것을 알 수 있다. ④의 14퍼센트는 인도의 GER인 19%에서 5%가 낮은 수치이므로 글의 내용과 일치하지 않는다.

| 오답해설 | ① 1% 본문 초반 'Education is really important. No one would question the validity of this statement(교육은 매우 중요하다. 이 말의 정당성에 대해 의문을 품는 사람은 아무도 없을 것이다).'를 통해 글의 내용과 일치하는 것을 알 수 있다.
② 3% 'the scarce resource of a good school education is only available to the few elites of the society(드문 자원인 양질의 학교 교육은 오직 사회의 일부 엘리트들만 이용할 수 있다).'라고 언급한 후, 'This seems to be especially true in India(이것은 특히 인도에서 사실인 것처럼 보인다).'라고 설명하고 있으므로, '인도에서의 교육의 기회는 제한되어 있다'는 것을 알 수 있다. 따라서 글의 내용과 일치한다.
③ 6% 인도의 총 진학률(GER)이 19%이므로, 나머지 81%의 학생들은 고등학교 이후 상위 교육기관으로의 진학을 포기한다는 것을 알 수 있다. 따라서 글의 내용과 일치한다.

| 어휘 |

validity 정당성, 유효성	statement 말, 진술
scarce 드문, 부족한	resource 자원
enrollment 입학, 등록	represent 해당하다, 나타내다
enroll 등록하다, 입학하다	graduate 졸업하다, 졸업자
first world country 제1세계 국가, 선진국	
acknowledge 인정하다	quality 양질의, 질 좋은
pursue 추구하다, 얻으려고 애쓰다	approximately 약, 대략

19 논리형 독해 > Logical Reading > 삽입   답 ③

핵심포인트   주어진 문장에서 지시대명사를 파악한 후 문맥의 앞과 뒤에 들어갈 표현에 대해 정확한 분석을 해야 한다.

| 해석 | 해저의 1% 이하를 뒤덮고 있음에도 불구하고, 산호초는 모든 알려져 있는 해양 생물의 약 25%를 지탱한다. 또한, 산호초에 사는 종의 다양성은 전 세계 거의 어느 곳보다 더 크다. 과학자들은 1백만 종 이상의 동식물이 산호초 생태계와 관련되어 있다고 판단한다. 광대한 암초 구역을 지닌 Florida Keys National Marine Sanctuary(플로리다 키스 국립해양보호구역)는 연방에서 보호되는 Staghorn과 Elkhorn 산호를 포함하여 50종 이상의 산호를 보호한다. 그 보호구역은 또한 500종 이상의 물고기와 수많은 기타 유형의 해양 생물의 서식처이다. ③ 암초의 생물 다양성과 암초가 다른 종에게 제공하는 서식지는 또한 다른 이점의 원천이 된다. 암초에 기반을 둔 어장들은 식량과 수입을 제공하고, 다이빙과 스노클링과 같은 암초에 기반을 둔 휴양은 지역 경제에는 수입을, 수백만의 사람들에게는 여가를 제공한다. 게다가 암초에 서식하는 유기체로부터 추출된 화합물은 방대한 의학적 잠재력을 지닌다.

| 정답해설 | ③ 60% 해당 지문은 '산호초가 제공하는 이점'을 설명하는 글이다. 글의 초반에는 '산호초가 생태계에 미치는 긍정적 영향'에 대해 설명하고 있으며, 글의 후반에는 '산호초를 기반으로 생성된 경제적, 의학적 이점' 등을 제시하고 있다. 주어진 문장 후반에서 'the source of other benefits'라고 언급하고 있으므로 주어진 문장 뒤에는 산호초가 앞서 언급한 생태계적 영향 외에 미치는 다른 이점이 제시되어야 자연스럽다. ③ 이전까지는 모두 '산호초의 생태계적 역할'에 대한 내용이고, ③ 이후 문장은 '식량 및 수입 제공, 휴양 활동 제공, 의학적 원료 제공' 등 '기타 이점'들에 대한 내용이다. 따라서, 주어진 문장은 ③에 들어가는 것이 가장 적절하다.

| 어휘 |

biodiversity 생물 다양성	reef 암초
habitat 서식지	variety 다양(성)
coral reef 산호초	tract 지역, 지대, 구역
federally 연방 차원에서	sanctuary (자연) 보호구역
fishery 어장	compound 화합물, 혼합물
isolate 분리하다	organism 유기체, 생물
vast 광대한, 방대한	potential 가능성, 잠재력

20 빈칸형 독해 > Reading for Writing > 빈칸 절 완성   답 ②

핵심포인트   주물 조각상이라는 다소 생소한 소재를 다룬 지문인 만큼 꼼꼼한 독해를 요한다.

| 해석 | Kongo 지역에 있는 Loango에서 곤두선 못들이 가득 박혀 있는 아프리카 nkisi nkondi 주물 조각상에 대한 나의 직접 경험은 그것들이 공포 영화 괴물처럼 꽤나 사납게 보인다는 것이다. 이러한 첫 자각은 내가 '외적인 사실', 즉 못은 협정을 기록하거나 분쟁

해결을 확정짓기 위해 사람들에 의해 오랜 시간에 걸쳐 박힌 것임을 알게 되었을 때, 바뀌었다. 참가자들은 (그것이 어겨지면 처벌이 내려질 것이라는 기대와 함께) 자신들의 합의에 대한 지지를 요구했던 것이다. 그러한 주물 조각상들은 매우 강력한 힘을 가지고 있다고 여겨져 때로는 마을 밖에 놓여졌다. 비록 내가 그 조각상들이 무서운 힘을 구체화한다는 것을 직접적으로 인식할 수 있을지라도, 그것들이 왜 그리고 어떻게 만들어졌는가에 대한 추가적인 사실을 이해하지 않고서는, 나는 ② 그것들의 사회적 의미를 이해하지 못한다. 본래의 사용자들은 그것들 일부가 박물관의 아프리카 미술 전시관에 함께 전시된다는 것을 매우 의아하게 여길 것이다.

① 문화 간의 장벽을 깨뜨리다
② 그것들의 사회적 의미를 이해하다
③ 예술을 소유의 수단으로 생각하다
④ 예술과 종교를 구별하다

| 정답해설 | ② 75% 빈칸 뒤의 'without understanding additional facts about why and how they were made'와 같은 맥락의 내용이 빈칸에 오는 것이 알맞다. 즉, 답은 ②로, '그것이 왜 그리고 어떻게 만들어졌는가'는 'their social meaning'을 의미한다.

| 어휘 |

fetish 주물, 숭배의 대상	fierce 사나운
modify 수정하다	drive 밀어[박아] 넣다
seal 봉인하다	embody 구체화하다

9급공무원 공개경쟁채용 필기시험

17회 난이도	中
17회 합격선	**17개/20개**

회차	유형매칭
17	2019 **지방직 7급**

17회차 핵심페이퍼

문번	정답	개념	꼭 짚고 넘어가야 하는 핵심포인트!
01 (오답률 TOP 3)	③	어휘	'ruthless'와 'pitiless'가 유의어 관계인 것을 파악한다.
02	①	어휘	'immortalize'가 'perpetuate'와 유의어 관계인 것을 파악한다.
03	③	생활영어	대화 지문을 통해 주어진 상황을 파악하고 종업원이 하려는 말을 유추할 수 있어야 한다.
04	③	생활영어	농구와 관련된 상황과 그에 유리한 조건 등에 대한 내용을 간파해야 한다.
05	③	문법	'~하자마자 …하다'는 의미의 관용표현의 문장 구조를 파악해야 한다.
06	①	문법	명사구인 'The customer ~ restructuring'까지가 주어부임을 파악해야 한다.
07	③	문법	수동형으로 쓰인 'apply'의 쓰임을 파악할 수 있는지를 묻는 문제이다.
08	③	문법	부사 'hardly'가 'never'와 함께 쓰일 수 없는 중복부정에 대한 지식을 묻고 있다.
09	②	독해	나라/문화별 청색의 상징이라는 소재를 다룬 지문으로, 내용일치 문항인 만큼 꼼꼼한 독해가 필요하다.
10	②	어휘	'employ'가 문맥상 '고용하다'의 의미가 아닌 '이용하다'로 사용된 것을 파악해야 한다.
11	③	문법	'what'과 'that'을 구별할 수 있는지 묻고 있다.
12	①	독해	글의 미시적인 정보가 아니라, 글 전체의 주제를 찾아야만 오답을 고르지 않는다.
13	②	독해	인지행동치료의 세부 사항 등을 꼼꼼하게 선지와 비교해야 한다.
14	④	독해	Bell 연구소의 안테나에 포착된 이상한 소리에 대한 글의 요지를 묻고 있는 문항으로, 선지 분석에 주의해야 한다.
15	②	문법	완전타동사의 목적어를 구분하는 문제이다.
16	③	문법	부정어가 문두에 오는 경우 이후의 절의 어순이 도치됨이 핵심이다.
17	③	독해	섭식 장애라는 다소 생소한 소재인 만큼 지문 파악에 주의해야 한다.
18	④	독해	삽입 문제로, 핵심종인 무화과나무와 관련된 지문의 논리적 흐름을 파악하고 유추할 수 있어야 한다.
19 (오답률 TOP 2)	②	독해	부사 'also' 등을 먼저 파악해서 이후의 문맥과 이전의 문맥을 연결해야 한다.
20 (오답률 TOP 1)	①	독해	어려운 글을 읽을 때와 아닐 때의 뇌 활동의 차이를 통해 유추할 수 있어야 한다.

※ [오답률/선택률] 산정 기준: 2020.02.11. ~ 2022.12.30. 기간동안 응시된 1초 합격예측 서비스의 누적 데이터
※ [오답률] TOP 1, 2, 3은 많은 응시생들이 헷갈린 문항이므로 꼭 확인하고 넘어가시기 바랍니다.

eduwill

01	③	02	①	03	③	04	③	05	③
06	①	07	③	08	③	09	②	10	②
11	③	12	①	13	②	14	④	15	②
16	③	17	③	18	④	19	②	20	①

※ 上 中 下 는 문항의 난이도를 나타냅니다.

※ 50% 는 선지별 선택률을 나타냅니다.

오답률 TOP 3   오답률 43%   上

01   밑줄형 어휘 > 유의어 찾기   답 ③

핵심포인트 'ruthless'와 'pitiless'가 유의어 관계인 것을 파악한다.

| 해석 | 멸종 위기에 처한 종들은 무자비한 밀렵꾼들과 앞뒤를 가리지 않는 그들의 고객들로부터 보호되어야 한다.

① 57% 비참한; 빈약한; 비열한

② 12% 부정적인

③ 8% 무자비한, 무정한, 냉혹한

④ 23% 즉흥적인, 임시변통의

| 정답해설 | 밑줄 친 'ruthless'는 '무자비한, 무정한, 가차 없는'을 뜻하므로 의미가 가장 가까운 것은 ③ 'pitiless (무자비한, 무정한, 냉혹한)'이다.

| 어휘 |

endangered 멸종 위기에 처한   poacher 밀렵꾼

reckless 앞뒤를 가리지 않는, 무모한

오답률 25%   中

02   밑줄형 어휘 > 유의어 찾기   답 ①

핵심포인트 'immortalize'가 'perpetuate'와 유의어 관계인 것을 파악한다.

| 해석 | 그것이 오늘날 박물관 벽에 걸려있든, 혹은 50년 전 벽에 걸려있든, Morandi는 영원한 작품, 즉 삶의 일상적인 부분을 취해 그것들에 영원성을 부여하는 그림들을 창작하는 방식을 발견했다.

① 75% 영구화하다   ② 8% 만들다, ~하게 하다

③ 5% 혐오하다   ④ 12% 보존하다

| 정답해설 | 'immortalize'는 '불멸하게 하다'는 의미이므로 ① 'perpetuate'가 유의어이다.

오답률 11%   中

03   빈칸형 생활영어 > 회화/관용표현   답 ③

핵심포인트 대화 지문을 통해 주어진 상황을 파악하고 종업원이 하려는 말을 유추할 수 있어야 한다.

| 해석 | 종업원: 어떤 걸로 주문하시겠어요?

Jane: 햄에그(햄에 계란 프라이를 곁들인 것)로 할게요.

종업원: ③ 달걀을 어떻게 해드릴까요?

Jane: 뭘 고를 수 있죠?

종업원: 휘저어 부친 것, 한 쪽만 익힌 노른자가 반숙 상태인 것, 양쪽 다 익히되 노른자가 익지 않은 것, 그리고 양쪽 다와 노른자도 익힌 것이 있습니다.

Jane: 휘저어 부친 것으로 주세요. 음, 아뇨, 한 쪽만 익힌 반숙 상태가 더 낫겠네요.

종업원: 더 필요하신 것 있으십니까?

Jane: 오렌지 주스 한 잔이요.

① 햄에그 같은 건 없어요.

② 저희 식당은 처음이신가요?

③ 달걀을 어떻게 해드릴까요?

④ 가장 좋아하는 요리사는 누구인가요?

| 정답해설 | ③ 89% 빈칸 뒤에서 Jane은 뭘 고를 수 있는지 물었으므로 종업원은 ③ '달걀을 어떻게 해드릴까요?'라고 묻는 것이 흐름상 가장 적절하다.

오답률 29%   中

04   빈칸형 생활영어 > 회화/관용표현   답 ③

핵심포인트 농구와 관련된 상황과 그에 유리한 조건 등에 대한 내용을 간파해야 한다.

| 해석 | A: 우리는 우리 팀에서 활약해 줄 키 큰 사람을 찾고 있어.

B: 키 큰 사람? 넌 왜 키 큰 사람을 찾고 있어?

A: 학교가 다음 주에 농구 게임을 개최해. 농구 게임에서는, 특히 슛을 날릴 때 키가 큰 사람들이 ③ 압도적으로 유리한 상황에 있을 거거든.

B: 오, 그래서 네가 팀에서 활약해 줄 키 큰 사람을 찾던 것이었구나.

A: 정확해. 이기는 팀에게는 큰 상이 수여되기 때문에 난 꼭 경기를 이기고 싶어.

B: 확실히 경쟁이 치열할 것 같아.

① 방송에 출연하다

② 부정한 방법을 쓰다

③ 압도적으로 유리한 상황에 있다

④ 근근이 살아가다

| 정답해설 | ③ 71% A가 농구 시합에 나갈 키 큰 사람을 찾는 이유가 무엇인지를 생각해 본다. 슛을 날릴 때 그들이 ③ 'hold all the trumps(압도적으로 유리한 상황에 있다)'임을 알 수 있다.

오답률 42%   中

05   문장형 문법 > Main Structure > 시제   답 ③

핵심포인트 '~하자마자 …하다'는 의미의 관용표현의 문장 구조를 파악해야 한다.

| 정답해설 | ③ 58% 「주어+had no sooner+과거분사 ~ than+주어+동사(과거) …」는 '~하자마자 …하다'를 뜻하며, 여기서의 쓰

임은 올바르다. 이때 'no sooner'가 문장의 맨 앞으로 이동하면 이후의 문장 어순이 의문문 어순으로 도치됨에 유의한다.

| 오답해설 | ① 6% 「would rather A than B」는 'B하는 것보다 A하는 것이 낫다'를 뜻하며 'A'와 'B'에 동사원형을 사용해야 한다. 따라서 'praising'을 'praise'로 고쳐야 한다. 비교대상을 일치시키는 것에 유의한다.

② 26% 'expose'는 '노출시키다'는 의미인데 여기서는 '~에 노출되다'는 수동의 의미가 되어야 하며, 이때 「be exposed to+목적어」의 구조가 된다. 따라서 'exposing'을 수동형 동명사 'being exposed to'로 고쳐야 한다.

cf) '~을 …에 노출시키다'는 「expose+목적어[~을]+to+목적어[~에]」의 구조가 된다.

④ 10% 콤마(,)로는 절을 연결할 수 없기 때문에, 'create ~ bonds'라는 절이 콤마로 연결되어 있으므로 옳지 않은 문장이다. 따라서 주어진 우리말인 '만들어내면서'의 의미의 분사구문이 되도록 'create'를 'creating'으로 고쳐야 한다.

오답률 15% 中

---

06 밑줄형 문법 > Balancing > 일치 답 ①

핵심포인트 명사구인 'The customer ~ restructuring'까지가 주어부임을 파악해야 한다.

| 해석 | 주요한 구조 조정 중에 있는 한 전자 회사의 고객 서비스 직원들은 장비를 설치하고 수리하는 것 외에도 장비에 대한 서비스 계약 판매를 시작해야 한다는 말을 들었다.

| 정답해설 | ① 85% 주절의 주어가 복수 형태의 명사구 'The customer service representatives'인데 동사에 단수 형태인 'was'를 사용하였으므로 틀린 문장이다. 따라서 'was'를 'were'로 수정해야 한다.

| 오답해설 | ② 6% 'begin'은 to부정사와 동명사 모두 목적어로 사용할 수 있으며 해석도 동일하다.

③ 3% 'equipment'는 불가산명사이므로 복수형을 사용할 수 없다.

④ 6% 'in addition to'는 관용표현으로 '~ 이외에, ~에 더하여'를 뜻한다.

| 어휘 |
restructure 구조를 조정하다   contract 계약

오답률 37% 中

---

07 문장형 문법 > Main Structure > 태 답 ③

핵심포인트 수동형으로 쓰인 'apply'의 쓰임을 파악할 수 있는지를 묻는 문제이다.

| 해석 | ① 잘 관리된 정원에 있는 나무들은 숲에서 자란 나무들보다 선호된다.

② 그가 한 많은 연구는 미국의 패스파인더(Pathfinder) 호가 화성에 착륙하는 것을 가능하도록 도와주었다.

③ 의사들은 자폐증이란 용어가 처음으로 아동기 장애에 사용된 이후 발전해 온 행동 지표들을 사용한다.

④ 농부들은 보통 한 번에 30년 동안 작은 땅을 임대하는 것이 허용되었고, 그 후에는 임대를 갱신할 수 있다.

| 정답해설 | ③ 63% 종속절 'since' 이후의 동사 'was first applied to'는 '~에 처음으로 적용되었다'는 수동의 의미로 적절하게 사용되었으며, 주격 관계대명사 'that'의 쓰임도 알맞은 올바른 문장이다.

| 오답해설 | ① 13% 'preferable'은 라틴어 비교급 형용사로 'be preferable than'이 아닌 'be preferable to'의 형태로 쓰인다. 따라서 'than'을 'to'로 고쳐야 한다.

② 12% 불완전타동사 'make'는 목적어가 to부정사인 경우 목적어를 직접 갖지 못하며, 「make+가목적어(it)+목적격 보어+(for+의미상 주어)+진목적어(to부정사)」의 형태로 쓴다. 따라서 'make for the American Pathfinder possible to land on Mars'를 'make it possible for the American Pathfinder to land on Mars'로 고쳐야 한다.

④ 12% 'allow'는 불완전타동사로 목적격 보어인 to부정사를 갖는다. 수동태로 변환시에는 「be allowed to+동사원형」의 형태가 된다. 즉, 「be allowed to+-ing」의 형태로 사용할 수 없으므로, 'leasing'을 'lease'로 고쳐야 한다.

| 어휘 |
autism 자폐증   disorder 장애, 이상
plot 작은 구획의 땅[토지]

오답률 7% 下

---

08 밑줄형 문법 > Modifiers > 부사 답 ③

핵심포인트 부사 'hardly'가 'never'와 함께 쓰일 수 없는 중복부정에 대한 지식을 묻고 있다.

| 해석 | 그것은 교정과정 중에 부모 중 한 사람이 상대방을 방해하는 경우에 일어난다. 그것은 의식적으로 일어나는 경우는 거의 없으며, 거의 항상 부모 사이의 예견될 수 있는 고유한 차이 때문에 발생한다.

| 정답해설 | ③ 93% 'hardly'와 'never'를 같이 사용하면 부정의 의미가 중복되므로 'never'를 삭제하거나 'ever'로 수정한다.

| 오답해설 | ① 1% 완전자동사 'interfere'는 전치사로 'with'와 결합하여 '~을 방해하다'는 의미를 갖는다.

② 4% 'during'은 '~동안'이라는 의미의 전치사로 특정기간을 나타내는 명사를 목적어로 가진다.

④ 2% 'happen'은 '발생하다'라는 의미의 완전자동사로 목적어를 갖지 않는다.

유의어로는 ② 'draw on'이 적절하다.

오답률 32% 中

09 지문제시형 독해 > Micro Reading > 내용일치/불일치 답 ②

핵심포인트 나라/문화별 청색의 상징이라는 소재를 다룬 지문으로, 내용일치 문항인 만큼 꼼꼼한 독해가 필요하다.

| 해석 | 청색은 긍정적인 연관성이 많기 때문에 전 세계에서 가장 안전한 색상 선택으로 간주된다. 북미 및 유럽에서는 청색이 신뢰, 안전 및 권한을 나타낸다. 그러나 그것은 또한 우울, 외로움, 슬픔을 나타낼 수도 있다. 일부 국가에서는 청색이 치유 그리고 악을 물리치는 것을 상징한다. 터키, 그리스, 이란, 아프가니스탄, 알바니아에서는 악의 눈으로부터 보호하는 것으로 믿어지는 푸른 눈 모양의 부적은 흔히 볼 수 있는 것이다. 힌두교에서는 청색이 사랑과 신성한 기쁨을 상징하는 크리슈나와 강하게 연관되어 있다.

| 정답해설 | ② 96% 중간 부분의 'In some countires, ~ evil repellence.'에서 일부 국가에서는 청색이 치유 그리고 악을 물리치는 것을 상징한다고 했으므로 ② '일부 국가에서는 청색이 치유를 상징한다.'는 글의 내용과 일치한다.

| 오답해설 | ① 1% 마지막 문장에서 힌두교에서는 청색이 사랑과 신성한 기쁨을 상징하는 크리슈나와 연관되어 있다고 했으므로 일치하지 않는다.
③ 2% 'Blue eye-shaped ~ and Albania.'에서 터키에서는 푸른 눈 모양의 부적이 악의 눈으로부터 보호하는 것으로 믿어진다고 했으므로 글의 내용과 일치하지 않는다.
④ 1% 'In North America ~ and sadness.'의 두 문장에서 북미 및 유럽에서 청색이 긍정적인 상징 외에도 우울, 외로움, 슬픔을 나타낼 수도 있다고 했으므로 글의 내용과 일치하지 않는다.

| 어휘 |
association 연관   depression 우울증
symbolize 상징하다   repellence 격퇴
amulet 부적   embody 상징하다

오답률 37% 中

10 밑줄형 어휘 > 유의어 찾기 답 ②

핵심포인트 'employ'가 문맥상 '고용하다'의 의미가 아닌 '이용하다'로 사용된 것을 파악해야 한다.

| 해석 | "우선순위의 정책 과제를 착수하고 부가적인 재정 수요에 대응하는 것에 더 적극적으로 반응하기 위해, 우리는 경제 신장 정책을 이용하고 더 강력한 소비 개혁을 실행할 필요를 강조했다."라고 그는 덧붙이며 향후 5년에 걸쳐 약 178조의 비용이 들 것으로 추정되는 100가지 수행과제를 언급했다.
① 6% 완화하다, 제거하다
② 63% 이용하다, 의지하다
③ 19% ~을 참다
④ 12% 두드러지다, 명백하다, 주장을 굽히지 않다
| 정답해설 | 'employ'는 여기서 '이용하다'의 의미로 사용되었으므로

오답률 32% 中

11 문장형 문법 > Expansion > 관계사 답 ③

핵심포인트 'what'과 'that'을 구별할 수 있는지 묻고 있다.

| 정답해설 | ③ 68% 접속사 'that'은 완전한 문장을 이끈다. 여기서 이후 문장인 'William needs to do'는 'do'의 목적어가 없는 불완전한 문장이므로 접속사 'That'은 틀리다. 뒤따라오는 문장이 불완전한 경우 관계대명사를 불러올 수 있는데, 여기서는 선행사가 존재하지 않으므로, 관계대명사 중 선행사를 포함하는 관계대명사인 'What'이 오는 것이 알맞다. 즉 'That'을 'What'으로 수정해야 한다.

| 오답해설 | ① 9% 'such'는 형용사이므로 명사를 수식할 수 있으며, 「such A as B」의 표현이 알맞게 쓰였다.
② 12% 시간, 조건의 부사절에서는 미래를 현재시제로 나타내므로 'develop'은 알맞다.
④ 11% 가정법 과거 문장으로, 「If+주어+동사(과거) ~, 주어 +would/should/could/might+동사(원형) ~.」의 구조가 알맞게 쓰였다.

오답률 35% 中

12 지문제시형 독해 > Macro Reading > 주제 답 ①

핵심포인트 글의 미시적인 정보가 아니라, 글 전체의 주제를 찾아야만 오답을 고르지 않는다.

| 해석 | 2001년 설립된 이래 최초로 올해 Macaulay Honors College 또한 시범 프로그램에서 18명의 편입생을 받아들였다. 그 학생들은 올봄 Bronx Community College와 Borough of Manhattan Community College에서 준학사 과정을 마칠 것이고 이후 Macaulay에 입학할 것이다. 다른 학교에서와 마찬가지로, 편입생들은 신입생으로 등록하는 학생들보다 더 다채롭다. 18명의 편입생 모두 소수 집단 출신이며, 그들 중 대부분은 흑인 또는 라틴아메리카계이다. Macaulay의 전체 등록자는 현재 약 50퍼센트의 백인, 34퍼센트의 아시아인, 9퍼센트의 라틴아메리카인, 그리고 7퍼센트의 흑인이다.
① Macaulay Honors College의 새로운 시도
② 편입학의 증가하는 중요성
③ Macaulay Honors College의 민족 구성
④ 편입생으로서 Macaulay Honors College에 입학하는 방법

| 정답해설 | ① 65% Macaulay Honors College가 개교 이래 최초로 시범 프로그램을 통해 편입생을 받아들였다는 내용이다. 따라서 글의 주제로 가장 적절한 것은 ① 'Macaulay Honors College's new attempt(Macaulay Honors College의 새로운 시도)'이다.

| 오답해설 | ② 6% 본문은 특정 학교에 대한 내용이며, 편입의 중요성에 대해 언급하고 있지 않다.

③ 25% Macaulay Honors College의 민족적 구성을 본문 후반에서 언급하고 있으나, 본문 전체를 아우르는 내용은 아니므로 오답이다.

④ 4% Macaulay Honors College에 편입하는 방법은 언급되지 않았다.

| 어휘 |
admit (단체·학교 등에서) 받아들이다. 가입[입학]을 허락하다
transfer student 편입생   pilot program 시범 프로그램
associate degree 준학사(2년제 대학 졸업생에게 수여되는 학위)
diverse 다양한   enroll 입학하다, 등록하다
Hispanic (스페인과 관련 있거나 스페인어를 사용하는) 히스패닉[라틴 아메리카]계의; 히스패닉계 사람
overall 전체의   attempt 시도
admission 입학   ethnic 민족의, 인종의

오답률 28% 中

13 지문제시형 독해 > Micro Reading > 내용일치/불일치   답 ②

핵심포인트 인지행동치료의 세부 사항 등을 꼼꼼하게 선지와 비교해야 한다.

| 해석 | 불면증 인지행동치료(CBT-I)는 일반적으로 불면증을 앓는 사람들을 위한 첫 번째 치료법으로 권고된다. 일반적으로 CBT-I는 수면 약물치료만큼 또는 더 효과적이다. CBT-I의 인지 부문은 당신의 수면 능력에 영향을 미치는 생각을 인식하고 변화시키는 것을 당신에게 가르친다. 그것은 당신을 깨어있게 만드는 부정적 생각과 걱정을 없애는 것을 도와줄 수 있다. 그것은 또한 당신이 잠드는 것에 대해 너무 많은 걱정을 하여 당신이 잠들 수 없는 순환을 제거하는 것을 포함할 수도 있다. CBT-I의 행동 부문은 당신이 좋은 수면 습관을 발전시키고 당신이 잘 자는 것을 방해하는 행동들을 피하도록 돕는다.

① CBT-I는 오직 극심한 불면증을 앓는 사람들을 위한 것이다.
② CBT-I는 보통 두 부문으로 구성되어 있다.
③ 수면 약물치료는 CBT-I보다 환자들에게 더 선호된다.
④ CBT-I를 통해 당신은 부정적인 생각을 긍정적인 생각으로 전환시키는 법을 배울 수 있다.

| 정답해설 | ② 72% 'CBT-I의 인지 부문'과 'CBT-I의 행동 부문'에서 각각 어떻게 불면증 치료가 이루어지는지 설명하고 있으므로, ② 'CBT-I is generally comprised of two parts(CBT-I는 보통 두 부문으로 구성되어 있다).'가 글의 내용과 일치한다.

| 오답해설 | ① 5% 첫 문장 'Cognitive behavioral therapy for insomnia (CBT-I) is generally recommended as the first line of treatment for people with insomnia.'에서 불면증의 첫 번째 치료법으로 권고된다고 하였으므로, 글의 내용과 일치하지 않는다.

③ 2% 'CBT-I is equally or more effective than sleep medications.'에서 CBT-I의 효과가 약물치료만큼 또는 더 효과적이라고 했으나, 환자들이 어떤 치료법을 선호하는지는 언급되지 않았으므로 오답이다.

④ 21% 'It can help you eliminate negative thoughts and worries that keep you awake.'에서 부정적인 생각을 제거할 수 있다고 언급했으나 부정적인 생각을 긍정적인 생각으로 전환시키는 것에 대해서는 언급되지 않았다.

| 어휘 |
cognitive 인지의, 인식의   eliminate 제거하다, 없애다
involve 포함하다, 수반하다
keep A from B A가 B하는 것을 방해하다[막다]
be comprised of ~로 구성되다

오답률 8% 下

14 지문제시형 독해 > Macro Reading > 요지   답 ④

핵심포인트 Bell 연구소의 안테나에 포착된 이상한 소리에 대한 글의 요지를 묻고 있는 문항으로, 선지 분석에 주의해야 한다.

| 해석 | 1964년 5월 20일, New Jersey에 있는 Bell 연구소의 안테나는 항상 하늘의 사방에서 오는 이상한 윙윙거리는 소리를 포착했다. 그 소음은 가능한 모든 방해 요인을 제거하기 위해 최선을 다했던 R. Wilson과 A. Penzias를 당혹스럽게 만들었다. "우리가 처음으로 이 설명할 수 없는 윙윙거리는 소리를 들었을 때, 우리는 그 중요성을 이해하지 못했고 그것이 우주의 기원과 연결된다는 것은 꿈에도 생각하지 못했다."라고 Penzias는 성명에서 말했다. 그들은 우주의 폭발적인 탄생에 대해 예측되는 열적 울림을 발견했다. 이 획기적인 발견은 우주가 실제로 약 138억 년 전에 작은 씨앗에서부터 자라났다고 시사하는 빅뱅 이론을 확고한 기반 위에 올려놓았다.

① 그 소리는 빅뱅 이론을 배제시켰다.
② 그 소리는 망원경에 남은 먼지 흔적 때문이었다.
③ 그 신비한 신호는 우주의 안정된 상태를 의미한다.
④ 그 신호의 발견은 우주의 빅뱅 기원에 대한 중요한 증거를 제공했다.

| 정답해설 | ④ 92% Bell 연구소의 안테나에서 포착된 이상한 소리가 빅뱅 이론을 확고한 기반 위에 올려놓았다는 것이 주요 내용이므로 ④ 'Discovery of the signal is a significant evidence of the Big Bang origin of the universe.(그 신호의 발견은 우주의 빅뱅 기원에 대한 중요한 증거이다.)'가 글의 요지로 가장 적절하다.

| 오답해설 | ① 2% 마지막 문장에서는 발견된 소리가 우주의 빅뱅 기원에 대한 중요한 증거임이 제시되고 있으므로 글의 내용과 상반되며, 따라서 요지로 적절하지 않다.

②③ 1% 5% 지문에 서술되지 않은 내용이다.

| 어휘 |
buzzing 윙윙거리는   inexplicable 설명할 수 없는
spot 발견하다   thermal 열의
echo 울림   landmark 획기적인 발견

15 밑줄형 문법 > Main Structure > 동사 답 ②

핵심포인트 완전타동사의 목적어를 구분하는 문제이다.

| 해석 | 특히 중국과 인도의 시장에서, 해외 시장과 경쟁의 성장은 전 세계적으로 기업들이 사업을 수행하는 방식에 엄청난 영향을 미치고 있다. 실제로 중국과 인도를 경제 지도에 올려놓는 데 기여한 아웃소싱과 오프쇼어링(생산이 미국 이외의 지역으로 이동하는 것)의 등장은 미국과 해외에서 경제 세계화가 선인지 악인지에 대한 상당한 논쟁을 불러일으켰다. 그러나 많은 사람들은 세계화가 좋은 것이며, 아웃소싱과 오프쇼어링은 비교우위의 경제이론의 단순한 징후라고 제시하고 있는데, 이 이론은 각 나라가 그것이 가장 잘하는 것을 전문으로 할 때 모두가 이득을 얻는다고 주장한다.

| 정답해설 | ② 85% 'help'는 완전타동사의 경우 to부정사와 원형부정사를 목적어로 사용할 수 있으나 동명사를 목적어로 사용할 수 없다. 여기서는 완전타동사 'helped'의 목적어로 동명사 'placing'을 사용하였으므로 틀리다. 따라서 'placing'을 'to place' 또는 'place'로 수정해야 한다. 참고로, 「cannot help + -ing」는 '~하지 않을 수 없다'는 의미의 관용표현이다.

| 오답해설 | ① 7% 문장의 주어가 'The growth'이고 'most notably those in China and India'는 삽입구이다. 따라서 'is'는 문법상 적절하다.
③ 6% 「whether A or B(A인지 B인지)」의 표현이 올바르게 쓰였다.
④ 2% 관계대명사의 계속적 용법으로, 선행사가 'the economic theory of comparative advantage'이므로 관계사 'which'의 쓰임은 올바르다.

| 어휘 |

growth 성장	competition 경쟁
notably 특히	tremendous 엄청난
impact 영향, 충격	advent 등장
outsource 외부에 위탁하다	off-shoring 해외 업무 위탁
debate 논쟁	globalization 세계화
manifestation 표현, 징후	comparative 비교적인
advantage 이익	gain 이득을 얻다, 이익을 보다
specialize 전문화하다	

16 문장형 문법 > Balancing > 도치 답 ③

핵심포인트 부정어가 문두에 오는 경우 이후의 절의 어순이 도치됨이 핵심이다.

| 정답해설 | ③ 96% 부정부사 'little'이 문두에 오고 일반 동사인 경우 'little' 이후에는 「조동사(do/does/did) + 주어 + 동사원형」의 어순이 된다. 여기서는 'Little'이 문두에 왔으므로 'did she know'의 어순이 알맞다. 또한 관계대명사 'what'은 선행사를 포함하지만 관계대명사 'which'는 선행사를 포함할 수 없다. 즉 선행사가 없고 뒤에 오는 절이 주어가 없는 불완전한 형태라면 관계대명사 'what'이 필

요하다. 이때 'lay in store for'는 관용표현 'lie in store for(~에게 일어나길 기다리다)'의 과거시제에 해당하므로 'lay'를 타동사로 착각하지 않도록 유의해야 한다.

| 오답해설 | ① 2% 해당 문장은 'Little'이 문두에 왔으나 「주어 + 과거시제 동사」의 어순을 사용하였으므로 틀린 문장이다. 따라서 'she knew'를 'did she know'로 수정해야 한다.
② 1% 해당 문장은 'Little'이 문두에 왔으나 「주어 + 과거시제 동사」의 어순을 사용하였으므로 틀린 문장이다. 따라서 'she knew'를 'did she know'로 수정해야 한다. 또한 선행사가 없고 뒤에 오는 절이 불완전한 형태이므로 관계대명사 'which'를 'what'으로 수정해야 한다.
④ 1% 해당 문장은 'Little'이 문두에 왔으므로 「조동사 + 주어 + 동사원형」의 어순을 옳게 사용하였으나 관계대명사 which 앞에 선행사가 없으므로 틀린 문장이다. 따라서 which를 선행사를 포함하는 관계대명사 what으로 수정해야 한다.

17 빈칸형 독해 > Reading for Writing > 빈칸 구 완성 답 ③

핵심포인트 섭식 장애라는 다소 생소한 소재인 만큼 지문 파악에 주의해야 한다.

| 해석 | 섭식 장애는 불규칙한 식습관과 체중이나 몸매에 대한 심각한 고통 또는 걱정으로 특징지어지는 질병을 설명한다. 섭식 장애는 궁극적으로 개인의 행복을 해칠 수 있는 불충분하거나 과도한 음식 섭취를 포함할 수 있다. 섭식 장애는 삶의 어떤 단계에서도 발생할 수 있지만, 일반적으로 10대나 청소년기에 나타난다. 의학적인 질병으로 분류되어, 적절한 치료는 많은 특정 유형의 섭식 장애에 매우 효과적일 수 있다. 이러한 상태들은 치료가 가능하긴 하지만, 대처되지 않는다면 그 증상들과 결과는 해롭고 치명적일 수 있다. 섭식 장애는 보통 불안 장애, 약물 남용, 우울증 같은 다른 질환들③과 공존하며 그것들은 위험하기 때문이다. 섭식 장애는 요인들의 양상에 의해 영향을 받는 복잡한 질환이다. 섭식 장애의 정확한 원인은 알려져 있지 않지만, 일반적으로 생물학적, 심리적, 그리고 환경적 이상의 조합이 이러한 질병의 발병에 기여한다고 여겨진다.
① ~로부터 분리하다 　　　② ~을 멀리하다
③ ~와 공존하다 　　　　　④ ~에게 영향을 끼치다

| 정답해설 | ③ 64% 빈칸 다음에 나오는 'anxiety disorders, substance abuse or depression(불안 장애, 약물 남용, 우울증)'이라는 다른 질환들과 함께하기 때문에 위험하다는 흐름이 알맞으므로 적절한 것은 ③ 'coexist with(~와 공존하다)'이다.

| 어휘 |

eating disorder 섭식 장애, 식이 장애

characterize 특징짓다	irregular 불규칙한
distress 고통, 괴로움	disturbance 장애
intake 섭취	detrimental 해로운
deadly 치명적인	address 다루다, 대처하다
substance abuse 약물 남용	facet 양상, 면

abnormality 기형, 이상　　　　contribute to ~에 기여하다

오답률 39% 中

18 논리형 독해 > Logical Reading > 삽입　　　　답 ④

핵심포인트 삽입 문제로, 핵심종인 무화과나무와 관련된 지문의 논리적 흐름을 파악하고 유추할 수 있어야 한다.

| 해석 | 특정 종들은 다른 종들보다 자신들의 생태계 유지에 더 결정적이다. 그러한 종들은 핵심종이라 불리며 전체 생태계의 본질과 구조를 결정하는 데 매우 중요하다. 다른 종들이 핵심종에 의존하거나 그것에 의해 크게 영향을 받는다는 사실은 그 핵심종이 제거되었을 때 드러난다. 바로 이런 관점에서 우리는 무화과나무에 주의를 기울여야 한다. 서로 다른 종의 무화과나무들이 열대우림에서 핵심종일 수 있다. 무화과가 집단으로 지속적인 과실을 창출하지만, 열대우림의 과실을 먹는 원숭이, 새, 박쥐, 그리고 다른 척추동물들은 일반적으로 자신들의 먹이에서 많은 양의 무화과를 먹지 않는다. ④ 그러나 한 해 중 다른 과실들이 덜 풍부한 시기 동안에 무화과나무는 과실을 먹는 척추동물을 먹여 살리는 데 중요해진다. 무화과나무가 사라지면 과실을 먹는 척추동물들이 대부분 제거될 것이다. 그러한 열대우림 생태계에서 무화과나무를 보호하는 것은 원숭이, 새, 박쥐, 그리고 다른 척추동물들이 생존할 가능성을 높여 주기 때문에 중요한 보존 목표이다.

| 정답해설 | ④ 61% 주어진 문장의 역접 연결사 'however(그러나)'와 과실들이 덜 풍부할 때 무화과나무가 먹이로 중요해진다는 내용으로 볼 때, 과실들이 많을 때 무화과나무는 그렇게 중요한 먹이원이 아니라는 내용이 앞에 위치함을 유추할 수 있다. 'fruit-eating monkeys, birds, bats, and other vertebrates of the forest do not normally consume large quantities of figs in their diets(열대우림의 과실을 먹는 원숭이, 새, 박쥐, 그리고 다른 척추동물들은 일반적으로 자신들의 먹이에서 많은 양의 무화과를 먹지 않는다)'가 그 내용이므로 보기 문장은 ④에 위치하는 것이 가장 적절하다.

| 어휘 |
plentiful 풍부한　　　　fig tree 무화과나무
vertebrate 척추동물　　　　keystone 쐐기돌, 핵심
collectively 집단적으로　　　　likelihood 가능성

오답률 TOP 2 오답률 49% 上

19 논리형 독해 > Logical Reading > 배열　　　　답 ②

핵심포인트 부사 'also' 등을 먼저 파악해서 이후의 문맥과 이전의 문맥을 연결해야 한다.

| 해석 | 바이오피드백의 목표는 종종 희망 효과를 창출하는 미묘한 변화를 신체에 가하는 것이다. 그렇다면 바이오피드백은 정확히 어떻게 작용하는가?
(B) 일반적으로 심박수, 체온, 근육 긴장의 증가와 같은 스트레스와 불안의 신체적 증상과 조짐을 인식하는 방법을 배움으로써 사

람들은 진정하는 법을 배울 수 있다.
(A) 과학자들은 또한 특정 질환을 종종 악화시키는 것은 바로 스트레스 반응, 즉 잠재적인 위협에 대응하기 위해 "투쟁 혹은 도피" 상태에 진입하는 신체의 성향이라고 생각한다.
(C) 스트레스에 대한 생리적 반응을 조절하는 법을 배움으로써, 바이오피드백 환자는 그들의 몸과 마음을 진정시키는 법을 배울 수 있고 따라서 그들의 질환에 부정적으로 영향을 미칠 수도 있는 스트레스 증상에 더 잘 대처할 수 있다.

| 정답해설 | ② 51% 주어진 글의 바이오피드백의 작동 방법을 묻는 질문에 대한 답으로, 광범위하게 일반적인 효과를 설명하고 있는 (B)가 먼저 와야 한다. 그 후, '첨가'를 나타내는 부사 'also'를 이용해 더 좁은 범위인 특정 질환과 관련되어 있는 스트레스에 대해 언급하는 (A)가 연결되고, 마지막으로 (A)에서 언급된 스트레스 반응을 바이오피드백을 이용해 조절하여 얻을 수 있는 결과에 대해 설명하고 있는 (C)가 이어지는 것이 문맥상 자연스럽다. 따라서 ② '(B) – (A) – (C)'의 순서가 알맞다.

| 오답해설 | ① 3% (A)의 'also'로 보아 주어진 글의 질문에 대한 답의 첫 번째 부분이 되는 것은 어색하다.
③ 40% 바이오피드백의 광범위한 효과를 설명하는 (B)가 제시되고 난 후, 바로 (C)의 스트레스에 대한 생리적 반응을 조절하는 법이 제시되는 것이 자연스러운 듯하지만, (B)에 이어서 바로 첨가의 표현인 'also'와 함께 '스트레스'에 대한 문제점을 먼저 제시하는 (A)가 이어지고, 이후 그에 대한 해결책을 언급하는 (C)가 따라오는 것이 문맥상 가장 적절하다.
④ 6% 스트레스가 특정 질환에 어떻게 작용하는지 설명하고 있는 (A) 이후에, 그러한 스트레스에 대한 생리적 반응을 조절할 수 있는데서 오는 효과를 설명한 (C)가 이어지는 것이 문맥상 자연스럽다.

| 어휘 |
subtle 미묘한　　　　desired 희망하는
tendency 기질, 성향, 경향
exacerbate 더욱 심하게 하다, 악화시키다
physiological 생리적인　　　　cope with ~에 대처[대응]하다

오답률 TOP 1 오답률 66% 上

20 빈칸형 독해 > Reading for Writing > 빈칸 절 완성　　　　답 ①

핵심포인트 어려운 글을 읽을 때와 아닐 때의 뇌 활동의 차이를 통해 유추할 수 있어야 한다.

| 해석 | 전문가들은 고전을 읽는 것이 독자의 관심을 사로잡고 자기 성찰의 순간을 자극함으로써 정신에 유익하다는 것을 발견했다. 고전 작품을 읽을 때 지원자들의 뇌 활동이 관찰되었다. 그러고 나서 이 동일한 글은 좀 더 쉽고, 현대적인 언어로 '번역'되었고, 그들이 그 글들을 읽을 때 다시 그 독자들의 뇌가 관찰되었다. 쉽게 쓰인 버전보다 좀 더 어려운 산문과 시가 뇌에서 훨씬 더 많은 전기적인 활동을 일으켰다는 것을 스캔은 보여주었다. 과학자들은 뇌가 각각의 난어에 반응할 때의 뇌 활동을 연구하여 독자들이 특이한 단어

와 놀라운 구절 또는 어려운 문장 구조를 만날 때 그것이 어떻게 점화되는지 기록할 수 있었다. 이러한 점화는 더 심화된 독서를 격려하면서 뇌를 고단 기어로 바꿀 만큼 충분히 오래 지속된다. 독자들이 읽었던 것의 관점에서 그들의 경험을 숙고하고 재평가하는 것을 도우면서 특히 좀 더 어려운 버전의 시를 읽는 것은 뇌의 우반구 활동을 증가시킨다는 것 또한 연구자들은 발견했다. 이것은 ① 고전이 자기 개발서보다 더 유용하다는 것을 의미했다고 교수들은 말했다.

① 고전이 자기 개발서보다 더 유용하다
② 현대 작품을 읽는 것은 사람들에게 자기 성찰을 만들어 준다
③ 시가 도전적일수록, 사람들은 활동을 적게 한다
④ 평범하지 않은 단어들을 만날 때, 사람들의 마음은 더 요동친다

| 정답해설 | ① 34% 더 어려운 글을 읽으면 뇌의 활동이 더 증가된다는 내용이므로, 이것과 같은 맥락의 내용을 찾으면 ①이 된다. 'the classics(고전)'는 어려운 글을, 'self-help books(자기 개발서)'는 쉬운 글을 각각 의미한다.

| 오답해설 | ② 23% 현대작품이 아닌 고전 작품이 글의 소재로 사용되었다.

③ 4% 빈칸 앞 문장을 통해서, 시가 어려워질수록 뇌활동이 증가한다고 하였으므로 빈칸에 어울리지 않는다.

④ 39% 주어진 글에서 '마음'에 주는 효과가 아닌 '뇌'에 주는 자극을 주로 다루고 있다.

| 어휘 |

classical 고전의   trigger 촉발시키다

self-reflection 자기 성찰   straightforward 단순한

challenging 어려운   prose 산문

set off 시작하다

pedestrian 평범한, 단조로운, 산문적인

hemisphere 반구   academics 학자, 교수

9급공무원 공개경쟁채용 필기시험

18회 난이도	中
18회 합격선	17개/20개

회차	유형매칭
18	2018 지방직 7급

18회차 핵심페이퍼

문번	정답	개념	꼭 짚고 넘어가야 하는 핵심포인트!
01	③	생활영어	'can not agree more'와 'speak for oneself'를 알고 있는지 묻는 문제이다.
02	①	생활영어	대화를 통해 주어진 상황을 파악하고 Greg이 하려는 말을 유추할 수 있어야 한다.
03 (오답률 TOP 3)	④	문법	시간의 부사구 'these days'의 쓰임에 유의한다.
04	②	어휘	'vigorous'와 'brisk'가 유의어 관계인 것을 파악한다.
05	③	어휘	'barbaric'과 'brutal'이 유의어 관계인 것을 파악한다.
06 (오답률 TOP 2)	①	어휘	'multitudinous'와 'sundry'가 유의어 관계인 것을 파악한다.
07	②	문법	본동사를 파악하고, 주어와 동사의 수일치에 유의한다.
08	③	문법	불완전자동사 'look'의 문장 구조와 현재/과거분사의 의미에 유의한다.
09	④	문법	부정 부사 'little'이 문두로 도치 시 뒤따라오는 문장의 어순 및 완전자동사 'arrive'의 쓰임에 유의한다.
10	①	문법	'with' 분사구문의 쓰임과 문장 구조에 유의한다.
11	④	문법	관계부사와 관계대명사의 개념을 이해하고 뒤따라오는 문장 구조에 유의한다.
12	④	독해	부모의 권위와 아이의 안전함과 독립성에 대한 소재를 제목으로 묻는 문제로, 미시적 정보보다는 전체가 주는 정보에 집중해야 한다.
13	③	독해	같은 메시지를 듣고 세 명이 다르게 이해한 이유를 파악한다. 주제를 제목처럼 표현한 만큼 선지 분석에 주의해야 하는 문항이다.
14	③	문법	완전타동사 'describe'의 문장 구조와 해석을 통해 능동태와 수동태를 구분할 수 있어야 한다.
15	④	독해	우주 왕복선 참사 기억에 대한 실험을 서술한 지문으로, 시간과 기억의 관계를 통해 유추할 수 있어야 한다.
16	③	독해	'Galileo Galilei'를 다룬 지문으로, 내용불일치 문제인 만큼 꼼꼼한 독해가 필요하다.
17	①	독해	배열 문항으로, 재능이라는 소재를 다룬 지문의 논리적 전개에 집중하면서 풀어야 한다.
18	②	독해	'나'라는 인물과 '단어들'에 대한 지문의 논리적 흐름을 파악하고 유추할 수 있어야 한다.
19	④	독해	'Steven Spielberg'의 작품에 대한 글로, 그의 작품의 대중성과 예술성의 관계를 통해 유추할 수 있어야 한다.
20 (오답률 TOP 1)	④	독해	토착민과 국가/세계적 관점에서 본 숲의 가치가 대립됨을 파악할 수 있어야 한다.

※ [오답률/선택률] 산정 기준: 2020.02.11. ~ 2022.12.30. 기간동안 응시된 1초 합격예측 서비스의 누적 데이터
※ [오답률] TOP 1, 2, 3은 많은 응시생들이 헷갈린 문항이므로 꼭 확인하고 넘어가시기 바랍니다.

eduwill

01	③	02	①	03	④	04	②	05	③
06	①	07	②	08	③	09	④	10	①
11	④	12	④	13	③	14	③	15	④
16	③	17	①	18	②	19	④	20	④

※ 上 中 下 는 문항의 난이도를 나타냅니다.
※ 50% 는 선지별 선택률을 나타냅니다.

오답률 40% 中

01 문장형 | 생활영어 > 회화/관용표현 답 ③

핵심포인트 'can not agree more'와 'speak for oneself'를 알고 있는지 묻는 문제이다.

| 해석 | ① A: 생일날 뭐 받고 싶어?
B: 네가 좋은 대로 해.
② A: 수업 끝나면 연락해. 데리러 올게.
　 B: 그럴 필요 없어요. 버스가 늦게까지 다녀요.
③ A: 겨울방학은 너무 짧아.
　 B: 전적으로 동의해. 너에게나 그렇지.
④ A: 너 없인 이 일을 못 끝냈을 거야.
　 B: 별거 아니었어.

| 정답해설 | ③ 60% A는 겨울방학이 너무 짧다고 말하고 있다. B는 'Couldn't agree more(전적으로 동의해).'라고 했다가 이어 'Speak for yourself(너나 그렇지).'라고 반대하고 있다. 상반된 문장을 동시에 말하고 있으므로 대화가 어색하다.

| 어휘 |
be up to ~에게 달려 있다
cannot agree more 전적으로 동의하다
Speak for yourself. 너만 그렇다.　　It's no big deal 별것 아니다

오답률 16% 中

02 빈칸형 | 생활영어 > 회화/관용표현 답 ①

핵심포인트 대화를 통해 주어진 상황을 파악하고 Greg이 하려는 말을 유추할 수 있어야 한다.

| 해석 | Greg: 네 방은 냉장고 같아!
Lisa: 아냐, 그렇지 않아. 그냥 안락하다고.
Greg: 날 좀 봐! 온 몸에 닭살이 돋았어.
Lisa: 네가 과장해서 말하고 있는 것 같아!
Greg: 아니야, 나 진지해. 온도 조절 장치 어디 있니?
Lisa: 문 옆, 벽에.
Greg: ① 내가 추운 게 당연하지! 이거 18도에 맞춰져 있어!
Lisa: 내가 말했듯이, 완벽해!
Greg: 그건 네가 Alaska에 살 때나 말이 되는 거지. 그나저나, 삽은 어디 있니?
Lisa: 삽이 왜 필요해?

Greg: 그래야 여기에 눈이 오기 시작하면 우리 둘을 파낼 수 있지.
① 내가 추운 게 당연하지!
② 미안해, 내가 틀렸네.
③ 오늘은 춥지 않네, 그렇지?
④ 내가 무엇을 놓치고 있는지 모르겠어.

| 정답해설 | ① 84% 방이 춥다고 하는 Greg의 말을 Lisa가 인정해 주지 않자 Greg이 직접 온도계를 확인하며 하는 말이다. 따라서 ① '내가 추운 게 당연하지!'가 흐름상 가장 적절하다.

오답률 TOP 3 오답률 67% 上

03 문장형 | 문법 > Main Structure > 시제 답 ④

핵심포인트 시간의 부사구 'these days'의 쓰임에 유의한다.

| 정답해설 | ④ 33% 'these days'는 현재를 나타내는 시간의 부사구로 현재시제 동사를 사용한다. 따라서 과거시제 동사 'were'를 현재시제 동사 'are'로 고쳐야 한다.

| 오답해설 | ① 19% 'seem'은 불완전자동사의 경우 「seem + 주격보어」의 구조를 가지며 주격 보어로 형용사, 현재분사, 과거분사를 사용할 수 있다. 여기서는 우리말 뜻이 '얽매여 있는'이라는 수동의 의미이므로 과거분사 'tied'가 알맞게 쓰였다. '~에 얽매여 있는'의 뜻인 「tied to + 동명사」의 구조도 알맞으며, 주어와 'accept'가 의미상 수동의 관계이므로 'getting accepted'로 표현한 것도 적절하다.
② 18% 동명사 주어는 단수 취급한다. 여기서는 동명사 'Taking'이 주어이므로 단수동사 'leads'는 알맞게 쓰였다. 비교 대상으로 역시 동명사인 'burning'으로 쓴 병렬 구조도 알맞으며, 「lead to + (동)명사」의 구조도 알맞게 쓰였다.
③ 30% 「It is of no use + to부정사」는 '~해도 소용이 없다'를 알맞게 표현했다. '쏟아진'은 'spilled'로 잘 옮겼다.

오답률 48% 中

04 밑줄형 | 어휘 > 유의어 찾기 답 ②

핵심포인트 'vigorous'와 'brisk'가 유의어 관계인 것을 파악한다.

| 해석 | 활기찬 신체 운동으로 땀을 내서 열을 동반한 감기를 이겨 내려 하는 것은 정말 안 좋은 생각이다.
① 16% 완전한, 능숙한　　② 52% 활발한, 활기찬
③ 13% 최고의, 가장 중요한　　④ 19% 냉혹한, 무정한

| 정답해설 | 'vigorous'는 '활기찬, 힘찬, 활발한'의 의미로 ② 'brisk(활발한, 활기찬)'와 유의어 관계이다.

05 밑줄형 어휘 > 유의어 찾기 답 ③

핵심포인트 'barbaric'과 'brutal'이 유의어 관계인 것을 파악한다.

| **해석** | 나는 엄청난 공포와 혐오감을 불러일으키는 <u>야만적인</u> 관행들 중 하나인 식인 행위에 대해 논의할 것이다.
① 10% 수수께끼 같은   ② 9% 넓은, 충분한, 풍부한
③ 76% 짐승 같은, 잔인한   ④ 5% 심오한, 난해한

| **정답해설** | 'barbaric'은 '야만적인, 잔인한'의 의미로 ③ 'brutal(짐승 같은, 잔인한)'과 유의어 관계이다.

06 밑줄형 어휘 > 유의어 찾기 답 ①

핵심포인트 'multitudinous'와 'sundry'가 유의어 관계인 것을 파악한다.

| **해석** | 긴급 구조 요원은 <u>다양한</u> 응급 상황들에 대처하는 몇 가지 기본적인 지시사항들을 제공한다.
① 30% 갖가지의, 잡다한
② 46% 활기찬, 활발한
③ 13% 불명예스러운, 오명의
④ 11% 잠자는, 휴지의, 잠재의

| **정답해설** | 'multitudinous'는 '다수의, 많은, 다양한'의 의미로 ① 'sundry(갖가지의, 잡다한)'와 유의어 관계이다.

07 밑줄형 문법 > Balancing > 일치 답 ②

핵심포인트 본동사를 파악하고, 주어와 동사의 수일치에 유의한다.

| **해석** | 미국의 주식 시장을 감시하는 증권 거래 위원회는 회사의 주식이 뉴욕 증권 거래소와 같은 거래소에 상장될 수 있기 전에 회사들이 특정한 보고 요건을 충족시키도록 강요한다. 그러한 보고는 개인 투자자들이 자신들의 투자 결정에 기반을 제공하는 신뢰성 있는 정보를 가지도록 보장하는 데 도움을 준다.

| **정답해설** | ② 55% 주어와 동사는 수일치한다. 주절의 주어가 단수 복합명사인 'The Securities and Exchange Commission'이므로 주절의 동사인 'force'를 단수동사 'forces'로 고쳐야 한다.

| **오답해설** | ① 5% 관계대명사 'that'은 선행사로 사람과 사물을 가지며 뒤따라오는 문장은 불완전하다. 여기서는 선행사로 사물 'The Securities and Exchange Commission'이 왔고 뒤따라오는 문장의 주어가 생략되어 불완전하므로 올바르다.
③ 12% 'help'는 완전타동사의 경우 「help＋목적어」의 구조를 가지며 목적어로 명사, 원형부정사, to부정사를 사용할 수 있다. 여기서는 완전타동사 'help'의 목적어로 원형부정사 'ensure'을 사용한 것은 올바르다.

④ 28% 「base A on B」는 관용표현으로 'A의 기초를 B에 두다'를 뜻한다. 여기서는 'base their investment decisions on reliable information'의 의미를 'on which'의 「전치사＋관계대명사」로 쓴 것으로 알맞다.

08 문장형 문법 > Main Structure > 동사 답 ③

핵심포인트 불완전자동사 'look'의 문장 구조와 현재/과거분사의 의미에 유의한다.

| **해석** | ① 손상된 제품의 환불을 받기 위해서는 고객은 영수증을 가져와야한다.
② 그것은 또한 남겨진 실종된 배를 찾기 위해서 더욱 노력할 것이다.
③ 사업이 유망해 보여서 그는 그것에 돈을 투자했다.
④ 콘서트의 남아있는 티켓은 입구에서 판매될 것이다.

| **정답해설** | ③ 46% 'look'은 불완전자동사의 경우 「look＋주격 보어」의 구조를 가지며 주격 보어로 형용사, 현재분사, 과거분사를 사용할 수 있다. 여기서는 'look'의 주격 보어로 의미상 현재분사 'flourishing'이 온 것은 알맞다.

| **오답해설** | ① 6% 현재분사는 수식하는 대상과의 관계가 능동이며, 과거분사는 수동이다. 의미상 '손상된' 제품이라는 수동의 의미이므로 현재분사 'damaging'을 과거분사 'damaged'로 고쳐야 한다.
② 11% 'missing'은 형용사로 고착된 현재분사로 '실종된, 없어진'을 뜻한다. 따라서 과거분사 'missed'는 현재분사 'missing'이 되어야 한다.
④ 37% 'remaining'은 형용사로 고착된 현재분사로 '남은, 나머지의'를 뜻한다. 따라서 과거분사 'remained'는 현재분사 'remaining'으로 고쳐야 한다.

09 문장형 문법 > Balancing > 강조와 도치 / 문법 > Main Structure > 동사 답 ④

핵심포인트 부정 부사 'little'이 문두로 도치 시 뒤따라오는 문장의 어순 및 완전자동사 'arrive'의 쓰임에 유의한다.

| **정답해설** | ④ 86% 부정 부사 'little'이 문두에 올 경우 뒤따라오는 문장은 「동사＋주어」의 의문문 어순을 가진다. 이때 뒤따라오는 문장이 「주어＋일반동사」인 경우에는 「do/does/did＋주어＋동사원형」이 되어야 하므로 'I knew'를 'did I know'로 고쳐야 한다. 또한 'arrive'는 '도착하다'는 뜻의 완전자동사이므로 수동태로 쓰이지 않는다. 따라서 'was arrived'는 'arrived'로 고쳐야 한다.

| **오답해설** | ① 5% '~하곤 했다'는 표현이 「used to＋동사원형」으로 알맞게 쓰였으며, '~을 위험하게 하다'를 「put ~ in danger」로 쓴 것 등도 알맞다.

② 3% 'want'는 불완전타동사의 경우 「want + 목적어 + 목적격 보어」의 구조를 가지며 목적격 보어로 to부정사를 사용한다. 여기서는 'want'의 목적격 보어로 to부정사인 'to attend'가 알맞게 사용되었다.

③ 6% 'disappear'는 '사라지다'는 뜻의 완전자동사로, 수동태로 사용하지 않으므로 쓰임이 알맞다. 「after + (동)명사」의 구조도 알맞다.

오답률 38% 中

10 문장형 문법 > Modifiers > 분사 답 ①

핵심포인트 'with' 분사구문의 쓰임과 문장 구조에 유의한다.

| 정답해설 | ① 62% 'with' 분사구문은 '~가 …한 채로'를 뜻하며 「with + 목적어 + 현재분사/과거분사」와 「with + 목적어 + (being) + 형용사/전치사구」의 구조를 가진다. 여기서는 '열어둔 채로'를 「with + 목적어 + (being) + 형용사」 형태인 'with the window open'으로 쓴 ①이 어법상 알맞다.

| 오답해설 | ② 18% 'with' 분사구문에서 「with + 목적어 + 현재시제 동사」의 구조는 알맞지 않다.

③④ 13% 7% 접속사 'while'은 '~하는 동안'으로 해석되므로 '~한 채로'의 의미와 상이하다.

오답률 23% 中

11 밑줄형 문법 > Expansion > 관계사 답 ④

핵심포인트 관계부사와 관계대명사의 개념을 이해하고 뒤따라오는 문장 구조에 유의한다.

| 해석 | 나무는 더 많은 물이 깊은 뿌리까지 침투할 수 있으므로 더 습한 기후와 모래가 많은 토양에서 성장한다. 실제로, 나무는 깊은 곳까지 침투하는 몇 개의 작은 뿌리를 갖고 있지만, 나무 뿌리의 대부분은 토양 상층의 0.5미터 내에 존재하는데, 바로 이곳에 풀뿌리가 있다.

| 정답해설 | ④ 77% 관계부사는 뒤따라오는 문장이 완전하지만 관계대명사는 불완전하다. 여기서 'which'는 'the soil'을 선행사로 가진 관계대명사로, 뒤따라오는 문장이 완전하므로 틀리다. 따라서 'which'를 관계부사 'where'로 고쳐야 한다. 참고로 문장 끝의 'are'는 완전자동사로 '있다'를 뜻한다.

| 오답해설 | ① 5% 주어가 불가산명사 'water'이므로 단수동사 'is'를 사용한 것은 올바르다.

② 12% 'a few'는 수량형용사로 뒤에 복수명사가 온다. 여기서는 복수명사 'roots'를 사용하였으며 의미도 알맞다.

③ 6% 'a few small roots'를 선행사로 가진 주격 관계대명사 'which'가 쓰인 문장으로 뒤따라오는 문장의 주어가 생략되어 불완전하므로 'which'의 쓰임은 알맞다.

오답률 12% 下

12 지문제시형 독해 > Macro Reading > 제목 답 ④

핵심포인트 부모의 권위와 아이의 안전함과 독립성에 대한 소재를 제목으로 묻는 문제로, 미시적 정보보다는 전체가 주는 정보에 집중해야 한다.

| 해석 | 부모의 통제로부터 자신을 성공적으로 해방시키기 위해서 아이는 부모의 영향력이 애정 어린 권위로 대변될 때 그 영향력 안에서 안전해야 한다. 부모가 그 권위를 효과적으로 전달할수록 아이는 더 안심하며 그 자신의 삶을 향해 부모로부터 더 잘 떠나갈 수 있다. 이러한 긴 과정 동안 위험을 느낄 때마다 아이는 부모의 사랑과 권위라는 안전함을 향해 되돌아온다. 다시 말해서, 아이가 말 그대로 그리고 비유적으로도 부모가 정확하게 어디에 서 있는지를 알지 못한다면 그 아이가 성공적으로 자신을 해방시키는 것은 불가능하다. 물론, 그것은 그의 부모 자신들의 위치를 아는 것을 필요로 한다. 만일 부모가 자신의 위치를 모른다면, 다시 말해서 자신의 권위에 대해 자신이 없다면, 그들은 자기 아이에게 안전함을 전할 수 없고 아이는 부모로부터 성공적으로 떠나갈 수 없다. 그런 상황에서 아이는 부모에게 매달리거나 반항하게 될 것이고, 혹은 두 가지를 다 할 것이다.

① 부모의 권위와 복종
② 아이들의 감정적 발전
③ 아이들의 두려움에 대한 부모의 권위
④ 소통하는 부모의 권위와 그들의 아이들의 독립의 관계

| 정답해설 | ④ 88% 두 번째 문장인 'The more effectively they communicate that authority, the more secure the child feels, and the better able he is to move away from them toward a life of his own.' 등에 글의 주제가 나타나 있다. 즉 부모의 적절한 권위가 아이들을 더 안심시키고 나중에 독립적으로 생활할 수 있게 해준다는 것이다. 따라서 글의 제목으로는 ④가 가장 알맞다.

| 어휘 |

release 해방시키다	secure 안전한
authority 권위, 권한, 권위자, 정부 당국	
threaten 위협하다	literally 글자 그대로
figuratively 비유적으로	insecure 불안한
circumstance 정황, 상황, 환경	clingy 점착성의
disobedient 반항적인	

오답률 2% 下

13 지문제시형 독해 > Macro Reading > 주제 답 ③

핵심포인트 같은 메시지를 듣고 세 명이 다르게 이해한 이유를 파악한다. 주제를 제목처럼 표현한 만큼 선지 분석에 주의해야 하는 문항이다.

| 해석 | 우리는 매일 의사소통을 하지만, 우리가 말뜻을 항상 올바로 이해할까? 말뜻을 이해하지 못한 것이 치명적인 경우가 있었다. 브리티시 콜럼비아 주 내륙의 한 공항에서, 한 가지 (똑같은) 메시지를 가지고 세 사람 사이에 공유되었으나, 그들은 각각 그것을 다르게 이해했다. 활주로에 아무것도 없는지 관제탑으로부터 질문을

받았을 때, 제설차 운전자는 활주로의 눈이 모두 치워졌는지를 묻는 것으로 생각했다. 그는 즉시 "네."라고 대답했다. 이번에는 비행기 기장이 관제탑에 똑같은 질문을 무전으로 물어보았다. 관제탑은 같은 질문에 "네."라는 대답을 받았다고 믿었기에 비행기가 착륙해도 좋다고 답했다. 유감스럽게도, 그 비행기는 제설차와 충돌했다.

① 공항에서의 좋지 않은 착륙 절차
② 브리티시 콜럼비아의 위험한 공항들
③ 의사소통에서 정확한 이해의 중요성
④ 작업장 안전을 개선시키는 방법들

| **정답해설** | ③ 98% 말 뜻을 올바로 이해하지 못해서 생긴 충돌 사고를 통해 ③ '의사소통에서 정확한 이해의 중요성'에 대해 말하고 있음을 알 수 있다.

| **어휘** |
correctly 바르게　　　　　　fatal 치명적인
three parties 3명의 당사자　　radio 무전을 치다
crash into[against] ~에 충돌하다

오답률 35% 中

14 문장형　문법 > Main Structure > 태　　답 ③

핵심포인트　완전타동사 'describe'의 문장 구조와 해석을 통해 능동태와 수동태를 구분할 수 있어야 한다.

| **해석** | ① 그들은 보통 모든 집안일에 대해서도 전적으로 책임이 있었다.
② 아마도 가장 널리 사용되는 시스템은 그것들의 숙주 세포에 따라서 바이러스를 분류한다.
③ 비록 달의 궤도가 거의 원에 가깝지만, 그것은 지구 주변의 타원으로 더 정확하게 묘사된다.
④ 그녀의 훌륭한 의학 연구로 그녀는 여자도 남자만큼 잘 생각하고 일할 수 있음을 증명했다.

| **정답해설** | ③ 65% 주어 'it'과 'describe(~을 묘사하다)'의 관계가 의미상 수동이므로 'it more accurately describes'는 'it is more accurately described'의 수동태로 써야 한다.

| **오답해설** | ① 9% 부사 'entirely'가 형용사 'responsible'을 알맞게 수식하고 있으며, 「were responsible for + 명사」의 쓰임도 알맞다.
② 16% 현재분사는 수식하는 대상과의 관계가 능동이며, 과거분사는 수동이다. 여기서는 과거분사 'used'와 수식하는 대상 'system'과의 관계가 수동이므로 올바르며, 부사인 'commonly'가 과거분사 'used'를 수식하는 것도 올바르다.
④ 10% '~만큼이나 잘'의 의미로 'as well as'가 알맞게 쓰였으며, 'proved' 뒤에 'that'이 이끄는 목적절이 온 것도 알맞다.

오답률 39% 中

15 빈칸형　독해 > Reading for Writing > 빈칸 구 완성　　답 ④

핵심포인트　우주 왕복선 참사 기억에 대한 실험을 서술한 지문으로, 시간과 기억의 관계를 통해 유추할 수 있어야 한다.

| **해석** | 1986년에, Neisser와 그의 공동 연구자인 Nicole Harsch는 한 대학생 집단에게 Challenger 우주 왕복선 참사를 참사 후 아침에 어떻게 알게 되었는지 회상해보라고 요청했다. 이전의 보고들과 비슷하게, 그들은 거의 모든 학생들이 폭발에 대해 알았을 때 "정확히" 어디에 그들이 있었고 무엇을 하고 있는지에 대해 자세한 기억을 가지고 있었다는 것을 알게 되었다. Neisser와 Harsch는 다른 연구원들이 이전에 하지 않았던 무언가를 했다. 그들은 몇 년 후 참가자들에게 동일한 사건에 대해 회상해보라고 요청했다. 그들은 비록 모두 여전히 생생하고 완벽한 기억을 가지고 있었지만, 기억의 일부가 두드러지게 바뀌었다는 것을 알게 되었다. 사실, 참가자의 25%가 완전히 다른 기억을 말했다. 학급의 동급생으로부터 알게 되었다고 처음에 설명했었는데, 몇 년 후에는 룸메이트와 TV 뉴스 특보 방송에서 그것을 보았다고 말하면서 말이다. 이것은 참가자들이 보여준 (A) 생생함과 확신은 그들 기억의 (B) 실제 정확성과는 관련이 없음을 의미했다.

① 생생함과 확신 - 실제 동일함
② 오류와 생략 - 실제 상실
③ 오류와 생략 - 실제 추이
④ 생생함과 확신 - 실제 정확성

| **정답해설** | ④ 61% 참가자들이 생생하고 완벽한 기억을 가지고 있었지만 기억의 일부가 바뀐 것은 그 생생함과 기억의 확신이 실제 정확성과는 관련이 없다는 의미가 될 수 있음을 유추할 수 있다. 따라서 정답은 ④이다.

| **어휘** |
collaborator 공동연구자　　　　undergraduate 대학생
news bulletin 뉴스 방송　　　　omission 생략
lapse 상실

오답률 6% 下

16 지문제시형　독해 > Micro Reading > 내용일치/불일치　　답 ③

핵심포인트　'Galileo Galilei'를 다룬 지문으로, 내용불일치 문제인 만큼 꼼꼼한 독해가 필요하다.

| **해석** | Galileo Galilei는 피렌체 지방의 귀족인 Vincenzo Galilei와 역시 오래된 가문 출신인 Giulia Ammanati 사이에서 태어난 다섯 아이 중 장남이었다. Vincenzo는 학구적으로 음악에 대해서 썼고 아이들에게 루트와 오르간을 연주하는 방법을 가르쳤다. 그러나 그는 가난했고 삶은 힘겨웠다. 그래서 Vincenzo는 그의 장남이 안락한 후원을 얻을 수 있는 곳을 찾아주기로 결심했다. 음악은 돈이 되지 못했다. 그러므로 Galileo는 사치품이라기보다는 필수인 천 거래상이 되어야 했다. 그러나 그는 곧 음악에 뛰어난 재능을 보였

고, 그의 아버지를 능가하게 되었다. 그는 그림과 채색에 능했고 저명한 예술가가 될 수도 있었던 수준이었다. 그는 시를 사랑했고 단연 기계를 좋아해 기발한 재주를 보이며 기계를 제작했다. 그러한 소년이 그의 삶을 양모를 거래하는 것에 보내는 것에 만족하지 못할 것이라는 것은 곧 명백해졌다.

① 그는 다섯 명의 자녀 중 장남이었다.
② 그는 아버지로부터 루트를 연주하는 법을 배웠다.
③ 그는 결국 그의 아버지보다 우수하지 못했다.
④ 그는 예술적인 면에서 뿐 아니라 기계장치를 만드는 것에서도 천재성을 드러냈다.

| **정답해설** | ③ 94% 'But the boy soon showed great skill in music, surpassing his father.'에서 음악 면에서 아버지를 넘어섰음을 알 수 있다. 따라서 ③은 본문과 일치하지 않는다.

| **어휘** |
learnedly 학구적으로   struggle 투쟁, 분투
surpass 능가하다   decided 확고한, 분명한
ingenuity 발명의 재간, 창의력

오답률 22% 中

17 논리형 독해 > Logical Reading > 배열   답 ①

핵심포인트 배열 문항으로, 재능이라는 소재를 다룬 지문의 논리적 전개에 집중하면서 풀어야 한다.

| **해석** | ⓔ 재능이란 더 좋은 방법으로 특정 임무를 수행하기 위해서 한 사람이 가지는 하나의 특별한 재주이거나 능력이다.
ⓒ 특정 재능이 유전의 산물인지 혹은 환경적 산물인지를 말하는 것은 어렵다.
ⓑ 예를 들면, 노래에 소질이 있는 한 사람은 듣기 좋은 목소리를 가지고 태어났을 수도 있다. 반면에 가수 집단 내에서 자란 다른 사람은 또한 노래를 위한 재능을 개발할 수도 있다.
ⓐ 그렇기에, 재능이란 유전뿐 아니라 환경, 이 둘 모두의 결과라고 말하는 것이 좋다.

| **정답해설** | ① 78% ⓔ은 '재능'에 대한 정의를 말하며 도입하고 있는 문장이므로 맨 처음에 온다. ⓔ 다음으로는 ⓑ과 ⓒ을 견주어 볼 수 있는데, ⓑ이 ⓒ의 예이므로 ⓒ이 먼저 온다. 결론을 내리고 있는 ⓐ은 마지막 순서가 된다. 따라서 글의 순서로는 ①이 가장 적절하다.

| **어휘** |
state 언급하다   heredity 유전
melodious 목소리가 좋은   bring up 양육하다
aptitude 재능, 적성, 소질   company 집단, 무리, 회사

오답률 53% 上

18 논리형 독해 > Logical Reading > 삽입   답 ②

핵심포인트 '나'라는 인물과 '단어들'에 대한 지문의 논리적 흐름을 파악하고 유추할 수 있어야 한다.

| **해석** | 다음날 아침 나는 한 번에 그렇게 많이 썼을 뿐만 아니라 세상에 존재하는지 전혀 몰랐던 단어들까지 썼다는 사실을 깨닫게 되어 대단히 자랑스러워하는 채로 그 단어들에 대해서 생각하며 깨어났다. 나는 너무 매료되어 계속해서 사전의 다음 페이지를 베꼈다. ② 모든 계속되는 페이지에서 나는 또한 역사로부터 사람들, 장소들, 그리고 사건들에 대해 배웠다. 그것이 내가 결국 전체의 사전이 된 것을 베끼기 시작했던 방법이었다. 감옥에서 남은 시간 동안 태블릿에 썼던 것과 글자를 쓰는 것 사이에 나는 백만 단어를 썼을 것이다. 나는 나의 단어 기반이 넓어짐에 따라 내가 처음으로 책을 집어 들어 읽을 수 있었고 이제는 그 책이 말하는 것을 이해하기 시작할 수 있게 된 것은 필연이었다고 생각한다.

| **정답해설** | ② 47% 'John Chaffee'의 'Thinking Critically'의 일부이다. 주어진 문장은 '모든 계속되는 페이지'에서 글쓴이는 또한 역사로부터 사람들, 장소들, 사건들에 대해 배웠다고 서술하고 있다. 그러므로 주어진 문장 이전에는 '페이지'를 나타내는 문장이 나올 것을 유추할 수 있다. 따라서 주어진 문장이 들어갈 위치로는 ②가 가장 적절하다.

| **어휘** |
succeeding 계속되는, 다음의   immensely 엄청나게, 대단히
fascinated 마음을 다 빼앗긴, 매료된
entire 전체의   inevitable 불가피한, 필연적인

오답률 15% 中

19 빈칸형 독해 > Reading for Writing > 빈칸 구 완성   답 ④

핵심포인트 'Steven Spielberg'의 작품에 대한 글로, 그의 작품의 대중성과 예술성의 관계를 통해 유추할 수 있어야 한다.

| **해석** | Steven Spielberg의 초기작들은 할리우드에서 감독들이 가장 중요한 위치를 차지할 때 만들어졌고, 그의 더 최근작들은 마케팅이 업계를 좌우할 때 만들어졌다. 이 두 시기를 걸쳐 그가 여전히 세상에서 가장 막강한 영화 제작자로 남아 있다는 사실은 그가 재능과 유연성에 대단함을 보여준다. 그 누구도 더 대중성 있는 작품을 만들어 본 적이 없다. 다른 한편으로는, 그의 내면에는 'Color Purple'이나 'Schindler's List' 같은 영화를 만들 수 있는 예술성이 있다. 오락인과 예술가가 완전히 결합했을 때, 그 결과물은 대중적 매력과 양식적 통달의 ④ 뛰어난 결합인 E.T.와 같은 작품이었다.

① 배타적인 시각   ② 예리한 비평
③ 아이러니한 대조   ④ 뛰어난 결합

| **정답해설** | ④ 85% '오락인과 예술가의 완전한 결합'으로 탄생한 E.T.와 동격이 되는 설명이 빈칸에 와야 하므로, 대중적 매력과 양식적 통달의 ④ '뛰어난 결합'으로 설명할 수 있을 것이다.

| 어휘 |

come together 결합하다   mass appeal 대중적 매력
stylistic 양식[문체]의   mastery 통달
incisive 예리한

오답률 TOP 1   오답률 82%   上

20   논리형 독해 > Logical Reading > 삭제   답 ④

핵심포인트 토착민과 국가/세계적 관점에서 본 숲의 가치가 대립됨을 파악할
수 있어야 한다.

| 해석 | 서 있는 수목으로서 숲의 사용과 숲의 가치에 대한 인식은
토착민에서 중앙 정부와 서구의 과학자에 이르기까지 상당히 다르
다. 태도와 가치에서의 이러한 차이는 상충하는 관리 전략이라는
근원에 놓여 있고 Chipko 운동과 같은 항의 집단들을 자극한다. 예
를 들어, 히말라야와 카라코람 산맥의 경작자들을 숲을 근본적으로
바꿀 수 있는 자원이라고 생각한다. 다시 말해, 늘어나는 인구 압박
과 경작할 수 있는 땅에 대한 커지는 수요 아래에서, 숲을 경작된
계단식 농경지로 바꾸는 것은 같은 지역에서 훨씬 더 높은 생산성
이 끌어내질 수 있다는 것을 의미한다. 산림벌채를 벌충하기 위해
계단식 농경지의 가장자리에 (농작물을) 심는 형태의 보상이 일어
나고 있다. ④ <u>토착민들에게 숲들은 회복될 수 없는 자원들의 근원
으로서의 역할을 한다. 그래서 국가적 그리고 지구적인 관점들은
숲의 보존을 우선시한다.</u> 이것은 지역민의 필요와 관계없이 숲의
가치를 다시 쓸 수 있는 자원으로 보는 국가적 관점, 토양 보존을
위해 땅 위에 숲으로 덮인 곳을 유지하려는 필요나 욕구, 그리고 생
명 다양성의 보호 및 기후 변화에 대한 전세계적인 관점과 뚜렷이
대조된다.

| 정답해설 | ④ 18% 지역민들은 숲을 개발하여 경작할 수 있는 땅
으로 바꿀 수 있다는 인식과 필요를 갖고 있는데, 이것은 국가/세계
적 관점과 대조된다는 흐름이다. 따라서 토착민의 태도에 대해 이
와 반대의 서술을 하고 있는 ④는 흐름상 어색하다.

| 오답해설 | ① 1% 앞서 언급된 관리 전략에 구체적인 '예시'를 제
시하고 있으므로 문맥상 자연스럽다.

② 7% 앞서 언급된 자원으로서의 계단식 농경지 등의 구체적인 표
현을 제시하므로 이어지는 문맥으로 적절하다.

③ 74% 앞서 언급한 계단식 농경지를 보상하는 것에 대한 구체적
인 방안이 언급되므로 문맥상 자연스럽다.

| 어휘 |

perception 인식, 인지   indigenous 토착의
cultivator 경작하는 사람   convertible 바꿀 수 있는
resource 자원   extract 추출하다
compensation 보상   unrestorable 회복할 수 없는
prioritize 우선시하다   preservation 보존
renewable 재생 가능한   biodiversity 생물 다양성
irrespective of ~와 상관 없이
forest cover 숲으로 덮인 지역

여러분의 작은 소리
에듀윌은 크게 듣겠습니다.

본 교재에 대한 여러분의 목소리를 들려주세요.
공부하시면서 어려웠던 점, 궁금한 점,
칭찬하고 싶은 점, 개선할 점, 어떤 것이라도 좋습니다.

에듀윌은 여러분께서 나누어 주신 의견을
통해 끊임없이 발전하고 있습니다.

에듀윌 도서몰 book.eduwill.net
· 부가학습자료 및 정오표: 에듀윌 도서몰 → 도서자료실
· 교재 문의: 에듀윌 도서몰 → 문의하기 → 교재(내용, 출간) / 주문 및 배송

2023 에듀윌 9급공무원 실전동형 모의고사 영어

발 행 일	2023년 1월 12일 초판
편 저 자	성정혜
펴 낸 이	김재환
펴 낸 곳	(주)에듀윌
등록번호	제25100-2002-000052호
주 소	08378 서울특별시 구로구 디지털로34길 55
	코오롱싸이언스밸리 2차 3층

www.eduwill.net
대표전화 1600-6700

에듀윌 9급공무원

실전동형 모의고사 | 영어 18회

고객의 꿈, 직원의 꿈, 지역사회의 꿈을 실현한다

펴낸곳 (주)에듀윌 **펴낸이** 김재환 **출판총괄** 김형석
개발책임 윤대권, 진현주 **개발** 안수현, 유주미, 장지혜
주소 서울시 구로구 디지털로34길 55 코오롱싸이언스밸리 2차 3층
대표번호 1600-6700 **등록번호** 제25100-2002-000052호

에듀윌 도서몰 book.eduwill.net
• 부가학습자료 및 정오표: 에듀윌 도서몰 → 도서자료실
• 교재 문의: 에듀윌 도서몰 → 문의하기 → 교재(내용, 출간) / 주문 및 배송